향가의 연구

향가의 연구

This Edition was published by Jipmoondang Publishing Co. in 2017, Seoul, Korea.

향가의 연구

신 재 홍

집문당

신재홍(申載弘)

현재 가천대학교 한국어문학과 교수
1962년 강원도 정선 출생
서울대학교 사범대학 국어교육과 졸업
서울대학교 대학원 국어국문학과 박사

저서

한국 몽유소설 연구(1994 / 수정증보판; 2012), 향가의 해석(2000), 향가의 미학(2006), 화랑세기 역주(2009), 고전 소설과 삶의 문제(2012), 고전 소설의 착한 주인공들(2012), '영랑전' 역주(2013), 고전 소설의 당돌한 여주인공(2016), 향가 서정 여행(2016)

향가의 연구

2017년 7월 20일 1판 1쇄

지은이 | 신재홍
발행인 | 임동규
발행처 | **집문당**
등 록 | 1971. 3. 23. 제300-2012-69호
영업부 | 10881 경기도 파주시 광인사길 85
(02)743-3192~3 팩스(02)742-4657
전자우편 | sale@jipmoon.co.kr
편집부 | 03134 서울시 종로구 돈화문로 82 집문당빌딩 5층
(02)743-3096~7 팩스(02)743-0227
전자우편 | edit@jipmoon.co.kr
홈페이지 | www.jipmoon.co.kr

편 집 | 이현정
디자인 | 홍기화

ISBN 978-89-303-1763-4

가격 35,000원

이 도서의 국립중앙도서관 출판시도서목록(CIP)은 e-CIP홈페이지(http://www.nl.go.kr/ecip)와
국가자료공동목록시스템(http://www.nl.go.kr/kolisnet)에서 이용하실 수 있습니다.
(CIP제어번호: CIP2017015534)

머 리 말

향가 연구를 진행한 지 28년째인 올해 또 한 권의 책을 세상에 내놓는다. 애초 박사 과정 수업 시간에 과제로 맡은 향가 조사가 이렇게까지 길게 이어질 줄은 생각지 못하였다. 향가에 한번 빠져든 후 그 세계 속을 헤매어 다니면서 참 많은 생각을 하였고 참 많은 느낌을 받았다. 향가를 만나 내 공부의 여정이 풍성하였음에 마음 깊이 감사하고 다행이라 여긴다.

나의 연구가 여러 주제로 가지를 뻗을 수 있었던 것은 오로지 향가 작품 세계의 풍요로움에 기인한다. 몇 편 남지 않은 작품들이 하나하나 어찌 그리도 풍성한 감흥을 일으키는지 경이로울 지경이다. 향가의 풍성함을 몸으로 느낀 것은 여러 학회에서 마련한 기획 주제에 매번 향가를 가지고 접근할 때였다. 공간, 모성, 인간관계, 의사소통, 중세 여행, 주체와 타자, 재미와 홍미, 길 위의 여성 등 고전 문학 관련 학회들이 제시한 지난 10여 년간의 기획 주제들에 대해 향가 작품은 영락없이 연구의 길을 터 주었다. 나는 그 길들을 따라가면서 길에 덮인 덤불이나 치우고 울퉁불퉁한 바닥을 조금 판판하게 하는 정도의 일을 하였을 따름이다.

향가 연구서로서 이 책은 앞서 출간한 『향가의 해석』(2000), 『향가의 미학』(2006)과 함께 삼부작이 된다. 지난해에 낸 『향가 서정 여행』(2016)은 내가 이해하고 느낀 바의 향가 작품 세계를 그것의 바탕이 된 장소들과 관련지어 일반 독자에게 알리고자 한 교양서이다. 여기에 연구를 진행하던 중 강렬하게 조우한 자료를 풀어 쓴 『화랑세기 역주』(2009), 『'영랑전' 역주』(2013)를 보태면 나의 향가 연구는 그럭저럭 여섯 권 정도로 정리되는 셈이다. 30년 가까이 공력을 들여 이 정도나마 한 것이 여간 다행한 일이 아니다.

이 책이 내 향가 연구의 결산이라고 해도 좋겠으나, 여전히 미진하고 아쉬운 점이 남는다. 처음 출발한 『향가의 해석』에 너절하게 뿌려 놓은 '문증 미확인'과 '추정'의 말들을 거두어들이지 못한 것이 가장 아쉽다. 또한 좀 더 의욕을 내어 신라 당대의 중국 당나라, 일본 나라·헤이안 시대 시가와의 비교 문학으로 나아갔어야 하는데 그러지 못한 것도 못내 아쉽다. 이 일들을 해낼 만한 여력이 내게 있는지 잘 모르겠지만 눈 밝은 후학들에게 넘기면 어떨까 하는 생각이 드는 것도 사실이다. 할 만큼 했다는 자족감과 함께 이제는 더 이상 못하겠다는 자포자기의 심정에 젖는 것은 아마도 50대 중반의 나이가 알리는 늙어감에 대한 감각 때문이리라. 그렇더라도 평생 공부하는 것이 사람인지라, 할 수 있는 데까지는 해 보고 싶다.

아무튼 여기까지 올 수 있어서 행복하다. 공부에 전념할 만한 여건이 되도록 곁에 있어 준 가족이 무척 고맙다. 향가 연구의 길로 들어서게 해 주신 김병국 선생님께는 늘 감사한 마음이다. 돌아가신 정운채 선생님을 비롯한 훌륭한 선배님들, 언제나 나를 되돌아보게 만드는 좋은 후배님들, 기획 주제를 발의하신 여러 학회의 임원 선생님들 모두에게 감사를 드린다. 늙어 감에 대한 인식이 구체화되고 있는 요즘 모두들 건강하고 행복하게 잘 늙어 갔으면 좋겠다. 이 책이 나옴으로써 향가 연구의 삼부작이 되게 해 주신 집문당의 임경환 전 사장님과 임동규 현 사장님, 책을 잘 만들어 주신 이현정 님께 감사의 인사를 드린다.

2017년 5월 30일

신 재 홍

차 례

인간과 향가

향가와 후대 시가

향가의 미래를 위하여

서 론

서 론

향가 연구는 여러 방면에서 상당한 연구 성과가 축적되어 왔지만 향가의 실체를 밝히기까지는 아직 갈 길이 멀다. 향찰 해독이 완결되지 않았고 현전 작품 수도 매우 적어서 충분한 고찰이 어려운 것이다. 그렇지만 이러한 한계 내에서라도 향가에 어떻게 접근하여야 좀 더 풍성한 성과를 거둘 수 있을지 끊임없이 숙고해야 한다.

필자는 어학적 해독과 문학적 해석을 아우르는 작업을 통해 향가 27수를 풀이하여 『향가의 해석』으로 출간한 바 있다. 그것을 바탕으로 향가의 문학적 특성과 미적 가치를 해명하는 작업을 수행하여 『향가의 미학』을 내놓기도 하였다. 향가의 문학성을 고찰해 나가면서 그것만으로는 향가의 여러 양상을 드러내기에 부족하다는 생각이 들었다. 문학성도 중요하지만 그것을 영글게 만든 향가 주변의 상황, 말하자면 역사적 인간들의 삶에 대한 논의가 있어야겠다고 생각하였다. 문학성에서 나아가 향가의 역사성과 인간성에 대한 이해가 필요하다고 본 것이다. 그리하여 신라와 고려 시대에 향가가 존재한 양상, 작품을 창작하고 향유한 사람들의 의식과 정서, 시대 배경 등에 관심을 두고 연구를 이어 나갔다. 이와 함께 역사의 커다란 흐름 속에서 향가가 어떤 위치에 있었고 후대에 어떤 영향을 끼쳤는지도 알아보고자 하였다. 이렇게 향가가 놓인 역사적 상황과 향가 향유의 주체인 당대의 인간에 대한 연구는 향가를 깊이 있게 이해하는 데 긴요할 뿐 아니라 오늘날 우리가 왜 향가를 배우고 가르쳐야 하는지를 아는 데에도 도움을 줄 것이다.

이러한 연구 목적을 이루기 위해 뭔가 체계적인 연구 방법이 필요하였다. 향가와 관련된 역사와 인간에 대한 연구인 만큼 그것에 적합한 방법을 생각해 보았다. 그래서 얻은 것이 시·공간 속의 인간을 탐구한다는 기본 시각이었다. 향가의 다양하고도 구체적인 면모를 드러내기 위해서는 시간과 공간, 그 속에서 살아간 인간이라는 세 축을 중심으로 연구 주제들을 찾아내어 고찰해 나갈 필요가 있었다. 기본 시각을 얻게 되자 연구의 방향은 자연스레 시간의 흐름을 중심으로 공시적 연구와 통시적 연구를 수행하는 쪽으로 나아갔다. 역사적 시간의 흐름에서 어느 일정한 시기를 횡으로 잘라 내어 그 양상을 고찰하는 한편, 먼 과거에서 오늘날에 이르기까지 종으로 훑어서 그 전개 과정을 살피는 것이다. 물론 연구 대상이 지닌 공시성과 통시성은 서로 긴밀히 연결되어 있으므로 일도양단식으로 나누어 고찰할 수 없다는 점에 유의하였다. 향가의 공시적, 통시적 연구를 통해 그것이 향유되던 시대의 여러 양상을 드러내고, 향가가 끼친 서정시 역사상의 영향을 짚어 보고자 하였다. 이러한 방법은 연구를 시작할 때부터 설정한 것이 아니라 10여 년간 향가와 관련된 연구 주제를 탐구하는 가운데 큰 틀이 갖추어진 것이다.

먼저 향가의 공간성에 주목하여 연구를 진행하였다. 공간은 시간과 더불어 사물의 존재를 이루는 핵심 요소이다. 어떤 것이 존재함은 그것이 시간과 공간 속에 있음을 의미한다. 사물을 특징짓는 공간성은 시간성과 밀접하게 얽혀 있기에 둘은 같이 고찰되어야 한다. 향가는 신라 시대에서 고려 중엽까지 걸친 시간대에 대응하는 공간들이 작품 속에 설정되어 있으므로 이를 고찰하게 될 것이다.

향가는 주로 신라의 수도 서라벌에서 창작, 향유되었다. 신라 천 년 동안 그 자리를 지키며 왕국의 수도 역할을 한 서라벌은 신라 역사와 문화의 핵심이 되는 공간이다. 이러한 서라벌의 역사적, 상징적 의미와 함께 그곳에서 살아갔던 수많은 사람의 일상적인 모습을 그려 보면서 연구해 나갔다. 서라벌뿐 아니라 신라의 각 지역도 향가에 등장하는 중요한 공간이므로 이에 대한 고찰도 필수적이다. 한반도 내에 지금도 여전히 존재하지만 그 역사성은 상당히 다르기에 향가에 설정된 이들 공간의 역사적 의미도 살펴보아야 한다.

이러한 공간성은 지상의 구체적인 공간만을 뜻하는 것은 아니다. 작품 자체가 의미의 구조물이라는 점에서 문학은 기본적으로 공간성을 지닌다. 작품이 어떤 구조하에 짜여 있는지, 작품을 이루는 시어, 행, 연은 어떤 관계를 맺고 어떤 의미를 만들어 내는지 살펴볼 수 있다. 현전 향가 중 어느 작품은 그 자체가 하나의 멋진 건축물을 이루는 듯이 보이기도 한다. 이러한 공간성이 지닌 상징적 의미, 공간의 구체성과 상징성이 관련되는 양상 등을 살핌으로써 향가 개별 작품의 성격을 더욱 잘 이해할 수 있다.

공간성에 이어 역사적 인간들의 문학 양식으로서 향가에 주목하였다. 향가는 이 땅에서 살아간 사람들이 천 년 이상 서로 전하면서 창작하고 향유한 역사적 장르이다. 신 혹은 신적 존재가 지었거나 허깨비가 만든 것이 아니라 역사의 시간 속에서 삶을 영위하였던 인간들이 지은 것이다. 그러기에 향가에는 인간 및 인간 사회의 여러 면모가 반영되어 있고 작품을 창작한 향가 시인의 인간적인 풍모도 나타나 있다. 향가가 지닌 인간적인 성격이 다양한 측면에서 드러나면, 향가의 성격을 주술적이라거나 종교적이라고 단정하는 태도는 다소 지양되지 않을까 한다.

향가의 인간성을 탐구하면서 신라 시대 사람들이 지닌 그들만의 역사적 특성을 살펴보았지만 그와 동시에 인간 보편의 정서와 의식을 확인해 나가는 데에도 힘을 기울였다. 작품이 산출된 당대의 역사적 양상뿐 아니라 오늘날에도 통하는 보편적인 인간성을 드러냄으로써 향가에서 얻는 공감의 측면을 중시한 것이다. 이를 통해 시대를 뛰어넘는 향가의 고전적 가치를 찾을 수 있으리라 생각하였다. 천 년 전의 인간이나 오늘날의 우리나 마찬가지로 갖고 있는 어떤 자질, 본성, 의식과 정서 등을 작품을 통해 공감하게 된다면 향가는 우리에게 친근하면서도 큰 울림으로 다가올 것이다.

이 같은 공시적 연구와 함께 통시적 연구를 진행하였다. 향가가 지닌 공간성과 인간성을 탐구하는 것은 넓게 보아 시간의 흐름 속에 위치한 향가의 역사적 성격을 이해하는 것으로 수렴될 것이다. 이에 서정시의 역사적 흐름 속에서 향가가 어떤 위치에 있고 어떤 영향을 끼쳤는지 살펴보았다. 향가를 후대의 시가와 비교해 봄으로써 향가를 중심으로 한 서정시의 대체적인 흐름과 변모 양상을 보여 주고자 하였다.

먼저 향가의 영향이 컸던 고려 가요와 비교해 보았다. 고려 가요라는 명칭 자체가 향가, 시조, 가사같이 장르가 아니라 시대에서 따온 것이라서 장르적 성격이 불분명하거나 혼효되어 있다. 그렇지만 어떤 형식의 고려 가요라도 이전의 주류 장르인 향가의 영향에서 자유로울 수 없다. 향가는 오랜 기간 향유되면서 서정시 영역에 엄청난 영향력을 행사하였는데 시대가 바로 연결되는 고려 가요가 그 영향을 가장 많이 받았다. 향가의 영향이라는 면에서 보자면, 고려 가요는 향가의 해체와 시조의 형성 사이에 끼어 있다가 자기 정체성을 확립하지 못한 채 서정시 역사에서 사라져 버린 장르라고 할 수 있다. 이 책에서는 현전 향가와 소재나 주제, 형식 면에서 유사성이 있는 고려 가요를 택하여 상호 비교하고자 한다. 몇 작품에 국한된 논의이기 때문에 고려 가요에 대한 향가의 지대한 영향을 두루 밝히는 데에는 한계가 있다.

시조와 가사도 향가와 비교의 대상이 된다. 고려 말에 형성된 두 장르는 분명 향가, 고려 가요와는 구분되는 새로운 문학 양식이다. 향가와 고려 가요가 지닌 3음보에서 대전환을 이루어 4음보 율격이 대세를 이루는 쪽으로 나아갔고, 문학 담당층이 교체되어 주제나 사상, 표현 기법 등 여러 면에서 서정시의 전개 양상이 변화하였다. 이전까지 향가가 중심에 있었던 서정시의 흐름이 전환되어 새로운 전개를 이루었다고 할 수 있다.

그렇지만 다른 한편으로 시조와 가사는 이전 시대의 향가, 고려 가요와 공유하는 정서와 주제가 있고 형식 면에서도 관련성을 지녔다. 향가에서 고려 가요, 그리고 시조와 가사로 이어지는 서정시의 계보는 계승과 변화의 양상을 동시에 보여 준다. 이 책에서는 향가, 고려 가요, 시조, 가사를 관통하는 연구 주제를 잡아 고찰해 보고자 하였으나 역량이 부족하여 향가와 고려 가요에서 멈추었고, 향가와 가사의 대표작을 비교하는 데에 그쳤다. 중세 서정시를 통시적으로 다루는 연구가 다양한 관점에서 거듭 이루어져 서정시의 흐름이 폭넓고 깊이 있게 파악될 수 있기를 바란다.

향가의 통시적 연구는 현대시까지 이어지는 서정시의 전개 양상을 고찰의 대상으로 삼지 않을 수 없다. 신라에서 양식화된 한국 서정시의 전통이 중세를 지나 근대에 들어서도 단절되지 않았다는 점을 드러내고자 하였다. 외형상 아주 다르게 보이는 현대시라 할지라도 서정시의 면면한 전통 속에서 그 서정적 특성이 서로 통하고 있음을 보여 주려고 하였다. 겨우 두어 명의 현대 시인, 그리고 현대시의 몇몇 대표작만을 다루었을 뿐이어서 이러한 의도가 제대로 설명되지 못하였을 것이다. 향가와 현대시의 비교를 필두로 한 중세시와 근현대시의 비교 연구는 앞으로 더욱 활발하게 이루어져야 할 것이다.

향가의 시·공간과 인간에 대한 공시적·통시적 연구는 애초 『향가의 해석』 결론에서 필자가 수립한바, '향가는 역사적이고, 구체적이며, 인간적이다'라는 명제가 참임을 증명해 나가는 작업이었다. 소기의 성과를 거두었는지는 전적으로 독자들의 판단에 맡겨져 있지만, 이 책을 통해 향가의 작품 세계가 풍성하고 다채로우며 현실적이고 인간적이라는 사실이 조금이나마 드러날 수 있다면 다행이겠다.

향가의 공간

향가의 공간적 상상력

1. 서 론

향가의 작품 세계는 시·공간에 대한 의식을 바탕으로 구성되어 있다. 특히 공간 의식은 작품의 의미 구조를 긴밀하게 짜는 데 중요한 역할을 한다. 향가의 공간성이 지닌 시적 의의를 살펴 향가 이해를 심화할 수 있다.

공간성의 관점에서 향가 전반을 살핀 것은 조형효의 논문이 거의 유일하다.[1] 그는 향가의 서정성을 탐색하는 방법으로 '서정공간'이라는 개념을 정립해 작품 분석에 적용하였다. 문제의식의 타당성은 인정되지만, '위―아래', '여기―저기'의 공간 관계만으로는 작품을 심도 있게 분석하기 힘들다고 본다. 그 밖에 김병욱, 김진국 등의 논의가 있으나[2] 공간성에 대한 본격적 접근이라고 하기는 어렵다.

이 장에서는 먼저 향가에 설정된 공간들의 양상과 성격을 정리해

---

1) 조형호, 「향가의 서정공간 연구」, 박사 논문, 서강대학교, 1994.

2) 김병욱, 「향가와 현대시의 공간」, 『삼국유사와 한국문학』, 학연사, 1983, 336-344면 ; 김진국, 『향가의 해석학적 연구』, 예림기획, 2003, 123-127면.

보겠다. 그런 다음 〈헌화가〉, 〈찬기파랑가〉, 〈처용가〉 세 작품에 나타나는 공간성을 분석할 것이다. 향가 전반 및 개별 작품의 공간성을 분석해 향가의 시적 성격에 대한 이해를 진전시켜 보려는 것이다.

2. 향가에 나타난 공간들

1) 실제적, 일상적 공간

(1) 궁궐

현존 향가에서 가장 비중 있게 그려지거나 전제된 공간이 궁궐이다. 〈도솔가〉의 배경은 '조원전(朝元殿)'이라는 궁전이다. 두 해가 나타나자 이곳에 단을 깨끗이 하고, 왕이 궁궐 밖 '청양루(靑陽樓)'('춘양(루)교(春陽(樓)橋)'로 추정[3])에 나가 월명을 맞이하여 의식을 거행하였다. 경덕왕이 좌정해 있고 그의 명령으로 산화공덕 의식을 거행하는 상황이 '오늘 이에'로 표현되었다. 의식을 행하는 이곳에서 '날려 보내는 꽃'은 국왕의 '곧은 마음의 명'에 의한 것이다. 지상의 궁전에서 천상의 도솔천으로 향하는 그 꽃은 저곳의 '미륵'을 이곳의 '좌주'로 모셔 올 임무를 지닌다. 의식이 거행되는 궁전은 천상과 통해 있는 것이다.

천재지변에 대한 불양 의식이 거행된 곳이 궁전이지만, 그 전에 천

---

3) 신재홍, 『향가의 미학』, 집문당, 2006, 169면.

재지변의 소식이 상달되는 곳도 궁전이다. 진평왕대 〈혜성가〉에는 "'혜성이야[라고] 사뢰라"는 사람이 있다'고 하였다. 일관이 혜성이 나타났다는 사실을 왕에게 아뢰라고 누군가에게 명하고 있다. 〈혜성가〉는 혜성을 불양하기 위해 진평왕의 명으로 융천이 의식을 주관한 자리에서 불렀을 것이다. 명령자와 주관자의 관계라는 점에서 진평왕과 융천은 〈도솔가〉에 나타난 경덕왕과 월명의 관계와 유사하다.

〈원가〉는 버림받은 신하가 왕의 은총을 되돌리기 위해 지은 작품이다. 즉위 전의 효성왕과 신충이 다짐했던 태자의 처소, 곧 '안압지(雁鴨池)'를 낀 '임해전(臨海殿)'이 배경이다.

궁전의 뜰에는 잣나무가 심겨 있었다. '물 좋은 잣'이라 하였으니 최고 품질의 나무에 최상품의 열매였을 것이다. 그 아래에서 태자와 신하가 바둑을 두다가 은밀한 맹세를 하였다. '"너하고 같이 다니고 싶구나"[라고] 하신' 것이다. 정치적 진퇴를 함께하겠다는 태자의 이러한 언질에, 화자는 태자를 '우러러' 봄으로써 충성심을 드러내었다. 두 사람의 이 맹세를 잣나무가 지켜보았다.

그 궁전 뜰에 못이 조성되어 있었다. '달이 그림 져 닿은 못'에서 '오고 가는 물결'을 그리고 있는 것이다. 궁정에 조성된 못의 물은 복원된 안압지가 그렇듯이 고여 있지 않고 흘러들었다가 나간다. 이를 비유로 사용해서 화자가 버림받은 처지를 못에서 '새어 나가'는 물결로 표현하였다.

이 작품은 예전에 화자가 측근에서 왕을 보좌하였던 궁궐과 지금 버림받아 숨어 버린 '세상 아무 데'가 대비되어 있다. 왕이 사는 궁궐과 백성이 사는 세상 아무 데, 즉 민간의 대비이다. 이러한 대비적 조망하에 궁궐의 위엄과 권위가 암시된다. 이와 유사한 공간 대비가 〈서동요〉에서는 '선화 공주님'과 '맛둥이 서방'의 인물 대비에 전제되어 있다. 선화 공주는 궁궐 안에서 살고, 맛둥이는 궁궐 밖 민간에 있는 것이다.

작품 속 선화 공주는 '남들이 모르는 사이에' 훌쩍 '시집갈 나이가 되'었고, 맛둥이를 만나면 '무턱 안을' 것이라고 예측되고 있다. 궁궐 안에서 공주가 자라나 신랑감을 찾는 일반적인 과정이 배경인 것이다. 그 위에 어느새 성숙하여 신랑감을 무턱 안으리라고 기대되는 선화 공주의 개성이 더해져 있다. 작품에 전제된 궁궐은 왕의 자녀인 공주가 자라나는 곳이다.

〈안민가〉는 경덕왕이 궁궐 서쪽의 맨 바깥 정문, 즉 궁궐에서 민간의 거리로 통하는 '귀정문(歸正門)' 누각에 올라 충담을 청해서 얻은 치도(治道)의 노래이다. 삼짇날에 문루에 올랐으니 왕은 신하들과 함께 봄맞이 거리 축제를 완상하고 있었을 것이다. 문루에서 내려다본 서라벌 시가지는 새봄의 싱그러움이 편만하고 축제를 즐기는 인파들로 북적였을 법하다. 여기서 경덕왕은 영복승(榮服僧)으로 지목된 충담에게 정치의 요체를 담은 향가를 청하였다. 이는 왕이 '청양루'에 나가 월명을 맞이해 〈도솔가〉를 짓도록 한 것과 상통한다. 서라벌의 궁궐은 귀정문에서 서쪽 거리로, 청양루에서 문천(蚊川)을 가로질러 남산으로 이어졌다. 대문과 다리로 연결되어 궁궐은 민간으로 통하였고 국왕은 그 통로를 따라 민의를 들었던 것이다.

이렇게 향가에 나타난 궁궐은 위로 하늘에 통하고 사방으로 민간에 통하는 신라 사회의 중심 공간이다. 민간과의 대비 속에 위엄과 권위를 지니는 한편, 왕이 제의를 주재하고 신하를 보살피며 국정의 자문을 구하는 곳이다. 왕과 그의 가족이 일상생활을 영위하면서 잣나무 아래에서 바둑을 두거나 못을 조성하여 즐기는 곳이기도 하다.

(2) 서라벌

서라벌은 신라의 수도로서 궁궐이 자리한 지역이다. 〈처용가〉 첫머리에 나오는 '동경'은 헌강왕대의 정치 문화적 상황 배경 속에 놓인 서라벌을 지칭한다.

작품에 그려진 서라벌은 '밝은 달' 아래 화랑이 '밤늦도록 노니'는 곳이다. 기와집이 즐비하고 음악 소리가 그치지 않았던[4] 서라벌의 거리에서 화랑이 노닐었던 것이다. 당나라 장안을 본떴다는 서라벌은 바둑판 모양으로 펼쳐진 시가지에 화랑을 비롯한 왕경 귀족, 평민, 천민 등이 오가던 곳이다. 그들은 서라벌을 빼곡히 채운 집에 거주했을 터인데, 서민의 집들이 포진한 중에 '금입택(金入宅)' 같은 귀족의 저택이 모여 있기도 하였을 것이다. 밤늦도록 거리를 쏘다니며 놀던 처용이 들어간 그의 집도 그중 하나였겠다. 급간(級干)의 직품을 지닌 화랑이었으니, 그의 집은 귀족 동네에 있었을 것이다. 시적 화자는 집에 '들어서 자리'에 누우려고 했다. 지금이나 그때나 집은 잠자리를 제공하는 보금자리이다.

이 작품은 '빼앗아 옴을 [사람들이] 어떻다 하리오?'로 마무리된다.

---

4) 『삼국유사』, 기이, 「처용랑 망해사」, 自京師至於海內 比屋連墻 無一草屋 笙歌不絶道路 風雨調於四時. 이와 유사한 내용이 『삼국사기』, 신라본기, 「헌강왕 6년」에도 실려 있다.

화자는 무엇을 빼앗기고 뺏는 인간관계 속에 놓여 있다. 처용이 바다로부터 서라벌로 들어온 외래자인 점, 이 행에 생략된 '[일반] 사람들', '보좌왕정(輔佐王政)'을 허락한 왕 등을 고려할 때, 처용과 역신의 쟁탈전에는 모종의 정치적 배경이 깔려 있다. 외래자인 자신을 후원하는 왕과 일부 귀족의 후의를 생각하여 처용은 역신에 대한 분노와 응징을 그친다. 구체적인 상황은 알 수 없으나, 처용의 잠자리에까지 파고든 서라벌의 정치적, 문화적 상황이 감지된다. 서라벌은 국왕과 귀족 사이에서 펼쳐지는 정치적 사건들의 중심 마당이었던 것이다.

정치적 사건의 장으로서 서라벌의 모습은 〈모죽지랑가〉와 〈원가〉에서도 나타난다. 〈모죽지랑가〉의 '랑이 그리워할 마음에 오고 갈 길'은 시적 화자가 차출되어 온 부산성과 죽지가 있는 곳 사이에 난 길이다. 죽지는 김유신과 함께 삼국 통일에 진력한 장수로서 아마도 가야계 진골 귀족일 것이다. 그가 사는 곳은 서라벌일 가능성이 높다. 김흠돌의 반란 이후 화랑의 지위가 추락하던 시기에 죽지는 모량부의 귀족 익선에게 부하를 차출당하는 모욕을 겪은 것이다.

〈원가〉의 화자는 효성왕에게 버림받아 '세상 아무 데에 숨은' 처지가 되었다. '세상 아무 데'는 왕과 친족이었던 신충이 궁궐에서 물러나 살고 있는 서라벌의 자기 집을 지칭한다. 신충은 효성왕의 즉위 즈음에 벌어진 모종의 권력 다툼에서 밀려나 궁궐 밖 서라벌 그의 집에 '숨'듯이 들어앉았던 것이다.

서라벌 시내에는 절이 많았다. 양지는 '영묘사(靈廟寺)'의 장륙불을 만들면서 선정(禪定)에 들어 〈풍요〉를 지었다. '서러운 곳'에 '오다'라고 사유한 곳이 서라벌에 있던 영묘사이다. 광덕은 '분황사(芬皇寺)'

서쪽 마을(또는 '황룡사(皇龍寺)'의 '서거방(西去房)')에 살면서 극락왕생을 염원하는 〈원왕생가〉를 지었다. 분황사(또는 황룡사) 전각 안에 모신[5] '다짐 깊은 불존', 즉 '무량수불 전에'서 간절히 노래하였다. 서라벌의 북부 '한기리(韓岐里)'에 살던 희명이 눈이 먼 다섯 살배기 아이를 안고 분황사 왼쪽 전각 북벽에 그려진 천수관음상 앞에서 〈도천수관음가〉를 지어 불렀다. '무릎을 대며 / 두 손바닥 모아 들여 / 천수관음 앞에 / 빌어 사뢺도 드리노라'라고 한 곳이 바로 분황사이다. 월명은 '사천왕사(四天王寺)'에 주석하며 피리 연주로 이름을 날렸다. 그가 죽은 누이의 천도재(薦度齋)를 지낸 곳도 이 절이었을 듯하다. 이렇듯 시내 곳곳에 자리한 신라의 대표적인 절들이 향가의 배경으로 등장한다.

서라벌은 국제도시로서의 면모도 지니고 있다. 〈처용가〉의 작가 처용은 바다로부터 도래한 인물이고, 〈서동요〉를 지은 서동은 백제 사람으로서 스님 행색으로 서라벌에 들어왔다. 외래자인 이들이 신라의 문화에 동화된 결과, 후대에 남을 만한 향가 작품을 창작할 수 있었을 것이다.

이렇듯 향가에 그려진 서라벌은 왕실과 귀족 중심으로 정치적 사건이 벌어지고 화랑이 밤늦도록 거리를 노닐며 조각가가 불상을 만들고 음악가가 피리를 불며 다니고 외래자들이 신라 문화에 젖어 드는 곳이다. 그곳에는 궁궐에 잇닿은 바둑판 모양의 거리를 사이에 두고 기와집들이 즐비하고 귀족과 평민의 주거지가 모여 있고 시내 곳곳에

5) 아니면, 광덕이 자기 집에 안치한 무량수불상 앞일 수도 있다.

웅장한 건축물을 지닌 절들이 들어서 있다.

(3) 지방

향가에는 신라의 여러 지방이 나온다. 이곳들은 거의 다 수도와 지방의 관계 속에 의미를 지닌다.

〈모죽지랑가〉에서 '랑이 그리워할 마음에 오고 갈 길'은 축자적으로 죽지가 있는 서라벌에서 화자가 있는 '부산성(富山城)'(경주시 건천읍 송선리)까지의 길이다. 그 길은 '다북쑥' 우거진 '거리'이기도 하다. 부산성은 '지난 봄' 득오가 화랑 죽지에게 낭도로 '속하여' 활동하였던 서라벌에 대비된 공간이다. 배경 기사에는 득오가 부산성에서 부역하는 현재 상황이 기술되었지만, 향가에는 다만 '모두 있어야만 소리 내어 울 이 시름'으로 표현되었다. 노역에 시달리면서 호소할 곳 없는 현재의 처지를 암시만 한다. 부산성은 화랑과 동료 낭도들이 있는 서라벌에 비해 고립무원의 상태에서 시달리고 있는 곳, 잘 닦인 거리가 사통팔달로 뻗은 서라벌에 비해 잡초가 우거진 거리에 연결된 곳으로 그려져 있다.

〈헌화가〉는 서라벌에서 '강릉(江陵)'으로 이어지는 길가, 동해에 면한 어느 지방이 배경이다. 강릉으로 가는 순정공의 행차가 점심참에 머문, '자줏빛' 철쭉이 만발한 '바위 가'에서 수로 부인은 좌우에게 그 꽃을 꺾어 달라고 부탁하였다. 아무도 나서지 않을 때 마침 암소를 끌고 지나가던 노인이 꽃을 꺾어 바치면서 이 노래를 지어 불렀다. 서라벌의 귀족 부인이 지방의 늙은이인 자신을 '부끄러워'할지도 모른다는 자의식을 지닌 채 꽃을 바친 것이다.

〈혜성가〉의 '옛날이 새려는 물가'는 동해 가이고, 그곳에는 '변방의 무리'가 수자리를 보고 있다. 그들이 동해의 신기루 현상을 '바라보고, / "왜군도 온다, / 횃불 사르라"'고 하면서 봉화(烽火)를 올려 서라벌에 보고하였다. 동해 방어는 신라의 중요한 군사적 과업이었는데, 동해 가에서 서라벌까지의 봉화 길은 그 일의 한 축이었을 것이다.

작품에서 '산 보시려 함'의 산은 '풍악(楓岳)'(금강산)이다. 일단(一團)의 화랑이 서라벌을 출발하여 금강산으로 가고자 하였다. 산수 유람으로 단련하는 화랑도가 성지(聖地)인 금강산에 가서 심신을 수련하려던 것이다. 혜성이 나타나 그 길을 막자, 화자는 화랑들에게 '거리낌 없이 떠나가라'고 충고한다. 융천은 천문을 살펴서 서라벌에서 금강산에 이르는 길에 어떤 재액도 없으리라고 선언한 것이다. 결국 금강산은 액을 제거하고 이르는 길지가 되었다.

지리산은 〈우적가〉의 배경으로 나온다. 영재는 만년에 '남악(南岳)'에 은거하고자 길을 떠나 '대현령(大峴嶺)'(경남 의령 서쪽 30리로 추정[6])에 이르러 도적을 만났다. 그들의 요구로 〈우적가〉를 지어 부르며, '해 멀리 숨은 잘못을 알고 / 이제는 숲에서 떠나갈 것이다'라고 훈계한다. 이 '숲'은 도적의 소굴인데, 아마도 지리산 속이나 인근에 있었을 것이다. 또한 '오직 나—의 한은 / 아스라한 조용한 시골집 아무니다'의 '시골집'은 지리산의 은둔처를 지칭한다. 화자 자신을 뜻하는 '랑'을 승랑(僧郎)으로 본다면 영재도 화랑도의 일원일 가능성이

6) 양주동, 『증정 고가연구』, 일조각, 1965, 639면 ; 강인구 외, 『역주 삼국유사』IV, 이회문화사, 2003, 346면.

있다. 서라벌에 살던 영재가 음악과 불교 수련지인 지리산으로 은둔하러 갔던 것이다. 길을 막은 도적의 액을 떨쳐 내고 지리산에 들어가도록 한 〈우적가〉는 금강산을 향한 길을 막은 천재(天災)의 액을 떨쳐 낸 〈혜성가〉와 동질적인 의미를 공유하고 있다.

〈찬기파랑가〉에서 기파가 은거하였고 문도(門徒)가 모여 추모하고 있는 곳은 작품에 나온 '일오(逸烏)내'(경주시 양북면 입천리로 추정[7])이다. 이곳은 기파의 '수도처만이 / 바탕한 물가'이고, 하늘로 '높'게 뻗은 '잣나무'가 둘러선 곳이다. 화랑 기파는 이곳에 은거하여 수도 정진하였다. 후대에 영재가 지리산에 은거한 것도 화랑도의 은거 전통을 이은 듯한데, 영재는 서라벌에서 멀리 떠났으나 기파는 서라벌 근교에 은거하였다.

이같이 현존 향가에는 서라벌에서 출발한 여정의 목적지로서 부산성, 강릉, 금강산, 지리산, 그 도중인 서라벌에서 강릉 사이의 어느 동해 가, 지리산 입새의 대현령, 그리고 서라벌 근교인 일오내, 변방으로서의 동해 가 등이 나온다. 대개 서라벌에서 해변 길을 따라 북쪽으로 가거나, 고갯길을 넘어 서쪽으로 가서 닿게 되는 지방들이다. 여행자로 화랑도가 많이 나오는 것은 당대 가장 활발하고 자유롭게 국내 여행을 할 수 있었던 집단이 화랑도였음을 시사한다.

(4) 국토, 하늘, 바다

궁궐, 서라벌, 지방 등을 통틀어 신라의 국토라 할 수 있다. 이는 관

---

7) 이임수, 「찬기파랑가」, 『새로 읽는 향가문학』, 아세아문화사, 1998, 216-218면.

념이 아니라 신라인의 삶의 터전으로서 구체적인 지역, 즉 한반도의 중남부(삼국 통일 전에는 한반도의 동남부)를 가리킨다. 〈안민가〉에서 정치가 잘 행해지면 백성이 "이 땅을 버리고서 어디 가리!"라고 말할 것이라 한다. 이 말 속의 '이 땅'이 곧 신라인이 살아가는 국토이다. 그 국토는 '나라가 부지(扶持)해' 주는 백성이 사는 곳, '나라가 태평한' 상태인 구체적인 공간이다. 그 안에서 국가의 실질적인 권력이 행사된다.

향가에는 하늘과 바다도 나타난다. 〈혜성가〉에서 '달도 다좇아 헤아리려는 바에, / '길 쓸 별'을 바라보고 / "혜성이야[라고] 사뢰라"[는] 사람이' 바라본 하늘이 있다. 하늘은 달과 별이 운행하는 곳이자 그것이 지상의 일에 간여한다고 생각된 곳이다. 또한 〈혜성가〉에는 '옛날이 새려는 물가[에서] / '건달파의 논 성'을 바라보고 / "왜군도 온다, / 횃불 사르라"는 변방의 무리'가 바라본 동해가 있다. 여기서 동해는 왜군이 쳐들어오는 통로이자 왜군의 침략을 감시하고 방비하고 물리치는 곳으로 그려졌다. 이렇듯 하늘과 바다는 국토를 지키고 국가의 일을 형통케 하려는 노력이 투영된 공간으로 나타난다.

2) 관념적, 초월적 공간

(1) 이승

〈풍요〉는 양지가 영묘사의 장륙불을 만들면서 선정(禪定)에 들어 얻은 깨달음을 노래한 작품이다. 제1행에서 '우리가 이 세상에 오다'라는 절대적 사실을 표현한 '오다'를 세 번 반복하며 의미를 심화한다. 우리가 온 이 세상, 즉 이승은 '서러운 곳'이다. 이렇게 서러운 이승에서 살아갈 방도를 제4행에서 '공덕 닦으러 오다'로 제시하였다. 우리는 공덕을 닦기 위해 서러운 이 세상에 왔다는 것이다. 여기서 이승은 불교적 인식과 지향의 의미가 담겨 있다.

〈제망매가〉의 '생사의 길은 / 이에 있으매 애 끊이거늘'의 '이'도 이승을 뜻한다. 여기의 이승은 생과 사가 갈라지는 곳이다. 누이는 죽어 가고 시적 화자는 살아 있다. 죽음이 삶을 갈라놓는다는 점, 그리하여 이승의 삶은 죽음에 가닿는 고난의 연속이라는 점에서 〈풍요〉의 '서러운 곳'과 동질적인 함의를 갖는다. 이는 나무의 비유 중 '여기저기에 떨어질 잎같이, / 한 가지에 나고 / 가는 곳 사방팔방이구나'에 나오는 '여기'와 '저기', '나고 가는 곳'으로 확장되는 인식이기도 하다. 인연과 윤회가 끝없이 이어지는 곳이 이승인 것이다.

두 작품에 그려진 이승은 고통으로 점철된 서러운 곳, 삶과 죽음이 교차되면서 인연과 윤회전생이 계속되는 곳이다. 불교적 인식 내용이 담긴 공간이다.

(2) 수도처와 신성 장소

향가에는 초월적 세계를 지향하는 지상 공간과 초월적 존재가 안치된 신성 공간이 그려졌다. 두 공간은 종교적 의식과 지향이 반영되었다는 점에서 같은 기반 위에 있다.

광덕은 〈원왕생가〉 첫머리에서 '달이 애오라지 / 서방[만을] 염원하며 가시리오?'라고 읊었다. 아미타불이 주재하는 서방으로 가는 달에 대해 자문해 본 것이다. 광덕은 자기 집이거나 분황사(혹은 황룡사)에서 수도하였을 것이다. 수도처에서 달을 바라보며, 달이 가는 서방의 길을 좇아 극락왕생하기를 기원한 것이다.

〈제망매가〉에서 월명은 죽은 누이와 미타찰에서 다시 만나기를 기원한다. 지금 천도재를 올리는 장소에서 그렇게 기도하였던 것이다. 그렇지만 '도 닦으며 기다리'는 화자의 평생 수도처는 그가 주석하였던 사천왕사일 것이다.

〈찬기파랑가〉에 나오듯이, 기파는 '일오내'에서 수도하였다. '달'로 상징된 그가 '흰 구름 좇아 떠나가' 도달한 곳 역시 흰색이 가리키는 서방의 극락이다. 지금은 그의 '수도처만이 / 바탕한 물가'에서 문도가 추모 의식을 거행하고 있다. 수도처의 주인은 떠나버렸지만, 그의 정신은 문도에게로 이어지고 있다. 수도처는 대를 이어서 도가 전수되는 곳이기도 하다.

영재는 〈우적가〉 끝에서 '오직 나—의 한은 / 아스라한 조용한 시골집 아무오니다'라고 한탄하였다. 도를 닦기 위해 가던 중에 만난 도적에게 목숨을 잃을지도 모르는 상황에서, 수도를 향한 의지를 강력히 드러낸 것이다. 영재는 지리산에 들어가면 〈찬기파랑가〉의 기파처럼 수도에 정진할 것이었다. 다행히 도적이 감화를 받고 그의 문도가 되어 함께 지리산에 들어가 도를 닦았다.

이렇듯 향가에는 수도자가 도를 닦는 거처가 나온다. 대개 이곳에서 서방 정토에 이르기 위해 수도에 정진하는 모습이다. 그런데 이러한 수도자의 원망(願望)을 이루는 데 도움을 줄 초월적 존재가 안치된 지상의 공간도 마련되어 있다. 수도자는 이러한 신성 장소에서 초월을 실현하고자 수도에 전념하는 것이다.

〈원왕생가〉에는 무량수불상이, 〈도천수관음가〉에는 천수관음상이 모셔져 있다. 불상과 관음상이 안치된 곳은 대개 절이지만, 가정집일 수도 있는바, 어느 곳이든 부처나 관음이 있는 곳은 신성하다. 〈혜성가〉에서 불법의 수호신인 '건달파'는 동해에서 '논' 것으로 되어 있다. 세 화랑이 가려는 '금강산'은 금강역사와 관련된 지명이다. 동해나 금강산도 건달파, 금강역사가 출몰하는 신성한 장소인 것이다.

불교의 신성 장소뿐 아니라 화랑의 신성 장소도 나온다. 〈찬기파랑가〉에 그려진 기파는 문도의 추모 대상이고, 수도처는 그의 가르침이 드리운 신성 장소로 여겨진다. '잣나무'로 표상되듯이 하늘로 치솟은 그의 고귀한 정신세계가 온축된 그곳은 부처나 관음에 비견할 만한 화랑의 신성성이 부여되었다.

대개는 궁궐인, 국왕이 계신 곳도 신성 장소이다. 〈혜성가〉에서 '달'이 '헤아려' 주거나 〈원가〉에서 '달이 그림 져 닿은' 곳이란, '달'로 상징된 신성한 왕의 은총이 내리는 곳이다. 〈도솔가〉의 '곧은 마음'이 주재하는 '이'곳은 왕의 명령에 따라 도솔천의 '미륵'불이 '좌주'로 오게 될 신성한 자리이다. 왕이 곧 부처가 되는 제의적 공간인 것이다.

(3) 초월계

현존 향가에서 시적 화자가 지향하는 곳은 대개 서방의 극락세계이다. 〈원왕생가〉의 '서방', 〈제망매가〉의 '미타찰'이 그곳이다. 아미타불이 중생의 제도(濟度)를 위해 늘 발원하고 있는 그곳은 윤회전생의 업을 끊고 이르게 되는 열반의 공간이다. 〈찬기파랑가〉의 기파가 '흰 구름 좇아'가서 이른 곳도 그곳이다.

〈도솔가〉의 '미륵 좌주'는 미륵불이 계신 도솔천과 제의를 거행하고 있는 이곳 조원전을 합치하려는 의도에서 나온 말이다. '좌주'는 도솔천을 주재하는 미륵이자 제의의 장소에 임재(臨在)한 왕을 뜻한다. 공간에 초점을 맞춘다면, 도솔천과 조원전을 합치하여 왕즉불(王卽佛)의 이상을 실현하는 배경으로 삼은 것이다.

〈혜성가〉에서 '건달파의 논 성'은 실제로는 신기루를 지칭하지만, 그 말 자체는 불교적인 초월계를 뜻한다. 불법의 수호신이자 음악의 신으로서 건달파가 연주하는 공간인 것이다. 이는 건달파가 불법의 나라 신라를 수호해 준다는 믿음의 표현이기도 하다. 또한 〈혜성가〉에는 '길 쓸 별'이 지나가는 하늘이 그려져 있다. 지상의 일을 예측하고 미래에 닥칠 운명을 예비하도록 하는 하늘의 무늬를 만들어 보여주는 곳이다.

이렇듯 향가는 인간이 죽어서 도달할 불교적 이상세계와 함께 지금 이곳에 내림할 불교적 공간이나 천상의 세계를 그린다.

3. 향가 작품의 공간성

1) 공간 의식과 시상의 전개

딛ᄇᆡ 바호 ᄀᆞᆺᄒᆡ	자줏빛 바위 가에
움온 손 암쇼 노히시고,	움킨 손[에서] 암소[를] 놓게 하시니,
나ᄒᆞᆯ 안디 붓그리시ᄃᆞᆫ	나를 아니 부끄러워하신다면

곶홀 것가 바도리-다.[8]　　꽃을 꺾어 바치리이다.

〈헌화가〉 첫머리에 '자줏빛 바위 가에'라는 공간 배경이 설정되어 있다. 이곳은 수로 부인이 꺾어다 달라는 철쭉꽃이 만발한 동해 가의 벼랑이다. 벼랑 위에는 철쭉꽃이, 벼랑 아래에는 여러 사람이 보는 앞에 화자와 수로가 있다. 신라의 중심 서라벌의 수로 부인이 변방인 강릉으로 가는 도중에 머문 이곳은 동해와 벼랑 사이, 동해 가이면서 벼랑 가이기도 한 곳이다. 위—아래, 가운데—가장자리(중심—변두리)의 대비적 공간 의식이 겹쳐 있다.

현실적으로 위 · 가운데에 있는 이는 수로이고, 아래 · 가장자리에 있는 이는 화자이다. 그런데 수로가 변방의 벼랑 위에 있는 꽃을 갖기 원하면서 공간 관계에 혼선이 생겼다. 화자의 세계에 속하는 가장자리에 수로가 끼어들어, 신분적으로 고귀한 그녀가 가장자리의 심미적인 고귀함까지 요구한 것이다. 이렇듯 시상의 전개를 추동하는 문제적 상황이 제1행에서 공간 의식의 혼선이라는 양상으로 표현되었다.

수로 부인이 꽃을 꺾어다 달라고 하고 주변 사람들은 할 수 없다면서 물러서 있을 때, 마침 암소를 끌고 그 곁을 지나가던 노인이 나서게 된다. 그 노인인 시적 화자는 이 상황을 '움킨 손에서 암소를 놓게 하시'는 것으로 받아들였다. 자신이 나서서 그녀의 소원을 이루어 주는 것 외에 다른 방도가 없다는 것이다. 제1행의 문제 상황이 제2행에서 시적 화자의 행동을 유발하였다.

8) 작품 해독은 신재홍, 『향가의 해석』, 집문당, 2000에서 가져왔다.

여기서 중심이 되는 말은 '손'이다. 화자의 손은 암소 고삐를 움키고 있었는데, 수로의 청을 듣고 손을 펴서 고삐를 놓았다. 손을 움키고 펴는 것, 암소를 일시적이나마 소유의 권역 안에서 밖으로 내보낸 것이 시적 화자의 행동이다. 이 움킴과 펼침의 행동, 안과 밖의 공간 관계는 제3행 '나를 아니 부끄러워하신다면'으로 연결된다.

제2행은 화자의 행동을 그렸지만 제3행은 대상, 즉 수로의 행동을 짐작해 본 것이다. 작품의 현실적 전제로서 위—아래, 가운데—가장자리의 공간 관계로 본다면, 서라벌의 고귀한 부인이 변방의 민간인인 나를 부끄러워할 만한 상황이다. 달리 말해, 겉으로 보이는 나에 대한 수로 부인의 속내가 부끄러움일 수 있다. 제2행의 안과 밖이 제3행에서 겉과 속의 관계로 바뀌는 것이다. 그런데 그러한 일반적인 상황이 '아니'라는 부정어를 통해 문제적 상황으로 전복되어 있다. 이는 다시 화자의 손의 움킴과 펼침이 대상에게 전달되어 그녀의 마음이 움킴에서 펼침으로 나아가기를 희망하는 것이기도 하다.

제4행에서 공간 관계의 혼선과 전복이 질서를 잡게 된다. 변방의 벼랑 위의 '꽃을 꺾어' 서라벌의 고귀한 부인에게 '바치리이다'고 한 것이다. 가장자리·위에 속한 꽃이 가운데·위에 속한 수로의 것이 되고, 암소의 고삐를 움켰던 화자의 손은 꽃을 꺾어 움켰다가 수로 앞에서 꽃을 바치면서 펼쳐졌다. 아름다움이라는 점에서 꽃과 수로가 합치되고, 암소에 대한 움킴과 펼침을 꽃에 대한 움킴과 펼침으로 전이한 손은 대상의 마음까지 움킴에서 펼침으로 변화시켰다. 손이 취한 안에서 밖으로의 운동이 대상의 마음을 안에서 밖으로 이끌어낸 것이다. 이에 꽃을 매개로 시적 화자와 대상의 마음이 조화롭게 만나게 되었다.

이렇게 공간 의식의 면에서 읽으면, 〈헌화가〉에 그려진 문제적 상황의 설정과 해결 양상, 시적 화자의 행동과 심리 등을 더 깊이 있게 분석할 수 있다. 위와 아래, 가운데와 가장자리, 안과 밖, 겉과 속이 서로 얽혔다 풀어지면서 화자와 대상 간의 조화로운 만남으로 귀결되는 것이다.

목몌 바라ᄆᆡ	목메어 결하매
'이슬 새배야'ᄂ ᄃᆞ라리	'이슬[에] 새벽이야'던 달이
ᄒᆡᆫ 구룸 조추 ᄣᅥ간 알히 하사이	흰 구름 좇아 떠나간 안식처만이
바ᄅᆞᆫ 믈ᄀᆞᆺ자리여ᄒᆡ.	바탕한 물가에.
耆郞ᄋᆡ ᄌᆞᅀᅵ이시 수햐	기랑(耆郞)의 모습인 무리들이
逸烏 나릿 쟉별아ᄒᆡ	일오(逸烏) 냇물의 자갈밭에서
郞야 디니다시온	랑이 지니셨던
ᄆᆞᅀᆞᄆᆡ ᄀᆞᆺᄒᆞᆯ 좇ᄂᆞ아져.	마음의 끝을 좇고 있구나.
아야, 자싯 가ᄌᆞ 놉기 됴ᄒᆞ리.	아아, 잣나무 가지 높아서 좋으리.
모다 ᄂᆡ올 花判야.	모두 해내야 할 화랑의 서원(誓願)이여.

〈찬기파랑가〉 제1구(제1~4행)는 여러 가지 공간 및 의미 관계가 복합적으로 설정되었다. 먼저 '목메어 결하매'와 '흰 구름 좇아 떠나간'에서 가까움과 멂의 관계가 있다. 또 '달'로 상징된 기파가 천상으로 '떠나간' 지상의 '안식처'에서 위와 아래의 관계도 있다. 달이 떠나감으로써 안식처가 비어 버렸다는 뜻에서 차고 빈 것이 위—아래에 덧붙는다. 주인 잃은 빈 공간인 '안식처만이 / 바탕한 물가'로써 위에

대비된 아래의 상황이 제시되었다. 그리고 '물가'는 흐르는 물의 가장자리라는 뜻에서 흐름과 멈춤의 관계가 전제된 말이다.

가까움—멂, 위—아래, 참—빔, 흐름—멈춤 등의 관계 속에 문제 상황이 드러난다. 화자에게 가까이 있던 대상이 멀어져 버린 상황에 위—아래의 관념이 투사되었다. 기파는 이곳 지상을 떠나 저곳 천상으로 가 버렸다. 이는 관념상 찬양받아야 하고 그래서 제목이 〈찬기파랑가〉이지만, 그가 떠난 자리가 비어 있는 현실을 어떻게 수용해야 할지 문제이다. 이에 대해 물에 함축된 역사의 흐름이라는 관점에서 잠시 멈추어 서서 생각해 보자는 것이다.

제2구(제5~8행)는 제1구에서 제기된 문제를 풀어 가는 과정을 그렸는데, 그 주체는 '기랑의 모습인 무리들'이다. 기파 한 사람의 모습이 무리에 속한 각자에게 투영되었다. 하나에서 여럿으로 나아가고, 전체와 요소들이 상호 보완하는 것이다. 이 '무리들'이 '일오 냇물의 자갈밭에서' 추모 의식을 거행하며 무언가를 다짐하고 있다. 제1구 끝 행에 나온 '물가'를 '일오 냇물의 자갈밭'으로 구체화함으로써 문제의식을 보다 명확히 하였다.

이렇게 준비된 상황에서 무리는 '랑이 지니셨던 / 마음의 끝을 좇고 있'다. 여기서 '마음의 끝'은 작품의 주제어이다. 이 '끝'은 기파가 지녔던 마음의 안과 그것이 드러난 밖의 경계, 기파의 평생의 삶이 종결된 시점, 그리고 천상으로 떠난 기파가 지상에 드리운 영향력이 닿은 지점 등을 복합적으로 의미한다. 안과 밖, 과거와 현재, 위와 아래 등의 관계가 응축된 것이다. 제1구에서 설정된 가까움—멂, 위—아래, 참—빔, 흐름—멈춤 등의 관계가, 안—밖, 과거—현재, 위—아래의 관계가 응축된 이 말로 수렴된다. '마음의 끝'은 기파의 사상과 행적의 드러남이자 추모자들이 따라가야 할 이념의 드리움이다.

제3구(제9 · 10행)에서 지목된 '잣나무 가지'는 위로부터 드리운 이념에 아래로부터의 다짐이 호응하는 지점이다. 이 잣나무는 이념의 고귀함을 표상하므로 '높아서 좋'다. 현실의 빈 공간을 채우는 일은 잣나무 가지가 위로 뻗는 것같이 기파가 드리운 이념을 좇아 위를 지향하는 것이다. 이렇게 함으로써 문도 '모두 해내야 할 화랑의 서원', 즉 화랑 기파의 이념이 완수될 것이다. 제1구에 제시된 복합적 관계가 제2구에서 '마음의 끝'으로 수렴된 다음, 제3구에서 다짐을 통해 이념 지향의 의지를 드러내었다.

요컨대 〈찬기파랑가〉는 복합적인 공간 및 의미 관계를 설정하고 그것을 풀어나가 이념의 폿대를 세우고 있다. 화랑 기파에 대한 추모와 찬양은 그가 떠난 빈자리에 선 문도들의 현재적 소명 의식과 결합된다. 이로써 그가 남긴 사상과 행적을 이념화하여 추종하려는 다짐을 다지는 것이다.

東京 ᄇᆞᆯ기 ᄃᆞ라	동경 밝은 달에
밤드리 노니다가,	밤들도록 놀며 다니다가,
드러ᅀᅡ 자ᄅᆡ 보곤	들어서 자리[를] 보니
가로이 네히어라.	가랑이가 넷이어라.
두블흔 내 해엇고	둘은 내 것인데
두블흔 누기 해언고.	둘은 누구 것인가.
아ᄋᆡ 내 해다 마ᄂᆞᆫ	본래 내 것이다마는

아살 엇뎌다 ᄒᆞ리고.　　　　빼앗아 옴을 [사람들이] 어떻다 하리오.

〈처용가〉 제1구는 밖에서 안으로의 공간 이동이 그려졌다. '동경'의 밤거리에서 '놀며 다니다가' 집에 들어와 '자리[를] 보'는 것이다. 서라벌, 집, 잠자리 순으로 공간의 크기가 축소되면서 화자의 시각이 초점화되어 간다. 그렇게 하여 부닥친 문제는 '가랑이가 넷'이라는 잠자리 위의 장면이다. 목격의 과정에 초점을 두어 그림으로써, 밖에서 안으로의 점진적인 시선 이동과 갑자기 부닥친 충격적인 장면이 극명히 대비된다. 이로써 본다면, 처용은 밤거리에서 놀며 다니다가 누군가로부터 잠자리의 사건에 대한 암시나 밀고를 받았는지 모른다. 충격적인 사실을 목격하기 두려운 마음이 공간 크기의 점진적인 축소와 이동으로 표현되었다고 할 수 있다.

여기에 밖이 달과, 안이 가랑이와 관련된 공간이라는 점이 부가된다. 천상의 달과 지상의 가랑이의 대비가 밖과 안의 관계에 겹쳐져 밖—위, 안—아래의 관계가 이루어진다. 밖은 달이 비추고 있고, 안은 가랑이가 넷이 된 상황인 것이다. 이러한 이중적 공간 관계는 뒤 구의 의미와 관련을 맺는다.

제2구는 앞 구와 반대로 안에서 밖으로의 공간 이동이 암시되었다. 문제 상황에 부닥친 화자는 잠자리라는 공간을 이분한다. '둘은 내 것인데 / 둘은 누구 것인가'라면서 넷을 둘씩 나누어 내 것과 남의 것으로 구분하는바, 이는 곧 내 안의 것과 남의 안의 것으로 나누는 일이기도 하다. 각자의 안에 든 것들이 내밀한 곳에서 결합해 있다는 사실이 문제인 것이다. 여기서 빼앗기고 빼앗는 쟁탈의 행동을 벌일 수 있게 된다. 안에 있는 것이 밖으로 나와 다른 안으로 들어감은 안팎의 경계가 씌운 규율을 어긴 사건이기 때문이다.

그런데 행동을 해야 할 순간에 화자는, 역신에게 빼앗긴 아내를 다시 '빼앗아 옴을' 사람들이 '어떻다 하리오'라며 물러선다. 문제의 안은 이미 혼탁할 대로 혼탁해져서 시적 화자가 손대어 보았자 도로 그 속에 빠지는 꼴이 되기 때문이다. 물러서는 것이 좋겠다는 판단은 밖으로부터 온 것이다. '빼앗아 옴을 어떻다 하리오'에 생략된 일반명사인 사람들이 밖의 존재들이다. 앞 구에서 밖—위, 안—아래의 관계가 이루어졌기에 밖에 있는 고귀한 신분의 존재들, 즉 화자를 후원하는 왕이나 귀족이 전제될 수 있었다. 밖의 사람들을 의식하여 혼탁한 안을 밖으로 떠벌이지 않으려고 한 것이다.

이렇듯 〈처용가〉에는 안과 밖의 관계 속에 아내를 두고 벌어진 쟁탈전에서 분노를 삭이며 물러서는 화자의 모습이 그려졌다. 안의 혼탁함에 대해 밖의 시선을 의식함으로써 그 속에 빠지지 않으려는 고결하고 강렬한 의지가 드러나 있다. 이러한 화자의 성격이 후에 처용을 신격으로까지 높일 수 있는 요인이 되었을 것이다.

2) 공간 지각, 공간 형상과 시적 이미지

공간은 눈, 귀, 코, 피부 등의 감각에 의해 지각된다. 그중 무엇보다도 눈으로 공간 혹은 공간 위나 속에 놓인 사물의 형상이 인식된다.[9]

9) 에드워드 홀, 최효선 옮김, 『숨겨진 차원』, 한길사, 2002, 93-140면 참조.

이러한 공간 지각과 공간 형상은 시에서 공간적 이미지를 만들어 낸다.

〈헌화가〉는 시각적 이미지로 싸여 있다. 벼랑 위에 핀 철쭉꽃의 자주색, 노인이 끌고 가던 암소의 누런색, 수로 부인이 부끄러워할 때 얼굴에 나타날 홍조(紅潮), 노인이 부인에게 바칠 철쭉꽃 다발의 자주색 등 붉은 색 계통이 주조를 이루며 나타난다. 제1행의 자주색과 제4행의 자주색은 멀리서 보는 색과 가까이서 보는 색이라는 차이를 지닌다.

이 색채들은 작품 내에서 일정한 관계를 맺고 있다. 누런색과 홍조는 인과 관계를 이룬다. 암소를 끄는 민간의 노인이므로 귀족 부인이 부끄러워할 것이다. 그런데 이는 하나의 가능성일 뿐 실현되지는 않는다. 이에 비해 아련한 자주색과 뚜렷한 자주색은 연쇄 관계를 이룬다. 벼랑 위의 철쭉꽃을 꺾어다가 부인에게 바치는 것이다. 이것은 가능성을 넘어서 실현된다. 누구도 그 가능성을 인정하지 않은 상황에서 노인이 실현한다는 점에서 자주색이 뚜렷해진 것은 하나의 사건이 된다. 노인과 수로 부인 사이에 교류된 감정과 의식이 먼 데서 가까이로 옮아온 것이 색채로 그려진 것이다.

시각적 이미지가 작품에 드러난 것이라면, 청각적 이미지는 작품 배경에 숨어 있다. 제2행 '움킨 손[에서] 암소[를] 놓게 하시니'는, 배경 기사에서 수로 부인이 "꽃을 꺾어다 바칠 자 그 누구일꼬?" 하자, 종자들이 "사람의 자취가 이를 바 아닙니다"라고 한 대화가 원인이 되었다. 수로의 요청에 아무도 응하지 않자 노인이 나선 것이다. 또한 그 대화의 내용은 화자 자신을 부인이 부끄러워할지도 모르겠다는 제3행의 추측의 근거가 되기도 하였다.

여기에 촉각적 이미지를 형성하는 존재인 손을 추가할 만하다. 노인인 화자의 손이 암소의 고삐를 잡고 있다가 철쭉꽃 다발을 꺾어서 가지고 왔다. 늙은 손이 암소의 고삐에서 꽃다발로 옮아간 것에서 촉각적 이미지의 미묘하면서도 역전적인 변화가 포착된다.

이렇듯 〈헌화가〉는 붉은 색조의 시각적 이미지가 만연하고 손이 지닌 촉각적 이미지의 미묘한 파장이 이는 가운데, 그 배후에서 수로의 말이라는 청각적 이미지가 작용한다. 시각, 촉각, 청각이 작품의 표면과 배후에서 중요한 역할을 하는 것이다.

〈찬기파랑가〉는 자연물의 색채 이미지가 두드러진다. 제1구의 '이슬, 새벽[빛], 달, 흰 구름, 물(가)' 등이 맑고 밝은 색채를 나타낸다. 이슬, 새벽빛, 물 등 투명한 색을 띠거나, 달, 구름 등 흰색을 띠는 것이다. 그런데 제2행에 기파가 남긴 "이슬[에] 새벽이야"라는 말이 청각적 이미지로 색채 이미지와 호응한다. 그 말 속의 '이슬, 새벽[빛]'이 갖는 맑은 이미지가 그 말 자체의 청각적 이미지에 겹쳐짐으로써 말의 내용이나 형식이 모두 맑고 밝은 이미지로 그려진다. 이는 기파가 지녔던 성품과 사상의 고결함을 표상하는 것이다.

제2구에서는 일오내의 자갈밭에 문도가 모여 기파를 추모하는 행사의 모습을 그렸다. 화자의 시각을 통해 행사 장면을 스케치한 것이지만, 제8행 '마음의 끝을 좇고 있구나'라고 하여 행사의 의의와 목적을 밝힘으로써 시각적 이미지에 관념을 부여하였다. 이는 제1구에서 맑고 밝은 이미지로 그려진 기파의 고결함을 행사 장면에 투사한 것이기도 하다.

제3구에서는 사물 하나가 전경(前景)으로 나오는바, 곧 '잣나무 가지'이다. 이는 제1구에 나온 자연물의 맑고 밝은 이미지가 제2구에서 고결함이라는 관념을 덮어쓰고 행사장에 투사된 다음, 제3구에서 하나의 사물로 집약된 것이라 할 수 있다. 요컨대 투명하고 흰 색깔이 잣나무의 푸른색으로 통합된 것이다.

잣나무 가지는 제10행의 '모두 해내야 할'과 연결되면서 그 형상이 지닌 의의가 뚜렷해진다. 하나의 몸통에서 나온 수많은 가지가 사방으로 뻗어 하늘 위를 향하여 도톰한 원뿔형으로 솟아오른 그 모습은 기파와 문도의 관계 및 문도들의 지향을 형상화한 것이다. 제10행의 '모두'는 전체성을, '해내다'는 개별성을 뜻하면서 제9행 잣나무 가지의 형상을 개념적으로 풀어내어 행사의 주체들에게 적용한 것이다.

이같이 〈찬기파랑가〉는 여러 자연물의 색채가 잣나무라는 하나의 사물로 집약되면서 맑고 밝은 색채 이미지와 원뿔형의 형상을 통해 기파가 지닌 인격과 이념의 고결함을 드러내었다. 자연물의 색과 형상이 곧 작품이 추구하는 이념의 표상이다. 기파가 남긴 말, 문도들이 좇는 마음의 끝, 잣나무를 두고 표명하는 화랑의 서원 등이 자연의 색채와 결합된 것이다. 이에 일오내에서 지금 기파를 추모하는 이들 모두 자연색처럼 맑고 밝은 마음으로 이념의 푯대를 따르고자 함을 느낄 수 있다.

〈처용가〉에서 색채 이미지는 밝음과 어둠으로만 나타나고 명암의 대비를 통해 작품 속의 공간이 구분된다. 서라벌 거리를 비추는 달빛과 처용 집 안의 어둠이 대비되어 밖과 안이 나뉘는 것이다. 〈헌화가〉의 붉은 색조, 〈찬기파랑가〉의 맑고 밝은 색깔들에 비하면 흑백 사진에 가까울 정도이다. 이렇게 된 것은 시적 화자가 부닥친 사건의 심각성, 그에 대한 인식의 혼란 때문일 터이다.

그런데 밝음에서 어둠으로 들어선 다음에는 점차 명도(明度)가 높아지는 양상을 띤다. 제3, 4행에서 잠자리에 놓인 가랑이 넷이 어렴풋이 확인되고, 제5, 6행에서는 그 넷을 둘과 둘로 분간할 만큼의 빛이 들어와 있다. 갑자기 어둠에 들었을 때 눈이 캄캄했다가 점차 익숙해지는 것과 동궤이다. 눈이 어둠 속의 사물들을 분간하게 된 후, 제7, 8행에서 화자의 입장이 표명된다. 어두운 안의 사태에 대해 밝은 밖의 상황에 의거하여 판단하고 행동하는바, 분노를 억누르며 어둠의 자리를 뜨는 것이다.

이러한 인식의 과정을 유발한 사건은 제4행의 '가랑이가 넷'이라는 형상으로 표현되었다. 벌거벗은 다리 넷이 엉켜 있는 모습은 작품의 시각적 이미지를 압도한다. 다리만 엉켜 있지는 않았을 것이니, 몸 중에서 다리만을 지칭한 데는 그 사태의 형이하학적 속성을 드러내려는 의도가 작용하였다. 그리고 넷이라는 숫자는 이어지는 행의 둘과 둘이라는 구분을 위해 매우 기능적으로 선택된 것이다. 그렇지만 실제의 모습은 둘과 둘이 분리되기 어려울 정도로 엉켜 있었을 것인바, 애써 넷이라고 칭하는 데는 혼란을 수습하려는 의식이 작용한 것이다. 잠자리에서 벌어진 남녀의 정사 장면을 네모 속에 막대기 네 개 정도의 기하학적 도형으로 치환하여 표현한 것이 강렬한 인상을 준다.

이렇듯 〈처용가〉는 밝은 밖과 어두운 안의 대비를 통해 뜻밖의 사태에 직면한 화자의 인식 과정을 그려 내었다. 가랑이 넷이라는 강렬한 형상이 흑백 사진 같은 작품 전체의 시각적 이미지를 압도하는 데에는 혼동을 질서 잡으려는 화자의 의도가 반영되었다.

4. 향가의 공간적 상상력

향가의 공간들은 기본적으로 현실에 존재하는 실제 공간이며, 인간의 삶이 영위되는 일상적 공간이다. 신성 장소나 초월계도 현실의 인간들이 지닌 의식과 관념이 투영된 것이다. 이러한 실제적, 일상적 공간이 구조화되어 향가라는 문학 작품이 이루어졌다.

문학으로서 향가는 문제적 상황에서 출발한다. 공간성의 측면에서 볼 때, 문제적 상황에 놓인 공간들은 서로 맺은 관계가 얽히게 된다고 할 수 있다. 앞에서 분석한 세 작품에서 드러나듯이, 문제적 상황은 공간 관계의 역전, 복합, 이동 등에 따라 생겨난다. 기존에 질서화된 공간 관계나 고정화된 공간 의식에 균열과 모순이 발생함으로써 시적 화자와 대상 간에 해결해야 할 문제가 생겨나는 것이다.

작품의 시상은 문제를 해결해 나가는 쪽으로 전개된다. 공간 관계를 정상적으로 회복한다거나, 새로운 질서를 세우는 방향으로 나아가는 것이다. 〈헌화가〉는 먼 데서 가까이로 친밀감을 획득하는 방향, 〈찬기파랑가〉는 복합적인 공간 관계를 '마음의 끝'으로 수렴하면서 이념의 푯대를 세우는 방향, 〈처용가〉는 안에서 문제된 상황을 밖의 고귀한 존재들을 의식함으로써 감정을 억제하는 방향 등으로 해결이 이루어진다. 이렇듯 공간성의 얽힘과 풀림에 의해 시상의 전개에 따른 문제 제기와 해결의 양상이 드러난다.

공간 지각과 공간 형상을 통하여 향가 작품 속의 공간 및 사물들이 이미지화된다. 대개는 시각이 주된 이미지를 만들어 내지만, 작품에 따라서는 청각, 촉각 등이 이미지 창출에 기여하기도 한다. 작품 표면에 드러난 이미지와 함께 배경 기사의 맥락에서 파악되는 작품 배후의 이미지까지 중첩되는 경우도 있다. 또한 이미지의 혼융과 구분으로 주제의 심화, 인식의 구체화 과정을 드러내기도 한다.

이러한 공간성의 문제는 문학이 추구하는 주제로 일반화될 수 있다. 넓은 의미에서 보자면, 대부분의 작품은 공간 사이의 소통이 주제라고 할 수 있다. 소통의 주제는 공간 관계의 변화에 따른 의식의 교류로써 드러난다. 〈헌화가〉는 서라벌과 지방의 수평적 소통 관계를, 〈찬기파랑가〉는 천상과 지상의 수직적 소통 관계를, 〈처용가〉는 안과 밖의 소통 관계를 드러낸다. 서라벌의 귀족 부인과 지방의 한 노인 사이, 천상으로 떠나간 기파와 지상에서 그를 좇는 문도 사이, 아내의 간통을 목격한 처용과 서라벌의 후원자 사이에서 소통하기를 추구하고 있다.

요컨대 향가에서 시상이 공간적으로 전개되는 양상은 실제 공간이 갖는 관계에 변화가 생기고, 그에 따라 이미지가 형성되고 의미가 부여되며, 결국 공간 관계의 재편이 이루어짐으로써 마무리된다. 향가의 공간적 상상력은 이러한 지적, 정서적 구조화의 원동력이라고 할 수 있다. 이를 통해 향가 장르의 역사성과 문학성에 접근하는 또 하나의 길을 찾을 수 있다.

화랑의 순유(巡遊)와 향가

1. 서 론

향가는 화랑의 사상 및 활동과 밀접한 문학 장르이다. 『삼국유사』 소재 14편의 향가 중 〈혜성가〉, 〈모죽지랑가〉, 〈찬기파랑가〉, 〈처용가〉 등 4편이 화랑과 연관되며, 화랑도에 속한 향가 시인 월명과 충담의 작품 4편까지 고려하면 절반이 넘는 비중을 차지한다. 향가를 이해하려면 화랑에 대해 살펴보는 일이 필수적이다.

화랑의 여러 면모 중에서 '산수에서 노니는[遊娛山水]'[1] 활동을 살펴 향가 이해의 배경 지식으로 활용할 만하다. 명산대천을 유람하며 심신을 단련한 것이 화랑의 주요 활동임은 기존 자료에서도 보이지만, 『화랑세기』를 통해서 더욱 잘 드러난다.[2] 화랑도는 신라 시대에

---

1) 『삼국사기』 4권, 신라본기, 「진흥왕 37년」, 或相磨以道義 或相悅以歌樂 遊娛山水 無遠不至 因此知其人邪正 擇其善者 薦之於朝.

2) 화랑의 유오산수는 화랑 연구에서 지속적으로 주목받아 왔다(三品彰英, 이원호 역, 『신라화랑의 연구』, 집문당, 1995, 111-138면 ; 이기동, 『신라골품제사회와 화랑도』, 일조각, 1984, 346-347면 ; 김태준, 「화랑과 풍류정신」, 『화랑문화의 신연구』, 문덕사, 1996, 258-262면 ; 이은창, 「신라 화랑유적과 화랑도사상」, 같은 책, 555-

가장 활발하게 여행한 집단 가운데 하나였다. 그들은 여행을 하면서 향가를 창작, 향유하기도 했는데, 향가의 창작 및 향유 배경을 살피기 위해서 화랑의 여행 활동을 고찰할 필요가 있다.

이 장에서는 화랑의 여행 활동을 통칭하여 '순유(巡遊)'라 하겠다. 여러 곳을 돌아다니며 이런저런 일들을 수행하는 모습이 화랑의 전형적인 여행상이기 때문이다. 우선 현존 자료에 나타난 화랑의 순유 양상을 정리해 보겠다. 그런 다음 화랑의 순유와 관련된 향가를 택하여 여행의 관점에서 작품 내용을 해석해 보겠다. 이를 통해 향가 중 몇 편이 중세 여행 문학적 성격을 지녔음을 드러내고자 한다.

2. 화랑의 순유 활동

화랑의 순유의 전반적인 성격을 보여 주는 예로서 응렴(膺廉)의 경우를 들 수 있다.

> 헌안대왕이 랑을 불러 궁전에서 연회를 베풀었다. "랑은 국선이 되어 사방으로 노닐면서 무슨 기이한 일을 보았느냐?" "신은 아름다운 행실을 한 세 사람을 보았습니다." "그 이야기를 듣고 싶구나." "남의 윗자리에 있으면서 겸손히 남의 아랫자리에 앉는 자가 그 하나요, 아주 부자이면서 옷

582면 ; 손인수, 『신라 화랑도의 공간』, 문음사, 1996, 451-538면 등). 『화랑세기』의 사례도 정리된 바 있는데(이종욱, 『화랑』, 휴머니스트, 2003, 258-260면), 이 장에서는 기존의 자료와 『화랑세기』를 아울러서 논의하고자 한다.

을 검소하게 입는 자가 그 둘이요, 본래 귀족에다가 권세 있는 사람이면서 위엄을 부리지 않는 자가 그 셋입니다."3)

응렴이 국선이 되어 '사방으로 노닌[優遊四方]' 것은 화랑의 오랜 전통을 이은 활동이다. 국선은 낭도를 거느리고 여러 곳을 순유하며 사람들을 만났을 터인데, 그러한 여행 경험을 통해 얻은 사람 보는 안목을 왕에게 드러내고 있다. 숫자 3의 설화적 요소에다가 수사적으로 윤색된 말이어서 실제의 여행 경험을 그대로 말했다고 보기는 어렵지만, 적어도 여행 경험을 정리하여 교훈적 덕목을 추출해 내었으리라는 점은 알 수 있다.

그런데 응렴이 만난 사람들은 고위 관리, 부자, 권세 있는 귀족 등 사회의 유력한 지도자들이다. 국선이라는 지위에 걸맞은 인물들을 만났던 것이다. 이는 무명의 여행자가 지방민을 만나는 것과는 성격이 다르다. 국선과 그 낭도들의 순유가 지방관에게는 잘 대접해야 할 중앙 귀족 자제들 위주의 행차였던 것이다.

화랑이 순유한 지역은 시골이나 도회지일 수도 있고 명산대천일 수도 있다. 모랑은 지방을 순행하였고, 용춘은 미복 차림으로 서라벌 거리를 다녔으며, 부례나 요원 등은 금강산을 유람하였다.

모랑공이 비사벌을 순유하다가 병이 들어 도중에서 죽었다. ; 하루는 용

3) 『삼국유사』 2권, 기이, 「사십팔 경문대왕」, 憲安大王召郎 宴於殿中 問曰 郎爲國仙優遊四方 見何異事 郎曰 臣見有美行者三 王曰 請聞其說 郎曰 有人爲人上者 而撝謙坐於人下 其一也 有人豪富 而衣儉易 其二也 有人本貴勢 而不用其威者 三也.

춘공이 종자와 함께 미복으로 거리를 돌아다녔다. ; 부례랑이 국선이 되어……계사년 늦봄에 낭도를 거느리고 금란을 유람하다가 북명의 지경에 이르렀다. ; 국선 요원랑, 예흔랑, 계원, 숙종랑 등이 금란을 유람하면서 은밀히 임금을 위하고 나라를 다스릴 뜻을 두어 향가 3수를 지었다.4)

이러한 순유 지역의 차이는 그 목적의 차이를 반영한 것이기도 하다. 모랑이 순유 도중 죽자, 지소 태후의 명을 받아 후임 풍월주로 내정된 이화가 '군현을 순행하였다[巡郡縣]'.5) 순유의 목적이 군현, 즉 신라의 지방들을 순방하여 군사적, 정치적 상황을 점검하는 일이었던 것이다. 용춘이 종자를 데리고 서라벌을 돌아다니다가 거리에서 풍자의 노래를 듣고 대남보의 어려운 사정을 알게 된다. 이는 화랑이 미복 차림으로 민생을 시찰한 것으로 볼 수 있다. 부례는 국선에 취임한 다음 낭도를 이끌고 금강산 지역을 유람하였다. 신라의 성지인 금강산을 유람함으로써 낭도의 심신 수련을 목적으로 한 여행이었으나, 국경에 이른 것에서 나라의 군사적 경계 태세를 점검해 보려는 의도도 엿보인다. 요원 등은 금강산을 유람하며 향가를 지어 임금과 나라를 위하는 뜻을 드러내었다. 화랑이 명산대천을 유람하며 향가를 지어 심회를 토로하던 정황이 그려진다.

공식적인 순유와 함께 암행을 통한 민생 시찰이 화랑의 주요 활동

4) 『화랑세기』, 4세 「이화랑」, 毛郎公遊比斯伐 得疾途卒 ; 13세 「용춘」, 公一日與從者微服遊街 ; 『삼국유사』 3권, 탑상, 「백률사」, 夫禮郎爲國仙……癸巳暮春之月 領徒遊金蘭 到北溟之境 ; 같은 책 2권, 기이, 「사십팔 경문대왕」, 國仙邀元郎譽昕郎桂元叔宗郎等 遊覽金蘭 暗有爲君主理邦國之意 乃作歌三首.

5) 『화랑세기』, 4세 「이화랑」, 以爲四世風月主 使巡郡縣.

이었음은 다음 예에서도 확인할 수 있다.

무릇 환란을 당한 사람이 있으면 보리공과 만룡 낭주가 함께 가서 위로하고 구호하였다. 당시 사람들이 이성(二聖)의 순치(巡治)에 비겼다. ; 은밀히 도회지나 시골을 다니면서 가난하고 궁핍한 사람을 구휼하니, 인망이 크게 돌아왔다. ; 효종랑이 나가 놀다가 그 경상을 보고 돌아와 부모에게 청하여 집의 곡식 100섬과 옷가지를 보내 주었다. 또 노비로 산 주인에게 보상하고 속량하여 주었다. 낭도 몇 천 명도 각각 곡식 1섬씩을 내어 주었다.[6]

풍월주와 화주는 이곳저곳 다니면서 어려운 낭도들을 보살피는 일도 담당하였다. 인용문의 '이성의 순치'는 시조 혁거세와 알영[7]을 지칭하는 것으로 생각된다. 국초부터 행해져 온 순치의 임무가 화랑에게 분담되었던 것이다.

화랑의 순유라고 기록되지는 않았지만 거득의 예를 통해 화랑의 순유 또는 순행의 구체적인 양상을 알 수 있다.

6) 『화랑세기』, 12세 「보리」, 凡有患難之人 公與娘主偕往慰護 時人比之二聖之巡治 ; 25세 「춘장」, 密行都鄙 救恤貧乏 人望大歸 ; 『삼국사기』 48권, 열전, 「효녀지은」, 孝宗郎出遊見之 歸請父母 輸家粟百石及衣物予之 又償買主以從良 郎徒幾千人 各出粟一石爲贈. 『삼국유사』 5권, 효선, 「빈녀양모」에도 같은 내용이 실려 있는데, 서술 방식이나 디테일 면에서 차이가 있다.

7) 『삼국유사』 1권, 기이, 「신라시조 혁거세왕」, 營宮室於南山西麓 奉養二聖兒…… 二聖年至十三歲 以五鳳元年甲子 男立爲王 仍以女爲后.

"폐하께서 소신을 총재로 삼으시겠다면, 신이 국내를 잠행하며 민간의 요역이 심한지 느슨한지, 조세 부담이 가벼운지 무거운지, 관리들이 깨끗한지 부정한지를 살펴본 다음에 취임하겠습니다." 왕이 허락하니, 거득공은 승복을 입고 비파를 가지고 거사의 모습을 하고는 서라벌을 떠났다. 아슬라주, 우수주, 북원경을 경유하여 무진주에 이르러 마을을 순행하였다.[8]

인용문을 보면, 첫째, 순행의 목적이 민간 요역, 조세 부담, 관리의 청탁을 살피는 것이고, 둘째, 순행의 도정이 서라벌—아슬라주(명주)—우수주(춘천)—북원경(충주)—무진주(광주) 등 남한 지역을 두루 포괄하며, 셋째, 순행자는 승복에 비파를 든 거사의 모습을 하였다.

첫째는 앞에서 살핀 화랑의 민간 시찰의 구체적인 내용으로 볼 수 있다. 둘째는 금강산 유람에서 이후 여정이 확장된 것이라고 할 만하다. 셋째에서 비파를 타며 순행하는 것은 화랑의 '청유(淸遊)'와 유사하다.

설원의 낭도는 향가를 잘하고 청유를 좋아하였다.[9]

향가를 지어 부르고 악기를 연주하며 노니는 것이 화랑의 순유의 한 모습이다. 다만 셋째에서 거사의 모습을 한 것은 화랑의 전통과 거

---

8)『삼국유사』2권, 기이,「문호왕 법민」, 公曰陛下若以小臣爲宰 則臣願潛行國內 示民間徭役之勞逸 租賦之輕重 官吏之淸濁 然後就職 王聽之 公著緇衣 把琵琶 爲居士形 出京師 經由阿瑟羅州 牛首州 北原京 至於武珍州 巡行里閈.

9)『화랑세기』, 7세「설화랑」, 薛原之徒 善鄕歌好淸遊.

리가 있어 보인다. 그러나 화랑은 불교를 받아들이면서 선불(仙佛) 융합의 사상과 행동 양식을 지니게 되는데,[10] 이러한 추세가 거득에게 반영된 것으로 생각된다. 화랑의 순유 도중 불도를 닦기 위해 은둔한 보천(보질도)과 효명도 그러한 예로 볼 수 있다.

> 보천과 효명 두 형제가 하서부에 이르러 세헌 각간의 집에서 하룻밤 묵었다. 다음 날 큰 고개를 넘어 각각 천여 명의 낭도를 거느리고 성오평에 도착하였다. 여러 날 유람하다가 하룻저녁에 홀연 형제가 방외의 뜻을 은밀히 약속하고 사람들이 알지 못하게 해서 오대산으로 들어가 은둔하였다. 시위하던 이들이 간 곳을 알지 못하고 국도(國都)로 돌아갔다.[11]

보천과 효명이 천여 명의 낭도를 거느리고 명주 성오평에서 유람하였다는 것은 화랑의 순유 모습을 잘 보여 준다. 그런 활동의 도중에서 두 사람은 은둔해 버린 것이다. 화랑과 불교의 융합이 상당히 진행되어 나타난 사례라고 하겠다.

한편 시대의 지도 이념과 정치적 목적이 투영된 순유 활동도 보이는바, 김유신의 경우가 대표적이다.

---

10) 『화랑세기』, 14세 「호림」, 公謂郎徒曰 仙佛一道也 花郎亦不可不知佛也 如我彌勒仙花菩利沙門 皆吾師也 公乃就菩利公受戒 以此仙佛漸相融和.

11) 『삼국유사』 3권, 탑상, 「대산오만진신」, 寶川孝明二昆弟 到河西府 世獻角干之家留一宿 翌日過大嶺 各領千徒 到省烏坪 遊覽累日 忽一夕昆弟二人 密約方外之志 不令人知 逃隱入五臺山 侍衛不知所歸 於是還國. 같은 책, 3권 「명주오대산 보질도태자전기」에도 이와 거의 같은 내용이 기록되어 있다.

> 지혜롭고 용감한 낭도들을 뽑아 천하를 두루 돌아다니며 뜻 높은 선비들과 관계를 맺는 데 힘썼다.……열국(列國)을 돌아다니며 뜻과 기개 있는 선비들을 모아 삼한을 통합하였다. ; 랑이 고구려와 백제를 정벌하려는 일로 밤낮없이 깊이 생각하고 있던 차에 백석이 그것을 알고 랑에게 고하였다. "청컨대 제가 공과 함께 은밀히 저들을 먼저 탐지한 후에 도모함이 어떠합니까?" 랑이 기뻐하여 몸소 백석을 데리고 밤에 출발하였다.[12)]

삼한 통합이라는 시대정신을 앞장서 구현하는 과정에서, 유신은 '주행 천하(周行天下), 순행 열국(巡行列國)'하였다. 이 역시 화랑의 순유 전통을 충실히 계승하는 한편, 유신 스스로 삼한 통합에 소명 의식을 갖고 의도적으로 추진한 것이기도 하다. 그러한 순유를 통해 '고사(高士)'와 관계를 맺고, '지기지사(志氣之士)'를 모집하였다.[13)]

이러한 대국적인 견지의 순유와 대척되는 사적 영역의 순유로서 '탐탕지유(貪蕩之遊)'도 나타난다.

> 미실이……미생과 함께 동륜 태자를 외유하도록 하여 유화 중 예쁜 자들을 택하여 많이 바쳤다. (…) 태자와 미생의 낭도가 날마다 밖에서 황음(荒淫)을 일삼았다. ; [용춘은] 성품이 온화하고 공손하며 (…)을 좋아하여

12) 『화랑세기』, 15세 「유신」, 乃簡智勇之徒 周行天下 而務結高士……巡行列國 以募志氣之士 統合三韓 ; 『삼국유사』 2권, 기이, 「김유신」, 郎以伐麗濟之事 日夜深謀 白石知其謀 告於郎曰 僕請與公 密先探於彼 然後 圖之何如 郎喜 親率白石夜出行.

13) 황패강, 『신라불교설화연구』, 일지사, 1975, 263면에서 화랑의 유오산수의 목적으로 '輔政的인 의도'와 함께 '불교적 수양과 法化'를 들고 있는바, 여기의 김유신과 앞의 보천·효명이 각각의 사례가 될 것이다.

음탕한 놀이에는 참여하지 않았다.[14)]

미생은 낭도를 이끌고 동륜 태자의 외유를 도모하여 음탕한 놀이를 일삼았다. 용춘은 아버지 금륜이 호색 방탕하여 폐위된 점에 회의를 느껴 일체 음탕한 놀이에 참여하지 않았다. 이렇게 화랑의 순유 중에는 도회지에서 엽색 행각을 벌이는 경우도 있었던 것이다.

이같이 화랑의 순유는 도회지나 시골을 암행하며 민간을 시찰하는 여행, 음악과 노래를 수반한 낭만적 여행, 명산대천을 누비며 심신을 수련하는 여행, 불교적 색채를 가미한 구도 여행, 국가적 사업을 실현하기 위한 정치적 목적의 여행, 여색을 찾아 쾌락을 즐기는 엽색 여행 등 넓은 편폭을 지닌 것이었다.

3. 순유와 관련된 향가

1) 여행의 출발점에 서서 — 〈혜성가〉, 〈송사다함가〉

진평왕대(579~632)의 어느 때, 일단의 화랑이 떠나려던 여행에 이목이 집중되었다. 금강산으로 출발하려던 화랑들이 혜성과 왜군의 출현으로 의구심이 생겨 여행을 그만둘까 하였는데, 승랑(僧郎)인 융천이

14) 『화랑세기』, 6세 「세종」, 美室……與美生計 太子外遊 擇遊花之美者 多薦之 □□□子與美生之徒 日事外荒 ; 13세 「용춘」, 性溫恭好□□□…□不與貪蕩之遊.

불양의 의식을 거행하며 〈혜성가(彗星歌)〉를 지어 불러 흉조를 없앴다.

화랑의 금강산 여행은 명산대천을 유람하는 순유의 전통에서 가장 중요한 의의를 갖는 것이다. 금강산은 신라인에게 성지로 인식되어 수많은 화랑이 그곳을 여행하면서 심신을 수련하였고 여러 불승이 그곳으로 순례의 길을 떠났으며, 신라 이후의 시대에도 끊임없이 순례와 유람의 대상이 된 곳이다. 〈혜성가〉는 화랑의 금강산 여행이 갖는 정신적인 의의를 보여 주는 향가이다.

> 옛날이 새려는 물가에서
> 건달파의 놀던 성을 바라보고
> "왜군도 왔다,
> 횃불 사르라!"는 변방의 무리여.
> 세 화랑의 산 보심을 듣고
> 달도 다좇아 헤아리려는 바에
> 길 쓸 별을 바라보고
> "'혜성이야'라고 사뢰라!"는 사람이 있다.
> 아아, 거리낌 없이 떠나갈 것이라.
> 이야 떨어낼[祓禳] 것인 바의 혜성 따위가 있는 탓.

이 작품에는 지상의 길이 천상에 조응한다는 의식이 전제되었다. 제1행의 '날', 제6행의 '달', 제7행의 '별'이 천상에서 지상의 길을 비추는 천체들이다. 제1구에 날(해)이, 제2구에 달과 별이 나옴으로써, 해가 비추는 낮과 달 · 별이 비추는 밤을 번갈아 가는 지상의 여행길에 천체가 빛을 비추어 줌을 나타내었다. 또한 '옛날이 새려는', '달도 다좇아 헤아리려는', '길 쓸 별'과 같이 천체가 지상의 일에 우호적으로 활동하는 양상이 그려졌다. 일월성신이 지상의 길을 비춤으로써 인간은 그 길을 따라 순조로운 여행을 할 수 있는 것이다.

그런데 순조로운 여행을 방해하는 '왜군'과 '혜성'이 나타났다. 화랑의 갈 길을 막는 재액인 것이다. 액을 물리치기 위해 화자는 대상에 대한 인식을 바꿀 것을 요구한다. 왜군이 아니라 '건달파의 성'이요, 혜성이 아니라 '길 쓸 별'이라는 것이다. 이러한 단정은 단순히 주술적인 의도에서 논리를 초월하여 나온 것이 아니라, 화자 자신이 행한 면밀한 천체 관측의 결과를 확신해서 나온 것이다.[15]

이에 제3구(9 · 10행)에서 화자는 '떨어낼 것인 바의 혜성 따위가 있'다는 확신하에 화랑들에게 '거리낌 없이 떠나가라'며 여행의 출발을 재촉한다. 인간의 노력으로 불양할 수 있는 재액이 있다는 것, 그것은 천상의 질서가 지상의 일과 융화하는 바탕 위에서 이루어진다는 것, 화랑의 여행길은 천상의 가호 아래 순조로우리라는 것 등이 선언된 것이다.

이렇듯 〈혜성가〉는 당대에 화랑의 순유가 성스러운 의례의 하나로 받아들여졌음을 보여 준다. 금강산을 여행하려는 의도 자체가 성스럽고, 거기에 이르는 길이 일월성신의 가호 아래 순조롭게 나아가리라는 믿음이 성스럽고, 갑자기 닥친 재액을 천상과 지상의 융화를 통해 불양한 화자의 의지가 성스럽다. 이 작품으로 신라 시대 화랑의 순유

15) 신재홍, 「혜성가」, 『향가의 미학』, 집문당, 2006, 298-304면.

에는 천상의 질서와 조응하려는 인간의 신성한 의지가 내포되었음을 알 수 있다.

화랑이 여행을 떠날 때 송별의 자리가 마련되었고 거기서 향가가 지어졌다. 561년 신라가 대가야를 정벌할 때, 출정하는 화랑 사다함을 보내며 미실은 〈송사다함가(送斯多含歌)〉를 지었다. 전쟁하러 떠나는 화랑을 위해 그의 애인이 향가를 지어 송별한 것이다.

화랑의 종군은 순행이나 유람으로 훈련된 화랑도의 무사적 역량이 국가적 사업을 위해 집중적으로 분출되는 기회였다. 비상시의 상황이긴 하지만 평상시 순유를 통한 훈련의 연장선상에서 이루어진 화랑도의 활동이었던 것이다. 종군과 순유가 서로 연계되어 있듯이, 향가를 지어 전쟁에 화랑을 내보내고 또 맞이하는 일은 당대의 일상적인 문학 향유 방식이라 하겠다.

바람이 분다고 해도
랑 앞에 불지 말고,
물결이 친다고 해도
랑 앞에 치지 말고.
어서 어서 돌아와서
다시 만나 안아 보려니와
이 좋은 랑이 움켜쥔 손을
차마 갈라지게 하려나?

행군의 도정과 전쟁의 와중에 생길 고난이 랑에게서 피해 가기를 바라는 마음, 전쟁에 승리하여 곧 돌아올 것을 확신하면서도 랑을 떠나보내기 아쉬운 마음이 제1구(제1~4행)와 제2구(제5~8행)에 그려졌다. 떠나는 랑에 대한 개인적인 아쉬움과 나라를 위한 길이기에 붙잡지 못하는 심정이 교차하고 있는 것이다.

랑의 출정은 전쟁을 하러 가는 여행길이요, 그 여행의 목적은 전쟁에서 승리하는 것이다. '전쟁 여행'이라 할 만한 특수한 성격의 여행이기에 그 길은 바람과 물결이 몰아치는 험난한 여정이 될 것이다. 승리와 패배를 함부로 점치기 어렵고, 삶과 죽음이 어떻게 갈라질지 예측하기 힘들다. 그렇지만 나라와 랑에 대한 신뢰가 곧 다시 만나게 될 것을 기정사실로 여기게 하였다. 그러면서도 이별의 아쉬움은 그것대로 남는다.

이렇듯 〈송사다함가〉는 화랑의 출정에 즈음한 그 애인의 송별시이다. 전쟁 여행을 떠나는 이에게 무사히 돌아올 것을 빌고 있다. 이별의 정한을 담은 송별의 향가들은 당대에 빈번하게 전쟁을 수행하던 화랑들에게 절실한 위로가 되었을 것이다.

2) 여행지에서 겪은 애환 — 〈모죽지랑가〉, 〈처용가〉

화랑 출신의 죽지는 김유신을 도와 삼국 통일을 이룩한 명장이다. 그런데 신문왕 원년(681)에 일어난 화랑 김흠돌의 난으로 인해 기존의 화랑 제도가 해체되었고,[16] 그에 따라 이전에 누렸던 화랑들의 명

16) 『화랑세기』, 32세 「신공」, 賊乃捕三奸而進 亂始平 而三徒以此誅戮者甚多 慈儀太

망과 권세가 쇠퇴하였다. 이러한 시대에 죽지가 일개 왕경 귀족에게 자신의 낭도를 차출당하는 모욕을 당하였다.17)

낭도인 득오가 차출되었다는 말을 듣고는 차출자 익선에게 부탁할 요량으로 낭도와 함께 길을 떠났다. 이러한 죽지의 행동은 낭도를 사랑하는 화랑의 마음을 드러낸 것으로서, 화랑과 낭도의 친밀한 관계를 잘 보여 준다. 화랑의 순유는 거의가 낭도들을 거느리고 가는 것이고, 화랑이 민간 시찰 도중 낭도의 생활 형편을 알고 돌보아 주는 사례도 많이 있었다.

죽지는 득오가 부역하고 있는 부산성으로 가서 그를 구해 오려고 했지만 익선이 거부하여 난감하였다. 마침 조세를 수취해 오던 진절의 도움으로 겨우 익선의 허락을 얻을 수 있었다. 이 일이 알려지자 화주와 효소왕이 나서서 익선과 모량부에 징벌을 내리긴 하였으나, 화랑 세력이 침체된 시대에 죽지가 당한 모욕적인 일이었던 사실은 바뀔 수 없었다.

이 사건의 와중에서 득오가 지은 〈모죽지랑가(慕竹旨郎歌)〉는 죽지가 득오를 구해 오는 여행길과 관련된 내용을 담고 있다.

지난 봄 딸리었으매
모두 있어야만 통곡할 이 시름.
얼마 전까지도 좋으신 모습이

后命罷花郎.

17) 박노준, 『신라가요의 연구』, 열화당, 1982, 135면.

연수(年數)에 나아가면서 축나 가겠구나.

[죽지랑의] 눈의 돌림 없이 이에

만나기 어찌 지으리?

랑이 그리워할 마음에 오고 갈 길

다북쑥 거리에서 잘 밤 있으리.

간절히 구원을 바라면서도 화자는 자기에게로 올 죽지의 여행길이 평탄하지 않을 것임을 예상한다. 죽지의 '눈의 돌림', 즉 돌봄 없이는 구원받을 수 없다는 사실을 잘 알고 있는 화자이지만, 죽지가 처한 현 상황이 어둡기 때문이다. '얼마 전까지도 좋으신 모습'이 시세에 따라 '축나 가'고 있는 것이다.

이러한 현실 인식하에서도 화자는 예전에 함께했던 '모두'를 생각하며, '랑이' 나를 '그리워할 마음에 오고 갈 길'에 희망을 건다. 화랑과 낭도, 낭도와 낭도 사이의 동지애를 바탕으로 서로를 위하는 마음에 고난의 여행길을 마다하지 않으리라는 확신을 갖고 있는 것이다. 이러한 희망에도 불구하고 현실은 '다북쑥 거리에서 잘 밤 있'을 길이다. 화자와 죽지 사이에 놓인 장애들이 워낙 완강하여 길을 평탄하게 이을 방책이 쉽지 않다고 생각한 것이다.

여행의 관점에서 볼 때, 〈모죽지랑가〉는 화자와 죽지 사이에 있는 길이 통하기를 바라는 마음을 표현하였다고 할 수 있다. 실제로는 서라벌에서 부산성에 이르는 길이고, 관념상으로는 화랑이 낭도를 구원하러 오는 길이다. 익선에 의해 막혀 있는 길이 뚫려 낭도 득오가 화랑 죽지에게 다시 속하게 되기를 바라는 것이다. 죽지가 낭도를 사랑하는 마음에 구원의 여행길을 떠날 것을 확신하며 기다리는 화자의 태도에서 화랑과 낭도 사이의 친밀감, 화랑에 대한 낭도의 충성심이 잘 드러난다.

처용은 동해로부터 서라벌로 들어왔다. 그의 출신지는 알 수 없지만 그가 바다를 거쳐 왔을 것이라고 짐작할 수 있다. 그러기에 그는 어딘가부터 바다를 거쳐 신라에 도착한 여행자의 모습을 띤다.

헌강왕이 처용에게 급간의 벼슬과 아름다운 아내를 하사한 것은 그가 떠날 것을 우려하였기 때문이다.[18] 처용에게 서라벌은 하나의 기착지였을 터인데, 헌강왕은 그를 정착시키고자 한 것이다. 그리고 '처용랑'이라는 호칭에서 알 수 있듯이, 처용은 서라벌에서 화랑의 일원이 되었다. 급간과 아내를 준 것도 그렇지만, 진골 귀족 자제들의 특권인 화랑으로 삼은 것은 상당히 파격적인 대우였다.

외래자인 처용은 이 같은 특혜를 받으며 신라 귀족 사회의 일원으로 살고자 하였다. 무엇보다도 화랑이 됨으로써 귀족 자제들과의 교유가 보장되었다. 그 과정에서 화랑의 전통인 순유 활동에 참여하여 점차 신라의 관습과 문화를 익혀 갔을 것이다. 그러다가 배경 기사에 나온 사랑의 스캔들에 휘말려 정착하는 데 난관에 봉착하였다.

〈처용가(處容歌)〉는 여행자 처용이 기착지인 서라벌에서 겪은 사랑의 아픔을 노래한 작품으로 볼 여지가 있다.

동경 밝은 달에

18) 『삼국유사』 2권, 기이, 「처용랑 망해사」, 王以美女妻之 欲留其意 又賜級干職.

밤들도록 놀며 다니다가,
들어서 자리 보니
가랑이가 넷이어라.
둘은 내 것인데
둘은 누구 것인가?
본래 내 것이다마는
빼앗아 옴을 [사람들이] 어떻다 하리오?

처용에게 '동경', 즉 서라벌은 '밤들도록 놀며 다닐' 만한 큰 도회지이다. 화랑의 순유 전통에 따랐다면, 그 놀이는 민생 시찰에서 탐탕지유(貪蕩之遊)까지의 어느 것에 해당할 것이다. 자기 집에 들어와 목격한 광경을 놀라운 눈으로 그리고 있고, 또 끝 행에 나타난 것처럼 손을 더럽히지 않으려는 태도로 보아 그가 서라벌의 밤거리를 노닌 것은 엽색 행각보다는 낭만적 순유에 가까운 것 같다.

외래자인 처용으로서는 이국적인 서라벌의 번화한 거리를 즐겼을 것이다. 또한 헌강왕도 그를 위해 미녀를 아내로 삼게 하고 급간의 관등까지 주었으니, 그는 점차 서라벌 생활에 익숙해지고 그곳에 정착할 뜻을 갖게 되었을 것이다. 그러던 차에 제3·4행에 그려진 것처럼 아내의 간통 장면을 목격하게 되었다. 서라벌 생활, 화랑의 일, 미녀 아내 등에 두루 만족할 만하였는데, 그만 사랑의 삼각관계에 얽혀 들어가 '본래 내 것'인 아내를 남에게 빼앗겨 버렸다.

그러나 화자는 마지막 행에서 사랑싸움에 휘말리지 않으려는 의지를 드러낸다. 자신을 따뜻이 맞이하여 정착하도록 도와 준 헌강왕과 신하, 동료 화랑들을 실망시키지 않겠다고 마음먹은 것이다. 더러운 싸움에 말려들지 않고 의연한 자세로 아픔을 이겨 내고자 한 것이다.

처용이 이 노래를 부르고 춤추며 물러선 것은 거부감과 분노의 강렬한 표현이다. 힘차고 굳센 춤사위로 더럽고 불순한 것들을 떨쳐 내고자 하였다. 이러한 그의 역동적 면모가 주술적인 능력으로 인식되어, 나중에 처용은 신라인에게 벽사진경의 문신(門神)이 되었다. 그렇지만 그런 일을 겪은 처용이 실제로 서라벌에서 계속 거주하였을지는 의문이다. 바다를 건너온 처용이 여행지에서 겪은 사랑의 상처를 안고 다시 바다를 향해 나아갔기에, 그의 존재가 신비화되어 문신으로 좌정하게 되었는지도 모른다.

3) 여행 중 나라를 생각하며 — 〈현금포곡〉, 〈대도곡〉, 〈문군곡〉

노랫말은 전하지 않으나 경문왕대(861-875) 국선들이 금강산 일대를 여행하면서 지은 3편의 향가 〈현금포곡(玄琴抱曲)〉, 〈대도곡(大道曲)〉, 〈문군곡(問羣曲)〉이 『삼국유사』에 기록되어 있다. 창작 배경만 놓고 본다면, 앞에서 살핀 4편의 향가보다 화랑의 순유의 본령에 속하는 작품들인 셈이다.

> 국선 요원랑, 예흔랑, 계원, 숙종랑 등이 금란을 유람하면서 은밀히 임금을 위하고 나라를 다스릴 뜻을 두어 향가 3수를 지었다. 심필 사지를 시켜 침권(針卷)을 주어 대거 화상의 거처로 보내어 세 노래를 짓도록 하였다. 처음 곡은 현금포곡, 둘째 곡은 대도곡, 셋째 곡은 문군곡이라고 이름

지었다. 궁에 들어가 왕에게 아뢰니, 왕이 크게 기뻐하고 칭찬하며 상을 주었다.[19)]

이 기록만으로 논하기에는 한계가 있지만, 제목 앞에 '처음[初]', '둘째[第二]', '셋째[第三]' 등이 붙은 것으로 보아 일단 3편은 연작 관계로 추정된다. 거문고를 안고 향가를 부르는 선비의 모습[玄琴抱], 임금과 나라를 위한 정치의 대도[大道], 여러 사람에게 자문을 얻는 과정[問羣] 등의 내용을 담은 연작 향가로 보인다.

세 작품에 대한 추정을 좀 더 밀고 나가려면, 이것이 실린 『삼국유사』「사십팔 경문대왕」을 살펴보아야 한다. 이 기사는 ① 응렴의 즉위 과정, ② 잠자리에서 뱀의 수호, ③ 임금님 귀는 당나귀 귀, ④ 국선들의 향가 진상 등 네 가지 이야기로 구성되었다. 그중 ①은 제2장에서 살펴본 바 있는 내용을 포함하여 가장 길게 서술되었고, 『삼국사기』에도 비슷한 내용이 기록되어 있다. 그런데 ①은 ④와 함께 국선의 모티프로 연결된다. 국선인 응렴이 왕이 된 것과 국선인 요원 등이 향가를 지어 임금께 올린 것이 관련되는 것이다. 요원 등이 지은 향가가 임금에게 통할 수 있었던 것은 우선 임금과 요원 등이 모두 국선이었기 때문일 것이다.

①에서 순유 도중 만난 고위 관리, 부자, 권세 있는 귀족 등에게서 응렴이 가치를 둔 것은 겸손, 검소, 온화 등의 태도였다. '아름다운 행

19) 『삼국유사』 2권, 기이, 「사십팔 경문대왕」, 國仙邀元郎譽昕郎桂元叔宗郎等 遊覽金蘭 暗有爲君主理邦國之意 乃作歌三首 使心弼舍知 授針卷 送大炬和尙處 令作三歌 初名玄琴抱曲 第二大道曲 第三問羣曲 入奏於王 王大喜稱賞.

실을 한 세 사람[美行者 三]'은 이 세 가지 가치의 의인화로도 해석할 수 있다. 그런데 응렴이 순유를 통해 이 같은 가치를 얻게 되었기에, 나중에 임금이 된 응렴은 ④처럼 순유 도중 향가를 지어 바친 화랑들의 마음을 누구보다 잘 이해하였을 것이다.

한편 ②와 ③은 뱀, 당나귀, 대나무 등 사물을 가져와 구성한 이야기라는 공통점이 있다. 사물이 지닌 상징적 의미를 고려하면서 이 이야기들이 하필이면 경문왕에게 부회되었을까를 생각해 보아야 한다.[20] ②의 뱀 이야기는 궁인들이 뱀을 두려워하여 쫓아내려 하였다[21]는 점에서 새 임금의 수호신인 뱀이 신라 궁중에서는 이질적인 신격임을 시사한다.[22] ④의 당나귀 귀 이야기는 임금에게 비밀이 있다는 점, 그리고 큰 귀로 여러 소리를 들을 수 있다는 점을 말하려는 것처럼 보인다. 결국 ②와 ③은 경문왕이 신라 당대에 금기시된 것을 추구하였다는 의미로 해석할 수 있다.

지금까지의 논의를 통해 「사십팔 경문대왕」에 그려진 경문왕의 성향을 추정할 수 있다. 경문왕은 청년기에 겪은 국선으로서의 경험을 소중히 여겼을 것이고 순유 활동을 통해 얻은 겸손, 검소, 온화의 덕목을 지켜 나갔을 것이다. 다른 한편으로 그는 신라 궁중에서는 이질적인 신격을 수호신으로 삼고 왕후나 궁인에게도 알리지 못할 비밀을

20) 조동일, 『삼국시대 설화의 뜻풀이』, 집문당, 1990, 147면에서는 '경문왕 때의 정치적 불안과 관련되어 왕을 불신하게 하는 의미를 지녔을' 것으로 해석하였다.

21) 『삼국유사』 2권, 기이, 「사십팔 경문대왕」, 每日暮 無數衆蛇俱集 宮人驚怖 將驅遣之.

22) 무왕, 견훤 등 백제의 인물이 뱀과 관련된 것으로 미루어 뱀 신앙은 신라권보다 백제권에 기반이 있었을 것이다. 국선으로서 응렴은 백제 지역도 순유하였을 터이니, 그의 수호신이 뱀인 것은 순유와 관련된 연고가 있었을지 모른다.

지니고 있었다. 그러면서도 이질적인 신격을 옹호하고 큰 귀로 여러 소리를 듣고자 하였다. 이렇게 경문왕 관련 이야기를 종합해 보면, 그의 아들 헌강왕에게 결부된 신령스러운 이야기, 그의 딸 진성여왕 시대의 거타지 같은 모험 이야기 등과 유사한 성격의 이야기들임을 알 수 있다. 신비스럽고 금기를 깨는 이야기들이 경문왕의 가문과 결부되어 전승된 것이다.

경문왕의 성향을 고려할 때, 요원 등이 올린 향가 3편의 내용도 순유 활동에서 얻은 겸손, 검소, 온화 등과 공통된 범주의 미덕을 높이는 한편, 신라 사회의 금기에 도전하는 내용이었으리라 추정한다. 요원 등이 순유하며 '은밀히[暗]' 뜻을 두었다고 한 점에 주의하면, 경문왕이 궁중 사람에게 비밀로 한 것이 궁 밖의 인물에게 얻은 가치나 정보였을 수 있다. 거문고 타는 선비 모습인 '현금포(玄琴抱)'라는 제목이 검소의 미덕을 드러낸 것이고, 여러 사람에게 묻는다는 뜻의 '문군(問羣)'이 큰 귀로 상징되는 경문왕의 열린 태도를 반영한 것일 수 있다.

이와 함께 금강산이 있는 '금란'을 여행하면서 정치적인 뜻을 도모하였다는 점에도 유의할 만하다. 앞서 본 〈혜성가〉에 나타난 금강산 여행에는 인간의 신성한 의지가 반영되었는데, 여기서의 향가 3편에서는 정치적 목적을 띤 것이라는 점이 비교가 된다. 왕권은 신성한 것이고 왕권을 실천하는 정치 행위는 신성성에 기초하여 이루어진다. 그러한 왕정을 보좌하는 화랑들의 금강산 여행은 왕권의 신성성을 보증하고 그 정치적 실천을 가능하게 하는 상징적 의미를 지닌다.

이러한 배경하에 요원 등은 외래문화나 방외인에 개방적인 태도를 지닌 경문왕에게 보다 자유분방하고 진취적인 정치의 방도를 건의할 수 있었을 것이다. 향가 3편은 당대 정치의 금기들을 깨뜨리고 개방적, 진취적인 방향으로 정치를 이끌려는 뜻을 담아 당대 사회에 새로운 기풍을 불어 넣었을지도 모른다. 이러한 기풍을 조성하는 데 화랑의 순유 활동이 원천이 되었던 것이다.

4. 결 론

아주 적은 수의 작품만 남아 있음에도 불구하고 현존 향가는 생각보다 훨씬 다양한 내용을 담고 있다. 중세 여행 문학의 흐름 속에 향가의 위치를 점검할 수 있는 것도 이러한 이유에서이다. 향가를 여행 문학으로 보려면 향가의 주요 담당층인 화랑의 순유 활동을 고찰할 필요가 있다.

화랑의 순유는 여러 가지 양상으로 나타난다. 화랑들은 국가적 사업, 민생 시찰 등 공적인 목적을 갖고 여러 지역을 도는 순행(巡行), 무리를 지어 명산대천을 돌아다니며 풍류를 즐기는 청유(淸遊), 왕족을 궁궐 밖으로 모시고 나와 여색을 찾아다니는 외유(外遊) 등 다양한 방식으로 여행을 다녔다. 이러한 화랑의 순유 활동 속에서 향가가 지어지고 향유되었다.

현존 향가 중에서 화랑의 순유와 관련된 작품들을 묶어서 논할 만하다. 본론에서는 작품의 내용을 중심으로 여행의 출발, 여행지에서의 경험, 여행 중의 생각 등으로 구분하여 논하였는데, 여기서는 순유와의 관련 정도에 따라 논의 내용을 요약하고자 한다. 적은 수의 작품을 통해 당대에 향유되었을 수많은 여행 향가의 일부라도 추측해 보기 위한 편의상의 요약인 셈이다.

먼저 화랑의 순유와 직접 연관된 작품으로 〈혜성가〉와 〈처용가〉를 들 수 있다. 〈혜성가〉는 화랑도가 금강산 순유를 위해 출발하려는 시점에 만난 액을 떨쳐내기 위해 지어졌다. 천체가 지상의 길을 비추어 여행이 순탄해진다는 것, 화랑의 순유는 신성한 의례라는 것 등의 생각이 담겨 있다. 〈처용가〉는 외래자인 화자가 화랑이 되어 서라벌 거리를 순유하는 모습이 반영되어 있다. 신라 사회에 정착하려 하였으나 스캔들로 인해 아픔을 겪는 심정을 그려 내었다.

직접적이지는 않지만 넓은 의미의 순유를 배경으로 한 작품이 〈송사다함가〉와 〈모죽지랑가〉이다. 〈송사다함가〉는 전쟁에 나가는 화랑을 전송하는 노래이다. 전쟁을 수행하는 일은 화랑의 주요 활동 중 하나였는데, 전별의 자리에서 이 같은 향가가 많이 지어지고 불렸을 것이다. 〈모죽지랑가〉는 화랑이 낭도를 구하기 위해 길을 떠나는 내용이다. 화랑과 낭도의 친밀한 관계, 낭도를 위한 화랑의 여행길, 그 과정에서 겪을 법한 고난 등이 그려져 있다.

노랫말은 전하지 않으나 순유 도중 창작된 작품이 〈현금포곡〉, 〈대도곡〉, 〈문군곡〉이다. 〈혜성가〉가 순유의 출발점에 서 있어 순유의 과정을 담아내지 못한 데 비해, 배경 기사로 볼 때 이 3편이 본격적인 순유 문학에 해당한다. 연작으로 보이는 이 작품들은 국선으로서 화자가 경문왕의 이념적 지향에 부응하여 개방적이고 진취적인 정치의 방향을 제시하였으리라 추정된다.

이렇듯 현존 향가나 제목만 전하는 향가 중에서 화랑의 순유와 관련된 작품들이 상당수 있다. 화랑이 즐겨 짓고 부르던 문학이 향가이고, 화랑의 순유는 향가 창작에 중요한 배경이 되었다는 점을 확인할 수 있다. 화랑의 순유는 여행의 일종이기에 이 장에서 다룬 작품들을 여행 문학으로 취급하여도 좋을 것이다. 화랑과의 관련을 유보한다면, 관리의 부임길에서 얻은 〈헌화가〉, 승랑의 은둔길에서 지어진 〈우적가〉 등도 여행 문학으로 고찰될 수 있다. 이에 향가는 중세 여행 문학의 흐름에서도 상당한 위상을 차지함을 알 수 있다.

향가에 그려진 길 위의 여성

1. 서 론

『삼국유사』에 실려 전하는 향가 14편은 신라 시대 향가 문학의 판도를 어림짐작하게 하는 정예의 작품들이다. 현전하는 것은 진평왕대(579-632)에서 헌강왕대(875-886)에 걸쳐 창작되었지만 이것들은 신라 시대의 어느 한 시기에 국한되거나 하나의 사조 혹은 하위 장르에 치우쳐 선별되지 않았다. 『삼국유사』 저자의 수집 범위, 저술 체제 등에 기초하여 선택 및 수록되었기에 일정한 한계는 있지만, 14편의 작품 세계와 작자의 면모는 비교적 넓은 편폭에 걸쳐 다채롭게 나타난다. 어떤 주제를 가지고 문학 연구를 할 경우 향가를 대상으로 그 주제를 다루어도 별 어려움이 없다는 점이 이에 대한 방증이 될 만하다.

'길 위의 여성들'이라는 주제도 향가의 주제론적 연구에 적합하다. 이 주제는 '길'와 '여성'이라는 두 가지 주제를 결합한 것으로 생각된다. 전자가 문학의 장소성과 관련된 여행길 같은 주제나 인생을 길에 비유하는 문학 일반의 주제라면 후자는 여성과 남성의 성차, 여성의 사회적 정체성 등 성의 문제를 전면에 내세운 주제일 것이다.[1] 이를 신라 문학에 적용해 본다면 신라 시대 한반도, 동아시아, 인도, 서역에 걸친 광범위한 공간 가운데 길이 지니는 의의, 그리고 신라 시대 여성의 삶과 그것의 문학적 형상화가 갖는 의미에 해당할 것 같다.

현존 신라 향가 중에서 문면에 길이라는 시어가 등장하는 작품은 〈혜성가〉, 〈모죽지랑가〉, 〈제망매가〉 3편이지만 그중 여성과 관련된 것은 〈제망매가〉뿐이다. 그런데 대부분의 향가가 배경 기사를 수반하기 때문에 배경 기사와 작품을 연결하여 살피면 길과 여성이라는 주제를 드러내는 작품들을 더 찾을 수 있다. 서동이 아이들을 시켜 부른 〈서동요〉로 인해 궁에서 쫓겨나 유배를 떠난 선화 공주, 강릉 태수로 부임하는 순정공을 따라가다가 어느 바닷가에서 꽃과 함께 〈헌화가〉를 헌정받은 수로 부인, 갑자기 눈이 먼 아이를 부둥켜안고 절박한 심정으로 천수관음을 찾아가 간구하며 〈도천수관음가〉를 지어 부른 희명 등이 있다.

이 장에서는 네 작품을 대상으로 신라 향가에서 '길 위의 여성'이라는 주제가 어떻게 형상화되었는지 살펴보고자 한다. 이 주제의 시적 형상화가 지닌 편폭을 드러내기 위해서는 '길'이라는 용어를 실제적

1) 향가에 대한 여성문학적 접근으로는 다음과 같은 연구가 있다. 허미자, 『한국여성문학연구』, 태학사, 1996, 23-27면 ; 신은경, 「삼국유사 소재 향가 및 배경설화에 나타난 '여성 소외'의 양상」, 『한국문학이론과 비평』, 한국문학이론과 비평학회, 2005, 55-78면 ; 최선경, 「삼국유사에 나타난 여성상—향가 및 배경설화를 중심으로」, 『한국고전여성문학연구』16, 한국고전여성문학회, 2008, 354-374면 ; 박상영, 「고전 시가 속 여성 형상의 제시 양상과 그 시가사적 함의—고대가요, 향가, 고려속요를 대상으로」, 『한민족어문학』64, 한민족어문학회, 2013, 306-315면.

인 뜻과 관념적인 뜻을 포괄하는 개념으로 설정하는 것이 유효하다고 판단한다. 나아가 그러한 형상화의 양상이 문학사에서 갖는 의의를 생각해 보고자 한다.

2. 유배와 부임 길 — 〈서동요〉와 〈헌화가〉

『삼국유사』「무왕」에 서동이 지어 퍼뜨린 〈서동요〉로 인해 선화 공주가 유배를 가는 사건이 기록되어 있다.[2] 선화 공주가 길 위의 여성이 되는 원인이 〈서동요〉인 것이다. 유배의 계기가 되었다는 점에서 이 작품을 선화 공주가 겪는 유배 경험과 관련지어 해석할 수 있다.

善化(花) 公主니믄	선화 공주님은
ᄂᆞᆷ 그ᅀᅳ기 어러 두고,	남 그윽이 성숙해 있다가,
맛둥 바ᄋᆞᆯ	맛둥이 서방을
바ᄆᆡ 몰 안고거다.	밤에 무턱 안을 거다.[3]

선화 공주와 결연하기 위한 계략의 일환으로 노래를 지어 아이들에게 부르게 한 것인 만큼 작품 속에는 서동의 주도면밀한 의도가 잘

2) 『삼국유사』 권2, 기이2, 「무왕」, 童謠滿京 達於宮禁 百官極諫 竄流公主於遠方 將行 王后以純金一斗贈行 公主將至竄所 薯童出拜途中 將欲侍衛而行 公主雖不識其從來 偶爾信悅 因此隨行 潛通焉 然後知薯童名 乃信童謠之驗 同至百濟.

3) 신재홍, 『향가의 해석』, 집문당, 2000, 151-152면. 향가 해독은 이 책에서 인용한다.

반영되었다. 제1행에서 계략의 대상인 선화 공주를 곧바로 등장시킨 다음, 제3행에 나온 화자 자신과 만날 수밖에 없는 이유를 제2행의 남몰래 성숙해 있다는 사실에서 찾아 제시하였다. 아무도 모르는 사이에 선화 공주는 시집가고 싶어 하는 성숙한 여성이 되어 배필을 기다리고 있는 참이라서 자기 같은 인물을 만나기만 하면 제4행처럼 '무턱' 화자를 안을 것이라고 단정한다.

작품 속에 그려진 선화 공주의 형상에서 어느덧 성숙해 있는 여성이라는 점과 마음에 맞는 상대가 나타나기만 하면 무턱대고 덥석 안을 것이라는 점이 그녀의 유배와 관련된다. 궁중에서 생장하여 어느덧 성숙한 공주가 조심스럽지 못하게도 사랑에 도전적이고 적극적인 태도를 지닌 것이다. 이것을 포착하여 작품에 그려 놓음으로써 궁중에서만 떠돌던 그녀에 대한 인물평이 궁 밖 사람들에게도 퍼지게 되었다. 서동은 바로 이 점을 노려 그녀를 궁 밖으로 나오도록 유도한 것이다.

선화 공주를 출궁시키자고 극간한 것은 신하들이다. 작품에 그려진 공주의 형상을 고려하면 그들의 생각을 어느 정도 짐작할 수 있다. 그들은 공주가 아직 어린 줄만 알았는데 사람들의 주의를 끌지 않은 채 어느덧 시집갈 마음을 품은 성숙한 여성으로 자라난 점을 새삼스레 인식하였다. 그러한 공주일수록 조신하게 처신해야 하는데 궁중에서의 평소 거동으로 보아서 작품에 그려진 모습을 닮았다. 공주가 도전적이고 적극적인 성격을 지녔다는 사실이 점점 소문이 나 시정에 떠도는 노래 가사의 주인공으로 등장할 정도가 되었다. 그러니 왕실의 권위와 품위를 위해서도 공주에 대한 소문을 차단해야 한다. 그녀를 궁에서 나가게 하여 왕실과 떨어지게 하는 방안이 좋을 것이다. 결국 궁중 생활에서 보여 준 선화 공주의 성격과 태도가 궁 밖까지 퍼진 것이 결정적인 이유가 되었다. 하지만 그러한 노래를 지은 자부터 찾아내어 잡아들여야 했는데 그러지 않은 것을 보면 그들은 아직 그 노래가 치밀한 계략에 의해 궁중까지 퍼진 것이라는 점은 모르고 있었다.

요컨대 〈서동요〉에 그려진 성숙함, 도전성, 주체적인 선택 의지 등의 성격이 선화 공주가 출궁당하는 빌미가 된 것이다. 그녀가 길에 나서게 될 수밖에 없었던 것은 본인의 성격적인 면과 그것을 촉발한 서동의 계략이 양방향에서 작용하였기 때문이다.

공주의 출궁, 그것도 공주의 유배는 선화 공주의 예 이외에 달리 유례를 찾을 수 없다. 『삼국사기』「온달」에서 평강 공주는 부왕과 뜻이 맞지 않아 스스로 출궁하여 거리로 나선 인물이다.[4] 굳이 유사한 예를 찾자면 〈동명 신화〉에서 유화가 해모수와 결연한 후 그를 잡아 두지 못했다는 이유로 부왕 하백의 책망을 받고 우발수로 유배 간 경우가 있다.[5] 그러나 유화는 부리가 석 자나 나온 괴물 물고기의 형상으로 물속에 갇혀 있었으므로 현실적인 이야기 맥락에서 유배를 간 선화 공주와는 다른 양상이다.

선화 공주가 유배 간 '찬소(竄所)'인 '원방(遠方)'이 어딘지도 알 수 없다. 진평왕대이므로 그 전 왕인 진흥왕의 순수비로써 추정할 수 있는 신라의 강역 내에서 먼 지방에 해당할 것이다. 삼국 시대의 유배지

4) 『삼국사기』, 권45, 열전5, 「온달」, 於是公主以寶釧數十枚繫肘後 出宮獨行.

5) 김태곤 외, 『한국의 신화』, 시인사, 1988, 49-50면.

로는 가야의 좌지왕이 용녀(傭女)를 하산도에 귀양 보냈다는 기록 정도만 남아 있다.[6] 통일 신라 시대에는 효소왕대와 흥덕왕대에 죄 지은 자를 섬으로 보낸 것으로 나오고,[7] 나말여초에 유금필이 곡도에 유배되었다는 기록이 있다.[8] 이렇게 주로 섬에 유배를 보내는 것으로 나오지만 진평왕대 선화 공주의 유배지를 짐작할 만한 단서는 찾기 어렵다. 다만 서동이 유배 길의 도중에 나와 공주와 동행하였다가 함께 백제로 갔다는 점으로 약간 추정이 가능하다. 이 점에 주목한다면 공주의 유배지는 서라벌에서 백제 쪽으로 가까운 지방이 아닐까 한다. 신라 공주가 백제로 넘어가기 위해서는 이동 경로가 길면 우여곡절이 많았을 터인데 '동지백제(同至百濟)'라고 간단하게만 기록된 것으로 미루어 큰 어려움 없이 국경을 넘었을 것으로 생각되기 때문이다. [그림 1]에 표시된 길은 통일 신라 시대의 것이지만 선화 공주의 유배 길을 상상하는 데 약간의 도움은 될 수 있다. 백제 쪽에 가까운 지역이 유배지가 되었다면 왕경—상주로—웅주로, 또는 왕경—거창북로—전주로의 경로를 통해 유배지에 이르렀다가 국경을 넘어 부여 혹은 익산으로 들어갔을 듯하다. 이와 함께 사서에서 유배지로 주로 섬이 기록된 점을 중시한다면, 왕경—강주남 / 북로—남해 어느 섬—뱃길로 백제행의 경로를 생각해 볼 수도 있다.

---

6) 『삼국유사』 권2, 기이2, 「가락국기」, 坐知王……擯傭女 貶於荷山島.

7) 『삼국사기』 권8, 신라본기8, 孝昭王……十年……夏五月 靈巖郡太守一吉飡諸逸背公營私 刑一百杖 入島 ; 같은 책, 신라본기10, 興德王……三年……漢山州瓢川縣妖人 自言有速富之術 衆人頗惑之……投畀其人遠島.

8) 『고려사』 권92, 열전5, 「유금필」, 被讒竄于鵠島.

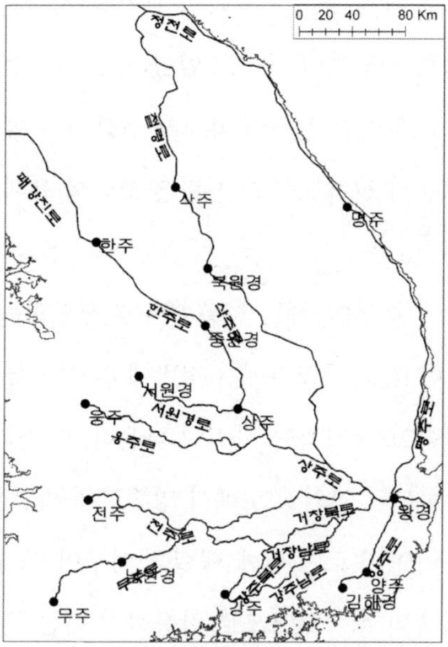

[그림 1][9]

이 같은 선화 공주의 유배 길은 수치와 고난의 행로였을 터이나 서동의 등장과 동행으로 인해 낭만적인 만남과 결연의 길로 그 의미가 바뀌었다. 서동의 입장에서는 자신의 계략이 성공을 거두게 된 것이기도 하다. 그런데 〈서동요〉와 배경 기사를 종합해 보면 선화 공주의 성격이 긍정적으로 그려져 있을뿐더러 뒷부분의 이야기에서 선화 공주가 보여 주는 일련의 행동이 갖는 적극적, 도전적, 윤리적 면모가 서동을 만나기 전에 지녔던 성격의 연장이라는 점도 드러난다. 그녀는 유배 길에서 서동을 만남으로써 그와의 사랑이 자신의 뜻대로 성

9) 정요근, 「통일신라시기의 간선교통로—왕경과 주치 · 소경 간 연결을 중심으로」, 『한국고대사연구』63, 한국고대사학회, 2011, 166면.

취된 것이고, 이후에 부왕 진평왕과의 관계를 호전시키는 일을 감당할 수 있는 능력도 애초부터 갖추고 있었다. 그러므로 유배 길에서 상대를 만난 것은 서동만의 성공이 아니라 선화 공주의 소원을 이룬 것이기도 하다. 서동과 선화 공주의 사랑은 고난의 유배 길을 성취의 인생길로 바꾸어 놓았다.

『삼국유사』「수로부인」에는 강릉 태수로 부임하는 순정공을 따라가던 수로 부인이 어느 바닷가에서 절벽에 핀 철쭉꽃을 보고 주위 사람에게 꺾어 달라고 부탁하는 사건이 나온다.[10] 서라벌에서 강릉으로 부임하는 길이므로 앞의 지도에서 명주로에 해당한다. 이 부임 길은 순정공이 부인인 수로와 함께 행렬을 이루어 나아가는 길이었다. 서라벌 최고 귀족의 행차였으므로 강릉까지 가는 길에서 각 지방의 백성에게는 큰 구경거리가 되었을 터이다. 더욱이 수로 부인은 신라 전역에 이름이 난 미인이었고 순정공과 함께 행렬의 중심에 있었을 것이기에 더욱 사람들의 관심을 끌었을 것이다. 이렇듯 서라벌 귀족의 행차 속 여주인공이 길 위의 여성으로서 수로 부인이 보여 주는 모습이다.

고구려의 귀족 행렬은 안악 3호분, 덕흥리 고분 등의 벽화에 세밀하게 묘사되어 있으나 신라의 것은 천전리 각석에 간략하게 선으로 그려진 것만이 알려져 있다. [그림 2]에서 보는 바와 같이, 배를 타고 상륙한 다음 말로 바꿔 타고 천전리 계곡으로 들어오는 모습을 벽면

10) 『삼국유사』 권2, 기이2, 「수로부인」, 純貞公赴江陵太守—今溟州— 行次海汀晝饍傍有石嶂 如屛臨海 高千丈 上有躑躅花盛開 公之夫人水路見之 謂左右曰 折花獻者其誰.

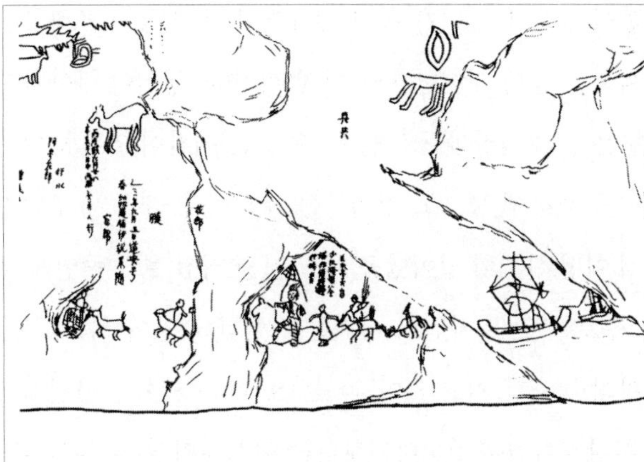

[그림 2][11)]

의 하단부에 새겨 놓았다. 간략하긴 하지만 행렬의 주인공을 부수 인물에 비해 크고 자세하게 그린 점은 고구려 행렬도와 공통된다. 보는 이의 시점에서 행렬의 중심인물을 부각하여 그렸던 것이다. 이는 순정공의 행차를 보는 지방민의 시점이 어디에 놓일지 짐작하는 데 참고가 된다. 곧 순정공과 그의 부인 수로의 말 한마디, 움직임 하나하나가 구경꾼들의 시선을 집중시켰을 것이다.

순정공의 행차에서 또 하나 주목할 것은 행차 도중의 점심 자리이다. '주선(晝饍)' 혹은 '주헐(晝歇)'로 표현된 이 시 · 공간은 어떤 사건이 발생하기에 알맞았다. 신문왕은 감은사에 행차하여 옥대를 얻어 귀경하는 길에 기림사 서쪽 시냇가에서 점심을 먹었다. 헌강왕은 개운포를 순시하고 귀경하다가 점심참에 바닷가에서 쉬었다.[12)] 이때에

11) 황수영 · 문명대, 『반구대암벽조각』, 동국대학교출판부, 1984.

12) 『삼국유사』 권2, 기이2, 「만파식적」, 十七日 到祇林寺西溪邊 留駕晝饍 太子理恭—

옥대의 쪽이 냇물에 들어가 용이 된다거나 동해 용의 조화로 사방이 운무에 싸이는 등의 기이한 사건이 벌어진다. 행렬이 나아가다가 쉬는 점심참은 잠시 긴장과 노독을 풀 수 있는 시간이고 길에 나란히 이어진 행렬을 한곳에 모으고 정리하는 자리이다. 모두가 모인 자리이기 때문에 어떤 사건이 일어났을 때 그것을 직접 보고 증언해 줄 사람이 많다. 수로 부인의 사건도 이러한 점심참에 일어났는데 신문왕이나 헌강왕의 경우가 지닌 기이함과는 또 다른 기이한 사건이 일어난 것이다. 환상적이면서 기이하기보다는 현실적이면서 기이한 사건, 그러면서도 누구에게나 흥미진진하고 동경할 만한 사건이 벌어졌다.

행차 도중에 바닷가에서 쉬며 점심을 먹던 참에 수로 부인은 주변 절벽에 핀 철쭉꽃을 보고는 갖고 싶어 하였다. 행렬을 호위해 가던 시종에게 요청하였으나 그들은 낯선 지역의 높은 절벽이라서 어찌해야 할지 방도를 알지 못하였다. 그들이 할 수 없다며 물러나는 것을 구경꾼 속에 섞여 지켜보던 한 노인이 끌고 가던 소를 놓아두고 나선다. 그 난처한 상황을 타개하려면 자기라도 나서야 할 것 같다고 생각하였을 법하고, 수로 부인의 요청에 부응하는 것이 그 지방 사람으로서 서라벌 귀족에게 예의를 차리는 일이라 여겼을 것도 같다. 이러한 노인의 마음, 그리고 그가 단숨에 알아차린 수로 부인의 성격이 〈헌화가〉에 그려져 부인에게 바쳐진다.

即孝昭大王一守闕 聞此事走馬來賀……乃摘左邊第二窠 沉溪 即成龍上天 其地成淵.; 같은 곳, 「처용랑 망해사」, 於是大王遊開雲浦 在鶴城西南一今蔚州一 王將還駕 晝歇於汀邊 忽雲霧冥曀迷失道路.

딛ᄇᆡ 바호 ᄀᆞᆺᄒᆡ	자줏빛 바위 가에
움온 손 암쇼 노히시고,	움킨 손에서 암소를 놓게 하시니,
나ᄒᆞᆯ 안디 붓그리시ᄃᆞᆫ	나를 아니 부끄러워하신다면
곶ᄒᆞᆯ 것가 바도리—다.	꽃을 꺾어 바치리이다.[13]

제1, 2행에서 현재의 상황을 요약해 놓았다. 귀족의 행차를 구경만 하고 있었는데 시종들이 물러나는 바람에 화자는 끌고 가던 소를 놓고 나서게 되었다. 그렇게 만든 사람은 꽃을 갖고 싶어 하는 수로 부인이다. 뭇 사람이 보는 앞에서 그녀는 귀족의 품위와 위세를 뽐내면서 철쭉꽃을 갖고 싶다고 당당히 말하였다. 자주색의 철쭉과도 어울리는 그녀의 열정에 화자는 마음속으로 응답하고자 한 것이다.

문제는 화자가 지방민으로서 서라벌 귀족의 요청에 나설 만한 자격이 있는지 자신이 없다는 점이다. 그래서 제3행에 본인이 나서서 꽃을 바치면 수로 부인이 부끄러워할지도 모르겠다는 의구심을 표명하였다. 이렇게 겸손한 자세를 취하긴 했지만 화자의 속마음은 수로 부인이 자기가 바치는 꽃을 부끄러워하지 않으리라는 것을 확신하였다. 아름다움에 대한 열망이 화자의 촌스러움이나 낮은 지위 같은 것으로 지장을 받을 리 없다. 이러한 확신에서 제4행의 헌사의 표현이 나왔다.

많은 사람이 지켜보는 자리에서 꽃을 갖고자 하는 욕망을 드러낸 수로 부인의 태도는 〈헌화가〉 속에 붉은 색조로 채색되었다. 제1행

13) 신재홍, 앞의 책, 77면.

의 아득한 절벽 위의 붉은 빛깔이 제4행에서 눈앞에 바쳐지는 생생한 빛깔로 다가와 있는 것이다. 이 꽃 색깔은 곧 수로 부인의 아름다움과 열정의 색깔이기도 하다. 길을 가는 도중에 수로 부인이 보여 준 모습은 사람들에게 열정과 아름다움을 발산하는 풍류의 화신으로 각인되었던 것이다.

더욱이 꽃을 바친 인물이 노인이었다는 점이 이 사건의 기이함을 한층 심화한다. 만인이 다 아는 수로 부인의 아름다움이 나이가 지긋한 노인의 정성과 찬미를 통해 표현된 것이다. 그러니 그녀의 아름다움은 젊은 나이에 반짝하는 순간적인 미가 아니라 오랜 시간 동안 음미하고 칭송받아 마땅한 아름다움, 내면과 외면이 조화되어 인간미가 넘치는 아름다움으로 기억될 수 있었다. 이러한 면모가 부임 길 점심참에 벌어진 사건 속에 나온 〈헌화가〉에 오롯이 담겼다.

3. 구원과 왕생 길 — 〈도천수관음가〉와 〈제망매가〉

『삼국유사』「분황사 천수대비 맹아득안」에는 갑자기 실명한 아이를 안고 분황사 천수관음보살 앞에 나아가 기도한 희명의 일이 서술되어 있다.[14] 한기리에 살았다고 하였으니 희명의 동선은 서라벌 북쪽 백률사가 있는 소금강산 일대에서 남쪽 방향으로 북천을 건너 분

14) 『삼국유사』 권3, 탑상4, 「분황사 천수대비 맹아득안」, 漢岐里女希明之兒 生五稔而忽盲 一日其母抱兒 詣芬皇寺左殿北壁畵千手大悲前 令兒作歌禱之 遂得明.

황사에 이르는 길이다. 지금도 그 자리에 있는 백률사와 분황사를 기점과 종점으로 하여 서라벌 시내를 북에서 남쪽으로 내려오는 경로이다. 앞의 〈서동요〉, 〈헌화가〉에 비해서는 거리가 짧고 서라벌 시내 길이라는 점이 특징이다.

이 길을 급하게 달려가는 여인의 품에는 다섯 살 아이가 안겨 있다. 그러기에 희명의 경우는 아이를 안은 어머니의 모습으로 길 위의 여성이 그려진다. 이 형상은 겉으로 드러나는 모습보다 내면의 심리가 더욱 절박하게 다가온다. 아픈 아이를 부둥켜안고 구원의 손길이 닿는 곳으로 달려가는 어머니의 마음은 그 무엇에도 비할 수 없는 불안과 초조, 슬픔과 염려로 가득 차 있다. 또한 이 형상은 두 몸이 한 몸으로 그려졌다는 점도 인상적이다. 모자가 한 몸이 되어 길 위를 내달리는 모습은 〈도천수관음가〉에서 화자가 '나'로 표현되는 것과 긴밀히 연관된다. 작품을 어머니가 지었음에도 아이와 한 몸이 된 1인칭을 사용하여 기도의 주체를 표현한 것이다. 아이를 안은 어머니는 곧 아이의 아픔을 자신의 것으로 받아들여 아이만큼 아픈 존재가 되어 있다.

한기리 지역이었던 소금강산 어귀에는 현재 굴불사터 사면석불이 남아 있고 거기서 좀 더 올라가면 백률사가 나온다. 사면석불의 동쪽면에 약사여래좌상이 부조되어 있고 북쪽 면의 왼편 반면에 육비관음보살상이 선각되어 있다. 백률사는 이차돈 순교비와 금동약사여래입상이 있었던 절이다. 두 절에 공히 약사불이 모셔진 점이 희명의 일과 결부될 만하다.[15] 병마에 시달리는 중생을 구제하는 부처가 모셔진

15) 신재홍, 『향가 서정 여행』, 월인, 2016, 242-247면.

두 절 근처에 희명이 살고 있었던 것이다. 『삼국유사』의 기록에 약간의 상상을 보태자면, 아이를 안고 집 가까이의 두 절에 먼저 갔다가 더 영험한 보살상에 의지하고자 분황사로 향하였을지도 모르겠다. 집을 나와 곧장 분황사로 갔다고 하기보다는 굴불사와 백률사를 들러서 갔다고 하는 편이 아픈 아이를 안고 안절부절 못해 여기저기 쫓아다니는 어머니의 행동을 더 자연스럽게 떠올릴 수 있지 않을까 싶다.

분황사는 현재의 담으로 둘러싸인 면적보다는 훨씬 규모가 큰 절이었다. 솔거가 그린 관음보살상이 있었다고 하는데[16] 그 절 좌전 북쪽 벽면에 그려져 있던 천수천안관음보살상이 어쩌면 이 그림일 것도 같다. 사실주의 화풍의 솔거 그림이 오랜 세월을 지나며 많은 영험을 보였을 것이므로 희명은 그 보살상 앞에 무릎을 꿇고 아이와 함께 간절히 기도하였던 것이겠다. 병의 고통에서 구원받기 바라는 간절한 바람이 〈도천수관음가〉에 담겨 있다.

무루플 고됴며	무릎을 대며
두ᄫᅳᆯ 손바담 모호기 드려	두 손바닥 모아 들여
千手觀音ㅅ 알파ᄒᆡ	천수관음 앞에
비기 ᄉᆞᆯᄫᆞᆯ두 드료다.	기도의 말씀도 드리노라.
"즈믄 손ᄋᆡᆺ 즈믄 눈ᄒᆞᆯ!	"천 개의 손에 천 개의 눈을!
ᄒᆞᄃᆞᆫ핫 노하 ᄒᆞᄃᆞᆫᄒᆞᆯ 덜악	하나를 놓아 하나를 덜어
두ᄫᅳᆯ 우ᄆᆞᆫ 내라,	둘 없어진 내라,

16) 『삼국사기』 권48, 열전8, 「솔거」, 嘗於皇龍寺壁畵……又慶州芬皇寺觀音菩薩 晉州斷俗寺維摩像 皆其筆蹟 世傳爲神畵.

ᄒᆞᄃᆞᆫ산 주이고?"ㄱ 드롯ᄂᆞ라.	하나만은 줄까?"라고 드리는도다.
아야야, 나아 기디기 줄ᄃᆞᆫ	아아—, 나에게 끼치어 준다면
어ᄃᆡ ᄡᅳ올 慈悲야 불휘고?	어디에 쓸 자비의 근기(根器)일까?17)

제1구(제1~4행)는 기도하는 화자의 모습을 묘사하였다. 불당에 들어가 마루에 무릎을 대고 두 손바닥을 모아 보살상 앞에서 기도를 하는 것이다. 한기리에서 이곳 분황사까지 온갖 염려와 불안에 휩싸여 아이를 품에 안고 들어선 불당에서 숨을 가누며 간신히 기도의 말을 드리고 있다. 희명이 지나온 길 위의 느낌이 고스란히 이 구절에 스며든 듯하다.

제2구(제5~8행)는 기원하는 내용을 표현하였다. 한 눈 멀고 또 한 눈이 멀어 두 눈이 '없어진' 아이에 대한 심정을 처절하게 토로하면서 천수천안관음보살니 그 많은 눈에서 하나만 덜어 '나'에게 주시기를 간구한다. 아이가 갑자기 눈이 멀게 되었을 때의 그 당혹감과 절망감을 넘어서서 치유와 구원의 희망을 찾아 관음보살 앞에 무릎을 꿇고 간구하는 마음의 경로가 그려졌다. 이는 한기리의 집에서 분황사까지의 길이 절망에서 희망으로, 불안과 초조에서 안도와 기대로 전환함을 의미하는 것이다.

제3구(제9 · 10행)는 화자의 소원이 이루어졌을 때의 보답을 다짐하는 내용이다. '나'에게 눈을 주신다면 그 자비의 안근(眼根)으로 할 수 있는 일이 무엇이겠느냐는 반문이다. 결국 그 눈으로써 관음보살

17) 신재홍(2000), 앞의 책, 173-174면.

의 자비를 세상에 널리 알리고 중생을 구제하는 일에 동참하는 것이지 않겠느냐는 다짐이다.[18] 아이에게 눈을 주신다면 다시 보게 된 그 아이는 성장하여 부처의 일에 헌신하도록 하겠다는 맹세이다. 이를 통해 어머니의 신실한 신앙심과 아이의 장래에 헌신적으로 뒷바라지할 태도를 짐작할 수 있다.

이렇듯 아픈 아이를 안고 관음보살 앞으로 달려간 어머니의 모습은 깊은 신앙심과 함께 절망을 희망으로 바꾸는 모성의 힘이 작동한 결과이다.[19] 아픔과 슬픔, 불안과 염려로 가득 찬 마음을 지닌 채 달려가는 길 위의 여성이지만 관음보살 앞에 모든 것을 내려놓고 자신의 진심과 아이의 장래를 다 걸고 간구하는 어머니의 마음인 것이다.

『삼국유사』「월명사 도솔가」에는 죽은 누이를 위해 재를 지낼 때 월명이 향가를 지어 제사했다는 기록이 있다.[20] 아주 짧은 서술이지만 이에 이어 향찰로 기록된 〈제망매가〉는 현존 향가 중 최고의 작품으로 평가받는다.

죽은 누이를 위해 지내는 재는 천도재일 터이다. 망자가 극락세계에 가도록 축원하는 이 법회에서 화자는 그 뜻을 향가로 표현하였다. 이제 누이는 죽어 저승길에 올랐고 혈육으로 맺어진 화자는 그녀의 가는 길이 극락세계에 이르기를 기원하고 있다. 그러기에 이 길은 이

18) 최선경, 앞의 논문, 373면에서는 희명이 '지혜의 눈, 깨달음의 눈'을 얻기를 소망한 것으로 보기도 하였다.

19) 신재홍, 「신라 사회의 모성과 향가」, 『한국고전여성문학연구』 14, 한국고전여성문학회, 2007, 20-24면.

20) 『삼국유사』 권5, 감통7, 「월명사 도솔가」, 嘗爲亡妹營齋 作鄕歌祭之 忽有驚飇吹紙錢 飛擧向西而沒.

승에서 저승으로, 그중 가장 바라 마지않는 세계인 극락으로 나아가는 길이다. 그 길 위에 선 망자 누이를 위해 화자가 성심껏 축원을 드리며 〈제망매가〉를 지었다.

生死 길은	생사의 길은
이ᄋᆡ 이샤ᄆᆡ ᄌᆞ글이고,	이에 있으매 애끓이거늘,
"나ᄋᆞᆫ 가ᄂᆞ다." 맔	"나는 간다."는 말을
아모다 니ᄅᆞ고 가ᄂᆞ닛고?	어떻다/아무렇다 이르고 갑니까?
어ᄂᆞ ᄀᆞᄉᆞᆯ 이른 ᄇᆞᄅᆞᄆᆡ	어느 가을 이른 바람에
이ᄋᆡ 뎌ᄋᆡ ᄠᅥ딜 닙ᄀᆞᆮ,	여기 저기 떨어질 잎같이,
ᄒᆞᄃᆞᆫ 가자 나고	한 가지에 나고
가논 곧 모다온뎌!	가는 곳은 모든 곳이구나!
아야, 彌陁刹아 맛보올 나	아아, 미타찰에서 만날 나
道 닷가 기드리고다.	도 닦으며 기다리겠노라.[21]

이 작품은 제1행의 '길'에서 제10행의 '도'에 이르는 방향으로 시상이 전개된다. 누이가 죽어서 가는 길은 극락을 향해 있고 그곳에서 누이를 다시 만나고자 화자는 이승에서 도를 닦는다. 이 '도'는 망자 누이가 극락에 이르는 길인 동시에 살아 있는 화자가 죽은 다음 따라 이르게 될 길이다. 그러므로 화자의 도 닦음은 누이를 위한 것일 뿐 아니라 자기 자신을 위한 수양의 길을 닦는 일이 된다. 산 자가 죽은 자

21) 신재홍(2000), 앞의 책, 222면.

를 위해, 그리고 산 자 스스로를 위해 일심으로 수도 정진하여 궁극에는 산 자와 죽은 자 모두가 극락세계인 미타찰에서 만나게 될 터이다. 이러한 종교적 전망을 향가 작품으로 표현하여 망자의 저승길을 천도하고 있다.

이런 까닭에 저승길의 누이에 초점을 맞추어 작품을 해석할 만하다. 그러려면 우선 제3행의 '나는 간다'라는 말에 주목해야 한다. 생사의 갈림길에서 화자는 이승에, 누이는 저승에 속한 길에 서게 된다. 이 갈림길에서 누이는 '나는 간다'라고 마지막 말을 남긴 것이다. 이에 제4행에서 화자는 어떻게 그런 말을 하고 '갑니까?'라고 반문한다. 누이의 '간다'와 화자의 '갑니까?'가 서로 대립하면서 죽음과 삶, 운명 수용과 저항, 떠나는 이와 남는 이 사이에서 긴장된 의미가 형성된다. 그런 다음 제8행에 다시 한 번 '가다'의 활용형이 나온다. '가는 곳은 모든 곳이구나!'라고 하여 가을바람에 모든 곳(사방팔방)으로 흩어져 가는 나뭇잎의 심상을 표현하였다. 이는 인간이면 누구나 맞닥뜨리는 '가다'의 문제, 즉 죽음에 대한 화자의 인식을 드러낸 것이다.

누이의 저승길은 화자로 하여금 작품 첫머리에 나온 '생사의 길'에 대한 깨우침을 얻도록 하였다. 누이의 죽음이 창작의 동기이고 작품 속에 생사의 문제에 대한 화자의 인식이 담겨 있기 때문이다. 이는 제2구(제5~8행)에 잘 나타나 있다. 전체가 나뭇잎의 비유로 이루어진 제2구에서 잎이 한 가지에 났다가 사방팔방으로 흩어지는 심상이 그려져 있다. 나뭇잎에 비유된 인간은 이 세상에 와서 나뭇가지 하나에 붙어 부모 자식 또는 형제자매 같은 혈육의 인연을 맺고 살다가 어느 가을날 바람이 불어오면 가지에서 떨어져 나가 사방으로 흩어지는 잎

들처럼 끝없는 윤회의 수레바퀴 속에서 헤매게 될 것이다. 이같이 생사의 문제는 인연과 윤회로 점철된 고통이라는 점을 깨닫는 데에 누이의 죽음이 결정적인 계기가 되었다. 이 작품은 누이의 저승길에 임하여 화자가 생사의 길에 대해 얻은 깨달음을 표현한 것이다.

제3구(제9 · 10행)에서 죽은 자의 길과 산 자의 길은 둘 다 극복되어야 할 길임을 천명하였다. 화자는 결국 생사의 문제를 초극하여 미타찰에 이르는 길을 지향한다. 망자인 누이와 더불어 화자가 닦고자 하는 것은 바로 미타찰에 이르는 길이다. 왕생극락의 종교적 전망을 지니고 누이와 자신의 길을 닦아 나가는 것이다. 목표가 뚜렷하게 설정된 길이기에 오직 그것을 향한 인간으로서의 정성과 노력만이 요구된다. 이제 화자는 끊임없이 자기와 세계를 성찰하면서 참되고 성스러운 삶의 자세를 고양해 나가는 데에 모든 힘을 쏟는다. 그러므로 '도 닦으며 기다린'다는 말은 생사의 문제에서 벗어날 수 없는 인간 누구나가 추구해야 할 진정한 삶의 자세를 표현한 것이라 할 수 있다.

4. 길 위의 여성 형상이 갖는 의의

앞에서 살펴본 향가 네 편의 '길 위의 여성' 형상은 하나하나가 개성 있고 인상적으로 그려졌다. 유배 길에서 사랑을 이룬 선화 공주, 부임 길에 따라 나섰다가 꽃과 시를 헌정받은 수로 부인, 눈 먼 아이를 안고 서라벌 시내 길을 달려와 분황사 부처께 무릎 꿇은 희명, 남은 이에게 생사의 길에서 종교적 전망을 얻게 하고 저승길로 떠난 망자 누이 등이 그들이다. 이 여성들은 배경 기사의 서술로써만 형상화된 것이 아니라 향가 작품 속에서도 성격과 태도가 드러나 있다. 〈서동요〉에는 선화 공주의 도전적이고 적극적인 성격과 상대를 덥석 안는 과감한 행동이, 〈헌화가〉에는 아름다움에 대한 수로 부인의 열망과 중앙 귀족다운 당당함이, 〈도천수관음가〉에는 신 앞에 기도하는 자세와 구원을 바라고 다짐하는 마음이, 〈제망매가〉에는 죽음을 받아들인 상태에서 혈육의 정성 어린 천도에 힘입어 극락으로 나아가는 모습이 담겨 있다.

네 편에 한정되긴 하지만 그 형상은 상당히 다채롭다. 유배, 부임 같은 현실적이고 제도적인 일에서부터 왕생극락 같은 종교적이고 관념적인 전망에 이르기까지, 고난과 절망의 의미에서 반전을 통한 성취와 여유 있는 풍류의 의미까지, 공주와 귀족 부인에서 평민 여성까지 다양한 여성 인물의 다채로운 사건과 지향이 그려져 있다. 신라 시대 수많은 길 위의 여성 형상이 그려졌을 것이나 현존 14편 중 4편이나마 이러한 모습을 보여 주는 것은 다행이 아닐 수 없다. 그려진 바의 다채로움이나 현존 작품의 비율로 보아 이 형상은 신라 향가에서 중요한 의의를 갖는다.

나아가 이는 문학사적으로도 매우 소중하다. 길 위의 여성이라는 형상을 생각할 때 가장 먼저 떠오르는 것은 조선 시대 한글 소설에 그려진 고난의 여성상이다. 〈사씨남정기〉에서 가문으로부터 추방되어 중국 남방을 떠돌며 고생하는 사씨, 〈숙향전〉에서 전쟁 통에 부모를 잃고 홀로 길거리를 헤매는 어린 소녀 숙향, 〈심청전〉에서 맹인인 부친을 위해 스스로 몸을 팔아 남경 상인의 배를 타고 죽으러 가는 심청

등이 대표적인 형상이다. 이러한 형상은 여성 수난의 이야기에서 특히 고난의 행군이라는 의미가 부각된 면이 있다.

이에 비해 고전 시가에서 길 위의 여성 형상을 찾기는 쉽지가 않다. 상당히 많은 수의 작품이 전하는 시조에서 이 형상은 드물게만 찾아진다. 시조는 주로 사대부가 지은 점이 원인이기도 하겠지만, 여성을 화자로 한 작품일지라도 그녀가 있는 곳에서 님을 떠나보내는 모습으로 그려졌지 본인이 길을 나서는 형상은 좀처럼 나타나지 않는다. 서정 가사의 경우도 사정은 비슷하다. 〈규원가〉, 〈사미인곡〉, 〈속미인곡〉 등 여성 화자의 가사 작품에서 떠나 있는 님을 그리워하며 거처 주변에 나가 멀리 바라보거나 지나가는 여인에게 말을 건네는 모습은 나타나지만 화자 자신이 길을 나서고 있지는 않다. 조선 후기에 많이 나오는 서사 가사에는 여성의 출가, 야유(野遊), 여행 등이 그려지나 서정 가사에 국한하여 본다면 시조의 양상과 별반 다르지 않은 것이다.

고려 가요의 경우, 향가와 가까운 시대이기 때문에 향가만큼의 비중으로 이 형상이 그려져 있으리라 기대할 만하지만 실제는 그렇지 못하다. 〈가시리〉와 〈서경별곡〉은 떠나는 님을 보내는 위치에 여성 화자가 서 있는데, 전자는 그곳이 어딘지 확정할 수 없고 후자는 대동강변이다. 후자의 예에서 길에 나와 있는 여성의 형상을 찾을 수 있지만 본인이 길을 가는 것이 아니라 님을 떠나보내면서 길에 나와 있을 따름이다. 그만큼 길과 관련된 주제에서 주체적 자아의 형상은 미약하게 나타난다. 〈쌍화점〉은 여성 화자가 길을 나와 쌍화점 등에 이르는 것이 전제된 내용이지만 길의 종착지만 표현되었을 뿐 길 위의 화자 모습은 찾을 수 없다. 고려 시대가 조선 시대에 비해 여성의 지위가 높고 여성의 행동이 비교적 자유로운 사회 분위기였다고 하지만 현존 작품으로만 보면 수동적이고 정적인 형상에 머물러 있다.

시조, 고려 가요에 비해 향가에 그려진 이 형상은 다채롭고도 구체적이다. 길 위의 여성이라는 주제에 적합한 형상이 네 편에 걸쳐 나타나 있다. 길을 가는 행위의 주체성도 분명하고 각 작품에 그려진 인물의 성격도 뚜렷하다. 개성 넘친 여성의 길 가는 도중에 벌어진 사건이 배경이 되어 흥미롭고 인상적인 시적 형상이 그려졌다. 뿐만 아니라 고전 소설의 형상이 고난의 의미에 치우친 데 비해 향가의 형상은 낭만적이기도 하고 모성이 강조되기도 하며 이념적인 지향까지 포함하고 있다. 이런 면에서 향가에 그려진 길 위의 여성 형상은 문학사적으로 의미 있는 성취를 이루었다고 할 수 있다. 물론 여기에서 다룬 이 형상은 향가 작품과 배경 기사를 함께 살펴 드러낸 것이라서 배경 기사와 연계되지 않은 고려 가요, 시조 등과 동등하게 비교할 것은 아니다. 다만 이러한 논의는 지금은 사라져 버려 실상을 알 수 없는 신라 시대 무수한 시적 형상 가운데 이 형상이 갖는 비중과 함께 그 다채로운 가능성을 시사하고 있다. 불행하게도 그것이 시대를 이어 계승되지 못하고 여성 수난 일변도로 채색된 것이 아쉬울 따름이다.

5. 결 론

지금까지 '길 위의 여성'을 향가 장르에서 찾아보고 그 의의를 논하였다. 현존 향가 중 〈서동요〉, 〈헌화가〉, 〈도천수관음가〉, 〈제망매가〉 등 네 편에 그 형상이 나타나는바, 작품 속 형상을 배경 기사와 함께 분석해 보았다.

배경 기사를 통해 본 길 위의 여성 형상은 이러하다. 선화 공주는 서동의 계략에 의해 출궁을 당하여 유배를 떠난 모습이다. 유배 길에서 서동을 만나 사랑을 이룬다. 수로 부인은 순정공을 따라 강릉으로 가는 행차 속 여주인공이 되어 있다. 잠시 머문 지방에서 노인에게 꽃과 시를 헌정받는다. 희명은 다섯 살 아이를 품에 안고 급하게 길을 달려가는 모습이다. 분황사의 부처께 무릎 꿇고 아이의 눈을 뜨게 해 달라고 기도한다. 월명의 누이는 죽어서 저승길로 떠나갔다. 그녀를 위해 월명은 천도재를 지내며 향가를 지어 그녀의 왕생극락을 기원한다.

이러한 형상은 향가 작품과도 긴밀하게 연결되어 그려졌다. 〈서동요〉에 나타난 선화 공주의 도전성, 적극성, 과감성은 유배 길에 오르게 된 동기가 그녀의 성격에 있음을 잘 보여 준다. 〈헌화가〉에서 부임 행차의 주인공 수로 부인이 보여 준 귀족의 품위와 위세, 아름다움에 대한 열망은 노인의 시선에 포착되어 그려졌다. 〈도천수관음가〉에는 병든 아이를 안고 길을 달려와 신 앞에 무릎 꿇고 간구하는 어머니의 호흡이 느껴진다. 〈제망매가〉에는 저승길에 오르면서 화자에게 건넨 누이의 이별의 말에서 죽음에 대한 수용의 자세가 나타나 있고, 그녀의 저승길을 왕생극락의 길로 이어지게 하려는 화자의 기원이 담겨 있다.

향가에 그려진 길 위의 여성 형상은 그 편폭이 넓다. 현실적인 길부터 관념적인 길까지, 고난의 길에서 성공과 풍류의 길까지, 공주 · 귀부인에서 평민 여성까지 다채로운 모습이 그려졌다. 작품에 나타난 인물의 성격이 뚜렷하고 길 가는 행위에 대한 주체적 인식도 분명하여 길 위의 여성 형상이 생생하고 박진감 있게 전달된다. 여성 수난의 형상에 치우친 서사 문학에 비해 낭만, 모성, 왕생 등 다양한 의미를 띤 형상이 나타난다. 이러한 점에서 향가의 길 위의 여성 형상은 문학사적으로 중요한 의의를 갖는다고 하겠다.

건축가 화랑 비형랑과 〈비형주사〉

1. 서 론

『삼국유사』 1권, 기이 편에는 「도화녀 비형랑(桃花女鼻荊郎)」이 수록되어 있다. 폐위된 임금 진지왕이 혼령으로 나타나 도화와 통정하여 비형을 낳았다. 비형은 자라서 귀중(鬼衆)을 거느리고 놀다가 진평왕의 명으로 귀교(鬼橋)를 만들었다. 그가 추천한 길달이라는 자가 길달문을 짓고는 여우가 되어 달아나자 귀신을 시켜 잡아 죽였다.

이러한 내용의 「도화녀 비형랑」은 혼령과의 통정, 귀신 부리기, 벽사(辟邪) 등의 주제로 인해 『삼국유사』 중에서도 환상성이 짙은 이야기로 여겨져 왔다. 그런데 1989년에 발견된 『화랑세기』에 '비형랑'이란 인물명이 나옴으로써 신비하게 탄생하여 귀신을 부리기도 하고 물리치기도 한 비형이 역사적 인물일 가능성이 높아졌다. 『화랑세기』를 진본의 필사본으로 인정하는 필자는[1] 비형을 신라 진평왕대의 실존 인물로 본다.

---

1) 신재홍, 「자료의 신빙성」, 『향가의 미학』, 집문당, 2006, 443-463면.

「도화녀 비형랑」은 비형이라는 인물의 실존 여부뿐 아니라, 거기에 실린 〈비형주사(鼻荊呪詞)〉가 향가의 하나인 점에서 시가 연구 자료로도 중요하다. 〈비형주사〉는 비형 사건과 관련하여 당대에 우리말로 불린 노래로, 향가가 5언 절구로 한역(漢譯)된 것이다. 이에 「도화녀 비형랑」을 향가 작품론을 위한 자료로 다룰 수 있다.

이 장에서는 관련 자료들을 검토하여 실존 인물 비형에서 환상 인물 비형으로의 변모 양상을 논하겠다. 사실에서 환상으로의 변화, 그에 따른 향가의 주술성 획득을 주된 논점으로 삼으려 한다. 이를 통해 우리 역사 속에 나타난 사실과 환상의 관련 양상을 살펴보고, 향가의 주술성이 역사적 맥락에서 부여된 것임을 말하고자 한다.

2. 비형에 관한 사실들

『화랑세기』 제13세 풍월주 용춘(龍春) 조에는 다음과 같은 기사가 실려 있다.

> 『전군열기(殿君列記)』에는 이렇게 쓰여 있다. '공(용춘)은 용수 갈문왕의 동생이다. 금륜왕이 황잡 음란하여 폐위당해 유궁(幽宮)에서 3년간 살다가 붕하였다. 그때 공은 아직 어려서 금륜의 얼굴을 알지 못하였다. 지도태후는 태상태후의 명으로 다시 새 왕을 모시게 되니, 공은 새 왕을 아버지라 불렀다. 이로 인해 진평왕이 어여삐 여겨 총애하여 우대하기가 특히 심중했다. 공이 자라자 개연하여 문노의 문하에 들어가 비보랑을 사형으

로 받들었다. 서제(庶弟) 비형랑과 함께 낭도를 힘써 수습하니 이로써 대중이 귀속하게 되었다. 3파가 모두 추대하고자 하므로 서현랑이 자리를 양보하였다.'[2)]

『전군열기』라는 책에서 인용한 대목이다. 비형이 용춘의 서제로 기록되었을 뿐 아니라, 용춘의 아버지 금륜왕(진지왕)은 폐위되고 나서 유궁에서 3년간 살다가 죽은 것으로 되어 있다. 이 새로운 기록을 바탕으로 『삼국유사』, 『삼국사기』 등 기존의 기록에서 사실적 요소들을 추출해 낼 수 있다.

『화랑세기』의 '서제'는 『삼국유사』에서 비형의 어머니가 '서녀(庶女)'라는 기록[3)]과 공통된다. 이에 '사량부의 서녀 도화랑이 진지왕에게 불려가 색공을 요청받았다'는 『삼국유사』의 기록은 사실일 가능성이 높다. 진지왕이 호색하였다는 것은 두 자료에 공통으로 기록된 사실이며, 그에 따라 민간의 아름다운 평민 여자를 탐하였을 것임도 충분히 인정된다.

'진지왕이 도화와 통정하여 비형을 낳았다'는 『삼국유사』의 기록도 사실로 보인다. 진지왕의 아들 용춘의 서제이므로, 도화는 정비가 아닌 빈첩이고 비형은 용춘보다 나이가 어린 동생이다. 용춘은 무술년(578)에 태어나 태화 원년(647)에 죽었다.[4)] 『삼국사기』에는 진지

2) 『화랑세기』 13세 용춘, 殿君列記曰 公乃龍樹葛文王之弟也 金輪王 以荒亂見廢 居幽宮三年而崩 公尙幼而不識其面 智道太后以太上太后命 復事新王 公呼新王爲父 以此王憐之 寵遇殊重 既長乃慨然入文砮之門 事秘宝郎爲兄 與庶弟鼻荊郎 務拾郎徒 以此大衆歸之 三派皆願戴之 以此舒玄郎以位讓之云.

3) 『삼국유사』 1권, 기이, 「도화녀 비형랑」, 沙梁部之庶女 姿容艶美 時號桃花娘.

왕이 579년 7월 17일에 훙하였다[5]고 한 반면『화랑세기』에는 '유궁에서 3년간 살다가 붕하였다'고 되어 있다. 두 기록을 종합해 보면 진지왕은 579년 7월 17일 이전에 폐위되어 그날에 죽은 것으로 발표가 났으나, 실제로는 궁궐 내에 유폐되어 3년간 살다가 죽었다. 이로써 비형은 578~582년 사이에 태어났음을 알 수 있다.

비형이 실존 인물임을 시사하는 기록은『신증동국여지승람』에도 있다. 경주의 고적 왕가수(王家藪)를 소개한 내용은, 귀교를 설명하면서「도화녀 비형랑」을 축소 인용한 것과는 달리,『삼국유사』가 아닌 다른 책에서 따온 것이다.

> 왕가수 — 경주부 남쪽 10리에 있다. 경주 사람들이 목랑(木郞)을 제사하는 곳이다. 목랑은 속칭 두두리라 하는데, 비형 이후에 민간에서 두두리를 섬기는 일이 매우 성하였다.[6]

서라벌의 속신인 '두두리'가 비형에게서 유래했다고 하였다. 왕가수에 대한 소개 뒤에 붙은 고려 고종대의 '목랑' 신앙의 사례와[7]『고

---

4)『화랑세기』13세 용춘, 龍春戊戌生……太和元年八月薨 壽七十.

5)『삼국사기』4권, 신라본기, 진지왕, 四年……秋七月十七日 王薨.

6)『신증동국여지승람』21권, 경주부, 王家藪 在府南十五里 州人祠木郞之地 木郞俗稱豆豆里 自鼻荊之後 俗事豆豆里甚盛. '두두리'는 귀교를 설명한 대목에도 나온다(같은 곳, 鬼橋……州俗至今 帖此詞于門 以辟鬼 此東京 豆豆里之始).

7) 같은 곳, 高宗十八年 蒙古元帥 撒禮塔來討 簪古與之死 東京馳奏有木郞言 我已到敵營 元帥某某人也 我等五人 欲與交戰 期以十月十八日 若送兵鞍馬 我等便當報捷 因以詩寄崔瑀曰 壽夭災祥非一貫 人人居此未曾知 除災致福是難事 天上人間捨我誰 瑀信之 私備畵韂鞍馬 遣內侍金之蔣送之 其後無驗.

려사』 열전 이의민 조에 기록된 '두두을(豆豆乙)' 신앙의 사례로[8] 보아 서라벌에 두두리/두두을/목랑 신앙이 있었음은 역사적 사실이다. 이 신앙은 절굿공이를 비롯한 나무 신 숭배[9] 혹은 쇠와 대장장이 신 숭배[10]의 성격을 가지고 후대에 도깨비 신앙으로 연결된다고 알려져 있다.

서라벌의 민속 신앙을 염두에 두면서 「도화녀 비형랑」의 후반부를 살펴보면 환상적인 이야기 속에 섞인 역사적 사실들을 추출해 볼 수 있다. 이 부분에 신원사 북쪽 도랑에 건설된 석교인 귀교, 흥륜사 남쪽 누문인 길달문 등 두 건축물이 나온다. 『신증동국여지승람』에 길달문은 나와 있지 않지만, 실재했던 흥륜사의 남문이 길달문일 것이다. 비형은 귀신들을 통솔하여 귀교를 건설하였고, 길달문을 세운 길달을 조정에 추천하였다. 두 건축물의 건설에 직간접적으로 관여한 인물인 것이다. 이에 비형은 건축가로서 활동하였다고 볼 수 있다.[11]

건축가 비형은 두두리 신앙의 유래가 되기에 적합하다. 나무와 쇠,

---

8) 『고려사』 41권, 반역, 이의민, 義旼不會文字 專信巫覡 慶州有木魅 土人呼爲豆豆乙 義旼起堂於家 邀置之 日祀祈福 忽一日 堂中有哭聲 義旼怪問之 魅曰 吾守護汝家久矣 今天將降禍 吾無所依 故哭 未幾敗 有司奏請 去壁上圖形 詔毁之.

9) 박은용, 「목랑고—도깨비의 어원고—」, 『한국전통문화연구』2, 효성여자대학교 한국전통문화연구소, 1986, 64면 ; 강은해, 『한국난타의 원형, 두두리 도깨비의 세계—도깨비 설화의 시학—』, 예림기획, 2003, 27-36면.

10) 이두현, 「단골무와 야장—동북아세아 샤머니즘과 한국무속과의 비교연구②—」, 『정신문화연구』16-1, 한국정신문화연구원, 1993, 214-223면.

11) 이러한 맥락에서 길달은 아마도 비형의 도제였을 것이다. 그리고 신라의 금입택 중 '비혈택(鼻穴宅)'의 명칭이 '비형'과 관련이 있다고 본다면, 비혈택은 건축가 자신의 저택이라고 할 수 있다(『삼국유사』 1권, 기이 「진한」, 三十五金入宅-言富潤大宅也……鼻穴宅).

두드리는 행위와 대장장이의 역할 등은 모두 건축과 관련된다. 이는 도깨비 형상이 건축물의 기와, 벽돌, 문, 문고리 등에 부조된 현상과도 관계가 있다. 토목 공사나 건축의 공정 중에 발생할 위험을 미연에 방지하고 새로 세운 건축물의 안전과 보존을 비는 뜻이 두두리 신앙으로 나타난 것이라 하겠다.

여기서 진평왕~선덕왕대가 건축 붐이 일었던 시대였음을 상기할 필요가 있다. 『삼국사기』에 남산성(진평왕 13년, 591), 명활성과 서형산성(15년), 삼랑사(19년), 고허성(48년), 분황사(선덕왕 3년), 영묘사(4년), 황룡사 탑(14년, 645), 『삼국유사』에 황룡사 금당(진평왕 5년), 대승사(46년), 첨성대(선덕왕대) 등이 건축된 기록이 있다. 황룡사 탑의 경우, 자장이 건의하고 백제의 공장(工匠) 아비지를 청해서 용춘이 주관하여 이룩된 역사(役事)였다.[12] 이 일에 용춘의 서제로서 건축가 비형이 주도적으로 관여하였을 것이다.

한편 「도화녀 비형랑」에서 비형이 '귀중을 거느리고 놀았다'는 말은 그의 또 다른 활동을 암시한다. '비형랑'이라는 칭호에서 알 수 있듯이, 그는 화랑의 일원이었다. 화랑으로서 그가 활동한 바는 『화랑세기』에 '낭도를 힘써 수습하니 이로써 대중이 귀속하게 되었다'로만 기술되어 있다. 용춘과 함께 낭도들을 모아 화랑도 내에서 큰 세력을 이루었던 것이다. 서출인 그로서는 서너 살밖에 차이가 나지 않는 이복형 용춘을 보좌하는 데 힘썼을 것이다.

12) 『삼국유사』 3권, 탑상, 「황룡사구층탑」, 以寶帛請於百濟 匠名阿非知 受命而來 經營木石 伊干龍春——云龍樹—幹蠱 率小匠二百人.

용춘은 문노의 문하에서 비보를 사형으로 모시고 화랑으로 활동하다가 596년 19세에 풍월주가 되었다.[13] 「도화녀 비형랑」에는 비형이 15세에 집사(執事) 벼슬을 하면서 밤마다 나가 놀았다고 하였다. 연배로 보아 용춘이 풍월주가 되던 시기 어름에 비형은 궁중의 집사로 있었던 것이다. 문노—비보—용춘의 계보는 화랑도 중 문노파를 이루지만, 가야국 공주의 아들 문노는 출신상 골품을 갖지 못한 인물이었다. 용춘은 대원신통에 속하기는 하지만 아버지 금륜(진지왕)의 폐위로 인해 진골 사회 내 지위가 굳건하지 못하였다. 그래서 후에 자기 아들 춘추가 왕이 되기까지는 여러 고비를 넘어야 했을 것이다. 선덕왕의 남편이 되었다가 스스로 물러난 것도 이러한 배경과 무관하지 않다.

그러나 용춘은 문노, 비보 등이 닦아 놓은 무사의 기풍을 더욱 진작하여 삼한 통합의 대의를 내세워 화랑도를 이끌었다. 진평왕 51년(629)에 낭비성에서 있었던 고구려와의 전투는 그러한 화랑의 기풍을 탄 용춘, 서현, 유신 등의 승리였다. 비형은 아마도 용춘을 따라 낭비성 전투에 참전하였을 것이다. 건축가로서 그는 화랑 제도의 업무 분장상 전방부의 공사(供事) 업무를 담당하며 전쟁터에서 일종의 공병대를 이끄는 장수로 활약하였으리라 추측된다.

한편 「도화녀 비형랑」에는 비형이 추천한 길달이 임종(林宗)의 사자(嗣子)가 되고, 임종의 명으로 길달이 흥륜사 남쪽 누문을 지었다고 하였다. 임종은 우지암 화백회의에 참석한 인물로서[14] 『화랑세기』에

13) 『화랑세기』 13세 용춘, 丙辰郎主.

도 칠성우의 일원으로 나온다.[15] 진평왕 초기에 화랑도 사이에 5파가 생겨 서로 논쟁할 때 대세, 수일과 함께 통합원류로 활동한 문노파의 정예 인물이었다.[16] 귀천과 내외의 구분 없이 인재를 발탁하여 쓰자는 주장을 한 통합원류의 지도자로서 문노, 비보와 노선을 같이 한 인물이다. 임종이 후에 각간으로 화백회의의 일원이 된 것은 용춘과 비슷하게 여러 고비를 넘어서야 가능하였을 것이다.

「도화녀 비형랑」에는 비형이 추천한 길달을 왕이 임종의 아들로 내려 주는 것으로 나온다. 애초부터 용춘과 함께 문노의 문하에서 활동하면서 비형은 임종과 친분이 있었을 것이다. 그러다가 조정에 길달을 추천하고, 길달이 임종의 아들이 되면서 비형과 임종은 더 가까워졌을 것이다. 문노파의 정예로서 임종의 성격과 역할은 비형과도 상통하는 바 있다.

요컨대 비형은 신라 진평왕대의 실존 인물로서 이복형 용춘을 보필하여 화랑으로 활동하였는데, 특히 건축가로서의 면모를 드러내었다. 건축가이자 화랑으로서 그는 문노파인 용춘의 정치적 부침을 함께 겪었을 것으로 보인다. 소년기에 아버지 진지왕의 폐위로 인해 좌절하고, 청년기에 문노의 문하에서 수련을 쌓고, 통일전쟁기에는 장수로 활약하고, 선덕왕의 남편이 되었다가 물러나기도 하고, 결국 아

14) 『삼국유사』 1권, 기이, 진덕왕, 王之代 有閼川公 林宗公 述宗公 虎林公—慈藏之父—廉長公 庾信公 會于南山于知巖 議國事.

15) 『화랑세기』 14세 호림, 國有大事 必奉之而問 與閼川公林宗公述宗公廉長公庾信公宝宗公 等等 作七星友 會遊南山 統一之業 多從公等始焉.

16) 『화랑세기』 10세 미생, 時郎徒尙有爭論 其一曰 不拘貴賤內外 拔用人才 以强國力者 謂之統合元流 林宗大世修日等主之 盖文弩派中最銳者也.

들 춘추가 왕이 될 수 있는 기틀을 마련한 용춘의 생애는 비형에게 일정하게 영향을 주었을 것이다. 또한 문노파의 정예인 임종과 친분이 있는 것도 비형의 성격을 시사해 주는바, 인재 발탁의 명분을 내세운 용춘, 임종 등의 주장에 동조하면서 서자로서의 사회적 지위를[17] 극복하고자 노력하였을 것이다.

3. 비형에 대한 환상들

「도화녀 비형랑」은 앞에서 추출해 본 사실적 요소에 환상적 요소가 섞여 있다. 역사적 인물 비형이 환상적으로 그려진 데에는 민속 신앙에 바탕을 둔 신격화 과정이 개재한 것으로 보인다. 〈비형주사〉를 문에 붙여 벽귀(辟鬼)하려 했음은[18] 민간에서 비형을 귀신 쫓는 신으로 믿었다는 뜻이다. 비형이 벽귀의 신으로 되는 과정에서, 그와 관련된 역사적 사건들이 신비스럽게 수식되고 벽사의 대상인 귀중(鬼衆)이 등장하는 이야기로 윤색되었을 것이다.

비형이 벽귀의 신으로 믿어진 것은 다음의 사건에서 말미암는다.

17) 『화랑세기』에 나타난 서출의 사회적 지위는 조선 시대와는 비교할 수 없이 높다. 그렇지만 첩이 되는 것을 수치로 여긴 미실의 예, 적출 자녀 다음에 서출을 기재하는 방식 등을 고려할 때, 어느 정도 신분적 차별은 받았던 것 같다.

18) 『삼국유사』 1권, 기이, 「도화녀 비형랑」, 鄕俗帖此詞以辟鬼. 이 부분은 『신증동국여지승람』 21권, 경주부, 「귀교」에 '州俗至今 帖此詞于門 以辟鬼'라 하여 더 자세히 기록되어 있다.

하루는 길달이 여우로 변하여 도망가니 비형이 귀신을 시켜 잡아 죽였다. 그러므로 그 무리가 비형의 이름만 들어도 두려워하여 달아났다.[19)]

길달은 귀중의 하나이므로 그의 변신은 귀신, 곧 도깨비가 여우로 변하였다는 말이다. 오래 전부터 도깨비의 변화무쌍함은 여우의 그것에 비견되어 왔다.[20)] 그런데 임종의 아들이 되어 흥륜사 남문까지 건축한 길달이 왜 갑자기 여우로 변신하여 도망갔을까?[21)] 이 의문은 현존 자료로는 풀 수 없지만, 아주 미약하나마 『화랑세기』와 『삼국사기』의 두 기록에서 실마리를 얻을 수 있지 않을까 한다.

26세 진공은 사린공의 아들이다.……사린은 애초에 임종공의 대사(大舍)가 되어 임종공의 첩 호명과 통정하여 딸 진속을 낳았다. 임종공이 이에 호명을 사린의 아내가 되도록 하여 진공을 낳았다.[22)]

8월……8일에 소판 김흠돌 · 파진찬 흥원 · 대아찬 진공 등이 반란을 꾀

19) 『삼국유사』 1권, 기이, 「도화녀 비형랑」, 一日吉達變狐而遁去 荊使鬼捉而殺之 故其衆聞鼻荊之名 怖畏而走.

20) 김종대, 『민담과 신앙을 통해 본 도깨비의 세계』, 국학자료원, 1994, 141면.

21) 김성룡, 「비형 이야기에 나타난 귀신 이야기의 구성 원리」, 『선청어문』24, 서울대학교 국어교육과, 1996, 396-397면에서 길달의 변신은 '동물 정령 숭배 사상과 산신 숭배 사상이 결합되어 있는, 신라의 재래 사상과 깊은 관련이 있'는데, '길달은 여우의 정령이자 산신으로서 인간의 위에 군림하는 신격이 되'어 '귀신 숭배 사상과 깊은 관련이 있'는 비형과는 '사상의 체계를 달리하는 이질적인 신격으로 변질'된 것으로 보았다.

22) 『화랑세기』 26세 진공, 二十六世眞功者 思隣公之子也……思隣初爲林宗公大舍 得通林宗公妾好明 生女眞涑 林宗公乃以好明妻思隣 生眞功.

하다가 죽임을 당하였다.……16일에 다음과 같은 교서를 내렸다. '……흠돌 · 흥원 · 진공 등은……날마다 탐욕스러운 뜻을 거리낌 없이 드러내 보이고 포학한 마음을 멋대로 부렸으며, 흉악하고 간사한 자들을 불러들이고 궁중의 근시들과 서로 결탁하여 화가 안팎으로 통하게 하였으며 나쁜 무리들이 서로 도와 날짜와 기한을 정하여 반란을 일으키려고 하였다. ……이 때문에 병사들을 끌어 모아 효경(梟獍) 같은 무도한 자들을 제거하고자 하였더니, 혹은 산골짜기로 도망쳐 숨고 혹은 대궐 뜰에 와서 항복하였다. 그러나 가지나 잎사귀 같은 잔당들을 찾아내어 이미 모두 죽여 없앴고 3, 4일 동안에 죄인의 우두머리들이 소탕되었다.[23]

임종의 첩이었던 호명이 사린의 아내가 되어 낳은 아들 진공은 신문왕 원년 김흠돌과 함께 반란을 획책하여 처형당하였다. 위의 조서에서 '효경 같은 무도한 자들을 제거하고자' '산골짜기로 도망쳐 숨'은 '잔당들을 찾아내어 이미 모두 죽여 없앴'다고 하였다. 여기에 쓰인 '효경, 도망치다, 죽여 없애다' 등의 단어는 여우가 된 길달을 비형이 잡아 죽였다는 『삼국유사』의 기록과 비슷한 인상을 준다.

『화랑세기』에 따르면, 김흠돌은 김유신의 조카이고 진공도 대원신통에 속한 자로서 진골 귀족의 최상층이었다. 이들이 반란을 획책하였다

23) 정구복 외, 『역주 삼국사기』2 번역편, 한국정신문화연구원, 1997, 166-167면. 원문은 『역주 삼국사기』1 감교원문편, 95-96면. 神文王元年 八月……八日 蘇判金欽突 波珍湌興元 大阿湌眞功等 謀叛伏誅……十六日 下敎曰……欽突興元眞功等……比日 逞其無厭之志 肆其暴虐之心 招納凶邪 交結近竪 禍通內外 同惡相資 剋日定期 欲行亂逆……是以追集兵衆 欲除梟獍 或逃竄山谷 或歸降闕庭 然尋枝究葉 並已誅夷 三四日間 囚首蕩盡.

는 것은 임종의 아들이 된 길달이 여우로 돌변한 것에 비견할 만하다. 길달의 변신은 진공의 반역과 같은 사건의 비유적 표현일 수 있는 것이다. 김흠돌의 반란 같은 대사건은 신라의 조야에 큰 영향을 끼쳤을 터인데, 민간에서는 그로부터 받은 혼돈과 공포감을 진평왕대 인물 비형의 이야기로 풀어낼 수 있었을 것이다. 실제로 비형은 진평왕 53년(631)에 일어난 칠숙 · 석품의 반란을 경험하였겠고, 더 오래 살았다면 선덕왕 16년(647)의 비담 · 염종의 반란도 겪었을지 모른다. 이렇게 보면 길달이 여우로 돌변해 도망간 것은 진골 귀족이 반란하였음을, 비형이 귀졸을 시켜 길달을 잡아 죽인 것은 반란 세력을 소탕하였음을 비유적으로 표현한 것이라 하겠다.

앞에서 '귀졸을 거느리고 놀았다'는 「도화녀 비형랑」의 기술을 비형의 화랑 활동으로 보았는바, 해당 기록은 이러하다.

> 나이가 15세에 이르자 집사 벼슬을 주었더니 매일 밤 도망하여 멀리 나가 놀았다. 왕이 용사 50명을 시켜 그를 지키게 하였으나 매번 월성을 날아 넘어가 서쪽 황천 언덕에서 귀중을 거느리고 놀았다. 용사가 숲 속에 엎드려 엿보니 귀중이 여러 절의 새벽 종소리를 듣고는 각자 흩어졌고 낭 또한 돌아왔다.[24]

'밤, 날아 넘다, 귀중, 새벽 종소리' 등은 비형의 환상적 이야기를 구

24) 『삼국유사』 1권, 기이, 「도화녀 비형랑」, 年至十五 授差執事 每夜逃去遠遊 王使勇士五十人守之 每飛過月城 西去荒川岸上一在京城西一 率鬼衆遊 勇士伏林中窺伺鬼衆聞諸寺曉鐘各散 郎亦歸矣.

성하는 단어들이다. 이들은 오늘날까지 전승되는 도깨비 이야기의 주요 화소들이기도 하다. 도깨비들은 건축에 관여하는 예가 많으므로[25] 도깨비와 비형은 관련성이 깊다.

한편 인용문에는 '15세, 놀다, 황천 언덕' 등의 단어도 쓰였다. 화랑 조직에 15세 전후의 청소년 귀족들이 많이 참여한 점,[26] 이미 『삼국사기』에 산수 유람이 화랑의 주요 활동 중 하나로 기록된 점,[27] 그리고 『화랑세기』에 화랑들이 강가나 냇가에서 훈련한 것으로 나오는 점[28] 등에서 이 단어들은 화랑 활동과 관련된다. 이렇게 보면 비형이 귀신을 거느리고 황천 가에서 놀았던 것은 화랑이 낭도를 거느리고 강가나 냇가에서 훈련을 한 사실을 도깨비 신앙과 결부하여 표현한 것이다.

그런데 인용문에서 비형 · 귀중 대 왕 · 용사들의 갈등 관계가 암시되어 있다. 밤마다 궁궐을 넘어 멀리 가서 귀중과 노는 비형에 대해 왕이 용사 50명을 시켜 지키고 감시하게 하였다. 이는 비형과 귀중의 행동이 뭔가 체제 비판이나 도전의 측면이 있음을 암시한다. 폐위된 임금 진지왕의 아들 용춘과 서자 비형이 놓인 정치적 위상을 고려한다면, 여기서 비형과 그의 무리가 경계의 대상이 된 점을 어느 정도 이해할 수 있다. 비형 일파는 용춘의 강력한 지지 세력으로서 진평왕

25) 강은해, 앞의 책, 28-29면.

26) 『화랑세기』 8세 문노, 以十二三歲 俊傑之眞骨及大族巨門之子弟 願歸者爲之. 한편 사다함, 김유신같이 10대 후반에 풍월주가 된 경우는 빠른 편이고, 대개는 20~30대에 풍월주가 되었다.

27) 『삼국사기』 4권, 신라본기, 진흥왕 37년 ; 47권, 열전, 김흠운, 遊娛山水 無遠不至.

28) 『화랑세기』 7세 설화랑, 公旣長 好花郎之戲 日與群兒 習于川上.

을 정점으로 한 정권의 실세들에게는 경계의 대상이었을 것이다. 따라서 비형이 귀중을 거느리고 놀았다는 것은 화랑 활동 중에서도 비주류의 활동이라고 할 수 있다. 주류에 대항할 만한 세력을 규합하려는 것이므로 대낮이 아닌 밤중에 모였을 것이다.

그러다가 왕이 귀교를 건축하게 하고 인재를 추천하라고 요청함으로써 비형 일파를 회유하고자 하였다. 이제 용춘, 비형의 세력이 강성해져서 『화랑세기』에 기록된바, 화랑 3파 모두의 추대를 받게 되었으므로 왕은 그들을 받아들일 수밖에 없게 된 것이다. 이로써 용춘파가 화랑도의 주도권을 잡고 나아갈 수 있었다. 결국에는 가야파의 맹주 김서현과 연합함으로써 그들의 자식 세대인 김춘추와 김유신이 연합하여 정권을 장악하게 되었다.

비형의 신격화는 이제 그의 탄생에까지 미치게 된다.

> 이 해에 왕은 폐위되어 붕하였다. 2년 후에 그 남편도 죽었다. 십여 일이 지나자 홀연 밤중에 왕이 평상시 모습으로 여인의 방에 와서 말하였다. "네가 예전에 허락하였더니, 이제 네 남편이 없으니 가하겠느냐?" 여인은 경솔히 허락지 못하고 부모께 고하였다. 부모는, "군왕의 하교를 어찌 피하리오." 하고 딸을 방으로 들여보냈다. 왕은 7일을 머물렀다. 늘 오색구름이 집을 덮었고 향기가 방에 가득하더니 7일 후에 홀연 자취를 감추었다. 여인이 이로써 임신하여 달이 차서 출산하려 할 때 천지가 진동하며 한 남아를 낳으니, 이름을 비형이라 하였다.[29)]

---

29) 『삼국유사』 1권, 기이, 「도화녀 비형랑」, 是年 王見廢而崩 後二年 其夫亦死 浹旬 忽夜中 王如平昔 來於女房曰 汝昔有諾 今無汝夫 可乎 女不輕諾 告於父母 父母曰

죽은 임금이 환생하여 내림하고, 오색구름과 향기로써 신비스러운 분위기를 풍기고, 천지가 진동하며 비형이 탄생하였다. 여기에서 진지왕이 약속 이행을 요구한 것과 도화가 절개를 지킨 것이 동시에 긍정되었다. 도화는 이야기의 처음부터 절개 있는 여자로 나오지만 결국에는 왕에게 색공을 하였다. 진지왕은 황음하여 폐위되었다고 하였지만 혼령이 되어 도화를 수태시켰다. 두 인물은 긍정과 부정의 양면을 지니고 있는데, 그것이 비형에게도 전해졌다. 혼령과 인간의 교섭으로 태어난 비형은 음과 양, 천상과 지상, 사실과 환상의 사이에 놓인 인물로 그려지게 된 것이다.

애초 진지왕과 도화의 관계는 민간에 신비스럽게 알려질 만한 배경을 지녔었다. 「도화녀 비형랑」에 기술된 시간들, 곧 진지왕의 폐위 시점과 그 2년 후를 받아들인다면 두 사람이 통정하여 남아를 낳은 것은 진지왕이 폐위된 후 유궁에 유폐되어 살던 때의 일이다. 이로 미루어 유폐된 진지왕을 옆에서 수발해 준 빈첩이 도화였을 것이다. 민간에 알려지지 않은 이러한 관계가 신비화되어 비형의 탄생담으로 엮이게 되었을 것이다.

이같이 오늘날까지 전승된 도깨비 신앙과 연결되는 서라벌의 두두리 신앙을 비형의 신격화를 가져온 민속 신앙으로 지목할 수 있다. 민속 신앙에서 포착된 역사적 인물의 행적이 신비화되어 환상적인 이야기로 구성된 것이다. 말하자면, 비형의 환상은 역사에서 우러나오고

君王之敎 何以避之 以其女入於房 留御七日 常有五色雲覆屋 香氣滿室 七日後 忽然無蹤 女因而有娠 月滿將産 天地振動 産得一男 名曰鼻荊.

역사에 의해 부여된 민간전승의 결과로 생각된다. 역사적으로 서자이자 비주류로 활동한 비형, 호색한 임금이라는 비난과 신비한 혼령으로 나타났다는 숭배 사이에 있는 진지왕, 세상에 알려진 왕의 폐위와 알려지지 않은 유폐 사이에서 벌어진 진지왕과 도화의 통정 등 역사의 틈새에서 비형에 관한 환상은 피어났고 이야기로 엮인 것이다.

4. 사실과 환상 사이의 〈비형주사〉

〈비형주사〉는 비형을 소재로 하여 당시 사람이 지은 노래이다.[30] 문장의 구조, 위협적 어투, 축귀의 주제 등으로 보아 애초에 우리말로 지어져 불린 향가가 5언 절구의 한시 형태로 기록되었다. 이 작품은 실존 인물 비형이 건축가이자 화랑이었고, 민속 신앙에 기초하여 그에 대한 환상적 이야기가 엮였다고 한 앞서의 논의를 뒷받침할 만하다. 사실과 환상의 두 측면이 교차하는 양상이 작품에서 드러나는 것이다.

성제의 혼이 낳은 아들	聖帝魂生子
비형랑의 집과 정자라네.	鼻荊郎室亭
날아다니는 여러 귀신들아,	飛馳諸鬼衆
이곳엘랑 머물러 있지 마라.	此處莫留停

30) 원문의 '時人作詞'는 노래 형태가 한시의 '사(詞)'가 아닌 5언 절구라는 점에서 '당시 사람이 노래 가사를 지었다'로 번역되어야 한다.

작품에 나온 시어들은 세 부류로 나뉜다. 첫째, 사실과 관련된 시어로서 '室亭, 此處' 등이 있다. 둘째, 환상과 관련된 시구로서 '魂生子, 飛馳諸鬼衆' 등이 있다. 셋째, 사실과 환상의 경계를 넘나드는 시어·시구로서 '聖帝, 鼻荊郎, 莫留停' 등이 있다.

첫째 부류의 시어는 모두 공간을 지시한다. '(비형랑의) 집과 정자'가 바로 '이곳'인데, 전자는 일정한 공간을 점유한 건축물을, 후자는 건축물과 대지를 포함한 공간을 가리킨다. 작품 내에 설정된 이 공간은 현실에서 존재할 법한 것으로서 제시되었다. 앞서 살핀바, 건축가로서의 비형을 고려하면 그 가능성은 매우 높다.

둘째 부류의 시어는 사건에 따른 행동을 표현한다. '(성제의) 혼이 낳은 아들'은 혼령이 인간의 아들을 낳았다는 환상적 사건을 압축한 것이고, '날아다니는 여러 귀신들'은 도깨비들의 활동 모습을 그린 것이다. 두 구절 모두 「도화녀 비형랑」에 기술된 환상적 이야기와 직접 관련되는 내용이다. 사실에 부가된 환상적 이야기의 내용이 두 구절에 집약되었다.

셋째 부류의 시어는 등장인물과 시적 화자를 드러낸다. 진지왕인 '성제'와 '비형랑'은 실존 인물이면서 환상적 성격이 부여된 인물이다. 신라 25대 임금이자 호색 방탕하여 폐위된 진지왕이 혼령이 되어 도화와 통정해서 남아를 낳았다. 이렇게 태어난 비형랑은 화랑이자 건축가로서 활동하였는데 나중에 도깨비를 다스리는 존재가 되었다. 현실의 인물이 환상적 이야기에 등장하여 행동하는 것이다.

끝 구절 '(이곳엘랑) 머물러 있지 마라'는 시적 화자의 목소리가 직접 드러난 대목이다. 발화 대상은 '여러 귀신들'이며 어투는 아주 위협적이다. 귀신들을 물리치기 위한 말을 '성제'와 '비형랑'의 권위에 의거하여 발하였다. 이는 현실의 시인이 작품에서 화자의 목소리를 통해 자신의 뜻을 드러낸 것이다. 실재하는 시인, 작품으로 발언한 화자 모두 현실적 존재이지만 발화의 대상이 도깨비들이라는 점에서 환상적 성격도 지녔다.

사실과 환상의 시어들이 혼합된 〈비형주사〉의 작품 구조는 제1, 2행과 제3, 4행으로 뚜렷이 구분된다. 앞 2행과 뒤 2행의 결합이라는 점에서 4행 향가의 형식을 닮았다. 제1, 2행은 비형랑의 신비한 탄생과 그가 만든 건축물을 지시한다. 제3, 4행은 그 건축물의 안전을 해치는 귀신들을 호통치며 쫓아낸다. 제1, 2행에서 제시한 성제와 비형랑의 권위에 의거하여 제3, 4행에서 위협적인 어조로 금지 사항을 제시하며 축귀하는 것이다.

이렇듯 〈비형주사〉는 사실과 환상이 교차, 혼성된 노래로서 4행 향가의 형식에 따라 축귀라는 주술적 의도를 표현한 작품이다. 이는 배경 기사인 「도화녀 비형랑」 이야기가 지닌 성격, 곧 사실성과 환상성의 혼합과 동질적이다. 그렇다면 노래와 배경 기사가 같은 성격으로 묶여 전승되었을 것 같고, 노래 또한 진지왕과 비형에 대한 신격화가 이루어지는 과정에서 지어졌을 가능성이 높다.

창작 시기 및 작품의 사실성과 관련하여 〈비형주사〉의 첫 구절 '聖帝'에 주목할 필요가 있다. 『삼국유사』 「도화녀 비형랑」에서 진지왕이 '崩'하였다고 한 반면, 『삼국사기』와 『신증동국여지승람』에는 '薨'했다고 하였다. 그런데 『화랑세기』에는 임금의 죽음을 '崩'으로 표기하였고 임금의 호칭도 '~帝'가 압도적으로 많다. 이로써 보면, 『화랑세기』와 『삼국유사』가 『삼국사기』와 『신증동국여지승람』에 비해 사대주의적 필치가 첨가되지 않은 자료에 의거한 기록이라 할 수 있다. 이에 〈비형주사〉의 '聖帝'는 『화랑세기』에서 '崩, ~帝' 등으로 기록된 것과 맥을 같이하는 단어라 하겠다. 따라서 〈비형주사〉는 비형이 생존하였던 진평왕대로부터 사대주의적 필치가 만연하지 않았던 시기, 성덕왕·경덕왕대의 한화(漢化) 정책을 염두에 둔다면, 『화랑세기』의 저자 김대문이 살았던 성덕왕 이전 시기까지, 즉 6세기 말~7세기 말에 지어졌다고 할 수 있다.

이같이 〈비형주사〉는 역사 속에 배태된 환상적 이야기와 긴밀하게 관련되어 창작된 주술적인 노래이다. 작품이 지닌 주술성은 신화적이기보다는 역사적인 배경 아래 당대인에 의해 작품에 부과된 성격이다. 당대의 누군가가 민속 신앙을 바탕으로 역사적 인물을 신격화하여 건축물의 액막이를 위한 주술적인 노래를 지은 것이다. 그리하여 작품 속의 비형랑은 귀신들의 주재자이자 축귀의 주체로서 형상화되었다. 용춘의 서제 비형이 도깨비들을 호령하는 신으로 좌정하게 된 것이다.

5. 결 론

『화랑세기』에 '비형랑'이라는 인명이 나옴으로써 『삼국유사』「도화녀 비형랑」의 환상적 이야기는 주인공의 실존성과 어떤 관련 속에 이루어졌는지를 논해야 할 과제가 제기되었다. 여기에서 「도화녀 비형랑」에 실린 〈비형주사〉의 성격과 의의도 아울러 고찰하였다.

현존 기록들을 종합해 보면 실존 인물 비형의 면모가 대강 드러난다. 비형은 진지왕이 폐위되어 유궁에 갇혀 지낼 때 빈첩인 도화에게서 태어났으니, 진지왕과 지도 부인 사이에서 난 용춘의 서제였다. 그는 용춘이 풍월주가 될 무렵에 궁중의 집사로 있으면서 용춘을 도와 화랑도를 모으는 일에 힘썼다. 그는 귀천을 불문하고 인재를 등용하여 삼한통합에 매진하자는 임종 등 문노파의 주장에 동조하였을 것이다. 한편 비형은 무리를 거느리고 귀교를 건설하였으며 흥륜사 남문을 건축한 길달을 추천하였다. 그가 살던 진평왕~선덕왕대는 건축 붐이 일었던 때였다. 이 시대의 위대한 건축물인 황룡사 구층탑의 건립을 용춘이 주관하였는데, 건축가로서 비형은 용춘을 도와 그 일에 깊이 관여하였을 것이다.

비형은 서라벌의 민속인 두두리 신앙을 통해 신격화되어 「도화녀 비형랑」의 환상적 이야기로 엮였다. 아마도 김흠돌의 반란 같은 대사건이 준 충격이 길달의 변신 도주라는 사건으로, 서자이자 비주류인 비형의 사회 정치적 처지는 밤에 도깨비들을 거느리고 노는 모습으로 그려졌을 것이다. 세력이 커진 용춘 일파를 회유하고자 왕이 명한 석교 건축, 인재 추천 등의 임무를 비형이 귀신들을 동원하거나 추천하여 이루는 것으로 형상화되었다. 나아가 비형의 탄생까지 신비화되어 혼령과 인간과의 통정에 의한 것으로 수식되었다. 애초 진지왕의 폐위 이후 민간에서는 알지 못하는 유폐의 기간이 있었던 사실에 그러한 신비화의 틈이 생겼던 것이다. 결국 비형의 환상은 역사에서 우러나오고 역사에 의해 부여된 민간전승의 결과였다.

〈비형주사〉는 사실과 환상이 혼합된 「도화녀 비형랑」의 성격과 동질적인 작품이다. 사용된 시어는 사실과 관련된 것, 환상과 관련된 것, 그리고 사실과 환상의 경계를 넘나드는 것 등으로 구분된다. 작품 구조는 앞 2행과 뒤 2행이 결합된 형식인데, 이는 4행 향가의 그것과 상통한다. 축귀의 주제는 건축물의 액막이를 위한 것이며, 건축가 비형과 긴밀히 관련된 주제이다. 덧붙여 문면에 나온 '聖帝'라는 말에 주의하면, 비형의 생존기에서 『화랑세기』에 기술된 마지막 시기까지, 즉 6세기 말~7세기 말에 지어졌을 가능성이 높다.

비형은 진평왕대 실존했던 인물이었는데 그의 역사적 행적과 민속 신앙이 결합하여 '탄생—청년기 활동—문신으로의 좌정' 등 환상적 이야기가 엮이게 되었다. 축귀를 주제로 한 〈비형주사〉는 그의 활동과 긴밀히 관련되어 지어졌다. 비형의 사례로써 우리의 역사 속에서 이루어진 사실과 환상의 교섭 양상을 좀 더 구체적으로 이해할 수 있다. 『삼국유사』의 다른 이야기들도 이러한 접근을 통해 그 형성 배경이나 성격을 다시 살펴볼 필요가 있다.

〈원왕생가〉와 삼층 석탑의 구조적 상동성

1. 서 론

문학 작품은 일단의 언어들이 일정한 질서로 짜여서 한 편의 구조물로 완성된 것이다. 이러한 구조물을 분석하는 것은 부분과 전체가 서로 연결되어 조직된 양상을 따져 보는 일이라고 할 수 있다.[1)] 여기서 부분, 전체, 조직 등 구조를 개념화하는 말에는 이미 공간적 의미가 포함되어 있다.

문학은 시간 예술이기는 하나 공간과 분리되어 향유될 수 없다. 작품의 창작 및 향유 배경이 공간과 결합되어 있을 뿐 아니라 한 작품의 시작에서 중간을 거쳐 끝에 이르는 시간적 경로 속에 공간적 요소들이 자리 잡고 있기 때문이다. 그러므로 시간과 공간이 긴밀하게 연관된 형태로 작품이 이루어지지만, 연구의 시각에 따라서 시간성 혹은 공간성의 어느 한쪽에 중점을 둘 수는 있다.

---

1) 김치수 편저, 『구조주의와 문학비평』, 홍성사, 1980, 97면 ; M.마렌 그리제바하, 장영태 옮김, 『문학연구의 방법론』, 홍성사, 1982, 195면.

이 장에서는 〈원왕생가〉의 시적 구조가 지닌 공간성에 초점을 맞추어 작품을 분석해 보고자 한다. 이 작품에 대해서는 작자 문제, 불교 사상, 형성 과정, 서정성 등이 주로 논의되어 왔다.[2] 그에 비해 공간성의 문제는 별로 주목받지 못하였다.[3] 10행 향가는 정교하게 구사된 시어들이 3단의 의미 단락으로 조직되어 있는데, 〈원왕생가〉는 이러한 구조로 이루어졌을 뿐 아니라 이 작품만의 독특한 심층 구조를 지녔다. 영원성을 지향하는 공간적 구도, 이 작품만의 특징적인 의미 구조 등을 살핌으로써 작품의 문학성을 좀 더 잘 드러낼 수 있을 것이다.

〈원왕생가〉의 문학적 특징은 당대의 문화적 감각 및 미의식과 연관되어 있다. 의미 구조가 지닌 공간성의 측면에서 볼 때, 작품이 창작된 당대에 양식화되어 간 삼층 석탑과의 구조적 상동성[4]에 주목할

2) 〈원왕생가〉에 대한 연구사는 성기옥, 「원왕생가」, 『향가문학연구』, 일지사, 1993 참조. 이후에 신재홍, 「기원의 두 층위—원왕생가와 도천수관음가의 비교」, 『고전문학의 현황과 전망』, 간행위원회, 2002 ; 서철원, 「풍요 · 원왕생가의 수용자와 향가의 시적 자아」, 『한국시가연구』20, 한국시가학회, 2006 ; 박인희, 「감통편 향가로서 원왕생가」, 『삼국유사와 향가의 이해』, 월인, 2008 ; 박애경, 「정토신앙공동체와 향가」, 『향가의 깊이와 아름다움』, 보고사, 2009 ; 김영수, 「원왕생가와 배경설화의 재검토」, 『향가의 수사와 상상력』, 보고사, 2010 등이 나왔다.

3) 〈원왕생가〉만을 대상으로 한 논의는 아니지만 서철원, 『향가의 역사와 문화사』, 지식과 교양, 2011, 254-268면에서 불국사의 평면도, 석굴암의 불상 배치도가 지닌 상징성을 향가의 수사 방식과 관련지어 신라의 향가와 조형물이 표방하는 문화적 지향이 갖는 공통점을 논한 바 있다.

4) '구조적 상동성'이라는 말은 김현주, 『고전문학과 전통회화의 상동구조』, 보고사, 2007, 107-112면, 183-187면에서 고소설, 판소리, 고전 시가와 문인 산수화, 풍속화가 '어떤 정신적인 조류나 미학적인 사유 체계'의 공통성에 기초한 '상동 구조'를 지닌다고 한 견해를 수용하여 본고의 논지에 맞게 다듬은 용어이다.

수 있다. 이에 향가 작품이 당대의 조형물과 공통된 문화적 토양에서 나온 측면을 살펴봄으로써 작품 이해 및 감상의 한 관점을 마련해 보고자 한다.

2. 〈원왕생가〉의 공간적 구도

『삼국유사』「광덕엄장」에 향찰 표기로 실린 〈원왕생가〉의 해독된 모습은 다음과 같다.

1. ᄃᆞ라리 아여	달이 애오라지
2. 西方 외오뎌 가시리고.	서방[만을] 외며 가시리오.
3. 無量壽佛 前ᄂᆡ	무량수불 앞에
4. ᄂᆡᆺ곰 다ᄆᆞ기 ᄉᆞᆲ고시셔.	되뇌임 가져다가 사뢰소서.
5. "다딤 깁ᄉᆞᆫ 尊의ᄒᆡ 울월기	"다짐 깊은 불존에 우러러
6. 두ᄇᆞᆯ 손 모도 고조ᄉᆞᆯ바	두 손 모아 곧추어
7. '願往生 願往生'	'원왕생 원왕생'
8. 그린 사ᄅᆞᆷ 잇다." ᄉᆞᆲ고시셔.	그리는 사람 있다." 사뢰소서.
9. 아야, 이 몸 ᄇᆞ려두고	아아, 이 몸 버려두고
10. 四十八大願 일고실가?	사십팔 대원 이루실까?[5]

5) 작품 해독은 신재홍, 『향가의 해석』, 집문당, 2000, 203-204면의 것을 취하였다.

〈원왕생가〉의 공간은 지상계와 천상계의 대비적 구도로 짜여 있다. 지상계에서 발원하는 '이 몸'(제9행)에 대하여 그 발원을 들어줄 존재가 천상계에 존재하는 '무량수불'(제3행)이다. 그리고 무량수불은 지상계에서 '불존(佛尊)'(제5행)으로 현존하는바, 이에 천상계와 지상계는 불존의 현존으로 인해 서로 연결된다. 두 세계가 소통하는 관계이면서 서로 대비되어 있는 것이다. 소통의 역할을 담당하는 또 다른 존재가 '달'(제1행)이다. 달은 하늘에 떠 있다는 점에서 천상계에 속하지만, 지상계에 빛을 내린다는 점에서 천상계에서 지상계를 굽어보는 존재로서 두 세계를 연결한다.

이 작품의 공간성은 방향을 지녔다. '이 몸'은 현재 존재하는 지점에서 서쪽을 간절히 지향한다. 그런데 동쪽에서 떠서 서쪽으로 지는 달은 항상 서쪽을 향해 가는 존재이다. 또한 달은 천상에 있으면서도 지상의 일을 내려다보며 서쪽으로 움직여 간다. 서방은 곧 무량수불이 주재하는 극락세계이다. 그리하여 시적 화자는 달에게 자신의 염원을 부탁한다. 무량수불 앞에 가서 '되뇌임'(제4행)을 사뢰어 달라고 하는 것이다.

이리하여 제1구(제1~4행)에서 작품의 공간 구도가 정립되었다. 지상계의 화자가 서방을 향해 가는 달에게 천상계의 무량수불 앞에 가서 자신의 염원을 전해 달라고 부탁하는 구도이다. 이러한 구도 아래 달을 매개로 하여 지상계에서 천상계를 지향하는 의미 구조가 만들어진다.

천상계와 지상계, 그 사이의 매개적 존재라는 구도 속에 발화되는 중심적인 말이 '되뇌임'이다. 『삼국유사』 원문에 '보고의 말'이라고 주석이 붙은[6] 이 말은 서방 세계를 향해 가는 달에게 지상계에서 있었던 일을 본 대로 들은 대로 보고해 달라, 다시 한 번 말해 달라는 뜻이다. 그러므로 이 말에는 과거, 현재, 미래를 잇는 시간성이 내포되어 있다. 화자가 과거부터 지금까지 지녀 왔던 의식과 태도, 그것을 죽 지켜보았던 달의 존재, 그 달이 무량수불 앞에 가서 보고 들은 대로 알리는 일이 모두 '되뇌임'이라는 말 속에 포함되는 것이다. 따라서 달의 움직임은 서방을 향해 가는 공간성을 지님과 동시에, 화자를 지켜보았던 과거와 현재, 무량수불에게 보고하게 될 미래가 연결된 시간성도 지닌다.

제2구(제5~8행)는 제1구에 나온 '되뇌임'의 구체적인 내용, 즉 달이 무량수불에게 전할 말의 내용이다. 불존 앞에 두 손 모아 왕생극락을 기원하는 사람이 있다는 말을 전해 달라는 것이다. 불존이 상석에 앉아 내려다보고 화자가 그를 우러러 보며 발원하는 모습이 선명하게 그려진다. 그 모습 그대로를 보고해 달라고 부탁함으로써 천상계의 무량수불이 곧 지상계에 현존한 불존임을 강조하고, 불존이 익히 들었을 화자의 발원을 달이라는 매개적 존재가 다시 한 번 확인하는 절차를 밟도록 하여 발원의 진실성과 확고함을 더욱 분명히 한다.

이러한 공간 구도 속에는 화자가 염원을 품게 된 과거의 어느 시점부터 현재까지 지속된 시간성이 담겨 있는데, '다짐 깊은 불존'이라는 표현에서 그 시간성이 확장된 의미를 가진다. 화자가 과거부터 현재까지 일관되게 염원해 왔던 시간대를 불존이 법장보살의 몸으로 다짐

6) 『삼국유사』5, 감통, 「광덕엄장」, 惱叱古音[鄉言云報言也].

을 발하였던 먼 과거까지로 소급하는 것이다. 이로써 화자의 시간대는 불존이 현세에 존재하였던 시간의 연장선상에 놓여 결국 현재의 화자는 먼 과거의 불존과 연결된 존재로서 자리하게 된다.

이러한 시 · 공간적 배경 아래 '되뇌임'의 내용이 '원왕생 원왕생'이라는 말로 요약된다. 이 말은 제1구의 '되뇌임'을 이어 제2구 도입 행(제5행)의 '다짐'을 거쳐 나왔다. '되뇌임 → 다짐 → 원왕생'으로 이어지는 의미의 계열이 주제를 형성한다. '되뇌임'은 달이 천상계의 무량수불에게 하게 될 말이고, '다짐'은 오랜 과거로부터 있어 온 불존, 즉 무량수불의 말이며, '원왕생'은 '되뇌임'과 '다짐'을 관통하는 의미의 핵심으로서 화자가 계속해서 하고 있는 말이다.

감탄사를 거쳐 제3구(제9 · 10행)에 이르면 매개자인 달을 건너뛰어 화자가 직접 무량수불과 소통하는 쪽으로 전환된다. 지상계의 '이 몸'과 천상계의 무량수불을 매개하였던 달 대신에, 무량수불이 법장보살의 몸으로 지상계에 존재하였을 때 발원한 '사십팔 대원'을 가져왔다. 사십팔 대원은 제2구의 '다짐'의 구체적인 내용으로 그 발원의 대상에 속하는 '이 몸'이 바라는 '원왕생'은 사십팔 대원 속에서 반드시 이루어져야만 한다. 그리하여 '되뇌임 → 다짐 → 원왕생 → 사십팔 대원'으로 이어지는 왕생극락의 염원이 하나의 맥락으로 꿰이게 되었다. 또한 사십팔 대원을 가져옴으로써 화자가 놓인 지상계와 무량수불의 천상계가 직접 연결되는 근거를 마련하였을 뿐 아니라, 법장이 발원하였던 오랜 과거와 무량수불에게 이르게 될 미래까지 아우를 수 있게 되었다. 이러한 주제의 일관성, 공간과 시간의 통합을 통해 왕생극락에 대한 염원을 높은 차원으로 고양하였다.

나아가 제3구에 나오는 두 술어 '버려두다'와 '이루시다'에서 시·공간을 '버려둠'과 동시에 그것을 초월하여 '이루심'이라는 의미를 알 수 있다. 먼 과거로부터 지속된 시간, 지상과 천상이 직접 연결된 상태를 훌쩍 뛰어넘어 왕생극락이라는 영원의 세계를 지향하는 것이다.

이같이 〈원왕생가〉는 특히 공간성을 기초로 하여 의미 구조가 짜인 작품이다. 시적인 의미 구조의 바탕을 시간성과 결합된 공간성으로 마련하고, 또 시·공간 자체를 초월하려는 지향까지 보임으로써 왕생극락의 염원을 진실하게 형상화하였다. 이로써 이 작품의 문학성을 이루는 주된 요소가 구조적으로 형상화된 공간성에 있음을 알 수 있다.

3. 3단의 내포형 의미 구조

10행 향가의 형식은 3구로 이루어져 있다. 제1~4행, 5~8행, 9·10행이 각각 제1구, 2구, 3구를 형성한다. 대체로 제1구에서 일으킨 시상이 제2구에서 전개, 심화되고 제3구에서 전환 혹은 도약이 이루어진다. 그런데 이러한 설명은 시간의 흐름 속에 시상이 전개되는 양상, 즉 시간성을 기초로 하여 말한 것이다. 시간은 공간과 결합되었다는 점에서 10행 향가의 형식을 공간적인 관점에서도 설명할 수 있다.

첫째, 작품의 처음에서 중간을 거쳐 끝에 이르기까지 행 단위로 10행이 배열되었다는 점이다. 둘째, 행들이 의미에 따른 공간적인 응집력을 가지면서 구 단위로 3단에 걸쳐 짜였다는 점이다. 셋째, 시어들이

행과 구의 배열에 따라 적절하게 배치됨으로써 작품이 지닌 의미 구조의 기층 요소로 작용한다는 점이다. 이는 곧 시를 구성하는 요소들이 위아래나 앞뒤의 공간적 좌표에 따라 배치된 자리에 대한 설명이 된다. 말하자면 시어, 행, 구 등 한 편의 시를 이루는 각 단위가 배치되고 조직되는 양상 자체가 10행 향가의 공간성을 드러내는 지표가 되는 것이다.

그런데 현존 10행 향가는 구와 구 사이의 연결 관계에 따라 유형 구분이 가능하다. 〈찬기파랑가〉처럼 제1구의 과거, 제2구의 현재, 제3구의 미래를 위한 다짐으로 나아가는 연쇄형, 〈혜성가〉처럼 제1구와 2구가 병렬적으로 연결되었다가 제3구에서 통합되는 병렬형, 그리고 〈원왕생가〉처럼 제1구의 중심어의 내용이 제2구에서 구체적으로 전개되고 제3구에서 전환하는 내포형이 그것이다.[7] 그중 문학적으로 가장 발전한 형태는 내포형이라고 할 수 있다. 제1구에서 주제 심화의 단서를 품었다가 제2구에서 주제를 구체화하면서 확대, 심화한 다음, 제3구에서 제1구와 2구의 의미를 포섭, 지양하는 구조로 되어 있어서, 가히 내용과 형식이 조화된 3단의 시적 구조라고 할 만하다.

〈원왕생가〉의 공간성은 10행 배열, 3구 구성, 시어의 배치, 그리고 내포형의 의미 구조 등에 의해 특징지어진다. 이제 이러한 공간성이 주제를 구현하는 과정에서 어떻게 작용하는지 살펴보기로 하겠다.

작품의 제1구는 화자가 달에게 하는 발화의 내용이다. 지상계의 화자가 서방으로 가고 있는 달에게 부탁하는 구도를 설정하여 지상계에

7) 신재홍, 「10행 향가」, 『향가의 미학』, 집문당, 2006, 147-156면.

서 천상계로 향하는 화자의 시선과 지향을 드러냈다. 이로써 지상의 염원을 천상에 전달하려는 의도가 시의 기초를 이루고 있음을 알 수 있다.

화자는 왕생극락의 염원을 발화하면서 먼저 달을 떠올렸다. 제1, 2행 '달이 애오라지 / 서방만을 외며 가시리오'라고 하여 설의법을 써서 그것만 하며 가지는 않는다는 부정문이 되기는 하였지만, 달은 애초부터 '서방만을 외며' 서방을 향해 가는 존재이다. 서방만을 왼다는 점에서 화자는 달과 자신을 동일시한 것이다. 서방을 염원하는 것은 무량수불 앞에 이르기를 기원한다는 것인데, 달은 지금 그것이 가능하지만 화자는 다음 생에서나 가능한 상황이다. 그래서 화자는 달에게 부탁한다. 달 스스로도 이미 잘 알고 있는 염원, 왕생극락이라는 화자의 염원을 무량수불에게 사뢰어 달라는 부탁이다.

그런데 제1구의 마지막 행(제4행)에 배치된 '뇟곰(되뇌임)'이라는 시어가 제2구의 내용을 선취하여 제1구에서 2구로 나아가는 도입의 역할을 하고 있다. 화자가 달에게 부탁하는 말은 다름 아닌 '되뇌임'이다. 무량수불 앞에 가서 전해 달라는 말이므로 화자가 달을 대상으로 한 말인 동시에 달이 무량수불 앞에 가서 할 말이다. 이런 점에서 '되뇌임'은 발화자와 청취자, 전달자와 청취자의 중층적인 발화 상황을 염두에 두고 신중하게 선택된 시어이다. '시적 화자 → 달', '달 → 무량수불'이라는 발화 상황 속에 '되뇌임'의 내용을 말하고자 한 것이다.

'되뇌임'이라는 말에서는 서방으로 가고 있는 달과 대비되어 지상계에 존재하는 화자의 실존적 한계가 느껴진다. 또한 '되-'에 담긴 반복의 의미 속에서 과거로부터 현재, 그리고 미래까지 반복, 지속되는 염원의 간절함도 전해 온다. 화자는 자신의 염원이 지닌 일관성과 진정성을 이 말에 담아내는 한편 자신의 한계를 알고 겸손하게 비는 태도까지 드러낸 것이다.

'뇌곰(되뇌임)'과 함께 '숣고시셔(사뢰소서)'가 제1구의 끝 4행과 제2구의 끝 8행에 두 번 나오는 점도 주목된다. '되뇌임'의 구체적인 내용이 제2구에서 전개될 것임을 제4행의 '사뢰소서'가 말해 주었고, 그 내용이 전개되었음을 제8행의 '사뢰소서'가 확인한다. 이렇게 제2구의 바로 앞과 그 끝에 '사뢰소서'라는 시어를 배치함으로서 제2구가 제1구의 중심어를 단서로 하여 발전한 의미 단위로서 작품 전체의 의미 구조상 내부 액자를 이루고 있음을 보여 준다.

작품의 제2구에서는 '되뇌임'의 구체적인 내용이 펼쳐진다. 불존 앞에 두 손 모아 간절히 기원하는 화자의 모습에서 '되뇌임'이라는 말에 담긴 일관성, 진정성, 한계와 겸손 등이 잘 나타난다. 제1구에서 달을 매개자로 삼음으로써 '되뇌임'이 이중적인 기능을 하게 되었는데, 제2구에서는 그 말의 구체적 내용을 진술함으로써 '되뇌임'이 놓인 중층적인 발화 상황을 좀 더 분명히 한다. 곧 화자가 불존에게 발원하고, 그 모습을 달이 서방의 무량수불에게 전달하는 상황을 드러내고 있다.

이러한 중층적인 발화 상황과 함께 입체적인 시어 배치에서 작품의 특징이 잘 드러난다. 제1구 '되뇌임'이 구체화된 제2구의 내용은 불존 앞에 기원하는 화자의 외면적인 모습, 즉 불존을 우러러 보며 두 손을 모아 곧추세우고 기도하는 자세를 그렸다. 그런데 이러한 외양 묘사 속에 화자 내면의 염원인 '원왕생 원왕생'이라는 말을 넣어 두었다. 천상의 달이 보았을, 화자의 기도하는 모습의 근본 동인이 어디에 있는지를 이 두 마디 말로 요약한 것이다.

한 마디가 아닌 두 마디인 것도 의미심장하다. '원왕생'을 두 번씩이나 '되뇌고' 있는 모습에서 앞서 제1구에 나온 '되뇌임'이 제2구에서 실현되었음을 알 수 있다. 결국 왕생극락의 염원은 '원왕생'이라는 말을 무수히 '되뇌는' 것일 수밖에 없음을 이 두 마디 말로 표현한 것이라고 하겠다.

그런데 '원왕생 원왕생'은 단순히 불존 앞에서 비는 화자의 발화인 것만은 아니다. 서방을 향해 가는 달, 서방에 있는 무량수불도 언제나 이 말을 되뇌고 있고, 제2구 첫 행, 첫머리의 '다짐'도 결국 이 말에 다름 아니다. 이렇듯 '원왕생 원왕생'은 작품에 나오는 모든 존재가 염원하는 말이다. 이 말로써 화자, 달, 불존, 무량수불이 한마음이 되고, 되뇌임과 다짐, 그리고 제3구에 나오게 될 사십팔 대원이 하나의 의미로 관통하게 된다. 이렇게 작품의 핵심적인 말이 되는 주제어를 제2구의 세 번째 행에 배치한 것이다. 이는 작품 전체의 내부 액자를 이루는 제2구 안에 또 하나의 액자, 즉 액자 속 액자를 구성한 것이라고 할 수 있다.

작품의 제3구는 제2구의 의미를 한층 높은 단계로 도약시킨다. 제1구 '되뇌임'의 핵심인 제2구 '원왕생 원왕생'을 제3구에서는 '사십팔 대원'으로 포섭하고 있다. 제1구와 2구의 핵심적인 의미를 포섭하여 사십팔 대원을 제시함으로써 현재 화자가 품은 염원을 먼 과거에 법장보살이 발원하였던 사십팔 대원과 같은 차원으로 승화하는 것이다.

그런데 제3구에 설정된 발화 상황은 앞의 제1, 2구의 중층적 상황에 비해 상당히 단순해져 있다. 매개자인 달이 배제되면서 화자와 무량수불이 바로 연결되기 때문이다. '되뇌임—다짐—원왕생'의 의미 계열이 '사십팔 대원'에 바로 연결됨으로써 화자가 지닌 염원의 영원성과 보편성이 확인된다. 이는 시상의 비약인 동시에 애초에 주제가 놓였던 토대에 안착하는 양상이기도 하다.[8] '원왕생'이라는 핵심에 도달하였던 의미의 맥락이 이제 영원성, 보편성으로 회귀하는 것이다.

주제 구현의 과정에서 드러나는 〈원왕생가〉의 의미 구조를 간략히 도시하면 다음과 같다.

ᄃᆞ라리 아여
西方 외오뎌 가시리고?
無量壽佛 前ᄂᆡ
뇟곰 다ᄆᆞ기 ᄉᆞᆲ고시셔.

"다딤 깁ᄉᆞᆫ 尊의ᄒᆡ 울월기
두ᄇᆞᆯ 손 모도 고조ᄉᆞᆯ바
'願往生 願往生'
그린 사ᄅᆞᆷ 잇다." ᄉᆞᆲ고시셔.

아야, 이 몸 ᄇᆞ려두고
四十八大願 일고실가?

---

8) 황패강, 「원왕생가」, 『향가문학의 이론과 해석』, 일지사, 2001, 359면에서 '당초의 발신자는 서방정토의 무량수불'이라고 하여 왕생극락의 주제가 애초에 무량수불에게서 나온 것임을 지적하였다.

이를 보면, 제4행의 '놋곰'이 주제를 심화하는 단서가 되고, 제2구가 주제를 구체적으로 전개하며, 제2구 속의 '원왕생 원왕생'이 주제어로 자리 잡은 모습이다. 곧 작품 전체에 내부 액자가 있고, 다시 액자 속 액자가 있는 중층적, 입체적 공간 구성을 보여 준다. 이는 겹겹이 짜 놓은 의미 구조의 가장 핵심이 되는 자리에 '원왕생 원왕생'이라는 주제어를 앉혀 놓은 모양새다. 〈도천수관음가〉도 3단의 내포형 구조로 이루어진 작품이지만, 없어진 눈 하나를 달라는 기원의 성격상 〈원왕생가〉처럼 영원성을 지닌 주제어를 제2구의 핵심적인 자리에 배치할 수 없었다. 같은 유형에 속한다 할지라도 작품이 구현하는 주제의 성격에 따라 내용과 형식이 결합된 의미 구조상 차이를 보인다.

4. 삼층 석탑과의 구조적 상동성

〈원왕생가〉에 구축된 3단 구성의 이중 액자 구조는 향가 갈래에 고양된 미의식이 반영된 것이다. 이러한 미의식은 당대의 문화적 토양에서 배태된 것일 터인데, 그와 공통의 토양에서 나온 조형물로서 삼층 석탑을 주목하게 된다. 문학적 형상물인 〈원왕생가〉와 조형적 구조물인 삼층 석탑은 다루는 재료, 예술적 성격, 의미화의 방식 등 여러 가지로 차이가 나지만 부분을 조합하여 전체를 구성한다는 점, 곧 구조적인 측면에서 공통점을 지닌다. 특히 〈원왕생가〉가 보여 주는 구조적 형상은 삼층 석탑의 여러 측면과 상동성을 띤다고 생각한다.

우리나라의 삼층 석탑은 백제의 미륵사지 석탑으로 대표되는, 목

조탑을 본뜬 석탑 양식과 경주 분황사 석탑으로 대표되는, 전탑을 본뜬 석탑 양식의 두 계통의 영향을 받으면서 7세기 전반의 모색기를 거쳐 삼국 말기 혹은 통일 신라 초기에 고유한 양식을 확립했다고 한다.[9] 오늘날 우리가 볼 수 있는바 2층의 기단에 몸돌과 지붕돌이 세 겹 얹히고 그 위의 노반에서 상륜부가 올라간 형태이다. 감은사지 석탑과 불국사 석가탑으로 대표되는 삼층 석탑은 기단과 몸체의 확연한 분리, 몸체의 경쾌한 체감률을 통해 동시에 살아나는 안정감과 상승감을 맛볼 수 있는 조형 예술이다.[10]

고유 양식이 확립되어 간 7세기 말의 대표적인 삼층 석탑으로 감은사지 동 · 서 탑(682), 고선사지 탑(686 이전), 황복사지 탑(692) 등을 들 수 있다. 감은사지 탑은 각 부분들이 수십 개의 부분 석재로 조립된 것으로서 1960년 해체 당시 서탑 3층 몸돌에서 금동 사리기와 금동 사리 외함이 발견되었고 1996년에 해체 보수한 동탑은 3층 지붕돌 상면에 사리공이 설치된 것이 확인되었다.[11] 고선사지 탑은 원효가 주석하였던 고선사 터에 세워져 있던 탑인데 몸돌은 여러 개의 돌로 조립되었으나 3층 몸돌만은 사리공을 마련하기 위해 하나의 돌로 만들어졌다. 황복사지 탑은 앞의 두 탑에 비해 규모가 작아져 몸돌과 지붕돌이 여러 돌로 조립된 것이 아니라 각각 하나의 돌로 만들어져 있고 2층 지붕돌 안에서는 금동 사리함과 금동 불상 2구 등이 발견되었다.

9) 고유섭, 『한국탑파의 연구』, 동화출판공사, 1975, 106-114면.
10) 유홍준, 『나의 문화유산답사기』, 개정2판; 창비, 2011, 212면.
11) 김환대 · 김성태, 『한국의 탑—국보편』, 한국학술정보, 2008, 114면.

〈원왕생가〉와 비교하기 위해 이 세 탑을 주목하는 이유는 우선 그 동시대성 때문이다. 〈원왕생가〉의 작자 광덕은[12] 문무왕대(661-681)의 인물로서 친구 엄장과 약속하고 수도에 정진하다가 엄장보다 먼저 왕생극락하였다. 서방 정토를 향한 그의 염원과 수도의 자세는 『삼국유사』「광덕엄장」에 이야기되었고 그 속에 이 작품이 들어 있다. 이 기록에서 광덕의 아내는 분황사에 소속된 노비였다고 하고, 또 엄장은 원효를 찾아가 수도 방법을 물었다고 한다.[13] 원효는 분황사, 고선사 등에서 주석하였었는데, 고선사지 삼층 석탑은 신라 석탑의 초기를 장식하는 유물이다.

다음으로 왕생극락의 주제가 공통된다는 점이 또 하나의 이유이다. 광덕과 엄장이 왕생극락을 위해 혼신의 노력을 기울인 점은 『삼국유사』에 잘 나타나 있고 〈원왕생가〉의 주제도 바로 그것이다. 한편 석탑을 세우거나 수리하는 동기가 공덕을 쌓는 데 있고 그중 '죽어서의 공덕으로는 주로 극락왕생의 내용이 주류를 이룬다'.[14] 현재 확인되는 바로는 황복사지 삼층 석탑에서 나온 「금동사리함기」에 신문왕, 신목 태후, 효소왕의 왕생극락을 기원하는 내용이[15] 최초의 것이다. 이 탑 역시 초기 삼층 석탑으로서 중요한 위치에 있다. 이같이 왕

---

12) 김동욱, 『한국가요의 연구』, 을유문화사, 1962, 97면.

13) 『삼국유사』5, 감통, 「광덕엄장」, 莊愧赧而退 便詣元曉法師處 懇求津要 曉作錚觀法 誘之……其婦乃芬皇寺之婢 盖十九應身之一.

14) 신용철, 「통일신라 석탑 연구」, 박사 논문, 동국대학교, 2006, 59면.

15) 한국고대사회연구소 편, 「황복사 금동사리함기」, 『역주 한국고대금석문』3, 가락국사적개발연구원, 1992, 346-350면, 神睦太后 遂以長辭 高昇淨國……代代聖廟 枕涅盤之山 坐菩提之樹.

생사상을 바탕으로 동시대에 나온 〈원왕생가〉와 초기 삼층 석탑은 사상적인 면뿐만 아니라 문화적인 면에서도 서로 관련을 맺고 있다고 생각한다.

애초에 탑은 부처의 사리를 안치하기 위해 만들어진 구조물이다. 불교 신앙의 핵심 대상인 부처를 모셔 놓았다는 의미에서 탑은 곧 부처의 몸이라는 상징성을 지닌다. 그리고 석탑은 다른 재료에 비해 돌이 갖는 영원성에서 상징적 의미를 띤다. 부처의 몸을 돌이라는 재료로 감싼 석탑은 먼 과거로부터 먼 미래까지 부처가 설파한 영원한 진리를 기초로 성립되었다고 할 수 있다.

삼층 석탑은 석재를 다듬고 조립하여 한 층씩 쌓아 올린 것이다. 규모가 큰 감은사지 탑과 고선사지 탑은 여러 매의 넓적한 판석이 조립되어 기단과 몸돌의 면석이 이루어졌다. 그보다 조금 후대에 건축된 황복사지 탑은 몸돌, 지붕돌이 하나의 석재로 만들어져 석탑 양식의 변모를 보여 준다. 그렇다 하더라도 석재들이 쌓여서 석탑이 이루어지는 원리는 변함이 없다.

사리를 모셔 놓는 곳이 탑이므로 그 내부에 사리공을 만드는 것은 필수적인 공정이다. 감은사지 서탑과 고선사지 탑은 3층 몸돌, 황복사지 탑은 2층 지붕돌에 사리공이 설치되었다.[16] 삼층 석탑에 사리를 안치하는 장소는 일정한 규칙이 없어서 초층, 이층, 삼층, 심지어 지붕돌에도 만들어질 수 있었다.[17] 대체로 초기에는 3층 몸돌에 두다가

16) 경덕왕대(742-765) 세워진 불국사 석가탑은 2층 몸돌에 설치되었다.
17) 강우방, 『한국 불교의 사리장엄』, 열화당, 1993, 40-41면.

신라 하대로 가면서 2층 몸돌, 1층 몸돌로 위치가 내려온다.[18] 후대에 부처의 분신 사리로서는 수요를 감당하기 어려워 다라니경 같은 부처의 가르침을 담은 법신 사리, 부처에게 올리는 공양물 등도 탑에 안치하였다.[19]

삼층 석탑의 존재 이유가 사리를 모시는 데 있다면, 지상에서 천상으로 수직 상승하는 석탑의 외양에서 천상을 향한 지향, 초월과 승화의 의미가 전해 온다. 한 층씩 균형을 잡아[20] 탑을 쌓고 맨 꼭대기에 꽂은 찰주에 장식을 붙여 상륜부를 만드는데, 그중의 보륜이 부처의 세계를 상징하는 것도 천상계에 대한 염원과 관계된다. 감은사지 탑은 3.3미터의 찰주가 노반석을 관통해 3층 몸돌에 꽂혀 있고, 고선사지 탑의 3층 몸돌 상면에는 원형과 방형의 구멍이 있는데 전자는 찰주공, 후자는 사리공으로 생각된다.[21] '탑에서 찰주는 세계의 중심축에 탑을 세우며 동시에 그러한 장소에 사리를 봉안한다는 상징적 의미를 지닌다'.[22]

삼층 석탑의 외양과 관련하여 하나 더 생각해 볼 것이 규칙과 반복에 따른 리듬감이다. 부여 정림사지 오층 석탑에서 각층의 연접 부분이 보여 주는 정연함과 상층으로 오름에 따른 감축도, 곧 체감률에서 '선율 좋은 율동으로부터 오는 규격적인 미' 또는 '율동적인 미'[23]를

18) 박준식, 『신라 석탑의 예술세계』, 대구시남구문화원, 2010, 48면.

19) 강우방, 앞의 책, 36-37면.

20) 소재구, 「인간의 염원이 담긴 초월적 미학, 석탑」, 『한국의 석조 문화』, 다른세상, 2004, 195면.

21) 박경식, 『한국의 석탑』, 학연문화사, 2008, 201면, 224-225면.

22) 신용철, 앞의 논문, 91면.

느낄 수 있다. 이는 삼층 석탑에서도 느껴지는 미감이지 않을까 한다. 사방으로 직선인 육면체의 몸돌과 그 위를 덮은, 사방으로 경사진 지붕돌의 3단 겹침은 모음과 펼침, 장중함과 날렵함의 배합을 이룬다. 여기에 지붕돌 받침의 상향 계단식 경사면, 위로 갈수록 좁아지는 비율 등도 리듬감 형성에 기여한다.

이렇게 석재들을 조합하여 탑을 쌓는 과정과 3단의 층 중 어느 한 층에 사리공을 설치하여 분신 사리나 법신 사리를 안치한 양식이 문학적 구조물로서의 〈원왕생가〉와 상통하는 면이 있다. 3단 구성과 10행의 배열에 따라 시어를 배치, 조합하고, 특히 제2구에 '원왕생 원왕생'이라는 주제어를 둔 것은 내부에 사리공을 두고 삼층을 쌓아 올린 삼층 석탑 양식과 구조적으로 유사하다. 탑 안에 마련한 사리공에 부처의 몸인 사리를 안치하듯이, 작품의 중심에 부처가 설파한 왕생극락의 진리가 자리 잡도록 한 것이다.

또한 삼층 석탑의 중심축에서 솟아오른 찰주의 형상도 〈원왕생가〉의 일관된 주제 의식과 연결할 수 있다. 3구에 걸쳐 '되뇌임 → 다짐·원왕생 → 삼십팔 대원'으로 하나의 의미가 관통한 것은 천상을 향해 한 층 한 층 쌓인 탑신부와 그 위에 솟은 상륜부를 연상시킨다. 3층 탑신을 토대로 찰주가 노반을 뚫고 솟은 데에서 의미의 관통이라는 상징성이 더욱 뚜렷해진다. 이와 함께 삼층 석탑의 외양에서 느껴지는 리듬감도 〈원왕생가〉에서 느끼는 것과 공통된 기반에서 나왔다. 〈원왕생가〉의 각 구는 3음보를 중심으로 2, 4음보가 섞인 율격으로 이루

23) 고유섭, 앞의 책, 97-98면, 156면.

어졌다. 제3구 첫머리의 감탄사는 제1, 2구의 율격의 흐름을 잠시 멈추어 심호흡을 하게 한 다음 2, 3음보의 낙구로 마무리된다. 이러한 언어적 율격은 삼층 석탑에서 느껴지는 시각적 리듬감과 서로 다른 성질의 것이면서도 규칙적으로 반복되는 움직임이라는 면에서 공통성을 지닌다.

이상의 논의를 종합하여 〈원왕생가〉를 삼층 석탑의 구조에 맞추어 도시해 보면 다음과 같다.

제3구

10. 四十八大願 일고실가?
9. 아야, 이 몸 ᄇᆞ려두고

제2구

8. 그린 사ᄅᆞᆷ 잇다." ᄉᆞᆲ고시셔.
7. '願往生 願往生'
6. 두블 손 모도 고조ᄉᆞᆯ바
5. "다딤 깁ᄉᆞᆫ 尊의ᄒᆡ 울월기

제1구

4. 닛곰[24] 다ᄆᆞ기 ᄉᆞᆲ고시셔.
3. 無量壽佛 前ᄂᆡ
2. 西方 외오뎌 가시리고?
1. ᄃᆞ라리 아여

24) 디테일한 부분이긴 하지만, 네모 칸의 '닛곰'은 삼층 석탑의 1층에 새겨진 문비(門扉)와 비교될 만하다. 세 탑 중에서 고선사지 석탑에 문비가 새겨져 있다. 상징적인 의미에서 문을 열고 들어가 사리를 모신다는 것은, 앞 장에서 설명하였듯이 '닛곰'이 도입 역할을 하여 제2구가 전개되어 '원왕생'으로 귀착하는 양상과 관련지을 수

이렇듯 〈원왕생가〉의 공간성이 그려 내는 형상은 한 층씩 포개진 삼층의 구조물인 양 드러난다. 3구 구성인 점에서 10행 향가의 연쇄형과 병렬형도 3단 구조물의 형태를 띠고는 있지만, 내포형처럼 한 층씩 차곡차곡 쌓인다는 생각은 별로 들지 않는다. 연쇄, 병렬이라는 명칭 자체가 수평적 관계를 뜻하여 수직적 형태와는 거리가 있고, 내포형처럼 제1구의 중심어를 통해 제2구가 전개됨으로써 각 구가 긴밀하게 연결되는 면이 약하기 때문이다. 또한 앞서 언급하였듯이 같은 내포형이라도 형상화한 주제의 성격상 〈도천수관음가〉는 〈원왕생가〉가 보여 주는 형상성까지는 띠지 못한다.

요컨대 석재들을 다듬고 조립하여 한 층씩 균형을 잡아 쌓아 올리는 탑 만들기의 전 과정이 시 한 편을 완성하는 것과 상통하고, 〈원왕생가〉 특유의 이중 액자 구조는 석탑 안의 사리공에 사리를 넣고 탑의 중심축을 따라 찰주가 솟아오른 양식과 관련지을 만하다. 삼층 석탑은 우리나라의 고유한 조형 예술로 인정받고 있는데,[25] 이는 〈원왕생가〉가 불교의 왕생사상을 신라 고유의 서정시인 향가의 고양된 형식으로 수준 높게 형상화한 것과 비교된다. 당대의 문화적 감각과 미의식을 토대로 하여 〈원왕생가〉와 삼층 석탑의 구조적 상동성이 드러난 것이라 하겠다.

있다.

25) 고유섭, 앞의 책, 96면 ; 장충식, 『한국의 탑』, 일지사, 1989, 22면.

5. 결 론

〈원왕생가〉는 내포형 10행 향가로서 공간성에 기초한 의미 구조가 정교하게 짜인 작품이다. 지상계의 화자가 서방을 향해 가는 달에게 천상계의 무량수불 앞에 가서 말씀을 전해 달라고 한 제1구에서 시작하여, 그것의 내용으로서 불존 앞에 두 손 모아 왕생극락을 기원하는 모습을 그린 제2구를 거쳐, 무량수불이 먼 과거에 다짐한 사십팔 대원을 상기하여 구원을 비는 제3구로 마무리된다. 이러한 시상의 전개 속에 지상계와 천상계의 대비, 서방으로의 방향성을 지닌 공간성과 함께 먼 과거에서 현재까지, 그리고 염원이 이루어질 미래를 아우르는 시간성이 형성되었다.

이러한 구도를 바탕으로 짜인 작품의 의미 구조에 독특한 공간성이 드러난다. 내포형 10행 향가인 〈원왕생가〉는 내포형 중에서도 시어들이 독특하게 배치된 작품이다. 10행 향가가 일반적으로 가진 3구 구성에다가, 제1구의 중심어를 제2구에서 구체화하여 내부 액자를 이루고 있다. 여기에 더하여 제2구의 액자 속에 다시 주제어를 배치함으로써 액자 속 액자를 이룬다. 이로써 이 작품만의 특징인 3단의 이중 액자 구조가 만들어졌다. 이러한 구성 및 시어 배치를 통해 작품 고유의 공간성이 잘 드러난다.

광덕이 살았던 문무왕대, 그 이후 효소왕대에 이르는 시기는 통일신라 초기의 석탑 양식이 확립되어 간 때였다. 이에 광덕이 지은 〈원왕생가〉의 의미 구조가 당시에 건축된 삼층 석탑과 상동성을 지닌다고 보았다. 첫째, 부분 석재의 조립 및 3층 중 어느 층에 사리공을 마련하는 방식은 〈원왕생가〉의 주제어인 '원왕생'을 제2구에 배치한 것과 상통한다. 둘째, 한 층씩 포개어 쌓은 위에 상륜부를 지탱하는 찰주가 3층 몸돌로부터 솟아오른 양식은 왕생극락의 주제가 '되뇌임'에서 '다짐'과 '원왕생'을 거쳐 '사십팔 대원'으로 관통하는 양상과 연관된다. 셋째, 사방 직선 육면체의 몸돌과 그 위의 경사진 지붕돌이 3단으로 겹침으로써 장중함과 날렵함의 배합에 따른 리듬감을 맛보게 하는데, 이는 3음보 율격 위주로 구성된 〈원왕생가〉에서 느끼는 감각과 함께 규칙성과 반복성이라는 공통된 기반을 갖는다.

이 장의 논의가 작품 이해와 감상의 관점을 지나치게 끌고 나갔는지도 모르겠다. 그러나 문학적 형상물을 실제의 조형 예술과 비교하여 구조적 상동성을 찾아보는 일은 예술 작품이 산출된 시대의 문화적 감각과 미의식을 포괄적으로 이해하는 한 방법이 될 수 있다고 본다. 이러한 비교 연구는 문학뿐 아니라 조형물을 감상하는 데에도 도움을 줄 수 있다. 지금은 경주 박물관 뒤뜰로 옮겨진 장엄한 고선사지 탑 앞에 서서 〈원왕생가〉의 주제와 형식미를 떠올리며 좀 더 풍요로운 느낌과 생각에 잠길 수 있을 것도 같다.

인간과 향가

향가와 의사소통

1. 서 론

향가는 그 문학사적 의의로 인해 국어교육에서 빠뜨릴 수 없는 문학 장르로 인식되어 왔다. 그런데 향찰에 대한 해독상의 논란이 지속되는 현 상황에서 교과서에 실을 만한 작품은 해독의 편차가 비교적 적은 것에 한정된다. 그렇다 보니 27편의 현존 향가 중에서 몇몇 작품만이 번갈아 가며 교과서에 실리게 되었다.[1)]

향가를 교육할 때 해독의 편차를 고려하다 보면 어학 자료를 다루는 데서 벗어나기 힘들어 문학 작품에 대한 탐구 및 토론 수업을 기대하기 어렵다. 문학으로서의 향가 교육을 시도하더라도 단편적인 내용에 환상적·불교적 성격의 배경 기사를 통해 작품을 설명해야 하므로, 향가가 실제로 가슴에 와 닿는 문학임을 이해시키기 힘들다. 이에 향가 하면 아득한 옛날 선조들이 남긴, 신비스럽고 종교적인 색채를 띤

---

1) 7차 교육과정까지 중등 국어 교과서에 〈제망매가〉, 〈찬기파랑가〉, 〈안민가〉, 〈서동요〉 정도만 실렸다고 한다(조희정, 「교과서 수록 고전 제재 변천 연구」, 『문학교육학』17, 한국문학교육학회, 2005. 8, 298면).

고전 시가쯤으로 인식될 따름이다.

그러나 향가는 신라 시대의 역사적 장르로 당대인의 일상생활 속에서 향유된 문학이다. 오늘날의 우리가 문학을 향유하는 모습처럼 당대인도 향가를 자신들의 삶 속에서 짓고 즐겼다. 문학이 대개 그렇듯이 향가도 사람들 사이의 관계에 소용되는 가치 있는 수단이었다. 시인은 자기가 겪은 삶의 애환을 향가를 창작하여 전하였고, 청 · 독자는 각자의 감성과 안목으로 향가를 수용하였던 것이다.

이 장에서는 의사소통 능력의 향상을 위한 국어교육에 향가 교육이 얼마나 잘 부합하는지를 보여 주고자 한다.[2)] 논의 대상으로는 작품 내용 및 배경 기사가 소통의 주제를 뚜렷이 드러내는 〈헌화가〉, 〈원가〉, 〈안민가〉를 택하였다. 이 세 작품에 나타나는 소통 양상을 살펴본 다음, 의사소통과 관련된 향가 교육의 의의를 생각해 보겠다.

2. 향가를 통한 의사소통의 양상

1) 〈헌화가〉

〈헌화가〉가 포함된 『삼국유사』 「수로부인」은 서라벌 귀족과 동해가 지방민 사이에 있었던, 의사소통과 관련된 사건을 기술하였다. 성

---

2) 김창원, 『시교육과 텍스트 해석』, 서울대학교출판부, 1995, 19-31면에서 의사소통 과정으로서의 시 교육에 대한 이론적 고찰을 참조할 수 있다.

덕왕대(702-737) 김순정이 부임하는 도중에 수로 부인이 바닷가 절벽 위의 철쭉꽃을 갖고 싶어 하였으나 종자들은 못한다며 물러섰는데 마침 한 노인이 그녀의 소원을 들어 주었다는 내용이다.

> 성덕왕대에 순정공이 강릉 태수로 부임하다가 행렬이 바닷가에 머물러 점심을 먹게 되었다. 옆에 돌 봉우리가 병풍처럼 바다에 임하였는데, 높이가 천 길이나 되고 그 위에 철쭉꽃이 만발하였다. 공의 부인 수로가 그것을 보고 좌우에 일러 말하기를, "저 꽃을 꺾어 바칠 자 그 누구일꼬?" 하였더니, 종자가 이르기를, "사람의 자취가 이를 수 없는 곳입니다." 하고는 모두 사양하며 못하겠다고 하였다. 암소를 끌고 지나가던 한 노인이 곁에 있다가 부인의 말을 듣고서 그 꽃을 꺾고는 또 노랫말을 지어 바쳤다. 그 노인이 누군지는 알 수 없다.[3)]

수로가 절벽 위에 핀 철쭉을 갖고 싶어 하는 의사를 전달하고, 그에 주변 사람이 반응하는 과정이 기술되었다. 먼저 수로는 종자들에게 자신의 의사를 전달하였다. 그러자 종자들은 수로의 요청을 거절하였다. 철쭉이 피어 있는 절벽은 도저히 오를 수 없다는 이유에서였다. 수로가 의사를 전달하고 종자들이 그것을 거절함으로써 수로와 종자들은 소통하지 못하였다.

---

3) 『삼국유사』 2권, 기이, 「수로부인」, 聖德王代 純貞公赴江陵太守 行次海汀晝饍 傍有石嶂 如屛臨海 高千丈 上有躑躅花盛開 公之夫人首路見之 謂左右曰 折花獻者其誰 從者曰 非人跡所到 皆辭不能 傍有老翁牽牸牛而過者 聞夫人言 折其花 亦作歌詞獻之 其翁不知何許人也.

이 시점에서 한 노인이 나타나 다시 소통을 시도함으로써 이야기가 이어진다. 그 노인은 '부인의 말을 듣고[聞夫人言]' '그 꽃을 꺾어……바쳤다[折其花……獻之]'. 애초에 수로는 좌우에 의사를 전달하였으므로, 귀족의 행차를 구경하다가 그 광경까지 본 지방민들로서는 방관자로 있을 수밖에 없었다. 그런데 그들 중 용기를 내어 방관자에서 참여자로 나선 인물이 바로 노인이었다. 수로가 종자들에게 전달한 의사를 노인은 자기에게도 요구한 것으로 받아들인 것이다. 이는 종자들이 절벽을 오를 수 없다는 이유로 거절한 데 대해 노인은, 얼핏 보아 불가능한 것 같지만 지방민인 자기로서는 가능한 일이라고 생각하였기 때문이다. 실제로 노인은 꽃을 꺾어 수로에게 바쳤다.

이렇게 하여 수로의 의사가 노인에게 전달되었고 노인은 수로의 뜻을 이루어 주었다. 애초 수로와 종자 간에 차단된 의사소통이 수로와 노인 간에 성취되었다. 그 소통의 소재는 절벽 위에 핀 철쭉, 곧 자연 속에 아름답게 만개한 꽃이었다. 꽃을 매개로 하여 수로와 노인, 서라벌 귀족 부인과 동해 가 지방의 한 나이 든 평민이 소통하였다.

여기까지가 「수로부인」에 기술된 사건을 소통 관계를 중심으로 해석한 것이다.[4] 그런데 노인은 꽃을 꺾어 바치면서 '또 노랫말을 지어[亦作歌詞]' 바치기까지 하였다. 배경 기사만 두고 보면 두 사람은 꽃을 매개로 하여 소통한 것에 그친다. 그런데 이 과정에서 산출된 〈헌

4) 황병익, 「삼국유사 수로부인조와 헌화가의 의미 재론」, 『한국시가연구』22, 한국시가학회, 2007, 34면에서 〈헌화가〉와 〈해가〉의 배경 기사인 「수로부인」을 '중앙에서 파견된 태수와 지역(강릉) 주민이 낯설음을 극복하고 심리적 긴장을 해소하여 융화를 지향하는 '축제'로서의 성격이 강하다'고 보았는데, 소통의 측면에 주목한 점에서 본고와 통한다.

화가〉를 통하여 소통 중에 당사자의 내면에서 일어났던 미묘한 심리 변화를 살펴볼 수 있다.

딛ᄇᆡ 바호 ᄀᆞᆺᄒᆡ	자줏빛 바위 가에
움온 손 암쇼 노히시고,	움킨 손에서 암소를 놓게 하시니,
나ᄒᆞᆯ 안디 붓그리시ᄃᆞᆫ	나를 아니 부끄러워하신다면
곶ᄒᆞᆯ 것가 바도리―다.	꽃을 꺾어 바치리이다.

제1, 2행은 수로 부인의 말을 듣고 시적 화자의 마음에서 일어난 흔들림을 그렸다. 철쭉이 만발한 '자줏빛 바위 가에'서 수로는 종자들에게 꽃을 꺾어다 달라고 요구하고 있었다. 그곳을 지나가다가 그 광경을 지켜보던 화자가 종자들이 나서지 않는 것을 보고는 자신이 부인의 뜻을 이루어 주겠다고 마음먹는다. 부인의 말을 자기에게 '움킨 손에서 암소를 놓게 하시'는 요구로 받아들인 것이다.

수로의 요구를 노인이 받아들인 것은 우선 종자들이 물러서는 현장을 목격하였기 때문이다. 그렇지만 수로에 대한 찬미, 꽃에 대한 미감 등 내면의 원인에서 더욱 추동되었다. 지방민으로서 서라벌 귀족의 행차는 위엄 있고 휘황찬란한 것으로 비쳤을 터인데, 그 행차의 주인공이 자기 지방의 자연 속에 만개한 철쭉을 갖고 싶어 하는 모습을 보면서 그녀에 대한 찬탄과 공경의 마음이 더욱 커졌을 것이다. 곧 서라벌의 세련된 문화에 젖어 살던 귀족 부인이 지방의 소박하면서도 생명감 넘치는 자연미에 심취하는 태도에 깊이 감명받은 것이다. 수로의 뜻에 부응하려는 화자의 의도는 이렇게 내면의 공감과 흠모에서 나왔다.

제3, 4행은 화자가 수로의 뜻을 이루어 주는 과정에서 겪게 될 미묘한 심리적 갈등과 해결의 양상을 그려 내었다. 수로에게 '꽃을 꺾어 바치'기 위해서는 그녀가 '나를 아니 부끄러워하'여야만 한다.

화자가 느끼는 부끄러움은 신분, 나이, 경향(京鄕) 등의 차이에서 연유하였을 것이다. 귀족 부인에게 평민이, 젊고 아름다운 여인에게 노인이, 수도 서라벌의 문화에 익숙한 사람에게 지방민이 소통해야 한다는 사실이 자괴감을 불러일으킬 만하였다. 이 부끄러움을 극복한 후에야 수로와 화자의 소통이 가능할 것이다.

그런데 화자는 수로가 자기를 부끄럽게 여기지 않으리라는 확신을 가졌던 것 같다. 수로의 말과 행동에서 느낀바, 꽃에 대한 강렬한 욕구와 귀족적 품격으로 신분, 나이, 경향 등의 차이는 무시하리라고 생각한 것이다. 이에 화자는 용기를 내어 나서게 되었다.

화자가 꺾어다 수로에게 바친 꽃은 교감과 화합의 의미를 지닌다. 두 사람이 꽃에 대한 미감을 공유함이 헌정의 행위에서 드러나는 것이다. 둘 사이에 놓인 여러 가지 차별적 조건들도 꽃을 사랑하는 마음, 아름다움에 대한 공감 앞에서는 대수롭지 않았다. 오히려 그러한 차이에도 불구하고 미감을 공유할 수 있다는 것이 차별을 넘어 대승적으로 화합하는 모습을 보여 주었다.

애초에 화자는 화려하면서도 엄숙한 서라벌 귀족의 행차를 구경꾼의 심정으로 보다가, 수로의 요구에 종자들이 물러서는 것에 안타까움을 느껴 마음이 움직였고, 수로가 자신을 부끄러워하면 어쩌나 하는 의구심을 미감의 공유라는 내면의 확신으로 물리친 다음, 수로가

원하는 꽃을 꺾어다 바치게 되었다. 헌정하는 꽃에다가 '부인께서는 꽃만큼 아름답고 사랑스러우십니다'라는 의사를 담아 수로에게 전달하였다.

이렇듯 〈헌화가〉는 수로와 노인 간의 의사소통에 따른 미묘한 심리 변화를 잘 그려낸 작품이다. 귀족 부인과 지방민 사이에서 존경과 감사의 마음이 소통되었다. 귀족 부인의 품위와 지방민의 절제가 만나고, 미감이 우아하게 소통하는 장면이 연출된 것이다. 이 작품을 통해 신라의 전성기인 성덕왕대에 이루어진, 귀족과 평민, 젊음과 늙음, 서울과 지방의 대승적인 화합의 시대 분위기를 감지할 수 있다. 성덕대왕신종에서 울려 나오는 원융의 소리를 〈헌화가〉의 배경음악으로도 들을 수 있다.

2) 〈원가〉

〈원가〉는 신충과 효성왕의 의사소통 과정에서 나온 작품이다. 신충은 성덕왕·효성왕·경덕왕대의 인물로서, 성덕왕 25년(726) 하정사(賀正使)로 당나라에 가서 숙위하다가 동왕 33년(734)에 귀국하였다.[5] 그로부터 3년 후 성덕왕이 붕하기 몇 개월 전 태자 승경(承慶)을 만난 자리에서 서로 약속하였다.

> 효성왕이 태자로 있을 때 어진 선비 신충과 함께 궁정의 잣나무 아래에

5) 사서에 기록된 김충신(金忠臣), 김충신(金忠信)과 신충을 동일인으로 보고 정리한 내용이다(신재홍, 『향가의 미학』, 집문당, 2006, 401-402면).

서 바둑을 두곤 하였다. 일찍이 이르기를, "타일에 만약 경을 잊는다면 잣나무와 같음이 있으리라." 하니, 신충이 일어나 절하였다. 몇 개월이 지나 왕이 즉위하였다. 공신들에게 상주면서 신충을 잊고 차례를 매기지 않았다.[6]

승경은 성덕왕 23년(724)에 태자로 책봉된 후 14년이 지나서야 즉위할 수 있었다. 성덕왕 말년에 태자 일파와 성정(엄정) 왕후 일파 사이에 왕위 계승 다툼이 있었던 듯한데, 이 와중에서 태자가 신충에게 도움을 청한 것이다. 그 장소는 태자의 거처인 임해전(안압지)의 뜰 잣나무 아래였다. 두 사람의 약속은 은밀하게 이루어졌고 잣나무를 그 밀약의 보증으로 삼았다.

두 사람의 약속은 의사소통의 과정에서 이루어졌다. 바둑을 두면서 무슨 말이 오가던 중 태자가, '타일에 만약 경을 잊는다면 잣나무와 같음이 있으리라'고 하였다. 이 구절은 태자가 했었을 여러 말을 생략하면서 단순화한 것 같다. 신충의 도움이 필요한 어떤 계획을 이야기하였을 것이고, 그 일이 이루어지면 신충을 잊지 않고 등용하겠다고 약속하였을 것이며, 그 약속에 대해 옆에 서 있는 잣나무를 두고 다짐한 것이다. 이에 신충은 '일어나 절하'는 행동을 취함으로써 태자를 보필하겠다는 의사를 밝혔다. 이렇게 하여 태자와 신충의 의사소통은 은밀한 약속으로 맺어지게 되었다.

6) 『삼국유사』 5권, 피은, 「신충괘관」, 孝成王潛邸時 與賢士信忠 圍碁於宮庭栢樹下 嘗謂曰 他日若忘卿 有如栢樹 信忠興拜 隔數月 王卽位 賞功臣 忘忠而不第之.

그런데 몇 달 후 태자가 즉위하고 나서 어떤 이유로 말미암아 그 약속이 이행되지 못하였다. 둘 중 한 사람이 약속을 위반해 은밀히 이루어진 소통의 결과가 무위로 돌아간 것이다. 이렇게 된 데에는 태자를 즉위시킨 세력이 신충을 권력에서 배제하였기 때문일 것이다. 신충은 성정 왕후 세력과도 관계를 맺고 있었는데, 태자 즉위 후 그 점이 오히려 약점으로 작용하였을 수 있다.

이렇게 애초의 약속이 무위로 돌아간 상황에서, 신충은 효성왕과의 의사소통을 다시 시도한다. 향가를 지어 자신의 의사를 전하려 한 것이다.

<table>
<tr><td>갓 됴히 자시</td><td>물 좋은 잣이</td></tr>
<tr><td>ᄀᆞᅀᆞᆯ 안ᄃᆞᆯ 니르기 디ᄆᆡ,</td><td>가을에 아니 이르러 떨어지매,</td></tr>
<tr><td>'너어 다히 녈져' ᄒᆞ신,</td><td>'너하고 같이 다니고 싶구나' 하신,</td></tr>
<tr><td>울월든 ᄂᆞ치 가ᄉᆡ시온 ᄃᆡ야.</td><td>우러르던 낯이 변하신 데에야.</td></tr>
<tr><td>ᄃᆞ라리 그르기 고린 못잇</td><td>달이 그림 져 닿은 연못에</td></tr>
<tr><td>녈 믌겨랏 ᄉᆡ이기 다히,</td><td>오가는 물결에서 새어 나감같이</td></tr>
<tr><td>ᄌᆞᅀᅵ샷 ᄇᆞ라나</td><td>모습이야 바라보나</td></tr>
<tr><td>누리 아모잇 숨온 뎨야.</td><td>누리 아무에 숨은 적에야.</td></tr>
<tr><td>後句亡</td><td></td></tr>
</table>

이 작품은 비유와 직설이 2행씩 교대로 엮여 있다. 제1, 2행의 비유에 대해 제3, 4행의 직설이 나오고, 제5, 6행의 비유에 대해 제7, 8행의 직설이 이어진다. 이러한 교직을 통해 화자는 신하로서의 본분을

철저히 의식한 상태에서 임금에게 정중하고 예의바르게 의사를 전달하고 있다. 말하고자 하는 바에 앞서 비유를 제시하여 임금에게 버림받아 쌓인 원망을 감정적인 어조로 드러내는 대신 상황에 적실한 심상으로 그려 내었다.

이렇듯 화자는 우회적인 방법으로 소통을 시도하였지만, 애초의 약속을 상기하는 비유로 서두를 장식함으로써 자신의 뜻을 분명하게 전하였다. '물 좋은 잣이'라 하여 태자가 화자와 약속할 때 보증으로 삼았던 잣나무를 제시한 것이다. 그런데 그 잣나무의 잣이 '가을에 아니 이르러 떨어'진 상황이 발생하였다. 궁정의 잣나무에 난 좋은 품질의 잣이 알차게 영글지 못한 채 땅에 떨어져 버린 것이다. 이 잣은 곧 화자 자신을 상징한다.

이렇게 된 원인이 제3, 4행에 언명되었다. 화자와 약속하면서 태자는, '너하고 같이 다니고 싶구나'라고 말했었다. 이는 배경 기사에서 '타일에 만약 경을 잊는다면 잣나무와 같음이 있으리라'고 한 말에 앞서 발화된 것이다. 태자는 화자에게 정치적 진퇴를 함께하자고 제안하였고, 그것을 받아들인 화자에게 잣나무를 두고 다짐하였다. 그에 대해 화자는 '일어나 절하였다'. 배경 기사의 이 구절은 작품에서 '우러르던 낯'으로 표현되었다. 다짐을 한 태자에게 절하며 그 얼굴을 우러러 보았던 것이다.

그런데 그렇게 다짐했던 태자의 얼굴이 '변하신 데'에 잣이 떨어진 원인이 있다. 애초의 약속 상황을 요약적으로 제시한 다음, 상황의 변화에 강조점을 두어 말하였다. 보증이 된 잣나무를 내세워 약속 상황을 그림으로써 임금이 잊었을지 모를 태자 때의 일을 분명하게 상기

시켜 주었다. 한번 이루어졌다가 막혀 버린 소통을 다시 시도하면서 임금의 기억을 애초의 상황으로 돌이키려 한 것이다.

제5, 6행은 연못의 물결을 비유로 끌어왔다. 앞의 잣나무와 여기의 연못은 모두 임해전에 있는 사물인 점에서 비유를 연쇄적으로 쓴 것이다. 태자가 보증으로 삼은 잣나무에서 나아가 그곳에 조성된 연못을 끌어옴으로써 약속한 자리가 태자의 궁정이었음을 다시 한 번 상기시켰다. 이제는 임금이 된 승경이 태자 시절에 화자와 소통한 일이 있었음을 확인하려는 것이다.

잣나무의 비유가 위에서 아래로 떨어지는 수직적 운동의 심상을 떠올리게 하는 데 비해, 물결의 비유는 넓게 퍼진 연못에서 물결이 새어 나간다는 수평적 운동의 심상을 그려 낸다. 서로 다른 심상의 비유를 씀으로써 임해전에서의 약속을 다각도로 조명하였다. 그 약속은 '달'로 상징된 임금의 은총으로 받아들여진 것이어서, 약속하고 다짐할 때의 태자는 훤한 달빛같이 화자에게 은총을 흠뻑 내려 주었다.

그런데 지금 화자는 달빛이 비친 연못에서 새어 나간 물결이 되어 버렸다. 비유로 그려진 물결의 실제 모습이 제7, 8행에 나온다. 마치 지상에서 달을 쳐다보듯이, 임금의 모습만 바라보며 세상 속에 숨어 있다. 화자의 '바라보는' 행위는, 지금 버림받은 처지에 있지만 임금에 대한 충성심은 태자를 보필하던 예전과 다름없음을 밝히기 위함이다. 버림받은 처지와 변함없는 충성심이 서로 어긋남을 암시함으로써, 이를 바로잡아 줄 것을 요청하고 있다. 신하로서 화자는 은근히 충성심을 강조하여 임금과 다시 소통하려는 것이다.

충성심을 암시하는 한편, 제8행에서 '세상 아무에 숨은' 처지라고 하여 화자 자신이 익명의 존재로 전락하였음을 드러내었다. 태자와 독대하여 밀약까지 하였던 화자는 이제 임금에게서 잊혀져 아무 데나 숨어 버린 처지가 되었다. 여기서 '아무'는 임금이 화자를 아무 데나 버렸다는 것, 다시 말해 아무렇게나 대접하였다는 뜻을 내포한 말이다. 이에 현재의 익명성에서 벗어나 공로에 상응하는 명칭, 곧 벼슬을 얻게 되어야 임금과의 소통이 이루어지는 것이다.

신충이 쓴 향가를 본 효성왕은 크게 놀라면서, '국가의 일로 바쁘다 보니 가까운 친척을 거의 잊을 뻔하였구나'라고 하며 신충을 불러 벼슬을 주었다.[7] 이로써 화자가 의도한바, 향가를 통한 소통이 이루어졌다. 이는 신하인 화자가 임금에게 우회적이지만 진정을 담은 표현으로 의사를 잘 전달했기에 가능하였다.[8]

이같이 〈원가〉는 버림받은 신하의 처지에서 곡진한 비유를 써서 임금과의 소통을 시도한 작품이다. 애초의 약속 상황을 재현하고, 태자의 변화와 화자의 지속의 마음을 은근히 대비함으로써 현재의 상황을 타개하고자 하였다. 높은 문학성을 지닌 향가를 통해 신하와 임금이 소통한 사례이다. 신라 시대에 향가는 품위 있고 함축적인 고차원의 의사소통에 소용된 문학이었던 것이다.

7) 『삼국유사』 5권, 피은, 「신충괘관」, 大驚曰 萬機鞅掌 幾忘乎角弓 乃召之 賜爵祿.

8) 캐슬린 M. 갤빈, 버나드 J. 브롬멜, 노영주 외 옮김, 『가족관계와 의사소통』, 하우, 1995, 18-20면에서 의사소통은 쌍방 관계에서 일어나는 상호반향적인 것이며 계속 변화하는 하나의 과정이라고 하였는데, 〈원가〉와 관련한 의사소통의 양상이 이 점을 잘 보여 준다.

3) 〈안민가〉

〈안민가〉는 백성을 편안하게 하기 위한 정치의 요체를 묻는 경덕왕의 요청에 응하여 충담이 지었다. 충담과 경덕왕의 의사소통을 배경으로 할 뿐 아니라, 그 내용이 지배자와 피지배자 간의 소통을 강조한 작품이다.

> 3월 3일에 왕이 귀정문 누각 위에 거둥하였다. 좌우에 이르기를, "누가 길에서 잘 차려입은 스님 한 분을 모셔 오겠느냐?" 하였다. 이때 마침 한 대덕이 위의 있고 빛깔 선명한 옷을 입고 어슬렁거리고 있었다. 좌우 신하가 보고 이끌어 왕에게 뵈었더니, 왕은 "내가 이른 잘 차린 스님이 아니다." 하고 물리쳤다. 다시 한 스님이 가사를 입고 앵두나무로 만든 통을 지고 남쪽에서 오고 있었다. 왕은 그를 보고 기뻐하며 누각 위로 모셔 오도록 하였다.[9]

삼월 삼짇날에 경덕왕은 신하를 거느리고 귀정문의 누각 위에 나와 있었다. 봄 명절을 맞아 서라벌 시가지에 접해 있는 월성의 서쪽 정문 누각에 올라 궁궐 밖 민간의 명절 행사를 관망하였던 것이다. 이 자리에서 좌우에 명하여 '잘 차려입은 스님[榮服僧]'을 '길에서[途中]'

9) 『삼국유사』 2권, 기이, 「경덕왕 충담사 표훈대덕」, 三月三日 王御歸正門樓上 謂左右曰 誰能途中 得一員榮服僧來 於是 適有一大德 威儀鮮潔 徜徉而行 左右望而引見之 王曰 非吾所謂榮僧也 退之 更有一僧 被衲衣 負櫻筒 從南而來 王喜見之 邀致樓上.

모셔 오라고 하였다. 삼짇날 봄의 축제 때 거리는 사람들로 넘쳐났을 터인데, 스님들도 많이 거리에 나와 행사도 보고 상점 앞을 기웃거렸을 것이다. 그중에서 좋은 옷을 차려입은 대덕을 모셔 왔지만 임금은 자신이 원한 스님이 아니라며 물리쳤다. 임금과 신하 간에 소통이 잘 되지 않았던 것이다.

이에 가사를 입고 앵통을 짊어진 충담을 임금이 직접 보고 기뻐하며 맞아들였다. 임금이 '잘 차려입는다'고 한 말은 스님의 치장과 행동거지가 아니라[10] 몸을 둘러싼 신성한 기운 같은 것을 의미한 듯하다. 새봄을 맞아 정치를 쇄신하려는 뜻을 지닌 임금이 그 방법에 답하여 줄 만한 신령스러운 스님을 구한 것이다. 곧, 정치의 요체를 주제로 한 소통의 상대를 찾은 것이다.

> "너는 누구냐?" "충담입니다." "어디서 오는 길이냐?" "소승은 매년 3월 3일과 9월 9일에 차를 달여 남산 삼화령 미륵 세존께 대접합니다. 이번에도 차를 드리고 오는 길입니다."[11]

임금이 소통 상대로 택한 충담은 삼짇날과 중구절에 삼화령 미륵에게 차 공양을 드리고는 하였다. 그는 국선지도(國仙之徒)인 월명처럼 화랑도에 속한 승랑으로서 화랑의 사상인 풍월도와 습합된 미륵

---

10) 윤영옥, 『신라시가의 연구』, 형설출판사, 1982, 222-223면에서는 '외양'이 아니라고 하였다.

11) 같은 곳, 曰 汝爲誰耶 僧曰 忠談 曰 何所歸來 僧曰 僧每重三重九之日 烹茶 饗南山三花嶺彌勒世尊 今玆旣獻而還矣.

신앙을 지닌 인물이었다. 임금이 충담을 택한 데에는 정치의 이념으로 풍월도의 비중을 높이려는 의도가 있었다. 이에 충담은 그러한 심중을 헤아려 향가를 지어 임금의 요청에 응하였다.

경덕왕이 시국과 관련하여 신하나 재야인사와 소통한 일은 이번만이 아니었다. 『삼국사기』에는 동왕대 시국에 대한 건의가 두 번이나 특기되어 있다. 상대등 김사인이 기근에 따른 시국 문제를 따졌고, 스님이 된 대나마 이순이 풍악을 좋아하는 임금에게 간하였다.[12] 경덕왕은 이들의 건의를 기꺼이 받아들이고 자신의 행동을 고쳤다. 특히 이순은 풍악을 즐기는 임금을 걸주(桀紂)에 견주며 극론하였는데도 임금은 그의 말에 감탄하고 잘못을 시정하였다.

이러한 열린 자세로 경덕왕은 충담을 만나 안민의 방법을 물었고, 충담은 자신의 소신을 향가에 담아 임금에게 전하였다. 경덕왕과 충담은 소통에 대한 뚜렷한 의지와 긴요한 소통 내용을 갖고 만났던 것이다.

"君은 아비야,	"임금은 아비요,
臣은 ᄃᆞᅀᆞ실 어ᅀᅵ야,	신하는 사랑하실 어미요,
民ᄋᆞᆫ 얼ᄒᆞᆫ 아ᄒᆡ"고	백성은 어린 아이"라고
ᄒᆞ실디, 民이 ᄃᆞᅀᆞᆯ 알고다.	하실진대, 백성이 사랑을 알리로다.
구릿 블흘 살이기 바— 物生	아궁이의 불을 살린 바— 물생
이흘 먹악 다ᄉᆞ라	이를 먹어 안정하여

12) 『삼국사기』 9권, 신라본기, 「경덕왕」 15년; 22년 조 참조.

"이 ᄯᅡᄒᆞᆯ ᄇᆞ리곡 어듸 가ᄂᆞᆯ뎌!"	"이 땅을 버리고 어디 가리!"
ᄒᆞᆯ디, 나라기 디니기 알고다.	할지면, 나라가 부지함을 알리로다.
아야, 君닷 臣다히 民닷	아아, 임금답게 신하답게 백성답게
ᄒᆞᄂᆞᆯᄃᆞᆫ 나락 太平ᄒᆞ니―ㅅ다.	한다면, 나라가 태평하니이다.

제1구(제1~4행)와 제2구(제5~8행)에 한 번씩 인용구문이 구사되었다. 화자는 제1구에서 임금이 가져야 할 생각을, 제2구에서 백성이 갖게 될 생각을 각각 인용구문으로 표현한 것이다. 이는 화자가 임금과 백성 사이의 소통을 중개해 주는 역할을 자임하고 나섰음을 뜻한다. 이러한 화자의 역할로 인해 이 작품은 임금과 백성의 의사소통을 주제로 삼을 수밖에 없다.

먼저 화자가 임금에게 요구한 것은, '임금은 아비요, / 신하는 사랑하실 어미요, / 백성은 어린 아이'라는 생각을 가져야 한다는 것이다. 임금―신하―백성의 관계를 아버지―어머니―아이의 가족 관계로 인식하여, 신하를 정치의 반려자로 삼고 백성을 한 가족처럼 품어야 한다는 것이다. 그렇게 되면 '백성이 사랑을 알'게 될 것이라고 하였다. 임금이 백성을 가족처럼 사랑한다면 백성이 임금의 사랑을 알고 감사하며 충성을 다하리라는 것이다. 이렇게 화자는 제1구부터 임금과 백성 사이의 소통을 강조하였다. 임금이 백성을 가족처럼 사랑하고 백성이 그 사랑을 알게 되는 의사소통을 임금에게 건의한 것이다.

다음으로 제2구는 백성이 알게 될 '사랑'의 구체적인 내용을 그렸다. 제5, 6행 '아궁이의 불을 살린 바― 물생 / 이를 먹어 안정하여'로써 임금이 백성에게 베풀 사랑의 내용을 간명하게 표현하였다. 그것은 백성의 각 가구마다 아궁이의 불을 살려 음식을 지어 먹으며 안정된 삶을 영위하도록 하는 것이다. 곧 민생 안정이 정치의 요체임을 역설한 것이다.

백성을 가족같이 사랑하여 민생을 안정시킨다면, 백성은 7행처럼 '이 땅을 버리고 어디 가리!'라고 말할 것이다. 민생 안정의 정치에 백성이 보일 반응을 이 말로 나타내었다. 안정된 주거 생활이 보장될 때, 신라의 국토에 거주하는 백성들은 피란이나 망명같이 유랑 생활을 하지 않을 것이다. 그리하여 자신들의 삶은 '나라가 부지해' 주는 것임을 알게 될 것이다. 임금 곧 나라가 백성의 삶을 보호하고 유지한다는 사실을 백성 각자가 피부로 느낄 때, 가족 사랑이라는 정치 이념이 실효를 거둘 수 있다. 다시 말해 임금과 백성, 지배자와 피지배자가 가족 사이처럼 소통함으로써 좋은 정치가 행해지는 것이다.

끝으로 제3구는 민생 안정이라는 사랑의 내용을 가족 사랑의 이념에 따라 실천할 것을 요구하였다. 제2구의 내용을 제1구에 제시한 이념을 통해 현실 정치로 실현해야 한다는 것이다. '임금답게 신하답게 백성답게 / 한다'는 것은 임금다운 임금, 신하다운 신하, 백성다운 백성이라는 명분에 아버지 같은 임금, 어머니 같은 신하, 자식 같은 백성이라는 가족 사랑의 이념이 겹쳐서 강력한 실천적 의미를 얻게 되었다.

이러한 작품 내용은 신라의 전통적인 정치 이념과 연결되어 있다. '신라는 그 임금이 어질고 백성을 사랑하며, 그 신하는 충성으로 나라를 섬기고 아랫사람은 윗사람을 부형처럼 섬긴다'거나, '우리 임금은 위로 하늘의 뜻을 거스르지 않고 아래로 백성의 마음을 잃지 않아, 백성이 흔연히 모두 자신의 생업을 즐긴다'고[13] 한 태종 · 문무왕대의 사회 기풍과 같은 맥락이다. 임금과 백성, 아랫사람과 윗사람의 소통이 원활히 이루어져 백성들이 생업을 즐기는 사회를 만들고자 한 정치 이념이 당대에도 유효함을 충담이 경덕왕에게 일깨운 것이다. 이는 충담이 풍월도의 전통을 계승한 승랑이었기에 가능하였다.

이렇듯 〈안민가〉는 경덕왕과 충담의 소통 의지를 바탕으로 임금과 백성의 의사소통을 주제로 한 작품이다. 가족 사랑을 정치의 이념으로 내세우고 그 실천 방안으로 민생 안정을 제시함으로써 임금의 사랑을 백성이 알게 하는 것이 정치의 요체임을 주장하였다. 임금은 사랑의 정치를 베풀고 백성은 안정된 삶을 누리는 태평스러운 나라는 소통이 원활하게 이루어지는 상하 동락(上下同樂)의 사회임을 표명하였다.

3. 의사소통과 향가 교육

〈헌화가〉, 〈원가〉, 〈안민가〉와 그 배경 기사를 통해 본 신라 시대 의사소통의 양상을 정리하면 다음과 같다.

첫째, 이전에 잘 되지 않은 의사소통을 다시 시도해 이루어 내었다. 수로는 바닷가 절벽 위의 철쭉을 갖고 싶은 마음을 좌우에 전하였으나 종자들은 거절하였다. 그것을 지켜보던 한 노인이 수로의 마음을

---

13) 『삼국사기』 42권, 열전, 「김유신 중」, 新羅其君仁而愛民 其臣忠以事國 下之人事其上如父兄……吾國王 上不違天意 下不失人心 百姓欣然 皆樂其業.

헤아리고 꽃을 꺾어다 바쳐 그 뜻을 이루어 주었다. 의사를 전달하는 통로가 일대일이 아니라 일대다(一對多)로 열려 있어서 한쪽에서 막혔던 의사소통이 다른 쪽에서 이루어졌다.

신충과 태자는 바둑을 두며 대화하던 중에 정치적 진로를 두고 소통이 이루어져 은밀한 약속까지 하였다. 그러나 태자가 즉위한 후 상황이 변하여 약속이 지켜지지 못하였다. 애초의 의사소통이 무위로 돌아간 것이다. 이에 신충은 임금을 향한 마음을 향가를 지어 표현하였고, 그것을 본 임금은 그를 등용하였다. 소통이 완전히 막힐 뻔하였다가 향가를 통해 상황이 반전되어 소통이 이루어졌다.

경덕왕은 봄 명절을 맞아 정치를 쇄신하려는 마음에 축제의 거리에서 잘 차려입은 스님을 구하였다. 신하들은 임금의 말을 잘못 알아들어 치장과 행동거지가 그럴듯한 스님을 추천하였다. 임금은 신하들이 모셔 온 스님을 물리치고는 직접 충담을 보고 기쁘게 맞이하였다. 충담은 임금의 마음을 헤아려 정치의 요체를 담은 향가를 지어 바쳤다. 임금과 신하 사이에서 잘 안 된 의사소통이 임금과 충담 사이에서 이루어진 것이다.

이렇듯 세 작품의 배경 기사는 당사자가 일대다로 연결되어서 서로 다른 경로로 소통이 전개되는 양상을 보인다. 이는 인물 간의 관계를 중심으로 실패와 성공, 고난과 행복의 기복에 따라 진행되는 설화의 성격에서 나온 특징이기도 하지만, 신라인들이 여러 경로를 통해 다양한 인간관계를 맺으며 소통을 시도한 사례로 볼 수 있다. 수로와 노인, 효성왕과 신충, 경덕왕과 충담은 공식적인 관계를 벗어나 서로에게 열린 마음을 가지고 소통하였던 것이다.

둘째, 당사자는 마음의 준비를 하고 예의를 갖추어 의사소통에 임하였다. 수로는 귀족 부인으로서의 품위를 지키면서 자신의 뜻을 좌우에 알렸다. 종자들의 거절에 대한 수로의 반응은 나와 있지 않지만, 아마도 실망하는 기색을 드러내면서도 귀족의 품위는 잃지 않았을 것이다. 이에 노인이 수로의 기품과 아름다움에 감명을 받고 스스로 나서서 그녀의 뜻을 이루어 주었다. 노인은 지방에 거주하는 서민으로서 서라벌 귀족 부인에게 존경과 찬사를 드렸다. 수로의 품위와 노인의 정중함이 어울려 이루어진 의사소통이었다.

신충은 즉위 후 약속을 지키지 않은 효성왕에게 원망의 마음을 품었을 것이다. 그러나 그것을 감정적 어조가 아니라 우회적 표현으로 드러내었다. 작품에 쓰인 잣과 물결의 비유는 화자의 심정을 적실하게 전달하기 위한 것이었다. 신하로서 임금에게 예의를 갖추고 말하고자 하는 바를 표명하였다. 이러한 태도가 효성왕을 설득하는 데 유효하였을 것이다. 효성왕은 약속을 지키지 못할 상황에 처하였으나 향가를 보고 태자 때의 심정으로 돌아가 신충의 진심을 받아들였다. 이는 임금이 신하에게 예의를 지킨 것이라 하겠다.

경덕왕은 잘 차려입은 스님을 만나 정치에 대해 묻고자 하였는데, 신하들과 소통이 잘 되지 않았다. 이에 임금이 직접 그 상대를 보고서 맞이하였다. 공식적 관계를 벗어나 재야에서 덕망 있는 인사를 찾았던 것이다. 이렇게 하여 환대를 받은 충담은 미륵에게 공양한 차를 임금에게도 바침으로써 임금을 신처럼 공경한다는 뜻을 드러내었다. 그리고 향가를 지어 임금의 요청에 부응하였다.

이렇게 당사자들은 서로에게 정성을 다하고 예의를 갖추어 소통하였다. 소통의 내용뿐 아니라 태도와 형식 면에서도 상호 간에 깊이 있는 교류가 이루어진 것이다.

셋째, 향가는 의사소통 과정을 압축하는 한편, 다듬어진 표현으로 소통의 효과를 높였다. 향가는 배경 기사와 함께 전승되었다. 배경 기사에 기술된 사건은 대개 사람 사이의 관계를 다루었고, 따라서 인간관계에 필수적인 의사소통의 과정이 나타나 있다. 배경 기사 속에 들어 있는 향가는 사건의 맥락에 따른 소통 과정을 포괄하면서 그 핵심 내용을 압축적으로 제시하였다.

노인과 수로가 꽃에 대한 미감을 공유한 바탕 위에서 서로의 거리감을 점차 좁혀 나가는 모습이 〈헌화가〉에 그려졌다. 노인이 화자로서 자신의 정서만 드러내지 않고 상대인 수로와의 관계를 세심하게 배려하며 소통의 의지와 지향을 드러낸 것이다. 신충은 효성왕과 멀어진 관계를 회복하기 위해 향가를 지었다. 다시 소통하려는 의지에서 나온 〈원가〉는 은근하고 암시적인 표현으로 상대를 설득한다. 상황에 잘 어울리는 비유는 어떠한 직설적 표현보다도 설득의 효과가 크다는 점을 잘 보여 준다. 충담은 경덕왕의 마음을 헤아려 〈안민가〉를 지었다. 백성과 소통하려는 임금의 의지를 반영하고, 또 화랑도로서 지닌 생각을 담아 임금과 백성의 소통이 요체인 정치 이념을 제시한 것이다.

세 작품에 나타난 화자의 태도에 주목하면 세 화자 모두 자신의 신분, 직책, 공간적 위치 등을 충실히 지키는 모습을 보인다. 구경하는 지방민 노인, 버림받는 신하 신충, 조언하는 승랑 충담은 각자의 신분과 처지에 맞는 표현을 써서 말하고자 하는 바를 분명히 밝혔다. 그러면서도 시를 듣거나 읽을 상대에 대한 배려, 인간관계의 미묘한 상호작용을 작품에 담았다. 향가는 중세 사회 인간관계의 관습에 따른 의사소통에 매우 유용한 문학 장르였던 것이다.

향가를 통한 신라 시대 의사소통의 양상을 정리해 보았는데, 이를 바탕으로 오늘날의 향가 교육에 대해 생각해 볼 수 있다. 소통을 이루려는 진지한 마음가짐, 소통할 때의 정중하고 예의바른 태도, 의사소통에서의 수준 높은 표현과 내용 등이 향가 교육에서 고려될 만하다. 향가 교육이 구절 풀이에서 문학성 교육으로 나아가고, 또 인성 및 의사소통 교육의 일환이 될 수 있는 것이다. 이에 의사소통 능력을 향상시키려는 국어교육의 목표에 향가 교육이 잘 부합한다고 하겠다.

4. 결 론

이 장에서는 향가를 의사소통의 관점에서 해석하는 한편, 국어교육의 목표 중 하나인 의사소통 능력의 향상에 향가 교육이 기여할 수 있음을 논하였다. 향가는 신라 시대 인간관계에서 이루어진 의사소통의 주요 수단이었다는 사실을 확인하고, 그 역사적 양상과 오늘날의 교육적 의의를 논한 것이다.

현존 향가 중 의사소통의 주제를 뚜렷이 드러낸 작품으로 〈헌화가〉, 〈원가〉, 〈안민가〉를 들 수 있다. 〈헌화가〉는 지방의 한 노인이 젊고 세련된 서라벌 귀족 부인에 대한 공감과 찬미의 마음을 담은 시이다. 두 사람 사이의 소통은 거리감을 점차 좁혀감으로써 이루어진다. 〈원가〉는 버림받은 신하가 임금에게 자신의 처지를 하소연하는 시이다. 상황에 적실한 비유를 사용하여 임금의 마음을 움직임으로써 소통을 다시 이루었다. 〈안민가〉는 승랑인 충담이 임금이 지닌 정치 쇄신의 의지를 반영하여 지은 시이다. 임금과 다른 신하들과의 소통이 잘 되지 않은 상황에서, 민생안정이라는 정치의 요체를 향가를 통해 말함으로써 임금과 소통하였다.

향가에 나타난 의사소통의 양상은 상당히 역동적이다. 배경 기사에서 일대다의 대화 상황하에 소통이 안 되는 경우와 되는 경우가 병렬적으로 기술되어 있다. 그러한 상황에서 향가는 당사자 간에 소통을 이루는 데 중심적인 역할을 한다. 향가에는 화자와 대상 간의 소통 과정이 함축적이고도 역동적으로 그려져 있다.

향가는 고전문학의 주요 장르로서 문학 및 문학사 교육에서 빠질 수 없는 의의를 지닌다. 그렇지만 향가가 왜 그만한 가치를 가지는지가 구체적으로 다루어지지 못하였다. 향가라고 하면 주술적, 불교적 가요로 보는 경향이 우세하였기 때문에 실생활에서 향유된 향가의 본모습을 살피기가 어려웠던 탓이다. 그러나 향가는 중세 시대의 인간관계 속에서 당대에 실제로 이루어진 의사소통의 양상을 고스란히 담아낸 문학이다. 오늘날의 소통 양상과 비교할 때, 자신의 분수를 지키며 정중하고도 세심하게 상대를 배려하는 소통의 모습이 인상적이다.

이로써 향가가 의사소통 능력의 향상을 위한 국어교육에 적합한 문학임을 알 수 있다. 의사소통과 관련하여 신라 시대의 역사적 양상과 오늘날의 교육적 의의를 모두 보여 주는 것이다. 이에 향가 문학을 소통을 위한 문학 교육의 주요 자료로 제시할 만하다.

향가의 기억과 서정성

1. 서 론

향가는 우리 시가사에서 최초로 양식화가 이루어진 서정시 장르이다. 개인의 정서와 의식을 일정한 형식에 맞추어 표현한 시가 문학인 것이다. 그러므로 향가 연구의 핵심은 다른 무엇보다도 그 서정성의 해명에 놓여야 한다. 불교나 화랑도 사상, 주술적 성격, 배경 기사와의 관련성 등을 논하는 것도 결국은 향가 작품의 서정성을 규명하기 위한 우회로일 따름이다.

향가의 서정성에 대한 논의는 지속적으로 이루어져 왔는데, 그중에서 향가가 주는 감동은 주술성에 의한 것이 아니라 문학이 지닌 시적 울림에서 나온다고 본 견해,[1] 향가는 주로 숭고미를 추구하고, 하늘과 인간이 모두 기뻐하는 경지에 이르기 위해서는 수행자의 지극한 정성과 덕이 필요하다고 본 견해[2]가 주목된다. 이 논의들은 향가를

1) 성기옥, 「감동천지귀신의 논리와 향가의 주술성 문제—향가의 주술성과 서정(1)」, 『임하 최진원 박사 정년기념논총 고전시가의 이념과 표상』, 간행위원회, 1991, 71-78면.

주술적인 노래에서 합리성에 기초한 서정시로 보는 면으로 방향을 돌렸다는 점에서 중요한 의의를 갖는다. 그렇지만 숭고미, 인간의 정성 같은 것은 현실을 넘어 신의 세계를 상정한 초월성에 치중한 개념인 까닭에, 일상생활에서 우러나온 정서와 의식을 표현한 현실적, 역사적 장르로서의 향가에 대한 논의가 좀 더 비중 있게 이루어질 필요가 있다.

이 장에서는 기억이라는 개념을 가지고 향가의 서정성을 고찰해 보고자 한다. 기억은 사람의 의식 속에 과거의 경험이 간직되었다가 되살아나는 것이다. 우리의 일상에서 흔히 일어나는 기억하기의 활동은 문학 창작과 향유에서도 매우 중요한 역할을 한다. 기억을 문학 연구 방법으로 원용하여 작품을 해석한 작업은 주로 현대 문학 분야에서 이루어졌다.[3] 고전 문학에서는 전반적인 문제 제기,[4] 시조,[5] 몽유

---

2) 김학성, 『한국고전시가의 연구』, 원광대학교출판국, 1980, 71-107면 ; 김학성, 「향가 장르의 본질」, 『한국 고시가의 거시적 탐구』, 집문당, 1997, 176-181면.

3) 김정신, 「서정주 시에 나타난 기억」, 『문학과 언어』29, 문학과언어학회, 2007, 159-177면 ; 유성호, 「기억과 성찰의 결속으로서의 서정」, 『계간 시작』9-4, 천년의시작, 2010, 33-44면 ; 김종회 · 강정구, 「민족을 기억하는 문학적인 방식—1940년대 중반의 기념시집을 중심으로」, 『한국현대문학연구』30, 한국현대문학회, 2010, 89-95면 ; 이소연, 「백석 시에 나타난 기억의 구현 방식」, 『한국문학이론과 비평』53, 한국문학이론과 비평학회, 2011, 95-114면 ; 박윤우, 「해방기 시의 역사 기억과 문학사 교육의 문제」, 『한중인문학연구』45, 한중인문학회, 2014, 112-128면.

4) 이복규, 「'기억과 담론'의 눈으로 보아야 할 국문학의 문제들」, 『국제어문』49, 국제어문학회, 2010, 37-50면.

5) 김용찬, 「시조에 투영된 대청 인식의 양상—병자호란의 기억을 중심으로—」, 『배달말』55, 배달말학회, 2014, 193-221면 ; 김윤희, 「19세기 중반의 사행 체험을 기억하는 문학적 방식—이세보의 사행시조에 대한 재고찰—」, 『온지논총』43, 온지학회, 2015, 12-31면.

록과 실기(實記)류 산문[6]에 나타난 기억의 내용 및 방식에 대한 논의가 있었다. 그렇지만 기억을 중심 개념으로 하여 향가에 접근한 연구는 아직 보이지 않는다.

기억은 인간을 특징짓는 의식 작용이라는 점에서[7] 향가가 지닌 인간적 장르로서의 면모를 보여 주리라 생각한다. 또한 예전에 감각적으로 인지한 내용을 기억을 통해 되살려 내는 과정에서 새로운 정서가 형성되어 시가 만들어진다는 점에서[8] 기억은 서정시 창출의 중요한 원동력이기도 하다. 물론 시대마다 기억의 주체와 대상, 그 조건이나 방법 등이 상이할 터인데, 그렇기 때문에 기억을 다룬 방식이나 그로써 만들어진 시적 형상에서 역사적 장르로서 향가가 지닌 특질이 더 잘 드러날 수 있다. 요컨대 기억과 기억하기라는 개념을 통해 향가가 지닌 현실적, 인간적, 역사적 성격을 드러내고자 한다.

---

6) 정출헌, 「탄금대 전투에 대한 기억과 두 편의 달천몽유록」, 『고소설연구』29, 한국고소설학회, 2010, 149-176면 ; 정출헌, 「육신전과 원생몽유록—충절의 인물과 기억서사의 정치학—」, 『고소설연구』33, 한국고소설학회, 2012, 6-44면 ; 김정녀, 「내성지의 공간과 기억의 재구성」, 『민족문학사연구』49, 민족문학사학회, 2012, 9-35면.

7) 조대호, 「므네모쉬네와 므네메: 기억의 신화와 철학」, 『기억, 망각 그리고 상상력』, 연세대학교 대학출판문화원, 2013, 35면.

8) 알라이다 아스만, 변학수 · 채연숙 옮김, 『기억의 공간』, 그린비, 2011, 139-141면.

2. 기억의 양상

1) 〈원왕생가〉 — 종교적 기억

ᄃᆞ라리 아여	달이 애오라지
西方 외오뎌 가시리고.	서방만을 외며 가시리오.
無量壽佛 前ᄂᆡ	무량수불 앞에
뇟곰 다ᄆᆞ기 ᄉᆞᆲ고시셔.	되뇌임 가져다가 사뢰소서.
“다딤 깁ᄉᆞᆫ 尊의ᄒᆡ 울월기	“다짐 깊은 불존에 우러러
두블 손 모도 고조ᄉᆞᆯᄫᅡ	두 손 모아 곧추어
‘願往生 願往生’	‘원왕생 원왕생’
그린 사ᄅᆞᆷ 잇다.” ᄉᆞᆲ고시셔.	그리는 사람 있다.” 사뢰소서.
아야, 이 몸 ᄇᆞ려두고	아아, 이 몸 버려두고
四十八大願 일고실가?	사십팔 대원 이루실까?[9]

이 작품은 기억과 관련된 두 층위의 행위로써 시상을 전개하였다. 하나는 현재 진행되고 있는 사건을 기억으로 간직하여 전달하는 것이고, 다른 하나는 아주 오래된 전세의 기억을 되살려 현재로 가져오는 것이다. 기억 만들기에 해당하는 전자는 제1구(제1~4행)와 제2구(제

9) 신재홍, 『향가의 해석』, 집문당, 2000, 203-204면. 향가에서 활용된 기억의 양상을 살피기 위해서는 기존의 해독들 가운데 적당하게 선별하기보다는 하나의 해독을 집중적으로 거론하는 것이 유효하다고 판단하였다. 이에 이 책의 해독을 취하여 일관된 관점을 유지하고자 한다.

5~8행)에 걸쳐 이루어지고, 기억 가져오기에 해당하는 후자는 제3구(제9 · 10행, 낙구)에서 이루어진다. 전자가 작품의 주된 흐름을 이루지만 그것을 극적으로 전환하여 주제를 강화하는 것이 후자이다.

시적 화자는 서방을 향해 가는 달에게 '되뇌임 가져다가 사뢰소서'(제4행)라며 부탁을 한다. 현재 화자가 행하고 있는 수도의 자세와 염원을 하나의 사건 진술로 발화한 것이 제2구인데, 그 바로 앞의 제4행은 달에게 그 사건을 기억하였다가 전달해 달라는 부탁의 말이다. 지금 여기서 부처를 우러러 두 손 모아 왕생극락을 비는 자기가 있다는 사실을 서방의 무량수불에게 아뢰어 달라는 것이다. 무슨 과장이나 칭찬을 보탤 필요 없이 그냥 이승을 지나가며 본 바 그대로를 되뇌어 주면 된다는 것이다. 화자의 현재 사건을 기억해 주기를 달에게 부탁하고, 그 기억이 미래 부처인 무량수불에게 전달되기를 바라고 있다.

여기서 작품의 중심어인 '되뇌임'이 지닌 기억으로서의 의미를 새겨볼 필요가 있다. '같은 말을 되풀이하여 말하다'는 뜻의 이 시어는 달이 무량수불에게 하는 행위를 표현한 말이다. 그런데 그 행위가 실현되기 위해서는 사건의 기억이 전제되어야 한다. 달이 기억해야 할 것은 간절하게 왕생극락을 빌고 있는 화자의 현재 모습이다. 달이 그것을 기억하였다가 무량수불에게 전달하면 무량수불은 달의 말을 듣고 화자를 기억하게 될 것이다. 곧 '되뇌임'에는 무량수불이 화자 자신을 기억해 달라는 뜻이 담겨 있다.

이렇듯 제8행까지 화자의 사건을 달이 기억하고 그것을 전달받은 무량수불이 화자를 기억하게 되는 반복, 연쇄의 과정이 그려졌다. 이렇게 될 수 있는 것은 화자와 달과 무량수불이 똑같이 왕생극락의 염원을 지닌 존재들이기 때문이다. 그 염원을 실현하기 위해 기억이 연쇄적으로 전달되도록 구성하였다. 작품의 시상이 기억을 통해 염원을 이루고자 하는 방향으로 전개된 것이다.

무량수불이 화자 자신을 기억해 주기를 염원하는 것은 시상 전개상 낙구에 이르러 극적인 전환으로 한 차원 고양된다. 서방의 무량수불이 자신을 기억해 주어야 할 이유는 달이 전하는 말을 듣는 데만 있지 않다. 그는 이미 오래전 법장보살의 몸으로 이 세상에 왔을 때 화자와 같은 존재들을 왕생시키겠다는 서원, 즉 48대원을 발하였던 것이다. 이 세상의 모든 중생을 왕생시키겠다고 서원한 그가 지금 여기서 온 정성을 다하여 왕생극락을 비는 화자 자신을 기억하지 않을 수 없다. 오랜 과거의 기억을 되살려 현재의 염원을 더욱 선명히 부각함과 동시에 미래에 그 염원이 이루어질 것을 희구하는 것이다. 과거, 현재, 미래를 관통하여 하나로 이어지는 염원을 과거, 현재, 미래의 사건에 대한 일관된 기억을 통해 실현하려는 뜻이 표명되었다. 이러한 낙구의 의미는 제4행의 '되뇌임'이 동일한 염원의 반복적 기억을 뜻한다는 점을 분명하게 드러낸다.[10)]

화자의 사건에 대한 달의 기억, 법장보살의 서원에 대한 화자의 기억, 결국에 무량수불이 갖게 될 화자에 대한 기억은 모두 화자의 깊고 충만한 신앙에서 우러나왔다. 현재 여기의 사건을 기억으로 만들어 내고 오랜 과거의 기억을 가져오는 데 화자의 신앙이 절대적인 역할

---

10) 이 '되뇌임'은 기억의 속성으로서 '다시 가져오기'(알라이다 아스만, 앞의 책, 205면) 또는 '반복'(고규진, 「그리스의 문자 문화와 문화적 기억—호메로스의 정전화 과정을 중심으로」, 『기억과 망각』, 책세상, 2003, 57면)의 행위이다.

을 하였다. 그리하여 왕생극락의 종교적 염원이 한 줄로 연결되고 그 염원을 품은 존재들의 기억이 연쇄를 이루어 시간을 초월한 영원성을 지향한다. 그러한 지향의 마지막 지점에서 왕생극락의 염원이 실현되리라 믿은 것이다.

2) 〈모죽지랑가〉 — 사회적 기억

간봄 ᄀᆞ리ᄆᆡ	지난봄 속하였으매
모다 잇사 우롤 이 시름.	모두 있어야 울 이 시름.
아ᄃᆞᆷ닛 됴히시온 즈ᅀᅵ	얼마 전까지도 좋으신 모습이
年數 나ᅀᆞᆷ 디기녈져.	세월이 갈수록 축나 가겠구나.
누ᄂᆡ 도롤 업시 이ᄋᆡ	눈의 돌림 없이 이에
맛보기 엇디 지소아리?	만나기 어찌 지으리?
郎야 그릴 ᄆᆞᅀᆞᄆᆡ 녀올 길	랑이 그리워할 마음에 오고 갈 길
다보ᄌᆞᆺ 굴헝ᄋᆡ 잘 밤 이사리.	다북쑥 거리에서 잘 밤 있으리.

이 작품은 과거의 기억과 현재의 상황이 대비되는 구조로 짜였다. '지난봄'(제1행), '얼마 전'(제3행)이 과거를 지칭하는 시어이므로 과거의 기억을 상기하도록 만든다. 그리하여 제1구는 과거의 일에 대한 어떤 기억을 배경으로 전개된다. 무슨 기억인지 뚜렷이 표현하지는 않지만 제4행까지 나온 시어들을 통해 대강은 추측할 수 있다. 화자가 어느 집단에 '속하여' 있던 때, 집단의 구성원 '모두'가 함께 '있던' 때, 그 집단의 수장으로서 시적 대상이 된 죽지의 '모습이' '좋으시'던

때의 기억이 표현되어 있다.

그런데 이와 함께 과거의 기억에 대비되는 현재 상황이 암시적으로 혹은 추측하는 말로 나타나 있다. '이 시름'(제2행)은 화자가 지금 시름에 겨워하는 처지라는 점을 드러낸다. 왜 그렇게 되었는지는 표현하지 않은 대신 '모두 있어야' 시름을 토해 내며 '울' 수 있을 것이라고 한다. 배경 기사와 함께 이해해 본다면, 지금 득오는 익선에게 잡혀와 노역에 시달리고 있기에 주변의 누구에게도 자신의 심정을 토로할 수 없는 상황이다.11) 그저 화랑 집단에 속해 있던 지난봄이 그리울 따름이다. 이렇게 소속 집단에서 혼자 떨어져 나온 상태이므로 그 수장인 화랑 죽지의 근황을 추측만 할 수 있다. 곁에서 모시던 예전에는 풍채가 좋으셨던 모습이 요즘 들어서 '축나 가겠구나'(제4행)라고 생각한다.12)

이렇듯 제1구는 화랑 집단에 속하여 일상생활을 영위하던 과거를 기억하면 할수록 집단으로부터 떨어져 고립된 상태에서 노역에 시달리는 현재가 서글퍼지는 화자의 심정을 그렸다. 과거와 현재의 대비가 느껴지는 한편, 과거의 좋은 기억이 현재의 시름을 이겨 내는 힘으로 작용하는 면이 보인다.

제2구는 과거의 기억을 현실에서 복원하는 일과 관련된 내용이다. '만나기'(제6행)가 그 일의 핵심이 되는 말이다. 랑이 화자에게 '눈의

11) 『삼국유사』, 기이 제2, 「효소왕대 죽지랑」 참조.

12) '죽지랑의 얼굴이 쇠락한 것은 '나'와 함께했던 시간의 경과 때문'(서철원, 『향가의 역사와 문화사』, 지식과교양, 2011, 184면)이라고 해석할 경우의 시간은 곧 기억과 관련된다.

돌림'(제5행), 즉 고면(顧眄)해 줌으로써 과거의 좋은 시절로 되돌아 갈 수 있다. 그리고 랑이 그렇게 해 주리라는 것을 믿어 의심치 않는다. 배경 기사에 언급되었듯이 죽지는 '선비를 중히 여기는 풍모'[13]를 지닌 인물이고, 화자는 그 점을 익히 알고 있기 때문이다. 그리하여 '랑이 그리워할 마음에 오고 갈 길'(제7행)은 화자가 랑과 함께하였던 기억을 바탕으로 구원에 대한 믿음을 토로한 말이다. 제1, 3행에서 되새겼던 기억이 바탕이 되어 랑과 다시 만날 것과, 그러기 위해 랑이 자신을 구원하러 올 것을 확신한다.

그러나 제2, 4행에서 암시, 추측된 현재의 상황은 여전히 시름겹고 불안하다. 그러한 심정이 화자를 구원하러 오는 길에 랑에게 고난이 닥칠 수도 있음을 염려하는 제8행까지 이어지며 작품은 마무리된다. 효소왕대의 상황에 비추어 보아도 화랑 집단의 사회적, 정치적 위상이 현저히 떨어졌고 그에 따라 죽지의 위세도 예전 같지 않다는 점을 의식할 수밖에 없다.

이렇듯 이 작품은 과거의 좋은 기억과 현재의 시름겨운 상황이 서로 긴장을 유지하며 시상이 전개되었다. 소속 집단으로의 복귀를 희망하는 화자로서는 그 집단 안에 있던 때를 좋은 기억으로 간직하며 현재의 고난을 견디고 있다. 당대의 상황이 여러 가지로 불리하고 어렵지만 과거의 기억을 토대로 화랑 죽지가 낭도인 자신을 구원하러 오리라 확신한다. 기억을 통해 현실 극복의 의지를 굳히는 모습이 선명히 그려진다. 이러한 양상은 화랑 집단의 구성원이라면 대부분 공

13) 『삼국유사』, 기이 제2, 「효소왕대 죽지랑」, 郞之重士風味.

감하였을 화랑과 낭도 사이의 강한 유대감의 표출이라고 할 수 있다. 화랑 집단은 신라 사회에서 정치, 군사, 문화 등 여러 방면에서 중요한 역할을 하였던 단체이다. 득오는 죽지의 낭도로서 화랑 집단에 소속되어 그 집단에 부과된 사회적 과업을 수행하였을 것이다. 따라서 이 작품에 나타난 기억은 집단의 소속감을 다지고 기억의 공동체를 이루는[14] 사회적 성격을 지녔다고 하겠다.

3) 〈원가〉 — 정치적 기억

갓 됴히 자시	물 좋은 잣이
ᄀᆞᄉᆞᆯ 안ᄃᆞᆯ 니르기 디ᄆᆡ,	가을에 아니 이르러 떨어지매,
"너어 다히 녈져." ᄒᆞ신,	"너하고 같이 다니고 싶구나." 하신,
울월ᄃᆞᆫ ᄂᆞᄎᆡ 가ᄉᆡ시온 ᄃᆡ야.	우러르던 낯이 변하신 데에야.
ᄃᆞ라리 그르기 고린 못ᄋᆡᆺ	달이 그림 져 닿은 연못에
녈 믌겨랏 ᄉᆡ이기 다히,	오가는 물결에서 새어 나감같이
ᄌᆞᄉᆡ샷 ᄇᆞ라나	모습이야 바라보나
누리 아모ᄋᆡᆺ 숨온 뎨야.	누리 아무에 숨은 적에야.
後句亡	

이 작품은 약속의 기억을 되살림으로써 약속이 깨어진 현 상황을 원래대로 돌이키려는 의도를 담았다. 배경 기사에 따르면, 신충과 효

14) 제프리 K. 올릭, 강경이 옮김, 『기억의 지도』, 옥당, 2011, 147면.

성왕에게는 둘만 아는 은밀한 약속이 있었다. 효성왕의 신분이 태자였던 시절, 왕위 계승을 둘러싼 모종의 권력 다툼이 벌어지고 있던 때 효성왕은 신충에게 도움을 청하며 다짐을 하였다. 그런데 그가 즉위하고 나서는 신충의 공로를 잊고 논공행상에서 배제하였다.[15] 이에 신충은 왕이 예전에 하였던 약속을 이제 와서 저버린 처사를 원망하며 이 작품을 지었다.

'잣'(제1행)은 애초의 약속 장소에 있던 잣나무의 열매이다. 화자는 의도적으로 이것을 끌어와 작품의 시상을 열었다. 약속의 기억을 상기하기 위해 다짐의 보증이 되었던 잣나무를 가져온 것이다. 예전에 한 약속이 현재에 와서 지켜지리라는 보장이 없는 것이 현실, 특히 정치적 현실인바, 예전의 것 그대로 기억하고 있는 잣나무야말로 그러한 현실에 문제를 제기하기에 적합하다. 기억을 고스란히 담고 있다고 관념되는 잣나무를 제시하여 약속의 기억이 변질, 왜곡, 무시된 현실을 비판한 것이다.

그런데 그 잣나무는 가을이 되지도 않았는데 시들어 열매가 떨어져 버렸다. 이렇게 된 이유를 제3, 4행에서 제시하였다. 제3행에서 애초의 기억을 되살린 다음, 제4행에서 그 기억의 변질 혹은 무시를 지적한 것이다. 기억의 재생은 2인칭 대명사 '너'를 사용하여 효성왕이 애초에 화자에게 하였던 말을 직접 인용하는 방식으로 이루어졌다. 당사자의 육성에 가까운 말을 제시하는 것만큼 기억을 되살리는 데 효과적인 것은 없을 것이다. 그런데 문제는 약속의 말이 이제 와서 변

---

15) 『삼국유사』, 피은 제8, 「신충괘관」 참조.

질, 무시되었다는 것, 그 말을 하였을 때의 효성왕의 얼굴빛이 지금은 달라졌다는 데 있다. 약속이 지켜지지 않은 현실에서 약속의 말을 온전히 기억하는 잣나무, 그리고 화자는 시들어 버릴 수밖에 없다.

이렇게 화자는 시적 대상인 효성왕과 했던 약속의 기억을 상기시켜 그의 마음을 돌리려고 하였다. 잣나무를 끌어옴으로써 화자와 효성왕이 그것을 두고 한 약속의 기억을 분명히 드러내었고, 효성왕의 말을 직접 인용함으로써 기억의 내용을 원래 모습으로 재생하였다. 이를 통해 약속의 기억이 변질, 무시된 현실을 비판하고 약속 당사자인 효성왕의 각성을 촉구하였다.

제1구가 배경 기사에 서술된바 정치적 사건과 직접 관련된 기억을 재생하였다면 제2구는 앞의 잣나무에서 촉발되어 일상적인 궁정 생활의 기억을 그렸다. '연못'(제5행)은 잣나무와 함께 궁정의 일부를 이루는 사물이다. 효성왕이 태자 시절 거하였던 임해전 안에 있는 잣나무와 연못인 것이다. 그 연못에 달빛이 비추고 물결이 오가는 모습으로 궁정의 한 풍경이 그려졌다. 연못을 채운 물결은 결국 출수구를 통해 새어 나가게 되는데, 화자의 현재 처지는 그 새어 나간 물결과 같다는 것이다. 태자와 함께 궁정의 잣나무 아래에서 바둑도 두고 달빛 어린 연못을 감상하던 때를 기억하며 현재 궁정에서 멀어져 '누리 아무에 숨은'(제8행) 신세를 한탄한다. 이렇듯 제2구는 궁정에서 일상적으로 이루어졌던 군신 사이의 친밀한 관계를 기억함으로써 현재의 버림받은 처지를 더욱 부각하고 있다.

작품은 제1구에서 과거의 특별한 사건에 대한 기억을 되살리고 제2구에서 과거의 일상적인 사건을 기억함으로써 시적 대상의 마음을 돌이키려고 하였다. 변질된 기억을 원상태로 복원하고 평상시의 친밀한 관계를 기억해 내는 것으로써 마음을 돌리게 하려는 것이다. 애초 정치적 사건의 와중에서 맺은 약속의 기억이 복권이라는 정치적 의도가 담긴 이 작품의 중심 소재가 되었다.

4) 〈찬기파랑가〉 — 이념적 기억

목몌 바라ᄆᆡ	목메어 결하매
"이슬 새배야."ㄴ ᄃᆞ라리	"이슬에 새벽이야."던 달이
ᄒᆡᆫ 구룸 조추 뻐간 알히 하사이	흰 구름 좇아 떠나간 안식처만이
바ᄅᆞᆫ 믌ᄀᆞᆺ자리여ᄒᆡ.	바탕한 물가에.
耆郎ᄋᆡ 즈ᅀᅵ이시 수햐	기랑의 모습인 무리들이
逸烏 나릿 쟈별아ᄒᆡ	일오 냇물의 자갈밭에서
郞야 디니다시온	랑이 지니셨던
ᄆᆞᅀᆞᄆᆡ ᄀᆞᆺ홀 좇ᄂᆞ아져.	마음의 끝을 좇고 있구나.
아야, 자싯 가ᄌᆞ 놉기 됴ᄒᆞ리.	아아, 잣나무 가지 높아서 좋으리.
모다 ᄂᆡ올 花判야.	모두 해내야 할 화랑의 서원이여.

이 작품은 과거의 기억을 지금 여기로 가져오고 그것을 다시 미래에 투영하는 식으로 시상을 전개하였다. 기억이 과거에서 현재로, 다시 미래로 나아가는 양상이다.16) 시간의 흐름 위에 놓인 기억이라는

16) 이러한 면에서 이 작품의 기억은 이른바 '활성적 기억'이 갖는 '과거, 현재 그리고

점에서 역사의식을 바탕에 깔고 있다.

기억의 원천은 제1, 2행에 그려진 임종의 상황이다. 문도들이 임종을 지키고 있을 때 기파는 유언을 남겼다. '이슬에 새벽이야'라고 하여, 죽음은 '목메어' 슬퍼할 것이 아니라 이슬처럼 스러져 버릴 삶을 비추는 새벽빛의 광명한 세계로 나아가는 것임을 말하였다. 죽음에 임해서 문도들에게 현세 초극의 의지를[17] 삶의 비전으로 제시한 것이다. '흰 구름'(제3행)이나 '잣나무[栢]'(제9행)에서 암시되듯이 현세를 초극하여 나아갈 곳은 흰색으로 상징되는 서방의 극락세계이다. 화랑인 기파와 낭도인 그의 문도들은 불교의 정토 사상을 받아들여 삶의 지표로 삼았던 것이다.

죽음 이후의 광명한 세계, 즉 서방 정토를 지향하는 기파의 마음을 지금 그의 '무리들'이 '좇고 있'다. 기파를 위한 추모제가 '일오 냇물의 자갈밭에서'(제6행) 거행되는 것이다. 오늘 이 자리는 기파의 행적과 뜻을 기리기 위한 의식(儀式)이므로, 화자는 기파가 임종 시 하였던 유언을 기억하고 그것에 담긴 기파의 '마음의 끝'(제8행)을 좇고자 하는 취지를 표명하였다. 현세 초극의 뜻을 오늘 이 자리로 가져와 되새기고 있다.

의식을 행하는 장소는 말년의 기파가 안식을 취하였던 곳에 마련되었다. 그의 '안식처'는 '냇물'을 끼고 '잣나무'가 둘러선 곳이다. 일반적으로 이 두 사물은 뚜렷한 상징적 의미를 지닌다. 냇물이 흘러 강

미래를 연결하는 다리를 놓는'(알라이다 아스만, 앞의 책, 180면) 역할을 하고 있다.

17) 현세 초극의 의지는 '영원성의 지향'(성호경, 『신라 향가의 연구』, 태학사, 2008, 329-331면)이기도 하다.

이 되고 바다가 되므로 그 유장한 흐름은 시간의 흐름을 연상시켜 역사의 상징으로 인식된다. 잣나무는 늘푸른나무로 하늘을 향해 곧게 뻗은 자태에서 지조와 절개의 상징이 된다. 역사의 흐름을 의식하며 추모제를 거행하던 중 시인의 눈에 잣나무가 들어왔다. 과거의 기억을 미래의 비전으로 삼을 만한 소재로 그것을 선택하여 '화랑의 서원'(제10행)을 담는 상징으로 제시하였다.

이같이 이 작품의 화자는 기파의 유언을 기억하여 그 속에 담긴 현세 초극의 뜻을 오늘 이 자리에서 되새기고, 역사의식과 지조를 갖춘 화랑도에게 현세 초극이 삶의 지표임을 선포하였다. 임종 시의 기파에 대한 기억을 추모제에 참석한 문도들 모두의 집단적 기억으로 승화하여 의미를 지니게 함으로써 기파가 남긴 뜻을 하나의 시대적 이념으로 자리 잡도록 하였다.[18] 기파의 문도들은 그 이념을 자기 삶의 중심에 두고 지조 있는 자세로 그것의 실현에 매진할 것이다. 작품에는 현세 초극의 뜻이 시대를 이어 가며 기억됨으로써 이념의 하나로 정립되도록 하려는 지향성이 나타나 있다.

18) '회상이 집단적 기억으로 수용될 수 있는 전제 조건은 의미로의 전환이다. 예컨대 "모든 인격과 역사적 사실은 이미 이러한 기억으로 들어감으로써 학설이 되고, 개념이 되며, 상징이 된다. 그리고 그것은 의미를 갖게 되고 사회의 이념 체계의 요소가 된다."……기억은 의미를 발생시키고 의미는 기억을 고정한다'(알라이다 아스만, 앞의 책, 183면).

5) 서원과 신의의 문화적 기억

앞에서 논한 네 편의 작품은 현존 향가 중 기억이라는 소재가 비중 있게 다루어진 것들이다. 이 중에서 〈원왕생가〉와 〈찬기파랑가〉는 종교적, 이념적 성격이 짙은 반면 〈모죽지랑가〉와 〈원가〉는 사회적, 정치적 성격이 우세하다. 전자는 현세를 초극하여 서방 정토에 이르려는 의지가 나타난 데 비해 후자는 개인과 개인 혹은 개인과 집단의 관계에 대해 다루었다. 이에 따라 전자는 서원의 문제가, 후자는 신의의 문제가 작품의 주제를 형성한다.

기억이라는 소재가 서원과 신의의 주제와 결부되는 것은 자연스러운 일이다. 무엇을 기억한다는 것은 그 기억의 내용을 진실하게 믿고 기억 행위를 하는 현재, 나아가 미래에 이르기까지 그것을 의미 있게 만들려고 노력하는 일이기 때문이다. 그리하여 과거의 기억은 현재의 시점에서 되살려지고 다시 미래를 향한 좌표로서 기능할 수 있다. 기억의 어떤 내용이 삶의 좌표로 설정될 때 그것은 대개 서원의 형식을 취하게 될 것이다.

서원은 애초부터 지녔던 소원을 언젠가는 이루겠다는 다짐이다. 다시 말해, 과거와 현재와 미래를 하나의 끈으로 연결하는 일이다. 그 끈의 역할을 하는 것이 〈원왕생가〉에서는 왕생극락의 염원, 〈찬기파랑가〉에서는 현세 초극의 의지이다. 내용상으로는 서방 정토에 환생하는 것으로 비슷하지만 그것을 이루려는 방식은 구분된다. 〈원왕생가〉는 개인적 노력으로 〈찬기파랑가〉는 집단적 노력으로 각각 소원을 이루고자 한다. 그러기에 전자는 정성 어린 수도의 자세가, 후자는 시대정신으로서의 이념 정립 및 그 실천이 강조된다. 서원을 실현해 나가는 방법에서 차이를 보이는 것이다.

한편 당사자들 사이에서 공유된 기억의 내용 중 나중에 꼭 실현해야 할 것이 있다면 그것은 약속의 문제가 된다. 약속을 지키느냐 마느냐 하는 것은 애초에 공유한 기억을 그 내용대로 실현하느냐 마느냐의 문제가 되기 때문이다. 〈원가〉는 분명하게 약속을 한 것이고 〈모죽지랑가〉는 약속하지는 않았지만 그와 다름없는 신의의 인간관계가 전제되었다. 전자가 정치적 격변기, 위기와 반전의 소용돌이를 배경으로 한 불안한 약속이라면 후자는 어렵고 불리한 시대 상황에도 불구하고 오랜 세월 화랑과 낭도로서 쌓은 신뢰가 바탕이 되었다. 두 작품에서 보듯이, 기억의 내용이 같더라도 기억의 조건이 다름에 따라 그 내용은 지켜지기도 하고 깨어지기도 할 것이다.

이처럼 기억을 소재로 한 향가 작품은 서원과 신의의 주제를 담았다. 현존하는 작품만 놓고 볼 때, 〈원왕생가〉가 창작된 7세기 후반에서 〈찬기파랑가〉가 나온 8세기 후반의 약 백여 년은 향가에서 소재가 된 기억이 주로 서원과 신의의 문제로 인식되었던 시대라고 할 수 있다. 물론 그 시대의 기억은 이전부터 내려온 기억을 당대적 관점에서 되살린 것이므로, 서원과 신의의 주제는 6세기나 5세기로 거슬러 올라갈 수 있다. 『삼국사기』, 『삼국유사』를 비롯한 신라 시대의 사료에서 보이는 서원과 신의의 기록이나 이야기들을 떠올려 보면, 신라 사회의 '집단 표상'으로서의 '문화적 기억'[19]이라고 할 수 있다.

---

19) '집단 표상은 대중적으로 공유된, 과거의 상징과 의미로서의 집단 기억이다. 수십

서원과 신의의 주제는 형식적인 면도 아울러 지닌다. 〈원왕생가〉에는 달에게 소원을 비는 것, 불단 아래에 무릎을 꿇고 염원하는 것 등의 의식이 그려졌고 〈찬기파랑가〉에는 추모제를 거행하는 장소, 주체, 취지 등이 나타나 있다. 〈모죽지랑가〉에는 화랑과 낭도 사이의 일상적인 교유와 위기 상황에서의 구원 행동이, 〈원가〉에는 사물을 두고 맹세하는 것과 궁정에서 의례적으로 이루어지는 군신 관계 등이 반영되었다. 이러한 양상은 문화적 기억이 '확고하게 객관화된 전통적, 상징적 코드'[20]로써 연출되고 전승된다는 점을 보여 준다. 이에 서원과 신의는 주제뿐 아니라 형식 면에서도 신라 시대의 문화적 기억에 해당한다고 하겠다.

3. 기억의 형상화와 향가의 서정성

기억을 소재로 한 향가 작품이 여타의 작품에 비해 두드러진 유형적 특징을 보인다고 할 수는 없다. 모든 문학 작품이 기억에 기대어 창작된다고도 할 수 있는 만큼, 기억의 내용이 작품마다 독자성을 띠고 기억을 구성하는 방식도 제각각이라서 어떤 유형성을 찾기가 어렵다. 다만 기억을 주요 소재로 다룬 작품에서 그것이 어떻게 시적으로 형상화되었는지 살필 수는 있다. 여기에서는 앞의 네 작품에서 기억

년 후에 얀 아스만이 사회적 · 개인적 기억과는 별도로 문화적 기억이라고 부른 것이 바로 집단 표상으로서의 집단 기억이다'(제프리 K. 올릭, 앞의 책, 19면).

20) 고규진, 앞의 논문, 56-59면.

을 어떠한 방식으로 그렸고, 또 그것을 통해 서정성이 어떻게 나타나는지 분석해 보고자 한다.

향가 작품의 기억을 분석하는 데에는 기본 관점이 필요하다. 필자는 '전통에는 끊임없이 현재를 형성하는 힘이 있'고, '과거와 현재가 더욱 복잡한 방식으로 집단 기억을 형성'하며, '집단 기억은……시간의 흐름 속에서 일어나는 능동적인 지각 과정으로 이해되어야 한다'[21]는 견해에 주목한다. 이와 함께, 단편적인 시평에서 언급된 것이긴 하지만, '서정의 원류가 기억의 구체성과 자기 성찰이라는 고전적 문법에 있다'[22]는 말도 수용한다. 이를 고려할 때, 기억이란 현재의 문제의식이 투영된 어떤 계기를 통해 과거의 경험에서 얻은 정서와 의식을 되살려 내는 것이다. 그리고 기억 행위로써 현재를 넘어 미래의 전망까지 얻을 수 있다고 본다. 이에 작품에 그려진 기억에 대해 기억을 하게 된 현재의 계기, 과거에서 현재를 거쳐 미래로 이어지는 시간 의식, 기억이 구체적으로 표현되는 방식 등을 중심으로 분석하고자 한다.

〈원왕생가〉는 화자가 서방을 향해 가고 있는 달에게 말을 건네면서 시작된다. 서방으로 간다는 사실만으로도 달은, 화자에게 절실한 왕생의 염원을 대변할 만한 자격이 있다. 그러기에 달에게 '되뇌임'을 가져다 서방의 무량수불에게 사뢰어 달라고 부탁한다. 이 '되뇌임'은 바로 뒤에 그려질 화자의 사건을 달이 기억하였다가 무량수불에게 전

21) 제프리 K. 올릭, 앞의 책, 70-71면.

22) 유성호, 앞의 논문, 38면.

달하는 행위를 말하는 것이지만, 문맥상 화자의 사건 → 달의 기억과 전달 → 무량수불의 기억 등 기억의 연쇄가 이루어지는 반복 행위이기도 하다.

제2구는 '되뇌임'의 내용에 해당한다. 화자가 불존 앞에서 두 손 모아 왕생극락을 비는 모습을 현재형으로 '~하는 사람 있다'고 표현하였다. 화자의 행위를 지금 여기서 진행되고 있는 사건으로 진술한 것이다. 그런데 되뇌임이 이에 앞서 말해짐으로써 이 사건은 이미 그것이 진술되기도 전에 달이 기억해야 할 것이 되었다. 과거의 사건이 아니라 현재 진행의 사건을 기억으로 묶어 되뇌임의 내용으로 생성한 것이다. 과거를 기억한다는 상식을 뛰어넘어 현재를 기억으로 만들었다는 점에서 독창적이고 탁월한 형상화 방식이다. 이로 인해 단순하고 통상적인 기도 행위가 달이 되뇌이고 무량수불이 기억하게 될 사건이 됨으로써 그 의미와 간절함이 뚜렷해졌다. 나아가 이 되뇌임은 뒤에 '원왕생 원왕생'이라는 반복 어구로 또 다시 실현됨으로써 기억의 핵심 내용을 밝히는 역할도 하게 된다.

낙구에서는 법장보살의 48대원을 상기하여 화자의 염원이 갖는 보편성, 영속성을 드러내었다. 아득한 과거의 기억을 가져옴으로써 현재의 사건이 오랜 과거에서 이어져 왔을 뿐 아니라 미래에 반드시 실현되어야 함을 언명하였다. 미래불인 무량수불이 법장보살의 몸으로 아득한 옛날에 하였던 서원에 비추어서도 화자의 사건은 꼭 기억되어야 한다. 현재의 염원을 아득한 과거와 연결 짓고 다시 영원한 미래에 실현될 것으로 확정지으며 작품을 마무리하였다. 종교적 신앙을 바탕으로 기억을 주제에 맞게 구성함으로써 작품 전체가 장중한 호소력을 띠고 독자에게 다가온다.

〈모죽지랑가〉는 화자가 집단에서 홀로 떨어져 나와 고립된 상태에서 지어졌다. 그러기에 '지난봄'의 기억을 떠올리면서도 '이 시름'이라고 하여 현재 상황을 암시한다. 과거의 기억을 떠올린 계기가 현재의 시름겨운 상황인 것이다. 현재는 고립되어 있지만 지난봄에는 죽지를 수장으로 하는 화랑 집단에 소속되었었다. 일상적으로 함께한 죽지는 모습도 보기 좋았다. 그런데 지금은 득오 자신의 사건에서 보듯이, 위세가 꺾이는 시기에 처하여 모습이 축나 가리라고 짐작한다. 그렇지만 과거의 기억을 근거로 삼아 죽지의 인자한 눈이 자신을 다시 돌아보아 구원해 주리라는 확신을 갖는다.

이리하여 제2구에서 희망적인 진술이 나온다. 낭도를 사랑하는 화랑 죽지의 성품으로 미루어 이제 곧 자기를 구원하러 올 것이라는 믿음을 드러내는 것이다. '랑이 그리워할 마음'은 일상을 함께하였던 과거의 기억을 근거로 하여 현재 고립되어 있는 화자를 랑이 생각해 주리라는 믿음에서 나온 것이다. 다만 현재 상황이 예전 같지 않기에 오는 길에 방해받거나 고생할 수도 있으리라는 걱정이 앞선다.

이렇듯 작품 속에서 기억은 현재와의 팽팽한 긴장 속에 되새겨진다. 그러면서도 화자는 좋은 기억이 갖는 미래의 희망을 믿고 있다. 기억과 믿음과 희망이 서로 상승 작용을 하여 현재의 고난을 이겨내고 있는 것이다. 기억의 긍정적인 힘으로 시름겨운 현실을 견디는 화자의 모습은 독자가 현실감 있는 희망을 느끼도록 만든다.

〈원가〉는 효성왕이 약속을 어긴 것을 계기로 하여 그에 대한 원망의 마음을 표현하였다. 예전의 약속을 생생하게 기억하고 있는데 그것을 지키지 않은 왕에게 자신의 심정을 하소연한 것이다. 작품 서두에서 애초의 맹세를 보증해 준 잣나무가 제때에 열매를 맺지 못하고 시들어 버린 사건을 제시하였다. 이는 기억의 원래 모습을 지닌 잣나무가 배신으로 인해 그 모습을 잃어 버렸음을 의미한다. 이어지는 행에서 효성왕의 배신을 그 원인으로서 지목하여 그려 내었다. 잣나무가 보증한 애초의 기억이 효성왕의 배신으로 인해 변질되어 버린 현실을 문제 삼은 것이다.

애초의 기억을 되살리면서 "너하고 같이 다니고 싶구나"라는 효성왕의 말을 직접 가져왔다. 앞의 잣나무뿐 아니라 화자도 효성왕이 하였던 약속의 말을 생생하게 기억하고 있음을 나타낸 것이다. 이로써 효성왕의 배신은 잣나무와 화자의 기억과 확연히 대비되면서 효성왕 본인이 한 말에 책임을 요구하는 의도가 드러난다.

제1구에 이어진 제2구는 달이 비친 연못을 그려 궁정의 일상에 대한 기억을 가져왔다. 효성왕과 관련된 기억의 범위를 확장한 것이다. 제1구에 제2구의 기억을 병렬함으로써 기억의 일관성에 대한 문제를 더욱 부각한다. 잣나무와 연못은 모두 궁정의 풍경을 이루는 사물인데 그것에 변화가 있다는 것은 궁정의 기억이 변질되었음을 뜻한다. 늘 푸른 잣나무, 연못을 가득 매운 물결로써 궁정의 풍경이 지속되어야 함에도 잣나무는 시들고 물결은 새어 나가 버렸다. 기억의 확장을 통해 기억이 일관되지 못한 현재를 보여 주어 시적 대상의 마음을 돌리려 한 것이다. 이렇게 기억을 중심으로 한 시상 전개를 통해 왕에게 배신당한 화자의 심정이 파장이 큰 울림으로 독자에게 와 닿는다.

〈찬기파랑가〉는 기억을 이어 나가려는 의지를 강하게 드러낸 작품이다. 기파를 추모하는 자리에서 기파가 남긴 말과 태도, 지향 등을 기억하여 그것을 후대에까지 지속시키려고 하였다. 〈원가〉처럼 여기서도 "이슬에 새벽이야"라는 기파의 말이 직접 인용되어 기억을 생생하게 되살린다. 이어서 기파가 남긴 기억의 흔적들을 찾아본다. 안식처, 물가, 냇물, 자갈밭 등이 그것에 해당하는 사물이다. 이것들은 기파 생전의 기억을 상기시키는 흔적으로서 포착되었다.

기파의 흔적들이 있는 곳에서 지금 그를 위한 추모제가 거행되고 있다. 의식의 주체인 문도들은 모두 '기랑의 모습'을 하고 있다. 기파의 기억이 문도 한 사람 한 사람에게 각인된 것이다. 기억의 흔적은 사물들에 머물지 않고 사람들 마음속에 자리 잡는다. 그리하여 하나의 기억은 수많은 기억으로 확산된다. 이러한 확산을 통해 기억은 대를 이어 계승되고 더욱 많은 이들에게 수용되어야 한다.

그런데 기억의 확산에는 구심점이 필요하다. 마냥 확산된다면 애초의 기억은 그 빛깔이 희미해지고 순도가 옅어질 것이기 때문이다. 이에 화자는 잣나무를 내세워 구심점을 확립하고자 하였다. 기파의 '마음의 끝'이 닿아 있는 잣나무에다가 기억의 중심을 놓은 것이다. 잣나무의 심상으로써 기파에 대한 기억의 결정체를 만들어 기파의 마음을 하나의 이념으로 승화시켰다. 기억의 확산과 집중을 통해 이념의 푯대를 높이 세운 것이다.

네 작품에 나타난 기억의 형상화 방식을 [표]로 제시한다.

[표] 향가의 기억 형상화 방식

기억 \ 작품	〈원왕생가〉	〈모죽지랑가〉	〈원가〉	〈찬기파랑가〉
계기	왕생 염원	고립	배신	추모
시간 의식	아득한 과거에서 영원한 미래로	소속된 과거에서 가까운 미래로	약속한 과거에서 가까운 미래로	임종의 과거에서 지속될 미래로
관련 사물	달, 불존	(랑의) 모습, 눈	잣(나무), 연못, 물결	안식처, 물가, 냇물, 자갈밭, 잣나무
재현 방식	현재의 사건을 묘사하여	과거의 일상을 포괄적으로	과거의 언약을 직접 인용하여	과거의 유언을 직접 인용하여
활용 방식	현재와 연속하여 생성과 반복	현재와 대비하여 근거로 삼기	현재와 대비하여 병렬과 확장	현재와 연속하여 확산과 집중

이처럼 네 작품에는 기억이 서로 다른 방식으로 형상화되었다. 기억의 영속성 확보 및 기억의 생성과 반복, 기억과 현재의 긴장 및 기억을 믿음의 근거로 삼기, 기억의 일관성에 대한 문제 제기 및 기억의 병렬과 확장, 기억의 흔적 찾기 및 기억의 확산과 집중 등의 방식이 쓰였다. 각 작품의 주제와 개성에 맞게 기억이 효과적으로 형상화되었다.

기억의 형상화에 따라 각 작품의 서정성도 심화되어 나타난다. 기억의 계기와 시간 의식은 작품의 주제와 연관된다. 영원성에 닿아 있는 왕생극락에의 희구, 고립에서 귀속으로의 구원 소망, 깨어진 약속의 원상 복귀, 추모를 통한 기억의 이념화 등의 주제가 기억을 매개로 하여 구현되는 것이다. 기억과 관련된 사물과 재현 방식을 통해서는 각 작품의 심상이 그려진다. 부처 앞에서 온 정성을 쏟아 갈구하는 모습, 일상의 연대감에 기초한 화랑과 낭도의 인간관계, 궁정의 잣나무와 연못을 배경으로 한 친밀한 분위기와 그것이 깨어진 상황, 문도들이 모여 스승의 뜻을 이어 가려는 추모제의 열기 등이 뚜렷한 심상을 이룬다. 그리고 기억의 활용 방식을 통해서는 작품의 시상이 구조화되었다. 기억의 생성과 반복, 근거로 삼기, 병렬과 확장, 확산과 집중 등의 방법에 따라 작품의 시상이 구조적으로 짜인 것이다.

이렇게 하여 기억과 결부된 의식과 정서, 심상과 분위기가 형상화되어 서정시로서의 향가 작품 한 편 한 편을 구체적으로 감상할 수 있다. 기억을 작품의 주제, 심상, 구조 등과 조화되도록 함으로써 각 작품의 서정성이 심화되었다고 하겠다.

4. 결 론

이 장에서 기억이라는 개념을 가지고 향가의 서정성에 접근해 보았다. 기억은 인간을 특징짓는 의식 작용이고 서정시 창출의 원동력이기도 하다. 시대마다 기억의 주체, 대상, 조건 등이 다른데, 이를 분석해 향가가 지닌 역사적 특질을 드러낼 수 있다. 이를 위해 현존 향가 중 기억의 소재가 두드러진 〈원왕생가〉, 〈모죽지랑가〉, 〈원가〉, 〈찬기파랑가〉 등 네 편을 집중적으로 논의하였다.

〈원왕생가〉는 현재 여기의 사건을 기억으로 만들고 오랜 과거의 기억을 가져와 왕생극락의 종교적 염원을 표현하였다. 화자와 달과 아미타불의 염원이 같은 것임을 기억의 연쇄를 통해 드러내면서 그 마지막 지점에서 왕생극락이 실현되리라 믿었다. 〈모죽지랑가〉는 과거의 좋은 기억과 현재의 시름겨운 상황이 서로 긴장을 유지하며 시상이 전개되었다. 현 상황이 어렵지만 과거의 기억을 토대로 화랑 죽지가 낭도인 자신을 구원하러 오리라 확신한다. 여기서의 기억은 화랑 집단의 소속감을 다지고 기억의 공동체를 이루는 사회적 성격을 지닌다.

〈원가〉는 과거의 특별한 사건과 일상적인 사건을 차례로 기억함으로써 효성왕의 마음을 돌이키려고 하였다. 정치적 관계로 맺은 약속의 기억이 복권이라는 의도가 담긴 작품의 중심 소재가 되었다. 〈찬기파랑가〉는 기파를 추모하는 자리에서 그의 유언을 기억하여 그 속에 담긴 뜻을 되새기고, 역사의식과 지조를 갖춘 화랑도에게 현세 초극이 삶의 지표임을 선포하였다. 임종 시의 기억을 집단적 기억으로 승화함으로써 기파가 남긴 뜻을 시대적 이념으로 자리 잡도록 하였다.

〈원왕생가〉와 〈찬기파랑가〉는 종교적, 이념적 성격이, 〈모죽지랑가〉와 〈원가〉는 사회적, 정치적 성격이 우세하다. 전자는 현세 초극의 의지가 나타난 데 비해 후자는 개인과 개인, 개인과 집단의 관계가 문제였다. 이에 따라 주제와 형식상 전자는 서원이, 후자는 신의가 주로 다루어졌다. 이는 신라 사회의 집단 표상으로서의 문화적 기억이라고 할 수 있다.

이러한 작품 성격을 고려하면서 네 작품에서 기억이 어떻게 형상화되었는지 살펴보았다. 〈원왕생가〉는 기억의 영속성 확보 및 기억의 생성과 반복, 〈모죽지랑가〉는 기억과 현재의 긴장 및 기억을 믿음의 근거로 삼기, 〈원가〉는 기억의 일관성에 대한 문제 제기 및 기억의 병렬과 확장, 〈찬기파랑가〉는 기억의 흔적 찾기 및 기억의 확산과 집중 등의 방식이 쓰였다.

기억의 형상화에 따라 작품의 서정성도 심화되었다. 영원성에 닿아 있는 왕생극락에의 희구, 고립에서 귀속으로의 구원 소망, 깨어진 약속의 원상 복귀, 추모를 통한 기억의 이념화 등의 주제가 기억을 통해 구현되었다. 또한 부처 앞에서 정성을 쏟아 갈구하는 모습, 일상에 기초한 화랑과 낭도의 연대감, 궁정을 배경으로 한 친밀한 관계와 그것이 깨어진 상황, 스승의 뜻을 이어가려는 문도들의 의지 등이 뚜렷이 그려졌다. 그리고 기억의 생성과 반복, 근거로 삼기, 병렬과 확장, 확산과 집중 등의 방법에 의해 작품의 시상을 구조화하였다.

이렇게 하여 기억과 결부된 의식과 정서, 심상과 분위기가 서정시로서의 향가 작품에 구현되었다. 기억이 작품의 주제, 심상, 구조 등에 작용함으로써 서정성이 심화됨을 확인하였다.

신라 사회의 모성과 향가

1. 서 론

천 년 이상 향유된 향가가 고작 27편만 남은 오늘날, 당대의 양상을 살필 만한 연구 방법을 찾기가 쉽지 않다. 그런데 어떤 주제를 통하여 향가에 접근해 보면, 생각보다 훨씬 심대한 세계가 향가 속에 감춰져 있음을 감지하게 된다. 향가에 각인된 당대 현실의 국면들이 그려지는 듯하고, 향가에서 다룬 인생 문제들이 오늘의 우리에게도 해당한다고 생각된다. 주제론이 향가 연구에서 중요한 것은, 그것을 통해 이러한 역사성과 보편성을 찾을 수 있기 때문이다.

이 장에서는 모성(母性)이라는 주제를 통해 향가를 조명해 보고자 한다. 현존 향가 중 〈안민가〉는 어머니라는 말이 문면에 나와 있고, 〈도천수관음가〉는 창작 동기가 모성에 있다.[1] 신라 시대 모성을 보

1) 모성을 주제로 한국문학을 다룬 논문집으로, 서강여성문학연구회 편, 『한국문학과 모성성』, 태학사, 1998이 있다. 이 책에 실린 김명희, 「조선시대 모성성 연구—허난설헌과 신사임당을 중심으로」의 도입부에서 〈도천수관음가〉에 대해 언급하였다. 모성애는 김동욱, 「신라 관음신앙과 도천수대비가」, 『한국가요의 연구』, 을유문화사, 1961, 118면에서 주장된 이래, 이 작품의 주제로 이해되어 왔다.

여 주는 예로는 원술의 어머니 지소 부인,[2] 지은의 어머니,[3] 진정 스님의 어머니[4] 정도를 꼽을 수 있다. 지소 부인은 삼종지의(三從之義)를 말하며 충절을 못 지킨 아들을 내치는 인물로, 지은의 어머니는 고생하는 딸의 봉양을 받으며 마음 아파하는 인물로, 진정의 어머니는 아들의 출가를 위해 자신을 희생하는 인물로 그려졌다. 신분상 귀족과 평민, 내용상 일상적인 것과 종교적인 것 등이 나타나지만, 신라 사회에서 모성이 구현된 양상을 구체적이고도 전반적으로 살피기에는 한계가 있다.

이러한 자료적 한계를 넘어서기 위해서는 『화랑세기』를 주목할 필요가 있다.[5] 이 자료에는 다양한 여성이 등장하여 어머니로서의 성격과 역할을 보여 준다. 또한 모성이 신라 사회의 정치적, 제도적 측면에서 어떠한 양상으로 구현되는지를 살펴볼 만한 대목들도 있다.

여기에서는 먼저 『화랑세기』에 나타난 모성의 양상과 특징을 논하였다. 그리고 그 내용을 바탕으로 〈안민가〉와 〈도천수관음가〉에 그려진 모성을 해석하였다. 이를 통해 신라 시대의 모성과 그것이 투영된 향가의 모성에 대해 역사적, 보편적 관점에서의 이해가 가능하리라 본다.

---

2) 『삼국사기』 43권, 열전, 「김유신 하」 참조.

3) 『삼국사기』 48권, 열전, 「효녀지은」; 『삼국유사』 5권, 효선, 「빈녀양모」 참조.

4) 『삼국유사』 5권, 효선, 「진정사 효선쌍미」 참조.

5) 『화랑세기』의 진위 문제는 여전히 논쟁 중이다. 이에 필자는 역사학계의 논쟁에 유의하면서 어문학적 접근을 시도한 바 있다(신재홍, 「자료의 신빙성」, 『향가의 미학』, 집문당, 2006, 443-463면). 기존 자료와는 다른 맥락의 사건 서술, 우리말 어순에 따른 문장 구성, 향찰식 한자 사용, 기존 향찰과 겹치면서도 구분되고 수록 자료의 역사성을 반영한 〈송사다함가〉의 표기 등을 들어, 현존 『화랑세기』는 전승된 진본이 필사되었을 것으로 보았다.

2. 『화랑세기』에 나타난 모성

1) 모성의 여러 양상

지소 태후는 태종(苔宗: 이사부)과의 사이에서 난 아들 세종에게 애정을 쏟았다. 공경의 딸들을 궁으로 초빙하여 아들의 의향을 살핀 끝에 미실을 낙점하였다. 미실이 인통(姻統)이 달라서 꺼렸으나, 워낙 아들이 반하였기에 허락한 것이다. 그런데 미실이 입궁 후 사도 황후를 돕고 자기 뜻은 거스르자 그녀를 출궁시킨다. 출궁당한 미실은 사다함과 가까워지는데, 이를 안 세종의 반응 때문에 결국 자신의 뜻을 굽힌다.

> [세종] 전군이 그 말을 듣고 애통하자, 태후는 그가 상할까 염려하여 다시 미실을 불러 입궁시켰다. 전군이 미친 듯이 기뻐하며 [그녀에게] 달려가고자 하니, 태후가 부득이 [미실에게 세종을] 다시 모시도록 명하였다.[6)]

묘도 부인은 미실과 미생의 어머니이다. 아들 미생이 옥잔을 훔친 하인을 벌하려다가 그 하인이 다치자 이렇게 훈계한다.

> "노비는 손발이요 그릇은 즐기는 것이다. 어찌 물건 때문에 사람을 상하느냐? 외척은 사람들이 꺼리는 바이다. 네가 어미와 누나의 총애로 인해

6) 『화랑세기』, 6세 세종, 殿君聞之痛越 太后恐傷 復召美室入宮 殿君喜狂欲走 太后不得已命復事之.

온 세상을 가질 만큼 부자인데, 아래 선비에게 잘하지 못하고 뭇 사람들을 사랑하지 않으니, 내 적이 부끄러이 여긴다."[7)]

세진 낭주는 비보의 아내이자 세호의 어머니이다. 검도를 가도(家道)로 삼은 집안의 안주인으로서 아들 세호에게 검술을 가르쳤다.

세진이 늘 공(비보)에게 검술을 배워 세호랑에게 가르쳐 주며 말하였다. "아내는 남편의 일을 알지 못해서는 안 되고, 아들은 아비의 과업을 이루지 못해서는 안 된다."[8)]

금진 부인은 사다함의 어머니인데, 성적으로 방탕한 생활을 하였다. 법흥제와 입종을 모시고 물러난 후 구리지와 혼인하여 토함 · 세달 · 사다함을 낳았는데, 구리지가 출정한 사이에 설성과 통정하여 설원을 낳았다. 유모로 입궁했다가 진흥제를 모시기도 하였고, 아들 사다함의 벗 무관과도 사통하였다. 무관이 그로 인해 고민하던 끝에 도망치려다 다쳐서 죽고, 이어 사다함도 죽는다. 금진은 죽어 가는 사다함을 안고 통곡하였다.

금진이 공(사다함)을 안고 발을 구르며 말하였다. "나 때문에 네 마음을

---

7) 『화랑세기』, 10세 미생, 奴婢者手足也 器皿者所玩也 何以物傷人乎 外戚者衆人之所忌也 爾以母姊之內寵 富有四海而不能下士愛衆 吾切恥之.

8) 『화랑세기』, 9세 비보, 細珍常學劒于公 而教細好郎曰 妻不可以不知夫事 子不可以不成父業.

상하여 이에 이르렀구나. 내가 어찌 살 수 있겠느냐."[9]

미실 궁주는 흰 양 꿈을 꾸고 설원에게서 막내아들 보종을 낳았다. 남성 편력이 심했던 미실과 달리 보종은 미색에 무관심하였다. 그러한 기질상의 차이와 상관없이 모자로서 미실과 보종은 매우 친밀한 관계를 보여 준다.

궁주가 그의 바라는 바를 물었더니 공(보종)이 말하였다. "어머니와 함께 죽기를 원합니다." 궁주가 웃으며 말하였다. "네가 여색을 좋아하지 않고 나와 함께 죽기를 원한다니 무슨 뜻이냐?" 공이 말하였다. "저를 사랑함에 어머니만 한 이가 없으니, 어머니께서 돌아가시면 저도 살 수 없습니다." 궁주가 일렀다. "네가 사랑하는 여자가 없어서 오로지 어미에게 정을 주는구나. 아름다운 이를 택하여 살지 않는다면 내가 어찌 손자를 보겠느냐." 공이 말하였다. "무엇이 아름다움입니까?" 궁주가 말하였다. "너와 같은 자가 아름답다. 얼굴은 반지르르한 옥 같고, 입술은 붉은 연지 같고, 눈에 아리따운 광채가 돌고, 말에 정근(情根)이 있는 자가 아름답지 않느냐."[10]

앞에 열거한 지소, 묘도, 세진, 금진, 미실 등 『화랑세기』에 나오는 어머니는 아들의 의향과 건강에 민감하고, 아들에게 사회의 바람직한

9) 『화랑세기』, 5세 사다함, 金珍乃抱公頓足曰 以吾之故 傷汝心 以至于此 吾何以生乎.

10) 『화랑세기』, 16세 보종, 宮主嘗問其所欲 公曰 願與母同死 宮主笑曰 爾不好色 而願與我同死 抑何意 公曰 愛我莫如母 母死不可生也 宮主曰 爾無所愛之女 故專情于母也 擇美者以居之 不然吾何以見孫乎 公曰 何之爲美乎 宮主曰 如汝者 美也 面若玉膏 脣若赤脂 眼有嬌彩 言有情根者 不亦可乎.

가치를 가르치고, 아들의 죽음 앞에서 잘못을 참회하고, 아들에게 사랑받으며 아들의 아름다운 외모에 흡족해 한다. 경우는 다르지만 오늘날 우리가 생각하는 모성의 범주에서 크게 벗어나지 않는 양상이다.

그러나 각각의 경우는 신라 시대 특유의 모성도 함께 드러난다. 지소는 권력을 두고 다른 인통과 경쟁을 벌이는 중이었다. 묘도는 황실의 외척 신분으로, 세진은 가도인 검술을 가르치면서 아들에게 훈계하였다. 금진은 방탕할 정도의 남성 편력을 하였다. 미실은 사랑과 아름다움의 가치를 아들과 공유하면서 유별나게 친밀감을 표시하였다. 이렇듯 보편적인 것 같으면서도 신라 시대의 역사성을 띤 모성이 나타나 있다.

신라의 특수성을 보여 주는 것 중 모성이 당대 정치에 적극적으로 개입한 양상이 두드러진다. 그 대표적인 예가 진흥제의 아내, 동륜·사륜의 어머니, 진평제의 할머니인 사도이다. 대원신통의 사도 황후는 진골정통의 지소 태후와 권력을 다투었고, 그 후 미실과 협력하여 진평제대에 이르기까지 권력을 장악하였던 인물이다. 그녀가 어머니로서 정치에 개입한 것으로는, 맏아들인 동륜 태자가 죽은 사건을 수습한 일, 진흥제가 붕한 직후 미실 일파와 모의하여 사륜을 즉위시킨 일, 사륜(진지제)의 폐위를 명하여 성사시킨 일 등이 있다.

동륜 태자가 아버지 진흥제의 후궁 보명과 사통하다가 보명궁의 큰 개에 물려 죽는 사건이 일어났다. 이를 조사하는 중에 미실 일파의 추한 소행들이 드러나자 진흥제는 큰 옥사를 일으키려 하였다. 이에 사도는 "삼주(三柱)의 맹세가 있는데 어찌 천한 무리의 어지러운 말로써 총첩에게 베푼 은총을 끊으시며 죽은 아이의 혼령을 상하십니까?"라고 간하였다.[11] 이로써 사건은 수습되어 미실은 화를 면하였다. 개체로서의 아들보다 집단으로서의 아들들 및 그들을 생산한 인통의 친족 집단을 옹호한 것이다.

이러한 태도는 둘째아들 사륜을 옹립하였다가 폐위시킨 일에서도 보인다. 진흥제가 붕하자 그 사실을 태자인 사륜에게는 숨기고, 일단 미실과 사륜을 통정하게 하여 다른 마음을 품지 않기로 맹세하게 한 다음 사륜을 즉위시켰다. 그러나 사륜이 호색 방탕하자 미실과 의논하고 자기 친족을 동원하여 그를 폐위시켰다. 어머니로서 사도 태후는 방탕한 아들이 인통의 친족 집단이 지닌 기득권을 심각하게 훼손한다고 판단하여 폐위시킨 것이다.

모성의 정치는 진평제대에 와서 더욱 성하였다.

> 이때 궁중에서 세 태후가 정치를 행하였다. [진평]대왕은 어질고 효성스러워 태후의 말을 잘 따랐다. 그래서 낭도 중 진급하기 좋아하는 자들이 많이 태후궁에 붙었다. 태상태후 사도 법주는 미실 궁주를 법운으로 삼았으므로 정령(政令)이 미실궁에서 많이 나왔다. 법주의 딸 아양 공주는 서현의 어머니로서 가야파의 햇빛이었는데 미실의 권세를 나누었다. 만호태후는 대왕의 어머니이므로 더욱 임금의 총애가 있어서 진골정통의 으뜸이 되었다. 지도 태후는 태상과 만호 사이에서 출입하면서 문노 정파를 도왔다.[12]

11) 『화랑세기』, 11세 하종, 思道皇后諫之曰 三柱之誓在焉 何以賤徒之亂言 欲割寵妾之恩 而傷亡兒之靈.

12) 『화랑세기』, 11세 하종, 時宮中有三太后行政 大王仁孝承順 故郎徒之好進者 多付

사도뿐 아니라 동륜의 후(后) 만호, 사륜의 후 지도 등 세 태후가 진평제의 배후에서 정치에 영향을 끼쳤다. 이로써 신라의 정치에서 모성이 담당한 역할이 상당하였음을 짐작할 수 있다. 이는 신라 사회 전반에 깔린 모성의 이념이 작용하여 나타난 현상일 것이다.

정치뿐 아니라 제도의 면에서도 모성이 반영된 양상이 보인다. 우선 원화와 국선 제도의 조직 속에는 '모(母)'자가 들어간 직명이 나온다. 568년에 진흥제는 미실을 원화로 삼음으로써 29년 전 지소 태후가 폐지한 원화 제도를 부활시킨다. 이때 미실은 원화, 설원 · 미생은 봉사랑, 그리고 금진은 '화모(花母)'가 되었다.[13] 한편 진지제대인 576년에 지도 황후의 명으로 국선 제도가 마련되어, 문노가 국선이 되고 윤궁이 '선모(仙母)'가 되었다.[14] 원화 및 국선 제도는 풍월주 제도에 영향을 끼친 전대 제도인바, 그 속에 화모, 선모의 직책이 있었던 것이다.

원화 제도의 화모, 국선 제도의 선모는 풍월주 제도의 '화주(花主)'로 바뀐다. 풍월주의 아내가 맡은 화주의 의의와 역할은 다음에 잘 나타나 있다.

> 공(보리)은 건복 8년(591) 봄 정월 15일에 풍월주 자리에 취임하였다. [만룡] 낭주는 겨우 13세여서 공이 어리다고 여기고 남도(南桃)의 의례를

太后宮 太上太后思道法主 以美室宮主爲法雲 故政令多出美室宮 而法主之女阿陽公主乃舒玄之母也 爲加耶派之日光 而分美室之勢 萬呼太后大王之母 故尤有上寵而爲眞骨正統之首主 智道太后出入於太上萬呼之間 以扶文弩正派.

13) 『화랑세기』, 6세 세종, 以美室奉爲源花 以薛原美生爲奉事郎 金珍爲花母.

14) 『화랑세기』, 8세 문노, 鴻濟五年十月 公以知道皇后命爲國仙 奉允宮爲仙母.

거르려 하였다. 낭주가 말하였다. "그대가 낭도의 아비 되었는데 첩이 어미 되지 못한다면 도의 수치입니다." 이에 의례를 행하여 성교(性交)를 이루었다. 공이 기이하게 여기자 낭주가 말하였다. "계집종 후단이 성교의 방법을 가르쳐 주었습니다. 낭군은 그녀를 첩으로 삼으십시오."[15)]

이에 재물을 다 흩어서 나누어 주니 낭도들이 부모처럼 우러렀다. 무릇 환난에 빠진 이가 있으면 공과 [만룡] 낭주가 함께 가서 위로하고 간호하였다.……공이 조금만 아파도 몸소 지키며 돌보았고, 음식과 의복도 친히 만들어 드렸는데 반드시 뜻과 입맛에 맞았다.[16)]

풍월주는 낭도의 아버지, 화주는 어머니라는 점이 천명되었다. 풍월주 취임식인 남도의 의례는 풍월주와 화주의 성교를 통해 혈통의 신성성을 천명하는 상징적 의식이었다. 여기서 모성이 성(性), 신성(神聖) 등의 가치와 결합하여 화랑 제도의 근간이 되는 이념의 하나로 자리 잡았음을 알 수 있다. 그리고 화주는 풍월주를 내조하며 낭도들을 돌보는 역할을 하였다. 안으로는 풍월주의 아내로서 부도(婦道)를 실천하고, 밖으로는 낭도의 어머니로서 어렵고 가난한 이들을 물심양

15) 『화랑세기』, 12세 보리, 公以建福八年 春正月十五日 就主位 娘主才尙十三 公幼之而欲竣南桃之禮 娘主曰 君爲郎徒之父 而妾不成母 道恥也 乃行而成好 公奇之 則娘主曰 厚婢教我以道也 願郎君妾之.

16) 『화랑세기』, 12세 보리, 乃盡散之 郎徒以此 仰若父母 凡有患難之人 公與娘主偕往慰護……公有小疾 親自扶持 飮食衣服親調涉 進而必合旨味. 화주 만룡의 이러한 태도와 행동은 선모 윤궁에게서도 보였던 바이다. 『화랑세기』, 8세 문노, 務從公命節儉撫衆 手自縫衣 以給郎徒 公患瘇 吮而治之.

면으로 보살폈다.

이같이 화랑 제도에서 화모, 선모, 화주로 일컬어진 여성의 직책은 모성을 구현하는 상징성을 띠었다. 신라 사회에서 모성은 제도적으로 보장받고 숭상된 이념인 것이다.

'모' 자가 들어간 직책이나 제도는 이 밖에도 더 있다. '정모(貞母)'[17]는 성골 남성을 성적으로 계도하는 역할을 맡은 여성의 직책으로 보인다.[18] 설성은 아버지 성을 몰라서 어머니 성을 따랐는바,[19] 성을 부여하는 데 '종모(從母)'의 제도가 적용된 예이다. 미실이 진흥제의 총애를 한 몸에 받던 때에 진흥제는 태자, 왕자, 전군들에게 미실을 어머니라 부르도록['호모(呼母)'] 명하였다.[20] 한때 금진은 동륜 태자를, 후단은 만룡을 보살피는 '유모(乳姆)'였다.[21]

정모, 종모, 호모, 유모 등의 제도나 직책에서 모성의 사회적 역할이 다양하고 그 지위도 상당히 보장되었음을 추측할 수 있다. 모성은 신라의 여러 제도 속에서 작동한 이념의 하나였던 것이다.

---

17) 『화랑세기』, 6세 세종, 美室素□太子貞母.

18) 신재홍, 『향가의 미학』, 집문당, 2006, 496면.

19) 『화랑세기』, 7세 설화랑, 父薛成公不知所出 其先乃高耶村長虎珍公之後也 不識父故從母姓也.

20) 『화랑세기』, 11세 하종, 帝設宴于□□□□□親賀 命太子以下王子殿君 皆拜美室而呼母.

21) 『화랑세기』, 5세 사다함, 銅太子生 思道皇后 召金珍爲乳姆 以此斯多含兄弟亦長于宮中 ; 12세 보리, 萬龍生 厚滿以秘宝郎庶妹 入爲乳姆 以故厚丹爲枕婢.

2) 모성의 제도적 특징

모성을 제도적인 측면에서 논하는 것은[22] 역사적 고찰에서도 매우 유용하다. 앞서 보았듯이, 신라 시대에는 모성이 여러 제도에 중요한 이념으로 작용하였다. 이러한 양상이 갖는 역사적 의의를 제도와의 관련하에 살필 필요가 있다.

신라 시대는 색공(色供)이 사회 전체에 널리 행하여졌다. 옥진, 미실, 지도, 보량 등 진골 여성이 성골 남성에게 색공하였을 뿐 아니라, 낭두 계층인 당두의 아내, 세기의 아내 도리 등은 미생, 염장 등 진골 남성에게 색공하였다. 평민 계층인 유화들은 대세, 미생 등 진골 남성을 흠모하여 따르려는 자가 무척 많았다.[23] 이렇게 색공이 만연한 사회에서 모성은 어떤 특징을 띠고 있을까?

평민 출신인 설성의 어머니를 통해 색공하는 여성의 모성에 대해 살펴볼 수 있다. 그 어머니는 유화가 되었다가 어떤 낭도와 사랑하여 설성을 낳았다. 그 낭도가 출정한 후 3년이 지나도 돌아오지 않자 집에서는 다른 데 시집보내려 했으나 거절하였다. 남편 없이 아들 하나만 데리고 살던 사정을 다음과 같이 토로한다.

---

22) 아드리엔느 리치, 김인성 옮김, 『더이상 어머니는 없다』, 평민사, 1995, 9-10면, 345면 참조.

23) 이종욱, 『화랑세기로 본 신라인 이야기』, 김영사, 2000, 109면에서 '색공을 한 사람도 많지 않았고, 색공을 받을 수 있었던 사람들도 한정되어 있었다고 짐작된다'라 하였는데, 이는 『화랑세기』에 널리 기술되어 있는 색공의 양상을 축소 해석한 것이다.

"첩이 몸을 깨끗이 한 지 14년입니다. 마을의 젊은 축들이 범하려 하였으나 첩의 지기(志氣)를 굽히기 어려워 서로 경계하며 보호하였기에 오늘에 이를 수 있었습니다. 하루아침에 그르치면 마을의 무뢰한들이 앞다투어 달려들어 내일 어느 놈의 차지가 될지 모를 것이고 모자 관계는 끊어질 것입니다. 귀인이 뉘신지 모르오나, 감히 사랑을 받지 않을 수는 없습니다만 불쌍히 여겨 풀어 주시면 다행이겠습니다."[24]

14년간 아들 하나 데리고 혼자 살아온 어머니는 마을 남성들이 서로 경계하며 보호하였기에 수절할 수 있었다. 그녀를 살게 해 준 '지기'란 사랑하는 낭도에 대한 신의와 아들에 대한 기대였을 것이다. 당대에 홀로된 여성이 뭇 남성의 유혹과 강압을 이겨 내며 모성을 지킨다는 것이 아주 힘든 일이었음을 짐작할 수 있다. 다른 남성과 맺어지게 되면 모자 관계는 끊어지는 것이었다.[25]

그런데 구리지가 귀족으로서 본색을 밝히자 그 어머니는 큰 영광으로 여기며 두말 않고 몸을 바친다. 평민 여성이 진골 남성에게 색공하는 일이 영광으로, 곧 일종의 신성한 의무로 여겨졌던 것이다. 결국 그 어머니는 구리지를 모시게 되었고, 아들은 거두어져 구리지의 용양신(龍陽臣)이 되었다. 이를 현대의 관점에서 본다면 진골 귀족이 평

---

24) 『화랑세기』, 7세 설화랑, 妾淨身十四年 鄕中少輩爭欲犯之 而以妾志氣難屈 相戒護之 故以至今日 一朝誤之 則鄕中無賴者 當溱▢至 不知明日爲何漢之有 如此則母子絶也 貴人雖不知誰氏 而非敢不愛也 幸憐而赦之.

25) 이는 윤궁이 신분이 낮은 문노와 혼인할 때, 자기 딸 윤실과의 관계가 끊어짐을 염려한 것과 통한다. 『화랑세기』, 8세 문노, 文弩位卑 故與允實絶子. 귀족이든 평민이든 재혼에 따른 부모—자녀 관계의 파탄이 문제가 되었던 것이다.

민 여성 및 그 아들을 모두 성적으로 착취하였다고 할 수도 있지만, 당대인이 그 일을 칭찬하였던 만큼 골품제하의 성 관습은 신성성과 혈통, 신분 관계, 시혜와 복지 등의 문제와 얽혀 일반화된 것임을 이해할 필요가 있다.

색공하는 여성의 모성이란 문제는 성(섹슈얼리티)과 모성의 갈등 관계를 드러낸다. 설성의 어머니는 아들과 함께 구리지에게 속하게 되어 운이 좋은 경우이다. 그에 비해 다음 두 경우는 성과 모성 사이의 갈등 양상을 보여 준다.

미생은 동륜 태자와 함께 엽색 행각을 벌이다가 알게 된 당두의 아내를 첩 삼으려고 집으로 불러들였다. 그러자 당두가 미생의 누나 미실에게, "아이가 어려 아침저녁으로 제 어미를 부르고 있으니, 원컨대 색공만 하는 첩으로 삼아 주십시오."[26]라며 사정하였다. 미실은 미생을 꾸짖어 그녀를 돌려보내도록 하였다. 그러나 당두의 아내는 미생을 잊지 못해 몰래 도망하여 미생에게 도로 왔다.

도리는 화랑인 염장의 두 아들을 출산하고 나서 12살 어린 낭두인 세기에게 시집갔다. 남편을 하인 취급하여 뜻에 안 맞으면 수시로 때렸고, 첩이 아들을 낳으면 질투하여 쇠그릇으로 마구 때려 업무도 못 보게 만들었다. 이에 화랑 양도가 그녀를 붙잡아 벌주려 하자 도리는 당돌하게도, "첩의 죄가 중하오나 효장·유장(염장의 두 아들)의 어미입니다. 국법에 선종(仙種: 화랑의 씨)을 낳은 여성에게 볼기를 내놓고 매 맞게 하는 법은 없습니다"[27]라고 말하였다.

---

26) 『화랑세기』, 10세 미생, 有子幼艾朝暮呼母 願爲色供之妾.

당두 아내는 진골 남성에게 색공하는 일을 가정에서 아이를 돌보는 일보다 우선시하였고, 세기의 아내 도리는 색공하여 아들을 낳은 일이 가정에서의 우월적 지위를 보장한다고 생각하였다. 색공은 신성한 혈통의 자손을 출산하는 일로서 가치가 높았지만, 아이를 양육하는 모성은[28] 종종 약화되거나 무시될 수도 있었다. 임신한 여성이 성골이나 진골 남성과 성교를 한 다음 낳은 아들이 그 남성의 '의(擬)-아들'이 되어 사회 정치적 지위를 보장받던 마복자(摩腹子) 제도는 혈통주의와 색공제(色供制)가 결합한 신라 특유의 제도인 것이다.

평민이나 하급 귀족이 상급 귀족에게 색공하는 것뿐 아니라, 최상층 안에서도 모성보다는 색공에 의한 출산을 우선시하는 경향을 보였다. 옥진은 영실을 남편으로 두고 법흥제에게 색공한 여성이다. 그녀가 미실의 어머니 묘도를 낳게 된 것은 다음과 같다.

> 법흥제가 영실공과 함께 궁궐 안뜰에서 축구를 하고 있었다. 옥진 궁주가 잠이 덜 깬 눈으로 머리를 풀어 헤친 채 와서 제(帝)의 손을 이끌며 말하였다. "좋은 꿈을 꾸었으니 반드시 귀한 아들을 낳을 것입니다. 함께하심이 좋겠습니다." 제가 말하였다. "무슨 꿈이더냐?" "칠색조(七色鳥)가

---

27) 『화랑세기』, 22세 양도, 妾雖罪重 而曉長劉長之母也 國法生仙種之女 無露臀受笞之道.

28) 사라 러딕, 이혜정 옮김, 『모성적 사유—전쟁과 평화의 정치학』, 철학과현실사, 2002, 60면에서 '어머니가 된다는 것은 보존애와 양육, 그리고 훈육이라는 활동을 통해서 이런 (보존, 성장, 사회적 적응 능력에 대한—인용자) 요구들을 충족시키도록 부과받는 것'이라고 모성을 정의하고, 150-178면에서 '양육'의 모성에 대해 자세히 논하였다.

가슴속으로 들어왔습니다." 제가 웃으며 일렀다. "칠색은 섞인 색이요 새는 여자이니, 빈첩(嬪妾)을 낳을 조짐이다. 네 남편과 함께함이 가하다." 옥진이 쌜쭉하자, 제가 "네 남편과 짐은 한 몸이니 아들을 낳으면 태자로 세울 것이고 딸을 낳으면 빈으로 삼으리라." 하니, 그제야 옥진이 기뻐하였다. 이에 영실과 함께 장막 안으로 들어가 성교를 하였다.[29)]

옥진의 요염한 자태와 법흥 · 옥진 · 영실 간의 혼음(混淫)이 엿보이는 이 대목에서 성이 고귀한 자손의 출산과 직결됨이 드러난다. 성골 혈통의 계승과 번창이 색공의 일차적 목적인 것이다. 이와 함께 옥진이 미실에게 성교의 기술을 전수한 예에서 보듯이,[30)] 성 자체를 즐기려는 목적도 있었다. 성이 출산과 쾌락을 목적으로 한 데 비해, 모성은 아이의 양육은 고려되지 않은 채 나중에 얻게 될 아이의 지위를 약속받는 실리 추구에 머문다.

색공제하에서 모성보다 성이 우선시된 현상은, 앞서 본 모성 사례 중 남성 편력이 심하였던 금진이 아들의 죽음 앞에서 참회하는 모습이나, 아들의 아름다움을 외모 면에서 평가하며 흡족해 하는 미실의 태도를 이해하는 데 도움이 된다. 즉 어머니가 아들이 죽은 원인으로

29) 『화랑세기』, 11세 하종, 法興帝與英失公蹴毬內庭 玉珍宮主以睡眼亂髮而至 引帝手曰 有好夢 必生貴子 可以偕 帝曰 何夢 曰 七色鳥入胸中也 帝笑曰 七色雜也 鳥者女也 嬪妾之兆也 可與爾夫偕 玉珍不悅 帝曰 爾夫與朕一體 生子則當立太子 生女則可以爲嬪 玉珍乃喜 遂與英失入帳成好. 옥진의 이러한 행동은 미실에게서도 나타난다. 『화랑세기』 16세 보종, 宮主爲璽主 閱書于政堂 晝夢白羊入懷 知其爲吉 急引帝入帳 帝年尙幼 不得稱快 乃命衿荷薛原郎復入侍 生公.

30) 『화랑세기』, 11세 하종, 玉珍曰 此吾兒 可以興吾道也 不離左右 而教以媚道歌舞.

자신의 문란한 성관계를 들며 한탄하거나, 여성에게 적용되는 것과 마찬가지의 미적 기준을 아들에게도 적용하는 것은 모성에 앞서 색공의 경험에서 우러나온 태도이다.

그렇다면 양육과 관련된 모성은 어떠한 특징을 보일까? 이를 살피려면 색공과 함께 근친혼(近親婚)이 신라의 혼인 제도였음을 고려해야 한다. 삼촌, 사촌, 이복형제 간의 혼인이 많았고 그에 따라 귀족 집단 내에서 혈연관계가 얽혀 있었다. 이러한 혼인 제도는 모성의 성격에도 영향을 주었다.

> [만호 태후가] 만룡을 불러 무릎에 앉히고 물었다. "사도 태후도 7세에 시집가서 제(帝)를 잘 모셨는데, 너도 그럴 수 있느냐?" 만룡이 말하였다. "남편은 누군가요?" 공(보리)이라고 대답하자 만룡이 기뻐하였다. "좋은 우리 오빠군요. 시집가기 원합니다." 태후가 몸소 신궁에 가서 공주의 예(禮)로 고하고 포사(鮑祠)에서 길례를 거행하였다. 공은 늘 태후궁에서 만룡을 업고 놀았었는데, 길례가 끝나자 만룡이 공에게 업어 달라고 청하였다. 공이 기뻐 허락하자 태후가 웃으며 일렀다. "예전에는 오빠와 누이였으나 이제는 남편과 아내다. 아내가 이같이 해서는 안 되는 게야." 숙명이, "남편과 아내이면서 오빠와 누이니 무슨 거리낄 게 있겠는가?" 하고는, 공에게 아내를 업고 태후에게 뵙도록 명하였다.[31]

31) 『화랑세기』, 12세 보리, 招萬龍于膝而問之曰 思道太后七歲而嫁 能善事帝 汝亦能之乎 萬龍曰 夫誰也 以公對 則萬龍喜之曰 好吾兄也 願嫁之 太后乃親詣神宮 告之以公主禮 行吉于鮑祠 公常於太后宮負萬龍而遊 故吉禮畢 而萬龍請負于公 公喜許之 太后笑曰 昔兄妹 而今夫妻也 妻不當如是 叔明曰 夫妻而兄妹也 何妨乎 遂命公負妻而朝太后.

숙명의 아들 보리와 만호의 딸 만룡은 숙질간으로 숙명·만호가 속한 진골정통의 구성원이다. 서로 오빠, 누이라 부르다가 부부가 되었으니 예전에 같이 놀던 것처럼 지내는 것도 자연스럽다. 어머니의 입장에서 보면 모계 친족 집단에 속한 아이들을 혼인시킴으로써 혈통의 순수성을 보존한 것이다.[32]

그렇지만 모계보다 골품을 지닌 귀족 집단의 범위가 훨씬 커서, 인통이 다른 경우라도 혼인을 통해 같은 친족을 이루기도 하였다.

> 공이 좋은 말로 [미실을] 위로하였다. "혼인은 하지 않았지만 조카인 제가 숙모를 어머니로 여기고 주형(하종)을 동복형으로 여기는 터에, 이러구러 세월이 지나면 어찌 혼인하게 될 날이 또 없겠습니까?" 미실이 기뻐하며 마음을 풀었다. "너는 참으로 내 아들이니, 무슨 혼인이 또 필요하겠느냐?"[33]

대원신통인 미실이 혼사 문제에서 번번이 만호 태후에게 거절당하자 불쾌하였는데, 보리가 미실을 이같이 위로하였던 것이다. 숙질간이나 사촌 간이라도 어머니, 형제로 대한다는 점에서 인통의 구별을 넘어서 골품을 지닌 사람들이 하나의 넓은 친족 집단을 이루었음을 알 수 있다.

---

32) 기존의 자료로도 신라 사회에 모계 계승이 가능하였음을 알 수 있다(한국여성연구소 여성사연구실, 『우리 여성의 역사』, 청년사, 1999, 99-102면).

33) 『화랑세기』, 12세 보리, 公以好言慰之曰 雖不婚姻 姪以叔母爲母 主兄爲胞兄也 如是而過 豈無又婚之日乎 美室喜而乃解曰 汝眞吾子也 又何婚乎.

이러한 근친혼과 모계 친족의 사회에서 모성은 개별적이기보다 집단적 성격을 띤다. 근친혼은 공동 양육의 결과이고 모계 친족은 공동 양육의 과정이라고 할 수 있다. 이에 모성은 자녀 세대를 하나의 공유 집단으로 인식하는 경향을 보인다.[34] 근친혼으로 자녀 세대는 서로 간의 유대감을 강화하였고,[35] 어머니들도 일종의 모성 네트워크를 형성하여 양육과 훈육으로써 아이들의 사회 적응 능력을 키웠던 것이다.

그러나 신라는 국가 권력이 부계로 계승된 사회였다. 임금은 부계 혈통으로 이어졌고, 부권이 국가와 가정에서 중추적인 역할을 하였다. 다른 한편 인통인 모계 혈통이 개인의 사회적 신분과 지위를 결정하는 요인으로 작용하였다. 신라는 부권제를 중심으로 한 모계 친족 사회였던 것이다. 이에 모성은 모계 혈통을 기반으로 두면서도 부권의 동향과 밀접한 연관을 맺고 있었다.[36]

> 공(용춘)은 용수 갈문왕의 동생이다. 금륜왕(아버지)이 황잡 음란하여 폐위당해서 유궁(幽宮)에서 3년간 지내다가 붕하였다. 그때 공은 아직 어려서 금륜의 얼굴을 알지 못하였다. 지도 태후(어머니)는 태상태후(사도)

34) 『화랑세기』, 26세 진공, 良乃許 而止政姬曰 露之則只足傷我子女 隱之則水泡自殘 何不思之甚也.

35) 『화랑세기』에 종종 보이는 동성애, 혼음 등은 이러한 유대감을 바탕으로 한 신라 사회의 특징적인 섹슈얼리티이다.

36) 이는 조선 후기 가부장제하에 모성이 남성 중심적으로 구성된 것(정지영, 「한국 가부장제의 역사와 모성」, 『여성주의 가치와 모성 리더십』, 이화여자대학교 출판부, 2005, 159-161면)과는 다르게 이해되어야 할 양상이다.

의 명으로 다시 새 왕(진평왕)을 모시게 되니, 공은 새 왕을 아버지라 불렀다.[37)]

진골 여성이 성골 남성에게 드린 색공은 아버지와 아들에게 각각 할 경우도 있었다. 이럴 때 그 자녀는 실제로는 사촌에 해당하는 남성을 아버지로 인식할 수도 있었던 것이다. 곧 어머니의 색공 대상이 바뀜에 따라 자녀는 친아버지 대신 다른 남성을 아버지로 여길 수도 있었다. 색공에 따른 여성의 역할 이동, 역할 복합 속에서 모성은 모자간 일대일의 관계로만 맺어지지 않았다. 이때 모성은 부계의 친족 집단에 의존하지 않을 수 없었다.

이처럼 신라 사회는 부계와 모계가 복합적으로 작용하는 부권제 중심의 모계 친족 사회이다. 앞서 본 모성 사례 중 세진이 비보의 검도를 아들에게 전수하는 것은 부권제하의 모성의 양상을 잘 보여 준다.[38)] 모성은 부권의 지배하에 부권이 요구하는 사회 통합적 가치관을 아이들에게 가르치는 역할을 맡았던 것이다.

---

37) 『화랑세기』, 13세 용춘, 公乃龍樹葛文王之弟也 金輪王 以荒亂見廢 居幽宮三年而崩 公尙幼而不識其面 智道太后以太上太后命 復事新王 公呼新王爲父. 이렇게 아들이 친아버지가 아닌 남성을 아버지로 여긴 예는 보종에게서도 보인다. 『화랑세기』 16세 보종, 公初呼帝爲父 及長歸衿荷 帝以爲摩腹子.

38) 『삼국사기』 「김유신전」에 기술된 원술의 어머니 지소 부인의 태도도 이러한 맥락에서 이해할 수 있다.

3. 향가에 그려진 모성

1) 〈안민가〉의 정치와 모성

"君은 아비야,	"임금은 아버지요,
臣은 ᄃᆞᄉᆞ실 어ᅀᅵ야,	신하는 사랑하실 어머니요,
民ᄋᆞᆫ 얼ᄒᆞᆫ 아ᄒᆡ"고	백성은 어리석은 아이"라고
ᄒᆞ실디, 民이 ᄃᆞᄉᆞᆯ 알고다.	하실진대, 백성이 사랑을 알리로다.
구릿 블흘 살이기 바— 物生	아궁이의 불을 살린 바— 물생(物生)
이흘 먹악 다ᄉᆞ라	이를 먹어서 안정(安定)하여
"이 ᄯᅡ흘 ᄇᆞ리곡 어ᄃᆡ 가ᄂᆞᆯ뎌!"	"이 땅을 버리고서 어디 가리!"
ᄒᆞᆯ디, 나라기 디니기 알고다.	할진대, 나라가 부지(扶持)함을 알리로다.
아야, 君닷 臣다히 民닷	아아, 임금답게 신하답게 백성답게
ᄒᆞᄂᆞᆯ든 나락 太平ᄒᆞ니—ㅅ다.	한다면, 나라가 태평하니이다.

제1구(제1~4행)의 처음 세 행에 나온 '임금', '신하', '백성'이 행위의 주체이자 형상화 대상인데, 이들을 '아버지', '어머니', '아이'로 비유하여 사회 정치적 관계를 가족 관계로 치환하였다. 가족을 비유로 끌어들임으로써 이 작품은 부모—자녀 관계가 의미의 중심에 놓이게 되었다.

부모—자녀 관계 중 '아버지'를 수식하는 말은 없는 반면, '어머니'는 '사랑하실'로, '아이'는 '어리석은'으로 수식하였다. 어리석은 아이들을 사랑할 사람이 어머니인 것이다. 이러한 의미는 제4행의 '백성이 사랑을 알리로다'에서 아이인 백성이 부모의 사랑, 특히 어머니의 사랑을 알게 될 것이라는 뜻으로 연결된다. 시적 화자는 모성의 본질을 '사랑'으로 규정하고, 백성을 통치하는 데 사랑의 모성을 원용할 것을 역설하였다. 이는 모성을 정치 이념화하는 양상이다.

제2구(제5~8행)는 제4행 '백성이 사랑을 알리로다'의 구체적인 내용에 해당한다. 제5행 '아궁이의 불을 살'리는 것은 전통적으로 부엌일을 감당해 온 어머니들의 몫이다. 어머니가 아궁이에 불을 때어 익힌 물생(먹거리)을 가족이 먹는다. 그 먹거리는 부모가 산야(山野)나 강해(江海)에서 구해 왔을 것이다. 이렇듯 제5, 6행에는 부모가 노력해서 식량을 마련하여, 어머니가 아궁이에 불을 때어 음식을 만들어, 가족이 모여 앉아 먹는 모습이 그려졌다. 그리고 제6행 끝에서 화자는 이러한 모습을 '안정'된 삶으로 규정하였다. 정치의 요체는 무엇보다 민생 안정, 생존 및 생활의 안정에 있음을 역설한 것이다.

안정된 삶을 영위하는 백성이 나타낼 반응이 제7, 8행에 나와 있다. "이 땅을 버리고서 어디 가리!"라며, '나라가' 자기들을 '부지함을 알' 것이라 한다. '땅'과 '나라'는 부모가 자녀를 보살펴 주는 영역, 곧 부모—자녀 관계의 터전이자 경계이다. 가족을 비유로 끌어들인 데에서 나아가 그 삶의 터전과 경계를 지목함으로써 가족 관계를 국가 차원에서 이념화하였다. 이는 제1구에 제시된 사랑의 모성이 제2구에서 국토 및 국가의 영역에까지 미친다는 것을 뜻한다. 모성이 사랑의 가치를 실현함으로써 대지의 이미지를 품고 국가 이념으로 승화한 것이다.

제3구(제9 · 10행)는 가족 관계로 비유한 내용을 사회 정치적 관계로 되돌려서 주제를 뚜렷이 하였다. 부모—자녀 관계로 표현한 바를 전제로 하여 '임금답게 신하답게 백성답게' 행할 것을 주문한 것이다. 임금은 아버지답게, 신하는 어머니답게, 백성은 아이답게 살며 행동하게 되면 '나라가 태평'할 것이라 한다. 안정과 평화를 향한 길을 국가 구성원의 가족적인 결속에서 찾은 것이다.

이러한 〈안민가〉의 의미 내용을 『화랑세기』와 연관 지을 만하다. 신라 사회의 근간이 된 신분 제도인 골품제에서, 골품이란 임금과 신하의 지위를 나누는 기준이었다.[39] 성골은 임금이 되고 진골은 신하가 되는 것이다. 앞에서 보았듯이, 신라 사회는 부권제 중심의 모계 친족 사회여서 인통에 따른 모계가 개인의 사회적 신분과 위상을 규정하였다. 여성은 상위 골품의 남성에게 색공하여 신성한 혈통을 이어가는 데 복무하였고, 같은 친족 집단에 속한 후세들은 공동의 자녀로 인식되었다. 성과 모성 사이의 갈등이 있기도 하였으나, 대체로 보아 모성의 이념이 정치적, 제도적으로 강하게 작용하였다.

〈안민가〉에서 사회 정치적 관계를 가족 관계로 비유한 것은 당대의 친족 공동체와 혈통주의를 배경으로 한 것이다. 그리고 '신하는 어머니'라고 하여 신하를 어머니에 견준 것은 모계 친족 집단인 진골 귀족의 역할을 강조한 말이다. 신성한 혈통을 함께 지닌 '아버지'—성골 임금과 '어머니'—진골 신하는 공동의 노력을 통해 '아이'—골품제하의 백성을 '부지해' 주어야 한다는 것이다. 신라의 귀족이 백성을 통치하는 요체가 골품에 따른 친족 공동체의 가족주의적 화합에 있다는

39) 『화랑세기』, 13세 용춘, 骨品者 王位臣位之別也.

점, 특히 진골 귀족이 나라의 어머니 역할을 맡아 백성을 사랑으로 보살피고 안정시킬 것을 주장하였다.

이렇듯 〈안민가〉에 그려진 모성의 의미는 신라 사회에서 차지하는 진골 귀족 집단의 역할을 중시한 시대 의식이 바탕이다. 기존 자료에서는 잘 드러나지 않은, 신라 사회를 움직인 모성의 특징이 『화랑세기』에서 찾을 수 있어 〈안민가〉에 나온 어머니, 어머니다움, 사랑 등에 대해 더 구체적인 이해가 가능해졌다.

2) 〈도천수관음가〉의 신앙과 모성

무루플 고됴며	무릎을 대며
두블 손바담 모호기 드려	두 손바닥 모아 들여
千手觀音ㅅ 알파ᄒᆡ	천수관음 앞에
비기 슬볼두 드료다.	기도의 말씀도 드리노라.
"즈믄 손잇 즈믄 눈흘!	"천 개의 손에 천 개의 눈을!
ᄒᆞᄃᆞᆫ핫 노하 ᄒᆞᄃᆞᆫᄒᆞᆯ 덜악	하나를 놓아 하나를 덜어
두블 우ᄆᆞᆫ 내라,	둘 없어진 내라,
ᄒᆞᄃᆞᆫ산 주이고"ㄱ 드롯 ᄃᆞ라.	하나만은 줄까"라고 드리는도다.
아야야, 나아 기디기 줄ᄃᆞᆫ	아아—, 나에게 끼치어 준다면
어ᄃᆡ 쓰올 慈悲야 불휘고?	어디에 쓸 자비의 근기(根器)일까?

이 향가는 어머니로서 아이의 눈을 뜨게 해 달라는 화자의 염원이 담겼다. 현존 향가 중 유일하게 모성이 창작 동기이자 주제가 된 작품

이다.

제1구는 시적 화자의 정성과 간절한 심정을 그려 내었다. 제1, 2행 '무릎을 대며 / 두 손바닥 모아 들여'는 기도하는 모습이다. 화자는 두 무릎, 두 손을 기도하는 자세로 잡은 것이다. 이는 모성이 몸에 기초하여 표현되었음을 뜻한다. 현재 어머니의 무릎과 손은 기도 자세를 취하고 있지만, 예전에 그녀의 몸은 지금 그를 위해 온 정성을 쏟아 기도하는 아이를 낳았었다. 아이를 낳은 그 몸이 다시 아이를 위해 기도의 자세를 취한 것이다.[40]

제3, 4행 '천수관음 앞에 / 기도의 말씀도 드리노라'는 기도하는 대상과 함께 기도의 말씀을 언급하였다. 모성에서 우러나와 기도하는 화자는 불교의 신들 중 모성의 이미지로 중생에게 다가와 구제하는 관음보살을 대상으로 삼았다. 몸을 기도하는 자세로 취해서 정성스러운 마음을 표현하였지만, 마음속에 담긴 뜻을 드러내기 위해 기도의 말씀도 드리겠다고 하였다. 몸으로 표현하는 것만으로는 충분치 않았던 것이다.

제2구는 기도의 말씀이 어떤 내용인지를 제시하였다. 제5행은 기도의 대상인 관음보살이 '천 개의 손에 천 개의 눈을' 지니신 분임을 감탄스럽게 칭하였다. 제6, 7행은 관음과 극단적으로 대비되는 '나'의 처지에 '하나를 놓아 하나를 덜어 / 둘 없어진 내라'라며 한탄하였다. 천에 대한 하나 혹은 둘은 신의 무한, 영원, 전능에 대한 인간의 한계, 허무, 결함을 상징하는 숫자이다. 제8행은 '하나만은 줄까'라면서 관

40) 이는 사라 러딕, 앞의 책, 329면에서 말한 '출산 안에 뿌리 내린 능력'에 의한 것이다.

음에게 천 개의 눈 중에서 하나만 떼어 '나'에게 달라고 애원하고 있다. 결점투성인 인간이 완전한 신에게 결점의 한 부분을 메워 달라고 간구한 것이다. 이러한 간구는 아이를 위한 모성에서 나왔다.

이렇게 보면 제2구는 신성과 인간성의 극단적 대비 속에 모성이 그 사이에서 매개 역할을 하는 양상이다. 인간으로서는 어쩔 도리 없는 사태에 직면하여 화자는 어머니로서 신에게 간구한 것이다. 어머니가 아이에게 갖는 마음은 관음이 중생에게 갖는 마음과 동질적이므로, 즉 어머니는 신을 닮았으므로 그 간구는 신에게 통할 수 있을 터이다.

한편 제7행에 나온 '나'를 통해 모성의 또 다른 면을 살필 수 있다. 제6, 7행에서 눈 하나를 놓았고 또 눈 하나를 덜었기에 두 눈이 멀게 된 '나'는 문맥상 희명의 아이이다. 그렇지만 제1구에서 제2구로 전개된 시상은 몸과 말로 정성을 표하면서 신성에 인간성을 극명히 대비하였는데, 그렇게 할 수 있는 주체는 다섯 살배기 아이일 수 없다. 어머니로서 화자가 마음속의 염원을 토로한 것이다.

이렇게 의미의 맥락과 시상 전개의 주체를 함께 고려하면, '나'는 아이인 동시에 어머니로 보아야 한다. '나'는 곧 어머니+아이의 복합 자아로서, 아이를 자기 몸으로 인식하는 어머니의 모성이 담긴 시어이다. 따라서 제6~8행은 두 눈이 먼 자가 아이면서 어머니요, 그래서 관음에게 눈 하나를 달라고 하는 자도 아이면서 어머니로 읽힌다.

제3구는 복합 자아인 '나'를 관음보살이 구제해 준다는 가정을 두고, 그에 보답할 것을 맹세하였다. 관음이 눈 하나를 '나에게 끼치어 준다면'이라는 가정하에, '어디에 쓸 자비의 근기일까?'라며 반문하였다. 관음은 어머니의 간구에 화답하고, 어머니는 그에 대한 보답으로 아이가 받은 눈[안근(眼根)]의 소용처를 말하였다. 그것은 관음보살에 대한 헌신, 나아가 보살이 구제할 중생에 대한 헌신에 있을 터이다.

작품을 마무리하는 제10행에서 관음보살과 화자가 공통으로 지닌 모성의 가치가 '자비'임이 드러난다. 애초에 눈 먼 아이에 대한 불쌍함과 애처로움에서 출발한 모성은 자신과 같은 마음이리라 믿은 관음에게 그 뜻을 전하였다. 관음보살은 자비로운 분이기에 그와 같은 모성을 알아주리라 믿었던 것이다. 그리하여 신으로부터 나에게 전해질 '자비'는 다시 나에게서 신에게로, 그리고 신이 구제할 중생에게로 향할 것이다. 신과 인간 사이를 매개하는 모성이 곧 자비임이 드러난다.

이리하여 작품에서 모성은 부처의 자비와 동격으로 승화된다. 모성이 자비라는 것은 모성이 불성이라는 말이다. 제2구에서 신성과 인간성을 매개한 모성이 제3구에서 신성과 인간성을 아우르는 자비의 가치를 지녔음이 표명되었다. 모성이 매개에 그치지 않고 신성을 구현하는 주체가 되었으니, 모성의 신성화가 이루어졌다고 하겠다.

〈도천수관음가〉에 그려진바, 신앙을 통해 자녀의 안녕을 기원하는 것은 신라 시대뿐 아니라 오늘날에도 보이는 보편적인 모성의 모습이다. 다만 대상 신이 다르고 그에 따른 신앙의 관습이 달라 기원의 태도나 지향에서 차이가 날 수는 있다. 이 작품의 대상 신인 천수관음에게 아들 낳기를 빈 예로, 선종(자장)의 아버지 호림의 경우가 있는데, 이 일은 『삼국유사』와 『화랑세기』에 공히 기록되었다.[41] 또한 보개

41) 『삼국유사』 4권, 의해, 「자장정률」, 其父歷官清要 絶無後胤 乃歸心三寶 造于千部觀音 希生一息 祝曰 若生男子 捨作法海津梁 ; 『화랑세기』, 14세 호림, 美室宮主春秋已高 極愛娘主 願見貴子 命公造千部觀音而禱子 乃生善宗郎 長爲律家大聖人.

는 장사하러 나간 아들의 무사귀환을 관음에게 기원하기도 하였다.[42]

관음처럼 불교의 신이 아닌 신격에게 자녀에 대해 기원한 예가 『화랑세기』에 나온다. 미실은 아들 하종의 수명을 해신(海神)에게 빌었고, 보리의 첩 후단과 만호 태후는 후원과 궁중에서 만룡이 아들 낳기를 빌었다.[43] 이들이 빈 신격은 신라 고유의 것일 가능성이 크지만, 신앙을 통해 자녀를 사랑하는 모성을 보여 주었다는 점은 앞의 예들과 공통된다.

이렇듯 신라 시대에도 자녀를 위해 신앙의 힘을 빌렸던 모성이 두루 보인다. 어머니의 자녀 사랑이 신앙을 통해 드러난 예들에서 시대와 지역을 초월한 보편적 모성을 확인할 수 있다.

4. 결 론

이 장에서는 모성(母性)이라는 주제를 통해 향가의 역사성과 보편성을 밝혀 보고자 하였다. 〈안민가〉와 〈도천수관음가〉에 모성이 형상화되어 있는데, 그 의미를 이해하기 위해서는 『삼국사기』와 『삼국유사』의 몇몇 사례만으로는 논의하기 어렵고, 『화랑세기』의 다양한 어머니상 및 모성의 정치적, 제도적 양상을 검토할 필요가 있다.

『화랑세기』의 어머니들은 아들에 관련된 일에 민감하고, 아들을

42) 『삼국유사』 3권, 탑상, 「민장사」 참조.

43) 『화랑세기』, 11세 하종, 公事父母至孝 世宗公乃與美室 禱公之壽于海神 ; 12세 보리, 厚丹……日夜禱子于娘主 太后聞之 亦禱于宮中卜之.

훈육하며, 아들로부터 사랑받고, 아들 앞에서 참회의 눈물도 흘린다. 그러면서도 인통 간의 갈등, 가도의 전승, 과도한 남성 편력, 아들과의 유별난 친밀감 등 당대적 양상을 드러낸다. 특히 모성 정치의 비중이 크고 여러 제도에서 모성의 구현을 의도한 점 등은 신라 시대 모성의 특성을 잘 보여 준다.

신라는 골품제를 근간으로 한 신분제하에 색공제, 근친혼제, 모계제, 부권제 등에 의해 운용된 사회였다. 이러한 제도들 속에서 모성보다는 성(섹슈얼리티)이 우선함으로써 어머니 역할에서 모성과 성 간의 갈등도 나타나고 마복자 같은 특이한 제도도 생겨났다. 그리고 모성은 아이 양육의 면에서 개별적이기보다 집단적인 성격을 띠었다. 또한 부권제하의 모계 친족 사회였던 관계로 모성은 부권제에 따른 사회 통합적 가치관을 자식에게 가르치는 역할도 지녔다.

〈안민가〉에서 모성은 사회 현실에 작용하는 사랑의 가치로 이념화되었다. '신하는 어머니'라고 한 진술은 모계 친족 집단인 진골 귀족이 임금을 올바로 보필하고 백성을 잘 부양할 것을 역설한 것이다. 신라 사회에서 차지하는 진골 귀족 집단의 역할을 중시한 시대 의식이 깔려 있다.

〈도천수관음가〉에서 모성은 종교적 지향과 실천을 통해 자비의 가치를 드러내었다. 아이의 눈을 뜨게 하려는 모성은 인간과 신 사이를 매개하는 데 그치지 않고 신성을 구현하는 주체가 되었다. 자녀를 위해 신앙의 힘을 빌리는 어머니의 모습에서 시대와 지역을 초월한 보편적 모성을 확인할 수 있다.

두 작품에 형상화된 모성의 양상으로 신라 시대 모성의 특수성과 보편성을 확인할 수 있었다. 이러한 향가의 모성 연구는 향가에 대한 여성문학적, 생활사적 고찰의 일환이라 할 수 있다. 앞으로 논의가 축적되어 우리의 역사 속에서 산출된 향가 문학에 대한 이해가 구체화되기를 바란다.

〈모죽지랑가〉의 인간관계

1. 서 론

『삼국유사』에는 향가 14수가 수록되었다. 한 수 한 수가 보배인 이유는 그것이 신라 시대의 문화유산이라는 점 때문만이 아니라 뛰어난 문학성을 갖춘 명작들이기 때문이다. 오늘날의 우리에게도 짙은 감동과 진지한 생각거리를 던지고 우리말의 아름다움을 느끼게 해 주는 문학적 깊이를 지니고 있다.

14수 중에는 〈원왕생가〉, 〈제망매가〉 같이 삶과 죽음과 그 이후에 대한 성찰을 담은 작품도 있고, 〈찬기파랑가〉, 〈원가〉 같이 참신한 심상에 절절한 정서가 어우러진 작품도 있으며, 〈헌화가〉, 〈풍요〉 같이 단순하면서도 예리한 삶의 의미를 함축한 작품도 있다. 여기서 살피려는 〈모죽지랑가〉는 다른 작품에 비해 상당히 구체적인 차원에서 신라 시대의 역사적 사실이 배경이다. 향가가 역사의 현장에서 당대 사람들의 삶에 바탕을 두고 창작, 향유되었음을 잘 보여 주는 작품이다.

〈모죽지랑가〉에는 효소왕대(692-702) 화랑과 낭도의 관계가 형상화되었다. 『화랑세기』에 따르면, 진흥왕 원년(540)에 설치된 화랑 제도는 그 수장인 풍월주를 32세에 걸쳐 배출하였는데, 신문왕 원년(681)에 풍월주 출신 김흠돌의 반란을 계기로 폐지되었다가 얼마 후 국선(國仙) 제도로 복구되어 명맥을 이어갔다. 〈모죽지랑가〉가 지어진 시기는 신문왕 다음 왕인 효소왕대이므로 화랑 제도 폐지의 여파가 전임 화랑과 낭도들에게 미치고 있던 때이다. 이 시기 화랑의 역사는 〈모죽지랑가〉를 이해하는 데 관건이 된다.

이 장에서는 『삼국유사』와 『화랑세기』에 나타난 화랑과 낭도의 관계를 살펴보고, 그것을 바탕으로 〈모죽지랑가〉를 해석해 보겠다. 이를 통해 〈모죽지랑가〉에 대한 이해를 심화하는 한편, 인간관계를 중심으로 한 신라인의 구체적인 삶의 양상을 드러내고자 한다.

2. 「효소왕대 죽지랑」의 화랑과 낭도

〈모죽지랑가〉의 배경 기사 「효소왕대 죽지랑」의 전반부는 『삼국유사』의 다른 글에 비해 환상적, 불교적 성격이 약하고 사실적, 역사적 성격이 강하다. 전후 맥락이 생략되어 주지를 파악하기가 힘들긴 하지만, 화랑과 낭도의 인간관계가 제재인 점만은 분명하다. 죽지랑과 그의 낭도 득오 사이에 있었던 사건을 소재로 하여 두 사람의 친밀한 인간관계를 서술해 놓았다.

먼저 죽지가 당한 일이 효소왕대에 일어났다는 점이 주목된다. 『화랑세기』에 김흠돌의 반란 이후 화랑 제도가 폐지되었다가 복구된 일이 기록되어 있다.

> 반적들이 3간을 붙잡아 바치니 난이 평정되었다. 그러나 이로 인해 3도 중에서 주륙된 자가 매우 많았다. 자의 태후는 화랑을 파하도록 명하고, 오기공에게 낭도를 적몰하여 모두 병부에 소속시켜 직책을 주도록 하였다. 그렇지만 지방의 낭정은 예전처럼 존립해 있었는데 실직 지방이 가장 성하였다. 얼마 안 있어 그 기풍이 또 왕경 안으로 전해 왔다. 중신들이 고풍을 갑자기 바꿀 수 없다고 하니, 태후가 선도를 얻은 자를 국선으로 삼는 것은 허락하였다. 이로부터 화랑의 기풍이 크게 변하였다.[1)]

흠돌, 흥원, 진공 등 3간이 일으킨 난이 진압되었는데, 시위부(侍衛府)의 3도에 들어간 낭도가 난에 연루되어 많이 주륙당하였다. 화랑과 낭도들이 반란에 동원되었으므로 신문왕의 어머니 자의 태후가 화랑 제도를 폐지하도록 명하였다. 화랑 제도는 540년에 설치된 이후 142년 만에 폐지되는 운명을 맞은 것이다. 그런데 지방에 남아 있던 낭정의 기풍이 역으로 서라벌에 유입되어 중신들의 요청으로 화랑 제도가 부활하였다. 다만 이전에 풍월주를 수장으로 한 제도가 아니라 선도(仙道)를 얻은 국선을 수장으로 한 제도로 제한되어 복구되었다.

『삼국유사』「백률사」에는 국선 부례가 금란 지방에서 북쪽 오랑

---

1) 『화랑세기』, 「신공」, 賊乃捕三奸而進 亂始平 而三徒以此誅戮者甚多 慈儀太后 命罷花郎 使吳起公 籍郎徒 盡屬兵部 授之以職 雖然地方郎政 依舊自存 悉直最盛 未幾其風又漸京中 重臣皆以爲古風不可卒變 太后乃許以得道爲國仙 花郎之風 於是大變.

캐에게 납치되자 그 휘하의 승랑(僧郎) 안상이 그를 구출하여 귀국한 일이 나와 있다. 이 사건은 효소왕대에 일어났는데, 부례가 국선이 된 것은 신문왕 원년에 폐지된 풍월주 제도가 국선 제도로 복구된 후의 일이다. 안상은 신라 사선(四仙)의 한 사람으로도 알려져 있는데, 사선의 활동이 효소왕대를 배경으로 한 점도 화랑 제도의 폐지 및 복구와 연관된다. 화랑의 기풍이 크게 변하였다는 인용문의 말이 통일 전쟁기에 무사(武事) 위주로 활동하던 화랑이 이제 선도를 닦는 정신적, 문화적 활동으로 전환하였다는 의미로 이해되기 때문이다.

죽지는 김유신의 부하 장수로서 통일 전쟁과 나당 전쟁에 종군하여 공훈을 세웠고, 진덕·태종·문무·신문 4대에 걸쳐 재상으로 있으면서 나라를 안정시켰다. 삼국 통일 전후로 출장입상하여 많은 공적을 세운 인물이다. 실제로 『삼국사기』를 보면, 전쟁에 참여한 장수들 명단에 죽지가 여러 번 포함되었고, 진덕왕대에 중시를 지냈다는 기록도 나온다.

아마도 그는 소년 시절부터 화랑의 일원으로 활동하였을 것이다. 화랑 제도는 제8세 풍월주 문노 시대(579-582)에 완비되었다. 풍월주를 수장으로 하여 그 아래 부제가 있고, 좌방, 우방, 전방의 3부에 각각 1인의 대화랑과 2인의 화랑이 있고, 화랑 아래에 3인의 소화랑, 소화랑 아래에 7인의 묘화랑이 있었다. 그리하여 총 71명으로 구성된 선문(仙門), 곧 화랑 지도부가 설치되어 있었다.[2] 여기에 따로 진골화랑, 귀방화랑, 귀문화랑, 별방화랑, 별문화랑 등을 두어 12, 13세의 귀

2) 신재홍, 『향가의 미학』, 집문당, 2006, 516면.

족 자제들을 수용하였다.

이러한 선문의 구성을 고려하면, 죽지는 10대 초반에 화랑으로 활동하였으리라 생각된다. 죽지의 아버지가 삭주 도독을 지내고[3] 진덕왕대 화백 회의에 참석한[4] 술종공이므로, 그는 명망 높은 귀족 가문의 자제로서 일찍부터 화랑이 되었을 것이다. 그리고 청년기에 들어서는 대화랑이나 화랑 정도의 고위 지도자로 활동하였을 것이다. 풍월주나 부제에 그의 이름이 나오지 않고, 그렇다고 소화랑, 묘화랑 등 실무를 맡은 화랑에 머물렀을 것 같지 않기 때문이다.

한편 낭도들은 각 화랑에 소속되어 활동하였는데, 이들을 지휘 감독하는 중간 지도부가 낭두(郎頭)였다. 낭도는 13, 14세의 동도(童徒), 18, 19세의 평도(平徒), 23, 24세의 대도(大徒) 등으로 구성되었다. 대도 중에서 망두(望頭)가 뽑히는데, 망두부터 낭두 계급에 속하였다. 낭두는 망두, 낭두, 대낭두, 낭두별장, 상두(上頭), 대두(大頭), 도두(都頭) 등 7등급이었다가 제22세 양도 시대(637-640)에 대도두, 대노두(大老頭)를 두었다.[5] 그리고 제24세 천광 시대(643-647)에는 낭두의 근무 연한을 정하여 낭두 · 대낭두 40살, 상두 · 대두 45살, 도두 50살, 대도두 55살, 대노두는 60살로 하였다.

죽지의 낭도 득오는 급간(級干)의 관등으로 매일 죽지에게 나아가

---

3) 『삼국유사』 2권, 기이, 「효소왕대 죽지랑」 참조.

4) 위의 책 1권, 기이, 「진덕왕」 참조.

5) 이종욱, 『화랑』, 휴머니스트, 2003, 123면에서는 신두(臣頭)를 낭두의 제2급으로 포함시킨 대신 낭두별장을 각 급수에 배당하였는데, 『화랑세기』 원문에는 '신두는 낭두가 될 수 없었다[臣頭不得爲郎頭]'고 하였으므로 재고가 필요하다.

업무를 보았다. 효소왕대의 죽지는 이미 노령에 접어들었을 터인데, 득오는 화랑도의 명부인 풍류 황권(風流黃卷)에 적을 두고 죽지에게 소속되어 근무하였던 것이다. 이는 현역 화랑과 낭도의 관계라기보다 상랑(上郞), 곧 전임 화랑과 그의 오래된 낭도의 관계로 보인다. 통칭하여 낭도라 하였지만, 득오는 6두품 이상이 진출하는 제9관등 급간이기에 낭도가 아니라 낭두 계급이었다. 그리고 익선이 그를 부산성 창고지기로 차출한 것으로 보아 사건 당시 득오는 청년은 아니고 장년의 나이쯤 되었을 것이다.

죽지와 득오가 어떻게 만나게 되었는지는 나와 있지 않다. 죽지가 소년기에 화랑이 되었고 득오 역시 동도에서 출발하여 평도, 대도를 거쳐 낭두가 되었다면 두 사람의 관계는 일찍부터 맺어졌다고 추정할 수 있다. 죽지와 득오는 청소년기에 화랑과 낭도로 맺은 관계를 장년기 이후에도 지속하였던 것이다.

「효소왕대 죽지랑」은 이러한 관계의 죽지와 득오에게 벌어진 사건을 기술해 놓았다. 매일 자기에게 와서 근무하던 득오가 열흘 이상 아무 연락 없이 나타나지 않자, 죽지는 득오의 어머니를 불러 사정을 물어본다. 오랜 관계상 죽지는 득오뿐 아니라 그 가족과도 잘 아는 사이였을 터이다.

> "네 아들이 어디 있느냐?" "당전 모량 익선 아간께서 제 아들을 부산성의 창고지기로 차출하셨습니다. 급하게 달려갔기에 미처 랑께 사직을 고하지 못하였습니다." "네 아들이 사사로운 일로 저곳에 갔다면 찾아보지 않아도 되겠지만, 이제 공적인 일로 갔으니 가서 먹이는 것이 마땅하다."[6)]

신라 6부의 하나인 모량부의 귀족인 익선이 득오를 공적인 일로 차출하여 부산성의 창고지기를 시켰다. 이에 죽지는 부산성으로 가서 득오에게 음식을 먹이는 것이 마땅하다고 말한다. 부역에 동원된 자기의 낭두 득오를 위해 직접 가서 음식을 먹이며 위로하려는 것이다. 그만큼 일이 고되다고 여겼으려니와 득오와의 오랜 관계도 생각하였을 것이다. 화랑이 직접 낭두에게 가서 향응을 베풀고자 하였으니, 죽지는 득오를 아주 중하게 대접한 것이다.

죽지는 떡 한 합과 술 한 항아리를 가지고 137명의 낭도를 거느리고 부산성으로 갔다. 득오가 어디 있는지를 묻자 산성의 문지기가 관례에 따라 익선의 밭에서 노역하고 있다고 대답하였다. 이에 익선의 밭에 가서 가져온 술과 떡을 득오에게 먹였다. 그러고 나서 익선을 만나 득오의 휴가를 청하였다. 죽지는 득오가 부역하는 것을 못내 안쓰러워하였고 그를 어떻게 해서든지 데려오려고 한 것이다.

죽지의 요청을 익선은 거절하였다. 이는 죽지가 익선에게 모욕을 당한 꼴이다. 애초 소속 낭두를 자신의 허락 없이 차출한 것부터가 익선이 무례한 행동을 한 것인데, 죽지가 직접 가서 자기 낭두의 휴가를 요청하였는데도 거절하였으니, 익선이 죽지를 더욱 모욕한 것이 되었다.

이 일은 효소왕대가 풍월주 출신 김흠돌이 반란을 일으켰다가 복주된 다음 풍월주 중심의 화랑 제도가 폐지되었다가 국선 제도로 복

6) 『삼국유사』 2권, 기이, 「효소왕대 죽지랑」, 問爾子何在 母曰 幢典牟梁益宣阿干 以我子差富山城倉直 馳去行急 未暇告辭於郎 郎曰 汝子若私事適彼 則不須尋訪 今以公事進去 須歸饗矣.

구된 시대였기에 일어날 수 있었다. 화랑 출신인 죽지는 재상이 되어 나라를 안정시켰는데, 이 같은 활동의 배경이 된 화랑 제도가 폐지되었다. 또한 화랑 시절에 교제하였던 인물 중 많은 이가 아마도 김흠돌의 난에 연루되어 죽임을 당하였을 것이다. 이로써 그의 위세는 신문왕대를 고비로 꺾이고, 효소왕대에 들어와서는 왕경 귀족인 익선에게 모욕을 당할 정도로 기울어졌던 것이다.

곤란한 상황에 놓인 죽지를 도와준 사람은 간진인데, 그는 부산성으로 조세를 운반하는 일을 주관한 관리였다.

> 선비를 중히 여기는 랑의 풍미를 아름다이 여기고, 어둡고 막혀 융통성 없는 익선을 더러이 여겨, 수령해 가던 30석을 익선에게 주어 요청을 도왔다.[7)]

소속 낭두를 중히 대접한 죽지의 행동은 세무 관리 간진에게 감명을 주었다. 그리하여 간진은 자기가 수령한 것이 국가의 조세임에도 불구하고 임시방편으로 그것을 익선에게 주어 죽지의 요청을 도왔다. 그런데 익선은 이 요구도 거절하였다. 결국 익선은 진절의 기마 안구(鞍具)를 받고 나서야 겨우 허락하였다. 익선은 왕경 귀족으로서의 위세를 높일 수 있는 기마 안구를 꽤 매력적으로 여겼을 것이다.

이 일이 알려지자 화주(花主)가 나서서 벌주려 하였는데 익선이 도망가자 엄동설한에 그의 맏아들을 연못에 빠뜨려 죽였다. 화주는 대

---

7) 같은 곳, 美郎之重士風味 鄙宣暗塞不通 以所領三十石 贈益宣助請.

개 풍월주의 아내가 맡는 직책이었다. 국선 제도로 전환된 이 시대에도 국선의 아내가 그 직책을 맡고 있었을 듯하다. 풍월주의 아내는 같은 진골 귀족 내의 여성인데, 그중에는 왕족의 일원으로서 화랑 제도의 존폐 여부와 상관없이 정치에 영향력을 미칠 만한 인물도 있었다. 한편 화주가 익선을 징벌한 데 호응하여 효소왕은 익선의 출신부이자 담당부인 모량부 사람들을 공직에서 쫓아낸다. 한 개인의 죄를 그 개인이 속한 집단에 물었던 것이다.

이같이 「효소왕대 죽지랑」은 화랑과 낭도로 맺어져 오랫동안 고락을 함께하였던 죽지와 득오가 겪은 고난의 기록이다.[8] 화랑의 위세가 꺾인 시대를 배경으로 일개 왕경 귀족에게 모욕을 당한 죽지는 그래도 자기 낭두를 아끼고 중히 여기는 풍모로 주변 사람들에게 감동을 주었다. 이에 부응하여 득오 역시 자기가 소속된 화랑 죽지의 인덕을 믿고 따랐으므로 고난 속에서 그에 대한 충절을[9] 지킬 수 있었다. 득오의 이러한 모습은 〈모죽지랑가〉에 잘 나타나 있다.

3. 『삼국유사』의 승랑과 화랑

『삼국유사』는 불교적 성격이 강한 자료라서 낭도와 화랑의 관계를

8) 박노준, 『향가여요의 정서와 변용』, 태학사, 2001, 141면에서는 '서로가 겪고 있는 시대적 역경'이라고 하였다.

9) '사모'(양희철, 『향가 꼼꼼히 읽기』, 태학사, 2000, 138-139면) 또는 '지절'(박노준, 앞의 책, 140면)이라고 말할 수도 있다.

보여 주는 사례도 승랑과 화랑의 관계로 기술된 경우가 대부분이다.[10] 앞에서 언급한 부례와 안상의 예에서도, 안상은 국선을 보필하는 승랑의 직위에 있으면서 오랑캐에게 납치된 부례를 찾아 나선 것이다.

범교와 경응(경문왕)의 경우는 승랑과 화랑의 관계가 비교적 사실적으로 기술된 예이다. 침소에 뱀들이 우글거렸다거나 복두장이가 대나무 숲에서 임금님 귀는 당나귀 귀라고 외쳤다거나 하는 경문왕의 이야기는 설화적인 색채가 짙지만, 그 앞부분의 왕위 계승 이야기는 비교적 사실에 가깝다고 생각된다.

헌안왕이 국선인 경응을 불러 그 현명함을 알아보고 두 공주 중에서 배필을 고르라고 하자, 경응은 부모 형제와 상의하여 어여쁜 둘째 공주를 택하고자 한다. 경응의 낭도 가운데 상수(上首)[11] 범교가 소문을 듣고 집으로 찾아가 경응을 설득한다.

> "대왕이 공주를 공의 아내로 삼는다고 하니 맞습니까?" "그렇소." "누구를 취하시렵니까?" "부모님께서 동생이 마땅하다고 하셨소." "랑께서 동생을 취하신다면 저는 랑의 면전에서 죽어 버릴 것이요, 언니를 취하신다면 반드시 세 가지 아름다운 일이 있을 것입니다. 신중하십시오." "[그대의] 명을 듣겠소."[12]

10) 김영태, 「승려 낭도고」, 『불교학보』7, 동국대학교 불교문화연구소, 1970에서 '승려 낭도'라는 용어를 사용하였으나, 본고에서는 평민인 승려 낭도, 중간 귀족층인 승려 낭두, 그리고 진골 귀족인 승려 화랑을 포괄하는 '승랑'이라는 용어를 쓰고자 한다.

11) 이는 신라 후기에 와서 낭두 중 '상두(上頭)'가 변한 용어가 아닐까 한다.

범교는 경응의 일생일대의 선택에 대해 결정적인 충고를 하였다. 이 일은 범교의 말대로 되어 경응은 왕위에 오르고 아름다운 둘째 공주까지 취하였다. 범교는 신라 왕실의 정치적 역학 관계를 잘 살피고 인간관계의 묘한 이치를 통찰하였다. 그리고 경응의 부모 형제가 모여 논의 끝에 결정한 선택을 바꾸도록 충고하였다. 이러한 예로 미루어, 승랑은 국선에게 매우 중요한 존재로 인식되었고, 국선의 정세 판단 및 활동에 지대한 영향을 끼쳤으리라 짐작된다.

승랑은 대개 화랑의 일을 돕고 이끄는 참모 역할을 하였는데, 혜숙과 구참의 경우는 이 과정에서 갈등도 있었음을 보여 준다. 혜숙은 호세의 낭도로 활동하다가 호세가 풍류 황권에서 이름을 빼자 그도 낭문에서 나와 적선촌에 은거하였다. 은거한 지 20여 년이 되었을 즈음에 당시의 국선 구참이 적선촌 부근의 들에서 사냥을 하곤 하였다. 하루는 구참의 사냥길에 동행하여 함께 사냥도 하고 고기도 구워 먹었다. 그러고는 이보다 싱싱한 고기를 맛보라면서 자기 허벅지 살을 베어 소반에 얹어 내놓았다. 구참이 깜짝 놀라 연고를 물으니, 혜숙이 대답하였다.

> "처음 저는 공이 어진 사람이어서 자기를 사랑하는 마음을 사물에도 통하게 하리라 여겼습니다. 그래서 사냥에 따라 나섰습니다만, 이제 공께서 좋아하시는 것을 보니 오직 살육에 탐닉하는 것이었습니다. 저것을 해쳐

12) 『삼국유사』 2권, 기이, 「사십팔 경문대왕」, 問郎曰 大王欲以公主妻公 信乎 郎曰 然 曰 奚娶 郎曰 二親命我宜弟 師曰 郎若娶弟 則予必死於郎之面前 娶其兄 則必有三美 誡之哉 郎曰 聞命矣.

자기를 보양할 뿐이니 어찌 어진 사람이나 군자의 할 바이겠습니까. [그런 행동을 한 당신은] 우리 화랑도가 아니십니다."[13]

호세의 승랑이었다가 은거한 지 20여 년 만에 진평왕대의 국선 구참의 사냥벽에 일침을 가한 것이다. 이미 진흥왕대에 사다함, 문노, 백운 등이 국선으로 불렸다. 국선 제도는 원화 제도와 함께 풍월주 제도의 모태가 되었고 진지왕대에 잠시 공식화되었다가 다시 풍월주 제도에 흡수되었다. 그러다가 신문왕대에 풍월주 제도가 폐지된 다음 부활하였던 것이다. 그러므로 진평왕대 구참이 국선이었다고 한 본조의 기록이 시대를 혼동한 것은 아니다.

이 예에서는 승랑이 국선의 잘못을 풍자, 교정하는 역할을 하고 있다. 물론 호세의 승랑이었다가 20년간 은거한 후에 국선에게 한 행동이긴 하지만, 애초 승랑으로서 그가 하였을 역할을 짐작하는 데 좋은 참조가 된다. 또한 혜숙의 마지막 말 '비오도야(非吾徒也)'를 '[살생을 금하는] 불교도가 아니다'라고 해석할 여지도 있으나, 혜숙이 승랑 출신이고 또 대화의 상대자가 국선인 점을 고려하면 불교의 맥락이 아니라 화랑도의 맥락에서 해석하는 것이 옳다. 이러한 관점에서 혜숙의 말 가운데 '자기를 사랑하는 마음을 사물에도 통하게 함[恕己通物]'은 원광의 세속오계에 버금가는 화랑도의 실천 강령이었을 것으로 생각된다.

---

13) 위의 책 4권, 의해, 「이혜동진」, 始吾謂公仁人也 能恕己通物也 故從之爾 今察公所好 唯殺戮之耽篤 害彼自養而已 豈仁人君子之所爲 非吾徒也.

이렇듯 혜숙과 구참의 예를 통해 승랑이 국선의 잘못에 직접 비판 및 교정하기도 하였음을 알 수 있다. 또한 승랑은 현직에서는 말할 것도 없고 퇴직한 후에도 화랑의 실천적 덕목을 늘 염두에 두며 살았으리라 생각된다.

신비롭게 윤색되긴 하였지만, 진자와 미시의 경우는 승랑과 화랑의 관계를 상징적으로 보여 주는 예이다. 진지왕대 흥륜사의 승려 진자가 미륵상 앞에서 다음과 같이 발원하였다.

> "원컨대 우리 미륵 부처께서 화랑으로 화하여 세상에 출현하신다면, 제가 늘 맑은 용모를 가까이하여 받들어 주선하겠습니다."[14]

꿈에 웅천(공주)의 수원사에서 미륵 선화(彌勒仙花)를 만날 수 있으리라는 계시를 받고 그리로 갔으나 문밖에서 잠깐 만났을 뿐이었다가 수소문 끝에 서라벌에 와 있음을 알게 된다. 몇 달 후 진지왕이 소문을 듣고 진자를 불러 서라벌 성중에서 찾아보라고 하였다. 진자는 낭도들을 모아 집집마다 찾아다니다가, 영묘사 동북쪽 길가에서 미시라는 이름의 미소년을 만나자 그가 수원사 문밖에서 본 미륵 선화임을 알아보았다. 가마에 태워 왕께 뵈니, 진지왕은 미시를 국선으로 삼았다. 미시는 자제들을 화목하게 하고 예의와 교화가 범상치 않았다. 풍류로써 세상을 빛낸 지 7년쯤 되어 문득 간데없이 사라졌다. 미시

---

14) 위의 책 3권, 탑상, 「미륵선화 미시랑 진자사」, 願我大聖化作花郎 出現於世 我常親近睟容 奉以周旋.

를 잃은 진자는 매우 슬퍼하였다.

> 슬퍼하고 추억함이 아주 심하였다. 그러나 자비의 은택을 흠뻑 입었고 맑은 교화를 친히 받들었기에 [너무 슬퍼했던] 잘못을 스스로 뉘우치고 정성을 다해 도를 닦았다.15)

승랑으로서 화랑 미시를 모시며 받았던 감화와 은택을 못 잊은 것이다. 이 기사는 화랑을 미륵 신앙과 관련지으려는 의도에서 윤색되었기에 불교적 색채가 짙다. 그렇더라도 진자와 미시의 관계를 통해 승랑이 화랑에 대해 신을 숭배하는 정도의 존경과 숭모의 태도를 보였다는 점은 확인할 수 있다.

이같이 『삼국유사』에는 승랑과 화랑의 관계를 보여 주는 예들이 흥미롭게 기술되어 있다. 그런데 역사 기록인 『화랑세기』에도 승랑의 존재가 나와 있어 참조가 된다.

제9세 풍월주 비보의 문하에서 수학한 대세는 재주와 능력이 뛰어났으나 화랑의 계파 간 갈등에서 밀려나 높은 지위에 오르지 못하였다. 비보의 부탁으로 제10세 풍월주 미생이 그를 전방 대화랑으로 삼기는 하였으나 실권을 주지 않았다. 이에 불만을 품은 대세는 술 먹고 미생을 욕하였는데, 미생이 심복 낭도를 시켜 그를 거칠고 난잡한 자로 몰아 내쫓았다. 비보는 승려 담수로 하여금 대세를 돌보게 하고 때때로 술을 보내 위로하였다. 대세는 마음을 다잡고 신선의 도를 얻고

---

15) 같은 곳, 哀懷殆甚 然飮沐慈澤 昵承淸化 能自悔改 精修爲道.

자 하여 동료 화랑 구칠과 함께 바다 밖으로 떠나 버렸다.

이렇게 『화랑세기』에 기술된 대세의 일은 『삼국사기』 진평왕 9년조에 대세가 신선의 도를 얻기 위해 떠나려고 담수에게 의중을 떠 보았다가 거절당하자 구칠을 만나 의기투합하여 함께 떠났다는 정도로만 기록되어 있다. 『화랑세기』에 따르면, 담수는 비보의 명으로 실의에 빠진 대세를 돌본 인물이다. 그는 승랑으로서 화랑 대세를 위해 일을 주선하고 생계를 돌보아 준 것이다. 이는 승랑이 정신적인 지도자로서 활동하기도 하고, 화랑의 일상생활을 돌보는 실제적인 업무도 수행하였음을 보여 준다.

이상에서 살펴본 『삼국유사』와 『화랑세기』의 사례를 통하여 화랑제도에서 승랑이 차지하는 위치를 어느 정도 가늠해 볼 수 있다. 승랑은 화랑의 정치적 판단에 충고를 해 주고, 화랑의 잘못된 행동을 비판하여 바로잡게 해 주며, 화랑의 일상생활을 돌보아 주는 역할을 하였다. 또한 승랑은 생활 속에서 화랑도의 덕목을 실천하였고, 화랑 사상을 불교 신앙과 접맥하여 화랑을 미륵의 화신으로 숭배하기도 하였다. 요컨대 승랑은 선도, 즉 화랑의 도와 불도를 아우르는 종교 사상과 생활 철학을 지닌 존재였다.

4. 『화랑세기』의 낭두와 화랑

『화랑세기』에는 몇 명의 낭두에 대한 기록이 나온다. 화랑에 대한 낭두의 생각과 태도가 드러난 이 예들을 살펴봄으로써 낭두와 화랑의 관계를 더 구체적으로 드러낼 수 있다.

당두는 미실의 동생인 미생의 낭두였다. 미실이 진흥제를 모시면서도 동륜 태자와 통정하였는데, 그것이 탄로날까 봐 동생 미생을 시켜 동륜을 모시고 궁 밖에 나가 어색(漁色)을 하도록 하였다. 미생과 동륜이 여색에 탐닉하던 중에 당두의 아내를 알게 되어 색공을 시켰다. 동륜이 죽자, 미생은 그녀를 첩으로 삼으려고 집으로 불렀다. 당두는 미실에게 가서 이렇게 호소하였다.

> "어린아이가 어려서 아침저녁으로 어미를 찾으니, 원컨대 색공만 하는 첩으로 삼도록 해 주십시오."[16)]

미실은 미생을 꾸짖어 근신하도록 명하였다. 이에 미생은 당두의 아내를 돌려보냈으나, 그녀는 미생을 잊지 못해 몰래 도망해 왔다.

미생은 당두가 미실에게 또 고할까 봐 염려하여 그를 품주(稟主)에 천거하였다. 당두가 은혜에 감사하여 아내를 바치려고 했으나 사양하였다. 미생이 조부(調府)에 들어가자 당두에게 일을 맡겼는데, 일이 잘 되어 진흥제의 칭찬을 들었다. 미생은 당두가 주선한 덕에 거만금의 재력을 소유하게 되었고, 또 당두의 아내가 출산을 잘하여 자식도 많이 얻었다.

이렇듯 당두는 아내를 미생에게 색공하는 첩으로 바쳤고, 미생의 천거로 품주, 조부에 들어가 국가의 재물을 운용하였다. 재물을 잘 불

---

16) 『화랑세기』, 제10세 「미생」, 有子幼艾朝暮呼母 願爲色供之妾.

린 공으로 대나마의 관등을 받고 조부 우경(右卿)이 되었다. 그의 처남 만세도 미생에게 발탁되어 벼슬을 하였고, 만세의 처제도 미생의 첩이 되었다.

당두의 예를 통해 낭두는 자기가 속한 화랑을 위해 아내를 바치기도 하고, 화랑에게 부여된 직책의 실무를 전담하기도 하며, 화랑의 권력에 의지하여 집안사람들을 벼슬시키기도 하였음을 알 수 있다. 진골 귀족 출신의 화랑에게 의존하는 것이 낭두 계급이 벼슬과 부를 얻는 지름길이었던 것이다.

대남보의 경우는 당두와 비교된다. 그는 용감하고 능력이 있는데도 낭도를 승진시키는 규례에 막혀서 승진하지 못하였다. 주위에서 딸을 바쳐 승진을 도모하라고 권하였으나, 여색으로 주군을 미혹시켜서는 안 된다며 거절하였다. 제13세 풍월주 용춘은 이를 알고 규례의 폐단을 고치면서 대남보를 낭두로 승진시켰다.

대남보의 딸은 용춘을 위해 정절을 지켰다. 용춘은, 딸을 거둔다면 사람들이 대남보를 사사로이 승진시켰다고 할 것이라며, 첩으로 삼지 않았다. 그 딸이 우물에 빠져 죽으려 하자 낭두들이 사태의 심각성을 아뢰었다. 용춘이 마지못해 그 딸을 받아들이면서 대남보를 그날로 면직시켰다. 그러자 대남보는 이렇게 말하였다.

> "나를 알아주시는 것으로 족하다. 지위를 따져서 무엇 하겠느냐."[17)]

---

17) 위의 책, 13세, 「용춘」, 知己則足矣 何須論位乎.

이를 안 진평제가 대남보를 용춘이 사는 궁전의 사지(舍知)로 발탁하여 재물을 관장하게 하였다. 원래 대남보는 부유하였는데, 이 일을 맡으면서 자기 재산을 모두 써 버렸다. 백 명의 결사대를 조직하여 용춘을 보호하는 등의 일을 하였기 때문이다. 그러다 보니 그의 처자식은 궁핍한 생활을 하게 되었다. 이를 모르고 있던 용춘이 어느 날 미복으로 순행하다가 대남보의 집에 가 보고서야 알게 되었다. 이에 대남보의 세 아들을 추천하여 벼슬길에 나아가게 해 주었다.

대남보의 경우는 당두와 공통점과 차이점을 보인다. 아내나 딸을 화랑에게 바친 것, 국가나 화랑 집안의 재물을 관리한 것, 화랑의 추천으로 자신과 집안사람들이 벼슬한 것 등이 공통된다. 반면 애초에 색공을 통해 출세하려 하지 않은 것, 자기 재산을 모두 기울이면서까지 화랑을 보필한 것, 그의 딸이 정절을 지킨 것 등이 다른 점이다. 이로 보아 대남보는 화랑에 대한 낭두의 충절을 보여 주는 대표적인 인물로 칭송받았을 것이다.

찰의의 경우는 화랑에게 배척당한 예이다. 그는 찰인의 막내아들로 제22세 풍월주 양도의 사신(私臣)이었다. 찰인의 아내 옥두리가 절색이어서 역대 풍월주에게 색공을 하였기 때문에 그 집안이 번성하였다. 찰인은 처첩이 백여 명을 헤아렸고, 그의 아들 찰두와 찰석도 수십 명씩 첩을 두었다. 그의 아들과 사위들이 낭두에 많이 진출하였는데, 사위 중 한 명인 당보는 당두의 아들이었다.

이러한 집안을 배경으로 찰의는 양도의 사랑을 받았고, 양도의 아내 보량과 통정하기까지 하였다. 선덕제조차도 보량에게 찰의를 한번 보고 싶다는 의사를 내비치기도 하였다. 이렇게 진골 및 성골 귀족에게 인기가 있었던 찰의는 낭정을 전횡하였다. 이로써 낭도 사이에 논란이 일었다.

양도의 뒤를 이은 제23세 풍월주 군관이 찰의의 전횡을 참지 못하여 칼을 들어 그의 목을 치려고 하였다. 찰의는 주랑 아래에 숨어 나오지 못하다가 옆에서 보량이 말리는 바람에 겨우 위기에서 벗어날 수 있었다. 이후로는 낭정에 대해 감히 발언하지 못하였다. 제24세 풍월주 천광도 찰인 집안의 위세가 너무 큰 것을 경계하여 낭정 개혁의 일환으로 그 친족을 물리치고 다른 파의 낭두를 기용하였다. 그렇지만 한편으로는 찰의의 누이 찰언을 첩으로 삼기도 하였다. 찰인은 자손에게 이렇게 말하였다.

> "새 풍월주(천광)는 정말 세상에 드문 영웅이시다. 우리가 한때 실세하였다고 어찌 감히 불만을 품겠느냐. 기쁜 바는, 이렇게 좋은 선종(仙種)을 얻어 우리의 외손으로 뻗어 가면 우리 친족 또한 번창할 수 있다는 것이다."18)

이처럼 낭두 계급인 찰인의 집안은 낭정의 실무 권력을 장악하였다. 애초에는 색공에 의해 진출하였으나 점차 친족이 확대되어 아들이나 사위들이 낭정을 좌우하게 되었다. 찰인 집안과 당두 집안이 혼인을 맺음으로써 이러한 권세를 더욱 확대할 수 있었다.

---

18) 위의 책, 제24세 「천광」, 新主誠罕世之英雄也 吾等安敢以一時之失 怏怏于心乎 所喜者 得此好仙 以樹吾外孫 則吾族亦可昌也.

예들에서 보듯이, 색공은 낭두가 출세하는 데 기본 조건이었다. 신라 사회는 색공에 의해 움직였다고 해도 과언이 아니다. 제22세 양도조에 기술된 마복자 제도를 통해 신라 사회에서 색공이 관습과 규범으로 정착되었음을 알 수 있다.

낭두의 아내는 자식을 임신한 상태에서 화랑에게 가서 성교를 하고 나와 아이를 낳고, 출산 후 몇 개월 있다가 다시 화랑에게 가서 성교를 하고 나왔다. 그러면 그 아이는 마복자가 되어 자라서까지 그 화랑의 후원을 받을 수 있었다. 낭두의 딸도 화랑에게 가서 성교를 한 다음에 돌아와 신진 낭두의 아내가 될 수 있었다. 만약 화랑과 성교를 하지 못하면 낭두들이 아내감으로 여기지 않았다. 낭두는 아내의 색공 능력에 따라 출세할 수 있었기 때문이다. 당두, 대남보, 찰인 등의 아내나 딸이 화랑에게 색공을 함으로써 그들의 지위가 높아지고 권세를 얻게 된 것은 이러한 사회적 관습과 제도를 바탕으로 한 것이다.

이렇듯 『화랑세기』에 기술된 낭두의 사례는 신라 시대 고유의 성관습, 규범, 인간관계 등을 보여 준다. 신분과 지위의 차이로 인해 낭두는 화랑에게 절대적으로 의존하여야 했고, 낭두의 아내와 딸들은 사회 구조적으로 화랑에게 색공을 해야만 하였다. 이렇게 신라 사회의 고유한 관습 속에 살면서도 각자의 개성, 인품, 지향에 따라 여색과 재물에 탐닉하는 사람, 어려운 상황에서도 절개와 충절을 실천하는 사람, 혼인 관계 등을 통해 권세를 추구하는 사람 등 다양한 낭두의 삶의 모습을 찾아볼 수 있다.

5. 〈모죽지랑가〉에 그려진 인간관계

『삼국유사』「효소왕대 죽지랑」 말미에 실린 〈모죽지랑가〉는 제2장에서 살펴본 사건의 와중에서 산출된 시이다. 이제 낭도(여기서는 승랑, 낭두, 낭도를 포괄하는 용어로 쓴다)와 그의 소속 상관인 화랑의 관계에 초점을 맞추어 작품을 해석해 보고자 한다.

논제를 구체화하여 낭도와 화랑의 관계를 살피는 것이지만, 작품에 그려진 그 관계는 인간관계의 보편성과 특수성을 아울러 지닌다. 사람과 사람이 관계를 맺고 살아가는 것은 신라 시대나 오늘날이나 마찬가지이다. 이에 작품에서 주제의 보편성을 확인하는 일이 필요하다. 그와 더불어 낭도와 화랑이라는 신라 시대의 신분 차에 따른 인간관계가 작품에 어떻게 반영되었는지를 드러낼 필요가 있다. 곧 오늘날에도 통용될 만한 인간관계와 신라 시대의 역사성을 띤 그것을 함께 살피려는 것이다.

간봄 ᄀᆞ리ᄆᆡ	지난봄 속하였으매
모다 잇사 우롤 이 시름.	모두 있어야 울 이 시름.
아ᄃᆞᆷ닛 됴히시온 즈ᅀᅵ	얼마 전까지도 좋으신 모습이
年數 나ᅀᆞᆷ 디기녈져.	세월이 갈수록 축나 가겠구나.
누ᄂᆡ 도롤 업시 이ᄋᆡ	눈의 돌림 없이 이에
맛보기 엇디 지소아리?	만나기 어찌 지으리?
郎야 그릴 ᄆᆞᅀᆞᄆᆡ 녀올 길	랑이 그리워할 마음에 오고 갈 길
다보ᄌᆞᆺ 굴헝ᄋᆡ 잘 밤 이사리.	다북쑥 거리에서 잘 밤 있으리.

이 시는 의미 구조상 제1구(제1~4행)와 제2구(제5~8행)로 나눌 수 있다. 제1구는 시적 화자가 과거를 회상하고 현재 상황을 걱정하면서도 미래의 만남을 바라는 내용이다. 제2구는 미래의 만남을 위해 시적 대상인 죽지가 화자 자신을 구하기 위해 올 도정에 대해 염려하고 있다. 과거, 현재, 미래의 시간 의식이 전편에 깔려 있고, 시간의 흐름에 따른 인간관계의 변화를 예의주시하면서 시름겨워 하는 화자의 심리가 드러나 있다. 시간 의식과 인간관계가 이 시를 이끄는 동력이 되는 셈이다.

'지난봄'에 화자는 시적 대상에게 '속하여' 있었다. 작자인 낭도 득오가 풍류 황권에 이름을 올리고 화랑 죽지에게 소속되어 활동하던 지난봄을 회상한 것이다. 소속은 낭도와 화랑의 관계를 규정하는 기본 조건이다. 화랑 제도는 대화랑, 화랑, 소화랑, 묘화랑 등으로 등급이 구분된 화랑들 각각에게 낭도가 소속된 형태로 운영되었다. 이러한 소속 관계에서 낭도는 화랑에게 절대적으로 의존해야 하는 대신, 화랑은 낭도를 끝까지 보호해야 할 의무가 있는 것이다.

그런데 화자는 지금 '시름'에 겨워하고 있다. 현재의 상황이 문면에 묘사되지 못하였는데, 이에는 이유가 있다. 지금은 죽지의 품을 떠나 모량부 귀족 익선에게 잡혀 있어서 자신의 마음을 터놓기가 힘든 상황인 것이다. 그래서 마음속 시름은 '모두 있어야' 소리를 내어 '울'면서 풀어 버릴 수 있다. 죽지에게서 혼자 떨어져 나왔기에 다시 그 문하로 돌아가 화랑과 동료 낭도 모두와 함께 있어야 그간의 고생과 원통함을 하소연할 수 있는 것이다.

이렇듯 제1, 2행은 「효소왕대 죽지랑」에 기술된 익선의 득오 차출

사건을 반영하고 있다. 사건의 당사자인 득오가 자신의 현재 심정을 과거와 미래에 대비하여 표현한 것이다.

여기서 화자는 죽지와의 오래된 인간관계를 생각해 본다. 화자와 죽지는 '얼마 전까지' 관계를 지속하였다. 소년 시절의 화랑도 활동에서부터 청·장년기의 종군 경험을 거쳐 삼국 통일 이후의 현재에 이르기까지 두 사람은 관계를 이어 왔다. 그러한 관계 속에서 화자는 죽지가 늘 '좋으신 모습'이었음을 기억한다. 출장입상하여 나라를 위해 헌신하던 죽지의 모습은 낭도에게 화랑의 사표로 인식되었을 것이다.

그러하던 죽지의 모습이 '세월이 갈수록 축나 가'고 있는 것이 현 상황이다. 김흠돌의 난 이후 화랑 제도가 폐지된 것은 그 제도 안에서 활동하였던 수많은 전임 화랑과 낭도로 하여금 세력을 잃게 만들었다. 이렇게 화자와 죽지의 관계의 바탕이 허물어진 상태에서도 줄곧 유지해 오던 관계가 익선의 횡포에 의해 끊어져 버릴 지경에 이른 것이다. 외부 환경의 변화로 인해 인간관계가 위기에 직면한 상황이다.

한편 이 구절은 시간의 흐름에 따라 인간관계도 변할 수밖에 없다는 사실을 일깨운다. 늘 젊을 수 없고 늘 좋을 수 없는 것이 인생이다. 인간관계가 오래면 오랠수록 우여곡절도 많아지기 마련이어서 때로는 가까웠다가 때로는 멀어지고, 멀어졌다가 다시 가까워진다. 세월의 흐름 속에 관계도 변화를 거듭하는바, 대개 늙어갈수록 인간관계는 점점 쓸쓸한 모습으로 바뀐다. '세월이 갈수록 축나 가겠구나'는 인간관계의 이러한 면모를 되새겨 보도록 한다.

이렇게 시간의 흐름을 돌아보면서 화자는, 짧게는 지난봄의 상황에서부터 지금의 상황까지, 길게는 오래전에 맺은 관계에서부터 현재의 관계까지 그려 내었다. 제1, 2행이 짧은 시간의 회상이라면, 제3, 4행은 긴 시간의 회상에 해당한다. 화자는 후자, 즉 긴 시간의 회상을 통하여 관계의 지속성으로부터 희망의 단서를 찾으려고 한다.

그 희망은 죽지의 '눈의 돌림'에 있다. 화랑이 돌보아 주지 않고서는 낭도로서 해 볼 만한 일이 아무것도 없듯이, 곤경에 처한 낭도가 구원을 기대하기는 화랑의 돌봄밖에 없다. 돌봄이라는 말을 '눈의 돌림'이라고 표현한 것은 그러한 화자의 희망을 강조하기 위함이다. 남을 돌보기 위한 첫 번째 행위가 눈으로 보는 데 있다면, 이는 다음 행에 나오는 '만나기'의 첫 번째 행위도 눈으로 보는 것인 점과 의미가 연결된다. '눈'을 강조함으로써 돌봄과 만남을 함께 얻어 내려는 뜻을 나타낸 것이다.

이렇듯 제5, 6행은 낭도로서 화랑에게 의존적인 화자의 삶의 방식을 드러낸다. 화랑 제도 자체가 이미 진골 귀족, 4 · 5 · 6두품의 중간 귀족, 그리고 평민 간의 신분 차에 바탕을 두고 낭도와 화랑의 소속 관계를 분명히 하여 설치된 것이기에, 아랫사람이 윗사람에게 종속되는 것은 당연한 현상이었다.

그런데 이러한 의존적 자세가 곤경 속에서 더욱 확고히 표명되었다는 점이 주목된다. 제5, 6행 '눈의 돌림 없이 이에 / 만나기 어찌 지으리?'라는 설의법은, 화자가 아무리 궁리해 보아도 이 상황에서 죽지의 돌봄 없이는 다시 만날 수 없다는 사실을 확정 짓는 어법이다. 가능한 모든 수단과 방법을 생각해 보았지만 결국 죽지의 돌봄이 구원의 최선책임을 표명한 것이다. 이는 역경에 처한 낭도가 화랑에 대한 충절 의식을 명확히 밝힌 것이라고 하겠다. 죽지에 대한 득오의 마음은 앞에서 예시한 용춘에 대한 대남보의 그것과 유사하다. 대남보가 재물을 기울이고 몸과 마음을 바쳐 용춘을 보필하였듯이, 득오는 권세가 쇠한 죽지를 위해 여전히 충성을 다하였던 것이다.

그리하여 화자는 죽지의 마음까지 읽어 낸다. 오랫동안 충성을 다해 모신 화랑이기에, 죽지 역시 화자를 '그리워하'는 '마음'을 가질 것이라고 확신한다. 이는 사건의 와중에서 간진이 죽지에게서 '선비를 중히 여기는 풍모와 뜻[重士風味]'을 알아본 것과 같은 맥락이다. 누가 보아도 죽지는 자기 문하의 낭도를 아끼고 돌보아 주는 인물이었을 터인데, 오랜 기간 가까이에서 그를 모신 화자로서는 말할 필요가 없을 것이다.

시에 표명된 화자의 확신대로, 실제로 죽지는 음식을 싸 가지고 와서 득오를 먹였고, 또 휴가를 청하여 노역에서 벗어나게 해 주었다. 이 점도 대남보의 처지를 알게 된 용춘이 그의 자식들을 위해 벼슬을 주선해 준 것과 비교될 만하다. 낭도를 아끼는 마음과 그것을 실천하는 태도에서 용춘과 죽지는 상통하는 것이다. 이로써 화랑과 낭도의 관계가 혈연만큼이나 친밀하고 우애로웠음을 알 수 있다.

그러나 제7행의 확신은 제8행의 시름으로 옮겨 가면서 작품이 마무리된다. 죽지가 화자를 구하기 위해 '오고 갈 길'은 '다북쑥' 우거진 '거리'이고, 또 익선의 세력이 막아서서 더 나아가지 못한 채 길에서 '잘 밤'도 '있으리'라고 걱정한다. 그만큼 인간관계에 영향을 끼치는 외부 여건이 안 좋다는 사실을 화자는 잘 알고 있다. 김흠돌의 난 이후의 정치적 변동, 모량부 귀족 익선의 권세, 쇠하여 가는 죽지의 처지 등을 생각하며 화자는 시름에 잠겨 있는 것이다.

제7, 8행에서 화자는 익선에 의해 끊어지려는 죽지와의 관계가 회복되기를 갈망한다. 오랜 세월 동안 맺어진 우애와 신뢰를 생각할 때, 죽지가 자신을 구하러 올 것은 분명하다. 화자 역시 지금껏 죽지에 대해 변함없이 충절을 지켰다. 그렇지만 시간의 흐름에 따라 변화한 상황이 만만치 않다. 죽지와 다시 만나기 위해서는 여러 가지 어려움을 넘어서야 할 것이다.

화자는 현 상황에 비관적인 의식을 지닌 한편, 오랜 관계 속에 얻은 확신을 바탕으로 낙관적인 전망을 버리지 않는다. 비관과 낙관이 교차하는 지점에서 이 작품의 시적 긴장은 고조되는 것이다.

이상에서 살폈듯이 〈모죽지랑가〉는 시간의 흐름에 따른 인간관계의 변화를 다루면서 관계의 변화보다는 관계의 지속에 가치를 부여한 작품이다. 화랑에 대한 낭도의 충절, 낭도에 대한 화랑의 돌봄이 그 관계의 친밀성을 보여 준다. 이는 신라 시대 낭도와 화랑의 관계가 지닌 일반적이면서도 당위적인 모습이 특정한 사건을 통해 단적으로 드러난 것이라 할 수 있다. 또한 세월의 흐름에 따라 변화하는 인간관계는 오늘날에도 되새겨 볼 만한 보편적인 주제이다. 이러한 주제를 밀도 있게 형상화한 이 작품의 문학적 의의는 매우 크다.

6. 결 론

이 장에서는 『삼국유사』「효소왕대 죽지랑」에 실린 〈모죽지랑가〉를 화랑과 낭도의 인간관계를 형상화한 면에 초점을 맞추어 논하였다. 『화랑세기』를 통해 신라 시대 화랑 제도의 변천, 화랑과 낭도의 구체적인 관계 등을 알 수 있다. 이에 『삼국유사』와 『화랑세기』에 나오는 승랑, 낭두의 사례를 검토하여 작품 해석에 도움을 받고자 하였다.

「효소왕대 죽지랑」에 기술된 사건은 오랫동안 화랑과 낭도의 관계를 유지해 온 죽지와 득오가 겪은 고난의 기록이다. 화랑 제도가 국선 제도로 바뀐 시대에 왕년의 장수이자 재상인 죽지가 왕경 귀족 익선에게 모욕을 당하였다. 그렇지만 자신의 낭두를 중히 여기는 풍모로 인해 사람들에게 감동을 주었고, 이에 부응하여 득오도 화랑 죽지의 인덕을 믿고 고난 속에서도 충절을 지켜 내었다.

『삼국유사』에는 낭도 중 승랑이 화랑과 관계를 맺은 예들이 보인다. 승랑은 화랑의 정치적 판단에 도움을 주고, 화랑의 잘못된 행동을 바로잡으며, 화랑의 일상을 돌보는 역할을 하였다. 또한 화랑 사상을 불교 신앙과 접맥하여 생활 속에서 실천하였다. 승랑은 선도와 불도를 아우르는 사상을 지니고 생활한 존재인 것이다.

『화랑세기』에 나오는 낭두들은 신라 고유의 성 관습, 규범, 인간관계 등을 보여 준다. 사회 구조상 낭두는 화랑에게 절대적으로 의존하였고, 그 아내와 딸들은 화랑에게 색공을 하였다. 그러면서도 낭두들은 각자의 성격과 의식에 따라 여색과 재물을 탐하거나, 고난 속에서도 충절을 지키거나, 혼인 등을 통해 권세를 추구하였다.

이 같은 승낭과 낭두의 예를 참고하여, 낭도와 화랑의 인간관계를 중심으로 〈모죽지랑가〉를 해석해 볼 수 있다. 이 작품은 시간의 흐름에 따른 인간관계의 변화를 다루었다. 화랑에 대한 낭도의 충절, 낭도에 대한 화랑의 돌봄이 관계의 친밀성을 보여 준다. 신라 시대 화랑과 낭도의 일반적, 당위적 관계가 죽지와 득오를 통해 단적으로 드러난 것이다. 한편 시간의 흐름에 따라 인간관계가 변할 수 있다는 이 시의 전제는 지금 우리에게도 의미가 깊다. 이렇듯 〈모죽지랑가〉는 인간관계라는 주제의 역사성과 보편성을 지닌 작품으로서 문학적 의의가 크다.

〈우적가〉의 주체와 타자

1. 서 론

주체와 타자의 문제는 문학에서 중요한 의의를 갖는다. 주체가 타자와의 관계를 통해서 경험한 바를 글로 표현한 것이 문학이기 때문이다. 타자는 주체가 끊임없이 관심을 갖고 관계를 맺는 대상으로서, 주체를 주체로서 성립하게 만드는 조건이다. 그런데 타자를 주체와 상당히 같은 존재, 곧 동일성으로 보는 관점과 전혀 다른 존재, 곧 타자성[1])으로 보는 관점이 대립할 수 있다. 타자의 존재성이 두드러지는 것은 후자이지만, 전자와의 변증법적 관계를 고려하여 주체와 타자의 문제에 접근할 필요가 있다.

문학 일반이 그렇듯이 향가도 화자와 대상의 관계를 보여 준다. 대개 대상을 동일성으로 보는 화자의 관점에서 지어진 것이어서, 타자성의 관점으로 본격적인 논의를 할 만한 작품은 별로 없다. 〈혜성가〉

1) 엠마누엘 레비나스, 강영안 옮김, 『시간과 타자』, 문예출판사, 1996, 84-85면, 101면 ; 강영안, 『타인의 얼굴—레비나스의 철학』, 문학과지성사, 2005, 36-37면.

에서 변방 군사가 왜군으로 보고한 것을 화자는 건달파 성으로 판단하고, 일관이 혜성이라고 아뢴 것을 화자는 길 쓸 별로 파악하였다. 〈처용가〉에서는 화자가 잠자리의 네 가랑이 가운데 둘은 내 것인데 둘은 누구 것이냐고 묻는다. 두 작품은 타자의 존재를 전면에 드러낸 것이다. 그러나 타자의 판단을 화자의 것으로 대체하거나 타자 자체를 배제하는 논리 위에 타자가 그려졌기 때문에 이 작품들에서 타자성을 논하는 데 한계가 있다.

여기서 살펴보려는 〈우적가〉도 〈혜성가〉와 〈처용가〉의 논리에서 크게 벗어나지 않는다. 타자의 타자성을 인정하지 않고 주체의 동일성에 흡수하려는 의도를 드러낸다. 그러나 〈우적가〉는 시적 대상이 도적이라는 점, 즉 체제 외적 존재를 대상화하였다는 점에서 어느 정도 타자성의 문제를 내포하고 있다. 다른 작품에 비해 타자의 존재성이 좀 더 부각되는 것이다. 이 작품은 향찰 몇 글자가 빠져 있어 해독하기가 힘들고 기존의 해독 사이에 편차가 심하기 때문에, 작품론이 쟁점을 부각하는 방향으로 진전되기 어려웠다.[2] 여기에서는 필자의 해독을 바탕으로 주체와 타자의 문제에 초점을 맞추어 작품론을 전개

2) 연구사는 강석근, 「우적가」, 『새로 읽는 향가문학』, 아세아문화사, 1998 ; 이연세, 「우적가」, 『향가문학연구』, 일지사, 1993을 참조할 수 있고, 작품론으로는 박노준, 「우적가」, 『신라가요의 연구』, 열화당, 1982 ; 최성호, 「우적가」, 『향가문학론』, 새문사, 1986 ; 유효석, 「우적가에 있어서 믿음과 상상의 가치」, 『성대문학』28, 성균관대학교, 1992 ; 황패강, 「우적가 연구」, 『국문학논집』14, 단국대학교, 1994 ; 엄국현, 「우적가, 낙원을 찾아가는 모험노래」, 『유남신석환박사 회갑기념논문집』, 창원대학교출판부, 1997 ; 김혜진, 「우적가의 성격과 그 기능—도적의 행동변화를 중심으로」, 『태릉어문연구』8, 서울여자대학교, 1999 등을 들 수 있다. 크게 보아, 불교적 교훈시와 순수 서정시의 두 방향으로 작품론이 전개되었다.

하고자 한다.

여기서 이 작품과 비교할 만한 자료 하나를 먼저 검토하겠다. 『화랑세기』[3]에는 도적이었던 유지가 화랑 비보의 첩이 되었다는 이야기가 짤막하게 나와 있다. 타자인 도적이 주체에게 감화, 포섭되는 이야기라는 점에서 〈우적가〉의 내용과 유사하다. 이에 비슷한 소재의 이야기와 시에 담긴, 타자에 대한 포용의 논리를 살펴볼 수 있다. 이를 통해 신라 문화에 내재한 사회 통합적 기제의 일단을 드러내고, 또 〈우적가〉의 당대적 배경에 대한 해석적 시야를 넓힐 수 있으리라 생각한다.

2. 타자에 대한 세속의 논리 — 비보와 유지

비보(秘宝)는 문노를 이어 제9세 풍월주에 오른 인물이다. 법흥왕의 손자이고 진흥왕의 사위로서 계보로는 진골정통에 속한다. 그는 설원과 동갑내기인데, 함께 노래를 배웠으나 그에게 미치지 못하였고 피리를 배웠어도 미치지 못하였다. 이에 문노의 문하에 들어가 검술을 배워 드디어 고제가 되어 문노를 힘껏 도왔다.[4]

이러한 비보가 18세에 겪은 일화 하나가 나온다.

3) 『화랑세기』의 진위에 대한 논쟁은 현재도 진행 중이다. 필자는 이 자료를 어문학적 관점에서 분석하여 진본이 전승된 것으로 본 바 있다(신재홍, 『향가의 미학』, 집문당, 2006, 443-463면). 이 장에서는 이러한 입장에 서서 자료를 살펴보았다.

4) 『화랑세기』, 제9세 「비보랑」, 公與薛原公同年生 同學歌不及 學笛又不及 乃投文弩而學劒 遂爲高弟力輔.

> 유오랑은 공의 첩 유지(柳枝)가 낳았다. 유지는 검술을 잘하였는데, 떠돌아다니며 난도를 많이 거느리고 요란을 피웠다. 조정에서 무사를 모아 그녀를 잡으려 하였으나 잘 되지 않았다. 공이 18세의 나이로 그 소굴로 가서 사로잡았다. 유지는 용모가 아름답고 뜻이 고상하였는데 공의 고아한 표치를 보고 스스로 굴복하였던 것이다. 공은 그 사람들을 가엾게 여겨 모두 풀어 주었는데, 유지 홀로 가지 않고 말하였다. "다만 그대를 따라 죽기 원할 뿐 도망가서 달리 살기를 원치 않습니다." 이렇게 해서 첩으로 삼은 것이다.[5]

비보의 생년이 549년(진흥왕 10)이므로 이 일은 566년에 일어났다. 이때는 신라가 대가야를 정벌한 562년에서 얼마 지나지 않은 시기이다. 여자 검객인 유지가 떠돌아다니게 된 이유 및 그녀가 거느린 난도(亂徒)는, 시대적 배경으로 보아 대가야의 멸망과 그로 인해 발생한 가야의 유민일 가능성이 크다. 조정에서 도적의 우두머리인 유지를 죽이려 들지 않고 생포하려고 한 것도 가야 유민을 포섭하려는 신라 조정의 의지가 반영된 것으로 볼 수 있다. 또한 비보가 첫 번째 부인을 병으로 잃고 얻은 두 번째 부인이 가야국 월화 공주의 딸 덕명 공주라는 점도 참조된다.[6] 비보의 스승 문노 역시 가야국 문화 공주의 아들이므로 비보가 두 번째 부인을 선택하는 데에 문노의 권고가

---

5) 같은 곳, 柳五郎者 公妾柳枝生也 柳枝善劒術 放浪多畜亂徒作擾 朝廷募士擒之不得 公以十八之年 詣其窟捕之 盖柳枝皃美而志高 見公之高標而自伏者也 公惜其人皆釋之 柳枝獨不去曰 但願從君死 不顧逃他生 遂以爲妾者也.

6) 같은 곳, 又娶眞興大王女德明公主 其母乃加耶國月華公主也.

있었으리라 짐작한다. 문노와 비보는 멸망한 대가야 출신의 인물들이 신라에 귀속한 후 의지할 수 있는 존재였던 것이다.

이에 18세의 비보가 여자 도적 유지를 사로잡은 사건의 배경에는 대가야 멸망의 여파에 따른 정치적 역학 관계와 화랑으로서 비보가 처한 사회적 위치 및 문노의 문하에서 익힌 무술 실력 등이 복합적으로 작용하였으리라 생각된다. 그러나 문면만 놓고 보았을 때, 비보가 유지를 사로잡을 수 있었던 것은 아름다운 용모와 고상한 뜻을 지닌 유지가 비보의 '고아한 표치[高標]'를 보고 스스로 굴복하였기 때문이다. 그리고 유지는 일당이 모두 풀려났음에도 불구하고 홀로 가지 않고 비보를 따라 죽기를 원한다면서 남았다. 이렇게 해서 그녀는 비보의 첩이 되었다.

여기에서 주체와 타자의 문제를 논의할 수 있다. 계보상 진골정통에 속한 신라 최고위층 귀족이, 추정컨대 멸망한 대가야의 유민들을 이끌고 도적이 된 여자 검객을 사로잡고 또 첩으로 삼은 것이다. 곧 주체인 귀족이 타자인 도적의 우두머리를 포용한 이야기이다.

그런데 이야기인 이상 여기에는 주체와 타자를 바라보는 서술자의 시점이 개재되었다. 서술자는 주체와 타자의 같음에서 그 포용의 당위성을 서술하였다. 타자인 유지는 용모가 아름답고 뜻이 고상한 인물이요, 타자를 포용한 주체인 비보는 타자의 눈에 고아한 표치를 드러낸 인물이다. 아름다운 용모, 고상한 뜻, 고아한 표치 등은 모두 인물의 귀족적 아름다움이라는 범주에 포함되는 덕목들이다.

신라 문화에서 아름다움의 가치는 상당히 중하게 여겨졌다. 『삼국유사』의 여러 곳에서 그러한 점을 알 수 있는 예들이 나온다.

> 사량부의 서민 여자가 자태와 용모가 아름다우니, 당시 사람들이 도화랑이라고 불렀다. …… 왕이 폐위되어 붕한 지 2년 후 …… 7일 동안 머물렀는데, 늘 오색구름이 가옥을 덮고 향기가 실내에 가득 찼다. 7일 후 홀연 자취 없이 사라졌다. ; 수로의 자태와 용모는 당대에 뛰어나 깊은 산 큰 못을 지날 때마다 신물에게 여러 번 붙들려 갔다. ; 왕이 미녀로써 아내를 삼도록 하여 그의 뜻을 머무르게 하고자 했고 또 급간의 관직도 주었다. 그의 아내는 매우 아름다워 역신이 흠모해서 사람으로 변하여 밤에 그 집에 가서 남몰래 함께 잤다.7)

세 예화 모두, 비록 설화적으로 수식되어 있지만, 아름다움이 신물에게도 감동을 줄 만큼 신성하고 고귀하게 여겨졌음을 보여 준다.

『화랑세기』에도 아름다운 여자와 아름다운 남자에 대한 언급이 많이 나온다. 그중 아름다움을 구체적으로 묘사한 예를 들어 보겠다.

> 용모가 절묘하여, 풍만하고 도톰함은 옥진을 닮았고 밝고 명랑함은 벽화를 닮았고 아름답고 오묘함은 오도를 닮았으니, 온갖 꽃들의 신령을 모았고 세 미인의 정수를 뽑아 놓았다고 이를 만하였다. ; 공이 말하였다. "무엇이 아름다움입니까?" 궁주가 말하였다. "너와 같은 자가 아름답다. 얼굴은 반지르르한 옥 같고, 입술은 붉은 연지 같고, 눈에 아리따운 광채가 돌

7) 『삼국유사』 1권, 기이 「도화녀 비형랑」, 沙梁部之庶女 姿容艶美 時號桃花娘…… 王見廢而崩後二年……留御七日 常有五色雲覆屋 香氣滿室 七日後忽然無蹤 ; 「수로부인」, 水路姿容絶代 每經過深山大澤 屢被神物掠攬 ; 「처용랑 망해사」, 王以美女妻之 欲留其意 又賜級干職 其妻甚美 疫神欽慕之 變爲人 夜至其家 竊與之宿.

고, 말에 정근(情根)이 있는 자가 아름답지 않느냐."[8]

앞의 것은 미실의 아름다움을, 뒤의 것은 보종의 아름다움을 묘사하였다. 미실은 풍만하고 도톰함, 밝고 명랑함, 아름답고 오묘함 등 세 가지의 아름다움을 지닌 여자이다. 차례대로 육체적 특징, 표정과 말씨, 인상과 분위기를 뜻하는 듯하다. 미실의 막내아들인 보종의 아름다움은 옥같이 반지르르한 얼굴, 붉은 연지 같은 입술, 아리따운 광채가 도는 눈, 정을 끄는 근기가 있는 말 등 네 가지로 요약되었다. 미실의 아름다움으로 지적된 점들과 비슷한 특징이 거론되었는데, 요컨대 그 사람의 육체성과 태도의 측면에 초점을 두었다. 여자와 남자에 공히 이러한 기준이 적용되었던 것이다.

그런데 후자의 인용문 뒤에는 보종의 반론이 이어진다. 그는 "정을 끄는 근기는 여러 갈래이고, 아리따운 빛은 속이기 쉽고, 붉은 연지나 옥같이 반질거리는 것은 몸을 보호하는 보배가 아닙니다"라고 말한다.[9] 이는 외모보다 내면의 아름다움을 강조한 것이다. 보편적으로 그렇듯이, 신라 시대에도 외면적 아름다움과 내면적 아름다움이 함께 긍정되었음을 보여 준다.

유지가 비보의 고아한 표치에 반하였던 것은 아름다움을 숭상하는 신라인의 전반적인 성향에 따른 것이다. 아름다운 여자인 그녀는 자

8) 『화랑세기』, 제11세 「하종」, 容兒絶妙 豊厚似玉珍 亮明似碧花 美妙似吾道 可謂鍾百花之神 萃三美之精; 제16세 「보종」, 公曰 何之爲美乎 宮主曰 如汝者 美也 面若玉膏 脣若赤脂 眼有嬌彩 言有情根者 不亦可乎.

9) 같은 곳, 情根多岐 嬌彩易詐 赤脂玉膏 非護身之寶也.

신의 미감에 딱 맞는 비보의 아름다움에 빠져들었다. 비보가 유지의 요구를 받아들인 데에서 보듯이, 비보 역시 유지의 아름다움에 반하였다. 이 이야기의 서술자까지도 유지의 아름다움과 비보의 아름다움을 동질적인 성격으로 보고 서술하였다.

이는 주체와 타자가 문화적 동질성, 즉 같음의 논리로 상호 흡수되고 동화되는 양상이다. 사회 질서의 수혜자 · 유지자인 귀족과 소외자 · 도전자인 도적 사이의 긴장 관계는 아름다움에 대한 숭배라는 공통점으로 인해 풀어지고 마침내 주체가 타자를 포용하는 방식으로 화합하게 되는 것이다.

이러한 양상은 신라 사회의 단면을 여실히 보여 준다고 할 수 있다. 골품제라는 엄격한 신분 제도 아래에서 사회 구성원이 살아가던 신라 시대에 신분적 차별에 따른 사회적 긴장을 완화하는 문화적 기제들이 있었을 것이다. 비보와 유지의 이야기는 아름다움에 대한 숭배라는 신라 문화의 한 특징에 의해 주체와 타자가 화합할 수 있었던 예이다. 사회 문화적으로 같음의 논리로써 주체와 타자 사이의 다름을 넘어섰던 것이다.

3. 타자에 대한 초월의 논리 — 〈우적가〉

원성왕대(785-798)에 승려 영재(永才)가 도적 60여 인을 감화시켜 자신의 문도로 받아들인 일이 일어났다.[10] 비보가 여자 도적 유지를

10) 『삼국유사』 5권, 피은, 「영재우적」 참조.

첩으로 받아들인 일에서 200여 년이 지났는데, 그 사이 신라는 삼한 통합의 위업을 달성하고 나서 성덕왕·경덕왕대의 흥성기를 지나 이제 하대로 접어들고 있었다. 시대가 많이 떨어진 관계로 도적의 성격이 유지의 경우와는 상당히 달랐을 터인데, 도적에 대한 논자들의 견해차가 심하다.11)

필자는 선덕왕에서 경순왕까지의 신라 하대 150여 년에 대해 진골 귀족의 반란이 계속되어 신라가 멸망을 향해 나아갔다는 식의 설명을 각 왕대마다 등가적으로 해서는 안 된다고 생각한다. 신라 하대가 상대나 중대에 비해 반란이 많고 왕권이 자주 바뀐 것은 사실이지만, 그 시기에도 원성왕, 문성왕, 경문왕, 헌강왕대 등 안정기도 있었고, 그 세월 동안 정권 다툼이라는 표층의 밑으로는 신라인의 일상생활이 지속되었다. 먹고 자고 일하고 사랑하고 느끼고 생각하고 표현하는 일들은 어느 시대나 행해졌다. 이 점을 인식하지 않고 『삼국사기』에 기록된 권력 투쟁의 사건만을 신라 하대 역사의 전부인 양 기술하는 것은 역사의 실상에서 한참 벗어난 것이다.

〈우적가〉의 배경인 원성왕대도 이러한 관점에서 접근해야 한다. 14년의 재위 기간 동안 자연재해나 기근 등이 많았던 것으로 나오나, 이는 신라 시대 어느 왕대나 그만큼의 기록은 찾을 수 있는 정도이다. 『삼국사기』의 편자 김부식이 신라사의 지속성과 역동성을 폄하하고

11) 최성호는 '도둑 아닌 도둑, 도둑답지 않은 도둑'(최성호, 앞의 논문, 381면)으로, 박노준은 '화랑단의 잔비(殘匪)' 혹은 '반체제 세력'(박노준, 앞의 책, 280-281면)으로, 이웅재는 '주원(周元) 계의 일파'(이웅재, 「우적가 설화의 연구」, 『평사민제선생 화갑기념논문집』, 1990, 304-305면)로, 황패강은 문자 그대로 '도둑, 즉 반사회적 범죄 집단'(황패강, 앞의 논문, 88면)으로 보았다.

하필이면 그러한 면만을 추려서 기록한 점도 고려되어야 한다.

그러한 『삼국사기』의 기록으로도 원성왕대는 반란이 한 번 있었을 뿐 대체로 안정기였음을 알 수 있다. 『삼국유사』에서 왕의 즉위를 둘러싼 이야기, 호국룡을 구출한 이야기, 뭇사람을 홀린 묘정의 이야기, 만파식적을 전수받은 이야기, 그리고 김현과 호랑이 처녀의 낭만적인 사랑 이야기 등이 원성왕대가 배경이다. 이는 원성왕대가 신라 중대의 진흥왕, 진평왕, 문무왕, 신문왕대 정도로 흥미로운 이야기들이 부회될 수 있었던 시대였음을 말해 준다.

그런데 원성왕대가 배경인 〈우적가〉에는 도적 60여 인이 나온다. 사회 질서를 어지럽히는 도적의 존재로 인해 원성왕대가 혼란한 시대였다고 볼 여지가 있지만, 그보다는 일정 수준의 평상적인 상태에서 발생한 도적들이라고 보는 편이 온당하리라 본다. 안정기든 혼란기든 개인적, 집단적 사정에 의해 서민 혹은 귀족 중 일부가 도적이 될 여지는 늘 있었다. 이러한 관점에서 원성왕 4년(788)의 기사에 주목할 수 있다.

> 가을에 나라의 서쪽 지역이 가물었고 누리가 생겼으며 도적이 많아졌다. 왕이 사신을 보내어 안무하였다.[12)]

가뭄, 누리 발생과 도적이 많아진 것이 앞뒤로 기술되었다. 도적이 많아진 것이 가뭄, 누리 등 자연재해로 인한 유랑민의 확산에서 연유

12) 『삼국사기』, 신라본기, 「원성왕」 4년, 秋 國西旱蝗 多盜賊 王發使安撫之.

한 것으로 본 기사자의 인식이 반영된 것이다. 이는 832년의 '흉년이 들어 도적이 곳곳에서 일어났다'[13]라는 기사와 유사한 인식이다.

물론 일군의 도적이 뚜렷한 목적의식 아래 모여 신라 조정에 반역하는 세력이 된 경우도 있다.

> 봄 정월 헌창의 아들 범문이 고달산 도적 수신 등 100여 인과 함께 반란을 꾀하였다. ; 국내의 여러 주군에서 공물과 조세를 보내오지 않아서 창고가 비었고 비용이 궁핍해지니 왕이 사신을 보내어 독촉하였다. 이러한 연유가 있는 곳에서 도적이 봉기하였다. 이에 원종, 애노 등이 사벌주를 근거지로 삼아 반역하였다. ; 도적이 나라의 서남 지역에서 일어났다. 바지를 붉은색으로 하여 스스로를 특이하게 보였는데, 사람들이 적고적이라 하였다.[14]

앞의 예는 김헌창의 반란(822)의 여파에 산적들이 반적에 가담한 것이고, 뒤의 두 예는 진성왕대(887-897)에 조정의 가렴주구를 못 이겨 도적들이 봉기한 것이다. 세 경우 모두 뚜렷한 목적의식하에 도적이 일어난 예인데, 기사자는 도적 봉기의 원인과 양상을 분명히 기술해 놓았다.

이에 비해, 앞서 본 원성왕대 도적의 기사는 자연재해와 연관되어

---

13) 위의 책, 「흥덕왕」 7년, 八月 飢荒 盜賊遍起.

14) 위의 책, 「헌덕왕」 17년, 春正月 憲昌子梵文 與高達山賊壽神等百餘人 同謀叛 ; 「진성왕」 3년, 國內諸州郡 不輸貢賦 府庫虛竭 國用窮乏 王發使督促 由是所在 盜賊蜂起 於是 元宗哀奴等 據沙伐州叛 ; 「진성왕」 10년, 賊起國西南 赤其袴以自異 人謂之赤袴賊.

기술되었을 따름이다. 따라서 〈우적가〉의 배경 기사에 나오는 원성왕대의 도적 60여 인도 어떤 목적의식하에 반란 세력을 이룬 도적이 아니라 자연재해로 인해 발생한 유민이 생계를 위해 도적질을 하게 된 경우로 보인다. 그래야만 도적들이 영재가 지은 향가에 감동을 받고 회심하여 수도할 수 있었다는 점을 합리적으로 이해할 수 있다. 목적의식이 뚜렷한 도적이었다면 자기들의 정치적 내지 종교적 이념을 우연한 계기로 인해 그렇게 쉽게 포기할 수는 없었을 것이기 때문이다.

이 도적들 중에서 향가를 잘하는 영재를 알아본 자가 있었던바, 아마도 도적의 우두머리급에 해당하는 사람이었을 것이다. 이는 향가가 당대에 대중에게 널리 향유된 국민문학[15]이었기 때문일 수도 있고, 도적 중 우두머리급은 지식층으로서 영재의 문명(文名)을 알았기 때문일 수도 있다. 어쨌든 영재는 도적의 요청에 따라 향가를 지었고, 작품에 담긴 뜻을 이해한 도적들이 감화를 받게 되었다.[16] 이렇듯 〈우적가〉는 도적을 타자로 둔 주체의 생각과 느낌을 표현한 서정시이다.

저의 ᄆᆞᅀᆞᄆᆡ	제 마음의
즈ᅀᅵ 모ᄃᆞ기려ᄃᆞᆫ	모습 구하려거든
ᄒᆡ 멀오 숨온 디나촐 알고	해 멀리 숨은 지나침을 알고
엳ᄃᆞᆫ 더믜 가고소다.	이제는 숲에서 떠나갈 것이다.

15) 조윤제, 『한국문학사』, 탐구당, 1981, 38-40면.

16) 『삼국유사』 5권, 피은, 「영재우적」, 賊感其意.

다ᄆᆞᆫ 외온ᄋᆞᆫ 허른 님,
ᄌᆞ비 업시 드려도 도롤 郞야
이 잠갓사 디나온?
됴흘 이사야 드료ᄃᆞ니.
아야, 오지기 나—잇 恨은
아ᄉᆞ란 알히 스집 아모니다.

다만 잘못된 것은, 해치는 님,
채비 없이 들여도 돌아갈 랑(郞)이
이 병장기야 지나치련?
좋을 것이라야 들이다니.
아아, 오직 나—의 한은
아스라한 조용한 시골집 아무오니다.[17]

승려 영재가 지리산에 은둔하러 가는 도중에 대현령에서 도적을 만나 지은 것이므로, 작품의 바탕에는 여행의 주제가 구조화되어 있다. 제10행의 '시골집'이 여행의 목적지, 제4행의 '숲'이 여행 도중에 지나게 된 장소로서, 애초에 거처한 곳에서 출발하여 '숲'을 거쳐 '시골집'으로 옮겨감이 작품의 근간을 이룬다.

여행의 구조 위에서 시상은 주체의 관심이 타자에게 향하였다가 다시 자기에게 돌아오는 방향으로 전개된다. 주체와 타자를 지시하는 시어로 본다면, 제1행의 '저'에서 제5행의 '님'과 제6행의 '랑'을 거쳐 제9행의 '나'로 나아간다. 시적 화자는 청자를 향해, 먼저 주체와 타자가 포함된 '저'에 대해 말하고, 다음으로 타자인 '님'과 주체인 '랑'을

17) 신재홍, 『향가의 해석』, 집문당, 2000, 313-314면. 양주동, 『증정 고가연구』, 일조각, 1965, 638-672면; 김완진, 『향가해독법연구』, 서울대학교출판부, 144-156면 등 기존 해독에 대한 논의는 위의 책, 282-313면을 참조하기 바란다. 기존과 가장 큰 차이점은 제1구를 화자가 지금 숲 속을 가고 있다는 말로 풀이한 데 비해 화자가 도적들에게 마음의 참모습을 알고 숲에서 떠나라고 훈계하는 말로 본 점이다. 이러한 입론은 제2구, 제3구의 해독에서도 기존과는 상당히 다른 결과를 가져왔다. 그리하여 전체적으로 기존에 풀이된 작품 내용과는 많이 다르고, 배경 기사의 상황에 좀 더 연계된 해독이 되었다.

비교하여 말하며, 끝으로 주체인 '나'에 대해 말하는 것이다.

제1구(제1~4행)는 화자가 여행 도중 갑자기 만난 도적에게 하는 말이다. 제1, 2행은 '제 마음의 / 모습 구하려거든'이라는 가정인데, 이는 화자가 도적과 자신을 같은 존재자로 전제한 것이다. 주체는 타자를 동일시하면서 우리 모두가 '마음'의 참된 '모습'을 찾아 나서야 한다고 말하고 있다.

이는 여행 도중 겪게 된 불의의 사태에 처하여 화자가 애초에 지녔던 자유분방한 성품과 수도자로서의 자세를 바탕으로 발화한 것이다. 마음의 문제에 대해 사색하고 그 참모습을 구하기 위해 수도에 정진하였던 화자의 경력이 훈계의 말 속에 담겨 있다. 이러한 문제의식은 타자에게 던지는 훈계인 동시에 주체가 여행자가 되어 길을 떠난 동기로 작용하였을 것이다.

이렇게 같음을 전제로 하여 발화한 다음, 제3, 4행에서는 다름의 측면을 부각하여 말하였다. 제3행에서 타자는 '해 멀리 숨은 지나침'을 행했다고 하였다. 광명을 피해 어둠 속에서 불의한 행동을 하였던 것이다. 이것이 주체와 타자가 다른 점이다. 이렇게 주체와 타자의 다름을 확인한 다음, 제3행 끝의 '알고'와 제4행의 '이제는 숲에서 떠나갈 것이다'라고 말한다. 타자에 대한 주체의 엄중한 경고, 강력한 훈계인 것이다.

도적의 소굴인 '숲'은 '해 멀리 숨은' 어둠의 장소이다. 잘못을 알았다면 그곳에서 벗어나 광명의 세계로 나아가야 한다. 이것은 주체가 타자에게 던진 훈계인 동시에 주체의 여행길의 의의이기도 하다. 어둠을 거쳐 광명에 이르는 길은 곧 주체가 지금 가고 있는 수도의 길이

기도 한 것이다. 주체와 타자는 이승의 존재자로서 같지만, 타자는 '지나친' 행동을 하였으므로 주체와 다르다. 그러나 광명을 찾아가는 길에서 주체와 타자는 다시 같은 존재가 된다.

제2구(제5~8행)는 제1구의 같음의 논리에서 벗어나 주체와 타자의 다름을 강조하며 주제를 심화한다. 제1행이 가정에서 출발한 것처럼, 제5행은 '다만'이라는 조건에서 출발한다. '다만'은 제1구의 주체의 훈계를 타자가 받아들인다 하더라도 남는 문제, 즉 주체와 타자의 다름에 대해 말하겠다는 의지의 표현이다.

제5행에서 '다만'에 이어 단도직입적으로 자신을 '해치는' 도적들이 '잘못되'었다고 꾸짖는다. '지나침'이 일반적, 관습적 잘못이라면, '잘못되'었다는 것은 현장에서 벌어지는 구체적인 잘못을 뜻한다. 지금 자기를 해치려는 도적의 행동이 잘못되었다는 것이다. 타자가 잘못되었기에 주체는 그 잘못을 일깨우며 자신을 타자에 대비한다. 곧 '님'과 '랑'과의 다름에 초점을 두는 것이다.

제5행 끝에서 타자를 '님'으로, 제6행에서 주체를 '랑'으로 지칭한 것은 주체와 타자를 객관화한 말이다. '님'은 사람을 '해치'고 '잘못된' 데 반해 '랑'은 '채비 없이 들여도 돌아갈' 존재이다. 현세에나 소용될 재물을 빼앗으려고 일시적으로 악행을 저지르는 타자에게 내세를 위해 무욕 행(無慾行)을 실천하는 주체가 극명하게 구별된다. 이러한 직접적인 단정을 조금 완화하는 말이 또한 '님'이다. 단죄하는 말에 이어 나온 존칭의 '님'은 타자의 존재성을 존중하려는 태도를 반영하였다. 준엄하게 꾸짖은 끝에 '님'이라는 존칭을 써서 상대의 감정을 조금 풀어 준 것은 화자의 골계적 품성18)에 기인한다.

제7, 8행은 주체와 타자의 다름을 현 상황에 대응해 놓았다. 타자에게 '병장기'는 사람을 위협하는 도구이지만, 주체에게는 그저 순순히 받아들일 사물일 따름이다. 무욕의 수도자에게 병장기가 '좋을 것'은 아니지만 그렇다고 위협적인 의미를 갖지도 못한다. 타자가 병장기를 휘둘러 현세에나 소용될 재물을 빼앗으려 하자, 주체는 그것을 순순히 수용하고 만다.

제5행에서 타자를 '님'이라고 지칭한 화자의 태도가 제7, 8행에서 '지나치련?'과 '들이다니'의 자문자답 형태로 확장되었다. 의연하면서 깔보는 듯한 어조로써 상대의 감정을 완화하고 여유 있는 웃음을 자아내어 공감을 유도하는 것이다.

이렇듯 주체는 '채비 없이 들여도 돌아갈 랑'이라고 하여 자기 정체성을 드러내고, 타자를 병장기로 위협하는 존재라고 하여 주체와 다름을 분명히 하였다. 주체는 아무런 준비 없이 어떤 시련이나 위협에 닥쳐도 모든 것을 툭툭 털고 '돌아갈' 수 있는 사람이다.

여기서도 여행의 주제는 지속된다. 여행자인 주체가 가는 길은 지리산 속 '시골집'이 목적지가 아니라 그로부터 다시 '돌아갈' 곳, 즉 극락세계를 상정함이 드러난다. 화자의 실제 여행은 애초의 거처에서 출발하여 대현령 숲을 거쳐 지리산 시골집에 이르는 길이지만, 이 여행의 궁극적인 목적지는 시골집으로부터 나아갈 극락세계이다.

제3구(제9 · 10행)는 타자와의 다름에 따른 주체의 주체다움을 드러내었다. 주체로서 '나'를 전면에 내세우며 발화하는 것이다. 우선

---

18) 『삼국유사』 5권, 피은, 「영재우적」, 性滑稽 不累於物.

제2구의 처음에 '다만'이라는 조건이 온 것에서 더 나아가, 감탄사를 거친 제3구 첫머리는 '오직'이라는 단정으로 시작된다. 타자에 대한 같음에서 다름으로의 이행은 결국 주체의 주체다움을 유일한 명제로 규정하려는 의도이다. 타자와의 다름에서 나아가 주체는 주체로서 존재하기에, 주체를 '오직 나'로 표현하였다.

그런데 그러한 주체의 '한'을 말하였다는 점에서 제2구에서 비약이 있다. 제2구처럼 타자와는 다른 주체의 생각에 따라 병장기를 수용하면 주체는 생명을 잃을 것이다. 그러한 상황이 왔을 때를 가정한 것이 제2구와 3구 사이에 개재한 비약의 토대이다. 제9행에서 발한 '나'의 '한'은 죽게 되었을 때를 가정하여 나온 말이다.

이 '한'은 제1행에 나온 '마음'과 대비된다. '마음'을 찾기 위한 여행길이었는데, 그것이 좌절된 다음에는 '마음'의 부정적 결과물인 '한'이 남게 되었다. 이는 타자와 다른 주체의 모습이지만, 동시에 타자가 도적이 될 수밖에 없었던 조건으로서의 '한'을 의식한 것이기도 하다. 주체가 '한'을 말함으로써 타자의 내면에 존재하는 '한'에 공감을 표시하였다.

그런데 화자는 죽음에 임박한 상황에서 애초에 지녔던 소망을 더욱 뚜렷이 되새겨 본다. '한'은 죽음을 가정하여 나온 말인 동시에 애초의 삶의 목표를 상기하는 말이다. 그리하여 작품을 마무리하는 제10행에서 '아스라한 조용한 시골집'이 제시되었다.

한 이전에 소망이 담긴 이 '시골집'은 실제의 여행과 관념상의 여행이 만나는 지점이다. 그곳에 가서 수도함으로써 극락세계로 나아가는 길을 열 수 있다. '시골집'을 수식하는 '아스라한 조용한'은 제3행 '멀리 숨은'과 연결되는데, 두 수식어는 같으면서도 다르다. 은둔의 이미지가 같고 거리적으로 멀다는 뜻은 같지만, '멀리 숨은'은 타자의 행동을 꾸짖는 말이고 '아스라한 조용한'은 주체의 소망을 담은 말이다. 다시 말해 도적의 숨음에 대한 수도자의 숨음이 대비되었다.

이렇듯 제3구에서 발한 화자의 한탄은 여행 도중의 사태로 인해 나온 것이다. 그 속에는 실제 여행의 끝에서 관념 여행을 시작해야 한다는 뜻이 담겨 있다. 제2구에서 말한 타자와의 다름에서 더 나아가 주체의 주체다움을 표현하였다.

〈우적가〉는 길을 가던 주체가 갑자기 만난 타자에게 발언한 내용이다. 주체가 타자를 의식하여 주체와 타자의 같으면서 다름을 전제로 훈계하고, 현장의 구체적 행동을 두고 타자의 잘못을 꾸짖으며 다름을 명확히 한 다음, 결국 주체의 주체다움을 드러내었다. 그러면서 주체의 극락왕생에 대한 확고한 신념과 수도자로서의 정진의 자세를 보여 주고, 그에 대비하여 타자의 현세적 욕망이 지닌 허망함과 위협의 수단이 지닌 무의미함을 폭로하였다.

이러한 주체와 타자의 문제는 화자가 여행 중에 겪은 사건의 와중에 그려졌다. 〈우적가〉는 인간의 참모습을 찾는다는 여행의 동기, 예기치 못한 사건을 겪은 여행의 도중, 수도에 정진할 곳인 여행의 실제 목적지, 그리고 세상을 초월하여 도달할 여행의 최종 목적지까지, 실제의 여행과 관념상의 여행이 결합된 구조를 이룬다. 이러한 구조 속에 여행 같은 인생길을 가는 주체가 타자와 만나서 맺게 되는 관계의 역동적인 의미를 담아내었다. 요컨대 〈우적가〉는 여행의 의미 구조를 바탕으로 주체와 타자의 관계를 형상화한 작품이다.

4. 결 론

이 장에서는 〈우적가〉의 작품 구조와 시상의 전개를 분석하여 주체와 타자의 관계가 형상화된 양상을 드러내는 데 중점을 두었다. 또한 승려인 주체가 도적인 타자를 훈계하고 포용하는 데 어떤 논리가 들어 있는지도 유의하였는데, 마침 『화랑세기』에 비보와 유지의 이야기가 있어서 비교할 만하였다.

신라의 최고위층 귀족인 비보가 대가야의 유민을 이끌고 도적이 된 여자 검객 유지를 첩으로 받아들인 이야기는 신라 사회가 체제 외적 존재를 포용한 사례이다. 엄격한 신분 제도인 골품제를 지켜 나간 신라는 신분 간의 갈등이나 체제에 대한 도전을 제재하거나 포용하는 논리와 방법을 지녔을 것이다. 그중 고아한 아름다움을 숭상하는 신라 문화의 특성이 비보가 유지를 포용한 근거가 되었다. 신분의 고하를 막론하고 아름다운 용모와 자태는 신라 사회가 받들어 모시는 대상의 기본 조건이었다. 이는 신라 사회에서 타자를 포용하는 세속적 논리의 일단을 드러낸 것이다.

이에 비해 〈우적가〉는 타자를 포용하는 논리가 구체적인 시어들의 관계 속에 들어 있다. 수도자인 화자는 도적인 타자를 인간 보편의 동일성의 측면에서 훈계하고, 타자와 자신과의 차이를 부각하며, 자신의 주체다움을 드러냄으로써 결과적으로 타자를 포용하게 되었다. 이는 마음의 참모습을 찾아 나선 여행자인 화자가 타자를 그 길에 동행시킨 것이기도 하다. 그 길은 애초의 거주지에서 출발하여 도적을 만난 숲을 거쳐 지리산의 수도처에 이르고, 그곳에서 다시 극락세계로 나아간다. 인간이 보편적으로 추구하는 초월의 논리로써 타자를 구도의 길로 끌어들였던 것이다.

비보와 유지의 이야기는 서술자나 등장인물 모두 아름다움을 긍정하는 데에, 〈우적가〉는 시적 화자가 현세의 것들을 포기하고 일념으로 극락세계를 향하는 데에 바탕을 둔 작품이다. 두 자료만 놓고 보면 이야기가 세속의 논리에, 서정시가 초월의 논리에 기초하여 타자를 포용했다고 하겠으나, 당대에는 그 두 논리가 양극에서 이끄는 자장 안에서 여러 가지 포용의 논리가 존재하였을 것이다. 이에 아주 상식적인 추론이 되겠지만 향가를 포함한 신라 문화는 대립과 갈등의 양상과 함께 포용과 화합의 양상을 지녔으리라 생각된다.

〈처용가〉의 감각

1. 서 론

오늘날까지 전하는 작품은 극소수이지만 향가의 작품 세계는 넓고도 깊다. 『삼국유사』 소재 14수는 모두 개성과 문학성을 지녔고, 『균여전』 소재 〈보현시원가〉 연작은 신앙을 서정성 짙게 표현하였으며, 고려 예종의 〈도이장가〉나 『화랑세기』 소재 〈송사다함가〉도 역사 현장에서 나온 품위 있는 작품들이다. 수백 년 동안 풍미한 향가 장르 속에 당대인의 삶이 폭넓게 담겼을 터이기에, 극소수일지언정 현존 향가들에 그 흔적이 남게 되었다.

향가의 넓고 깊은 작품 세계의 일단을 드러내기 위해, 이 장에서는 〈처용가〉에 그려진 당대인의 예민한 감각에 대해 살펴보고자 한다.[1)]

---

1) 〈처용가〉에 대한 연구사는 김학성, 「처용전승의 설화 중심 문학적 연구사」, 『처용연구전집』2(문학1), 역락, 2005 ; 김학성, 「처용전승의 시가 중심 문학적 연구사」, 앞의 책(문학2) ; 김학성, 「처용전승의 연구사 및 종합적 · 역사적 연구의 검토」, 앞의 책4(종합) ; 서대석, 「처용가 및 처용설화의 민속학적 연구사」, 앞의 책3(민속) ; 신재홍, 「처용가 연구사—어학 분야」, 앞의 책1(어학)에서 종합적으로 검토된 바 있다. 『처용연구전집』은 어학, 문학, 민속, 종합, 예술 등의 분야로 나누어 처용 관

〈처용가〉는 신라 귀족 문화가 무르익을 대로 익어 이제 쇠퇴기의 조짐이 나타나는 헌강왕대(875-886)가 배경이다. 쇠퇴에 초점을 맞추기보다는 난숙의 양상이 어떠했는지를 살피는 것이 중요하다.[2] 헌강왕 사후 50년 만에 나라가 망하였다는 역사적 사실은 후대에 알 수 있고, 반역의 무리를 제외하고 헌강왕 당대를 살았던 대부분의 사람들은 신라의 영원한 지속, 안정과 번영을 전제로 삶을 영위하였을 터이기 때문이다.

〈처용가〉는 신라 귀족 문화가 담지한 감각의 촉수를 읽을 수 있는 작품이다. 안압지 출토품이나 여러 불교 유물에서 느껴지는 고도의 세련성, 섬세함 등 당대 문학에서도 확인될 것은 당연한 일이다.[3] 향가에서 신라 귀족 문화의 고도의 세련성을 확인해 보는 것은 언어에 각인된 문화의 양상을 살펴본다는 데 의의가 있다. 또한 이는 이 작품에 지나치게 부과된 주술성을 덜어 내어 작품의 인간적인 면모를 드러낼 수 있을 것이다.

계 논문 160편을 총 7권에 모아 놓은 책이다. 이 전집에 수록된 논문 중에서 감각에 초점을 두고 〈처용가〉를 논한 것은 찾지 못하였다.

2) 헌강왕대를 환락과 방탕의 시대로 본 박노준, 『신라가요의 연구』, 열화당, 1982, 319면의 관점은 작품에 반영된 당대의 감각에 대해 논하려는 이 책의 내용과 상통하는 면이 있다. 그러나 환락과 방탕이라는 부정적 평가는 일단 유보하고 감각의 세련된 양상을 드러내고자 한다는 점에서 관점이 좀 다르다.

3) 신라의 문화유산과 향가를 관련지어 논의한 연구로 서철원, 『향가의 역사와 문화사』, 지식과 교양, 2011을 들 수 있다.

2. 〈처용가〉의 시적 상황

東京 ᄇᆞᆯ기 ᄃᆞ라	동경 밝은 달에
밤드리 노니다가,	밤들도록 놀며 다니다가,
드러ᅀᅡ 자ᄅᆡ 보곤	들어서 자리 보니
가로이 네히어라.	가랑이가 넷이어라.
두ᄫᅳᆯ흔 내 해엇고	둘은 내 것인데
두ᄫᅳᆯ흔 누기 해언고?	둘은 누구 것인가?
아ᄋᆡ 내 해다 마ᄂᆞᆫ	본래 내 것이다마는
아ᅀᅡᆯ 엇뎌다 ᄒᆞ리고?	[도로] 빼앗아 옴을 [사람들이] 어떻다 하리오?[4]

『삼국유사』「처용랑 망해사」에 쓰인 주술적, 평가적 필치를 가급적 걷어 내고 역사적, 사실적 보고의 면을 위주로 보면, 이 기사가 다룬 것은 신라 귀족 사회에서 일어난 간통 사건 중 하나이다.[5] 처용의 아내를 어떤 남자가 겁탈하거나 혹은 둘이 화간하는 현장을 처용이 목격한 사건에 대한 기록이다.

사건의 발단에 대한 서술은 없고, 단지 헌강왕이 처용의 뜻을 붙잡아 두기 위해 미녀와 혼인시켰다는 것만 나와 있다.[6] 여기서 처용의 혼인이 왕에 의해 이루어졌다는 것과 처용의 아내가 미녀라는 것 정

4) 신재홍, 『향가의 해석』, 집문당, 2000, 141-142면.

5) 김학성, 『한국고전시가의 연구』, 원광대학교출판국, 1980, 364면 ; 신재홍, 『향가의 미학』, 집문당, 2006, 418면.

6) 『삼국유사』2, 기이2, 「처용랑 망해사」, 王以美女妻之 欲留其意.

도를 알 수 있다. 그런데 『화랑세기』에는 귀족 사회 내부의 근친혼, 늑혼 등에 대한 이야기가 많이 나온다. 대개 권력 승계, 세력 다툼 등의 정치적인 의도에 의해 이루어지는 경우가 많다.[7] 시기는 다르나 처용의 혼인은 『화랑세기』에 기술된 혼인의 양상과 상통하는 점이 있다.

처용의 정체는 여전히 논란 중이지만,[8] 그가 외래자라는 사실만큼은 부인하기 어렵다. 처용은 신라에서 태어나 자란 사람이 아니라 어딘가에서 바다를 통해 신라로 들어온 사람이다. 따라서 그가 신라 사회에 뿌리를 내리고 사는 것은 만만찮은 과제였을 터인데 왕이 든든한 후견인이 되어 주었다.

문제는 처용이 늑혼으로 만난 아내이다. 이 사람에 대해서는 미녀라는 것 외에는 알 수가 없다. 그런데 기사의 필치가 역신(疫神) 같은 이물이 탐내어 빼앗아 갈 정도로 아름답다고 한 점에서 그녀는 수로부인과 닮았다.[9] 일대 사건을 일으킬 만한 미모인 셈이다. 또 왕이 늑혼의 상대로 지목할 만큼 왕실과 밀착된 신분이라는 점도 짐작이 간다. 외래자 처용을 신라 귀족 사회에 편입시키려는 왕의 의도에 의해 선발되었으니 그녀는 아마도 진골 귀족의 일원이었을 것이다.

진골 귀족 출신의 당대 최고 미녀였다면 그녀의 출생 및 성장에 얽힌 이러저러한 배경과 맥락이 있었을 것이다. 지금으로서는 거의 알

7) 신재홍(2006), 앞의 책, 487-498면.

8) 김진영, 「처용의 정체」, 『한국문학사의 쟁점』, 집문당, 1986.

9) 성기옥, 「헌화가와 신라인의 미의식」, 『한국고전시가작품론』1, 집문당, 1992, 67면, 70면.

수 없는 그 배경 가운데 하나가 역신으로 표현된 어떤 남자와의 관계라는 점도 추측이 가능하다. 어릴 때부터 잘 아는 친족일 수도 있고 정략적으로 만난 관계일 수도 있으며, 서로 열렬히 사랑하였던 사이거나 반대로 갈등 혹은 증오했던 사이일 수도 있다.[10] 물론 처용의 아내가 어느 날 갑자기 폭력배에게 겁탈을 당한 것이라면 이러한 추측은 무의미하게 된다.

그런데 〈처용가〉 자체가 시적 상황을 알려 주는 면이 있다. 제1, 2행에서 보듯이, 처용은 '동경 밝은 달에 / 밤들도록 놀며 다니다가' 집에 '들어'왔다. '놀다'라는 말이 유흥인지 순찰인지, '밝은 달'과 결부하여 명절인지 일상인지, 달빛 아래 어디에서 놀았는지 등등 의미가 애매한 부분이 많지만, 일단 서라벌이라는 공간, 보름달이 떴을 때라는 시간만큼은 분명하다. 보름에 서라벌의 밤을 누비는 사람 정도로 의미를 좁혀 보면, 기사의 제목이 '처용랑 망해사'라고 한 점이 주목된다. 그가 화랑의 일원으로서 활동한 모습일 가능성이 높은 것이다.

동료 화랑들과 어울려 서라벌 여기저기를 놀며 다녔는지, 화랑의 임무 수행으로서 서라벌 성내를 순찰하였는지, 아니면 또 다른 이유로 다녔는지는 알 수 없다. 첫 번째 경우라도 청루(青樓) 같은 데에서 홍청대며 논 것인지 아늑한 곳에서 유유자적한 것인지도 알 수 없다. 다만 화랑의 활동과 결부하여 이해하는 것만큼은 충분히 가능하다.

보름달이 뜬 서라벌에서 밤늦도록 놀던 처용은 자기 집으로 돌아

10) 『화랑세기』에서 각각의 대표적인 예 하나씩만 들어 보면, 미실과 사다함(친족), 문희와 춘추(정략), 숙명공주와 이화랑(열애), 흠신과 보로전군(갈등) 등이다(신재홍, 『화랑세기 역주』, 태학사, 2009 참조).

온다. 집에 돌아온 시점이 평상시 그대로는 아니었을 것이다. 겁탈이었다면 그것을 시도한 남자가 처용이 집에 없는 시간을 알고 있었을 것이고, 화간이었다면 처용 아내가 처용이 돌아올 시간을 알고 있었을 것이다. 어느 경우나 처용이 집에 돌아올 시간이 아닌데 돌아왔다는 점은 마찬가지이다. 그래서 간통의 현장을 처용에게 들키게 되었다.

처용 역시 뜻밖의 사태에 직면한 모습이 역력하다. 제4행 '가랑이가 넷', 제5, 6행 '둘은 내 것인데 / 둘은 누구 것인가?'와 같은 표현에서 그러한 기색을 읽을 수 있다. 뜻밖이라는 것은, 아내와의 관계에 비추어 그럴 수도 있고, 어느 정도 예상은 하였으나 막상 직면하게 되어 그럴 수도 있다. 전자라면 처용은 혼인 후 지금까지 아내와 친밀한 관계를 유지하고 있었다는 것이고, 후자라면 언제부턴가 아내의 행동을 의심하고 있었다는 것이다. 어느 쪽이 사실에 가까운지 지금으로서는 알 수 없다.

그런데 제7, 8행 '본래 내 것이다마는 / 빼앗아 옴을 어떻다 하리오?'에서 처용이 아내와의 관계를 어떻게 생각하고 있었는지 조금은 알 수 있다. 처용은 아내를 자신의 것이라고 생각했었고 현장을 목격한 지금 그것을 빼앗겼다고 생각하고 있다. 이러한 생각은 우선 왕명에 의한 늑혼이라는 앞의 서술과 연결된다. 왕이 혼인시켜서 자기에게 준 아내인 것이다. 소유권이 분명한 이상 아내에 대한 처분권도 자신에게 있다. 여태까지 아내와 친밀하게 지냈든 의심하며 지냈든 간에 처용은 아내에 대한 소유권과 처분권을 인식하고 있다.

마지막 제8행 '어떻다 하리오?'에서 자신이 가진 소유권과 처분권을 행사하지 않겠다는 의사를 표명하였다. 제7행으로부터의 극적인 반전이다. 이미 엎질러진 물이 되었으니 자신은 더 이상 아내를 둘러싼 스캔들에 연루되고 싶지 않다는 것이다. 이렇게 함으로써 왕을 비롯한 후견인들의 후의를 저버리지 않고 또 자신의 결백을 여러 사람 앞에 선언하고자 한 것으로 보인다. 이 점에 주목하면 처용은 아내를 진작부터 의심하고 있었을 가능성이 더 높아진다.

이렇게 배경 기사와 작품을 함께 놓고 살펴보면, 〈처용가〉의 창작 배경은 간통 사건에 휩싸인 세 사람이 빚어내는 극적 상황에 있다고 할 만하다. 이러한 상황에 처하여 처용이 시적 화자로서 자신의 심정을 그려 낸 것이 이 작품이다. 따라서 뜻밖의 상황에 대응하는 화자의 감각적 태도 및 내면 정서에 주목하여 분석하면 작품 이해에 도움이 될 것이다.

3. 시각 ; 움직임과 목격

東京 ᄇᆞᆯ기 ᄃᆞ라	동경 밝은 달에
밤드리 노니다가,	밤들도록 놀며 다니다가,
드러ᅀᅡ 자ᄅᆡ 보곤	들어서 자리 보니
가로이 네히어라.	가랑이가 넷이어라.

〈처용가〉의 제1~4행은 시적 상황을 바라보는 화자의 관점에서 발화된 것이다. 자신이 뜻밖의 상황에 부딪치기 전에 했던, 좀 더 긴 시간 동안의 행동을 제1, 2행에서 요약적으로 제시한 다음, 제3, 4행에

서 지금 당장에 목격한 당혹스러운 장면을 드러내 놓고 말하였다. 여기서 작품의 도입부가 빛으로 시작한다는 점이 주목된다. 서라벌을 비추는 보름달의 빛,11) 이것이 도입부를 강렬하게 장면화하고, 이후 시상의 전개에 지속적인 영향을 끼친다.

먼저 제1행 '밝은 달'이 제2행 '밤들도록'에, 곧 달빛의 밝음이 밤의 이슥함에 대조된다. 밤이 이슥할수록 어둠이 짙어야 하지만 보름달이 떴기에 밤이 이슥할수록 빛은 더욱 환하다. 어두운 밤을 비추는 밝은 달빛의 대조에서, 밤에 달빛이 비추는 상황의 이중적인 의미가 암시된다. 밤이 이슥해지면 어둠이 짙어진다는 평상적인 사실과 밤이 이슥할수록 달빛은 더욱 밝아진다는 보름밤의 특별한 사실이 각기 다른 의미를 형성하면서 공존한다. 곧 어둠이 깊어지는 것과 어둠을 걷어내고 더욱 밝아지는 것이 같은 의미 영역 속에 얽혀 들어 있다.

다음으로 달빛의 밝음이 화자의 마음 상태로 전이된다. 제1, 2행에는 달빛이 너무 밝고 좋아서 밤이 늦은 줄도 모르고 노닐었다는 의미가 담겨 있다. 어둠이 깊을수록 더욱 밝아지는 달빛 아래 시적 화자는 그 조명을 받으며 즐겁고 유쾌한 시간을 보냈다. 어두운 밤에서 암시되는 걱정 근심을 다 떨쳐 내어도 좋을 정도의 밝고 환한 달빛 아래 흥성거리면서 아니면 유유자적하면서 보냈던 것이다. 어둠과 밝음의 대비 속에 얽힌 이중적 의미는 유흥의 분위기상 밝음의 심정이 어둠의 조짐을 묻어 버리는 양상으로 전개된다.

---

11) 이연숙, 『한일고대문학비교연구』, 박이정, 2002, 144면에서 향가의 소재가 된 달을 '밝기'와 '운행'으로 나누어 〈처용가〉는 전자로 분류해 놓았다. '밝기'는 보는 것과 관련된다.

또 제2행의 '밤들도록'이 제3행의 '들어서'로 연결되면서 '들다'라는 말이 시간적인 것에서 공간적인 것으로 변이된다. '밤들도록'의 밤은 달빛이 밝게 비추는 밤이었는데 그 밤이 이슥해진 다음에 화자는 집으로 '들어'간다. 그의 등 뒤에서 보름달이 여전히 밝게 비추고 있는 상태에서 집 안으로 들어간 것이다. 보름달이 비추는 바깥에 비해 그가 들어간 집 안은 상대적으로 어두웠을 것이다. 더욱이 그 집에서는 남녀가 불륜적인 성교를 하고 있는 상태이므로 실제로나 의식상으로나 어두울 수밖에 없다. 요컨대 화자가 들어간 집 안은 달빛이 비추는 바깥에 대비해서, 그리고 거기서 벌어지고 있는 상황으로 인해 어둠이 짙게 깔린 곳으로 설정되었다.

마지막으로 제4행에서 '가랑이가 넷'이라는 사실을 확인하는 순간에도 달빛이 작용하고 있다. 밖에서 안으로 들어온 화자의 눈은 처음에는 사물을 잘 분간하지 못하였을 것이다. 환한 빛 아래에 있다가 어두운 곳으로 들어서면, 축소되었던 동공이 확대되는 데 시간이 걸리기 때문이다. 이렇게 잠시 분간을 하지 못하다가 차츰 어둠에 익숙해지자 가랑이가 넷이 있는 자리를 목격한다. 이 목격의 순간에도 달빛은 화자가 열고 들어온 문 너머에서 비추고 있었을 것이다. 달리 말해 화자는 집 안에 스며든 달빛을 빌려서 거기서 벌어진 사태를 목격한 것이다.

이처럼 도입부의 달빛은 시적 화자가 사태를 직접 눈으로 보게 되기까지 지속적으로 작용한다. 화자의 시선 이동이 온통 달빛 아래에서 또는 달빛을 배경으로 이루어진다. 말하자면 달빛이 작품의 분위기를 조성할뿐더러 주제를 형성하는 역할까지 하는 것이다.

달빛은 빛의 한 가지이다. 빛은 눈으로 하여금 사물을 보게 만든다. 이 작품에서 달빛의 역할이 크면 클수록 시각이 갖는 의미도 커진다. 화자의 눈이 몸의 움직임과 함께 이동하면서 뭔가를 포착, 인식하는 과정이 작품의 주된 심상과 의미를 형성한다.

화자의 눈을 카메라에 비유해 보자. 도입부는 카메라가 서라벌 시내를 찍는 상황이다. 서라벌의 거리나 유흥가, 아니면 호젓한 골목길이나 조용한 절 앞마당을 찍는다. 어느덧 카메라는 화자의 움직임을 따라 집 안으로 들어간다. 바깥에 비해 어두운 집 안에 들어서자 카메라에 비치는 화면은 돌연 캄캄해진다. 잠시 후 빛의 도움을 받은 카메라가 집 안 여기저기를 비춘다. 그러다가 자리, 곧 침대에 멈추어서 클로즈업해 들어간다. 거기에 네 개의 다리가 엉켜 있는 모습이 화면 가득 비친다. 이렇게 이 작품은 카메라가 넓은 데에서 좁은 데로, 바깥에서 안으로 움직여 가서 핵심 장면을 클로즈업하는 것같이 전개되었다고 할 수 있다.

이는 화자의 눈의 이동과 함께 몸의 움직임을 보여 준다. 화자는 서라벌의 여기저기를 돌아다니다가 집으로 돌아와 집 안으로 들어간 다음, 침실로 들어가 침대 앞에 멈춰 서는 동선으로 움직인다. 몸의 움직임과 그에 따른 시선의 이동이 마치 카메라의 이동 및 클로즈업과도 같은 양상으로 전개된 것이다.

제1~4행은 화자의 시점이 넓은 데에서 좁은 데로, 바깥에서 안으로 점차 초점화해 간 양상이라고 할 수 있다. 몸의 움직임에 따라 '서라벌 → [집] → 자리'로 좁혀지는 공간의 변화, 그것을 장면화하여 보여 주는 화자의 눈, 그리고 어두운 밤에 대비되면서 눈의 작동을 조절하는 배후의 달빛, 이러한 요인들에 의해 작품 전반부의 장면은 강렬한 인상을 주게끔 그려졌다.

4. 촉각 ; 성(性)과 다툼

전반부가 달빛을 배후로 하여 시각이 예민하게 움직이는 가운데 촉각이 작동하고 있음이 감지된다.

東京 ᄇᆞᆯ기 ᄃᆞ라	동경 밝은 달에
밤드리 노니다가,	밤들도록 놀며 다니다가,

제2행 끝의 '놀며 다니다'는 말은 인간의 오감에 다 걸리는 행위이다. 경치나 공연을 완상할 때는 주로 시각이, 음악을 들을 때는 주로 청각이, 술을 마시거나 음식을 먹을 때는 미각을 비롯한 오감이 두루 동원된다. 그런데 제1행과 연결하여, 달빛을 받으며 밤이 이슥하도록 놀며 다니는 것은 오감 중에서도 촉각이 더욱 강조되는 행동이다. 달빛의 밝음과 밤의 어둠의 대조는 달빛의 따스함과 밤의 차가움의 대조를 이끌어 온다. 실제로 달빛으로 인해 따스하게 느끼기는 어렵겠지만 차가운 밤기운을 쐰 몸을 아늑하고 부드럽게 감싸 주는 느낌은 충분히 받을 수 있다.

또한 달빛이 비치는 장소에 있으면 달빛을 몸에 받는다. 실내에 있으면 달빛을 완상하는 시각이 주로 작동하지만, 밤거리를 다니거나 마당 혹은 정원을 거닐 때면 달빛을 몸으로 받는 촉각이 부각된다. 한밤중에 달빛을 몸으로 받는 느낌은 제1행 '동경 밝은 달에'라는 표현과 연결된 의미를 생성한다. 달빛을 받아 몸이 밝아지는 느낌, 즉 몸이 달아오르는 느낌이 드는 것이다. 그 장소가 서라벌이라고 하였으므로, 보름달이 떴을 때 서라벌의 밤 문화에 젖어 유흥적인 기분에 들뜬 화자의 모습을 그려 볼 수 있다.

이어지는 행들은 이렇게 들떠 있는 화자의 관점에서 시상이 전개된다. 보름 달빛이 화자의 시각 작동에 지속적인 영향을 끼친다는 점에서 중요하다면, 달빛을 받아 들떠 있는 상태는 뜻밖의 사태에 직면하는 주체의 몸과 의식을 조건 짓는다는 점에서 의의가 있다. 들뜸의 정도는 알 수 없으나 뜻밖의 사태를 목격하고 대처하는 모습에 비추어 그렇게 많이 들떠 있지는 않았으리라. 지나치게 들떠 있었다면 사태 파악을 하지 못하였을 것이기 때문이다.

이렇게 제1, 2행에는 시적 화자의 촉각이 작동한다. 그런데 제3, 4행에서는 화자가 목격한 현장에 있던 두 남녀의 촉각이 은근하면서도 강렬하게 부각된다.

드러ᅀᅡ 자ᄅᆡ 보곤	들어서 자리 보니
가로이 네히어라.	가랑이가 넷이어라.

화자가 '본' '자리'에는 '가랑이가 넷'이 있었다. 침대 위에 가랑이 넷이 뒤엉켜 있는 모습이 적나라하게 드러난다. 이 부분은 화자가 직면한 뜻밖의 사태를 표현한 것으로서 작품 전체의 시상 전개를 규정

하는 핵심 장면이며 이후의 대응에 따라 그 규모나 의미가 달라질 사건에 대한 시적 진술이다. 이렇게 중요한 사건에 대한 진술 태도가 대단히 감각적이라는 점이 주목된다. 무엇보다도 촉각적 심상을 강렬하게 환기하였다는 점에서 그렇다.

성행위 자체가 촉각에 의존하는 면이 크다는 점이 작용하였겠지만, 화자는 의도적으로 '넷'이라는 숫자를 가져와서 둘과 둘이 서로 뒤엉켜 있는 양태를 표현하였다. 또한 발가벗은 두 남녀의 몸 중에서 성행위에 직접 관련된 '가랑이'를 지목함으로써 그 말이 갖는 육감적인 느낌을 강조하였다.[12]

이러한 촉각적 표현은 제1, 2행의 촉각적인 느낌, 즉 화자의 몸과 의식 상태가 조금 들떠 있다는 점과 서로 다른 두 방향에서 연결된다. 하나는 들뜬 느낌이 확대되는 방향이다. 화자도 서라벌의 밝은 달빛 아래 조금 들뜬 상태로 집에 들어왔는데, 들뜸의 정도가 극도로 높아진 상태의 시적 대상을 목격하게 된 것이다. 화자의 상태와 같으면서도 다른 촉각적 심상이다. 다른 하나는 들뜬 느낌이 무화되는 방향이다. 화자가 목격한 장면은 이제까지 좀 들뜨고 유쾌하였던 기분을 싹 가시게 하는 것이기도 하다. 들뜬 기분이 급속도로 차갑게 식어 버리는 것이다.

이렇게 촉각적 심상이 두 방향에서 교차하면서 묘한 정서적 파동을 일으킨다. 화자 자신의 들뜸과 시적 대상의 들뜸 사이의 공통점과

12) 김열규, 「종합 토론」, 『대동문화연구 별집1—처용설화의 종합적 고찰』, 성균관대학교 대동문화연구원, 1972, 51면 ; 김승찬, 「처용가」, 『향가문학론』, 새문사, 405-406면에서 지적된 '음탕함', '음사적 내용' 등과 연결되는 느낌이다.

차이점이 모순된 채로 공존하는 상태에서 생기는 정서의 울림이다. 말하자면, 감각의 교차에 따른 정서의 혼란이 야기되는 것이다. 이에 화자는 당혹감을 감출 수가 없게 되고 이 사태를 어떻게 풀어야 하나 고민한다. 그리고 이 고민은 이어지는 제5~8행에서 문제로 제기되었다가 자체적으로 정리되고 있다.

제4행에 와서 고조된 당혹감의 주된 동기는 시각이었지만 이와 함께 촉각적 심상에 자극받은 바도 크다. 촉각은 육감적인 것, 성적인 것과 연관되어 있고 따라서 당혹감과 고민의 문제도 이와 관련된다. 제1, 2행 시적 화자의 촉각, 제3, 4행 시적 대상의 촉각은 이제 서로 다투는 양상으로 전개된다. 각자의 촉각이 서로 부딪치는 싸움의 장으로 번지는 것이다.

아살 엇뎌다 ᄒᆞ리고?　　　　빼앗아 옴을 어떻다 하리오?

제8행의 '빼앗아 옴'이 제4행에 드러난 당혹감과 고민을 해결하는 한 방법이 될 수 있지만 화자는 그것을 포기한다. 관용을 베풀어서가 아니라 오염되지 않기 위해서이다. 그렇지만 포기한다는 언명, 곧 '어떻다 하리오?'가 나오기 이전의 '빼앗아 옴'만큼은 앞에서부터 이어져 온 촉각적 심상의 극단적인 발현이다. 싸움 장면을 떠올려 보면, 서로 치고 박고 엎치락뒤치락하고 피가 나고 상처가 생기고 주변에서는 소리치거나 울고불고 한다. 싸움은 무엇보다도 몸과 몸의 부딪침, 즉 촉각과 촉각이 맞닿는 행동이다.

이 싸움은 처용 아내를 두고 처용과 역신이 벌이는 것이다. '역신'

으로 표현된 것처럼 처용의 상대는 병을 옮기는 존재로 인식되었다. 이미 오염된 자가 처용의 소유물인 처용 아내를 오염시킨 것이다. 오염되었다는 것은 몸에 더러운 것이 붙었다 혹은 들어갔다는 것이므로 촉각적 심상이 내재한 표현이다.

화자는 오염되기를 거부한다. 접촉해야 싸움이 일어나는데 싸움을 포기하였으니 접촉하지 않았고 따라서 오염을 피한 것이다. 이는 제1, 2행 시적 화자 자신의 들뜸, 제3, 4행 시적 대상의 성적인 들뜸이 서로 상승 작용하여 야기할 극단적인 파국으로서의 싸움을 피한 것이기도 하다. 화자가 촉각과 촉각의 부딪침을 피함으로써, 시각과 촉각으로 감지한 뜻밖의 사태에 대처하는 일은 화자의 감각이 아닌 의식이 맡는다.

이같이 〈처용가〉는 주로 시각에 의해 시상이 전개되는 가운데 작품이 다루는 문제의 핵심을 촉각이 담당하고 있다. 시각과 촉각이 예민하게 움직여 감으로써 극적 긴장감이 고조되고 그와 더불어 주제도 심화된다.

5. 감각과 의식

화자는 주로 시각을 작동하는 한편 촉각도 사용하여 지금 자리 위에서 벌어지고 있는 사태를 감지한다. 시각과 촉각이 예민하게 작용하여 감지하였으니 이제 사태의 본질이 무엇인지 알아야 당면한 문제를 풀어나갈 수 있다.

두블흔 내 해엇고　　　　　둘은 내 것인데

두블흔 누기 해언고?　　　둘은 누구 것인가?

제1~4행이 감각의 작용을 위주로 시상이 전개되었다면, 제5, 6행은 당면한 사태를 올바로 인식하려는 의식의 작용이 부각된다.13) 제4행의 '가랑이가 넷'이란 말은 시각과 촉각으로 감지한 사태를 직관적으로 규정한 것이었다. 밝음과 어둠, 따스함과 차가움의 대비적 관계하에 집 안에서 벌어진 간통 사건을 요약한 말이다. 화자는 그 '넷'을 이제 '둘'과 '둘'로 분리해 낸다. 서로 뒤엉켜 있는 가랑이 넷을 둘씩 분리하는 일 자체가 지적인 작용, 즉 의식의 소산이다.

넷 중에 둘은 '내 것'이 분명한데 나머지 둘은 '누구 것'인지 모른다. 이같이 둘씩 나누는 의식 작용은14) 소유 관념을 전제로 하였다. 의식이 분석해 낸 둘과 둘에 화자가 품고 있던 관념과 가치를 동원하여 의미를 부여하였다. 이러한 분석 및 의미 부여 작업에는 화자의 성장 과정, 생활환경, 정치 · 사회적 입지, 이데올로기, 가치관, 세계관 등이 종합적으로 작용하였을 터인데, 그중 핵심이 소유 관념이었던 것이다.

둘은 자신의 것이라고 공언한 배경은 앞서도 언급했듯이, 헌강왕

13) 최재남, 「처용가의 성격」, 『한국고전시가작품론』1, 집문당, 1992, 83면에서는 제1~4행과 제5~6행을 각각 '현실적 상황'과 '내면적 갈등'으로 파악하였다. 이 책의 관점에서는 이를 '감각에서 의식으로의 전이'라고 설명할 수 있다.

14) 신은경, 『고전시 다시 읽기』, 보고사, 1997, 26면에서 "'내 것'과 '네 것'의 구별이 생기고, '빼앗고 빼앗기는' 행위의 의미작용을 구분하기 시작한 것……주체의 탄생을 의미한다'고 하여 〈처용가〉의 시적 화자를 의식을 지닌 주체로서 설명하였다. 그러나 여기서 더 나아가 작품 내에서 벌어지는 감각과 의식의 상호작용 및 그 전개 양상까지 살필 필요가 있다.

에 의한 늑혼에 있다. 화자는 왕의 명령으로 혼인하였고 왕이 보증인이 되어 당당히 아내를 자기 것으로 할 수 있었다. 이제 이러한 소유권이 침탈당한 것이다. 내 것이 분명한 가랑이 둘에 누구 것인지 모르는 가랑이 둘이 엉켜 있는 것이 사태의 본질이라고 인식한 것이다.

여기서 감각과 의식의 긴밀한 관련성을 찾아볼 수 있다. 어떤 사태에 대해 감각에 의한 직관적 파악을 이어서 분석력과 소유 관념을 갖춘 의식이 작동한다. 달리 말해 관념, 가치, 세계관 등을 배경으로 하는 의식의 작동에 앞서 사태의 본질을 직관적으로 꿰뚫는 시각과 촉각의 작용이 선행하는 것이다. 감각과 의식이 앞뒤로 서로 긴밀히 연계되어 사태를 파악하고 있는 양상이다.

이렇게 감각과 의식이 긴밀하게 연관되어 작동하는 양상에는 귀족문화의 난숙기에 처한 신라인의 의식 구조가 반영된 것으로 보인다.

> 당나라에 갔다 돌아온 사신 대렴이 차나무 씨앗을 가져오자 왕이 지리산에 심게 하였다. 차는 선덕왕 때부터 있었는데 이때에 이르러 성행하였다.[15)]

> 어떤 사람이 당나라에 사신 갔다가 앵무새 한 쌍을 가져왔다. 오래지 않아 암컷이 죽자 홀로 된 수컷이 구슬피 울기를 그치지 않았다. 이에 왕이 그 앞에 거울을 걸도록 하였다. 새가 거울 속의 모습을 보고 제 짝이라 생각하여 거울을 쪼아 보고는 자기 그림자임을 알았다. 결국 슬피 울다가 죽

15) 『삼국사기』10, 신라본기, 「흥덕왕」, 3년(828) 入唐廻使大廉 持茶種子來 王使植地理山 茶自善德王時有之 至於此盛焉.

었다. 왕이 노래를 지었다고 하는데 자세히 알 수 없다.[16)]

> 왕의 침전에 매일 저녁 수많은 뱀이 모여들었다. 궁인이 놀라고 두려워 몰아내려 하자 왕이 "과인은 뱀이 없으면 편히 잘 수 없으니 금하지 말 것이다"라고 하였다. 왕이 잠잘 때면 매번 뱀이 혀를 날름거리며 가슴을 온통 뒤덮었다.[17)]

세 인용문은 헌강왕대로 이어지는 홍덕왕, 경문왕대 9세기 중반의 문화적 현상을 반영한 일화들이다. 설화화된 면을 감안하더라도 미각, 시각, 촉각 등 감각이 예민하게 작동한 사건에 대한 진술임을 알 수 있다. 이러한 면에 주목하면 신라 후대에 와서 감각을 중시한 문화적 풍조가 유행하지 않았을까 한다.

제5, 6행에서 작동된 의식은 사태의 본질을 파악한 다음 그에 대한 대처 방안을 찾는다. 제4행에 드러난 당혹감이 의식의 분석력으로 곧 정리가 되는 양상이다. 이제 사태 처리의 방향을 의식이 결정하게 될 것이다.

아ᄋᆡ 내 해다 마ᄂᆞᆫ	본래 내 것이다마는
아ᅀᆞᆯ 엇뎌다 ᄒᆞ리고?	빼앗아 옴을 어떻다 하리오?

---

16) 『삼국유사』2, 기이2, 「홍덕왕 앵무」, 有人奉使於唐 將鸚鵡一雙而至 不久雌死 而孤雄哀鳴不已 王使人掛鏡於前 鳥見鏡中影 擬其得偶 乃啅其鏡 而知其影 乃哀鳴而死 王作歌云 未詳.

17) 위의 책, 「사십팔 경문대왕」, 王之寢殿 每日暮 無數衆蛇俱集 宮人驚怖 將驅遣之 王曰 寡人若無蛇 不得安寢 宜無禁 每寢吐舌 滿胸鋪之.

제7, 8행은 작품의 결말부이다. 공간적 배경과 화자의 시점이 2행 단위로 '밖—안—안—밖'으로 전개되는 이 작품은,[18] 감각 및 의식의 작용으로 보면 '밖에서 안으로'는 감각이, '안에서 밖으로'는 의식이 주된 역할을 맡는다. 다시 말해, 시상 전개상 문제의 발견과 제기는 감각에 따른 직관이, 문제의 정리와 해결은 분석력과 의지력을 지닌 의식이 담당한다.

제5, 6행에서 사태의 본질을 소유권에 대한 침탈로 파악한 화자는 제7행에서 가랑이 둘은 '본래'부터 내 것이었다고 하여 그 점을 더욱 분명히 한다. 본래 나의 소유를 지금 누군가가 빼앗아 간 것이기에 당면한 사태는 명백히 부당한 것이다. 이렇듯 제7행은 앞에서 파악한 본질을 보다 분명히 정리하여 판단한다.

그런 다음 제8행에서 시상의 비약이 이루어진다. 본래 내 것이기 때문에 언제든지 소유권과 처분권을 행사할 수 있다. 그에 따라 '[도로] 빼앗아 옴'은 화자의 정당한 권리이다. 명분상, 규범상, 권력 구조상 이 행위는 언제나 가능하다. 그런데 화자는 '[사람들이] 어떻다 하리오?'라고 하면서 이러한 권리를 포기한다고 선언한다. 이때 의식은 바깥 세계를 향하고 있다. 침탈당한 권리를 회복하는 길은 싸움에 끼어들어 자신까지 더럽혀지는 것이 아니라 싸움을 피하여 자기 몸을 깨끗이 지키는 데에 있다.[19] 자신의 잘못으로 일이 벌어진 것이 아니

18) 신재홍(2006), 앞의 책, 421면.

19) 이러한 이해는 작품의 마지막 두 행에서 '처용의 관용과 인격적 덕망'(김학성, 『한국 고시가의 거시적 탐구』, 집문당, 1997, 247면), '고상하고 심오한 것'(황패강, 『향가문학의 이론과 해석』, 일지사, 2001, 579면) 등 긍정적 가치를 찾은 논의와도 관점을 공유한다.

라는 점, 아내이든 역신이든 둘 다이든 그들의 오염된 행동으로 인해 화자의 권리가 침탈당했다는 점을 분명히 하였다.

여기서 화자는 여러 가지 사정을 복합적으로 인식하여 사태에 대한 자신의 태도를 결정하고 있다. 외래자로서의 현실적 처지, 왕을 비롯한 후원자들의 도움과 격려, 정착 과정에 따르는 어려움, 해외의 고국에 대한 생각 등을 복합적으로 인식하여 당면한 사태를 해결하고자 한 것이다. 이는 감각에 의한 직관적 사태 파악에서 나아가 의식이 제 역할을 하여 얻어 낸 해결책이다. 결국 의식의 판단에 따라 사태에서 물러나는 것으로 결정이 난다.

제7행의 정리와 확인을 거쳐 제8행에서의 극적인 반전은 시상 전개를 한층 역동적으로 만든다. 감각에 따라 의식이 작동하고, 감각으로 얻은 정보를 의식이 분석하며, 감각에서 얻은 것 이외의 여러 상황을 복합적으로 인식하여 화자의 태도를 결정한 것이다. 감각과 의식이 변증법적인 관계를 이루며 작동한 것이다. 이로 인해 시적 긴장이 느껴지는 한편 고조된 의식의 극적 전환이 주는 쾌감을 맛보게 된다. 이러한 점에서 이 작품은 고도의 문학성을 획득하였다.

6. 결 론

〈처용가〉는 시상의 전개상 예민한 감각과 복합적 의식이 작용하는 양상을 잘 보여 주는 작품이다. 감각에서 출발하여 의식으로 마무리되는 전개 속에 긴장감이 넘치고 주제 의식이 선명히 드러난다.

작품의 제재는 간통 사건이지만 그것의 본질을 파악하고 대처하는 시적 화자의 태도는 감각적이면서도 이지적이다. 감각과 의식이 긴밀하게 연관되어 작동하는 양상 속에 신라 후대 감각을 중시한 문화 풍조가 반영되었다고 볼 수 있다. 한편 의식은 감각과의 연계에서 벗어나 현실의 여러 사정을 인식하여 판단하는 양상도 보여 준다. 의식의 판단 결과 간통 사건에 휩쓸려 오염되기를 거부한 화자의 결연한 의지가 드러난다. 이러한 점에서 〈처용가〉는 신라 귀족 문화의 난숙기에 나온 작품다운 면모를 띤다.

여기에 덧붙여 후대에 처용이 벽사진경의 신격이 된 것도 작품이 주는 강렬한 감각적 심상이 한 원인이 되었다고 본다. 역신이 집 안, 그리고 몸속으로 침입하는 것을 막기 위해 처용 얼굴을 그려 대문에 붙인 것은 〈처용가〉에 나타나는 시각과 촉각의 작용을 주술의 수단으로 전이하였다고 할 수 있다. 촉각으로 감지되는 역신의 공격을 시각적 주술물인 처용 형상으로 막아 내겠다는 뜻이 담겨 있다고 보는 것이다.

외래자인 처용이 이 정도의 향가 작품을 창작할 수 있었다면 그의 신라 문화에 대한 경도를 짐작할 만하다. 아마도 난숙한 귀족 문화를 접한 후 급속히 빠져들었을 것이고 그런 중에 화랑 활동을 함으로써 향가 창작 능력을 크게 향상시켰을 것이다. 그의 작품은 인간적인 감각과 의식의 구조화라는 면과 그에 따른 문학성의 획득이라는 면에서 높이 평가받을 만하다.

'영랑전'과 '화랑세계'의 향가 관련 기록

1. 서 론

『화랑세기』의 필사자 박창화가 남긴 또 다른 화랑 관련 자료가 있다. 몇 년 전에 그것에 대한 본격적인 논고가 발표되었고[1] 근래 '영랑전', '화랑세계'라는 가칭이 붙어 역주본이 나왔다.[2] 겉표지에 '화랑세계'로 추정되는 제목이 붙고 그 안에 화랑의 세계도가 작성되어 있다. 세계도가 끝난 다음 쓰다 만 짧은 글이 있고 뒤이어 '영랑전'이라고 부를 만한 내용의 전기문이 나온다. 이 세계도와 전기를 묶어 간행한 것이다. '영랑전'은 줄거리를 갖춘 이야기라서 맥락을 따라 그럭저럭 번역과 주석이 이루어졌지만, '화랑세계'는 근 2,800여 명의 인명이 적힌 세계도인지라 인명과 계보를 일일이 역주하기가 어려워 원문을 옮겨 놓는 데 그쳤다.[3]

---

1) 박남수, 「신발견 박창화의 화랑세기 잔본과 향가 일수」, 『동국사학』43, 동국사학회, 2007.

2) 신재홍, 『'영랑전' 역주』, 태학사, 2013.

3) '화랑세계'를 다시 보면서 원문의 글자 중 상당수를 잘못 읽었음을 알게 되어 원문

'영랑전', '화랑세계', 『화랑세기』는 서로 관련된다. '영랑전'은 『화랑세기』에 기술된 시대의 말기 및 그 이후에 활동한 배장과 영랑 부자에 대한 이야기이지만 인물, 용어, 사건 등이 『화랑세기』와 겹치는 부분이 있다. '화랑세계'의 전반부는 '영랑전'과 『화랑세기』에 나온 인물의 세계도가 주를 이루고, 후반부는 건국 초부터 신라 중기에 이르는 왕족 및 귀족의 세계도로 되어 있다.

문제는 '영랑전'의 얼개가 역사적 사실에 어긋나는 위작이라는 점이다. 「황복사 금동사리함기」의 명문에 기록된 몰년(700)을 훨씬 지나서까지 신목 황후가 활동하는 내용을 담고 있는 점이 그 명확한 증거이다.[4] 여기에 더하여 『속일본기(續日本紀)』에 신라 사신 김주훈의 말로 김순정이 725(성덕왕 24)년에 졸했다고 한 기록도[5] 740년경 순정의 활동을 기술한 '영랑전'이 위작임을 보여 주는 또 다른 증거가 된다.

이러한 사실에 중점을 두면 '영랑전' 전체가 위작일뿐더러 이와 연관된 '화랑세계'와 『화랑세기』까지 위작이라고 할 수도 있다. 그러나 어느 때 어떤 이유에선가 신목을 사건들의 배후 인물로 분식하고 김순정의 정치적 역할을 강조하여 그때까지 전승된 내용을 '영랑전'으

을 제대로 옮기지도 못한 점에 자책하였다. 나중에 수정본을 낼 기회가 있으면 틀린 부분을 바로잡도록 하겠다.

4) 신재홍, 앞의 책, 272-274면.

5) 김수태, 『신라중대정치사연구』, 일조각, 1996, 113면 ; 정구복 외, 『역주 삼국사기 3—주석편(상)』, 한국정신문화연구원, 1997, 283면 ; 아오키 카즈오(青木和夫) 외 교주, 『속일본기2—신일본고전문학대계13』, 岩波書店, 1990, 169면. '영랑전'을 역주할 때 살폈어야 했는데 이제야 거론하는 것 역시 필자의 불찰이다.

로 엮었다고 볼 여지가 없지는 않다. 따라서 현재로서는 자료 전체를 위작으로 단정하는 데 신중해야 할 것 같다. 그리고 '영랑전'이 위작이라고 해서 『화랑세기』까지 위작으로 보는 것은 더욱 신중할 필요가 있다. 『화랑세기』의 내용을 참조하거나 모방한 또 다른 화랑 관련 기록물이 지어지지 말라는 법도 없기 때문이다.

한편 '화랑세계'의 방대한 세계도가 어디까지 위작이고 어디까지 진본인지를 가리려면 인물과 계보 하나하나에 검증이 필요하다. 『화랑세기』에 나온 인물뿐 아니라 그 밖의 인물에 대한 계보도 자세히 그려져 있어 두 자료는 상호 보완적인 관계이다. 『삼국사기』, 『삼국유사』 등 기존 사서에 있는 인명도 있지만 수많은 이름이 처음 보는 것이다. 기존 사서에 한두 번 나온 이름, 가계가 혼동되어 있는 이름이 여기서는 부계와 모계에 따라 세계도가 명확히 작성되어 있다. 이런 양상이 오히려 자료의 신빙성을 의심하는 이유가 될 수도 있다.

여기에서는 '영랑전'과 '화랑세계'가 누군가에 의해 분식된 모습으로 남게 되었지만 신라 시대의 원자료에서 취재한 내용이 포함된 것일 수 있다는 전제에서 출발한다. 전체가 위작이라고 보기보다는 그 속에 신라 시대를 살펴볼 만한 내용이 있다고 보는 것이다.[6] 그리하여 자료에 나오는 향가 관련 기록을 검토하여 현재 우리가 갖고 있는

6) 신재홍, 「자료에 대하여」, 앞의 책, 263-282면에서 몇 가지 근거를 들어 이러한 주장을 펼쳤다. 관직 및 관등명 중에 신라 것과 함께 고려 시대의 것이 나온다는 점에서 원자료가 고려 시대에 나왔을 가능성을 조심스레 타진해 보았고(279면), 『화랑세기』에 언급된 '화랑세보'의 내용이 '화랑세계'의 저본이 되지 않았을까 추측하였다(281면). '영랑전'과 '화랑세계'의 자료 검토는 앞으로 더욱 폭넓고 정밀하게 이루어져야 한다.

향가상과 비교될 만한 점들을 드러내고자 한다. 물론 자료 전체가 위작이라고 판명이 나면 본고는 마땅히 폐기되어야 한다. 하지만 부분적인 진본 가능성을 배제할 수 없는 것도 사실이다. 지금으로서는 자료에 나타난 향가 관련 내용을 검토하여 알림으로써 현 단계의 향가 이해에 약간이라도 참조가 된다면 다행이겠다.

2. '백파가' 검토

'영랑전'의 서두에 영랑이 포정을 당나라에 바치러 갈 때 두 사람이 주고받았다는 노래가 나온다.

> 포정이 푸른 바다 위 흰 파도를 보고 상심해서 노래를 지어 불렀다. "흰 파도는 나를 보고 손을 흔들어 부르네(白波見我搖手招)." 공이 화답하였다. "깊은 바다도 한도가 있고 나무도 끝 가지가 있다네(深海有限木有梢)."[7)]

그들이 부른 노래는 각운도 맞춘 7언 2구의 중답시로 쓰였다. 문맥상 한시가 아니라 노래를 불렀는데 기록은 한시 형태로 되어 있다. 그리고 한시 아래에 두 줄로 쓰인 세주의 방식으로 차자(借字)식 표기의 노래가 붙어 있다. 어절 단위로 띄어쓰기를 하고 2행으로 제시해 본다.

---

7) 신재홍, 앞의 책, 13-14면. 원문은 66면. 貞見碧海上白波 而傷之 歌曰 白波見我搖手招 公答以 深海有限木有梢.

草隱 海多晗 白羊 水波支 我乙 見古沙 手羽乙 爲乃。

深隱 海多刀 限兮 有巨等 端無隱 木支 何處 有沙里[8)]

'백파가(白波歌)'라고 부를 만한 이 노래에 대해 기존 연구는 필사자 박창화의 창작으로 보았다.[9)] 그럴 가능성이 있다고 생각되지만, 문맥상 두 인물이 부른 노래를 한시로 옮겨 놓은 것에 다시 세주로 차자식 표기의 노래가 붙은 점에 주목할 필요가 있다. 노래였다면 현재 우리가 보는 세주가 본문에 오는 것이 자연스러울 터인데 굳이 한시로 번역된 것을 본문에 싣고 다시 세주에 노랫말을 덧붙여 놓아 어색해졌다. 이 부자연함을 완화하기 위해 필사자가 세주를 삽입한 것은 아닐까, 더 나아가 자료의 원(原)기사자와 현전 자료의 필사자가 다른 인물이 아닐까 의심해 볼 만하다.

여기서 세주의 방식과 1행 끝에 붙은 '。' 표에 주의할 필요가 있다. '영랑전'에는 여기 말고 세 군데 더 세주가 붙어 있다.

능 — 공의 할아버지 인문 대왕의 능이다. —[10)]

2궁 — 좌 · 우부인 —[11)]

숙(熟)달 — 숙(夙)달로도 쓰였다. —[12)]

---

8) 위의 책, 14면.

9) 박남수, 앞의 논문, 96면 ; 박재민, 「박창화 필 화랑세기 진위성 검토」, 『고전문학연구』 38, 한국고전문학회, 2010, 226면.

10) 신재홍, 앞의 책, 27면. 원문은 70면. 陵－公祖 仁問大王陵也－.

11) 같은 곳. 二宮－左右夫人－.

12) 위의 책, 58면. 원문은 80면. 熟達－一作夙達－.

앞의 두 예는 독자의 이해를 돕기 위한 보충 설명이고, 마지막 예는 참조한 자료와는 다른 자료의 표기를 제시한 것이다. 그런데 '숙달'의 다른 표기를 제시한 것은, 어느 곳에서도 다른 자료의 존재를 시사하지 않은 상태에서 여기서만 굳이 그것을 밝힌 의도가 애매하다. 특별히 주의해야 할 용어도 아니고 두 단어 사이에 뜻 차이가 큰 것도 아니어서 세주로서 의의가 별로 없다. 이러한 점에서 세 가지 예는 독자의 이해를 돕기 위해 필사자가 의도적으로 덧붙인 것이 아닌가 한다.

중답시에 대한 차자식 표기의 세주도 이와 유사하게 보인다. 곧 필사하면서 독자를 의식하여 필사자 자신이 의도적으로 가필한 것 같다. 여기서 1행 끝의 '。' 표가 하나의 단서가 된다. '영랑전' 전체에서 마침표는 이것이 유일하므로 원문에 있던 것은 아니고 필사자가 집어넣은 것일 터이다. 이 마침표를 가필의 한 증거로 볼 수 있다.

한편 시의 형식과 관련해서도 의심되는 점이 있다. 시험 삼아 이를 중세어 투로 옮겨 적고 다른 자료의 향찰 표기와 비교해 보겠다.

> 프른 바ᄅᆞᆯ 하얀 믌겨리 나ᄅᆞᆯ 보고ᅀᅡ 손지슬 ᄒᆞᄂᆡ.
>
> 기픈 바다도 ᄀᆞ히 잇거든 긑업슨 남기 어듸 이사리.13)

전체를 2행으로 보면 4~5음절이 1음보를 이룬 1행 4음보 형태이고, 4행으로 보면 2~3음절이 1음보를 이룬 1행 4음보 형태이다. 그런데 이러한 기계적인 4음보는 현존 향가 작품에서 찾아볼 수 없다. 필

---

13) 위의 책, 14면.

자는 향가가 3음보 율격의 시가 양식이라 보는데,[14] 설사 향가를 4음보 위주의 시가로 본다고 해도[15] 이것과 같은 기계적인 4음보로 이루어진 작품은 찾을 수 없다.

표기 자체도 『삼국유사』와 『화랑세기』에 쓰인 향찰과는 상당한 차이를 드러낸다. 다음은 '백파가'에 쓰인 것과 같은 단어에 대한 차자 표기이다.

> 바ᄃᆞᆯ(海等), 힌(白), 믌겨랏(浪阿叱), 나ᄒᆞᆯ(吾肹), 깁ᄉᆞᆫ(深史隱), ᄀᆞᆺ(際)·ᄀᆞᆺᄒᆞᆯ(際叱肹)·ᄀᆞᆺ히(邊希), 업시(亡史/无史)·없곤(無叱昆), 어ᄃᆡ(於冬是/於冬矣), 이사리(有叱下是/有叱下呂) —『삼국유사』
>
> 믌겨리(浪只) —『화랑세기』

이 예들로 보아 표기가 많이 차이 남을 알 수 있다. '백파가'의 차자식 표기를 향찰 표기로 보기는 어려운 것이다.

요컨대 차자식 표기로 이루어진 번역 시가인 '백파가'는 향가라고 하기 어렵다. 만약 어떤 원자료를 보고 이 '영랑전'을 엮었다면, 원문에는 한시만 적혀 있던 것을 필사자가 차자식 표기의 번역문을 지어 가필하였다고 생각한다.

---

14) 신재홍, 『향가의 미학』, 집문당, 2006, 143면.

15) 조동일, 『한국문학통사1』, 지식산업사, 1994, 147면.

3. 향가의 향유 양상

'영랑전'에는 향가라는 말이 쓰인 곳이 한 군데 있는데 주의를 요하는 대목이다.

> 공(영랑)이 포정 부인과 함께 서원(西原)으로 가서 대와 못을 축조하고 새와 짐승을 길러 소요 양성의 땅으로 삼았다. 모두 당나라에서 가공한 향나무를 사용하여 맑고 깨끗하고 사치스럽고 화려하니 인간 세상의 거처가 아니었다. 가신 12인을 두어 집 안팎의 일을 나누어 맡게 하였는데 그중 향가신 7인, 법산, 혜보, 능준, 당림, 응룡, 월명, 유가 등은 모두 신통력을 지녀서 당시에 영문 칠자로 일컬어졌다. 임금과 태후와 세 황후가 국선의 운영에 근실하였는데 공에게 명하여 나라의 크고 작은 여러 원에 속한 1,823도 936,785인을 통솔하도록 하였다. 공의 부부가 봄가을로 나라 안을 순행할 때면 노래와 피리 소리가 맑고 낭랑하여 하늘의 신선이 하강한 것 같았다.[16]

영랑이 경덕왕으로부터 서원의 땅을 하사받고[17] 대저택을 지은 후

16) 신재홍(2013), 앞의 책, 21면. 원문은 68면. 公乃與抱貞夫人 往西原 築坮池 養鳥獸 以爲逍遙養性之地 皆用唐工香木 蕭洒奢麗 非人間居也 置家臣十二人 分掌內外 鄕歌臣七人 法山 惠宝 能俊 唐琳 應龍 月明 兪加等 皆通神力 當世以爲永門七子 上與太后三后 勤於仙政 命公統國大小諸院 千八百二十三徒 九十三萬六千七百八十五人 公夫妻春秋巡行國中 歌吹遙亮 有若天仙下降.

17) 서원은 현재 김인문, 김양의 묘를 포함한 태종무열왕릉 일대에 해당한다. 영랑이 김인문의 손자인 점에서 서원의 땅을 받아 김양 대에 이르기까지 세거지로 삼았을 가능성이 있다.

가신을 두고 활동하였다는 것이다. 가신 12명 중 7명을 특히 향가신이라고 칭하고, 영문 칠자로 이름난 이들에게 신통력이 있다고 하였다. 이 진술은 『삼국유사』「월명사 도솔가」의 마지막 구절과 비교할 만하다.[18] 『삼국유사』에는 월명이 능준의 문인이라고 하였는데 여기서는 두 사람 모두 영랑의 가신으로 되어 있다. 능준이 앞에 나옴으로써 위계상 그가 월명보다 상위에 있음을 말해 주지만 스승과 제자가 나란히 적힌 점은 의외이다. 한편 『삼국유사』에서 향가가 왕왕 천지귀신을 감동시켰다고 한 점은 여기서 향가신 7명이 신통력을 지녔다고 한 것과 의미가 통한다. 향가를 잘하는 것과 신이한 능력을 발휘하는 것이 같은 맥락에서 이해되어서 향가의 주술적 성격에 대한 인식이 서로 통한다고 하겠다.

가신 12명 중 7명이 향가신이라면 나머지 5명은 어떤 성격의 가신이었을까? 이에 대한 언급은 없지만 이것도 『삼국유사』「백률사」의 끝 구절과 비교할 수 있다.[19] 세주에 '자세한 것은 별전에 보인다(詳見別傳)'고 하였는데 이 별전이 안상의 것인지 영랑의 것인지 애매하다. 영랑의 낭도에 대해 말한 바로 다음에 세주가 붙었기 때문에 안상보다는 영랑의 전(傳)으로 보는 것이 타당할 듯하다. 그렇다면 여기에서 검토하고 있는 '영랑전'이 일연 당대에 있었으리라 추정할 만도 하지만, 영랑의 낭도로 지목된 진재, 번완이 나오지 않는 관계로 이렇게

18) 『삼국유사』 5권, 감통, 「월명사 도솔가」, 師卽能俊大師之門人也 羅人尙鄕歌者尙矣 盖詩頌之類歟 故往往能感動天地鬼神者 非一.

19) 위의 책 3권, 탑상, 「백률사」, 世謂安常爲俊永郎徒 不之審也 永郎之徒 唯眞才繁完等知名 皆亦不測人也—詳見別傳—.

연관 짓는 것은 무리이다. 다만 여기서 언급되지 않은 가신 5명 중에 진재, 번완이 있었다고 가정한다면, 이 '영랑전' 말고 진재, 번완이 나오는 또 다른 영랑의 전기가 일연 당대에 유통되었을 가능성은 있다.

앞의 인용문은 향가의 심미적 수준이나 사회 문화적 위치가 상당히 높았고 국선의 활동에 향가가 필수적이었음을 보여 준다. 『화랑세기』에는 음성서(音聲署)의 장(長)에 향가를 잘하는 동란공이 임명되었다는 기사가 나온다.[20] 음성서가 향가의 창작, 공연, 배포 등을 담당한 국가 기관이었으리라 짐작하게 하는 이 기사는, 여기에서 영랑이 향가신을 두고 활동한 것과 함께 향가의 높은 위상을 대변한다. 또한 『화랑세기』에는 설원의 낭도가 향가를 잘하고 청유를 즐겨서 운상인(雲上人)이라고 했다고 한다.[21] 이는 인용문 마지막 구절과 관련한 내용인데 국선이 선모(仙母)와 함께 봄가을로 나라 안을 순행했다고 하여 좀 더 구체적으로 기술되었다.

이 밖에도 다음과 같은 대목에서 향가 향유의 양상이 나타난다.

> 공이 5년간 오현에서 살다가 돌아오니 그곳 사람들이 눈물을 흘리며 사당을 세웠고, 낭도 1,000인이 각각 노래 한 곡씩 지어 바쳤다.[22]

> (문무제가) 구(배장)에게 명하여 당나라 의례로써 능안을 가르치도록

20) 신재홍, 『화랑세기 역주』, 태학사, 2009, 118면.

21) 위의 책, 40면.

22) 신재홍(2013), 앞의 책, 19면. 원문은 68면. 公居梧凡五年 而歸 梧人爲之 流涕立祠 有徒千人 各奉一歌.

하였다. 구가 능안에게 도리로 경계하였다. "춤이란 도의 조화이지 즐기는 것이 아니다. 경망스럽게 하지 말 것이다." 능안은 한 사위의 춤, 한 곡의 노래도 반드시 그의 가르침에 맞추었다.[23)]

낭도 천 명이 일시에 노래 한 곡씩 지었다는 것은 『삼국유사』에서 월명이 자신은 국선의 무리라 범패는 잘 모르고 향가를 안다고 하였던 말을[24)] 다시 생각하게 한다. 월명같이 뛰어난 작자뿐 아니라 낭도라면 누구나 향가를 지을 줄 알 만큼 국선의 무리 가운데 광범하게 향가가 향유되었다고 볼 수 있다. 한편 무사(舞師) 능안이 춤과 함께 노래를 배웠다는 데에서 향가가 춤 같은 다른 예술 양식과 함께 공연되었던 모습을 추측할 수 있다.

4. 향가의 작자

1) 신충

신충이라는 이름은 '화랑세계'에는 나오지 않고 '영랑전'에 다음같이 언급되어 있다.

---

23) 위의 책, 62면. 원문은 82면. 命舅教能晏 以唐禮 舅戒晏以道 舞乃道化 而非玩也 不可妄 晏一舞一歌 必宜其教.

24) 『삼국유사』 5권, 감통, 「월명사 도솔가」, 臣僧但屬於國仙之徒 只解鄉歌 不閑聲梵.

> 성제(효성)가 새로 즉위하여(737) 그녀(포정의 딸 제정)를 사랑해 주었다. 이때 임금의 장인 순원공이 정권을 잡고 있었는데 중시 신충 등과 더불어 혜명을 황후로 책봉하였다(739). 혜명은 곧 임금의 이모인데 총애를 받지 못하였다. 다음 해(740) 7월 순원공이 훙하고 그 동생 순정공이 정치를 맡게 되자 영종공이 권세를 부리는 것을 꺼려하였다.[25)]

『삼국사기』「효성왕 3년(739)」에 신충의 중시 임명, 순원의 딸 혜명의 왕비 책봉 등이 기록되었다.[26)] 이것은 사건별로 기록된 것이어서 신충과 순원의 관계는 추정에 의존해야 하였다. 그런데 '영랑전'에서는 혜명이 황후가 된 배경으로 순원이 실권자였다는 점과 외척인 순원과 중시인 신충이 힘을 합쳤다는 점이 명확히 진술되었다. 나아가 순원이 딸의 황후 책봉 이듬해에 갑자기 죽고, 정권을 인계한 그의 동생 순정이 영종과 사이가 좋지 않았다는 점까지 기술되었다. 이후는 『삼국사기』「효성왕 4년(740)」에 간략히 기록된 영종의 반역 사건과 관련하여 순원, 순정, 혜명 일파와 영종, 제정(영종이 후궁으로 들여보낸 수양딸) 일파의 갈등에 따른 사건의 경과가 기술되었다.

신충은 효성왕의 즉위에 공을 세웠으면서도 논공행상에서 빠진 처지를 한탄하며 〈원가〉를 지었다. 작품 창작의 배경이 되는 이 상황을 '영랑전'에 의거하여 추측한다면, 이는 모종의 정치적 갈등 속에서 신

---

25) 신재홍(2013), 앞의 책, 15면. 원문은 66면. 成帝新立而染之 時上舅順元公執政 與中侍信忠等 册惠明爲皇后 卽上之姨也 無寵 翌年七月 順元公薨 弟順貞公執政 忌永宗公之用事.

26) 정구복 외, 『역주 삼국사기2―번역편』, 한국정신문화연구원, 1997, 190면.

충이 당시의 실권자인 김순원에게 잠시 배척을 당한 것이라고 할 수 있다. 〈원가〉를 본 효성왕이 신충을 다시 등용했다는 것도 어떤 계기로 인해 신충과 김순원의 관계가 회복되었기에 가능한 일이라고 생각된다. 말하자면 효성왕 즉위 시점에서 신충은 김순원과 소원한 관계였다가 곧 회복되어 나중에 중시로 발탁되고 또 순원의 딸을 황후로 책봉하는 데 중요한 역할을 하였다고 볼 수 있다. 이후 벌어진 순원 일파와 영종 일파의 갈등 속에 신충이 어느 쪽이었는지는 나와 있지 않지만 아마도 전자의 일원으로 정치적 행보를 이어갔으리라 짐작된다.

2) 월명

〈제망매가〉와 〈도솔가〉의 작자 월명의 가계가 '화랑세계'에 나온다.

> 아시(阿時) 삼엽(三葉) — 실보(實宝) 천흥(天興) — 실종(實宗) 월륜(月輪) — 월종(月宗) 애골(艾骨) — 월애(月艾) 내원(乃元) — 내월(乃月) · 계유(癸酉) 보골(宝骨) — 월골(月骨) 배만(裵娩)[27]

> 월골 배만 — 월명 대사(月明大師)[28]

---

27) 신재홍(2013), 앞의 책, 198면.

28) 위의 책, 199면.

이 세계도에서 월명의 조부·조모로 되어 있는 '내월 보골'의 짝은 '영랑전'에 등장한다. 옥잠이 애숙을 모셔 낳은 딸이 보골인데, 서기 700년인 현재 16세인 그녀를 고모의 아들 내월에게 시집보내어 애숙의 가계를 잇고자 하였다. 그런데 애숙이 요녀를 맞아들여 아들을 낳으니, 요녀 일당이 보골을 모해하였다. 이에 옥잠이 배장에게 이 문제를 해결해 줄 것을 부탁한다. 배장의 명으로 준공이 그 집에 가서 막 처형당하려는 보골을 구했는데, 보골의 남편 내월은 아내의 처형 장면을 차마 보지 못해 침실에 들어가 자결하였다. 이 일을 계기로 보골은 다시 준공의 아내가 된다.[29)]

이러한 사건과 함께 '화랑세계'에는 내월이 태어난 연도가 적혀 있다. 그는 계유(673, 문무왕 13)년에 태어나 배장이 순행하던 경자(700, 효소왕 9)년에 죽은 것이 된다. 이를 단서로 월명의 출생 연도를 추정해 보면, 16세의 보골과 내월이 맺어진 700년으로부터 한 세대 약 20여 년을 건너뛴 720년 무렵이라고 할 수 있다. 보골은 준공의 아내가 되어 두 아들을 두는데 그들에게서 각각 유가(兪加), 응룡(應龍)이 태어난다. 월명과 함께 이 두 사람은 영랑의 향가신 7명에 속한다. 말하자면 보골의 손자 셋이 향가에 뛰어난 인물이 된 셈이다.

앞의 세계도에서 월명의 가계를 거슬러 올라가면 '아시 삼엽'에 이른다. 이 짝은 다음 대의 '실보', 그 다음 대의 '월륜'과 함께 『화랑세기』에도 나오는바, 아시와 삼엽 사이에서 제2대 풍월주 미진부가 태어나고, 실보는 비대와의 사이에서 제9대 풍월주 비보랑을 낳는다. 월명

29) 위의 책, 35면.

의 고조 이상의 조상들이 풍월주 가문에 속하였던 것이다. 이에 경덕왕대 월명이 국선의 무리에 속한 승랑으로서 활동한 배경이 가문 내력에 있다는 점을 알 수 있다.

월명은 경덕왕 19(760)년 두 해가 나타난 변괴를 물리치려고 궁궐 안 조원전에 배설한 제단에서 산화공덕의 의식을 거행하였다. 720년경에 태어난 것으로 보면 30대 후반에서 40대 초반, 가장 왕성하게 사회 활동을 할 나이에 불양 의식의 주재자로 발탁되었다고 하겠다. 그 자리에서 그가 지어 부른 〈도솔가〉는 나이에 걸맞은 힘과 관록이 담겼다고도 할 수 있다.

'화랑세계'에는 '월골 배만'의 짝에서 태어난 월명만 적혀 있을 뿐 그의 형제자매 이름은 빠져 있다. 어떤 인물의 경우 어느 쪽에서는 자손의 일부가, 다른 쪽에서 나머지 자손이 적혀 있기도 하기 때문에 여기에 기재되지 않았다고 해서 월명의 형제자매가 없다고 할 것은 아니다. 〈제망매가〉의 시적 대상이 된 인물인 월명의 누이가 '화랑세계'에 기재되지 않은 것만 확인할 수 있다.

3) 무왕

『삼국유사』「무왕」에는 무왕이 〈서동요〉를 지어서 선화 공주와 인연을 맺은 이야기가 나온다. 『삼국사기』에는 백제 제30대 무왕 시대의 사건들이 편년체로 기록되었다. 무왕의 논의는 이 두 사서가 주 논거가 되었고, 선화에 대해서는 전자에 전적으로 의존해 왔다. 선덕 이외에 진평왕의 딸에 대한 기록이 달리 없어 왕의 셋째 공주 선화의 존재 자체를 부정할 수도 있다. 더욱이 근래에 미륵사지 탑을 해체하는 중에 금동 명문이 나와 사택적덕의 딸이 미륵사를 발원하였다는 사실이 새롭게 밝혀져[30] 무왕과 선화 공주의 사랑, 선화의 미륵사 창건 등의 이야기가 자칫 허구로 돌아갈지도 모를 상황에 놓이게 되었다.

그런데 '화랑세계'에 다음과 같은 세계가 나와 있다.

진흥(眞興) 옥리(玉理)—애리(愛理) 진평(眞平)—선화(善花) 무왕(武王)[31]

'진흥 옥리'의 짝은 『화랑세기』에서 진흥이 말년에 사도, 미실, 보명, 옥리, 월화 등 5궁을 거느리고 지냈다고 한 내용에 해당하지만 그 후손에 대해서는 언급이 없었다. 한편 진평의 딸들은 '화랑세계'에 마야와의 사이에서 난 천명, 선덕 이외에 우야, 보개, 보화, 양명, 임랑, 그리고 선화를 찾을 수 있다. 그중 우야, 보화, 양명은 『화랑세기』에서 진평의 딸로 명시되었거나 확인이 가능한 데 반해 보개, 임랑, 선화는 나오지 않고, 그 대신 천화가 언급되어 있다. 두 자료를 합쳐서 적어도 9명의 공주 이름을 찾을 수 있는 것이다. 이들 중 선화가 셋째 딸로 태어났다고 할 만한 근거는 없다. 계보만 그려져 있어서 생몰년은 확인할 수 없기 때문이다.

이렇게 '화랑세계'에서 〈서동요〉의 작자 무왕이 진평왕의 딸 선화와 짝을 이루었다는 점을 적시해 놓았다. 『삼국유사』의 이야기에서

---

30) 한국학중앙연구원 동아시아역사연구소 학술회의 발표문, 「미륵사 사리장엄 연구의 쟁점과 전망」, 2009.

31) 신재홍(2013), 앞의 책, 186면.

선화 공주가 귀양지로 떠날 때 왕후 혹은 모후(母后)가 순금 한 말을 주었다고 하였는데, '화랑세계'에 따르면 그 모후는 곧 애리가 된다. 애리의 모친 옥리의 가계가 나와 있지 않아서 그 이상의 계보는 알 수 없다.

5. 향가 관련 인물

1) 보동

『삼국유사』「융천사 혜성가 진평왕대」에 '제5 거열랑, 제6 실처랑(혹은 돌처랑), 제7 보동랑 등 세 화랑의 무리가 풍악을 유람하고자 하였다'고 했다.[32] 세 화랑 중 보동랑이 '화랑세계'에 나온다.

법흥(法興) 옥진(玉珍) — 호도(好道) 와문(瓦文) — 호동(好同) 비보랑(秘宝郎) — 보동(宝同)[33]

보동은 제9대 풍월주 비보랑의 아들로 되어 있다. 비보랑에 대해서는 『화랑세기』에 비교적 자세히 기술되었다. 첫째 부인 세진이 죽고 덕명을 아내로 맞아 여러 아들과 딸을 두었다고 하고, 유지라는 첩을

32) 『삼국유사』 5권, 감통, 「융천사 혜성가 진평왕대」, 第五居烈郎 第六實處郎—一作突處郎— 第七寶同郎等 三花之徒 欲遊楓岳.

33) 신재홍(2013), 앞의 책, 179면, 181면.

얻게 된 과정도 흥미롭게 그려졌다. 『화랑세기』에 비보랑의 서자로 유오랑, 유매, 고기, 수동 등이 나열되었는데 '화랑세계'에는 유오랑과 유매는 유지가, 고기는 고씨가, 수동[34]은 호동이 낳은 것으로 적혀 있다. 호동은 수동을 이어 보동까지 낳았으니, 보동은 비보랑의 세 번째 첩에게서 난 서자인 셈이다. 그런데 '법흥 옥진 — 비대 실보 — 비보랑'의 계보도 있어서 실상 비보랑은 고모의 딸을 첩으로 맞이한 것이다. 이에 보동은 부계와 모계 모두 법흥에게 닿아 있다.

『화랑세기』에 따르면 비보랑은 549년생이고 18세 되던 566년에 유지를 첩으로 삼았다고 한다. '화랑세계'에는 유지가 고씨, 호동보다 앞서 기재되어 있다. 유지를 첩으로 들인 566년부터 매년 한 명씩 첩을 들였다고 가정해도 호동은 빨라야 568년에 비보랑의 첩이 되었을 것이다. 그리고 수동을 낳은 후 연년생으로 보동을 낳았다고 가정하면 570년쯤이 된다. 대개 〈혜성가〉의 창작 연대를 594년으로 보는데[35] 이에 보동이 25세쯤에 풍악행에 나선 것이 된다. 그러나 이 계산은 매년 첩을 두고 매년 자식을 낳았다는 가정하에 한 것이므로 25세가 상한선이 될 뿐이다. 그보다는 어린 나이, 아마도 20세 전후 혹은 10대 후반에 겪은 일이 아닐까 싶다.

『삼국유사』에서 제5, 6, 7의 서수가 붙은 세 화랑은, 풍월주 아래 대화랑, 화랑, 소화랑, 묘화랑 등의 위계로 조직된 화랑 제도에서, 7명으로 이루어진 묘화랑에 해당할 것으로 여겨진다.[36] 보동의 경우 귀

34) 위의 책, 181면의 영동(永同)은 수동(水同)을 잘못 읽은 것이다. 수정본이 나오게 되면 고치도록 하겠다.

35) 조동일, 「혜성가의 창작 연대」, 『한국시가문학연구』, 신구문화사, 1983, 65면.

족 자제가 청소년기에 화랑도에 소속되어 활동한 일반적인 정황에 부합한다. 또한 보동의 계보가 법흥에게 닿아 있다는 점은 세 화랑의 풍악행에 진평왕이 큰 관심을 보인 『삼국유사』의 기록을 이해하는 데 도움이 된다. 신라 왕실 혈통의 귀족 자제들이 모인 화랑 집단의 활동이기 때문에 국왕이 관심을 갖고 지켜보았던 것이다.

2) 김기

김기(金耆)는 〈찬기파랑가〉의 시적 대상인 기파랑(耆婆郞)과 공통된 글자가 들어간 이름 때문에 혹시 동일인이 아닐까 추측되기도 하였다.[37] 『삼국사기』에는 그가 755(경덕왕 14)년에 시중이 되었다가 758(경덕왕 17)년에 죽었다고 하였다. 이 인물이 '화랑세계'와 '영랑전'에 등장한다.

> 만호(萬呼) 정숙(貞肅) ― 만룡(萬龍) 보리(菩利) ― 보룡(宝龍) 원선(元宣) ― 선명(宣明) 배장(裵長) ― 선종(宣宗) 효겸(孝謙) ― 김기(金耆) · 장산(長山)[38]

> 문무(文武) 소실(召室) ― 장평(長平) 원문(元文) ― 효겸 · 갑진(甲辰)

---

36) 신재홍(2006), 앞의 책, 296면.

37) 김선기, 「찌이빠 노래―향가의 새로운 풀이, 신라 노래 셋」, 『현대문학』147, 1967. 3., 294-295면.

38) 신재홍(2013), 앞의 책, 161면.

선종 — 김기 · 장산공(長山公) · 신유(辛酉)[39]

김기의 부계는 선종, 배장으로, 모계는 효겸, 장평으로 이어지는 계보를 보여 준다. 효겸은 갑진(704, 성덕왕 3)년생이고 김기는 신유(721, 성덕왕 20)년생이다. 755년에 시중이 되었으니 35세의 젊은 나이에 최고 관직에 오른 셈이다.

'영랑전'에서는 김기가 아니라 시(蓍)로 나온다.

> 정해(747)년……4월 7일에 홍수원주 문씨가 홍하였는데, 문씨는 공의 외할머니이다. 사인공이 상주 노릇을 하니 안팎으로 장례에 모인 사람이 3만여 명이었다. 임금은 내시와 알찬 장산후 시를 보냈고, 황후는 나정원주 복룡 부인을, 태후는 이령원주 달리 낭주를 보내어 조문하고 부조를 하였다.[40]

장산후라 하였으니 장산공이라 한 '화랑세계'의 김기에 해당하는 인물인데, 그 이름 시는 곧 김시일 것이다. 기(耆)와 시(蓍)는 초두머리가 붙고 안 붙고의 차이라서 혼용되었을 가능성이 있다.

그런데 간지로 꼽아 본 김기의 생몰년(721–758)으로는 〈찬기파랑가〉의 시적 대상이 된 기파랑과 관련짓기가 곤란하다. 향가 작품에서

---

39) 위의 책, 201면.

40) 위의 책, 21면. 원문은 68-69면. 丁亥……四月七日 紅鬚院主 門氏薨 公之外祖母也 思仁公執喪 中外會葬者 三万餘人 上遣內侍 謁粲長山侯蓍 后遣蘿井院主 福龍夫人 太后遣梨嶺院主 達理娘主 弔祭致賻.

기파랑은 은둔자의 면모와 오래 수련한 자세를 지녔고 상당수의 문도를 거느린 형상으로 그려졌다. 35세에 시중이 되어 나랏일을 총괄하다가 38세에 죽은 김기와는 상당히 다른 모습이다. 이에 김기를 기파랑과 동일인으로 보고자 했던 시각은 거두어들여야 할 것 같다. 물론 '화랑세계'의 신빙성을 인정하지 않는다면 여전히 하나의 가설로 남게 된다.

6. 결 론

'영랑전'과 '화랑세계'는 위작의 증거를 찾을 수 있는 서술 내용을 지닌 자료이다. 그리하여 그것의 사료적 가치를 완전히 무시해 버려도 그만일 수 있다. 그렇지만 거기에 담긴 많은 내용은 현재로서 진위를 판단하기 어렵다. 어떤 인물의 세계는 기존 사서에 혼동된 것이 명확하게 정리되어 있기도 하다. 이것이 모두 누군가가 꾸며 낸 것이라고 단정 지으려면 기존 사서에 없는 수많은 신라 인명에 대한 진위 판단의 근거를 확보해야만 한다. 아직은 자료 전체가 위작이라고 결론 짓는 것을 유보하고, 기존 사료나 새로 발견되는 사료의 참고용 자료로서 그 내용 하나하나를 대비, 검토해 나감으로써 이것이 지닌 부분적인 진본 가능성을 열어 두어야 하지 않을까 한다.

이 장에서 향가 관련 기록을 검토하긴 했으나 어떤 결론에 이를 수는 없었다. '백파가'가 향가가 아니라는 것도 현존 자료에 기대어 잠정적으로 내린 결론이고, 현재로서는 월명, 보동 등의 세계도가 맞는지 틀리는지를 판단할 수 있는 근거가 없다. 이 인물들의 세계도가 사실이라면 향가 연구에 중요한 의의를 갖지만 그 모든 내용이 위작이라면 허무한 결과가 되고 만다.

자료를 검토하면서 신라사에 대한 무지로 인해 갑갑한 마음을 금할 수 없었다. 설사 신라사에 조금 아는 것이 있더라도 '화랑세계'에 적힌 수많은 인명과 그 계보, '영랑전'에 전개된 영랑, 포정, 배장, 김생 등의 이야기가 참인지 거짓인지 판단할 수가 없었다. 몇 가지 불합리하고 상상 밖의 내용이 들어 있다고 해서 전체를 위작으로 판단하는 것은 학문적 소임을 방기하는 것이 아닌가 싶었다.

아예 자료 전체를 허구로 보고 누군가가 신라사를 자기식으로 구성한 면에 초점을 맞추어 고찰할 만도 하다. 필사자일 가능성까지 포함하여 어떤 이가 자신이 바라보는 신라의 역사, 신라 인물의 세계도를 상상 속에 펼쳤다고 한다면, 하나의 관점 연구, 사관 연구, 그도 아니면 허구 의식 연구의 자료로 살펴도 좋을 것이다. 하지만 그렇게 허구 텍스트로서 접근하기에는 자료 속에 담긴 내용이 방대하고 검토해야 할 것들이 엄청나다. 만에 하나 새로운 사료가 발견되어 여기에 적힌 내용 중 어느 하나라도 사실에 부합함이 밝혀진다면 자료의 위상은 달라질 것이다. 아니면 그 반대의 결과로 이끄는 결정적인 사료가 나오면 자료 전체가 위작 판정을 받을 것이다. 어느 쪽으로 결론이 나든지 간에 그때까지는 이 자료에 대한 검토가 계속되어야 하지 않을까 한다.

향가와 후대 시가

〈원가〉와 〈만전춘별사〉의 궁원 풍경

1. 서 론

우리 고유의 시가 양식은 향가에서 고려 가요를 거쳐 시조, 가사로 이어져 왔다. 전대의 양식이 후대로 가며 쇠퇴하는 중에 새 양식이 기존 양식을 해체, 계승하며 형성되는 과정을 통해 시가사가 전개되었다. 양식과 양식의 관계를 살피는 것은 이러한 사적 흐름을 파악하기 위한 것이다.

향가와 고려 가요의 비교 연구도 시가사적 연구의 일환이다. 고려 〈처용가〉를 논하면서 신라 〈처용가〉와 배경 기사를 형성 배경으로 살핀 논의가 많았고[1] 〈원가(怨歌)〉를 〈정과정〉과 비교한 논의도 있었다.[2] 그러나 그 밖의 작품들은 비교 대상이 되지 못하였던바 아마

---

1) 〈처용가〉를 다룬 많은 연구가 신라와 고려의 작품을 함께 다루었다. 그중 대표적인 연구로 장주근, 「처용설화의 연구」, 『국어교육』6, 한국국어교육연구회, 1963 ; 최미정, 「처용의 문학전승적 본질」, 『관악어문연구』5, 서울대학교 국문과, 1982 ; 정운채, 「고려 처용가와 처용랑 망해사조 재해석과 벽사진경의 원리」, 『고전문학연구』13, 한국고전문학회, 1998 ; 김수경, 『고려 처용가의 미학적 전승』, 보고사, 2004 등을 들 수 있다.

도 비교할 만한 근거를 찾기가 쉽지 않았기 때문인 듯하다.

이 장에서는 소재 면에서 향가와 고려 가요의 공통점을 찾아 논해 보고자 한다. 대상 작품은 10행 향가인 〈원가〉와 연장체 고려 가요인 〈만전춘별사(滿殿春別詞)〉이다. 10행 1연으로 완결된 전자에 비해, 후자는 반복구를 제외하고 대개 3행씩 구성된 5연에 2행의 제6연이 덧붙은 형태이다. 전자는 향찰 해독에서 논란이 많은 작품이고 후자는 해독보다는 작품 해석에서 의견이 분분한 작품이다.[3] 그러기에 두 작품의 비교가 가능한지 의문이 들 수도 있겠으나 여기서는 소재상의 공통점에 초점을 맞추어 논하려고 한다.

두 작품의 공통된 소재는 궁궐 안의 정원, 즉 궁원(宮園)이다. 『삼국유사』「신충괘관」에 효성왕과 신충이 궁정의 잣나무 아래에서 바둑을 두었다고 하였으므로 〈원가〉가 궁정을 배경으로 한 작품인 점은 분명하다. 이에 비해 〈만전춘별사〉는 창작 배경을 알려 줄 만한 기록이 별로 없어서 논거를 잡기가 힘들다. 그러나 첫째, '전각'이나 '궁전'을 뜻하는 작품 제목의 '전(殿)' 자,[4] 둘째, 작품에 쓰인 시어들

---

2) 윤영옥, 『신라시가의 연구』, 형설출판사, 1982, 204-206면 ; 이형대, 「원가와 정과정의 시적 인식과 정서」, 『한성어문학』18, 한성어문학회, 1999.

3) 〈원가〉의 연구사는 김영수, 「원가」, 『향가문학연구』, 일지사, 1993 ; 이종건, 「원가」, 『새로 읽는 향가문학』, 아세아문화사, 1998에서 정리된 바 있다. 〈만전춘별사〉의 연구사를 종합적으로 정리한 논의는 찾지 못하였으나 이임수, 「여요 만전춘의 문학적 복원」, 『문학과 언어』2, 문학과언어연구회, 1982, 120-123면 ; 김성문, 「만전춘별사의 시적 문맥과 정서 표출 양상 연구」, 『우리문학연구』21, 우리문학연구회, 2007, 35-37면에서 간략한 연구사를 참조할 수 있다.

4) 성현경, 「만전춘별사의 구조」, 『고려시대의 언어와 문학』, 형설출판사, 1975, 382면 ; 이임수, 앞의 논문, 125-128면에서 작품 제목의 '전'을 궁전, 후전(後殿), 후정(後庭)으로 보았다.

이 갖는 일정한 경향, 셋째, 단일 화자의 구조화된 시상 전개 등을 근거로 작품 배경을 궁원으로 볼 수 있다.5)

이러한 공통 배경하에 창작된 두 작품의 서정성을 비교함으로써 향가에서 고려 가요로 전개된 시가사의 일단을 좀 더 심층적으로 이해할 수 있으리라 본다.

2. 〈원가〉의 궁원

〈원가〉는 배경 기사와 작품 내용이 긴밀히 연관되어 있으므로 함께 살펴보아야 한다.

> 효성왕이 태자로 있을 때 어진 선비 신충과 함께 궁정의 잣나무 아래에서 바둑을 두고는 하였다. 일찍이 [신충에게] 일러 말하기를 "타일에 만약 경(卿)을 잊는다면 잣나무와 같음이 있으리라." 하니, 신충이 일어나 절하였다.6)

배경 기사의 '궁정'은 효성왕이 태자였을 때 거처하였던 동궁, 즉 임해전(臨海殿)의 뜰이다. 이 동궁은 안압지(雁鴨池)를 끼고 있는 건물이었으므로 궁정은 곧 안압지 주변을 지칭한다. 문무왕대에 궁궐

5) 이에 대한 자세한 논의는 본론에서 이루어질 것이다.

6) 『삼국유사』 5권, 피은 제8, 「신충괘관」, 孝成王潛邸時 與賢士信忠 圍碁於宮庭栢樹下 嘗謂曰 他日若忘卿 有如栢樹 信忠興拜.

안에 연못을 파고 가산을 만들어 꽃과 나무를 심고 진기한 새와 짐승을 길렀다.[7)] 그 가산은 무산 12봉을 본떠 만들었는바[8)] 발굴 조사 결과 삼신산을 상징하는 연못 속 세 개의 섬과 뭍에 만든 9개의 봉우리와 더불어 무산 12봉을 이룬다고 한다.[9)]

한편 효성왕과 신충이 그 아래에서 바둑을 두었던 '잣나무'는 궁정에 심겨 있었다. 안압지 주변에 심어 놓은 여러 종류의 나무들 가운데 하나인 것이다. 예로부터 잣나무는 소나무와 함께 정원수로 널리 심은 나무이다. 적송, 금송, 매화 등은 건조한 땅에 심는 데 비해 잣나무, 수양버들 등은 습한 땅에 심는다.[10)] 따라서 궁정의 잣나무는 연못가, 즉 안압지 호안에 심겨 있던 잣나무였을 것이다. 아마도 연못에 잇닿은 곳에 가설한 정자, 그 옆에 서 있는 아름드리 잣나무 아래에서 바둑을 두지 않았을까 싶다.

이러한 배경은 작품에 반영되어 나타난다.

갓 됴히 자시	물 좋은 잣이
ᄀᆞᄉᆞᆯ 안ᄃᆞᆯ 니르기 디ᄆᆡ,	가을에 아니 이르러 떨어지매,
'너어 다히 녈져' ᄒᆞ신,	'너하고 같이 다니고 싶구나' 하신,
울월ᄃᆞᆫ ᄂᆞᄎᆡ 가ᄉᆡ시온 ᄃᆡ야.	우러르던 낯이 변하신 데에야.

7) 『삼국사기』 7권, 신라본기 제7, 「문무왕」 14년, 二月 宮內穿池造山 種花草 養珍禽奇獸.

8) 『동국여지승람』 21권, 경상도 경주부 고적, 「안압지」, 文武王 於宮內爲池 積石爲山 象巫山十二峯 種花卉 養珍禽.

9) 주남철, 『한국의 정원』, 고려대학교출판부, 2009, 27면.

10) 위의 책, 110면.

ᄃᆞ라리 그르기 고린 못잇	달이 그림 져 닿은 연못에
녈 믌겨랏 ᄉᆡ이기 다히,	오가는 물결에서 새어 나감같이,
즈ᅀᅵ샷 ᄇᆞ라나	모습이야 바라보나
누리 아모ᄋᆡᆺ 숨온 뎨야.	누리 아무에 숨은 적에야.[11]
後句亡	

제1행의 '잣'과 제5행의 '연못'이 배경 기사의 '궁정'과 직접 관계되는 시어들이다. 배경 기사의 '타일에 만약 경을 잊는다면 잣나무와 같음이 있으리라'는 효성왕의 말이 작품에서는 '너하고 같이 다니고 싶구나'로 약간 변형되어 있다. 이 말을 한 장소가 궁정의 잣나무 아래였다.

이 잣나무는 신충에 대한 효성왕의 다짐을 보증하는 역할을 하였다. 그러므로 다짐이 지켜지지 않았을 때 잣나무는 시들어 버렸다. 매년 '물 좋은 잣'이 영글었던 그 나무에서 미처 가을도 되지 않은 계절에 잣이 떨어져 버리는 변괴가 일어난 것이다. 이는 애초 신충에게 다짐할 때의 효성왕의 '낯이 변하신 데에' 원인이 있다. 이같이 화자는 궁정의 잣나무를 두고 맹세한 말이 지켜지지 않은 것에 대해, 그 소재를 끌어와 시적으로 변용하여 자신의 심정을 하소연한다.

궁정에서 빼놓을 수 없는 것이 연못이다. 배경 기사에는 연못에 대한 언급이 없지만 작품에 연못이 등장한다. 따라서 배경 기사의 '궁정'이라는 단어 속에 이미 연못이 포함되었다고 할 수 있다. '달이 그

11) 〈원가〉의 해독 중 궁원을 배경으로 한 시상 전개가 비교적 분명히 드러난 신재홍, 『향가의 해석』, 집문당, 2000, 280-281면의 것을 취하였다.

림 져 닿은 연못에 / 오가는 물결에서 새어 나감'이라는 비유는 시적 화자의 현재 처지를 빗댄 말이다. 연못에는 달그림자가 비치고 물결이 오가며 출렁인다. 그 물결 중 일부는 연못에서 새어 나간다. 이러한 연못의 비유가 효성왕의 측근이었다가 논공행상에서 누락된 화자의 현재 처지를 대변한다.

현재 복원된 안압지는 못에 물을 대는 수로, 즉 입수구를 동남쪽 담장 밑을 파서 만들었다. 물은 물확을 거쳐 누조에 모였다가 작은 폭포가 되어 떨어져 못으로 들어간다. 물이 흘러 나가는 출수구는 중도(中島) 동쪽의 북쪽 호안에 자리 잡고 있다. 못의 물은 동쪽으로 흐르다가 다시 북쪽으로 흘러 나간다.[12]

이 안압지에서 신충은 효성왕과 여러 차례 대면하여 유희를 즐겼을 터, 그중에 바둑, 뱃놀이,[13] 작시나 가창 시합 같은 놀이가 있었을 것이다. 이렇듯 안압지는 효성왕과 신충이 친밀하게 지낼 때 함께 즐겼던 장소이다. 그러니 효성왕의 배신에 추억의 장소를 상기시켜 자신의 처지를 호소하는 것은 아주 자연스러운 일이다.

이렇듯 〈원가〉는 배경 기사에 기록된 궁정, 즉 안압지를 배경으로 창작된 향가 작품이다. 안압지와 그 주변의 잣나무를 소재로 끌어와 효성왕에게 하소연하는 비유로 활용하였다. 따라서 이 작품은 궁정을 배경으로 이루어진 신라의 왕족과 귀족 사이의 친밀한 관계가 바탕에 깔려 있다. 이러한 유대 관계가 깨어진 것이 작품 창작의 동기가 되었

---

12) 주남철, 앞의 책, 29면.

13) 연못 바닥에서 출토된 목선을 통하여 안압지에 배를 띄웠음이 확인된다.

던 것이다.

3. 〈만전춘별사〉의 궁원

〈만전춘별사〉는 형식부터 5연인지 6연인지 논란이 되고, 내용에 대해서도 다양한 견해들이 나와 있다. 작품의 성격에 관하여 서로 다른 화자의 목소리가 조합된 것으로 보는 견해와[14] 단일 화자에 의해 일관된 정서가 표출된 것으로 보는 견해가 대립한다.[15] 전자의 관점에서는 각 연이 다소 느슨하게 연결된 작품으로서 제3연같이 〈정과정〉의 일부가 들어 있는 것도 그 조합적 성격에 기인한 것으로 본다. 이에 비해 후자의 관점에서는 각 연을 연결하는 일관된 목소리와 주제가 있고 그것이 유기적으로 짜인 완결된 작품으로 본다. 현재 어느 쪽이 옳다고 볼 만한 결정적인 증거는 나오지 않았다. 여기에서는 서론에서 언급한 세 가지 점에서 작품 배경이 궁원이고 작품은 유기적 구조를 갖추고 있다고 본다.

---

14) 여증동, 「만전춘별사 가극론 시고」, 『진주교대논문집』1, 진주교대, 1967, 5-20면 ; 임주탁, 「역사적 생성 문맥을 고려한 만전춘별사의 독법과 해석」, 『한국시가연구』 11, 한국시가학회, 2002, 168-175면. 화자에 대한 논의는 유보한 채 여러 표기나 장르의 조합으로 본 연구로는 최정여, 『한국고시가연구』, 계명대학교출판부, 1989, 276-277면 ; 김학성, 『국문학의 탐구』, 성균관대학교출판부, 1987, 37-39면, 56-60면이 있다.

15) 성현경, 앞의 논문, 375면 ; 박노준, 『고려 가요의 연구』, 새문사, 1990, 250면 ; 최미정, 『고려 속요의 전승 연구』, 계명대학교출판부, 1999, 75면 ; 김성문, 앞의 논문, 38-45면 ; 윤성현, 『속요의 아름다움』, 태학사, 2007, 55-62면.

먼저 『악장가사』 소재 〈만전춘별사〉를 반복구는 제외하고 각 연을 비슷한 행 길이로 나누고 전체를 6연으로 하여 제시하면 다음과 같다.

어름 우희 댓닙 자리 보와
님과 나와 어러주글만뎡
情둔 오ᄂᆞᆳ밤 더듸 새오시라

耿耿 孤枕上애 어느 ᄌᆞ미 오리오
西窓을 여러ᄒᆞ니 桃花ㅣ 發ᄒᆞ두다
桃花ᄂᆞᆫ 시름업서 笑春風ᄒᆞᄂᆞ다

넉시라도 님은
ᄒᆞᆫᄃᆡ 녀닛 景 너기다니
벼기더시니 뉘러시니잇가

올하 올하 아련 비올하
여흘란 어듸 두고 소해 자라 온다
소콧 얼면 여흘도 됴ᄒᆞ니

南山애 자리 보와 玉山을 버여 누어
錦繡山 니블 안해 麝香 각시를 아나 누어
藥 든 가ᄉᆞᆷ을 맛초ᄋᆞᆸ사이다

아소 님하

遠代 平生애 여힐술 모ᄅᆞᆸ새

첫째, 작품 제목이 '만전춘별사'라는 점이다. 이 명칭을 작품 내용과는 상관없는 사조명(詞調名)으로 보기도 하지만[16] 작품의 주제를 상징적으로 표현하기 위한 제명[17]으로 보는 견해가 우세하다. 필자도 글자 그대로 '전(殿)에 가득한 봄'으로 이해하여 제목에서 궁전의 뜰, 즉 궁원을 소재로 한 작품임이 드러나 있다고 본다.

둘째, 작품에 구사된 시어들의 성격을 분석하면 일정한 경향이 드러난다는 점이다. 우선 소재가 된 사물을 보면, 제1연 '얼음, 댓잎 자리', 제2연 '베개[枕], 창문[窓], 복숭아꽃[桃花], 봄바람[春風]', 제3연 '경(景)', 제4연 '오리, 비오리, 여울, 연못[소]', 제5연 '남산(南山), [잠]자리, 옥산(玉山), [베개], 금수산(錦繡山), 이불, 사향(麝香), 사향 각시, 약(藥), 가슴' 등이다. 여기서 자연물은 '복숭아꽃, 봄바람, 오리, 비오리, 여울' 등이고, 인공물은 '베개, 창문, 사향, 약' 등이다. '경, 연못, ~산'은 자연물이거나 인공물이거나 아니면 양쪽이 결합된 것일 수도 있다.

그런데 '연못'은 문맥상 '여울'과 대조되었다는 점에서, 여울이 자연이라면 연못은 인공에 가까운 의미를 지닌다. '경'은 경기체가 형식을 특징짓는 '경(景)'과 같은 용례라는 점에서, 〈한림별곡〉 같은 데에

16) 박노준, 앞의 책, 245면.

17) 윤영옥, 「만전춘 별사의 재음미」, 『고려 가요연구의 현황과 전망』, 집문당, 1996, 235면.

서 보이는 과거장, 그네 터 등의 '경'을 고려하면 인공 혹은 인공이 가미된 자연의 모습으로 생각된다.

'~산'의 경우, 실제의 산 이름이기보다는 가상의 명명(命名)으로 보인다. '남산, 옥산, 금수산'은 뒤의 '사향, 약'과 연결되어 사향노루가 돌아다니고 약초를 캘 수 있는 곳으로 제시되었으니, 불로장생의 사슴과 불로초를 품은 삼신산의 의미와 겹친다고 할 수 있다.[18] 그런데 '산' 앞에 붙은 '남-, 옥-, 금수-'는 뒤따라 나오는 '자리, [베개], 이불'과 연결되어 '남쪽 자리, 옥 베개, 금수 이불'이라는 단어들을 형성한다. 이는 그 다음에 나오는 '사향 각시'(사향을 지닌 각시), '약 든 가슴'(약을 품은 사람의 가슴) 등과 비슷한 수식—피수식의 관계로 짜인 말들이다.

이러한 두 가지 연결 관계를 고려할 때, '~산'은 불로장생과 잠자리의 의미가 결합된 조어이다. 이는 제1연 '님과 나와 어러주글만뎡'과는 대척적인 자리에 놓인 의미 영역이다. 제1연의 제1, 2행은 얼음 위 댓잎 자리에서 성교를 하다가 죽어도 좋다는 상상인 데 반해, 제5연은 삼신산을 배경으로 잠자리를 가짐으로써 불로장생할 수 있다는 상상이기에 죽음과 불로장생의 의미 대립을 보이기 때문이다.[19]

---

18) 황병익, 「만전춘별사 5연의 어휘 재고」, 『한국시가연구』16, 한국시가학회, 2004, 163-175면에서 여러 자료를 살펴 '남산'과 '금수산'은 구체적인 지명으로, '옥산'은 전설 속의 산으로 풀이하였다. 필자는 세 단어가 동일한 층위에 있는 말이어야 합리적인 문맥을 이룬다고 생각하여 셋 다 전설상의 산, 즉 삼신산과 관련지었다.

19) 전규태, 「만전춘별사 고」, 『고려시대의 가요문학』, 새문사, 1982, I-111면 ; 현혜경, 「만전춘별사에 나타난 화합과 단절」, 『고려시가의 정서』, 개문사, 1985, 220면 ; 최미정, 앞의 책, 75-76면 ; 박노준, 『향가여요의 정서와 변용』, 태학사, 2001, 77면에서도 제5연을 공상, 상상, 원망(願望) 등의 세계로 보았다.

그런데 제1연의 '얼음'이 사용된 배경이 있듯이 제5연의 '~산'이라는 말이 들어간 동기가 있을 것이다. 이를 찾기 위해 두 연 사이에 공통된 소재로서 궁원을 고려할 필요가 있다. 제1연의 얼음은 궁원 연못에 언 얼음이고 제5연의 '~산'은 궁원에 조성된 삼신산 또는 석가산(石假山)[20]에서 발상을 얻은 말로 보면 문맥이 자연스럽게 연결된다. 정서상으로 대척적이지만, 작품의 제5연은 〈한림별곡〉 제7연[21] 삼신산이 조성된 정원을 정자에서 완상하는 모습과 유사한 창작 배경을 지녔다고 본다.

이런 면에서 이 작품은 자연물보다 인공물 위주로 소재들이 구성되었다고 할 수 있다. 인공물 위주라는 것은 작품의 배경이 궁원 같은 인공적인 환경일 가능성이 크다는 것을 뜻한다.

셋째, 단일한 화자의 목소리가 일관되게 발화되어 작품이 유기적인 구조를 갖추고 있다는 점이다. 작품에 쓰인 시어를 들여다보면, 제1, 2연은 '얼음—[댓잎] 자리 보다—고침상(孤枕上)—잠이 오다'로 연결되고, 제4, 5연은 '자러 오다—[연못이] 얼다—[남산에] 자리 보다—[옥산을] 베고 눕다'로 연결된다.[22] 곧, '얼음—자리 보다—베개—잠'

---

20) 정원에 조성된 석가산은 '자연의 기암절벽을 모방하여 꾸미거나 아니면 신선계를 울타리 안에 도입하려는 의도가 내재해 있는 듯하다'고 한다(정동오, 『한국의 정원』, 민음사, 1986, 87면).

21) 『악장가사』, 「한림별곡」, 봉릐산 방댱산 영쥬삼산 / ᄎᆞ삼산 홍류각 쟉약션ᄌᆞ / 록발익ᄌᆞ 금슈댱리 쥬렴반권 / 위 등망오호ㅅ경 긔 엇더ᄒᆞ니잇고 / (葉) 록양록듁 ᄌᆡ뎡반애 록양록듁 ᄌᆡ뎡반애 / 위 뎐황잉 반갑두셰라

22) 강명혜, 「궁중속악적 측면에서 살펴본 여요의 의미와 가능」, 『한국시가연구』1, 한국시가학회, 1997, 342면에서 제1연과 4연이 '얼음', 제2연과 5연이 '녹음'의 대립된 이미지로 구성되어 있다고 보았다. 이에 비해 필자는 제1, 2연과 제4, 5연이 각

의 제1, 2연과 '자다—얼다—자리 보다—베다'의 제4, 5연으로서, 일련의 시어들이 꼬리를 물고 연결되어 있다. 이를 도시하면 다음과 같다.

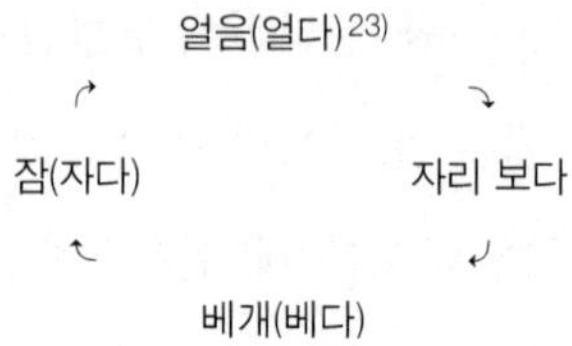

이렇게 보면, 시적 화자는 일정한 의도를 가지고 님과의 성적 관계를 작품으로 형상화하고자 했음을 알 수 있다. 내용상 제1~6연은 '회상—현실—하소연—현실—상상—기원'으로 요약될 수 있다. 제1연의 님과 함께하였던 당시에는 얼음 위 댓잎 자리에서 성교를 하더라도 더 오래 같이 있기를 바랐지만 제2연의 현실은 님과 이별한 상황이다. '오ᄂᆞᆳ밤'으로 인해 제1연을 현재로 볼 수도 있지만, 그렇게 되면 제2연 이하의 시상 전개를 정합적으로 설명하기가 곤란하다. 제1연 전체는 '~라고 했었지' 정도의 말로 감싸인 문장으로서 화자가 과거를 회상하는 것으로 보아야 작품 전체의 시상이 자연스럽게 연결된다. 이에 제1연과 2연은 '함께했던 과거의 회상—혼자 남은 현재의 상황'으로 서로 대비된다.

화자는 제4연에서 연못의 비오리에게 말을 건네며 외로움을 달래

각 '얼음'과 '잠자리 보기'로 연결된 의미의 계열을 이루면서 호응하고 있는 점에 주목한다.

23) '얼다, 자리 보다, 베다, 자다'의 의미 계열에서 '얼다'는 '얼음이 얼다'의 표면적 의미보다 '교합, 성교하다'의 의미가 더욱 관계적이다. 이에 '얼음, 얼다'는 성교의 의미를 짙게 풍기는 중의적 표현으로 쓰였다고 하겠다.

다가 제5연에서는 상상의 나래를 펼쳐 '사향 각시'로 지칭된 화자 자신을 님이 안아 주기를 희망한다. 화자는 자신을 삼신산에서 뛰노는 사향노루의 사향에서 채취한 향을 지니고 불로장생의 약을 가슴에 담은 각시로 지칭하였다. '님'이 화자를 안은 상태에서 화자의 가슴을 '님'의 가슴에 대겠다는 말이다. 이에 제4연과 5연은 '외로운 현재의 처지—상상을 통한 만남'으로 서로 대비된다.

그리고 제1, 2연을 이어 제3연의 하소연이 나오고, 제4, 5연을 이어 제6연의 기원으로 마무리된다. 제3연의 하소연은 궁중에서 불리던 삼진작(三眞勺)의 가사 〈정과정〉에서 가져왔다. 다른 작품과 같은 노랫말을 공유한다는 사실이 이 작품의 조합적 성격을 나타내는 것이라고 볼 수도 있지만, 단일 화자가 기존의 노랫말을 의도적으로 차용한 것으로 보아 작품의 유기적 구성을 설명하는 것이 더 온당하다고 생각한다. 외로운 현실을 읊은 제4연과 제5연 사이에 '님'을 향한 화자의 하소연인 제3연이 온 것은 아주 자연스러운 배치이다. 이와 함께 상상의 제5연에 이어 작품 전체의 주제를 포괄하는 기원의 제6연으로 마무리되는 것도 자연스러운 시상 전개이다.

이러한 단일 화자의 존재 및 유기적인 구조를 고려할 때, 화자가 일정하게 제한된 곳에서 지내며 오랫동안 쌓인 감정과 생각을 풀어낸 작품임을 짐작할 수 있다. 그리하여 화자는 궁궐처럼 닫힌 공간에서 생활하는 궁녀[24] 혹은 후궁이 오랫동안 자신을 돌아보지 않는 왕을

24) 이임수, 앞의 논문, 136-137면 ; 나정순, 「고려 가요에 나타난 성과 사회적 성격」, 『한국고전여성문학연구』6, 한국고전여성문학회, 2003, 408-409면에서 '궁녀'를 화자로 보았다.

그리워한 노래가 아닐까 한다.

이상의 논의를 종합하여 〈만전춘별사〉의 시상 전개를 다음과 같이 설명할 수 있다. 제1연 궁원의 연못이 얼었을 때 성교하는 모습까지 상상하였던 과거를 회상하고, 제2연 궁원에 핀 복숭아꽃을 바라보며, 제3연 〈정과정〉에서 미루어 알 수 있는바 궁원에서 왕과의 관계가 깨어진 상황을 상기하고, 제4연 연못에 떠다니는 비오리에게 말을 건네며, 제5연 궁원의 삼신산 또는 석가산에서 유추한 신선 세계에서 님에게 안긴 모습을 상상하고, 제6연에서 님과 영원히 함께하기를 기원하는 것으로 시상이 전개되었다고 할 수 있다. 궁원에서 보는 현실 세계와 궁원에서 유추된 상상 세계를 넘나드는 시상의 전개를 보여주는 것이다. 여기에 앞에서 언급한바 제1연과 제5연의 의미 대립, 작품 제목의 '만전춘'을 함께 고려하면, 제2연의 외롭고 쓸쓸한 현실의 봄에서 제5연 님과 함께 불로장생하는 상상의 봄으로 의미 지향이 이루어졌다고 하겠다.

4. 궁원 풍경 속의 서정

앞에서 향가 〈원가〉와 고려 가요 〈만전춘별사〉가 공히 궁원을 소재로 한 작품임을 논하였다. 두 작품은 공통점보다 차이점이 훨씬 많아서 비교할 거리가 별로 없을 것 같아 보이지만, 궁원을 창작의 소재로 취하였다는 공통점에 바탕을 두고 비교해 볼 수 있다.

먼저 시적 화자가 처한 상황이 비교된다. 두 작품의 창작 동기는 모두 궁궐 안에서 맺어진 화자와 대상의 관계가 어그러진 데에 있다. 〈원가〉는 왕으로부터 버림받은 신하, 〈만전춘별사〉는 님에게서 멀어진 여성 화자, 아마도 궁녀나 후궁이 발화의 주체가 된다. 대상과의 관계가 깨어졌거나 은총을 잃은 상태에서 화자가 자신의 심정을 하소연한다는 점에서 공통된다.

이러한 화자의 처지와 심정으로 인해 그들이 바라보는 궁원의 풍경은 즐겁고 화려하기보다 슬프고 쓸쓸하게 비친다. 〈원가〉에서는 궁원을 장식하는 멋진 잣나무가 시들어 그 나무의 열매인 잣이 제때도 아닌데 떨어져 버렸다. 궁원의 연못은 새어 나가는 물결에 초점이 맞추어졌다. 시들어짐과 새어 나감의 심상으로 인해 작품에 그려진 궁원의 풍경은 한결 쓸쓸하고 처량해 보인다.

〈만전춘별사〉의 궁원도 쓸쓸함이 배어 있는 풍경으로 그려졌다. 제1연에서 연못에 얼음이 꽁꽁 언 모습부터가 흥겨운 정취와는 거리가 멀다. 얼음 위에 댓잎 자리를 보아 정열적으로 성교하는 장면을 상상하였더라도 불타는 성교에 대비되어 얼음의 차디찬 느낌은 더욱 강화된다. 제2연에서 화자는 잠을 못 이루어 새벽까지 깨어 있다가 달이 지는 서쪽 창문을 연다. 막 피어난 복숭아꽃이 산들산들 부는 봄바람에 하늘거리는 모습이 흥겹기도 하련마는, 당나라 시인의 시구 '桃花依舊笑春風'을 떠올려 보며[25] 그 꽃은 '시름없어' 그려려니 할 따름이다. 제3연에서 〈정과정〉의 가사를 읊조리는 것이나 제4연에서 연못 위에 노니는 비오리에게 말을 건네는 것도 화자의 쓸쓸한 회포에

25) 윤영옥, 앞의 논문, 242-243면 ; 정민, 「한시와 고려 가요 4제」, 『고전시가 엮어 읽기』 상, 태학사, 2003, 274-279면.

서 나온 행동이다. 그나마 제5연에서 신선 세계 속 잠자리를 상상해 보지만 그것도 '가슴을 맞춥시다'라고 하는 청유형이지 실제로 그러한 사실의 진술이 아니다.

이렇듯 두 작품에 그려진 궁원은 시적 화자의 외로운 처지가 투영되어 쓸쓸하고 처량한 모습으로 비친다. 이는 궁원이 지닌 일반적인 심상, 곧 왕과 귀족들이 한가하게 노니는 수려하고 그윽한 풍광의 정원과는 대비된다. 작품 외적 배경으로는 이러한 궁원의 심상이 고려되었을 터이니, 그로 인해 오히려 작품 내적 화자의 정서가 더욱 쓸쓸하게 느껴진다.

궁원을 배경으로 함으로써 나타나는 두 번째 특징은 궁원의 안과 밖이 대비적으로 설정된다는 것이다. 〈원가〉 제5~8행은 궁궐 안의 '연못'과 밖의 '누리'를 의도적으로 대비시켜 화자의 버림받은 심정을 하소연한다. 화자는 태자와 교유하던 궁원에서 밀려나 백성과 섞여 사는 세상 속에 파묻히게 되었다. 궁원의 연못으로 흘러들어 가는 물도 있고 새어 나오는 물도 있지만 자신은 후자가 되어 버린 신세이다. 이러한 궁원 안과 밖의 대비적 조망을 통하여 궁궐 안에 거하는 왕에게 궁궐 밖의 자신을 돌아보아 달라고 호소한다.

〈만전춘별사〉 제3연은 〈정과정〉의 가사 일부를 옮겨 왔으므로 이 연으로 인해 〈원가〉와 〈만전춘별사〉를 매개하는 〈정과정〉을 주목하게 된다. 〈정과정〉은 버림받은 신하의 하소연을 담았다는 점에서 〈원가〉의 주제와 상통하는바,[26] 그 내용의 일부가 〈만전춘별사〉에

26) 이형대, 앞의 논문, 105-117면에서는 정서 면에서 '내면화와 관조'(원가), '외향화

삽입된 것이다. 이에 따라 〈원가〉와 〈만전춘별사〉는 주제 면에서도 연결될 소지가 있다.

제3연의 '흔딕 녀닛 景'은 궁궐 안에서 친밀한 관계를 유지하는 왕과 신하, 혹은 왕과 궁녀/후궁의 모습을 떠올리게 한다. 그런데 지금의 화자는 그렇지 못한 처지에 놓였다. 함께함과 떨어져 있음의 대비가 선명한바, 이는 〈원가〉, 〈정과정〉, 〈만전춘별사〉에 공통된 주제적 배경을 이룬다. 〈만전춘별사〉의 화자는 이 같은 대비적 구도에 공감하였기 때문에 〈정과정〉의 가사를 끌어왔을 것이다.

제4연은 함께함과 떨어져 있음의 대비에 더하여 〈원가〉처럼 안과 밖의 대비를 뚜렷이 드러내었다. '비오리, 여울, 연못'이 뜻하는 대상에 대해 의견이 많지만, 여기에서는 지나치게 상징적인 의미를 찾기보다 눈에 보이는 대로 그려 낸 것으로 보고자 한다. 궁원의 연못에 비오리들이 떠다니고 있다. 궁원에 나와 그 광경을 바라보던 화자가 비오리에게 말을 건넨다. '여울은 어디 두고 [이 궁원의] 연못에 자러 오느냐?'라고 묻고, 스스로 '[여기] 연못이 얼면 [너희가 애초에 있었던] 여울[로 돌아가는 것]도 좋으리니'라고 답한다. 여기서 연못과 여울의 대비가 드러난다. 연못은 궁원의 일부이고 여울은 궁원 밖 어느 곳이라고 할 수 있다.

작품 배경의 하나로 상정할 수 있는 고려의 정궁은 만월대(滿月臺)에 자리 잡고 있었다.[27]

와 격정'(정과정)이라는 서로 다른 양상을 분석하기도 하였다.

27) 〈만전춘별사〉의 배경은 정궁이 아니라 개경 및 지방에 있었던 이궁(離宮)이나 행궁(行宮), 혹은 왕족의 저택에 조성된 궁원 중 하나일 수도 있다. 여기서는 잠정적

> 만월대는 황성의 북쪽, 송악산 아래 양지 밝은 경사지를 최소한의 인공을 가하여 깎아 내고, 석축을 쌓아 여러 개의 넓은 단을 만들어 조성하였다.……서쪽에서 남쪽으로 흘러와 동쪽으로 흘러가는 객수(客水)인 금천(禁川) 광명천이 있다.……때로 석가산을 조산하였는데, 돌이나 괴석을 첩첩이 쌓아 산을 만들었고, 또 못에 물을 끌어들이기도 하였다.[28]

이러한 궁원 배치를 참조한다면 작품 속의 '여울'은 광명천의 흐름을 염두에 둔 표현이라고 생각된다. 광명천에서 궁원으로 들어온 물이 연못을 휘두른 다음 다시 광명천으로 흘러 나갔을 것이다. 이러한 지형적 구도로 미루어 보면, 여울이라 지칭된 것은 화자가 지금 있는 궁원의 연못에서 흘러나가 광명천에 합류된 물줄기로 볼 수 있다.

안과 밖의 대비는 두 작품의 공통점이지만 미묘한 차이점도 보여준다. 〈원가〉에서 안과 밖은 차단된 채로 있지 않고 제4행의 '우러르던 낯'과 제5행의 '달이 그림 져 닿은 연못'에 의해 연결될 가능성을 열어 두었다. 지금은 밖에 화자가, 안에 왕이 있지만 예전에 태자였을 때는 같은 공간에서 그의 얼굴을 우러러보았었다. 연못의 물결은 궁원 안에서 밖으로 새어나오지만 공중에 뜬 달은 연못을 포함한 온 세상을 비춘다. 안과 밖으로 떨어져 있는 지금의 상태는 과거의 다짐과 달처럼 비추는 은총이 있는 한 다시 연결될 가능성이 있다.

〈만전춘별사〉에서 〈원가〉의 달에 해당하는 것으로 연못과 여울을

으로, 고려 시대 여러 궁원의 모델이 되었을 만월대의 궁원을 작품 창작의 배경으로 상정하고 논하였다.

28) 주남철, 앞의 책, 40-43면.

넘나드는 비오리를 들 수 있다. 그러나 비오리는 달처럼 화자와 님을 연결하는 역할은 하지 못한다. 화자는 다만 궁원의 바깥으로 날아갈 수 있는 비오리를 부러워할 따름이다. 안과 밖이 차단된 상태에서 화자는 밖의 님을 안으로 들이려는 노력도 해 보지 못한 채 자신의 외로운 심정을 비오리에 의탁할 뿐이다.

세 번째 특징은 두 작품의 소재가 된 궁원의 조경물이 변화와 불변이라는 대립적 의미를 형성한다는 것이다. 〈원가〉는 연못, 잣나무, 달이, 〈만전춘별사〉는 연못, 복숭아꽃, 비오리, 삼신산 또는 석가산이 주요 소재이다. 전자는 들어오고 나가는 물결의 변화성과 잣나무의 불변성이 대비된다. 후자는 연못에 얼음이 어는 것과 복숭아꽃이 피는 것, 연못 위의 비오리가 날아왔다 날아가는 것 등이 변화를 보여주는 데 비해 삼신산이나 석가산의 신선 세계에서 누리는 님과의 불로장생은 불변의 의미를 지닌다. 이렇듯 두 작품의 소재가 된 조경물은 변화와 불변의 두 가지 의미가 대립된 가운데 변화를 부정하고 불변을 지향한다는 공통점을 지녔다.

끝으로 〈만전춘별사〉의 제6연이 지금은 전하지 않는 〈원가〉의 낙구(제9 · 10행)와 관련될 수 있다. '아소 님하 / 遠代 平生애 여힐술 모ᄅᆞᄋᆞᆸ새'는 제5연 불로장생의 상상 세계를 그려 낸 다음에 나온 화자의 간절한 기원이다. 이러한 내용의 말은 〈원가〉의 낙구에서도 발해졌을 법하다. 변심한 왕의 마음이 되돌려지기를 바라는 화자의 바람은 님과 영원히 함께하기를 기원하는 〈만전춘별사〉와 상통하리라 생각된다.

이상에서 본 바와 같이 〈원가〉와 〈만전춘별사〉는 공통적으로 궁원을 소재로 하여 시상을 전개하였다. 737년 즈음에 지어진 〈원가〉와 충렬왕대(1274-1308)의 작품으로 추정되는 〈만전춘별사〉는 시간적으로 500여 년이나 떨어져 있고, 궁원의 위치도 경주와 개성의 거리만큼 멀리 있다. 이러한 차이에도 불구하고 깨어진 관계의 회복을 바라는 시적 전통은 중세 왕조의 궁원을 배경으로 하여 면면히 이어졌다.

5. 결 론

향가 〈원가〉와 고려 가요 〈만전춘별사〉는 궁원을 배경으로 한 시상 전개라는 점에서 공통점을 지닌다. 궁원을 배경으로 하여, 버림받은 시적 화자의 처지, 안과 밖의 대비적 조망, 소재의 불변적 의미 강조, 함께하기를 바라는 바람 등에서 두 작품의 동질성이 드러난다. 신라와 고려의 궁궐 안에는 정원들이 조성되어 있었고 그 궁원을 두고 사시사철 경치를 완상하고 유흥을 즐기는 왕과 귀족, 그에 딸린 궁녀와 하인들이 있었을 것이다. 시대는 수백 년 떨어져 있지만 두 작품은 중세 왕조의 궁중 생활에서 우러나온 서정성을 공유하고 있는 것이다.

이러한 비교 연구를 통해 〈만전춘별사〉의 유기성이 좀 더 드러나지 않았나 싶다. 궁원을 바라보며 님에게서 멀어진 처지를 하소연하는 화자의 심정이 제1연에서 제6연까지 일관되게 펼쳐지고 있는 것이다. 그리하여 궁원 연못의 얼음 위 정사 장면까지 상상하며 님과 만났던 때를 되새기고(제1연), 지금은 오지 않는 님 생각에 밤새 번민하다가 복숭아꽃 핀 것을 보고 상심하는 중에(제2연 제1, 2행) 당나라 시인의 시구를 떠올려 풍경과 엮어 보기도 하고(제2연 제3행), 궁중 악으로 연주된 삼진작, 즉 〈정과정〉의 가사를 읊어 보기도 하며(제3연), 궁원으로 나와서 연못 위에 떠다니는 비오리에게 말도 건네 보고(제4연), 궁원에 조성된 삼신산 혹은 석가산에서 유추하여 신선 세계에서의 잠자리를 상상하기도 하다가(제5연), 결국 님과 영원히 함께할 것을 기원하는 것으로 마무리 지었다(제6연).

향가와 고려 가요는 각각 20~30수 정도 극소수의 작품만 남아 있지만 그 하나하나가, 수백 년간 존속하면서 수많은 작품이 창작, 향유되었던 양식의 역사를 증명하는 작품이다. 그러기에 한 편 한 편에 응집된 우리 고유의 서정성을 천착해 들어가는 연구가 필요하다. 시대가 다르고 형식이 다른 두 양식에서 공통점과 차이점을 찾아 비교함으로써 그러한 서정성이 어떻게 흘러왔는지를 드러낼 수 있다. 여기에서는 단지 궁원이라는 소재로 향가와 고려 가요 한 작품씩을 비교해 보았지만, 이러한 연구가 쌓여 서정성의 흐름을 좀 더 깊이 이해할 수 있으리라 생각한다.

〈동동〉의 선어(仙語) 및 난해구 재해석

1. 서 론

〈동동(動動)〉은 월령체(月令體)의 형식, 님에 대한 사랑과 송축의 주제, 구절마다 애절한 어조, 그윽한 작품 분위기 등으로 인해 고려가요 중에서 많은 주목을 받아 왔다. 궁중악으로 편입되기 전에는 민간에서 불린 월령체의 민요로 보는 견해가 우세하다. 그렇지만 시적 화자가 1월령에서 12월령까지 일관된 목소리를 내고 각 월령의 주제도 구구절절이 사적인 감정을 토로한다는 점에서 개인 창작시일 가능성을 배제할 수 없다.

〈동동〉의 이해에 중요한 단서가 된 것이 『고려사』 권71, 악2, 「동동」의 '其歌詞 多有頌禱之詞 蓋效仙語而爲之'라는 기록이다. 작품의 전반적인 성격을 송도(頌禱)의 노래로 규정하였는데, 가사 속에 님을 송축하는 말이 많다는 점에서 수긍이 간다. 문제는 그 뒤에 이어진, '선어(仙語)를 본받아 지었다'는 구절이다. 선어가 무엇을 뜻하는지가 논란의 초점인데, 해석 여하에 따라 작품 이해가 달라질 수 있다.

선어에 대한 이해는 크게 세 가지로 나누어 볼 수 있다. 첫째, 신라 이래의 화랑, 국선, 선랑, 풍류, 팔관회 등에 연원을 둔 무속 같은 고유문화의 연장에서 이해하는 관점,[1] 둘째, 〈자하동(紫霞洞)〉에도 같은 용어가 사용된 점과 신선 모티프가 당대의 한문 노래에 널리 나타나는 점 등을 들어 중국 전래 도교 사상과의 관련하에 이해하는 관점,[2] 셋째, 신선이라는 말의 용례 중 어떤 점을 부각시켜 '경망하다' 혹은 '기녀'의 뜻으로 보거나, 도교 음악의 소(嘯)와 결부하여 노랫말이 없는 구음으로 보는 등 다소 특이하게 이해하는 관점이다.[3]

주된 연구 경향은 첫째 관점에 있지만 화랑, 국선과 같은 정치 · 사회 · 문화적 제도를 풍속 혹은 신앙의 차원에서 무속과 연관 짓는 데에 머물고 있다. 그리하여 〈동동〉의 전반적인 성격을 지적한 선어라는 말을 막연히 고유문화의 전통과 관련된 용어로 이해하고 말았다. 전편에 걸쳐 사랑과 그리움의 주제를 드러내는 이 작품과 화랑, 국선, 무속 등을 함께 엮어 보기가 어려운 관계로 아예 서사만을 지적한 말로 선을 긋기도 하였다.[4] 그러나 선어의 이해는 작품 전체와의 관련

---

1) 최진원, 『국문학과 자연』, 증보판; 성균관대학교출판부, 1981, 151면 ; 김명호, 「고려가요의 전반적 성격」, 『한국시가문학연구』, 신구문화사, 1983, 77면 각주21 ; 박혜숙, 「동동의 님에 대한 일고찰」, 『국문학연구』10, 효성여자대학교, 1987, 87면; 최미정, 「죽은 님을 위한 노래—동동」, 『고려가요 · 악장연구』, 태학사, 1997, 290면 ; 허남춘, 「궁중악과 송도」, 앞의 책, 43쪽 ; 엄국현, 「동동 연구」, 『인제논총』13, 인제대학교, 1997, 48면 ; 신은경, 「동동의 형성과정 및 작자층에 대한 재검토」, 『국어국문학』123, 국어국문학회, 1999, 52면.

2) 조규익, 「송도 모티프의 연원과 전개양상」, 『고전문학연구』32, 2007, 46면 ; 황병익, 「동동 송도지사 개효선어의 의미 고찰」, 『고전문학연구』37, 한국고전문학회, 2010, 49면.

3) 임기중, 「고려가요 동동고」, 『고려가요연구』, 정음문화사, 1984, 371면 ; 안동준, 「고려노래 '선어'와 민간전승 도교음악」, 『배달말』29, 배달말학회, 2001, 177면 ; 이영태, 「동동의 송도와 선어」, 『민족문학사연구』36, 민족문학사학회, 2008, 17면.

을 통해 이루어져야 한다. 원문 해독에서 논란이 되는 부분이 여러 군데 있어서 그에 대한 해석을 병행하면서 선어의 의미를 이해할 필요가 있다.

여기에서는 첫째 관점에다가 제도적, 문화적인 내용을 채워 넣고, 향가의 영향하에 고려 가요가 형성, 발전하였다는 시가사적 관점을 더하여 〈동동〉의 선어 및 난해구에 접근하고자 한다. 현존 작품을 보면 향가의 주된 작가층은 화랑이다. 화랑의 활동을 배경으로 한 〈혜성가〉, 〈모죽지랑가〉, 〈처용가〉, 승랑인 월명과 충담이 지은 〈제망매가〉, 〈도솔가〉, 〈찬기파랑가〉, 〈안민가〉 등을 고려하면 이 점은 분명해 보인다. 그런데 신라 시대 화랑은 국선으로도 불렸고, 선(仙)이라는 말에는 다분히 신라 고유문화의 의미가 들어 있다. 고려 시대에도 화랑, 국선에 대한 관심은 지속적으로 나타난다. 이에 〈동동〉의 선어는 향가, 화랑, 국선, 선 등과의 관련 속에서 파악해야 할 말로 생각된다. 기존의 첫째 관점도 여기에서 출발하였으나 주술, 무속 등으로 기울어 구체적 제도로서의 화랑 및 화랑상, 구체적 문학 양식으로서의 향가와 관련짓는 데에서 멀어졌다.

이에 선어의 '선'을 신라에서 고려로 이어진 화랑 및 향가의 전통 아래 살펴보고 작품의 난해구에 나름의 대안을 제시함으로써 시가사적인 맥락에서 〈동동〉을 다시 논해 보고자 한다.

4) 이혜구, 「고려의 동동과 돈황곡 십이월상사」, 『한국음악서설』, 4판; 서울대학교출판부, 1982, 123면.

2. 화랑, 국선, 선

1) 화랑과 국선의 관계

화랑과 국선은 밀접하게 관련된 말이다. 김유신의 소년 시절에 대해 '15세에 화랑이 되었다' 혹은 '18세 임신년에 검술을 닦아 국선이 되었다'[5]고 하였고, 백운에 대해서도 '진평왕 때 백운이 14세에 국선이 되었다. 당시 사람들이 화랑을 국선이라 하였다'[6]고 하여 화랑과 국선이 혼용되었다. 미륵선화에 관한 기록에서 '[원화를] 고쳐 화랑으로 삼도록 하였다. 처음으로 설원랑을 받들어 국선으로 삼으니 이것이 화랑국선의 시초이다.……왕이 미시랑을 경애하여 국선으로 받들었다.……지금도 나라 사람들이 신선을 일컬어 미륵선화라고 한다'[7]고 하여 화랑과 국선을 한 말로 묶거나 신선과 미륵선화를 같은 말이라고 하였다. 이렇듯 고려에서 조선 전기에 걸쳐 나온 사서들에서 화랑과 국선을 혼동 혹은 동일시하였다.

여러 사서에 나오는 화랑(풍월주)과 국선을 열거하면 다음과 같다.[8]

5) 『삼국사기』 41권, 열전, 「김유신 상」, 公年十五歲爲花郎 ; 『삼국유사』 1권, 기이 제1, 「김유신」, 年至十八壬申 修劍得術爲國仙.

6) 『대동운부군옥』 5권, 하평성, 1. 「선(先)」, 國仙: 眞平王時 白雲年十四 爲國仙 時人以花郎爲國仙.

7) 『삼국유사』 3권, 탑상 제4, 「미륵선화 미시랑 진자사」, 改爲花郎 始奉薛原郎爲國仙 此花郎國仙之始……王敬愛之 奉爲國仙……至今國人稱神仙曰彌勒仙花.

8) 효종랑, 처용랑처럼 사람 이름에 '랑'이 붙은 예들도 있는데, 그것이 화랑인지 국선인지 애매하기 때문에 일단 분류에서 제외하였다.

화랑: 화랑 성립(진흥왕 37년[9] / 법흥왕 원년[10]) 풍월주 성립(진흥왕 원년[11] / 법흥왕 원년[12]) 사다함(진흥왕대), 유신(진평왕대), 흠춘(순)(진평왕대), 근랑(진평왕대), 거열랑 · 실(돌)처랑 · 보동랑(진평왕대), 문노 · 흠운(태종무열왕대 이전), 관창(태종무열왕대 이전)[13]

국선: 유신(진평왕대), 백운(진평왕대), 구참공(진평왕대), 부례랑(효소왕대), 응렴(경문왕)(경문왕대 이전), 요원랑 · 예흔랑 · 계원 · 숙종랑(경문왕대)[14]

위에서 보듯이 진평왕대는 화랑과 국선이 함께 나오다가 효소왕대 이후 국선이 주로 나온다. 또한 화랑 혹은 풍월주의 성립 시기에 대해

---

9) 『삼국사기』 4권, 신라본기, 「진흥왕 37년」, 更取美貌男子 粧飾之 名花郎以奉之 ; 『삼국사절요』 7권, 병신, 「진흥왕 37년」, 春 新羅置花郎.

10) 『신증동국여지승람』 21권, 경상도 「경주부, 풍속」, 風月主 · 花郎: 法興王元年 選童男容儀端正者 號風月主.

11) 『삼국사절요』 6권, 경신, 「진흥왕 원년」, 新羅王 選容儀端正童男 號風月主.

12) 『대동운부군옥』 10권, 상성, 7. 「우(麌)」, 風月主: 法興王元年 選童男儀容端正者 號風月主.

13) 『삼국사기』 44권, 열전, 「사다함」, 人請奉爲花郎 ; 같은 책 41권, 열전, 「김유신 상」, 公年十五歲爲花郎 ; 같은 책 47권, 열전, 「김영윤」, 祖欽春一或云欽純一角干 眞平王時花郎 ; 같은 책 48권, 열전, 「검군」, 時大日伊湌之子 爲花郎 號近郎 ; 『삼국유사』 5권, 감통 제7, 「융천사 혜성가 진평왕대」, 第五居烈郎 第六實處郎一一作突處郎一第七寶同郎等 三花之徒 欲遊楓岳 ; 『삼국사기』 47권, 열전, 「김흠운」, 歆運少遊花郎文努之門 ; 같은 곳, 「관창」, 少而爲花郎.

14) 『삼국유사』 1권, 기이 제1, 「김유신」, 年至十八壬申 修劍得術爲國仙 ; 같은 책 4권, 의해, 「이혜동진」, 時國仙瞿旵公 嘗往其郊縱獵 ; 『대동운부군옥』 5권, 하평성, 1. 「선(先)」, 國仙: 眞平王時 白雲年十四 爲國仙 ; 『삼국유사』 3권, 탑상 제4, 「백률사」, 孝昭王奉大玄薩湌之子 夫禮郎爲國仙 ; 같은 책 2권, 기이 제2, 「사십팔 경문대왕」 王諱膺廉 年十八爲國仙……國仙邀元郎譽昕郎桂元叔宗郎等 遊覽金蘭.

세 가지 설이 있다. 그중 진흥왕 37년 설은 사다함의 존재로 인해 의문이다.

한편 선이라는 용어도 나타난다. 최치원의 「난랑비 서」에는 '나라에 현묘한 도가 있으니 풍류라고 한다. 교리를 설명하는 원천은 『선사』에 상세히 갖추어져 있다'[15]고 하였다. '원화를 받들어 선랑을 삼았다'[16]고도 하였으며, 동해안의 유명한 정자, 호수를 소개하며 '사선, 선도(仙徒), 선인' 등으로 영랑, 술랑의 무리를 칭하기도 하였다.[17] 사선의 일원인 영랑과 술랑은 효소왕대 국선 부례랑과 동시대의 인물이다.

이처럼 기존 사서에서 화랑, 국선, 풍월주, 화랑국선, 미륵선화, 선랑, 선도, 선 등의 용어가 혼용된 데 비해 『화랑세기』에는 상당히 정리되어 쓰이고 있다.

> 화랑은 선의 무리이다. 우리나라는 신궁을 받들어 하늘에 큰제사를 지냈으니 연나라의 동산, 노나라의 태산과 같은 것이다. 예전에 연 부인이 선의 무리를 좋아하여 미인을 많이 길렀는데 그들을 국화라고 하였다. 그 기풍이 동쪽으로 전해져 우리나라는 여자로써 원화를 삼았더니, 지소 태후

---

15) 『삼국사기』 4권, 신라본기, 「진흥왕 37년」, 崔致遠鸞郎碑序曰 國有玄妙之道 曰風流 說教之源 備詳仙史.

16) 『해동고승전』 1권, 유통, 「법운」, 三十七年 始奉原花爲仙郎.

17) 『파한집』 중권, 金蘭境有寒松亭 昔四仙所遊 其徒三千 各種一株 至今蒼蒼然拂雲; 『신증동국여지승람』 44권, 강원도, 「강릉대도호부 누정」, 寒松亭……亭畔有茶泉石竈石臼 卽述郎仙徒 所遊處; 같은 책 45권, 강원도, 「평해군 누정」, 越松亭……諺傳 新羅仙人 述郎等 遊憩于此; 같은 곳, 「간성군 산천」, 永郎湖……有古亭基 是永郎仙徒 遊賞之地.

> 가 폐지하고 화랑을 두어 나라 사람들이 받들도록 하였다. 이에 앞서 법흥대왕이 위화랑을 사랑하여 '화랑'이라고 불렀는데 화랑의 명칭은 여기서 비롯하였다. 옛날에 선의 무리는 단지 신을 받드는 일을 주로 하였으나 국공들이 반열에 들어 거행한 후로는 선의 무리가 도의로써 서로 권면하였다.[18)]

신라 국초부터 신을 받드는 일을 담당한 선의 무리가 있었고, 진흥왕의 어머니 지소 태후가 위화랑의 애칭을 따서 화랑을 설치하였고, 화랑 성립 이후 국공의 참여로 선의 무리가 봉신과 함께 도의를 닦았다는 것이다. 이에 따르면, 기존 사서에서 서로 어긋났던 화랑 설치시기는 진흥왕 원년(540)이 되고, 선은 신궁을 받들어 하늘에 제사를 지내는 것으로 이해된다.

화랑과 풍월주, 국선과 선도 · 화랑의 관계도 명확히 규정되었다. 선화(仙花)를 화랑으로 삼고 화랑의 무리를 풍월도, 그 수장을 풍월주라고 하였다.[19)] 사다함의 경우, 『삼국사기』 「열전」에는 사람들이 화랑으로 받들었다고 했는데, 『화랑세기』에는 그가 이미 국선이 될 만한 인물로 평판이 났고, 그런 후에 제5대 풍월주가 되었다고 하였

---

18) 『화랑세기』, 「서문」, 花郎者 仙徒也 我國奉神宮 行大祭于天 如燕之桐山 魯之泰山也 昔燕夫人好仙徒 多畜美人 名曰國花 其風東漸 我國以女子爲源花 只召太后廢之置花郎 使國人奉之 先是法興大王愛魏花郎 名曰花郎之名始此 古者仙徒只以奉神爲主 國公列行之後 仙徒以道義相勉.

19) 위의 책, 제2세 「미진부」, 太后乃廢源花 以仙花爲花郎 號其衆曰風月 號其頭曰風月主. 여기서의 선화는 선도의 수장이라는 의미인데, 다음에 보게 될 국선과 화랑의 합일체로서의 선화와는 뜻이 조금 다르다.

다.[20] 선도의 수장인 선화가 국선과 상통하는 말임을 알 수 있다.

진흥왕 원년에 창설된 화랑 제도는 계속되는데, 진흥왕이 붕하고 진지왕이 옹립된 직후 정치 세력의 변동 속에 일시적으로 화랑이 국선으로 바뀐다. 이때 문노가 국선이 되었다.[21] 그런데 진지왕이 3년 만에 폐위된 다음에는 국선이었던 문노가 미실, 설원의 추대로 제8대 풍월주로 취임한다. 그리하여 선화라는 말이 문노와 같이 국선이면서 화랑인 사람을 가리키게 되었다.[22] 미륵선화는 선화의 이러한 의미 변화 속에 나온 말이다. 문노의 전임 풍월주였던 설원은 선화의 시초라고 일컬어지고, 또 말년에 불교에 귀의하여 미륵선화라고 칭해졌다.[23]

이는 『삼국유사』 「미륵선화 미시랑 진자사」의 다음 기록과 상응한다.

> 처음으로 설원랑을 받들어 국선으로 삼으니 이것이 화랑국선의 시초이다.…… ―『국사』에는 진지왕 대건 8년 경신에 처음으로 화랑을 받들었다고 하였는데, 아마도 사전(史傳)이 잘못되었을 것이다.―[24]

---

20) 위의 책, 제4세 「이화랑」, 公乃奏太后曰 免含之弟斯多含 年未免艾 而自有郎徒 殆所謂國仙者乎.

21) 위의 책, 제7세 「설화랑」, 眞興大王崩 美室雖有寵於新主 而未若知道夫人 知道之父起烏公 與文弩爲從兄弟 故知道素服於文弩 乃勸王立文弩爲國仙

22) 위의 책, 제7세 「설화랑」, 文弩以國仙爲花郎之首 故曰仙花.

23) 위의 책, 같은 곳, 贊曰 美室之臣 仙花之始 托于佛門 以令其美 ; 같은 곳, 薛原旣讓位 從美室于永興寺 擇其手徒 出入護之 以爲私臣頭上 後加號彌勒仙花.

24) 『삼국유사』 3권, 탑상 제4, 「미륵선화 미시랑 진자사」, 始奉薛原郎爲國仙 此花郎國仙之始―國史 眞智王大建八年庚申 始奉花郎 恐史傳乃誤―.

화랑국선의 시초라는 것은 국선이면서 화랑인 선화의 시초라는 말이다. 세주에서 중국 연호와 간지가 일치하지 않는 것에 대해, 화랑 설치 시기를 진흥왕 원년으로 보면 경신은 바로 그 해가 되고, 진흥왕 37년으로 보면 경신(庚申)은 병신(丙申)의 오기가 된다. 또한 다른 기록에 따라 진지왕 대건 8년에 처음으로 화랑을 받들었다는 것은 『화랑세기』에서 진지왕 원년(576)에 문노를 국선으로 세운 것과 일치한다. 일연은 그 기록을 오류라고 하였는데, 이는 화랑이 잠시 국선으로 바뀐 사정을 몰랐기 때문이다.[25]

진지왕대 잠시 국선으로 바뀐 적이 있지만, 이후 화랑은 삼국 통일의 과업을 위해 용춘, 유신 등을 중심으로 군사 활동 위주로 나아갔다. 통일 후 신문왕 원년(681) 전임 풍월주 흠돌이 난을 일으킬 때 화랑도가 반군 쪽에 많이 가담함으로써 반란 평정 후 화랑 제도가 혁파된다. 그러나 전통을 잇는다는 취지에서 화랑은 국선을 통해 계승된다.

> 자의 태후는 화랑을 혁파하도록 명하고 오기공에게 낭도를 적몰하여 모두 병부에 소속시켜 직책을 주도록 하였다. 그러나 지방의 낭정은 예전처럼 존립해 있었는데 실직 지방이 가장 성하였다. 얼마 후 그 기풍이 또 왕경 안으로 전해 왔다. 중신들이 고풍을 갑자기 바꿀 수 없다고 하니 태후가 도를 얻은 자를 국선으로 삼는 것은 허락하였다. 이로부터 화랑의 기풍이 크게 변하였다.[26]

25) 『화랑세기』가 위작일 가능성이 없지 않지만, 『삼국유사』의 작자가 오류라고 판정한 이 대목까지 사실로 분식했을지는 의문이다. 적어도 이 대목의 일치는 『화랑세기』의 사료적 가치를 입증한다고 할 수 있다.

여기서 '도를 얻'는다는 것은 곧 신라 전통의 선도(仙道)를 얻는다는 뜻이다. 이로써 화랑과 국선의 관계가 더 명료해졌다. 기존 사서에서 진평왕대에는 화랑과 국선이 함께 나오다가 효소왕대 이후 국선이 주로 나오는 점, 사선으로 대표되는 화랑의 활동이 군사보다 문화 활동에 치중한 점이 이해가 된다. 신문왕대 이후 '화랑의 기풍이 크게 변하였'기 때문이다.

이같이 화랑, 국선, 선 등은 신라의 전통적인 선도를 바탕으로 역사적, 제도적으로 수립, 전개된 일련의 인간 집단 및 그 활동을 지칭한다는 공통점을 지닌다. 역사적 맥락에서 선도를 담당한 선의 무리가 제일 먼저 있었고, 그들의 수장인 선화가 국선과 유사한 뜻을 지니다가 제도 창설 이후 화랑과 풍월주가 공식적인 용어가 되었다. 진흥왕 원년부터 신문왕 원년까지 지속된 화랑은 진지왕대 잠시 국선이 된 적이 있었고, 신문왕대 이후는 국선으로 바뀌어 신라 말까지 존속하였다. 화랑, 국선, 선 등이 지닌 이러한 역사적 맥락 위에서 고려 가요 〈동동〉의 선어에 접근할 필요가 있다.

2) 고려 시대의 국선, 선랑, 선가

『화랑세기』가 김대문이 쓴 진본이라면 그 책에 나오는 화랑, 국선, 선화 등의 용어는 신라 시대부터 계속 쓰인 말이라 할 수 있다. 그에

26) 『화랑세기』, 제32세 「신공」, 慈儀太后 命罷花郎 使吳起公 籍郎徒 盡屬兵部 授之以職 雖然地方郎政 依舊自存 悉直最盛 未幾其風 又漸京中 重臣皆以爲 古風不可卒變 太后乃許 以得道爲國仙 花郎之風 於是大變.

비해 선랑, 선가 등은 고려 시대 자료에서 신라 화랑을 지칭하거나 고려 당대에 화랑의 전통을 이은 제도와 관련된 말이다.

> 이지백이 아뢰었다. "……어찌 선왕의 연등회, 팔관회, 선랑 등의 일을 다시 시행하고 다른 나라의 이상한 술법을 행하지 않음으로써, 나라를 보전하고 태평을 이루는 것만 같겠습니까." ; 제고를 내렸다. '……사선의 유적에 마땅히 영예를 더해야 할 것이다.……이른바 국선의 일은 근래 벼슬길로 통하는 문이 많아서 구하는 자가 없다. 마땅히 대관의 자손으로 거행하게 하라.' ; 교지를 내렸다. '……하나. 선풍을 받들 것이다. 옛적 신라에서 선풍이 크게 행해져 바다와 하늘이 기뻐하고 백성과 만물이 평안하였다. 그리하여 나라 조상들 이래로 그 풍습을 받드는 일이 오래되었다. 근래에 두 서울의 팔관회가 날이 갈수록 예전의 격식이 감하여 유풍이 점점 쇠하였다. 지금부터 팔관회는 양반가의 풍족한 자 중에서 미리 택해 선가(仙家)를 삼아 옛 풍습에 따라 행함으로써 사람과 하늘이 모두 기뻐하는 데 이르도록 하라.'[27]

이지백의 상소(성종 12년, 993)에서부터 의종의 교지(22년, 1168)에 이르기까지 화랑의 전통을 계승한다는 취지에서 선랑, 사선, 국선,

27) 『고려사』 94권, 열전, 「서희」, 李知白奏曰……曷若復行 先王燃燈八關仙郎等事 不爲他方異法 以保國家致大平乎 ; 위의 책 14권, 세가 14, 「예종 11년 4월」, 下制曰……四仙之跡 所宜加榮……所謂國仙之事 比來仕路多門 略無求者 宜令大官子孫 行之 ; 위의 책 18권, 세가 18, 「의종 22년 3월」, 下教曰……一 遵尙仙風 昔新羅仙風大行 由是龍天歡悅 民物安寧 故祖宗以來 崇尙其風久矣 近來 兩京八關之會 日減舊格 遺風漸衰 自今八關會 預擇兩班家産饒足者 定爲仙家 依行古風 致使人天咸悅.

선풍, 선가 등이 언급되고 있다. 여기서 대관이나 양반가 자제로써 국선 혹은 선가를 선발한다는 것은 왕족이나 귀족 출신의 화랑을 뽑았던 신라의 전통을 계승한 면모이다. 이는 다음의 예처럼 실제로 행해졌다.

> 나라의 풍속에 어릴 때 반드시 중을 따라 구두(句讀)를 익혔는데 용모가 아름다운 자는 승속에서 모두 받들어 선랑이라 일컬었다. 모인 무리가 혹 수백 명에서 천 명에 이르렀다. 그러한 풍속은 신라 때부터 시작된 것이다. 적(頔)이 10세에 승사(僧舍)에 가서 배웠는데 성품이 민첩하고 잘 깨달아 책을 받으면 대의를 두루 통하였다. 얼굴이 그림 같고 풍모도 빼어나게 아름다워 보는 자마다 사랑하였다. 충렬왕이 그 말을 듣고 궁중으로 불러 보고는 국선으로 지목하였다.[28)]

신라에서 유래한 풍속에 따라 민종유(1245-1324)의 아들 민적(1269-1335)이 국선이 되었다는 것이다. '중을 따라 구두를 익혔'다는 것은 충담, 월명, 범교 등의 승랑과 관련되고, '무리가 혹 수백 명에서 천 명에 이'른 것도 화랑도 한 무리와 비슷한 인원이며, 왕이 몸소 지목한 것도 화랑의 선발 방식을 계승한 전통이다. 또한 이는 장가들기 전의 귀족 자제를 선랑이라 칭하였다는[29)] 12세기 전반의 기록과

---

28) 위의 책 108권, 열전, 「민종유」, 國俗 幼必從僧習句讀 有面首者 僧俗皆奉之 號曰仙郞 聚徒或至千百 其風起自新羅 頔 十歲出就僧舍學 性敏悟受書旋通大義 眉宇如畵 風儀秀雅 見者皆愛之 忠烈王聞之 召見宮中 目爲國仙.

29) 『고려도경』 21권, 「조예」, 大抵皆未娶之人 在貴家子弟 則稱仙郞.

도 연결된다. 이로 보아 화랑의 풍속은 12세기를 거쳐 13세기 말까지도 계승되었음을 알 수 있다.

그런데 민적이 국선이 된 충렬왕대에 이 말이 동반(東班)의 군역과 관련된 용어로도 쓰였다.

> 충렬왕 8년(1282)……교시하였다. '태조의 후손 중에 20명의 여자를 가졌더라도 1호의 예로써 1명만 벼슬에 들도록 허락하라. 이미 관원이 된 자는 빼내어 따로 기록하고 만약 남반이면 동반으로 바꾸고 국선으로는 뽑지 말며 군대에 있는 자는 군적을 없애라.'[30)]

태조 후손에게 벼슬을 주는 데 국선으로는 뽑지 말라는 것이다.[31)] 전후 문맥상 여기서의 국선은 동반의 군역에 해당하는바,[32)] 애초 신라 때부터 국선이 군사적 활동을 하였던 것을 감안하면 그 전통이 이어졌을 수도 있다. 그러나 앞서 본 민적의 국선 선발과는 성격이 다른 음서 제도의 일종으로 보인다. 국선이라는 말의 의미가 변한 것이다.

그런데 고려인이 화랑을 상기할 때 문화 활동 영역에 많은 관심을 둔 점이 주목된다. 앞에서 이지백, 예종, 의종이 연등회나 팔관회, 사

---

30) 『고려사』 75권, 지 29, 선거 3 전주, 「서조종묘예」, 忠烈王八年……教 聖祖苗裔 雖挾二十女 一戶例 許一名入仕 已爲員者 政抄別錄 若在南班 改東班 勿差國仙 在軍行者 除軍籍.

31) 이와 유사한 조처가 이후 두 번 더 나온다. 『고려사』 75권, 지 29, 선거 3 전주, 「서조종묘예」, 忠宣王復位(1308) 教曰 祖王苗裔 無名者 雖挾二十二女 例以一戶一名 許初職 已入仕者 別錄敍用 屬南班者 改東班 勿差國仙 亦免充軍……忠肅王十二年(1325) 教 祖王苗裔 雖挾三女 許入仕 屬南班者 改屬東班 勿差國仙 仍免軍籍.

32) 신복룡, 『한국정치사』, 4판; 박영사, 2003, 39면.

선 등을 거론한 것이 그러한 양상이다. 사선 악부의 존재는 이를 대표하는 예이다.

> 구정(毬庭)에 윤등 하나를 설치하고 사방에 향등을 배열하였다. 또 두 채의 채붕을 다섯 길이 넘는 높이로 지어 놓고 온갖 놀이와 가무를 벌였다. 그 사선 악부와 용 · 봉황 · 코끼리 · 말을 장식한 수레와 배는 모두 신라의 고사이다. ; 팔관회……그 사선 악부와 용 · 봉황 · 코끼리 · 말을 장식한 수레와 배는 모두 신라의 고사이다.[33]

동짓달 팔관회 때 벌인 가무백희에 사선 악부가 중요한 공연거리였음을 알려 준다. 신라의 사선은 일정한 양식의 가무를 만든 화랑으로 인식된 것이다. 이러한 점은 다음 기록에서도 확인된다.

> 동도는 본래 신라[의 수도]이다. 옛날에 사선이 있어 각기 거느린 무리가 천여 명이고 가법(歌法)이 성행하였다.[34]

사선을 가법을 성행시킨 화랑으로 여겼다. 이러한 맥락에서 1120년 10월 예종이 팔관회 자리에서 8행 향가인 〈도이장가〉를 지은 것은 특기할 만하다.

---

33) 『고려사』 69권, 지 23, 예 11, 가례잡의, 「중동팔관회의」, 遂於毬庭 置輪燈一座 列香燈於四旁 又結二綵棚 各高五丈餘 呈百戲歌舞於前 其四仙樂部 龍鳳象馬車船 皆新羅故事 ; 『신증동국여지승람』 4권, 「개성부 풍속」, 八關會……其四仙樂部 龍鳳象馬車船 皆新羅故事.

34) 『보한집』 상권, 東都本新羅 古有四仙 各領徒千餘人 歌法盛行.

신사일. 팔관회를 배설하고 왕이 잡희를 관람하였다. [잡희 중에] 국초의 공신 김낙과 신숭겸의 우상을 만들어 노는 것이 있었는데, 왕이 보고 감탄하여 시를 지었다.[35)]

팔관회의 전통 속에 향가 창작의 전통까지 포함하여 신라의 화랑 문화를 계승하였다. 예종이 지은 8행 향가가 사선의 가법을 계승하였는지는 알기 어렵지만, 주 창작층이 화랑도인 이상 향가가 화랑의 가법으로 인식, 향유된 것만큼은 짐작할 수 있다.

이처럼 고려는 주로 문화 활동의 면에서 신라의 화랑 제도를 계승하였는데, 그 자취는 민적이 국선이 된 사례가 나오는 13세기 말까지도 보인다. 충렬왕대는 곧 고려 가요가 궁중악으로 편입된 시기이기도 하다. 따라서 고려 가요 〈동동〉의 선어를 화랑의 전통에서 찾는 것은 역사적 배경을 충분히 갖추고 있는 논의인 셈이다.

3. 화랑의 활동상과 〈동동〉

1) 화랑의 활동 양상

화랑의 활동에 관한 포괄적인 기록은 『삼국사기』에 나오지만,[36)]

35) 『고려사』 14권, 세가 14, 「예종 15년 10월」, 辛巳 設八關會 王觀雜戲 有國初功臣金樂申崇謙偶像 王感歎賦詩.

36) 『삼국사기』 4권, 신라본기, 「진흥왕 37년」, 或相磨以道義 或相悅以歌樂 遊娛山水

그것만으로는 그들의 일상을 그려 내기가 쉽지 않다. 이 장에서는 〈동동〉과 화랑, 국선의 연결 고리를 찾는 데 목적을 두므로, 화랑의 활동 중에서 〈동동〉과 관련될 만한 것을 찾아보고자 한다.

먼저 화랑도가 명절 때 활동한 것으로 충담의 예가 있다.

> 3월 3일에 왕이 귀정문 누각 위에 거둥하였다. 좌우에 이르기를, "누가 길에서 잘 차려입은 스님 한 분을 모셔 오겠느냐?" 하였다.……"그대는 누군가?" "충담입니다." "어디서 오는 길인가?" "소승은 매년 3월 3일과 9월 9일에 차를 달여 남산 삼화령 미륵 세존께 대접합니다. 이번에도 차를 드리고 오는 길입니다."[37]

삼월 삼짇날은 봄을 시작하는 뜻 깊은 명절이다. 이때 경덕왕이 신하와 함께 월성 서쪽 제일 바깥 정문인[38] 귀정문 문루에 올라 궁궐 밖 민간의 명절 행사를 관망하였다. 왕 앞에 불려온 충담은 3월 3일과 9월 9일에 남산 삼화령 미륵세존께 차 공양을 드린다고 하였다. 삼화령 미륵세존은 선덕왕대 생의가 몽조로 얻은 돌미륵이다.[39] 삼화령은 진성여왕대 효종랑이 효녀 지은을 도와줄 때 유람했던 곳이기도

無遠不至.

37) 『삼국유사』 2권, 기이 제2, 「경덕왕 충담사 표훈대덕」, 三月三日 王御歸正門樓上 謂左右曰 誰能途中 得一員榮服僧來……汝爲誰耶 僧曰 忠談 曰 何所歸來 僧曰 僧每重三重九之日 烹茶 饗南山三花嶺彌勒世尊 今玆旣獻而還矣.

38) 『동경잡기』, 동경잡기간오, 歸正乃最外之正門 又曰 歸正西門也.

39) 『삼국유사』 3권, 탑상 제4, 「생의사 석미륵」, 善德王時 釋生義……至其洞掘地 有石弥勒出 置於三花嶺上……忠談師 每歲重三重九 烹茶献供者 是此尊也.

하여[40] 화랑의 유람처 중 하나이다. 이 자리에서 충담은 왕의 요청으로 향가를 지어 불렀는데 이것도 명절 행사의 일환일 수 있다. 화랑도가 차 공양, 향가 향유 등으로써 삼짇날 행사를 한 것이라 하겠다.

봄 명절 행사는 김유신 가문에서도 행해졌다. 김씨 종가의 재매 부인이 죽자 청연에 장사를 지냈는데 매년 봄에 종중 남녀가 그 골짜기의 남쪽 개울가에 모여 연회를 베풀었다는 것이다.[41] 삼짇날이라고 밝히지는 않았으나 골짜기 개울가의 연회는 삼짇날의 명절 행사의 일환으로 보인다. 한 가문의 행사여도 김유신이 화랑의 대표 격임을 감안하면 화랑과 삼짇날 행사의 관련성은 더욱 분명해진다.

문무왕의 서제(庶弟) 거득이 화랑으로 활동하였는지는 알 수 없지만[42] 그가 문무왕의 허락을 받고 국토를 순유(巡遊)한 것은[43] 후대 경문왕 경응의 경우처럼 화랑의 순유와 상통한다.[44] 그가 무진주에서 대접을 잘 받고 떠나면서 자기 이름을 단오라고 알려 준다.[45] 5월 5일 단오를 수릿날이라고 하는 유래가 거득의 이름까지 거슬러 올라가는 것이다. 이를 통해 화랑과 단오절의 관련성을 알 수 있다.

---

40) 위의 책 5권, 효선 제9, 「빈녀양모」, 孝宗郞 遊南山鮑石亭一或云三花述.

41) 위의 책 1권, 기이 제1, 「김유신」, 金氏宗財買夫人 死葬於青淵 上谷因名財買谷 每年春月 一宗士女 會宴於其谷之南澗.

42) 『화랑세기』, 제13세 「용춘」, '龍宝事太宗 生車得馬得兩公'을 통해 거득이 화랑 가문 태생임은 알 수 있다.

43) 『삼국유사』 2권, 기이 제2, 「문호왕 법민」, 公著緇衣 把琵琶 爲居士形 出京師 經由阿瑟羅州一今溟州一牛首州一今春州一北原京一今忠州一至於武珍州一今海陽一.

44) 신재홍, 「화랑의 순유와 향가」, 『중세 여행 체험과 문학교육』, 월인, 2012, 43-44면, 55-56면.

45) 『삼국유사』 2권, 기이 제2, 「문호왕 법민」, 居士欲辭行時曰 僕京師人也 吾家在皇龍皇聖二寺之間 吾名端午也一俗謂端午爲車衣一.

화랑의 명절 행사로는 축국(蹴鞠)[46]과 탑돌이[47]를 들 수 있다. 화랑 유신과 춘추가 정월 보름에 한 공놀이, 즉 축국은 명절 행사의 일환일 것이다. 『화랑세기』에는 풍월주의 취임식이 주로 정월 또는 정월 보름에 열리는데[48] 명절에 맞춰 의식의 취지를 더욱 뜻깊게 하려는 것으로 보인다. 탑돌이는 2월 보름에 흥륜사에서 행해졌다. 흥륜사는 신라 왕실의 원찰이고 화랑과도 관련이 깊은 절이다.[49] 이 절의 전탑에서 '낭군'이라 칭해진 화랑 김현이 탑돌이를 하였다. 서라벌 및 지방의 수많은 절에서 탑돌이 행사가 있었고 화랑이 거기에 참가하였으리라 짐작된다.

이렇듯 화랑도는 정월 보름, 2월 보름, 3월 삼짇날, 5월 단오, 9월 중구절 등의 명절과 관련된다.

이와 함께 화랑의 전반적인 활동상을 들어 〈동동〉과 비교할 근거로 삼을 수 있다. 『삼국사기』에 나오는 화랑은 대개 훌륭한 무사의 모습이다. 그런데 『화랑세기』에서 보면, 그러한 무사상은 통일 전쟁기에 두드러지고 그 이전과 이후는 신라의 전통 선도와 관련된 활동에

46) 『삼국사기』 6권, 신라본기, 「문무왕」, 庾信與春秋公蹴鞠 因踐落春秋衣紐 ; 『삼국유사』 1권, 기이, 「태종춘추공」, 庾信與春秋公 正月午忌日一見上射琴匣事 乃崔致遠之說一蹴鞠于庾信宅前一羅人謂蹴鞠爲弄珠之戲一 故踏春秋之裙 裂其襟紐 ; 『화랑세기』, 제18세 「춘추공」, 庾信與公 蹴鞠宅前 乃正月午忌日也.

47) 『삼국유사』 5권, 감통 제7, 「김현감호」, 新羅俗 每當仲春 初八至十五日 都人士女競遶興輪寺之殿塔 爲福會 元聖王代 有郎君 金現者 夜深獨遶不息.

48) 『화랑세기』, 제9세 「비보랑」, 至是爲九世風月主……時建福二年 春正月也 ; 같은 책, 제12세 「보리공」, 乃得位 建福八年 春正月也……公以建福八年 春正月十五日就主位.

49) 기록상으로는 미시랑을 모신 진자, 임종, 양도, 여기서의 김현 등이 흥륜사와 관련된 화랑도이다.

치중하였다. 이러한 활동에서 드러나는 화랑상을 정리하면 다음과 같다.

첫째, 자연 탐구가로서의 모습이다. '산수 간에 노닐었다'에서 '노닒'은 놀이 문화에서 나아가 자연 과학적 탐구 활동까지 의미한다. 그 대표적인 예가 보종(宝宗)이다.

> 얼굴빛은 늘 어린아이 같았고 항상 콩죽을 먹고 육식을 좋아하지 않았다. 아침에 일어나면 정원 안 여러 종의 고목을 둘러보았고, 물고기와 학을 기르며 그 사이에서 소요하였다.……"너희가 선도를 배우려거든 마땅히 보종 형공을 좇을 것이다."……우주의 참된 기운을 깊이 통찰하고 물고기와 새, 꽃과 나무의 살아 움직이는 이치에 정통하지 않음이 없었다. 유신이 병에 걸렸을 때 문득 공이 손수 치료하여……그가 편작의 학술도 지녔음을 알게 되었다.[50)]

선식, 정원 가꾸기, 소요하기와 함께 동식물에 대한 탐구, 의술 등을 행하였다. 불로장생을 위해 선약을 만드는 중국 신선의 모습과 겹치면서도 신라의 전통적인 자연 탐구의 모습을 보여 준다. 이는 곧 선도의 한 양상이라고 할 수 있다. 보종으로 대표되는 이러한 기풍은 혈연관계로 얽힌 화랑 사이에서 널리 전수 및 육성되었을 것이다.

둘째, 사랑 몰입자로서의 모습이다. 『화랑세기』는 풍월주와 화주

50) 『화랑세기』, 제16세 「보종」, 色常如嬰兒 常餐豆粥 不喜食肉 朝起視園中多種古木 養魚飼鶴 逍遙其間……爾等欲學仙 當從宝宗兄公……深察宇宙之眞氣 魚鳥花木 生生之理 莫不精通 庾信公有病 公輒自治之……以此皆知 其有扁鵲之學也.

(花主)의 관계를 자세히 기술하거나 풍월주 주변의 복잡한 여성 관계를 언급하기도 한다. 기존 사서에 보이지 않던 모습이 바로 '사랑을 하고 있는' 화랑상이다. 대표적인 예로 이화랑과 사다함을 들어 본다.

> 숙명 공주가 공을 그리워하여 스스로 억제치 못하였다. 화가 미칠까 두려워 자살하고자 하였더니 홀연 금부처가 와서 "나는 약사불이라. 공주의 배를 빌려서 거하고자 하노라."고 알렸다. 공주가 꿇어앉아 합장 배례하니 부처가 공주를 안고 엎어져 뱃속으로 들어오는 것 같았다. 이때 이화공도 그리움을 어쩌지 못해 궁중으로 몰래 들어와 공주를 뵈니, 공주가 바로 누워 안았던 것을 잃어버린 듯이 하고 있었다.[51]

> 무관랑이……밤에 궁궐 담을 넘다가 구지(溝池)에 떨어져 다쳤는데 얼마 안 가서 죽었다. 사다함공이 애통하다가 그 또한 마르고 병들어 7일 만에 숨졌다. 금진이 공을 안고 발을 구르며 말하였다. "나 때문에 네 마음이 상하여 이 지경에 이르렀구나. 내가 어찌 살겠느냐." 공이 천천히 눈을 뜨고 말하였다. "죽고 사는 것은 운명입니다.……" 공이 평소에 미진부공의 딸 미실을 사랑하였고 미실도 공을 좋아하였으나 태후의 명으로 세종공에게 시집가니, 이로써 (…) 마음을 내어 어머니에게 간하지 않았던 것이다.[52]

---

51) 위의 책, 제4세 「이화랑」, 公主慕公 不能自抑 恐有禍 而欲自殺 忽有金佛來告曰 我乃藥師佛也 欲借公主之腹 而居之 公主乃跪其前 而合掌拜禮 佛乃抱公主而仆 況若入之 時公亦慕公主不禁 乃犯宮中 見公主仰臥若失抱.

52) 위의 책, 제5세 「사다함」, 武……夜超宮墻 落于溝池而傷 未幾而卒 公哀痛之 亦瘦瘁 七日而盡 金珍乃抱公頓足曰 以吾之故 傷汝心 以至于此 吾何以生乎 公徐開眼曰 死生命也……蓋公素愛未珍夫公女美室 美室亦好公 而以太后命 嫁于世宗公 以

『화랑세기』의 여러 사랑 이야기는 인물들이 얽혀 복잡한 양상을 띠는데, 이화랑—숙명 공주—진흥왕, 무관랑—금진/사다함—미실—세종공의 관계도 그렇다. 숙명은 진흥왕의 비이면서 이화랑과 사랑에 빠져 자살을 결심할 정도로 고뇌한다. 사다함은 이제 세종의 비가 된 미실을 잊지 못하던 차에 어머니 금진과 친구 무관랑의 사통 사건으로 인해 번민하다가 병들어 죽는다. 숙명에 대한 이화랑, 미실에 대한 사다함의 사랑은 죽음에까지 이르는 위험성과 열정을 지닌 것이었다.

사랑에 몰입하는 배경에는 신라 왕족 및 귀족 사회의 근친혼 풍습, 정치 세력 간의 이합 등 정치·사회·문화적 요인들이 작용하였다. 신라 사회를 배경으로 한 화랑의 사랑은 여러 사건을 일으켰고 그것은 다시 이야기와 노래로 만들어져 전파되었다. 그 여향은 〈동동〉이 지어진 고려 시대에도 남아 있었을 것이다.

셋째, 풍류 예술가로서의 모습이다. '가악으로 서로 즐기고 산수 간에 노닐었다'고 하여 화랑의 예술 활동은 익히 알려졌는데, 『화랑세기』에 그 양상이 좀 더 구체적으로 나타난다. 향가 창작을 비롯하여 다양한 예술 분야에서 활동한 모습이 나온다.

문노의 낭도는 무사를 좋아하고 협기가 많으며 설원의 낭도는 향가를 잘하고 청유를 좋아하였다. 그러므로 나라 사람이 문도를 가리켜 호국선이라 하고 설도를 가리켜 운상인이라 하였다.; 비보공은 설원공과 동갑으

此發□□之心 不諫母.

로, 함께 노래를 배웠으나 그에게 미치지 못하였고 피리를 배웠어도 미치지 못하였다. ; 하종공은 15세에 화랑에 들어갔다. 토함공에게 역사를, 이화공에게 노래를, 문노공에게 검술을, 미생공에게 춤을 배웠는데 모두 그 정수를 깨우쳤다. ; 보종공은 늘 작은 청려마에 걸터앉아 피리를 불며 저자거리를 지나갔고……그림을 잘 그려 인물화와 산수화의 오묘함은 신의 경지에 이르렀다. ; 보종공이 모종공을 제 몸처럼 사랑하여 문장과 화법(畵法)을 가르쳤다.……양도공이 분발하여 힘써 그림을 그렸다. 진도(陣圖)를 그리기 좋아하였고 병장기를 그린 것이 매우 정교하였다. ; 동란공이 이때 음성서의 장으로서 향가를 잘하였는데, 석명이 동란공에게 노래와 춤을 배웠다.[53]

화랑은 어려서부터 선배 화랑에게 학문과 예술을 배웠고, 자라서 문학, 음악, 미술, 무용 등 여러 방면에서 활동하였다. 화랑 집단이 예술 활동의 본거지가 된 양상을 잘 보여 준다. 이러한 활동은 양도의 예처럼 무사도의 실현을 목적으로 하기도 하였다.

---

53) 위의 책, 제7세 「설화랑」, 文弩之徒 好武事多俠氣 薛原之徒 善鄕歌好淸遊 故國人指文徒爲護國仙 指薛徒爲雲上人 ; 제9세 「비보랑」, 公與薛原公同年生 同學歌不及學笛又不及 ; 제11세 「하종」, 公年十五而入花郎 學史于兎含公 學歌于二花公 學劍于文弩公 學舞于美生公 皆得其精 ; 제16세 「보종공」, 常跨小青驪 吹笛過市……善畵人物山水 妙入神境 ; 제22세 「양도공」, 宝宗公愛之如己 敎以文章畵法……公乃奮發力作 好陣圖兵仗 甚精 ; 제23세 「군관공」, 冬蘭公時以音聲署長 善鄕歌 昔明學歌舞于冬蘭公.

2) 〈동동〉과의 관련성

이상에서 살펴본 화랑의 활동은 〈동동〉의 선어를 화랑과 관련된 말로 보는 데 중요한 근거가 된다. 월령별로 정리한 〈동동〉의 내용을 표로 제시한다.

[표] 〈동동〉의 시간 배경, 제재, 시적 상황

	서사	1월령	2월령	3월령	4월령	5월령
시간	현재	(15일/대보름)	15일/연등	(3일/삼짇날)		5일/단오
제재	곰배·림배	냇물	등불	진달래	꾀꼬리	아침 약
상황	덕과 복을 빎	혼자임	님 칭송	님 칭송	님의 망각	님의 장수 기원
6월령	**7월령**	**8월령**	**9월령**	**10월령**	**11월령**	**12월령**
15일/유두	15일/백중	15일/한가위	9일/중구절			(31일/제석)
빗	백종	가배 날	약용 황화	화살나무	봉당·한삼	산초나무·저
좇고자 함	함께함 기원	못 모심	고요한 집	님의 부재	홀로 지냄	물러남

먼저 〈동동〉에서 월령체 형식으로 그려 낸 명절 풍속은 화랑이 그 행사에 참여한 신라 이래의 전통과 관련될 만하다. 표에서 보듯이 2월, 5월, 6월, 7월, 8월, 9월령은 문면에 명절이 드러나고 1월, 3월, 12월령은 숨어 있지만 추정이 가능하다. 1월령의 제재가 '냇물'인 점에서 정월 대보름의 답교놀이에서 다리 아래를 굽어보는 화자의 시선을 읽을 수 있다. 3월령에서 '삼월 나며'라는 표현은 '삼월 들어'의 뜻으로 3월 초입의 삼짇날을 시사한다. 12월령의 '분디나무'와 '진상할 소반'으로는 섣달그믐의 제석에 나례 같은 행사를 한 후 올리는 소반을 떠올릴 수 있다.

이처럼 〈동동〉은 월령체로 매달의 명절을 중심으로 시상을 전개하였다. 님을 그리워하며 세월을 보내는 화자에게 때마다 돌아오는 명절이 시간의 분절을 뚜렷이 일깨우고, 그에 따라 그리움의 정서를 배가하였을 것이다. 그중 2월 보름의 연등회, 3월 삼짇날, 5월 단오, 9월 중구절은 앞 장에서 본 대로 화랑이 활동한 단서를 찾을 수 있는 명절이다. 6월 유두, 7월 백중, 8월 한가위 등은 화랑 관련 기록을 찾을 수 없지만 모두 신라에서 고려로 전승된 명절이므로 신라 문화의 주 담당층인 화랑과 어떻게든 관계되었을 것이다. 이에 〈동동〉 선어에 포함된 의미 중 하나는 신라로부터 고려로 이어진 세시 풍속을 배경으로 하여 화자의 정서를 표현하고 있다는 점을 들 수 있다.

다음으로 명절 음식과 보약이 나오는 것도 화랑의 활동과 연관될 수 있다. 〈동동〉은 매달 명절이 배경이어서 명절 음식이 등장한다. 3월령의 '진달래'는 삼짇날의 꽃지짐을 떠올리게 하고 7월령의 '백종'은 제사상에 차려진 온갖 과실과 곡식을 의미한다. 그리고 구체적인 음식명은 없지만 8월령의 '가배 날' 자체가 명절을 뜻하는 동시에 풍성한 수확물과 차례상을 연상시키는 말이기도 하다. 같은 맥락에서 12월령의 '진상할 소반' 위에는 제석의 명절 음식이 차려졌으리라 추정할 수 있다.

그런데 명절 때 먹는 음식을 약이라고 표현한 점이 주목된다. 5월령의 '아침 약', 9월령의 '약이라 먹는 황화'가 나온다. 5월령의 약은 단오에 캐어 말려서 약초로 쓰는 쑥이나 익모초를 가리킨다. 그 약초를 말려서 만든 약재를 바치면서 '천 년을 길이 사실' 것을 기원한다.[54] 약초를 넣어 탕약을 달여 직접 님에게 바친다기보다 단오에 캔

것을 말려 약재로 만들어 님에게 보내는 것이다. 〈동동〉 전체가 님이 부재한 상황에서 화자가 발화하기 때문이다.

9월령의 약은 '황화' 즉 국화이다. 5월령처럼 어떤 특정한 약이라기보다 중구절의 명절 음식인 국화차나 국화주를 칭한 것이다. 그와 함께 '꽃이 안에 드니'라고 하여 국화가 약의 재료로 집 안에 들인 상황도 나타난다. 차나 술로 우려먹거나 실제 약재로 쓰일 수 있는 국화를 집 안에서 말리는 광경을 생각해 볼 수 있다. 국화의 향기가 초가집 지붕 아래에 은은히 퍼져 있다는 것이다.

여기에 10월령의 '저민 화살나무'를 더할 수 있다. 뒤에서 논하듯이, 필자는 'ᄇᆞᄅᆞᆺ'을 '화살나무'로 풀이한다. 이 나무의 가지는 잘게 썰어져 약재로 사용된다. 5월령의 약초, 9월령의 국화, 그리고 10월령의 화살나무 등이 약재가 되어 그것들로 만든 탕약, 차와 술 등이 '천년을 길이 살' 보약의 의미 맥락을 이룬다.

이렇게 명절 음식은 3월, 7월령에서 구체적으로, 8월, 12월령에서 연상적으로, 그리고 5월, 9월, 10월령에서 약재로써 표현되었다. 명절 음식을 통해 건강과 장수를 기원하는 것이다. 이는 앞에서 살펴본 바 보종으로 대표되는 화랑이 자연 속에 노닐며 동식물의 생태를 탐구하고 의술을 익히는 등의 활동을 한 맥락과 연결된다. 이에 〈동동〉 선어의 또 다른 의미로 화랑의 자연 탐구 활동의 연장선에서 명절 음

54) 최미정, 앞의 논문 ; 최재남, 「상부가로서 동동의 상실체험」, 『경남어문논집』6, 경남대학교 국문과, 1993에서 님의 부재를 죽음으로 보고 작품론을 펼쳤는데, 님의 장수를 비는 작품 내용과 배치되는 해석이라고 생각한다. 최미정의 해석에 대한 비판은 이도흠, 「고려속요의 구조분석과 수용의미 해석」, 『한국시가연구』1, 1997, 388면에서도 제기되었다.

식과 보약에 대한 관심을 통해 건강과 장수를 기원하는 의미를 찾을 수 있다.

또한 님에 대한 송축 및 그리움이라는 〈동동〉의 정서와 주제가 화랑의 활동과 관련될 수 있다. 4월령을 제외하고 1월에서 9월령까지 시간적 배경으로서의 명절과 그에 따른 명절 음식이 문면에 드러나거나 암시되었다. 이러한 배경과 제재를 통해 각 월령에서 화자의 정서와 주제가 피력되었다. 이를 화자와 청자, 곧 나와 님의 2항으로 대비하면 서사, 2월, 3월, 4월, 5월, 6월, 7월령은 님의 태도 쪽으로 기울고 1월, 8월, 9월, 10월, 11월령은 나 자신의 처지 쪽으로 기운다. 전자는 대개 님에 대한 송축과 공경을, 후자는 외로움과 그리움의 정을 표현하였다. 두 흐름은 12월령에서 합쳐지지만 희망과는 달리 일이 어그러지는 것으로 귀결된다.

이렇듯 전반부는 님에 대해, 후반부는 자신에 대해 화자의 정서와 생각을 토로하였다. 님 쪽으로 향하였던 마음이 자기 쪽으로 돌아오는 흐름이다. 이를 명절과 연결 지어 보면, 봄여름 명절은 님 쪽으로 갔다가 가을 명절을 지나면서 자기 쪽으로 돌아오는 양상이다. 9월 중구절 이후 명절이 문면에서 사라진 것은 자신에게 향한 탄식과 외로움의 시간이 그만큼 길고 혹독함을 뜻한다. 그러다가 12월에 님과의 만남이 이루어질 뻔하지만 결국 화자가 물러나는 것으로 결말이 난다.

이러한 정서의 흐름은 시간의 순환 속에 끝과 처음이 다시 연결된다. 12월령에서 서사로 넘어가면 관계가 틀어져 버린 님을 송축하고, 1월령으로 가면 자신의 외로운 처지를 탄식한다. 그리고는 앞에서 본 것처럼 님을 생각하는 흐름이 이어지고, 그러다가 자신의 처지를 하소연하는 흐름이 전개된다. 이렇게 매달의 명절을 연결점으로 하여 시간의 순환에 따라 시상이 전개되는데, 그러는 중에 한 월령이 다른 월령과 상관관계도 맺는다.[55] 1월령과 11월령은 외로움의 주제로 상응하고, 2월, 3월령과 10월, 11월령은 님에 대한 칭송과 님의 부재로 대응한다. 6월, 7월에서 님을 좇고 싶고, 님과 함께하고 싶다고 기원하던 것이 8월령 이후는 자신의 외로움 쪽으로 돌아선다.

〈동동〉의 이러한 시상 전개는 자아와 대상의 관계를 순환적 세계관을 통해 형상화하였다고 할 만하다. 대상 쪽으로 갔다가 자아 쪽으로 향하는 흐름 속에 둘 사이의 화해가 이루어질듯 하다가 결국 파국을 맞이하고, 그런 다음에 다시 순환 궤도에 오르는 식이다. 이러한 세계관은 넓게 보아 동양적 세계관이라고 할 수 있고 화랑의 세계관도 이에 포함될 것이다.

송축의 주제와 그리움의 정서는 왕족 및 귀족 자제가 지도자급이 되었던 화랑 제도에서는 일반적인 것이었다고 할 수 있다. 특히 애정에 몰입하는 일이 빈번하였던 화랑 집단의 정서적 분위기로 보아, 귀족 사회의 위계질서 내에서 고귀한 이를 송축하는 일과 사랑의 감정으로 인해 그리워하고 하소연하는 일은 많이 있었을 것이다. 이러한 집단적 분위기가 화랑의 정서적 특질의 하나라고도 할 수 있다. 이를 바탕으로 김유신과 천관, 백운과 제후, 김현과 호랑이 처녀 등의 사랑

---

55) 박진태, 「동동과 쌍화점의 구조」, 『대구어문논총』2, 대구대학교, 1984, 66-67면에서 두 월령씩 고독—사랑의 대립 구조를 추출한 바 있다.

이야기가 나왔고 그것은 고려인에게도 강한 인상을 주었을 것이다. 이러한 점에서 〈동동〉 선어의 의미 중 하나로서 순환적 세계관을 바탕으로 님을 송축하거나 그리움을 토로하는 정서적 태도를 보탤 수 있다.

끝으로, 화랑이 향유한 향가의 율격과 형식이 〈동동〉과 공통점이 있음을 지적하고자 한다. 현존 향가는 4행, 8행, 10행, 장가의 네 가지 하위 양식이 확인되고 중심 율격은 대체로 3음보로 파악된다.[56] 〈동동〉은 전체적으로는 월령체 형식을 취하였지만 각 연은 대개 3음보 4행의 율격을 갖추어서 4행 향가와의 율격적인 관련성이 깊다고 할 수 있다. 고유 서정시의 역사적 전개는 크게 보아 3음보의 향가, 고려가요에서 4음보의 시조, 가사로 나아갔다고 할 수 있는데,[57] 〈동동〉과 향가의 율격적 친연성은 이러한 역사적 흐름 위에 놓인 현상으로 보인다.

이와 함께 〈동동〉의 월령체 자체도 향가 중 장가가 갖는 8행 3연의 형식과[58] 비교할 만하다. 〈동동〉의 월령체를 계절별로 나누면 봄은 '~ㄹ셔, ~샷다, ~샷다'로, 여름이 '~신뎌, ~노이다, ~노이다'로 끝나 종결 어미가 ABB형으로 구성되었다. 종결 어미만 주목하였지만 봄에 속한 3연과 여름의 3연이 4행 3연의 일정한 규칙성을 보이는 것은 향가 장가가 8행 3연으로 이루어진 점과 함께 3연이 한 단위를 이룸을 보여 준다. 반면 가을은 '~노이다, ~샷다, ~ᄒᆞ얘라'로, 겨울은 '~샷다,

56) 신재홍, 『향가의 미학』, 집문당, 2006, 117-203면.
57) 정병욱, 『한국고전시가론』, 신구문화사, 1979, 34면 ; 신재홍(2006), 앞의 책, 144면.
58) 신재홍(2006), 앞의 책, 202면.

~ㄹ서, ~노이다'로 6연을 한 단위로 종결 어미가 처음과 끝에 쓰였다. 3연 형식의 확대라고 할 만하다. 이로써 4행 향가의 3음보 4행, 장가의 3연 결합 등이 〈동동〉의 율격 및 형식과 일정하게 관련함을 알 수 있다.

이상의 논의를 종합하면, 〈동동〉의 선어란 첫째, 신라로부터 고려로 이어진 세시 풍속을 배경으로 하여 시적 화자의 정서를 표현하였다는 점, 둘째, 명절 음식과 보약에 대한 관심을 통해 건강과 장수를 기원하는 뜻을 드러냈다는 점, 셋째, 순환적 세계관을 바탕으로 하여 님을 송축하거나 그리움을 토로하는 등의 정서적 태도가 담겼다는 점, 넷째, 향가의 율격과 형식이 일정한 영향을 끼쳤다는 점 등을 의미한다. 이러한 내용적, 형식적 특성들을 드러내는 〈동동〉의 시적 양상을 신라의 화랑 문화와 관련지어 고려 당대에 선어라고 지칭하였다고 본다.

4. 〈동동〉 난해구 해석과 선어의 이해

〈동동〉의 선어를 화랑 문화와 관련짓는 데는 작품 자체의 서정시다운 성격이 중요한 근거가 될 수 있다. 향가가 개인 서정시로서의 성격을 강하게 드러내는 점에 견주어 〈동동〉 역시 그러한 성격을 지녔다는 점을 밝힘으로써 선어의 이해에 구체성을 더하려는 것이다. 그러기 위해서는 〈동동〉 난해구에 대한 재해석이 필수적인 과제로 대두하는바, 나름의 해석을 제시하고자 한다.

서사(序詞)는 송축의 주제로만 이루어져 이별의 정한을 기조로 한 1월~12월령에 비해 의미와 정서가 다르다. 애초의 월령체에 덧붙인 것으로 보인다. 본사에 서사를 덧붙일 실마리를 12월령의 '나ᄉᆞᆯ 盤'에서 찾아 서사에서 '나ᄉᆞ라'로 연결 지었을 가능성이 크다.[59] 임금이나 귀족에게 진상하는 소반 위에 서사의 '곰ᄇᆡ 림ᄇᆡ'의 'ᄇᆡ(杯)'가 놓였고, 12월령의 '져(箸)'로써 소반의 음식을 차렸던 정황을 추정할 수 있다.

3월령의 제2행은 '滿春ᄃᆞᆯ 욋고지여'와 '滿春 ᄃᆞᆯ욋고지여'로 끊어 읽기가 나뉜다. 그런데 'ᄂᆞᄆᆡ 브롤 즈슬'이 이어지므로 앞에 나온 꽃과 같은 수준, 종류, 성격의 'ᄂᆞᆷ', 즉 '다른' 꽃을 상정해야 한다. 따라서 '滿春'이 '~궁 / 전 / 루 / 정(亭) / 대(臺) / 지(池)' 등 특정 공간을 한정하는 말이어야 거기에 핀 꽃은 다른 꽃과 구분되어 '부러워할 만한' 꽃으로 인정받을 수 있다. 이에 해당하는 고려 시대 용어를 찾지 못한 것이 한계이지만, '만춘'을 고유명사로 보아 '만춘궁 / 전 / 루……'에 피어 있는 'ᄃᆞᆯ욋곶'(진달래꽃)으로 풀이하면 문맥이 자연스럽다.

4월령의 '므슴다'는 '므슴ᄒᆞ다'의 'ᄒᆞ'가 생략된 형태로 보아[60] '어떻다, 어찌하여'로 해석하는 것이 일반적이지만, 대명사, 관형사, 부사로 쓰인 '므슴'(무엇, 무슨, 어찌)에 '-다'가 바로 붙은 형태가 문제임은 사실이다. 이에 『우리말큰사전』에서는 '므슴 다'(무슨 탓)로 풀이해 놓았다.[61] '다'를 '닷'(故)의 이형태로 본 것인데, 이것이 더 합리적

---

59) 박노준, 「동동의 한 이해」, 『고려가요의 연구』, 새문사, 1990, 306면에서도 '진상이라는 의식을 핵으로 하여 12월 노래와 서련이 연결되고 있다'고 언급하였다.

60) 박병채, 『고려가요 어석연구』, 선명문화사, 1968, 90면.

61) 한글학회, 『우리말큰사전』, 어문각, 1992, 「옛말과 이두」, '다' 항목 참조.

이라 생각한다.

'錄事'는 님을 특정 벼슬로 표현한 말로 보고 있다. 그런데 이를 아전으로만 국한해야 할지는 의문이다. 고려의 관직에 문하녹사(門下綠事)도 있기 때문이다.[62] 문하시중과 같은 최고 관직을 보필하는 문한 직에 젊은 귀족 자제를 임명하였을 가능성이 있고, 그렇다면 녹사는 장래가 유망한 젊은이가 거쳐 가는 관직일 수 있다. 이렇게 높은 자리가 보장된 인물이어야 2월령의 '萬人 비취실', 3월령의 'ᄂᆞᄆᆡ 브롤 즈ᇫ', 5월령의 '즈믄 ᄒᆡᆯ 長存ᄒᆞ샬' 등 임금이나 최고위층 귀족에게나 어울릴 법한 수식어가 붙을 수 있다.

6월령의 '젹곰'은 '젓버디다' 혹은 '젓다'(轉)와 관련지어 '자빠지다'로 풀기도 했으나[63] '젹다'(少)와 '-곰'(강세사)의 원뜻을 살리는 해석으로 자연스러운 문맥을 이룰 수 있다. 12월령의 재해석에서 보듯이, 화자는 님만을 모실 수 없는 상황에 놓였다. 그러니 '잠시나마, 잠시라도' 기회가 날 때마다 님을 좇고 싶다는 기원을 표현한 것이다.[64]

9월령의 '새셔'에 대해서도 논란이 이어져 근래에 '새로 담은 좋은 술(新醑, 新湑)'까지 나왔으나[65] '초가집(茅椽, 茅齋)'으로 본 견해가

62) 양주동, 『여요전주』, 을유문화사, 1955, 101면.

63) 서재극, 「노래 동동에서 본 고려어」, 『고려시대의 언어와 문학』, 형설출판사, 1975, 101면 ; 정병욱 · 이어령, 『고전의 바다』, 현암사, 1977, 130-131면.

64) 이 논문을 학회에서 발표하였을 때 조용호 교수는 토론문에 '때(時)를 의미하는 '적'에 같은 수효로 나눈 것을 표시하는 접미사 '-씩'과 같은 뜻을 지닌 고어의 '곰'이 결합된 것으로 보아 '님이 돌아보실 때마다' 정도로 어석하는 것은 어떨지 묻고 싶다(『월인석보』 1:38b에는 '이 世界 여러 번 ᄃᆞ외ᅀᆞ야 ᄒᆞᆫ 적곰 고텨 ᄃᆞ욀씨'라는 말이 나오는데, 이때 'ᄒᆞᆫ 적곰'은 '한 때씩'으로 해석된다)'고 적었다. 이렇게 해석해도 좋겠다고 생각하여 기존의 풀이와 함께 언급해 둔다.

온당하다고 본다.[66] 〈이상곡〉의 '우셔마득 사리마득'에서 '우셔'를 '[집] 위 서까래, 윗처마'로 해석한 관점을[67] 연장하여 여기서의 '새셔'는 '새를 얹은 서까래, 초가지붕'으로 보는 것이다.

10월령의 'ᄇᆞᄅᆞᆺ'은 근거를 제시하지 않은 채 양주동이 '보로쇠'(보리수나무, 보리수 열매)로 풀이한 것이[68] 여러 논자에게 수용되었다. 그러나 김완진은 이를 '버러'와 같은 말로 보아 화살을 쏘거나 매사냥을 할 때 팔뚝에 차는 가죽 팔찌 혹은 엄지손가락에 끼는 깍지로 해석하였다.[69] 여기서 'ᄇᆞᄃᆡ회'(화살나무)라는 중세어에 주목할 만하다. 'ᄇᆞᄃᆡ회'는 'ᄇᆞᄃᆡ+회'로서 회나무 중 'ᄇᆞᄃᆡ' 모양의 나무를 지칭한다. 'ᄇᆞᄃᆡ'가 '화살'에 대응하는 만큼 이 말은 화살대의 끝에 세 방향으로 꽂힌 깃털을 뜻하는바, 화살나무 가지의 모양이 바로 이와 같다. 'ᄇᆞᄃᆡ'는 또 김완진이 제시한 '버러'와 함께 활쏘기 자세에서 거의 같은 지점을 지시한다. 가죽 팔찌를 찬 왼손으로 활을 잡고 깍지를 낀 오른손으로 활시위를 끌어당길 때 오른손이 잡는 곳이 깃털이 꽂힌 화살대이다. 이 지점을 통틀어 'ᄇᆞᄃᆡ' 혹은 '버러'라고 하지 않았을까 싶다. '버러'와 'ᄇᆞᄃᆡ'의 이형태가 여기의 'ᄇᆞᄅᆞᆺ'인 셈이다. 이에 'ᄇᆞᄅᆞᆺ'은 화

---

65) 황병익, 「동동 '새셔가만ᄒᆞ애라'와 한림별곡 '뎡쇼년(鄭少年)'의 의미 재론」, 『정신문화연구』109, 한국학중앙연구원, 2007, 129-130면.

66) 남광우, 「고려가요 주석상의 문제점에 대하여」, 『고려시대의 언어와 문학』, 형설출판사, 1975, 64면.

67) 신재홍, 「이상곡의 분절과 해석—향가와 관련하여」, 『국어교육』140, 한국어교육학회, 2013, 193면.

68) 양주동, 앞의 책, 123면.

69) 김완진, 「고려가요의 물명—국어학적 고찰」, 『향가와 고려가요』, 서울대학교출판부, 2000, 342-344면.

살나무로 풀이할 수 있다. 보리수 열매와 달리 화살나무는 '저밀' 수도 있고 '꺾어 버릴' 수도 있으며 '지닐' 수도 있다.

11월령의 제1, 2행은 '봉당 자리에 / 한삼 덮어 누워'로 읽을 수밖에 없는 듯이 보인다. 대개 한겨울에 속적삼만 입고 차디찬 봉당에 누워 있는 여성 화자의 모습을 상정하여 처절한 상황에 놓인 외로운 처지를 그려 낸 것이라고 보았다. 그러나 과연 이러한 상황 설정이 가능한지 의문이 아닐 수 없다. 미친 사람이 아니고서 동짓달 봉당에 나와 속적삼만 입고 누워서 무얼 한다는 것인지 도무지 이해가 가지 않는다.

여기에는 '누워'를 '눕다'(臥)의 활용형으로만 본 점이 문제라고 생각한다. 이두에서 '누온, 는'의 표기로 '臥乎隱'이 쓰이고, 〈청불주세가〉의 향찰 중 '作將來臥乎隱'과 '落臥乎隱'은 '저즈려 누본'(저질러 놓은)과 '디누본'(떨어져 놓은)으로 읽을 수 있다.[70] 이두와 향찰의 용례에서 '臥'는 원뜻보다 '置'에 가까운 의미로 쓰인다. 중세어 '눕다'와 '놓다'는 의미 범주가 일정 부분 겹쳤을 가능성이 크다. 이러한 맥락에서 이 작품의 '누워'도 '놓아 / 두어'의 의미에 가까운 말로 볼 수 있다. 그러면 제1, 2행은 '봉당 자리에 / 한삼 덮어 놓아'가 되어 속적삼이 아니라 덧소매인 한삼을 차가운 봉당 자리에 덮어 놓는다는 말로 풀이할 수 있다. 님이 밟고 방 안으로 들어오실 봉당 자리를 조금이라도 따뜻하게 해 두려는 마음이 담긴 구절이 되는 것이다.

제3행 '슬홀 ᄉᆞ라 온뎌'는 앞 두 행의 의미 맥락을 자연스럽게 이어받는다. 곧 '슬홀'은 '슬히-'(冷, 시리다)의 동명사형, 'ᄉᆞ라'는 'ᄉᆞᆯ(燃,

70) 신재홍, 『향가의 해석』, 집문당, 2000, 349-351면.

사르다, 없애다)+아'로 보아[71] '시림(냉기)을 없애 왔구나'의 뜻으로 풀이할 수 있다. 동짓달 긴긴 밤 님을 기다리며 행여 안방 문 앞의 봉당 혹은 안방과 건넌방 사이의 봉당이 너무 차가울까 싶어 덧소매인 한삼이라도 덮어 놓아 봉당의 냉기를 조금이나마 없애려고 하는 것이다. 그리하여 제4행의 '스싀옴'이 오지 않는 님을 '저대로(自) 둔 채' 지낸다는 말로 앞 행들과 연결된다.

12월령의 '나ᅀᆞᆯ 盤잇 져'를 대개 '소반 위에 놓인 저', 즉 소반과 저를 한 묶음으로 이해해 왔다. 그렇지만 '나ᅀᆞᆯ 盤'은 '진상할 소반'으로서 아직 진상한 것은 아닌 상태이다. '분디남ᄀᆞ로 갓곤'(산초나무로 깎은) '져'(箸, 저)는 소반 위에 놓여 있다기보다 소반 위에 놓일 그릇에 이런저런 음식을 담는 도구로 쓰였을 가능성이 크다. 강한 향내가 나는 산초나무로 만든 저는 일용품은 아니고 특별한 행사, 가령 제석 같은 때 사용하였을 것이다. 그러므로 님이 그것을 가지고 음식을 집어 먹는 상황이라고 보기는 어렵다.

'소니 가재다'는 '손'을 '손'(手)과 '손님'(客)의 어느 것으로 보느냐, '가재다'를 '가지(持)+어다'와 '가지(枝)+애∨다(모두)'의 어느 쪽으로 분석하느냐에 따라 해석이 갈렸다. '가지+어다'라면 '가져다'가 되어야 하고, '손이 가지에 다 물려지다'는 해석은 문맥상 매우 어색하다. 이에 '가재다'의 '다'를 4월령 '므슴다'의 '다'(탓)와 동일어로 보면 어

71) 서재극, 「여요 주석의 문제점 분석—동동·청산별곡을 중심으로」, 『어문학』19, 한국어문학회, 1968, 7면 ; 임재욱, 「11·12월 노래에 나타난 동동 화자의 정서적 변화」, 『고전문학연구』36, 한국고전문학회, 2009, 11면에서도 'ᄉᆞ라'를 '사르다'로 풀이한 바 있다.

떨까 한다. 그러면 '가재'는 '가즉/ᄀᆞ즉'(齊: 가지런히 함, 나란히 함)의 이형태로서 '새ᄇᆞᆰ~새배, 딛붉~딛배'와 같은 예로 볼 수 있다. 그리하여 '손(手)이 나란히 한 탓에'가 되어 앞에서 설명한바, 음식을 담는데 쓰인 '산초나무 저'의 역할과 연결될 수 있다. 그리고 '므ᄅᆞ 습노이다'는 의도법의 1인칭[72] 표시 '노'를 살려 '[내가] 물러납니다'(退)의 뜻으로 본다. 그러면 12월령은 '산초나무로 깎은 / 진상할 소반에 저 같구나. / 님의 앞에 들어가 애교를 떨려니 / [여러] 손이 나란히 한 탓에 물러나렵니다.'로 해석된다. 여러 사람이 나란히 산초나무 저를 가지고 음식을 담아서 그 저는 손이 많이 탔기 때문에 진상할 소반에 올리지 못하는 것처럼, 화자도 이미 다른 사람의 손이 탄 탓에 님 앞에 들어가 애교를 떨지 못하고 쓸쓸히 물러나겠다는 의미이다.

이렇게 해석하고 보면, 〈동동〉은 1월~12월령이 일관되게 이별의 정한을 기조로 하고 있음을 알 수 있다. 화자는 빗(6월), 한삼(11월), 산초나무 저(12월) 등을 사용하고, 약초(5월), 황화(9월), 화살나무(10월) 등으로 약재를 만드는 여성 인물이다. 님은 등불(2월), 만춘(궁)의 진달래꽃(3월), 오지 않는 꾀꼬리 새(4월) 등에 비유되고, 만인을 비추고(2월), 남이 부러워할 모습이고(3월), 천년을 장수할(5월) 최고위층의 보좌역으로서 촉망받는 녹사(4월) 벼슬의 남성 인물이다. 그런데 화자는 여러 사람의 손이 탄 탓에 진상할 소반에 올리지 못하는 산초나무 저처럼(12월) 다른 사람의 손이 탔지만 사랑하는 님을 그리워하며 기회가 있을 때마다 잠시나마 좇기를(6월) 기원한다. 이

72) 서재극(1975), 앞의 논문, 102면.

로 볼 때, 작품의 화자는 기녀라고 생각된다.

이러한 해석은 〈동동〉의 선어가 화랑, 국선, 향가의 맥락에서 이해되어야 함을 다시 한 번 확인해 준다. 향가는 원래 '시송(詩頌)의 부류'[73]라고 규정될 만큼 송축의 주제가 많았는데, 이 작품에서 님을 송축하는 내용이 많은 것도 그 영향하에 있는 것이다. 향가의 송축성은 왕족 또는 귀족의 자제인 화랑에 대한 찬미의 노래가 많은 까닭이기도 한데, 이 작품도 고위층이 될 가능성이 높은 젊은 귀족 자제를 찬미하는 내용이 들어 있다. 또한 기녀로 추정되는 시적 화자는, 예컨대 김유신과 천관 이야기에서 〈천관원사〉를 지었다고 하는 유화(遊花) 천관과 신분적, 주제적 연관이 있는 것처럼, 향가와의 관련성도 있으리라 생각한다.

이렇듯 〈동동〉에 나타난 화자의 일관된 주제 의식 및 정서는 향가가 지닌 개인 서정시로서의 성격과 상통한다. 결국 〈동동〉의 선어란 앞 장에서 추출한 몇 가지 의미와 함께 여기서 살핀 송축의 주제와 개인 서정시로서의 성격을 아울러 지칭한 말이라고 하겠다.

5. 결 론

이 장에서는 『고려사』에 기록된 〈동동〉의 선어에 대해 신라에서 고려로 이어진 화랑, 국선, 향가의 전통에서 이해해야 한다고 보고 논

73) 『삼국유사』 5권, 감통, 「월명사도솔가」, 羅人尙鄕歌者尙矣 盖詩頌之類歟.

의를 전개하였다.

화랑, 국선, 선 등은 신라의 전통적인 선도를 바탕으로 역사적, 제도적으로 수립, 전개된 일련의 인간 집단 및 그 활동을 지칭한다. 역사적 맥락에서 선도를 담당한 선의 무리가 제일 먼저 있었고, 그들의 수장인 선화가 국선과 유사한 뜻을 지니다가 제도 창설 이후 화랑과 풍월주가 공식적인 용어가 되었다. 진흥왕 원년부터 신문왕 원년까지 지속된 화랑은 진지왕대 잠시 국선이 된 적이 있었고, 신문왕대 이후는 국선으로 바뀌어 신라 말까지 존속하였다.

고려는 주로 문화 활동의 면에서 신라의 화랑 제도를 계승하였는데, 그 자취는 민적이 국선이 된 사례가 나오는 13세기 말까지도 보인다. 이때는 곧 고려 가요가 궁중악으로 편입된 시기이기도 하다. 따라서 고려 가요 〈동동〉의 선어를 화랑의 전통에서 찾는 것은 역사적 배경을 충분히 갖추고 있다.

이에 화랑의 활동과 관련하여 〈동동〉의 선어에 내포된 의미를 찾아보았다. 첫째, 신라로부터 고려로 이어진 세시 풍속을 배경으로 정서를 표현하였다는 점, 둘째, 명절 음식과 보약을 통해 건강과 장수를 기원하고 있다는 점, 셋째, 순환적 세계관을 바탕으로 님을 송축하거나 그리움을 토로하고 있다는 점, 넷째, 향가의 율격과 형식이 일정한 영향을 끼쳤다는 점 등이 선어라는 용어의 의미에 포함된다고 보았다.

또한 〈동동〉의 시어 중 'ᄆᆞ슴다'(무슨 탓), '錄事'(문하녹사), '새셔'(초가지붕), 'ᄇᆞᆺ'(화살나무), '두펴 누워'(덮어 놓아/두어), '소니 가재다'(손이 나란히 한 탓) 등을 다시 해석하였다. 이로써 1월~12월령이 일관되게 이별의 정한을 기조로 함을 알 수 있다. 작품의 화자는 다른 사람의 손이 탄 상태에서 최고위층의 보좌역으로서 촉망받는 녹사 벼슬의 님을 그리워하며 기회가 있을 때 잠시나마 좇고 싶어 하는 기녀로 생각된다.

이러한 점에서도 선어가 화랑, 국선, 향가의 맥락에서 이해되어야 한다. 향가에는 원래 송축의 주제가 많았고, 이는 왕족 또는 귀족의 자제인 화랑에 대한 찬미의 노래가 많은 까닭이다. 〈동동〉 역시 고위층으로의 상승이 기대되는 젊은 자제를 찬미하는 송축의 주제가 두드러진다. 이와 함께 향가가 지닌 개인 서정시로서의 성격은 〈동동〉에서 화자의 일관된 주제 의식과 정서에서 드러나는 것과 상통한다.

결국 〈동동〉의 선어란 신라의 화랑이 주 담당층이었던 향가의 영향하에 나온 개인 서정시로서의 성격을 지적한 말이라고 하겠다.

〈이상곡〉의 분절과 해석

1. 서 론

국문으로 전하는 고려 가요 중에서 향가의 잔존 형태로 거론되는 작품은 〈정과정(鄭瓜亭)〉과 〈이상곡(履霜曲)〉이다.[1] 형식 면에서 10행 향가의 행수 및 낙구의 감탄사와 유사하기 때문이다. 그런데 〈정과정〉은 10행 또는 11행으로 행갈이가 이루어지고 해독상의 논란이 비교적 적기 때문에 작품의 형식을 10행 향가와 연관 짓기가 조금 수월하지만, 〈이상곡〉은 행갈이와 해독에서 견해차가 크다 보니 작품의 형식 자체가 불분명해져서 향가와 비교하기가 상당히 어렵다.

해독상 어려움이 있기 때문이겠으나 〈이상곡〉에 대한 기존의 설명을 보면 납득이 잘 안 되는 점이 많다. 무엇보다도 음란한 노래로 지목된[2] 이 작품이 여인의 수절(守節)[3], 혹은 충신의 연군(戀君)[4]을 주

1) 김학성, 『국문학의 탐구』, 성균관대학교출판부, 1987, 46-52면 ; 성호경, 『고려시대 시가 연구』, 태학사, 2006, 346면 ; 박경주, 『한국 시가문학의 흐름』, 월인, 2009, 168-170면, 178-180면.

2) 『조선왕조실록』 11, 「성종실록」 4, 국사편찬위원회, 1956, 599면. 刪改 雙花曲 履霜曲 北殿歌中 淫褻之辭 ; 장덕순, 『한국문학사』, 동화문화사, 1981, 121면.

제로 한다고 보는 견해가 그렇다. 어구의 해독에서도 구절과 구절 사이에 의미상 모순된 점들이 나타난다. 가령 제2행 첫 구절의 경우 초기에는 '서린 수림(藪林)'[5]으로 읽었다가 제목과 연관하여 '서리는'[6]으로 풀이하자 문제가 생겼다. 눈이 많이 내린 길에 서리가 앉은 기상 현상을 이해하기가 어려워진 것이다. 또한 연구 초기에 후렴구로 처리한 부분을 유의미한 내용으로 해석한 성과[7]가 나왔으나, 이에 대한 본격적인 비판과 대안 제시는 아직 이루어지지 않았다.

이 장에서 〈이상곡〉에 대한 해석을 다시 시도해 보고자 한다. 선학의 성과에 기대는 한편 나름의 관점을 적용하여 풀이해 보겠다. 그렇게 하더라도 작품의 문맥이 전체적으로 매끄럽게 파악되었다고 하기는 힘들 것이다. 다만 작품을 바라보는 시각을 좀 더 예각화하여 고려가요의 미적 가치와 시가사의 의미 있는 한 국면을 조금이나마 드러낼 수 있다면 다행이겠다.

---

3) 이임수, 「이상곡에 대한 문학적 접근」, 『어문학』41, 한국어문학회, 1981, 117면.

4) 박노준, 「이상곡과 윤리성의 문제」, 『고려가요의 연구』, 새문사, 1990, 235면 ; 강명혜, 「이상곡 연구」, 『한국언어문화』13, 한국언어문화학회, 1995, 748면.

5) 양주동, 『여요전주』, 을유문화사, 1947, 350면.

6) 남광우, 「고려가요 주석상의 문제점에 관하여」, 『고려시대의 언어와 문학』, 형설출판사, 1975, 63면.

7) 장효현, 「이상곡 어석의 재고」, 『한국 고전문학의 시각』, 고려대학교출판부, 2010(『어문논집』22, 고려대학교 국어국문학연구회, 1981 소재 논문의 재수록).

2. 〈이상곡〉의 분절

〈이상곡〉을 해독하려면 작품의 형식을 어느 정도 확정 짓고 들어가야 한다. 다른 고려 가요 작품의 형식과 비교하든지 전대의 장르인 향가의 형식과 비교하든지 해야 한다.[8] 연, 행, 음보 등의 단위로 구성된 시로서의 모습이 그려진 다음에야 단어와 단어 사이, 행과 행 사이의 의미 맥락을 찾아 시상의 자연스러운 흐름을 드러낼 수 있다. 물론 단어부터 시작해서 행, 연으로 확장하는 쪽도 생각해 볼 수 있지만, 이 작품은 본문 자체가 의미상 모순을 안고 있어서 단어와 단어 사이의 의미 단절을 넘어서는 길을 찾기가 매우 어렵다.

일정한 형식을 갖춘 한 편의 완결된 시로서 〈이상곡〉을 보고자 할 때, 고려 가요의 어느 작품보다도 〈정과정〉과의 유사성이 주목된다. '아소 님하'를 사이에 두고 마지막 두 행이 긴밀한 의미 연관을 맺고 있다는 점, 단련체(單聯體)이면서 행수가 비슷하게 계산될 수 있다는 점에서 그렇다. 이에 반해 조흥구(助興句)와 반복구가 〈이상곡〉에 많다는 것은 두 작품의 차이점이다. 이는 〈이상곡〉이 조흥구나 반복구를 지닌 다른 고려 가요와 양식적 동질성을 띠는 면이다. 결국 〈이상곡〉의 시 형태는 〈정과정〉과의 형식적 유사성과 조흥구 · 반복구의 존재, 이 두 가지 면을 고려하여 그려질 것이다.

8) 〈이상곡〉의 형식을 향가와 비교한 연구로서, 10행 형식으로 분석한 유창균, 「한국 시가형식의 기조」, 『대구대논문집』6, 대구대학교, 1966, 20면과, 8행 형식으로 본 정기호, 「이상곡 이해를 위한 몇 문제」, 『한국고전시가작품론』, 집문당, 1992, 280-282면이 있다.

『악장가사』에 실려 있는 원문을 옮기면 다음과 같다.

비오다가개야아눈하디신나래서린석석사리조
ᄇᆞᆫ곱도신길헤다롱디우셔마득사리마득[9]너즈세
너우지잠ᄯᅡ간내니믈너겨깃ᄃᆞᆫ열명길헤자라오
리잇[10]가종종벽력ᄉᆡᆼ함타무간霹靂生陷墮無間고대셔싀여딜내모
미종벽력아ᄉᆡᆼ함타무간霹靂 生陷墮無間고대셔싀여딜내모미내
님두ᅀᆞᆸ고년뫼ᄅᆞᆯ거로리이러쳐뎌러쳐이러쳐뎌
러쳐긔약期約이잇가아소님하ᄒᆞᆫᄃᆡ녀졋긔약期約이이다

우선 원문에서 눈에 띄는 사항은 한자 표기가 한 군데에 집중되었다는 점이다. 한자 단어로는 작품 끝부분에 두 번 나오는 '긔약期約'이 고작인데, 이 말은 한자어이지만 우리말로 자연스럽게 구사된다. 이에 비해 넷째와 다섯째 줄에 반복해서 나온 '벽력ᄉᆡᆼ함타무간霹靂生陷墮無間' 또는 '벽력아ᄉᆡᆼ함타무간霹靂 生陷墮無間'의 한문 구절은 작품 전체의 우리말 구성에 매우 이질적인 요소로 느껴진다. 무간지옥(無間地獄)이라는 불교 용어도 작품에 그려진 기다림의 서정적 주제와 그렇게 잘 어울리는 말은 아니다.

이 구절이 지닌 표기 및 의미상의 이질성과 함께 고려해야 할 것이 그 앞에 붙은 '종종' 또는 '종'이다. 이를 한자 표기가 생략된 것으로

9) 원문에 '두'로 보이는 것은 '득'에서 획 하나가 떨어진 것임은 장효현, 앞의 책, 15면, 각주 4)에서 정확히 지적되었다.

10) '잇'의 받침이 'ᄉᆞ'로 되어 있는데 모든 논자가 'ㆍ'를 뺀 어형으로 보았다.

보아 '종종(種種), 가끔'이나 '종(終), 마침내'로 해석해 왔지만 재고가 필요하다. 한자가 병기되어 있지 않기 때문에 굳이 한자어로 해석할 근거가 없을뿐더러 이 구절을 빼면 작품 전체가 한글 위주의 표기라는 점에서 이 단어도 한글 그대로 풀이하는 것이 더 바람직하다. 이러한 관점에서 '종'에 대한 다음 뜻풀이가 주목된다.

> 종(從): 1. 『방산한씨금보(芳山韓氏琴譜)』에서, 양금의 왼쪽 괘 오른쪽 일곱째 줄 무역의 구음(口音). 2. 『방산한씨금보』에서, 양금의 왼쪽 괘 왼쪽 일곱째 줄 청중려의 구음.11)

'덩둥등당동딩' 같은 현악기의 구음으로서 '종(從)'이 쓰였던 것이다. 비록 '從'이라는 한자를 가져왔지만 이는 우리말 입소리를 표기하기 위한 방편일 따름이다. 〈이상곡〉 원문의 '죵죵' 및 '죵'을 현악기의 구음으로 해석하면 하나는 2음절로, 다른 하나는 1음절로 표기한 것도 이해가 된다. 구음이기 때문에 소리를 반복할 수도 있고 한 번만 낼 수도 있다. 기존에 '종종(種種), 가끔'으로 본 견해는 뒤의 1음절 표기를, '종(終), 마침내'로 본 견해는 앞의 2음절 표기를 설명하지 못하였는바, 이의 대안이 될 만하다.

조홍구와 관련하여 논쟁이 된 구절이 '다롱디우셔마득사리마득너즈세너우지'이다. 대부분의 논자가 이를 조홍구나 후렴구로 보고 있

---

11) 국립국어원, 『표준국어대사전』, 해당 항목 참조. 장사훈, 『국학논고』, 서울대학교 출판부, 1966, 323면 그림에 '쫑'이 표시되어 있는데 이것이 사전의 설명에 해당하는 것으로 보인다.

지만, 몇몇 논자는 의미를 지닌 가사의 일부로 본다.[12] 후자의 논거는 현전 고려 가요 가운데 ‘ㄱ, ㅅ, ㅈ’과 같은 자음이 들어간 후렴구나 조흥구가 매우 드물다는 데 있다. 분명 이 구절은 유성음 위주로 표기된 고려 가요의 후렴구와는 확연히 다르다. 문제는 이를 어떻게 의미 있는 말로 해석해 내느냐는 데 있다.

필자는 후자의 견해에 동의한다. 다만 이 구절 앞부분의 ‘다롱디’는 ‘종종, 종’처럼 짧은 조흥구로 본다. ‘다롱디’는 〈정읍사〉, 〈삼성대왕〉의 ‘다롱디리’에 가장 가깝고, ‘종종’은 〈동동〉의 ‘동동다리’나 〈사모곡〉의 ‘덩더둥셩’과 유사한 구음으로 생각된다. 그 뒤에 이어지는 ‘우셔마득사리마득너즈세너우지’는 기존과는 분절을 달리하여 의미를 지닌 가사로 보고 해석하고자 한다. ‘다롱디’까지만 끊은 것은 『대악후보』에 ‘우셔마득사리마득’이 한 묶음으로 그 앞 구절과 구분되어 기사되었다는 점[13]을 참조하였기 때문이다.

조흥구와 함께 반복구를 어떻게 처리할지도 문제이다. 이 작품에서 반복되는 구절은 ‘종종벽력싱함타무간’, ‘고대셔싀여딜내모미’, ‘이러쳐뎌러쳐’ 등 셋이다. 앞의 두 구절은 서로 연결되어 있어서 한 행으로 끊어 읽을 수 있는데, 그것이 한 번 더 반복됨으로써 작품 전체로는 한 행이 늘어난 형태가 된다. 이렇게 반복구를 통해 한 행이 늘어난 것은 가창에 따른 본문의 변형으로 생각된다. ‘이러쳐뎌러쳐’

12) 장효현, 앞의 책, 20-30면 ; 최미정, 「이상곡의 종합적 고찰」, 『고려가요연구의 현황과 전망』, 집문당, 1996, 259-260면.

13) 한국음악자료총서 1 『대악후보(전)』, 은하출판사, 1989, 163면 ; 최미정, 앞의 논문, 256면.

는 한 행의 부분이어서 행 단위까지 확대된 것은 아니지만 이것 역시 가창에 의해 반복된 것으로 보인다. 현존 고려 가요 중 〈정석가〉, 〈서경별곡〉, 〈만전춘별사〉 등의 반복구도 이러한 가창상의 이유로 나타난 것인 데 비해, 〈사모곡〉, 〈유구곡〉 등의 반복구는 시상 전개상 반복의 필요에 따라 본문 자체가 그러하였던 것으로 여겨진다. 이 작품은 전자의 부류에 속하는 것으로 보아 본문의 원 형태에서 제외하기로 한다.

이제 작품의 형식과 관련한 행갈이를 시도할 차례이다. 서두에서 말했듯이 이 작품은 형식 면에서 〈정과정〉과 가장 비슷하다.

前腔 내 님믈 그리ᄉᆞ와 우니다니(11)
中腔 山졉동새 난 이슷ᄒᆞ요이다(11)
後腔 아니시며 거츠르신ᄃᆞᆯ 아으(9/11)
附葉 殘月曉星이 아ᄅᆞ시리이다(11)
大葉 넉시라도 님은 ᄒᆞᆫᄃᆡ 녀져라 아으(11/13)
附葉 벼기더시니 뉘러시니잇가(11)
二葉 過도 허믈도 千萬 업소이다(11)
三葉 ᄆᆞᆯ힛마러신뎌(6)
四葉 ᄉᆞᆯ읏븐뎌 아으(4/6)
附葉 니미 나ᄅᆞᆯ ᄒᆞ마 니ᄌᆞ시니잇가(12)
五葉 아소 님하 도람 드르샤 괴오쇼셔(13)

〈정과정〉의 전체 음절 수는 '아으'를 제외하면 110음절, 포함하면

116음절이다. 각행은 9~13음절 혹은 11~13음절로 구성되었다. 10행 향가가 제1구(제1~4행), 제2구(제5~8행), 제3구(제9 · 10행)의 3구로 구성된 점을 고려하여 〈정과정〉의 음절 수를 계산해 보면, 제1구는 42 / 44음절, 제2구는 43 / 47음절, 제3구는 25음절이다.

이에 비해 〈이상곡〉의 전체 음절 수는 140음절로 〈정과정〉보다 30 / 24음절이 많다. 그런데 앞에서 논한 바에 따라 조흥구와 반복구를 제외하면 111음절이 된다. '아으'를 뺀 〈정과정〉의 110음절에 근접하는 음절 수이다.

이렇게 계산한 음절 수를 가지고 기존의 방식에 따라 행 구분을 해 보면 다음과 같다.

비오다가개야아눈하디신나래(13)
서린석석사리조ᄇᆞᆫ곱도신길헤(13)
(다롱디)우셔마득사리마득너즈세너우지(14)
잠ᄯᅡ간내니믈너겨(8)
깃ᄃᆞᆫ열명길헤자라오리잇가(12)
(죵죵)벽력ᄉᆡᆼ함타무간(7)
고대셔싀여딜내모미(9)
(죵벽력아ᄉᆡᆼ함타무간)
(고대셔싀여딜내모미)
내님두ᅀᆞᆸ고년뫼ᄅᆞᆯ거로리(11)
이러쳐뎌러쳐(이러쳐뎌러쳐)긔약이잇가(11)
아소님하ᄒᆞᆫᄃᆡ녀졋긔약이이다(13)

문장이 끝나는 것을 기준으로 음절 수를 세어 보면, '자라오리잇가'까지 60음절, '거로리'까지 27음절, '긔약이잇가'와 '긔약이이다'를 합친 것까지 24음절이다. 〈정과정〉의 3구가, '아으'를 빼고, 42+43+25음절인 데 비해 60+27+24음절을 보인다. 이렇게 놓고 굳이 설명하자면 10행 향가의 4행+4행+2행의 3구 구성이 깨어져 분량상 5~6행+2행+2행 정도로 구분된다. 그러나 이 같은 설명은 〈정과정〉의 비교적 정연한 음절 수를 참조할 때 설득력이 떨어진다.

이 문제를 풀려면 기존과는 다른 분석 시각이 요구된다. 여기에서는 첫째, 10행 향가의 3구 구성을 전제로 하고, 둘째, 〈정과정〉의 음절 수 배분에 준하며, 셋째, 문장 단위로 행갈이를 한다는 세 가지 기준을 세웠다. 이러한 기준에서 볼 때, '자라오리잇가'의 앞부분에서 문장을 끊을 수 있는 곳이 기존에 '잠ᄯᅡ간'이라고 붙여 읽었던 부분이다. '-잠ᄯᅡ'의 어형이 어떤 서술어의 종지형일 수 있음을 상정하는 것이다. 이곳에서 끊고 3구 구성에 맞추어 행갈이를 해 보면 다음과 같다.

1. 비오다가개야아눈하디신나래(13)

2. 서린석석사리조ᄇᆞᆫ곱도신길헤(13)

(다롱디)

3. 우셔마득사리마득(8)

4. 너즈세너우지잠ᄯᅡ(8)

5. 간내니믈너겨깃ᄃᆞᆫ(8)

6. 열명길헤자라오리잇가(10)

(죵죵)

7. 벽력ᅀᅵᆼ함타무간고대셔싀여딜내모미(16)

(좋)

(벽력아ᅀᅵᆼ함타무간고대셔싀여딜내모미)

8. 내님두ᅀᆞᆸ고년뫼ᄅᆞᆯ거로리(11)

9. 이러쳐뎌러쳐(이러쳐뎌러쳐)긔약이잇가(11)

10. 아소님하ᄒᆞᆫᄃᆡ녀졋긔약이이다(13)

이로써 〈이상곡〉을, 전체 음절수가 111음절이고 제1구 42음절, 제2구 45음절, 제3구 24음절로 구성된 형태의 시 작품으로 제시할 수 있다. 〈이상곡〉의 42+45+24음절은 〈정과정〉의 42+43+25음절과 함께 10행 향가의 3구 형식에 가까운 모습을 보여 준다. 이는 두 작품이 10행 향가의 잔존 형태라는 점을 좀 더 분명히 드러낸 것이다.

3. 〈이상곡〉의 해석

앞에서 분절한 바에 따라 〈이상곡〉의 해석을 시도하겠다. 분절 자체에 연구자의 해석 시각이 투영되었지만, 작품을 구성하는 단어들의 의미 맥락이 자연스럽게 연결되어야 분절의 의의도 살아날 것이다.

제1~4행의 해석이 가장 어렵고 논란도 많은 부분이다.

비 오다 가개야아 눈 하 디신 나래

서린 석석 사리 조ᄫᆞᆫ 곱도신 길헤

(다롱디)

우셔마득 사리마득

너즈세 너우지잠짜.

제1행은 이제까지 '비 오다가 개어 눈 많이 내린 날에'로 해석하여 왔다. 궂은 날씨라는 의미를 이렇게 표현하였다고 본 것인데, '비가 오다. [날이] 개다. 눈이 내리다.'의 세 문장이 한데 엮여 표현된 날씨가 어떤 양상인지 이해하기 곤란하다. '비 오다가 눈이 내리다'라면 변덕 심한 이른 봄 또는 초겨울의 날씨가 떠오르지만, 그 중간에 '개다'가 있어서 적어도 며칠에 걸친 날들을 전제해야 어느 정도 짐작이 간다. 그렇더라도 '개다'는 말이 문맥상 어떤 의미 있는 역할을 하는지가 애매할뿐더러, 이 말에 중점을 두고 보면 궂은 날씨라는 의미도 잘 드러나지 않는다. 여기에 서론에서 언급한 것처럼, 제2행과 함께 눈이 많이 온 길에 서리가 끼어 있다는 말도 이해하기 어렵다. 눈 위에 서리가 낀 것으로 보더라도 그 눈은 이미 얼음으로 바뀐 상태여야 할 것이다.

제1행의 '비오다가개야아'를 '비 오다가 개야아'가 아니라 '비 오다 가개야아'로 끊어 읽어 보면 '가개야아'라는 어절을 찾을 수 있다. 이 말은 '가개야(명사)+아(조사)'로 분석된다. 중세어에 '가개'가 있는데, '허름하게 대강 얽어 지은 집. 가게'라는 뜻으로 '막(산막/숫막/애막)'과 같은 뜻의 말이고 '개야(채붕/산붕)'와도 통한다.[14] '가개'와 '개야'

14) 한글학회, 『우리말큰사전』, 해당 항목 참조.

는 상통하는 뜻의 두 단어인데 '덮개'라는 뜻의 '개' 앞뒤에 '가-', '-야' 가 붙은 것이다. 사전에 따르면 '가개 > 가가 > 가게', '개야 > 가유'의 어형 변화가 이루어졌다고 한다.[15] '개'가 '가 / 게'로, '-야'가 '-유'로 바뀐 반면 '가개'의 '가-'는 지속된 점으로 미루어, '개야'는 어형 변화가 가능한 우리말인 데 비해 '가-'는 고정된 음가를 가진 한자어일 가능성이 높다. '가개'의 뜻을 고려하면 '가(假)-'가 아닐까 한다. 이렇게 볼 때, 제1행의 '가개야'는 우리말 '개야'에 한자어의 접두사 '가-'가 붙은 말로 생각된다. '가개야'에 붙은 '아'는 처소격 조사 '에'에 해당한다.

'가개야'는 제1행뿐 아니라 시 전체의 핵심어로서 역할을 하는 듯하다. '산막' 정도의 뜻으로 풀이하면 제8행 '뫼'와도 의미가 연결된다. 시적 화자가 님과 정을 나눈 장소로서 정식 부부 관계가 아닌 임시, 은밀, 불륜 등의 의미를 내포한다.

'가개야'를 산막으로 풀이하면 그 앞의 '비 오다'에 대한 해석이 기존과 달라진다. '비 오다'는 비가 온다는 뜻을 지니면서 그 뒤의 명사 '가개야'나 동사 '디신'을 수식하는 말이 된다. 명사의 수식어라면 관형사형 어미가 있어야 하는데 '오다'에는 그런 표시가 없다. 동사의 수식어라면 부사형 어미가 보여야 하는데 그것도 찾기 어렵다. 그런데 '다'의 향찰 표기인 '如' 자만으로 '-닿/닷 > 듯'을 나타낸 〈안민가〉 제9행 '君如 臣多支 民隱如'를 떠올려 보면,[16] '-다'는 '-닿/닷'의 말음

15) 위의 책, 해당 항목 참조.

16) 신재홍, 『향가의 해석』, 집문당, 2000, 92면.

'ㅎ/ㅅ'이 생략된 어형으로 볼 수가 있다. 여기서 〈동동〉 4월령 '므슴다'의 '다'를 보통은 의문형 어미 '-ㄴ다'로 풀이하는[17] 데 비해 『우리말큰사전』의 '다' 항목에서는 의존 명사 '닷'(탓)의 이형태로 보아 '무슨 탓'으로 이해한 것도 참조된다. '다'와 '닷'은 이형태의 관계라고 할 수 있다. 이렇게 보면 '[부슬부슬] 비 오듯 눈이 내린'의 의미 맥락을 이룬다.

이에 제1행은 '[부슬]비 오듯 산막에 눈 많이 내린 날에'로 풀이한다.

제2행에서 주목되는 말은 '사리'이다. 기존에는 '석석'에 붙여 '석석사리'로써 한 단어로 읽고 제3행에 나오는 '마득사리'와 함께 '사리'가 접미사 역할을 한다고 보았다.[18] 그런데 제2행과 3행에 같은 형태로 표기된 '사리'를 독립된 단어로 볼 가능성은 없을까? 특히 제3행을 운율감이 두드러지는 '우셔마득 사리마득'으로 읽을 수 있다면, '사리'는 제2행과 3행에 두 번 쓰인 한 단어 또는 동음이의어로 볼 여지가 있다.

'서린'은 '서리'(霜)에 주제격 조사 '-(으)ㄴ'이 붙은 형태이고, '석석'은 〈정석가〉의 '삭삭기'의 큰말에 해당하는 것으로서, 의성어 '서걱서걱'[19]의 표기로 본다. '사리'는 '살(명사)+ㅣ(주격 조사)'로 분석되는데 여기서 '살'은 앞의 '서리'와 연결되어 '서릿살', 곧 '서릿발'의 뜻으로 풀이할 수 있다. '살'(창문이나 연, 부채, 바퀴 따위의 뼈대가 되는 부

17) 양주동, 앞의 책, 100면.

18) 박병채, 『고려가요의 어석연구』, 선명문화사, 1973, 288면 ; 장효현, 앞의 책, 19면.

19) 장효현, 앞의 책, 18면에 제시된 '바삭바삭, 푸석푸석, 서걱서걱' 중에서 문맥상 맨 끝의 것을 택한 것이다.

분[20])과 '발'(가늘고 긴 대를 줄로 엮거나, 줄 따위를 여러 개 나란히 늘어뜨려 만든 물건)은 '햇살~햇발, 빗살~빗발'처럼 의미가 중첩되는 단어이다. '서리-'에 '-발'이 붙은 '서릿발'은 사전에 등재되어 있지만 '서릿살'은 등재되어 있지 않다. 그렇지만 현대시에서 '서릿살'은 '서릿발'과 같은 의미로 쓰인 예가 있다.[21]

이렇게 '사리'를 '서릿살(서릿발)이'로 보면 '사리 조븐'은 '서릿살(서릿발)이 좁은'이 된다. 살 또는 발처럼 삐죽삐죽 솟은 서리의 모습을 떠올려 본다면 서릿발이 좁다는 말은 서릿발 사이가 촘촘하게 솟은 모양을 형용한 것으로 이해된다.

제2행은 '서리는 서걱서걱, [서릿]살이 좁은 굽이돈 길에'로 풀이한다. 이 행의 표현이 작품 제목과 직접 연관된다. 이 구절이 가사 전체에서 특별한 의미를 지니고 있는 것 같지 않다는 견해[22])도 있지만, 다음 논의에서 확인되듯이 필자는 시 전체의 내용이 '서리를 밟다'는 '이상'(履霜)의 제목과 긴밀히 관련되어 있다고 본다.

'다롱디'는 현악기의 구음을 적은 말로서 조흥구 역할을 한다.

제3행을 '우셔마득 사리마득'으로 끊어 읽은 것은 『대악후보』의 가사 표기 및 '마득'의 반복에 주목하였기 때문이다. '마득'은 '마닥 > 마다(每)'의 이형태라고 할 수 있다. 그렇다면 조사인 '마득' 앞의 '우

20) 각주를 달지 않은 낱말의 뜻풀이는 모두 국립국어원, 『표준국어대사전』에서 인용하였다.

21) '어이타 눈에 채여 / 서릿살 화장하고 고향 뜨려 발 돋누'(이재복, 〈난화(蘭花)〉), '알몸에 감겨들던 / 서릿살 뿌린 삭풍'(김기석, 〈강물은 흘러가고〉).

22) 최미정, 앞의 논문, 251면.

셔'와 '사리'는 둘 다 명사가 되어야 한다. '사리'는 제2행의 '사리'와 마찬가지로 '살+ㅣ'로 볼 수 있지만, '우셔'는 중세어나 현대어에서 찾을 수 없다. 그런데 이 어형을 '우(上, 우/위)+셔(椽, 서까래)로 분석한다면 두 단어가 복합된 것으로 볼 여지가 있다.[23] 말하자면 '[건물] 위 서까래'로서 집의 위쪽에 있는 지붕이나 처마에 해당하는 부분을 지칭한 말로 보는 것이다. 서까래가 건물 벽면의 바깥으로 나온 부분이 처마이니, '위 서까래'는 곧 '윗처마'의 뜻으로 해석할 수 있다. 이어지는 '사리'는 '살이'인데, 제2행 '사리'의 '살'을 그 앞의 '서리'와 연결하여 풀이한 것과 유사한 방식으로 여기서도 앞의 '윗처마'와 어울리는 말로서 건물과 관련된 '사립'(사립짝을 달아서 만든 문)으로 풀이한다. '사립'이 '살+입'으로 이루어진 말이라는 점[24]을 참조하면, '사립' 속의 '살'과 여기 '사리' 속의 '살'을 같은 말로 보는 것이다.

이에 제3행은 '[길가 집] 위 서까래(윗처마)마다 사립마다'로 풀이한다.

제4행 '너즈세 너우지잠ᄯᅡ'에서 '너즈세'에 '너(접사, 너저분하다/너절하다)+즛(명사, 모습)+에(조사)'로 분석된 바 있다. '너겁, 너덜, 너리, 너부러기(너부렁이), 너설, 너스래미, 너스레, 너울, 너출(너출)' 등의 단어를 제시하고 이 말들에 공통된 '너'를 접사로 파악한 것이다.[25] '너-'에 '너저분하다'는 뜻이 있다고는 생각되지만 시의 의미 맥

23) 복합어는 아니지만 사전의 용례 중에서 'ᄯᅩ 四方 變相을 그리니 ᄡᅡ해셔 펴 나 집 웃 셔[屋椽]를 더위잡게 ᄒᆞ얏도다 『두시-초 16:28』)'에서 '웃 셔'의 예를 찾을 수 있다.

24) 국립국어원, 『표준국어대사전』, 해당 항목 참조.

락과 관련하여 더 따져볼 필요가 있다.

기존의 논의에서 예로 든 말 중에서 '너스래미'(물건에 쓸데없이 붙어 있는 거스러미나 털 따위)와 '너겁'[26](괴어 있는 물에 함께 몰려서 떠 있는 지푸라기, 티끌 따위의 검불. 또는 덕지덕지 앉은 때)이 주목된다. 여기에 필자가 찾아본 단어로 '너테'[27](물이나 눈이 얼어붙은 위에 다시 물이 흘러서 여러 겹으로 얼어붙은 얼음)를 더하여 살필 만하다. 세 단어의 뜻풀이에서 '쓸데없이 붙어 있는, 몰려서 떠 있는, 덕지덕지 앉은, 여러 겹으로 얼어붙은'이라는 공통된 의미 자질을 추출할 수 있고, 이러한 의미를 표시하는 말이 세 단어에 공통된 '너-'임을 알 수 있다. 그중에서도 '너테'의 뜻이 이 작품의 의미 맥락에 잘 들어맞는다고 생각한다. 이에 '너즈세'는 '너(여러 겹 덕지덕지 얼어붙은)+즛(모습)+에'로 해석할 수 있다.

'너우지잠싸'의 풀이가 매우 어렵기에 여기에서는 가설의 수준에서 해석 방향을 제시하는 데 그치고자 한다. 먼저 '너우'는 '너운너운'(너울너울)의 '너운'에서 'ㄴ'이 탈락된 형태로 본다. 여기에 '-지다'가 결합하여 '너우지다'(너울지다, 너울너울하다)가 된 것으로 생각된다. '-잠싸'는 객체 존대 선어말 어미 '즙'에 종결 어미 '-니이다'가 결합한 '-즙니이다'의 축약형로 본다. 곧 '너우지잠싸'는 '너우(어근)+지(동사 어간)+즙/잡(선어말 어미)+니이다 > 니싸(종결 어미)'로 분석하여 '-즙

25) 장효현, 앞의 책, 28-29면.

26) '너겁'의 중세어형으로 '넑'이 있다.

27) '너테'의 중세어형은 '넌테'이다. '너-'와 '넌-'의 이형태는 『대악후보』에 실린 〈이상곡〉 가사에 '너즈세'가 '넌즈세'로 기재된 것으로 나타난다.

니이다 > -잡니ᄯᅡ > -잠ᄯᅡ'의 음운 축약을 상정한다. '니잇가 > 닛가'의 사례에 견주어 '니이다 > 닛다'의 축약을 가정하고, '잡'과 '니'의 'ㅂ'과 'ㄴ'이 접변하여 'ㅁ'이 되었다고 본다. 이러한 설명이 얼마나 타당한지 필자도 확신하기 어렵다. 다만 기존의 '잠 따다'라는 해석에 별다른 이의가 없었던 것에 대한 반성과 함께, 작품 서두에서부터 '자라 오리잇가'까지 의미 맥락이 달라짐에도 불구하고 여러 행에 걸쳐 한 문장으로 구성된 점에 대한 검토가 있어야겠다는 생각에서 이렇게 재해석을 시도해 보았다.

제4행은 '[얼음이 덕지덕지] 얼어붙은 모습에 [마음이] 너울지옵니다'로 풀이한다. 길가 집들의 처마와 사립에 얼음이 엉겨 덕지덕지 붙어 있는 길거리의 을씨년스러운 풍경을 보고 이러한 살풍경을 뚫고 님이 오기는 불가능하리란 생각에 마음이 일렁이는 것을 표현하였다고 생각한다.

제5~8행은 다음같이 조흥구와 반복구를 빼고 띄어쓰기를 해서 해석하고자 한다.

간 내 니믈 너겨 깃ᄃᆞᆫ

열명 길헤 자라 오리잇가?

(죵죵)

벽력ᄉᆡᆼ함타무간 고대셔 싀여딜 내 모미

(죵)

(벽력아ᄉᆡᆼ함타무간 고대셔 싀여딜 내 모미)

내 님 두ᅀᆞᆸ고 년 뫼ᄅᆞᆯ 거로리.

'잠짜'를 앞 행에 붙여 읽으면 제5행의 첫머리는 '간'에서 시작한다. '간 내 님'은 '간밤, 간 봄, 가는 세월, 갈 곳' 등과 같이 '가-'(去)가 앞에 붙은 단어나 구절처럼 자연스럽게 읽힌다. 이어지는 '너겨'(여겨)는 '~을 ~으로 생각한다'는 말이어서 단순히 님을 그리워한다는 뜻과는 미묘한 차이가 있다. 이 말에 연결된 '깃둔'의 풀이에 따라 '~을 ~으로'의 목적어와 부사어를 짐작할 수 있을 것이다.

문맥상 '너겨 깃둔'의 주체는 시적 화자이고 '자라 오다'의 주체는 님이 되어[28] 제5, 6행의 문장에서 생략된 주어는 둘로 여겨진다. '깃둔'은 드러난 표기대로 분석하면 '깃(棲, 동사 어간)+ᄃᆞ(회상 시제 선어말 어미)+ㄴ(관형사형 어미)'이 된다. 곧 '깃들었던'으로 풀이되는 바, 이 관형어는 이어지는 '열명 길'의 '길'을 수식한다. 여기서 '길'은 화자가 깃들 만한 곳으로서 길이 가닿은 곳, 즉 화자가 현재 위치한 곳까지를 아우르는 말이다. 님이 자러 오면서 밟는 길인 동시에 자러 오는 길이 가닿은 곳을 지칭한다.

길이 가닿은 그곳은 제1행에 나온 '가개야'(산막)로 볼 수 있다. 앞에 한 번 나왔기 때문에 길이라는 말에 포함되면서 생략될 수 있었을 것이다. 화자는 지금 님과 관계를 맺었던 은밀한 장소에 깃들어 있는데 님은 그곳에 자러 오지 않는다는 의미로 연결된다. 그러므로 '깃들다' 앞의 '여기다'는 화자 자신이 깃들어 있는 '산막을' 예전에 이곳에서 함께하였던 그 '님으로' 여긴다는 뜻으로 이해된다. 화자가 님을

---

28) 박병채, 앞의 책, 289-290면에서 '깃둔'을 '그이는, 그이야'로 풀이하여 이 점을 분명히 하였다. 필자는 그러한 해석의 취지에는 공감하지만 '깃둔'의 해독을 달리한다.

생각하며 깃들어 있는 산막으로 가는 길은 서리가 내려 서걱서걱하고 서릿발은 촘촘하게 솟았고 길가 집들의 처마와 사립은 얼음이 여러 겹 덕지덕지 붙어 있다. 전체적으로 을씨년스럽고 다니기에 고생스러운 길이다. 이러한 길을 따라 님이 그곳까지 자러 오겠느냐는 반문이다.

제5행은 '떠나간 내 님을 생각하여 깃든 [산막에]'로 풀이한다.

제6행에서는 '열명'에 대한 해석이 어렵다. 이를 한자어와 관련지어 읽은 것[29]은 뒤의 '霹靂生陷墮無間'과 연결되는 의미를 찾으려는 의도에서였다. 그런데 이 구절은 문맥상 이질적인 면을 지니므로 시 전체의 우리말 구성의 맥락에서 '열명'을 풀이하는 것이 더 바람직하다.[30]

중세어 '열'에는 '쓸개'를 뜻하는 말도 있다. '열빠지다'는 '얼빠지다'(糊塗, 迷)의 뜻이다. 이와 함께 '믜다'는 '머리털 따위가 빠지다'(禿) 또는 '찢다'(裂)의 뜻인데,[31] 뒤의 뜻은 현대어 '미다'(팽팽한 가죽이나 종이 따위를 잘못 건드려 구멍을 내다)로 이어진다. '열명'은 이 두 말의 합성어가 아닐까 한다. '열+믜+어=열며'에 관형사형 어미 '-ㄴ' 또는 '-ㄹ'이 붙은 '열면, 열멸'이 뒷말 '길ㅎ'의 'ㄱ' 음에 영향을 받아 '열명'이 된 것으로 볼 수 있다.

---

29) 양주동, 앞의 책, 352면에서 '십분노명왕(十忿怒明王)'의 약칭 '십명(十明)'을 속칭해서 '열명'이라고 했으리라는 추정이 그 후 많은 이의 동의를 얻었다.

30) 김완진, 『향가와 고려가요』, 서울대학교출판부, 2000, 407면에서는 '깃둔'과 '열명'을 우리말로 연결시켜 '깃은 열며, 깃을랑 열며'로 풀이하기도 하였다.

31) 한글학회, 『우리말큰사전』, 해당 항목들 참조.

제6행은 '[님이 이 같은] 얼빠질 길에 자러 오리까?'로 풀이한다.

'좋좋'은 현악기의 구음을 표기한 것으로 본다.

제7행은 한문 구절 '벽력싱함타무간'과 우리말 '고대셔 싀여딜 내 모미'가 연결되어 한 행을 이룬다고 보았는데 사실 이러한 연결은 매우 어색하다. 율격상으로도 5음보가 되어 2, 3, 4음보로 전개된 율격이 여기에 와서 늘어나 버렸다. 이러한 문제점이 있지만 현재로서는 한 행으로 읽는 것보다 더 나은 해결책을 찾기가 어렵다.

'벽력싱함타무간'은 한자 뜻 그대로 '벼락이 쳐서 무간지옥에 떨어진다'는 의미이다. 이 말과 연결되는 것이 '싀여딜'(스러질, 없어질)로서 시적 화자가 자신의 죄를 알고 그 벌에 대한 두려움과 반성의 뜻을 표현한 것으로 이해된다.

제7행은 '벼락이 쳐 무간지옥에 떨어질, 곧 있어 스러질 내 몸이'로 풀이한다.

'좋'은 앞의 '좋좋'을 한 번만 표기한 구음이고, '벽력아싱함타무간'은 '벽력싱함타무간' 속에 '아'라는 감탄사가 들어간 것으로서, 가창상의 반복에 따른 가사의 변형이라고 생각된다.

제8행은 기존의 해석대로 '내 님 두옵고 다른 산[길]을 걸으리'로 풀이한다. 여기에 나온 '뫼'(山)는 제1행의 '가개야'(산막)와 의미상 자연스럽게 연결된다. '산을 걷다'라는 말이 '산막으로 가는 길을 걷다'는 뜻을 표현하였다.

제9, 10행은 크게 논란되지 않은 부분이다.

이러쳐 뎌러쳐 (이러쳐 뎌러쳐) 긔약이잇가?

아소 님하 ᄒᆞᆫᄃᆡ 녀젓 긔약이이다.

제9행의 '이러쳐'는 '이러+치+어', '뎌러쳐'는 '뎌러+치+어'로 분석하여 '치다'가 들어간 형태로 본다. '이렇게 치고 저렇게 치고' 또는 '이렇다 치고 저렇다 치고'의 뜻으로 이해한다. 이리저리 핑계 대며 약속을 어기려 하거나, 이리 하였다가 저리 하였다가 하며 약속과 달리 행동하는 모습을 표현한 것이다. 한 번 더 반복된 말은 시 본문에 포함시키지 않는다. '긔약'은 화자와 님이 함께하였던 기약, 약속으로 보아야 한다.

제9행은 '이렇다 치고 저렇다 치고 [그러는] 기약입니까?'로 풀이한다.

제10행의 'ᄒᆞᆫᄃᆡ 녀젓 긔약'은 〈정과정〉 제5행의 '[넉시라도 님은] ᄒᆞᆫᄃᆡ 녀져라', 〈만전춘별사〉 제3연의 'ᄒᆞᆫᄃᆡ 녀닛 景 너기다니'와 거의 같은 표현이다. '[님과] 함께 살아가자는 기약'의 의미이다.

이상의 논의를 종합하여 〈이상곡〉의 본문을 현대어로 풀이하면 다음과 같다.

[부슬]비 오듯 산막에 눈 많이 내린 날에
서리는 서걱서걱 [서릿]살이 좁은 굽이돈 길에
윘처마마다 사립마다
[얼음이 덕지덕지] 얼어붙은 모습에 [마음이] 너울지옵니다.
떠나간 내 님을 생각하여 깃든 [산막에]
[님이 이 같은] 얼빠질 길에 자러 오리까?

벼락이 쳐 무간지옥에 떨어질, 곧 있어 스러질 내 몸이

내 님 두옵고 다른 산[길]을 걸으리.

이렇다 치고 저렇다 치고 [그러는] 기약입니까?

아아 님이여, 함께 살아가자는 기약입니다.

4. 서정시로서의 특징

이렇게 해석해 놓고 보면, 〈이상곡〉은 〈정과정〉과 많이 닮았다. 〈정과정〉의 제1~4행이 '산 접동새, 잔월효성' 같은 자연물에 빗대어 쓸쓸하고 억울한 심성을 토로한 것처럼, 〈이상곡〉의 제1~4행도 '눈, 서리'라는 기상 현상에다가 '산막, 길, 서까래/처마' 같은 인공물을 가미하여 누추하고 을씨년스러운 처지를 드러내었다. 제5~8행은 제5, 6행에서 반문하고 제7, 8행에서 호소하는 발화의 구성 방식이 비슷하다. 제9, 10행은 '아소 님하'라는 동일한 감탄사를 가운데 두고 제9행의 자문과 제10행의 자답으로 이루어진 점이 공통된다. 전반적으로 시적 화자의 심정과 처지를 님에게 하소연하는 시적 상황이나 님과 함께하기를 염원하는 주제 면에서 상통한다.

〈이상곡〉은 조선 초에 규정된 남녀상열지사(男女相悅之詞)로 이해해 오다가 작품 연구가 본격화되면서 충신연주지사(忠臣戀主之詞)에 넣어 살피는 경향이 나타났다.[32] 〈정과정〉은 후자의 범주에 속하는

32) 장효현, 앞의 책, 41면 ; 박노준, 앞의 논문, 235-236면 ; 최용수, 『고려가요연구』,

작품으로 여겨지는바, 두 작품이 이만큼 유사한 양상을 띠는 것으로 보아 충신연주지사와 남녀상열지사는 어쩌면 동전의 양면같이도 생각된다. 이런 점에서 〈이상곡〉을 정치적 우의로 해석할 여지는 있다고 본다.

그러나 〈이상곡〉은 남녀상열지사의 특성이 너무나 뚜렷한 작품이다. 두 사람의 은밀한 만남의 장소, 그곳까지 가는 길의 누추하고 을씨년스러움, 그 길만큼이나 서럽고 쓸쓸한 화자의 처지와 심정, 자신의 죄로 인한 두려움[33]과 얼마 안 있어 스러질 운명에 대한 한탄, 끝까지 붙들고 싶은 님과의 기약 등 구구절절이 님과 이별한 여인의 애절한 정서를 표현하고 있다. 제8행에서 님을 따르고자 하는 의지를 밝히고 제10행에서 함께하기로 하였던 기약을 상기한다고 해서 화자가 정절을 지키는 여인이라고 보기는 어렵다. 이 작품은 공식적일 수 없는 남녀 관계에서 나올 법한 사랑과 이별의 시인 것이다. 그렇다고 '아소 님하'라는 감탄사에 주목하여 참소의 허망함을 읍소하는 내용으로 보는 것[34]도 수긍하기 곤란하다. 이는 악부 금곡 〈이상조(履霜操)〉와의 관련성을 전제하여 나온 견해인데, 〈이상곡〉은 그 작품과는 별도의 주제와 시적 상황을 그렸다고 본 필자의 관점에서는 참소 여부를 살필 만한 작품 내적 증거를 찾기 어렵기 때문이다. 한편, 제8행과 제10행의 의미로 미루어 화자를 과부(寡婦)[35]로 보기도 힘들다.

계명문화사, 1993, 227면 ; 강명혜, 앞의 논문, 748면.

33) 이는 '죄의식'(최미정, 앞의 논문, 261면), '참회'(박노준, 앞의 논문, 216면 ; 윤성현, 『속요의 아름다움』, 태학사, 2007, 116-117면) 등과 관련된다.

34) 최미정, 앞의 논문, 264면.

이미 관계를 맺어 두고 나서 이쪽 산길, 저쪽 산길을 택할 수 있는 처지라면 그것은 과부가 아니라 유녀(遊女)[36]일 가능성이 높다.

이에 〈이상곡〉의 서정시적 가치는 높이 평가되어야 한다고 본다. 화자가 놓인 시적 상황에 대한 섬세하고 감각적인 묘사가 돋보이고, 그 같은 배경 아래 화자의 기다림과 다짐의 정서가 호소력 있게 그려졌다. 시적 상황의 처절함, 그로부터 우러나는 정서의 구체성으로 인해 상황과 정서가 잘 조화된 수준 높은 서정시라고 하겠다.

향가에서 고려 가요로 이어지는 시가사의 맥락에서 작품이 지닌 의의도 평가될 필요가 있다. 이상의 해석을 통해 〈이상곡〉은 〈정과정〉과 함께 10행 향가의 구성 방식을 계승한 작품임을 드러내었다. 3음보 위주에서 벗어나 2, 3, 4, 5음보가 혼성된 점, 조흥구가 삽입된 점, 그리고 낙구에서 감탄사의 위치가 바뀐 점 등이 두드러진 변화이지만, 시 본문의 기본 형태는 10행 향가의 3구 구성에 따랐다. 오히려 현존 향가에서 볼 수 없는 애절한 사랑의 정서를 표현하여 현전하는 10행 향가에서 빠져 있는 서정성의 한 부분을 살려 내는 의의를 지닌다.

낙구의 감탄사 위치가 제9행 첫머리에서 제9행과 10행 사이로 옮아간 것을 더 생각해 볼 필요가 있다. 10행 향가에서 감탄사는 의미의 전환 혹은 도약의 장치로서 기능하였다. 제1구에서 일으켜 제2구로

35) 박병채, 앞의 책, 286면 ; 이임수, 앞의 논문, 113-118면 ; 성호주, 「속요」, 『국문학신강』, 새문사, 1985, 32면 ; 민찬, 「이상곡의 시적 정황 및 독법의 논리」, 『인문학연구』86, 충남대 인문과학연구소, 2012, 41-47면.

36) 양주동, 앞의 책, 27면.

전개시킨 시상을 제3구에서 한 단계 도약 내지 전환하는 데 감탄사가 중요한 역할을 한 것이다. 그러다가 〈정과정〉과 〈이상곡〉에서 보는 것처럼 전환이나 도약보다는 종합 혹은 요약을 통한 주제의 강조라는 역할로 변하였다. 이는 다른 고려 가요에서 연의 중첩을 통하여 시상의 중층적 전개를 보여 주는 양상과 상통한다. 고려 가요는 여러 연들 사이의 유기적 관계를 통해 주제를 심화하는 연장체(聯章體) 작품이 많다. 이에 10행 향가에서 보이는 시상의 변증법적 발전 형식에서 시상의 중층적 전개 형식으로 변화하였다고 생각된다.

향가에서 고려 가요, 고려 가요에서 시조, 가사로의 시가사적 변화는 율격의 변화가 가장 두드러졌다. 향가와 3음보 율격을 공유한 고려 가요는 나중에 4음보 율격의 시조와 가사로 크게 전환될 때 매개적인 역할을 하였다. 이 작품에서 3음보 외에 2, 4, 5음보 등 다양한 음보가 포함된 것에서 보듯이 3음보에서 4음보로의 율격 전환에서 고려 가요의 일부 작품이 과도기적 면모를 보인다. 〈이상곡〉, 〈만전춘별사〉 등이 그러한 양상을 잘 보여 주는 작품들이다.

요컨대 〈이상곡〉은 순수 서정시적인 측면에서나 향가를 계승하고 시조로 넘어가는 시가사적 위치에서나 중요한 의의를 지닌 작품이다. 이러한 평가는 해석에 바탕을 둔 작품 내용에 대한 이해에서 비롯되었다. 여기에서 시도한 해석에 무리가 많으리라 여겨지는바, 널리 질정을 구한다.

중세 서정시에서 왕의 존재
—향가와 고려 가요를 중심으로

1. 서 론

우리 고유의 서정시는 향가에서 처음 양식화된 이후 고려 가요, 시조, 서정 가사를 거쳐 오늘날의 현대시에 이르기까지 대략 잡아도 1,500년 동안 면면히 이어져 왔다. 시조와 서정 가사는 자료가 꽤 남아 있으나 향가와 고려 가요는 각각 20~30수 정도만 남아 그 시대 서정의 양상을 대변한다. 영성한 자료의 한계 내에서나마 서정시의 저류에 흐르는 서정적 특질을 찾는 일은 계속 시도되어야 한다.

이 장에서는 '왕'에 주목하여 서정시의 특질과 역사적 흐름을 살펴보고자 한다. 향가, 고려 가요, 시조, 서정 가사는 모두 한국 문학사의 중세[1)]에 나온 서정시 장르인데 그 시대를 관통하는 존재는 중세 신분제 사회의 정점에 있는 왕이라고 할 수 있다. 중세인은 누구나 의식적

1) 여기에서 중세라는 말은 조동일, 『한국문학통사1』, 제3판; 지식산업사, 1994, 35-58면에서 논한 한국 문학사의 시대 구분에 따른 개념으로 쓴다.

이든 무의식적이든 왕과의 관계 속에 살아갔다. 왕의 권한은 하늘로부터 부여받은 것으로 인식된 만큼 그들에게는 왕에 대한 절대 복종이 요구되었다. 왕은 곧 국가이므로 국가의 신민으로서 그들은 왕의 땅에서 농사짓고 왕이 주는 것을 받아서 살아간다고 생각하였다. 그만큼 왕은 중세인의 의식과 행위에 지대한 영향을 준 존재이다.

중세의 시인들 역시 왕을 의식하지 않을 수 없었다. 공적인 자리에서 송덕의 시를 지을 때뿐만이 아니라 자연을 노래하거나 개인의 정서를 읊을 때에도 왕의 은혜에 감격하기도 하고 버림받은 처지로 인해 왕을 원망하기도 하는 모습을 흔히 찾아볼 수 있다. 그리하여 기존 연구에서 '역군은(亦君恩)'으로 종결되는 시조나[2) '님'을 향해 호소하는 서정 가사에서[3) 왕에 대한 논의가 있어 왔다. 이와 함께 여러 서정시 장르에 걸친, 이른바 충신연주지사의 역사적 맥락에 대한 논의도 지속되었다.[4)

2) 김흥규, 「강호자연과 정치현실」, 『욕망과 형식의 시학』, 태학사, 1999, 137-147면 ; 최홍원, 「역군은(亦君恩) 표현과 경험의 세계」, 『고전문학과 교육』16, 한국고전문학교육학회, 2008, 117-141면.

3) 정익섭, 「송강가사의 님의 맥류고」, 『한국시가연구』, 백강서수생박사 환갑기념논총 간행위원회, 1981, 347-359면 ; 조세형, 「송강가사의 대화 전개방식」, 『가사의 언어와 의식』, 보고사, 2008, 45-57면 ; 정인숙, 「연군가사에 나타난 화자의 목소리」, 『가사문학과 시적 화자』, 보고사, 2010, 47-82면 ; 최현재, 「연군가사의 구도와 전개」, 『조선시대 시가의 역사적 이해와 전망』, 소명출판, 2012, 118-121면, 171-180면.

4) 정경주, 「정서의 생애와 충신연주지사로서의 정과정」, 『부산한문학연구』8, 부산한문학회, 1994, 270-277면 ; 정운채, 「왕소군 고사 수용 한시에 나타난 충신연주지사의 심리적 특성」, 『고시가연구』5, 한국고시가문학회, 1998, 565-569면 ; 강명혜, 「충신연주지사의 노래—정과정곡」, 『고려속요 · 사설시조의 새로운 이해』, 북스힐, 2002, 233-240면 ; 최미정, 「충신연주지사에서의 주체와 타자」, 『국문학연

시조, 서정 가사뿐 아니라 향가, 고려 가요에서도 왕의 존재에 대한 논의가 있었다. 〈원가〉, 〈정과정〉, 〈쌍화점〉 등의 작품론에서는 관련 기록이 있는 효성왕, 인종과 의종, 충렬왕 등에 대한 논의를 피할 수 없었고,[5] 고려 가요의 '님', 시적 화자 등에 대한 논의에서도 군신 관계가 언급되었다.[6] 그러나 왕을 중심에 놓고서 향가와 고려 가요에 나타난 왕의 존재 양상을 분석하고 왕의 존재와 서정시의 관련성을 탐색하여 그 역사적 흐름을 조망한 예는 찾기 어렵다.[7] 향가의 경우 해독의 문제가 가로놓여 있고, 향가에서 고려 가요로 서정적 특질의 계승과 변모 양상이 뚜렷이 잡히지 않기 때문이라 짐작된다.

이 장에서는 향가와 고려 가요에서 왕의 존재가 포착되는 작품을 선별하여 논하고자 한다. 일단 작품 속의 왕은 시적 대상과 시적 화자의 둘 중 하나에 속한다고 본다. 왕 이외의 사람이 지은 작품에서 왕

구』18, 국문학회, 2008, 69-91면 ; 최현재, 「충신연주지사의 전통과 만분가에 대한 새로운 이해」, 앞의 책, 147-155면 ; 박인희, 「충신연주지사의 이해와 사적 전개」, 『고시가연구』33, 한국고시가문학회, 2014, 185-211면.

5) 윤영옥, 『신라시가의 연구』, 형설출판사, 1982, 200-204면 ; 박노준, 『신라가요의 연구』, 열화당, 1982, 146-156면 ; 김영수, 『삼국유사와 문화코드』, 일지사, 2009, 193-197면 ; 양태순, 「정과정의 종합적 고찰」, 『한국고전시가작품론1』, 집문당, 1992, 242-247면 ; 정경주, 앞의 논문, 244-247면 ; 여증동, 「쌍화점 고구(其二)」, 『국어국문학』47, 국어국문학회, 1970, 10-13면 ; 정병욱, 「쌍화점고」, 『한국고전시가론』, 신구문화사, 1979, 117-119면.

6) 이창환, 「고려속요에 나타난 '님' 연구」, 석사 논문, 전남대학교, 1984, 111-113면 ; 양은희, 「고려속요 여성화자 연구」, 석사 논문, 이화여자대학교, 2000, 51-57면. 고려 가요의 '님'에 대한 연구사는 최미정, 『고려 속요의 전승 연구』, 계명대학교출판부, 1999, 58-66면 참조.

7) 근래 향가와 왕의 관계에 주목한 박노준, 「향가와 인연이 있는 군주들이 남긴 자취」, 『향가여요 종횡론』, 보고사, 2014, 56-85면이 나왔으나 작품에 형상화된 왕의 존재를 다루지는 않았다.

은 시적 대상의 모습으로 나타난다. 현존 향가와 고려 가요만을 놓고 볼 때, 첫째, 호소의 대상, 둘째, 충언의 대상, 셋째, 풍자의 대상으로 구분된다. 이에 비해 왕이 직접 작품을 지으면 작품 속에 나타나는 왕은 시적 화자의 모습이다. 한편 작품 밖에서 왕이 창작이나 연행의 배경으로 작용하는 경우가 있다. 이때 왕의 존재는 그저 배경으로만 머물지 않고 작품에 어떤 흔적을 남기는데, 이를 시적 배경으로서의 왕으로 놓고 논할 만하다.

이러한 분류에 따라 작품에 나타난 왕의 존재 양상을 분석하기로 한다. 이를 통해 고유의 서정시가 지닌 서정성에 왕의 존재가 어떤 영향을 끼쳤는지 살펴보고 향가에서 고려 가요로 이어지는 서정성의 역사적 흐름의 일단을 짚어 보고자 한다.

2. 왕의 존재 양상

1) 시적 대상

(1) 호소의 대상

시인이 왕에게 호소할 내용을 향가를 지어 알린 예로서 〈원가〉를 들 수 있다. 이 작품은 신충이 효성왕(737-742)에게 자신의 처지를 하소연한 것인데 작품 속에서 효성왕의 목소리와 형상이 중요한 의미를 형성한다. 호소의 대상이 된 왕에 대해 상당한 노력을 기울여 시적으로 형상화하였다.

물 좋은 잣이

가을에 아니 이르러 떨어지매,

“너하고 같이 다니고 싶구나.” 하신,

우러르던 낯이 변하신 데에야.

달이 그림 져 닿은 연못에

오가는 물결에서 새어 나감같이,

모습이야 바라보나

세상 아무에 숨은 적에야.[8]

後句亡

제1구(제1~4행)는 배경 기사에서 ‘효성왕이 태자였을 때 어진 선비 신충과 함께 궁정의 잣나무 아래에서 바둑을 두었다. 일찍이 이르기를, “나중에 경을 잊는다면 이 잣나무같이 되리라” 하니, 신충이 일어나 절하였다’[9]는 내용이 시적으로 형상화된 것이다. 궁정의 잣나무가 배경이 되고 태자 시절 효성왕이 했던 말이 나온다. 배경 기사와 다른 점은 ‘가을’도 안 된 시간을 설정하였고 ‘얼굴이 변하신’ 현재 상황을 제시한 것이다.

작품에 직접 인용된 “너하고 같이 다니고 싶구나”라는 태자의 말은 배경 기사에서 “나중에 경을 잊는다면 이 잣나무같이 되리라”로 이어

8) 신라 시대의 향가 작품에서 고려 시대의 〈도이장가〉까지 왕의 존재에 대한 일관성 있는 논의를 위해 기존의 향가 해독 중 신재홍, 『향가의 해석』, 집문당, 2000을 택하였다.

9) 『삼국유사』 5권, 피은 8, 「신충괘관」, 孝成王 潛邸時 與賢士信忠 圍碁於宮庭栢樹下 嘗謂曰 他日若忘卿 有如栢樹 信忠興拜.

지는 말이다. 왕위 계승을 둘러싼 암투 속에 태자는 신충에게 도움을 요청하면서 잣나무를 두고 다짐하였다. 시적 화자는 태자가 자신을 '너'라 칭하며 직접 요청한 부분을 인용한 데 비해, 배경 기사의 서술자는 '경'이라 하여 군신 관계를 나타내면서 잣나무를 두고 다짐한 부분을 인용하였다. 따라서 배경 기사에 비해 작품의 인용문이 훨씬 현장감을 살렸고 태자와 신충 사이의 친밀성을 강조하는 효과를 내었다.

인용한 말에 바로 이어져 '우러르던 얼굴이 변하신' 효성왕을 제시함으로써 과거의 친밀함에서 멀어진 현재 상황을 표현하였다. 화자는 지금도 계속해서 우러르는데 효성왕은 낯빛을 바꾸어 화자를 외면해 버린 것이다.

제2구(제5~8행)에서는 '세상 아무에 숨은' 화자가 바라보는 효성왕의 '모습'이 '연못'에 그림자를 드리운 '달'로 비유되었다. '연못'은 '잣나무'와 함께 궁정을 구성하는 요소이므로 연못을 비추는 '달'은 궁궐에서 정치를 관장하는 왕의 비유로 볼 수 있다. 왕은 지금 궁궐에서 국정을 통할하고 있는데 화자 자신은 그곳에서 밀려나온 '물결'이 되어 버렸다. '연못에서 새어 나온 물결'이라는 말에는 '연못으로 들어가는 물결'이 전제되는바, 배척된 화자와는 다른 세력권의 신하들에 둘러싸여 정치를 하는 왕의 모습이 연상된다.

이렇듯 〈원가〉에 그려진 효성왕은 신하와의 다짐은 잊어버리고 다른 세력에 둘러싸인 왕의 형상이다. 정치권력의 변동기를 배경으로 한 왕의 면모인 것이다. 이에 화자는 옛 다짐을 상기시키기 위해 왕이 하였던 말을 직접 인용하는 한편 버림받은 현재의 처지를 하소연하였다. 효성왕의 목소리와 형상으로 인해 원망과 탄식의 정서가 어디에서 연유하는지가 뚜렷해지는 동시에 왕과 화자, 과거와 현재의 대비를 통해 그 정서가 한층 간절하게 느껴진다. 왕이 작품 전면에 등장함으로써 그 형상이 구체화되었고, 그에 따라 왕의 존재가 작품의 서정성에 끼치는 영향이 직접적인 양상을 띤다.

왕을 호소의 대상으로 삼은 경우는 고려 가요 〈정과정〉에서도 나타난다. 이 작품은 중세의 군신 관계에서 나올 법한 전형적인 상황, 곧 버림받은 신하가 자신을 버린 왕에게 내면을 토로하고 사정을 호소하는 상황에서 나온 충신연주지사이다.

내 님믈 그리ᅀᆞ와 우니다니
山졉동새 난 이슷ᄒᆞ요이다
아니시며 거츠르신ᄃᆞᆯ 아으
殘月曉星이 아ᄅᆞ시리이다
넉시라도 님은 ᄒᆞᆫᄃᆡ 녀져라 아으
벼기더시니 뉘러시니잇가
過도 허믈도 千萬 업소이다
ᄆᆞᆯ힛마러신뎌 ᄉᆞᆯ읏브뎌 아으
니미 나ᄅᆞᆯ ᄒᆞ마 니ᄌᆞ시니잇가
아소 님하 도람 드르샤 괴오쇼셔[10)]

10행 향가의 잔존 형태인 이 작품에서 왕의 존재는 전면에 드러나

10) 『악학궤범』 5권, 「학연화대처용무합설」, 14면.

있지 않다. 그러나 화자가 발하는 말은 온통 왕에게로 향한다. 호소의 대상으로서 왕이 배제된다면 작품 자체가 성립될 수 없을 정도이다. 기록에 의하면, 작품에 '님'으로 나온 왕은 작자를 동래로 내려 보낸 의종(1146-1170)이다.[11)]

이 작품은 충신연주지사의 전통 위에서 향가 〈원가〉와 비교되어 왔다.[12)] 왕의 존재에 주목하면 두 작품의 차이점이 더 뚜렷이 드러난다. 〈원가〉에는 왕이 하였던 말이 직접 인용되고 다짐을 보증해 준 잣나무의 시듦이 지목된 데 반해 〈정과정〉에는 왕이 화자에게 어떤 말을 하였고 어떤 행동을 취하였는지 나와 있지 않다. 전자가 시적 대상을 발화의 주체로 끌어들인 데 비해 후자는 시적 대상을 발화의 대상으로만 상정하였을 뿐 그의 형상을 구체화하지 않았다. 이에 따라 전자에는 화자의 현재 상황을 판단할 수 있는 객관적, 이성적 기준이 제시된 데 비해 후자에는 화자의 주관적, 감정적 토로만이 넘쳐난다.

그렇지만 화자가 자기를 내친 왕이 현재 어떤 상태에 있는지를 형상화한 점은 공통된다. 전자에 궁정의 연못에서 새어나간 화자 자신과 대비되어 그 연못으로 유입된 정치 세력이 암시된 것과 비슷하게 후자에서는 '벼기던'(우기던) 자들과 '믈힛말'(뭇 참언[13)])을 한 자들

---

11) 양태순, 앞의 논문, 245-247면. 해당 기록은 다음과 같다. 『고려사』 71권, 지 25, 「악」 2, 鄭瓜亭 內侍郎中鄭敍所作也 敍自號瓜亭 聯昏外戚有寵於仁宗 及毅宗卽位 放歸其鄕東萊曰 今日之行 迫於朝議也 不久當召還 敍在東萊 日久召命不至 乃撫琴而歌之 詞極悽惋 李齊賢作詩解之曰 憶君無日不霑衣 政似春山蜀子規 爲是爲非人莫問 只應殘月曉星知.

12) 이형대, 「원가와 정과정곡의 시적 인식과 정서」, 『한성어문학』18, 한성어문학회, 1999, 105-117면.

13) 양주동, 『여요전주』, 을유문화사, 1963, 219면.

에 둘러싸여 '나를 ᄒᆞ마 니ᄌᆞ시'고 있는 왕을 그려 내었다. 왕에게서 소외된 자기 대신에 왕의 곁을 지키는 신하들의 존재를 의식하고 있다. 이는 왕과 자신 사이를 가로막는 세력에 대한 화자의 원망을 드러낸 것이기도 하다.

〈정과정〉에서 직접 모습을 보여 주지는 않지만 화자의 주관적 내면 토로에 비친 왕의 형상은 그려 볼 수 있다. '님'은 화자를 소외자로 인식하게 만드는 존재이다. 지금의 처지가 처량하게 울어대는 '山졉동새'와 비슷하다고 하거나 새벽까지 잠 못 이루며 '殘月曉星'에 뜻을 부쳐 보는 것은 모두 '내 님믈 그리'면서이다. 그런데 그 님은 화자를 모함하여 귀양 보내라고 우겼던 자들에 둘러싸여서 화자를 잊고 있다. 님을 향해 '過도 허믈도 千萬 업소이다'라고 절규하지만 응답은 들려오지 않는다. 왕과 절연된 상태에서 발하는 화자의 절규와 하소연이 작품의 서정성을 더욱 심화한다.

이렇듯 이 작품에서 호소의 대상으로 설정된 왕은 어떤 자들의 모함을 곧이듣고 화자를 배척한 다음 돌아보지 않고 있다. 무정한 정도를 넘어 거짓에 미혹된 모습을 띤다. 시인의 의도는 아니더라도 작품에서 암시된 왕은 혼암한 군주의 형상이다. 실제 역사에서 무신 난이 일어나 폐위되었다가 결국 죽임까지 당한 의종은 〈정과정〉에 그려진 모습의 연장이었는지도 모른다.

(2) 충언의 대상

왕을 향해 충언을 하는 데에 향가가 사용된 경우가 있는바, 〈안민가〉가 이에 해당한다. 경덕왕(742-765)이 3월 삼짇날 궁궐 맨 바깥쪽의 귀정문루에 올라 서라벌 시가지를 굽어보며 명절을 맞은 백성의 모습을 살펴보고 있었다. 좌우 신하에게 '영복승'을 모셔 오라 명하였는데 신하가 추천한 고승은 내치고 충담을 맞아들인다. 그리고는 그에게 백성을 편안하게 할 노래를 요청한다.[14] 경덕왕은 충담의 사례뿐 아니라 여러 차례 신하의 공개적인 충언을 듣고 그 의견을 정치에 반영한 왕이었다.[15]

"임금은 아버지요,
신하는 사랑하실 어머니요,
백성은 어리석은 아이라."고
하실진대, 백성이 사랑을 알리로다.
아궁이의 불을 살린 바— 물생(物生)
이를 먹어서 안정하여
"이 땅을 버리고서 어디 가리!"
할진대, 나라가 부지(扶持)해 줌을 알리로다.
아아, 임금답게 신하답게 백성답게
한다면, 나라가 태평하니이다.

---

14) 『삼국유사』 2권, 기이 2, 「경덕왕 충담사 표훈대덕」, 三月三日 王御歸正門樓上 謂左右曰 誰能途中 得一員榮服僧來 於是 適有一大德 威儀鮮潔 徜徉而行 左右望而引見之 王曰 非吾所謂榮僧也 退之 更有一僧 被衲衣負櫻筒——作荷簣—從南而來 王喜見之 邀致樓上……王曰 然則 爲朕作理安民歌 僧應時 奉勅歌呈之.

15) 『삼국사기』 9권, 신라본기 제9, 「경덕왕」 十五年 春二月 上大等金思仁 以比年災異屢見 上疏極論時政得失 王嘉納之 ; 같은 곳, 경덕왕 二十二年……大奈麻李純……後聞王好樂 卽詣宮門 諫奏曰 臣聞 昔者桀紂 荒于酒色 淫樂不止 由是 政事淩遲 國家敗滅 覆轍在前 後車宜戒 伏望 大王改過自新 以永國壽 王聞之感歎 爲之停樂.

경덕왕의 요청에 응한 충담의 향가 작품이다. 제1구에서 신하의 내조를 받으며 백성을 자식처럼 사랑해 주는 아버지 같은 존재를 이상적인 왕으로 제시하였다. 이것이 경덕왕의 실제 모습은 아닐지 몰라도 적어도 그가 신하의 조언을 청하여 본받고자 한 군주상인 것만은 분명하다.

이 같은 모습의 왕이 백성에게 해야 할 일은, 제2구에 그려진 것처럼, 민생을 안정시키는 것이다. 구체적으로 말해, 백성들이 자신의 집 '아궁이'에 불을 때어 음식물을 익혀 먹으며 일상생활을 안정되게 영위하도록 하는 일이다. 민생 안정의 정치를 최우선으로 펼칠 때 백성의 마음을 얻고 나라가 태평하게 된다. 왕이 취해야 할 모범적인 정치의 자세가 이러한 것이다.

〈안민가〉에 제시된 이상적인 군주상은 작자의 정치적 주장을 정서적으로 호소하는 역할을 한다. 정치의식을 생경하게 노출하지 않고 백성을 사랑하는 아버지 같은 왕의 모습을 그려 내는 한편 왕이 해야 할 과업을 구체적으로 보여 줌으로써 한 나라가 구가하는 태평의 기상이 어떤 것인지를 제시하였다. 자애롭고 포근한 아버지상에서부터 왕에 대한 감흥을 불러일으키고, 과업이 성공하였을 때 백성이 보이는 정서적 반응을 제시함으로써 왕에 대한 신뢰와 기대감을 높인다. 이상적인 왕의 성격과 행위를 일상적인 모습에 비유하여 보여 줌으로써 경덕왕이 그것에 감응하여 깨닫기를 바란 것이다. 향가가 지닌 서정적인 감화력을 충분히 살려 왕을 형상화하였다고 할 수 있다.

(3) 풍자의 대상

왕이 풍자의 대상으로 나타난 경우로는 고려 가요 〈쌍화점〉을 들 수 있다. 〈쌍화점〉 제3연에 나오는 용을 왕의 상징으로 보는 입장에서[16] 여기에서의 논의 대상이 된다.

> 드레 우므레 므를 길라 가고신ᄃᆡᆫ
> 우뭇 룡龍이 내 손모글 주여이다
> 이 말ᄉᆞ미 이 우믈 밧긔 나명들명
> 다로러거디러
> 죠고맛간 드레바가 네 마리라 호리라
> 더러둥셩 다리러디러 다리러디러 다로러거디러 다로러
> 긔 자리예 나도 자라 가리라
> 위위 다로러거디러 다로러
> 긔 잔 ᄃᆡᄀᆞ티 덦거츠니 업다[17]

〈쌍화점〉의 제1연은 〈삼장〉과 일치하고, 제3연은 용(龍)과 소문을 소재로 한 점에서 〈사룡〉과 연관된다. 그래서 〈삼장〉과 〈사룡〉의 배경 기사로 기록된 충렬왕(1274–1308)의 난잡한 행태가[18] 〈쌍화점〉

---

16) 정병욱, 앞의 책, 120-121면 ; 최미정, 앞의 책, 197-198면, 204면. 용을 다른 존재로 보는 견해도 있다. 김대행, 「쌍화점과 반전의 의미」, 『고려시가의 정서』, 개문사, 1986, 197면에서 '이색적인 인물' 정도로, 윤성현, 『속요의 아름다움』, 태학사, 2007, 68-69면에서는 '외지 남자'로 보고 있다.

17) 『악장가사』, 44-45면.

18) 『고려사』 71권, 지 25, 「악」 2, 三藏 三藏寺裏點燈去 有社主兮執吾手 倘此言兮出

제3연에 그려진 왕의 형상과 관련된다고 볼 수 있다. 곧 행신들과 더불어 향락에 빠져 음란한 짓을 하는 왕의 모습이다.

이 작품에서 왕과 관계한 화자는 소문이 나지 않도록 입단속을 하고 있다. 그러나 이미 '긔 자리예 나도 자라 가리라'는 어떤 사람의 목소리가 들려온다. 막으려야 막을 수 없을 만큼 소문은 퍼져 버렸다. 은밀한 관계, 입단속, 동참 요구로 시상이 이어지다가 '덦거츠니'로 마무리됨으로써 시적 상황은 한바탕의 '추잡한 자리'[19]로 요약된다.

이러한 의미 맥락에는 왕과의 은밀한 관계에 대한 화자의 저항감이 나타나 있다. 비록 '우물에 물을 길러' 갔을 때 용에게 '손목'을 잡혔지만 그렇게 용과 관계한 '자리'는 가장 '추잡한' 곳이다. 서민의 일상적인 생활인 '므를 길라 가다'와 왕과 행신들의 음란한 행위인 '덦거츠다'의 대비가 선명하다. 화자는 왕의 강요에 어쩔 수 없이 관계를 맺었으나 그것이 윤리에 어긋난 추잡한 행위이기에 내적 갈등을 겪고 있다.

이러한 갈등과 함께 한껏 유혹에 빠지고 싶은 심리도 내비친다. '그 자리에 나도 자러 가리라'는 동참 요구에 '그 잔 데같이 추잡한 것은 없다'며 거부하고는 있지만, 말의 뉘앙스로는 왕의 강요에 몸을 내맡겨

寺外 謂上座兮是汝語. 蛇龍 有蛇含龍尾 聞過太山岑 萬人各一語 斟酌在兩心. 右二歌忠烈王朝所作 王狎群小 好宴樂 倖臣吳祈金元祥 內僚石天補天卿等 務以聲色容悅 以管絃房太樂才人爲不足 遣倖臣諸道 選官妓有姿色伎藝者 又選城中官婢及女巫善歌舞者 籍置宮中 衣羅綺 戴馬鬃笠 別作一隊 稱爲男粧 教閱此歌 與群小 日夜歌舞褻慢 無復君臣之禮 供億賜與之費 不可勝記.

19) '덦거츠니'에 대해 '무성하며 아늑하고 둘러싸이는 기분을 느끼는 곳'으로 풀이하기도 하였으나(최미정, 「쌍화점의 해석」, 『한국문학사의 쟁점』, 집문당, 1986, 257면) 본고는 일반적인 해석을 따른다.

버리려는 욕구가 더욱 고조되는 듯하다. 이런 점에서 〈쌍화점〉 제3연에 그려진 왕은 백성을 겁탈하면서까지 음란한 짓을 자행하는 폭군의 모습과 함께 거부하면 할수록 빠져들어 가는 유혹자의 모습을 띤다.

그리하여 〈쌍화점〉 제3연에 그려진 왕은 화자의 손목을 잡아 관계를 갖고 또 다른 화자의 욕망까지 탐하는 모습이다. 왕의 탐욕과 음탕함이 첫째 화자에서 둘째 화자로 뻗어나가고 있고 그에 따라 두 화자의 욕망 사이에 긴장 관계가 형성된다. 이렇게 왕과 화자, 화자와 또 다른 화자 사이에 밀고 당기는 관계를 그려 냄으로써 작품의 서정성이 고조되었다.

2) 시적 화자

왕이 지은 신라 시대의 노래로는 눌지왕(417-458)의 〈우식곡〉, 원성왕(785-798)의 〈신공사뇌가〉, 흥덕왕(826-836)의 〈앵무가〉 등이 있다. 차례대로 외국에 인질로 잡혀 갔던 동생을 다시 만나게 된 것, 궁달의 변화를 안 것, 앵무새가 짝을 잃고 슬피 울다가 죽은 것 등을 소재로 지어졌다고 기록되었다.[20] 그러나 구체적으로 어떤 내용의 작품인지 알 수 없으므로 시적 화자로서의 왕의 모습을 논하기 어렵다.

고려 가요 중에서 왕이 지은 작품이 확실한 것으로 예종(1105-1122)의 〈도이장가〉가 있다. 이 작품은 표기와 형식 면에서 8행 향가에 해

20) 『삼국사기』45, 열전 제5, 「박제상」; 『삼국유사』2, 기이 제2, 「원성대왕」; 『삼국유사』2, 기이 제2, 「흥덕왕 앵무」.

당하는 것으로서 고려 시대에 나온 향가 작품이다. 또한 현존하는 시가 중에서 왕이 지은 가장 오래된 고유의 서정시이다.[21)]

님을 온전하게 하온
마음은 하늘 끝에 미치니
넋이 가시도록
충심(衷心) 삼으시어 행하신 소임이여!
또 하고자(본받고자) 바라며
아름답게 수놓은 저기에
두 공신이여!
오랫동안 곧은 자취는 나타내실진저.

이 작품은 시 · 공간의 규모가 거의 무한대로 설정되어 있다. '하늘 끝'과 '오랫동안'이 공간의 광막함과 시간의 무궁함을 내포한다. 이와 함께 '온전함', '아름다움', '곧음'으로 이어지는 송덕의 말들이 나오고, 역사적 업적을 뜻하는 '자취'와 그것을 뒷받침하는 정신적 가치로서 '넋'과 '충심'이 강조되었다. '님'(태조 왕건)을 '온전하게 한' '두 공신'(신숭겸과 김락)의 행적은 무궁토록 계승하고 본받아야 함을 역설한 것이다.

여기에서 왕의 목소리는 작품 첫머리에 '님'이라고 표현된 조종(祖宗)으로부터 권위를 부여받는다. 이를 기반으로 하여, 님을 지켜 낸

21) 고구려 유리왕이 지은 〈황조가〉는 아쉽게도 한문으로 번역된 가사만 전해진다.

두 공신을 영원토록 받들고 그러한 충신의 행적을 따르라고 청중에게 명한다. 태조를 구한 두 충신의 업적을 기억하는 동시에 힘들었던 건국의 역사를 되새김으로써, 종묘사직을 보전하여 국가의 기반을 다지고 왕조를 무궁하게 이어 가려는 의지를 드러내었다. 왕조의 정점이자 보루이고, 조종의 후손으로서 마지막 왕인 동시에 후세 왕들의 조종이 되는 존재로서, 왕의 위엄과 염원이 잘 나타나 있다.

이같이 〈도이장가〉에 전면적으로 등장하는 왕 예종은 자신의 목소리로써 국초의 다난하였던 역사를 기억하여 건국의 정신을 선양하고 종묘사직의 수호를 천명하였다. 왕의 위엄 어린 목소리에 얹어 전해지는 작품의 의미는 엄숙하고 장중한 느낌과 함께 청 / 독자에게 다가와 스스로 역사에 대한 책무를 받아들이도록 한다. 확고한 의지와 역사의 명령을 선포하는 왕의 준엄한 목소리가 작품이 지닌 의미와 감화력을 심화한다.

예종이 지은 또 다른 작품으로 제목만 전하는 〈벌곡조〉가 있다. 작품 제목과 노랫말과의 관련성을 근거로 현존하는 고려 가요 중 〈유구곡〉이 곧 〈벌곡조〉라는 추정이 오래전부터 제기되었다.[22] 이론도 이어져 왔지만[23] 여기에서는 이러한 추정을 수용하여 예종의 작품으로 보고 검토하겠다. 이 관점에 서면 예종은 향가인 〈도이장가〉를 짓고 또 고려 가요인 〈유구곡〉도 지은 왕이 된다. 이를 보면 시가사적으로

22) 권영철, 「유구곡 고」, 『어문학』3, 한국어문학회, 1958, 63-70면 ; 김동욱, 『한국가요의 연구 · 속』, 선명문화사, 1975, 115면.

23) 〈유구곡〉을 작자 미상의 민요로 보는 견해가 대표적이다. 이동근, 「유구곡 재고」, 『한국고전시가작품론1』, 집문당, 1992, 207-216면 ; 윤성현, 앞의 책, 176-217면.

예종 시대는 쇠퇴하는 장르인 향가와 신생하는 장르인 고려 가요가 혼재하였던 시대라고 할 수 있다.

배경 기사에 따르면 〈벌곡조〉는 언로를 열어 신하들의 간언을 듣고자 하는 왕의 뜻을 드러냈다고 하는데[24] 현존 〈유구곡〉이 그러한 의미로 해석할 만한 내용이다.

비두로기 새ᄂᆞᆫ 비두로기 새ᄂᆞᆫ
우루믈 우루ᄃᆡ
버곡댱이ᅀᅡ 난 됴해
버곡댱이ᅀᅡ 난 됴해[25]

이러한 〈유구곡〉을 앞에서 거론한 〈도이장가〉와 비교해 볼 만하다. 우선 동일 작자가 한편으로 엄숙하게 역사적 책무를 강조하고 다른 한편으로 신하들의 풍조를 풍자하였다. 또한 형식 면에서 전자가 '단가 2장'이라 기록된 8행 향가인 데 비해 후자는 '단가 1장'에 해당한다. 이는 고려 가요 중에 〈정과정〉 같은 10행 향가의 잔존 형태뿐만 아니라 4행 향가의 잔존 형태도 있음을 보여 준다.[26] 표현에서는 전자가 직설적이라면 후자는 비유적이고 두 차례 반복구가 쓰였다.

24) 『고려사』 71권, 지 25, 「악」 2, 伐谷 鳥之善鳴者也 睿宗欲聞己過 及時政得失 廣開言路 猶恐群下不言 作此歌以諷諭之也.

25) 『시용향악보』, 49-51면.

26) 박경주, 「고려시대 향가의 전승과 소멸 양상」, 『한국 시가문학의 흐름』, 월인, 2009, 168면.

두 작품에서 발화된 왕의 목소리에도 차이가 있다. 전자가 엄숙한 분위기에서 위엄 있는 목소리를 냈다면 후자는 다소 유희적인 분위기에서 풍자적인 목소리를 내었다. 후자는 온통 청각적 심상에 휩싸여 있다. '우루믈 우루딕'처럼 동일음이 쓰이고 '버곡당'과 같이 새 울음소리를 모사한 음성상징어가 반복되며 'ㄴ'과 '난'의 비슷한 음성에서 짧은 소리([ㄴ])와 긴 소리([나ㅡㄴ])가 대비된다. 이러한 표현들이 유희적이고 해학적인 분위기를 자아내는 중에 비둘기와 뻐꾸기를 대조하여 잘 우는 뻐꾸기 쪽을 선호한다는 풍자적인 뜻을 드러내었다.

이렇듯 〈유구곡〉에 나타난 왕의 목소리는 풍자와 해학이 섞여서 동일 작자의 〈도이장가〉와는 전혀 다른 느낌을 준다. 그만큼 시적 화자로서 왕의 목소리가 지닌 편폭이 클 수 있음을 보여 준다.

3) 시적 배경

왕이 시적 대상이나 시적 화자로서 작품 문면에 뚜렷이 형상화된 것은 아니지만 창작이나 연행의 상황과 관련하여 시적 배경으로서 작품에 영향을 끼치는 경우가 있다. 시가의 창작과 연행에서 왕이 후원자나 감상자의 역할을 하기 때문에 생긴 현상으로 생각된다. 이러한 왕의 존재가 나타난 향가로 〈혜성가〉를 들 수 있다. 이 작품은 진평왕(579-632)의 존재감이 강하게 느껴지는 면이 있다. 무엇보다 배경기사의 끝 부분에 나오는 '대왕'이라는 말에[27] 주목해야 한다. 세 화

---

27) 『삼국유사』 5권, 감통 7, 「융천사 혜성가 진평왕대」, 第五 居烈郎 第六 實處郎——

랑의 무리가 풍악산을 유람하는 행사는 진평왕의 후원 아래 이루어졌고, 행사 준비 중 뜻밖의 사건이 발생한 것에 대해 화랑뿐 아니라 후원자인 진평왕도 염려하였음을 짐작할 수 있다. 진평왕의 염려는 작품에서도 확인된다.

옛날이 새려는 물가에서
'건달파의 논 성'을 바라보고,
"왜군도 온다,
횃불 사르라."는 변방의 무리여!
세 화랑의 산 보시려 함을 듣고
달도 다좇아 헤아리려는 바에,
'길 쓸 별'을 바라보고
"'혜성이야'라고 사뢰라."는 사람이 있다.
아아, 거리낌 없이 떠나가리로다.
이야 불양(祓禳)할 것인 바—의 혜성 따위가 있는 탓.

이 작품은 '[옛]날'(제1행), '달'(제6행), '별'(제7행)의 천체 운행을 살펴 혜성의 변괴를 불양하려는 주제를 표현하였다. 이러한 구도 속에 제5, 6행에서 '달'로 비유된 존재가 '세 화랑의 산 보시려 함을 듣고' '헤아리'는 모습이 그려졌다. 여기서의 '달'이 반드시 진평왕을 상

作突處郎一 第七 寶同郎 等 三花之徒 欲遊楓岳 有彗星犯心大星 郎徒疑之 欲罷其行 時天師作歌歌之 星怪即滅 日本兵還國 反成福慶 <u>大王</u>歡喜 遣郎遊岳焉.

징한다고만 보기는 어렵다. 화랑 제도를 주관한 왕족 여성, 즉 태후나 황후를 염두에 둔 표현일 가능성도 높다. 그렇지만 그 '달'은 왕과 일체를 이루어 국가적인 행사를 후원했기 때문에 '달'의 염려는 곧 왕의 염려이기도 하였을 것이다.

또한 제1구는 동해안 변방의 군사가 '횃불'을 밝혀 서라벌에 경보를 알리고, 제2구는 일관이 천문을 관찰하여 상부에 보고하는 등 국가의 위기관리 체계가 반영되어 있다. 변방 군사를 말단 구성원으로 하여 상부까지 짜여 있는 군사 제도, 정국 운영과 위기 대처에 참고가 되는 천문 관측 제도 등은 중세 국가 체제의 중요한 하부 조직을 이루었다. 이 조직들의 최상위에 위치한 존재가 바로 왕이었으므로, 군사의 경보와 일관의 보고가 이르는 최종 귀착점은 왕일 수밖에 없다.

시적 화자는 이 같은 경보와 보고가 잘못된 것이라고 주장한다. 변방 군사가 '왜군'으로 본 것은 '건달파의 논 성'이고, 일관이 '혜성'이라 한 것은 '길 쓸 별'이라는 것이다. 이렇게 정보의 내용을 수정할 정도로 사태를 더 정확히 파악해야만 천체의 변괴와 외적의 침입을 물리칠 수 있다. 왜적과 혜성이 재앙이긴 하지만 해, 달, 별 삼광(三光)의 운행이 굳건한 이상 충분히 불양할 수 있다는 것이다. 군사와 일관의 보고가 왕에게 귀착되는 것과 등가적인 의미에서 화자가 〈혜성가〉를 통해 주장한 이러한 내용은 궁극적으로 진평왕을 설득하기 위한 것이다.

융천이 주관한 불양 의식의 자리에 진평왕이 참석했다면 노래가 연주된 무대의 분위기는 매우 장중하였겠고, 그런 자리에서 불린 〈혜성가〉는 왕을 비롯한 참석자들에게 깊은 감동을 주었을 것이다. 그렇지 않고 진평왕이 전해 듣거나 읽었더라도 〈혜성가〉는 위기 사태에 일종의 수정된 보고서가 되어 왕의 판단에 상당한 영향을 끼쳤을 것이다. 그리하여 진평왕의 위기 대처 능력과 태도를 굳건하고 의연하게 하는 데 크게 기여한 작품이라 할 수 있다.

이같이 〈혜성가〉의 화자인 융천이 자신의 천문 관찰력을 동원하여 천체의 이변은 불양할 수 있다고 말한 바탕에는 발화의 최종 대상인 진평왕에 대한 설득의 의도를 깔고 있다. 이러한 면에서 진평왕의 존재는 작품의 분위기와 정서가 굳세고 장엄한 양태로 그려진 배경으로 작용한다.

〈도솔가〉도 〈혜성가〉와 비슷하게 천체의 변괴에 대처하는 상황에서 지어진 작품이다. 두 해가 뜬 변괴를 물리치기 위해 경덕왕이 후원한 불양 의식을 거행하면서[28] 승랑인 월명이 이 작품을 지어 부른 것이다.

오늘 이에 산화가를 불러
날려 보내는 꽃아, 너는
곧은 마음의 명에 부려져
미륵 좌주 모셔라.

28) 『삼국유사』 5권, 감통 7, 「월명사 도솔가」, 景德王 十九年 庚子 四月朔 二日竝現 挾旬不滅 日官奏請 緣僧作散花功德 則可穰 於是 潔壇於朝元殿 駕幸青陽樓 望緣僧 時有月明師 行于阡陌時之南路 王使召之 命開壇作啓 明奏云 臣僧但屬於國仙之徒 只解鄕歌 不閑聲梵 王曰 既卜緣僧 雖用鄕歌 可也 明乃作兜率歌 賦之.

월명은 천체의 변괴를 불양하기 위해 조원전에 가설한 단(壇) 위에서 이 노래를 불렀다. 불양 의식은 불교식의 산화공덕이지만 불양의 노래는 화랑의 일원으로서 지은 향가였다. 경덕왕은 불교와 화랑도(花郎道)가 결합한 제단을 허락하였던 것이다. 제4행의 '미륵 좌주'는 이러한 제단의 복합적 성격을 반영한 말이다.

제1, 2행에서 지금 여기서 거행하고 있는 산화공덕의 의식을 그린 다음 제3, 4행에서 의식을 행하는 목적과 염원을 밝혔다. 공중으로 꽃을 뿌리는 산화공덕의 의식을 거행하는 것은 '곧은 마음의 명'에 따라 '미륵 좌주'를 모셔 오기 위해서이다. '곧은 마음'은 경덕왕의 마음이다.[29] 천체의 변괴를 당하여 불안해 하는 백성을 위무하고 안정시키기 위한 왕의 마음이 산화공덕을 베푼 동기임을 천명한 것이다. 이는 국가와 백성을 위한 '곧은' 마음이기에 그 뜻에 부응하여 도솔천의 '미륵'불을 지금 이곳의 '좌주'로 모셔 오라고 꽃에게 명령한다. 이 말 속에 경덕왕을 미륵불과 동일시하는, 이른바 왕즉불(王卽佛)의 사상이 담겨 있다.

이처럼 〈도솔가〉에 나타난 경덕왕은 국가와 백성을 위한 올곧은 마음을 가졌고 부처와 동일시될 정도로 숭앙받는 존재이다. 왕의 목전에서 부른 노래이니만큼 왕에 대한 송축은 의당 따랐겠지만, 두 해가 뜬 위기 상황을 극복하려는 왕의 뜻과 백성의 염원이 합일된 모습으로 표현된 점이 더욱 의미 있다. 그리하여 이 작품은 기원과 송축, 정치와 종교가 합치된 장중한 축원의 시가 되었다.

---

29) 윤영옥, 앞의 책, 64면 ; 신재홍, 『향가의 미학』, 집문당, 2006, 391면.

고려 가요는 대개 궁중 연향에서 불린 속악의 노랫말이기 때문에 시가를 연행하는 자리에 왕이 좌정해 있는 상황을 전제로 한 작품이 여러 편 있다. 왕에 대한 송축과 국가의 안녕을 기원하는 내용의 작품인 경우, 왕의 존재가 감지되는 부분은 서사(序詞)나 후렴구에서이다. 먼저 〈정석가〉의 서사를 보기로 하겠다.

> 딩아 돌하 당금當今에 계샹이다
> 딩아 돌하 당금當今에 계샹이다
> 션왕셩ᄃᆡ先王聖代예 노니ᄋᆞ와지이다[30)]

보통 '딩'은 징(鉦)으로 '돌'은 경(磬)으로 풀이된다.[31)] 징과 경을 울리며 연주하는 무대에서 화자가 그 악기의 연주자를 호명하였다. 이러한 잔치 석상의 제일 윗자리에는 왕이 앉아 있는바, 왕이 지금 이 자리에 임석해 있다는 뜻을 '당금에 계샹이다'로 표현하였다. 왕의 임석에 감사와 송축의 뜻을 표한 것이다.

지금 여기에 계신 왕은 선왕들의 태평성대, 곧 '선왕성대'를 오늘날에 구현하는 존재이다. 그 태평성대의 한 모습이 지금 여기서 벌어지는 잔치 자리이다. 화자는 이 자리에 나와 '놀고 싶습니다'라고 말하지만 사실은 '놀고 싶었는데 이제 이루어졌습니다'는 의미를 나타낸다. 왕 앞에서 정중하게 할 수 있는 송축의 말 중의 하나인 셈이다.

---

30) 『악장가사』, 34면.
31) 양주동, 앞의 책, 335면.

이러한 송축은 왕으로서는 늘 들었던 말일 터이나, 그 내용은 이후의 다섯 연과 의미가 결합된다. 뒤의 연들은 모두 불가능한 상황을 설정한 다음 '유덕有德ᄒᆞ신 님믈 여ᄒᆡᄋᆞ와지이다'라는 후렴구를 반복하였는데, 이것이 서사의 송축과 연결되어 '유덕하신 님'은 왕으로 받아들여진다. 일반적으로 〈정석가〉의 제2~6연은 궁중 속악으로 편입된 사랑 주제의 민간 노래이고 여기에 송축의 뜻을 담은 제1연이 덧붙여졌다고 본다.[32] 이에 애초에는 애정의 대상이었을 '유덕하신 님'은, 작품이 속악으로 쓰여 애정과 송축의 주제가 결합함에 따라 애인이기도 하고 왕이기도 한 이중적 의미를[33] 띠게 된 것이다.

따라서 〈정석가〉에 그려진 왕은 백성이 결코 이별할 수 없는 사랑하는 사람, 즉 애인의 성격을 지닌 존재가 된다. 왕의 심상이 애인의 그것과 겹쳐진 것이다. 이것이 향가에서는 찾을 수 없고 고려 가요에서 새로 설정된, 시적 배경으로서 왕의 형상이다.

〈동동〉의 서사도 속악으로 편입된 사랑 주제의 노래에 덧붙은 것이다. 그런데 〈정석가〉와는 달리 서사에 투영된 왕의 존재는 '임석한 왕'이라기보다 '덕과 복을 받는 왕'의 모습이어서 양상이 좀 다르다.

德으란 곰ᄇᆡ예 받ᄌᆞᆸ고
福으란 림ᄇᆡ예 받ᄌᆞᆸ고
德이여 福이라 호ᄂᆞᆯ

32) 윤철중, 「정석가 고」, 『고려가요연구의 현황과 전망』, 집문당, 1996, 188-195면.

33) 조동일, 『한국문학통사2』, 제3판; 지식산업사, 1994, 152면에서는 '두 가지 의미가 복합되어 있다'고 하였다.

나ᄋᆞ라 오소이다[34)]

'덕'은 '뒷잔'에 '복'은 '앞잔'에 받들어 천지신명과 왕에게 바치고 있다. 이때 화자는 곰비임비 이어져 잔을 들어 바치는 사람들에게 '진상하러 오사이다'라고 청한다. 왕의 덕과 복을 비는 자리에서 사람들에게 진상을 권유하고 그 자리의 분위기를 고양시키는 역할을 한다.

이에 따라 덕과 복이 담긴 잔을 받는 왕은 만백성이 송축하는 대상으로서 존재한다. 그가 덕이 있고 복이 있어야 나라가 태평하고 백성이 편안할 것이다. 그렇기에 그에게 드리는 덕과 복의 잔에는 정성과 기원이 담긴다. 화자가 '오사이다'라고 청유의 뜻을 표현한 데에는 정성을 함께 모으자는 뜻도 들어 있다.

이러한 왕의 모습은 서사에 이어지는 열두 연의 사랑 주제와는 화합하기가 어렵다. 이미 덕과 복의 화신으로 모셔진 상태에서 이별과 그리움의 정한에 애태우는 화자의 애인이 될 수는 없기 때문이다. 따라서 〈동동〉 서사의 왕은 본사의 내용과는 동떨어져 홀로 추앙받는 존재가 되어 버렸다. 오히려 덕과 복이 있는 왕이라면 뒤의 연들에서 그려진 애끓는 정한을 풀어 주어야 하지 않을까 하는 생각마저 든다. 서사와 본사의 거리만큼이나 왕과 백성의 거리가 느껴지는 대목이다.

이러한 거리감은 〈가시리〉의 후렴구에서도 느낄 수 있다.

위 증즐가 대평셩ᄃᆡ大平盛代[35)]

34) 『악학궤범』 5권, 「아박」, 8면.

가시는 님을 차마 붙잡지 못하고 되돌아오기를 기원하며 마지못해 보내는 화자에게, 후렴구로 붙은 태평성대의 축원은 딴 세상의 말일 것이다. 그러나 다시 생각해 보면, 왕 앞에서 노래를 부르는 것 자체가 그 왕이 구현한 태평성대의 한 모습일 수 있다. 잔치의 자리가 백성의 삶과 얼마나 동떨어졌는가와 상관없이 그 자리가 마련된 것은 태평성대의 기상인 셈이다. 태평성대에는 사람들이 이별하지 않는가? 어떤 시대든지 인간의 삶에는 사랑과 증오, 만남과 이별의 정한이 있기 마련이다. 그러므로 태평성대에 이별의 정한을 노래하는 것이 그렇게까지 모순되지는 않는다.

이 후렴구는 창자가 본사를 노래하면 그것을 받아 부른 것일 터이다. 이별의 본사에 송축의 후렴구가 엮여 나오는 부조화의 묘한 느낌조차 잔치 자리를 홍겹게 할 수 있다. 태평성대를 구현하였다고 송축된 왕도 본사의 애절한 사랑의 주제를 감상하고 즐겼을 것이다.

이같이 〈정석가〉, 〈동동〉, 〈가시리〉에서는 서사나 후렴구에 왕이 시적 배경에 있으면서 시가 연행의 후원자와 감상자로 나타나 있다. 궁중의 잔치 자리에 임석한 왕에 대한 송축인 까닭에 본사가 지닌 내용과는 동떨어진 거리감 혹은 부조화를 드러낸다. 그러면서도 왕의 존재감만큼은 뚜렷하게 각인되었다.

연행의 공간에 좌정한 왕의 형상은 무가 계통의 〈잡처용〉에서도 볼 수 있다. 아래는 정간보를 무시하고 노랫말만 띄어쓰기를 하여 옮긴 것이다.

35) 『악장가사』, 46면.

中門 안해 셔 겨신 雙處容 아바 大王이 殿座를 ᄒᆞ시란ᄃᆡ 太宗大王이 殿座 外門 바ᄭᅴ 둥덩 다리러로마 太宗를 ᄒᆞ시란ᄃᆡ 아으 寶錢七寶 지여 살언간만 다롱다로리 대링디러리 아으 디렁디러리 다로리[36)]

이 작품은 어딘가 원형이 어그러진 형태이다. 전재되는 중에 착오가 있었던 것 같은데, 의미 맥락을 따져서 누락된 부분을 추정해 보면 다음과 같다.

中門 안해 셔 겨신 雙處容 아바
大王이 殿座를 ᄒᆞ시란ᄃᆡ
太宗大王이 殿座[를 ᄒᆞ시란ᄃᆡ]
外門 바ᄭᅴ [셔 겨신 雙處容 아바]
둥덩 다리러로마
太宗[大王이 殿座]를 ᄒᆞ시란ᄃᆡ
아으 寶錢七寶 지여 살언간만
다롱다로리 대링디러리
아으 디렁디러리 다로리

여기에서 제2행의 반복인 제3행과 마지막 후렴구를 빼고 보면, 고려 가요 중에서 〈사모곡〉의 형식과 유사하다.

36) 『시용향악보』, 123-135면.

中門 안해 셔 겨신 雙處容 아바　　호ᄆᆡ도 ᄂᆞᆯ히언 마ᄅᆞᄂᆞᆫ
大王이 殿座를 ᄒᆞ시란ᄃᆡ　　낟ᄀᆞ티 들 리도 업스니이다
外門 바ᄭᅴ [셔 겨신 雙處容 아바]　　아바님도 어이어신 마ᄅᆞᄂᆞᆫ
둥덩 다리러로마　　위 덩더둥셩
太宗[大王이 殿座]를 ᄒᆞ시란ᄃᆡ　　어마님ᄀᆞ티 괴시리 업세라
아으 寶錢七寶 지여 살언간만　　아소 님하 어마님ᄀᆞ티 괴시리 업세라

따라서 〈잡처용〉은 고려 가요의 단련체 형식[37]으로 된 작품이라고 할 수 있다. 그런데 작품 속에 나온 '太宗大王'(1400-1418)은 조선의 왕이다. 이렇게 형식과 내용에 괴리가 생긴 것은 전승 과정상의 문제 때문일 것이다. '太宗大王' 자리에 'ㅇㅇ大王'의 이름을 갖는 어떤 신격이 와도 무방하지만, 전승 과정의 어느 때인가 태종과 관련된 공연이 있었기에 이러한 명명을 하게 되었다고 생각된다.[38]

신라 시대부터 전승된 벽사 진경(辟邪進慶)의 신인 처용이 의례를 행하는 자리에 '태종 대왕'이 '전좌를 하시'었다. 무속 의례를 관람하는 왕의 모습이다. 이는 단순히 처용무의 궁중 공연 상황을 묘사한 것에 그치지 않는다. 무가의 주술성을 고려한다면, 이미 노래 속에 들어온 왕의 존재는 처용 위에 군림한 무속의 신으로 좌정하였다고 볼 수 있다.

37) 성호경, 『고려시대 시가 연구』, 태학사, 2006, 283-285면.

38) 조선 태종대에 진주에서 태종의 태실제(胎室祭)가 거행되었다는 문헌 기록을 근거로 태종 태실제 나례의 처용무에서 발생한 무가로 추정하기도 하였다(김동욱, 『한국가요의 연구』, 을유문화사, 1961, 215면).

그리하여 〈잡처용〉에 그려진 왕은 무속 의례를 관람하는 면모와 함께 무속의 신으로 좌정한 존재이다. 널리 무속을 신앙하던 일반 백성 사이에서 수용되었을 법한 왕의 한 모습일 것이다. 처용의 무속 의례를 관람하는 왕의 형상은 작품의 주술성과 감화력을 강화하는 역할을 한다.

3. 왕의 존재와 서정성의 흐름

앞에서 중세의 서정시인 향가와 고려 가요에 왕이 어떤 존재로 나타나는지 살펴보았다. 두 장르에 그려진 왕의 형상과 목소리는 상당히 다양한 양상을 띠어서 위엄 있고 덕스러운 왕부터 음란한 왕에 이르기까지, 현실감 있는 왕부터 이상적이거나 신적인 지위의 왕까지 편폭이 넓게 그려졌다. 그런데 작품에 나타난 왕의 존재 양상이 향가와 고려 가요에 다소 다른 점이 보이고 그에 따라 향가에서 고려 가요로 전개된 서정성의 일단을 조금이나마 드러낼 수 있다. 이를 위해 작품에 쓰인 시어들을 분석해 보고자 한다. 왕에 대한 시어를 왕을 지시하는 것과 왕과 관련된 것으로 구분하여 살펴보겠다.

먼저 왕 지시어를 보면, 왕을 '님, 미륵 좌주' 등으로 지칭하거나 '달, 아버지, 용' 등에 비유하였다. 왕의 신분이 갖는 신성성(미륵, 달, 용)을 의식한 점과 함께 존칭(님), 비근한 예(아버지) 등으로 지시한 것이다.

'달'로써 왕을 비유한 것은 향가에서 두드러진다. 보통은 해로써 비

[표] 왕에 대한 시어 분석

		향가	고려 가요
호소의 대상	왕 지시어	얼굴 · 달 · 모습(원가)	님(정과)
	왕 관련어	잣 · 같이 다니고 싶다 · 우러르다 · 변하다 · 연못(원가)	우기던 이 · 뭇 참언 · 잊다 · 사랑하다(정과)
충언의 대상	왕 지시어	아버지 · 나라 · 임금(안민)	
	왕 관련어	태평(안민)	
풍자의 대상	왕 지시어		용(쌍화)
	왕 관련어		우물 · 손목 잡다 · 잔 데 · 추잡하다(쌍화)
시적 화자	왕 지시어	님(도이)	
	왕 관련어	하늘 끝(도이)	좋다(유구)
시적 배경	왕 지시어	달(혜성) 곧은 마음 · 미륵 좌주(도솔)	유덕하신 님(정석) 태종 대왕(잡처)
	왕 관련어	사뢰다(혜성) 날려 보내다 · 모시다(도솔)	계시다 · 선왕성대(정석) 덕 · 복 · 진상하다(동동) 대평성대(가시) 전좌(잡처)

*작품명은 괄호 안에 둘째 글자까지만 제시함. **용언은 현대어 기본형으로 제시함.

유할 것인데 달이 선택된 것은 〈원가〉에서 왕의 골육,[39] 〈혜성가〉에서 진골 귀족 중심의 화랑 제도[40] 등 왕과 왕비를 포함한 친족 관계가 반영된 현상으로 보인다. '님'이라는 존칭으로 왕을 지시한 것은 향가보다는 고려 가요에서 많이 나타난다. 〈도이장가〉에 님이 나온 것도 예종 시대에 님이라는 말 단독으로 임금을 칭할 수 있는 언어 습관이 형성되어 있었기 때문일 것이다. 또한 왕을 지시하는 데 '얼굴, 모습, 마음' 등이 바로 사용된 향가에 비해 고려 가요에서는 '유덕하신' 같

39) 『삼국유사』 5권, 피은 8, 「신충괘관」, 王……大驚曰 萬機鞅掌 幾忘乎角弓.

40) 『삼국유사』 5권, 감통 7, 「융천사 혜성가 진평왕대」, 第五 居烈郎 第六 實處郎—一作突處郎— 第七 寶同郎 等 三花之徒 欲遊楓岳.

은 송축의 뜻이 담긴 말로 수식되었다. 시적 화자와 왕의 관계가 직접적이거나 친밀한 것과 간접적이거나 거리가 있는 것 사이의 차이라고 하겠다. 이 밖에 〈안민가〉에서는 왕이 곧 '나라'임을 언명하거나 〈잡처용〉에서 직접 '태종 대왕'이라고 칭한 예도 있다.

다음으로 왕 관련어를 보면, 향가는 '잣'나무와 '연못'이 있는 궁궐, '하늘 끝'의 하늘이나 꽃을 '날려 보내는' 공중이 왕을 상징하는 데 비해, 고려 가요는 '우기던 이'의 '뭇 참언'을 듣거나 일상생활의 공간인 '우물'에까지 손을 뻗치거나 궁전에 '전좌'해 있는 왕이 설정되었다. 향가의 왕이 존엄성이 강조된 모습이라면 고려 가요의 왕은 향락적이거나 혼암한 모습까지 보인다고 하겠다.

왕이 숭앙을 받는 것은 향가나 고려 가요나 마찬가지이다. '우러르다, 사뢰다, 모시다, 계시다, 진상하다' 등이 왕을 높이 받드는 말인데 이로써 왕의 고귀함이 잘 드러나도록 하였다. 이에 비해 왕 자신의 목소리인 '같이 다니고 싶다, 좋다' 등에서는 고귀함보다는 친근함이 강조된다. 또한 왕의 상태나 행동이 '변하다, 잊다, 사랑하다, 손목 잡다, 자다, 추잡하다' 등의 말로 표현되어 왕이 지닌 인간적인 면모가 보이기도 한다. 왕을 숭앙하는 것이나 왕의 인간적인 면모가 나타나는 것은 향가와 고려 가요에 공통된 점이다. 다만 현존 작품으로만 보자면 향가보다 고려 가요에서 인간으로서의 부정적인 면이 더욱 부각되었다고 하겠다.

한편 향가와 고려 가요에는 공히 태평성대에 대한 언급이 나온다. 그런데 〈안민가〉에서 '태평'은 '임금답게 신하답게 백성답게 / 한다면'이라는 단서가 붙은 지향적 세계이고 〈정석가〉의 '선왕성대'는 선왕들이 마련한 태평성대가 오늘 이 자리까지 이어졌다는 의미를 지니며 〈가시리〉의 '대평성대'는 연행 현장에서 송축되는 현재적 상황을 말한다. 작품에 따라 조금씩 다른 맥락에서 쓰였지만 왕이 해야 할 최대의 과업은 태평성대를 이룩하는 일이라는 것을 인식한 점은 공통된다.

이렇게 시어를 분석해 보면 향가와 고려 가요에 공통점도 있고 차이점도 있다. 왕의 신성성, 존엄성, 고귀성 등을 나타내는 시어가 사용된 점은 공통되지만 그에 상대되는 세속성, 향락 · 혼암성, 친근성 등과 견주는 정도에서 장르 간 차이를 보인다. 대체로 향가보다 고려 가요에서 세속성 등의 성격이 좀 더 두드러진다. 이를 고려하면서 향가에서 고려 가요로 전개된 서정시의 흐름을 정리해 보고자 한다. 작품 수가 적어서 성급한 일반화의 오류를 안고 있을 터이나, 그 한계 내에서나마 시가사의 흐름을 짚어 보려는 것이다.

첫째, 신성성과 세속성이 결합된 시어로써 왕을 지시한 점이 두 장르에 공통된다. 〈도솔가〉의 '미륵 좌주'는 미륵과 좌주, 〈쌍화점〉의 '우뭇 용'은 우물의 용으로써 왕을 상징하였다. 부처나 용과 같은 신성한 존재와 좌주와 우물 같은 세속적 지위나 장소가 결합하여 왕을 그려 낸 것이다. 이는 애초에 신성성을 지닌 왕이 세속을 지배하는 사실을 표현하였다고 할 수 있다. 그렇지만 전자는 불교의 신을, 후자는 용신을 가져옴으로써 서로 다른 성격의 신성성을 드러내었고, 전자의 좌주라는 국가 제도에 비해 후자는 백성의 생활공간인 우물에 연결하여 왕이 민간에 부당한 권위를 행사한 점을 나타낸 것이 서로 다르다. 신성성과 세속성을 결합하여 왕을 지시한 시어가 향가에서 고려 가요로 이행하면서 좀 더 세속성에 물든 왕의 모습을 드러내는 쪽으로 변모하였다.

둘째, 왕의 존엄성이 작품 문면이나 배후에서 작용함으로써 작품의 서정적 깊이를 심화하는 점이 공통된다. 〈도이장가〉의 시적 화자 예종은 위엄 어린 목소리를 내어 역사적 책무를 상기시켰다. 〈혜성가〉에서 발화의 최종 도달점인 진평왕은 위기 극복의 방안을 채택하는 최고 결정권자로서의 위엄을 지녔다. 〈정과정〉에서 호소의 대상으로 상정된 의종은 화자의 처지를 바꿀 힘을 지닌 존재이다. 세 작품에서 왕은 문면 또는 배후에서 위엄과 권위를 행사하는 존재이다. 이에 따라 작품의 분위기와 감흥이 더욱 장중하거나 비장해진다. 한편 〈원가〉의 효성왕은 신하와의 관계에서 도움을 청하기도 하고 배신하기도 하면서 자신의 권한을 상황에 따라 바꾸어 쓴다. 〈정과정〉에서 호소의 대상인 의종은 아무런 반응을 보이지 않는다. 이렇듯 왕의 존엄성은 시대와 장르를 넘어 지속되지만, 〈원가〉의 효성왕, 〈정과정〉의 의종처럼 그것이 손상된 면까지 그려졌다.

이와 함께 고려 가요에서는 왕의 존엄성과 배치되는 향락·혼암성이 드러나기도 한다. 두 장르에서 왕의 권위가 잘 발휘되어 왕의 시대가 태평성대이기를 바라는 의도가 드러난 점은 공통되지만, 고려 가요에서 태평성대를 이루었다고 칭송받는 이면에 향락에 빠져 있는 왕의 모습이 나타난다. 〈안민가〉에서 왕이 역할을 다한다면 나라가 태평성대를 누릴 수 있음을 천명하였다. 이에 비해 〈정석가〉, 〈가시리〉에서 왕을 송축하는 말로 쓰인 태평성대는 본사의 내용과 어긋난다. 태평성대라고 칭송하는 이면에 〈쌍화점〉같이 음란한 왕의 모습이 자리 잡고 있다. 이는 권위를 올바르게 행사하여 태평성대를 이루려고 노력하지 않고 향락만 일삼는 왕의 행태를 풍자하는 의미를 띤다.

셋째, 왕의 고귀함이 강조되는 것과 함께 신하와 백성에게 친근하기를 바라는 정서가 반영된 점이 공통된다. 대부분의 작품에서 왕을 숭앙하면서 그 고귀함을 칭송하지만 때로는 왕과 신하 및 백성 간의 친근한 관계가 이루어지기를 바라는 것도 있다. 〈원가〉에서 비록 배신하였지만 효성왕이 정치적 운명을 함께하자며 신하에게 다가가는 모습이 그려졌다. 〈안민가〉에 제시된 이상적인 군주상은 신하를 아내로, 백성을 자식으로 여기며 가족을 사랑하는 자애로운 아버지의 모습이다. 왕을 일상에서 만나는 아버지에 비유한 것이다. 〈유구곡〉에서는 왕이 신하에게 바른 말을 해 달라는 뜻을 내비쳤다. 이렇듯 왕이 고귀한 자리에서 내려와 신하와 백성에게 다가가는 것으로써 일상적, 인간적 면모를 그려 내었다. 그런 중에 〈정석가〉와 같이 애인이어야 할 상대가 왕으로 대체됨으로써 친근성의 의미가 바뀌는 결과가 나타나기도 하였다.

4. 결 론

이 장에서는 향가와 고려 가요에 나타난 왕의 존재 양상을 분석하여 그것이 작품에 끼친 영향, 그것과 관련된 서정성의 역사적 흐름을 살펴보았다. 왕의 존재를 시적 대상과 시적 화자로 나누고 전자는 다시 호소, 충언, 풍자의 대상으로 구분하였다. 또한 창작과 연행에서 시적 배경으로 작용하는 왕의 존재에 주목하였다. 이렇게 분류하여 분석한 왕의 존재가 작품의 서정성과 어떤 관련이 있고 또 향가에서 고려 가요로 그 서정성이 어떻게 흘러갔는지를 검토해 보았다.

시적 대상이 된 왕의 존재로 먼저 호소의 대상이 있다. 향가 〈원가〉에서는 효성왕이 직접 했던 말과 현재의 모습이 나온다. 권력 교체기에 여러 세력 간 다툼의 중심에 놓인 왕에 대하여 그에게서 버림받은 화자의 원망과 하소연을 토로하였다. 호소의 대상인 왕은 고려 가요 〈정과정〉에서도 나타난다. 이 작품의 발화 대상인 의종은 화자의 소외를 확인시키는 동시에 모함자들에게 둘러싸인 모습으로 그려진다. 무정함을 넘어 거짓에 미혹된 왕의 모습이다. 다음으로 왕이 충언의 대상으로 그려진 작품으로 〈안민가〉를 들 수 있다. 여기서는 백성을 자식처럼 사랑하는 이상적인 군주상이 제시되는데, 이는 경덕왕이 본받고자 한 왕의 모습이기도 하다. 그리고 풍자의 대상이 된 왕의 형상은 고려 가요 〈쌍화점〉에 나온다. 그 제3연에서 용으로 상징된 충렬왕은 백성을 겁탈하면서까지 음란한 짓을 자행하였다. 여기에 거부하면 할수록 빠져들어 가는 유혹자의 심상이 덧붙는다.

왕이 직접 작품을 지은 경우에는 시적 화자로서 존재를 드러낸다. 고려 중엽 예종이 지은 〈도이장가〉는 위엄 어린 목소리로 건국의 정신을 선양하여 종묘사직을 수호하는 데 책무를 다할 것을 명한다. 같은 작자가 지은 〈유구곡〉은 신하들을 향해 풍자의 목소리를 냈다.

시적 배경에 있으면서 작품에 존재감을 드리우는 왕도 있다. 향가 〈혜성가〉에서 진평왕은 재난을 극복하려는 불양 의식의 후원자이자 위기 사태에 대한 최종 판단자로서 작품 배후에서 존재감을 드러낸다. 〈도솔가〉에서 경덕왕은 국가와 백성을 위하는 곧은 마음을 갖고 있으며 부처로까지 추앙받는 존재로서 천체의 변괴를 극복하려는 굳은 의지가 강조되었다. 고려 가요에서 시적 배경으로 작용하는 왕은 주로 서사와 후렴구에 나타난다. 〈정석가〉에서 원래의 노랫말에는 애인이었던 님이 궁중 악에서 왕을 칭하게 됨으로써 왕의 심상이 애인과 겹친다. 〈동동〉과 〈가시리〉에서는 왕이 덕과 복의 화신 혹은 태평성대의 기상으로 송축된 서사와 이별의 정한을 주제로 한 본사가 이질적이어서 백성과 동떨어진 왕의 존재가 비치기도 한다. 무가 계통의 〈잡처용〉에 나온 조선의 태종은 무속 의례를 관람하는 데에 더하여 무속의 신으로 좌정한 존재라고 할 수 있다.

이러한 논의를 바탕으로 작품의 시어들을 분석하여 향가와 고려 가요의 공통점과 차이점을 살펴보고 향가에서 고려 가요로 서정성이 어떻게 전개되었는지를 추정하였다. 첫째, 신성성과 세속성이 결합된 시어로써 왕을 지시한 점이 공통된다. 그런데 향가에서 고려 가요로 이행하면서 세속성에 물든 왕의 모습이 더욱 드러난다. 둘째, 왕의 존엄성이 작용함으로써 작품의 서정적 깊이를 심화하는 면이 공통된다. 왕은 작품의 문면이나 배후에서 위엄과 권위를 행사하는데 이로써 작품의 분위기와 감흥이 장중하거나 비장해진다. 왕의 존엄성은 시대와 장르를 넘어 지속되는 한편 그것이 손상된 면도 나타난다. 고려 가요에서는 왕의 존엄성과 배치되는 향락·혼암성이 드러나기도 한다. 이는 향락만 일삼는 왕의 행태에 대한 풍자의 의미를 띤다. 셋째, 왕의 고귀함이 강조되면서도 신하와 백성에게 다가갈 것을 바라는 정서가 공통적으로 반영되었다. 대부분 왕의 고귀함을 칭송하지만 때로는 왕과 신하 및 백성 간의 친근한 관계를 바라기도 한다.

왕의 존재가 애정, 자연 등의 주제만큼 서정시의 흐름에 중요한 의의가 있다고 할 수는 없을지라도, 중세 사회에서 왕이 차지한 권한과 역할을 생각할 때 서정시의 여러 국면에 영향을 미쳤음은 분명하다. 여기에서는 현존 향가와 고려 가요에서 직접적, 간접적으로 왕의 존재감이 드리워져 있음을 확인하였다. 향가와 고려 가요만을 대상으로 하였으나 시조와 서정 가사로 논의를 확대할 만한데, 추후의 과제로 남겨 둔다.

나뭇잎과 범나비
— 〈제망매가〉와 〈사미인곡〉의 비교

1. 서 론

〈제망매가〉와 〈사미인곡〉은 각각 향가와 가사를 대표하는 작품이다. 향가는 신라 시대에 형성, 발전한 문학으로서 그 시대부터 오늘날까지 전개된 한국 서정시의 원형을 확립한 장르이다. 가사는 고려 말에 형성되어 조선 시대에 주로 향유된 문학으로, 서정, 서사, 교술적 성격을 두루 지닌 장르이다. 향가와 가사의 장르적 성격은 같지 않지만, 우리 시가사에 나타난 주요 역사적 장르로서 둘 사이의 관련 양상을 살펴봄으로써 시가사의 전개를 더 심층적으로 이해할 수 있을 것이다.

그런데 향가는 본격적인 서정시인 데 비해 가사는 서정뿐 아니라 서사, 교술 작품도 포함하는 복합장르이고, 가장 긴 것이 10행인 향가에 비해 가사는 수십 행에서 수백 행에 이르는 장편의 시가이기 때문에 두 장르를 동일 차원에서 비교하기 어려운 점이 있다. 그러나 가사 중에서 서정 가사가 중요한 한 층위를 이루고 있는바, 서정성이라는 공통점을 기반으로 하여 향가와 서정 가사를 비교한다면 의미 있는 논의가 가능하리라 본다.

〈제망매가〉는 월명이 누이의 죽음을 겪고 창작한 시로서, 죽음 앞에서 느끼는 슬픔의 정서와 삶과 죽음을 초월하려는 의지가 잘 드러난다. 〈사미인곡〉은 정철이 출척당하여 고향으로 내려와서 선조 임금을 향한 그리움의 정서를 여성 화자의 입을 빌려 토로하는 서정 가사이다.[1] 이 장에서는 향가와 가사의 대표작인 두 작품을 구조와 주제의 면에서 비교해 보고자 한다. 이는 두 작품의 비교이자 두 장르의 비교이기도 한데, 서정시의 사적인 흐름 속에서 유사한 주제와 정서가 각 시대의 문학 장르에서 어떻게 서로 다른 양상으로 형상화되었는지를 살피려는 것이다.

1) 〈사미인곡〉의 서정성에 대해서는 김병국, 『한국 고전문학의 비평적 이해』, 서울대학교출판부, 1995, 167-168면 참조. 이 작품에 대한 근래의 연구 성과로 다음의 논저를 참고하였다. 조세형, 『송강가사의 대화전개방식 연구』, 석사 논문, 서울대학교, 1990 ; 김진영, 「사미인곡의 작품세계」, 『한국고전시가작품론』 2, 집문당, 1992 ; 정인숙, 『조선후기 연군가사의 전개양상 연구』, 석사 논문, 서울대학교, 1994 ; 윤미연, 『정철 시가의 시적 화자 연구』, 석사 논문, 서울여자대학교, 1996 ; 조세형, 『가사 장르의 담론 특성 연구』, 박사 논문, 서울대학교, 1998 ; 성무경, 『가사의 시학과 장르 실현』, 보고사, 2000 ; 권정은, 『여성화자 가사에 나타난 여성상 연구』, 석사 논문, 서울대학교, 2000 ; 고정희, 『윤선도와 정철 시가의 문체시학적 연구』, 박사 논문, 서울대학교, 2001 ; 정인숙, 『가사에 나타난 시적 화자의 목소리 연구—연군가사와 애정가사를 중심으로』, 박사 논문, 서울대학교, 2001 ; 고정희, 『고전시가와 문체의 시학—윤선도와 정철의 경우』, 월인, 2004.

2. 작품의 구조

〈제망매가〉와 〈사미인곡〉은 3단 구성이라는 점에서 공통된다. 10행 향가는 기본적으로 제1~4행, 제5~8행, 제9 · 10행의 3구(句)로 이루어진 향가의 한 하위 갈래이다. 그러므로 10행 향가에 속하는 〈제망매가〉가 3구 혹은 3단 구성을 이루는 것은 당연한 현상이다. 그런데 3구 구성이 단순히 작품의 의미를 세 단락으로 구분하는 정도에 머물지 않고 10행 향가들 사이에 서로 변별적으로 구조화된 것이라는 점이 주목된다. 현존 작품만 놓고 분석해 보면, 10행 향가의 3구 구성은 ① 연쇄형, ② 병렬형, ③ 내포형의 세 유형으로 구분된다.[2] 그 가운데 〈제망매가〉는 내포형에 속하는데 그 유형의 작품 중에서도 고도로 발전된 형식을 보여 준다.

1. 生死 길은	생사의 길은
2. 이ᄋᆡ 이샤ᄆᆡ ᄌᆞ글이고,	이에 있으매 애끓이거늘,
3. '나ᄋᆞᆫ 가ᄂᆞ다' 맗	'나는 간다.'는 말을
4. 아모다 니ᄅᆞ고 가ᄂᆞ닛고?	어떻다/아무렇다 이르고 갑니까?
5. 어ᄂᆞ ᄀᆞ슬 이른 ᄇᆞᄅᆞᄆᆡ	어느 가을 이른 바람에
6. 이ᄋᆡ 뎌ᄋᆡ 뻐딜 닙ᄀᆞᆮ,	여기 저기 떨어질 잎같이,
7. ᄒᆞᄃᆞᆫ 가자 나고	한 가지에 나고
8. 가논 곧 모다온뎌!	가는 곳은 모든 곳(사방팔방)이구나!

2) 신재홍, 『향가의 미학』, 집문당, 2006, 150-155면.

9. 아야, 彌陁剎아 맛보올 나	아아, 미타찰에서 만날 나
10. 道 닷가 기드리고다.	도 닦으며 기다리겠노라.[3]

내포형은 제1구(제1~4행)의 주제어 혹은 주제문의 내용이 제2구(제5~8행)에서 전개되는 유형의 10행 향가를 말한다. 앞에서 제1구의 주제문은 제4행 '아모다 니르고 가ᄂᆞ닛고?'인데, 이 문장에 담긴 의문과 탄식에서 촉발된 사유의 결과가 제2구의 나뭇잎의 비유로 형상화되었다. '아모다'는 제6행의 '이ᄋᆡ 뎌ᄋᆡ'와 제8행의 '모다온뎌!'로 확장되고, '가ᄂᆞ닛고?'라는 의문에 제8행의 '가논 곧 모다온뎌!'라는 해답이 제시된다.

누이의 임종을 지키면서 화자는, '[그대가] '나는 간다.'는 말을 / 어떻게(혹은 아무렇게) 이르고 갑니까?'라며 절규한다. 죽음은 그렇게 무지막지하게 다가온 것이라서 화자로서는 의문과 탄식이 뒤섞인 절규만 내뱉을 뿐이다. 이것이 제1구 마지막 행인 4행에 토로된 화자의 심정이다.

제2구로 넘어가면서 화자는 그와 같은 의문과 탄식의 근원에 대해 성찰한다. 그 결과 죽음은 무지막지한 것이라서 '어느 가을 이른 바람에 / 여기 저기 떨어질 잎같이' 흩어지는 것임을 뚜렷한 심상으로 제시한다. 제4행 '어떻게(혹은 아무렇게)'의 구체적인 심상인 것이다. 그러나 '간다'는 것, 곧 죽음이라는 갑작스럽고 무지막지한 현상의 바탕에 있는 어떤 원리와 질서에 대한 인식이 제7, 8행 '한 가지에 나고 /

3) 신재홍, 『향가의 해석』, 집문당, 2000, 222면.

가는 곳은 모든 곳(사방팔방)이구나!'에서 드러난다. 나뭇가지의 한 점에서 둘로 뻗어 나온 너와 나라는 형상은 곧 이승에서 맺은 인연을 인식한 데서 나왔다. 그리고 가는 곳이 사방팔방이라는 것은 죽음의 길이 윤회전생의 끝없는 항로임을 말하였다. 이렇듯 제4행에서 토로한 의문과 탄식에 대한 해답을 인연과 윤회라는 불교의 교리에서 얻었다. 요컨대 제2구는 제4행에 나온 '아무'와 '가다'의 구체적인 인식 내용을 나뭇잎의 심상을 통해 펼쳐 보인 것이다.

이렇게 전개되는 제2구의 앞뒤에 놓인 제1구와 제3구는 내포형이 갖는 변증법적 구조의 처음과 끝을 이루고 있다. 제1구는 죽어 가는 누이의 모습을 보며 '애끓이는' 심정이 주가 되고, 제3구는 제2구에서 나뭇잎의 비유로 표현된 인식을 바탕으로 하여 '미타찰'에서의 '만남'을 통해 인연과 윤회의 사슬을 끊고 극락왕생하려는 의지를 드러낸다. 이렇게 볼 때 〈제망매가〉는 제1구의 정(情), 제2구의 지(知), 제3구의 의(意)가 변증법적으로 전개되어 인간의 근원적인 존재 의의를 제시하는 3구 구성의 서정시이다.

1. 이 몸 삼기실 제 님을 조차 삼기시니
2. ᄒᆞᆫᄉᆡᇰ 연분이며 하ᄂᆞᆯ 모ᄅᆞᆯ 일이런가
3. 나 ᄒᆞ나 졈어 잇고 님 ᄒᆞ나 날 괴시니
4. 이 ᄆᆞ음 이 ᄉᆞ랑 견졸 ᄃᆡ 노여 업다
5. 평ᄉᆡᇰ애 원ᄒᆞ요ᄃᆡ ᄒᆞᆫᄃᆡ 녜쟈 히얏더니
6. 늙거야 므삼 일로 외오 두고 글이ᄂᆞᆫ고
7. 엇그제 님을 뫼셔 광한뎐의 올낫더니

8. 그 더ᄃᆡ 엇디ᄒᆞ야 하계예 ᄂᆞ려오니

9. 올 적의 비슨 머리 얼킈언 디 삼년이라

10. 연지분 잇ᄂᆡ마ᄂᆞᆫ 눌 위ᄒᆞ야 고이ᄒᆞᆯ고

11. ᄆᆞ음의 ᄆᆡ친 실음 텹텹이 빠혀 이셔

12. 짓ᄂᆞ니 한숨이오 디ᄂᆞ니 눈믈이라

13. 인ᄉᆡᆼ은 유ᄒᆞᆫᄒᆞᆫᄃᆡ 시ᄅᆞᆷ도 그지업다

14. 무심ᄒᆞᆫ 셰월은 믈 흐ᄅᆞ듯 ᄒᆞᄂᆞᆫ고야

15. 염냥이 쌔ᄅᆞᆯ 아라 가ᄂᆞᆫ듯 고텨 오니

16. 듯거니 보거니 늣길 일도 하도할샤

17. 동풍이 건듯 부러 젹셜을 헤텨 내니

18. 창 밧긔 심근 ᄆᆡ화 두세 가지 픠여셰라

19. ᄀᆞᆺ득 ᄂᆡᆼ담ᄒᆞᆫᄃᆡ 암향은 므ᄉᆞ 일고

20. 황혼의 ᄃᆞᆯ이 조차 벼 마ᄐᆡ 빗최니

21. 늣기ᄂᆞᆫ ᄃᆞᆺ 반기ᄂᆞᆫ ᄃᆞᆺ 님이신가 아니신가

22. 뎌 ᄆᆡ화 것거 내여 님 겨신 ᄃᆡ 보내오져

23. 님이 너ᄅᆞᆯ 보고 엇더타 너기실고

24. ᄭᅩᆺ 디고 새 닙 나니 녹음이 ᄭᆞᆯ렷ᄂᆞᆫᄃᆡ

25. 나위 젹막ᄒᆞ고 슈막이 뷔여 잇다

26. 부용을 거더 노코 공쟉을 둘러 두니

27. ᄀᆞᆺ득 시ᄅᆞᆷ 한ᄃᆡ 날은 엇디 기돗던고

28. 원앙금 버혀 노코 오ᄉᆡᆨ션 플텨 내여

29. 금자ᄒᆡ 견화 이셔 님의 옷 지어 내니

30. 슈품은ᄏᆞ니와 졔도도 ᄀᆞᄌᆞᆯ시고

31. 산호슈 지게 우ᄒᆡ ᄇᆡᆨ옥함의 다마 두고

32. 님의게 보내오려 님 겨신 ᄃᆡ ᄇᆞ라보니

33. 산인가 구롬인가 머흐도 머흘시고

34. 쳔리 만리 길흘 뉘라셔 ᄎᆞ자갈고

35. 니거든 여러 두고 날인가 반기실가

36. ᄒᆞᄅᆞ밤 서리 김의 기러기 우러 녤 제

37. 위루에 혼자 올나 슈졍념 거든말이

38. 동산의 ᄃᆞᆯ이 나고 븍극의 별이 뵈니

39. 님이신가 반기니 눈믈이 절로 난다

40. 청광을 퀴여 내여 봉황누의 븟티고져

41. 누 우ᄒᆡ 거러 두고 팔황의 다 비최여

42. 심산궁곡 졈낫ᄀᆞ티 ᄆᆡᆼ그쇼셔

43. 건곤이 폐ᄉᆡᆨᄒᆞ야 ᄇᆡᆨ셜이 ᄒᆞᆫ 빗친 제

44. 사ᄅᆞᆷ은ᄏᆞ니와 ᄂᆞᆯ새도 긋쳐 잇다

45. 쇼샹 남반도 치오미 이러커든

46. 옥누 고쳐야 더옥 닐너 므ᄉᆞᆷ ᄒᆞ리

47. 양춘을 부처 내여 님 겨신 ᄃᆡ 쏘이고져

48. 모쳠 비쵠 ᄒᆡᄅᆞᆯ 옥누의 올리고져

49. 홍샹을 니믜ᄎᆞ고 취슈ᄅᆞᆯ 반만 거더

50. 일모 슈듁의 혬가림도 하도할샤

51. 댜른 ᄒᆡ 수이 디여 긴 밤을 고초 안자

52. 청등 거른 겻ᄐᆡ 뎐공후 노하 두고

53. ᄭᅮᆷ의나 님을 보려 ᄐᆡᆨ 밧고 비겨시니

54. 앙금도 ᄎᆞ도ᄎᆞᆯ샤 이 밤은 언제 샐고

55. ᄒᆞᄅᆞ도 열두 ᄣᅢ ᄒᆞᆫ ᄃᆞᆯ도 셜흔 날

56. 져근덧 ᄉᆡᇰ각 마라 이 시ᄅᆞᆷ 닛쟈 ᄒᆞ니

57. ᄆᆞᄋᆞᆷ의 ᄆᆡ쳐 이셔 골슈의 ᄢᅦ텨시니

58. 편쟉이 열히 오나 이 병을 엇디ᄒᆞ리

59. 어와 내 병이야 이 님의 타시로다

60. ᄎᆞᆯ하리 싀어디여 범나븨 되오리라

61. 곳나모 가지마다 간 ᄃᆡ 죡죡 안니다가

62. 향 므든 ᄂᆞᆯ애로 님의 오ᄉᆡ 올므리라

63. 님이야 날인 줄 모ᄅᆞ셔도 내 님 조ᄎᆞ려 ᄒᆞ노라[4]

〈사미인곡〉은 63행의 장편이지만 의미 구조의 면에서는 〈제망매가〉와 같이 3단 구성으로 되어 있다. 제1~16행이 서사(序詞), 제17~54행이 본사(本詞), 제55~63행이 결사(結詞)이다. 그리고 본사는 다시 봄 · 여름 · 가을 · 겨울의 사계절에 따른 정서의 내용이 각각 한 단락을 이룬다.

〈사미인곡〉은 〈제망매가〉의 3구 구성에 따른 시상 전개 방식과 구

4) 『국역 송강집』 하(송강유적보존회, 1988) 수록 성주본 〈ᄉᆞ미인곡〉.

조적 친연성과 함께 차별성도 지닌다. 친연성은 서사 몇 행의 내용이 본사에서 확장, 전개되는 점에서 드러난다. 곧 제15, 16행 '염냥이 ᄢᅢ를 아라 가ᄂᆞᆫ ᄃᆞᆺ 고텨 오니 / 듯거니 보거니 늣길 일도 하도할샤'에서 '염량(炎凉)의 가고 옴'과 그에 따른 '많기도 한 느낌'이 서사의 마지막 두 행으로 제시된 다음, 본사에서 계절의 흐름에 따른 그 정서의 구체적인 내용이 그려지는 것이다. 이는 〈제망매가〉에서 제1구의 주제문이 제2구에서 전개되는 구성의 치밀함에 비해 다소 느슨하게 연결된 것이긴 하지만, '선 주제 제시—후 내용 확장'이라는 구조적 발상은 유사하다.

제15, 16행은 제13, 14행 '인ᄉᆡᆼ은 유ᄒᆞᆫ ᄒᆞᆫᄃᆡ 시름도 그지업다 / 무심ᄒᆞᆫ 셰월은 믈 흐ᄅᆞᄃᆞᆺ ᄒᆞᄂᆞᆫ고야'에 이어지는데, 3단 구성상 이 네 행은 서사에서 본사로 넘어가는 매개 역할을 한다. 서사는 님과 이별한 현재의 상황에서 시름에 겨워하는 화자의 모습을 그리고 있는데, 그 시름이 시간의 흐름에 따라 지속되는 양상으로 전개되는 데 제13~16행이 매개가 되는 것이다. 그런데 본사에서 결사로 넘어가는 데에서도 이 같은 역할을 하는 행들이 배치되어 있다. 제55~58행 'ᄒᆞᄅᆞ도 열두 ᄢᅢ ᄒᆞᆫ ᄃᆞᆯ도 셜흔 날 / 져근덧 ᄉᆡᆼ각 마라 이 시름 닛쟈 ᄒᆞ니 / ᄆᆞᄋᆞᆷ의 ᄆᆡ쳐 이셔 골슈의 ᄢᅦ텨시니 / 편쟉이 열히 오나 이 병을 엇디ᄒᆞ리'가 그것인바, 본사에서 계절의 변화에 따른 그리움의 정서를 그린 다음, 시간 속의 시름이 골수에 사무친 병이 되었음을 탄식하는 이 네 행을 거쳐 결사의 핵심 제재인 범나비의 환신으로 이어진다.

이렇게 서사—본사, 본사—결사를 매개하는 행들이 배치된 것은 〈제망매가〉와 구분되는 〈사미인곡〉의 특징이다. 〈제망매가〉는 '어

ᄂᆞ ᄀᆞᄉᆞᆯ'로 시작하는 제5행으로써 제1구에서 제2구로 넘어가고, '아야'라는 감탄사로써 제3구로 나아간다. 갑작스럽다는 느낌을 줄 정도로 제2구, 제3구로의 전환과 비약이 뚜렷하면서도 의미의 내적 연관은 긴밀하고 심층적이어서 3구 구성의 묘미를 깊이 느끼게 한다. 그런데 〈사미인곡〉은 매개 행들을 배치하여 〈제망매가〉에 비해 다소 서술적으로 그려진 상황들을 연결한다. 이는 송강 가사가 환유적 문체를 위주로 한다는 점[5)]과 관련된 현상으로 보인다. 서사에서 본사의 상황으로 넘어가고, 본사에서 결사의 상황으로 넘어가는 것이 상황과 상황 간의 인접성에 따른 전개로 여겨지기 때문이다.

여기서 감탄사의 존재를 주목할 필요가 있다. 제59행 '어와 내 병이야 이 님의 타시로다'의 '어와'는 〈제망매가〉 제9행 첫머리의 '아야'에 대응하는 감탄사이다. 〈제망매가〉는 제2구에서 제3구로 나아가면서 '아야'라는 감탄사로써 시상의 전환 혹은 비약을 이루는 데 비해, 〈사미인곡〉은 본사에서 결사로 넘어가는 데 매개 역할을 하는 제55~58행 다음에 '어와'가 나옴으로써 〈제망매가〉와 같은 전환이나 비약이 이루어지지 않는다. 오히려 제55~58행의 매개를 통해 시상이 단계적, 논리적으로 전환하였고, 그러한 전환의 확인으로서 감탄사가 발화된 것으로 이해된다. 이에 감탄사를 통한 제2구에서 제3구로의 비약이 극적인 느낌을 주는 〈제망매가〉에 비해, 〈사미인곡〉은 본사에서 결사로의 전환이 단계적, 논리적으로 이루어지면서 감탄사가 시상을 비약하기보다는 심화한다고 할 수 있다.

---

5) 고정희(2004), 앞의 책, 154-181면.

구성 면에서 〈사미인곡〉이 〈제망매가〉와 다른 점은 본사에서 두드러진다. 〈제망매가〉의 제2구는 '같이'의 앞뒤에 보조관념과 원관념을 배치하여 나뭇잎의 비유를 제시함으로써[6] 화자의 인식을 드러낸 데 비해, 〈사미인곡〉의 본사는 사계절의 흐름에 따른 정서의 내용을 4단락으로 구성함으로써 화자의 감정과 태도를 표현하였다. 간명한 비유로 이루어진 〈제망매가〉 제2구에 비해, 〈사미인곡〉의 본사는 정서의 구체적인 내용들로 짜였다.

그런데 사계절의 각 단락은 서로 구조적 동질성을 띤다. 춘사를 분석하여 그 양상을 드러낸 다음, 다른 계절에도 적용해 보겠다.

17. 동풍이 건듯 부러 젹셜을 헤텨 내니
18. 창 밧긔 심근 ᄆᆡ화 두세 가지 픠여셰라
19. ᄀᆞᆺ득 ᄂᆡᆼ담ᄒᆞᆫᄃᆡ 암향은 므ᄉᆞ 일고
20. 황혼의 ᄃᆞᆯ이 조차 벼 마ᄐᆡ 빗최니
21. 늣기ᄂᆞᆫ ᄃᆞᆺ 반기ᄂᆞᆫ ᄃᆞᆺ 님이신가 아니신가
22. 뎌 ᄆᆡ화 것거 내여 님 겨신 ᄃᆡ 보내오져
23. 님이 너ᄅᆞᆯ 보고 엇더타 너기실고

먼저 제17, 18행에서 시간의 흐름에 따른 자연의 변화를 그려 내었고, 제19행에서 'ᄀᆞᆺ득'이라는 말로써 변화하는 자연에 화자의 심정을

6) 정확히 말하자면, '같이' 뒤에 보조관념이 한 번 더 나오는데('가지'), 이는 〈제망매가〉가 고도의 수사법에 의해 지어졌음을 보여 준다.

더하였다. 이어 제20, 21행에서 자연물인 달을 님과 등치하여 그리움의 대상이 님이라는 사실을 드러내었다. 제22행에서 절개의 상징인 매화, 즉 관념이 개재된 자연물을 님에게 보내고 싶다는 소망을 표하고 나서, 제23행에서 화자가 보낸 자연물에 대해 님의 반응이 어떨지 의구심을 나타내었다. 이렇듯 춘사는 '자연의 변화—[그에 대한] 정서와 태도—님 생각—소망—의구심'으로 연결되는 시상의 전개를 보여준다.[7] 이러한 시상 전개는 다른 계절에서도 유사하게 나타난다.

[표] 〈사미인곡〉 본사의 단락별 의미 구조

	봄	여름	가을	겨울
자연의 변화	제17 · 18행	제24행	제36행	제43 · 44행
정서 · 태도	제19 · 20행	(가) 제25~30행	제37~39행	제45 · 46행
님 생각	제21행	제29행	제40행	제46행
소망	제22행	제31 · 32행	(나) 제41 · 42행	제47 · 48행
의구심	제23행	제33~35행	·	(다) 제49~54행

춘사에서 분석한 시상 전개의 구조는 동사까지 반복되는 한편 조금씩 변화하는 양상을 보인다. 하사에서는 (가) 부분이 확대되어 님에 대한 화자의 정서와 태도를 그리는 데 치중하였다. 추사에서는 아예 의구심이 드러나 있지 않은 대신, (나)의 소망 부분이 이념적 성격을 띠고 제시되었다. 동사에서는 (다) 부분이 확대되어 의구심은 곧 근심 걱정으로 변해 시름에 싸여 기다리는 화자의 모습이 부각된다. 이러

7) 조세형(1990), 앞의 논문, 43-47면에서 본사의 각 단락이 '서술자의 목소리에 가까운 형태—작중 인물의 목소리가 스며든 형태—작중 인물의 직접적 발화에 가까운 형태'로 이루어진 유형성을 띠는 것으로 분석한 바 있다. 여기에서는 이를 주제적인 측면에서 다시 검토하였다.

한 변화는 사계절에 따른 그리움의 정서가 기승전결의 방식에 따라 그려졌음을 보여 준다. 이에 〈사미인곡〉의 본사는 시상 전개의 기본 구조를 유지, 반복하는 한편, 기승전결에 따라 사계절의 의미의 초점을 이동하면서 그리움의 주제를 그려냈다고 하겠다.

이렇듯 〈사미인곡〉이 3단 구성 안에 기승전결의 전개 방식을 내포한 것은 〈제망매가〉와 다른 점이다. 그런데 본사가 기승전결 각 단계의 변화를 꾀하였음에도 불구하고 봄에서 여름, 여름에서 가을, 가을에서 겨울, 겨울에서 다시 봄으로의 순환과 그에 따른 정서의 동질성은 유지된다. 더욱이 제1, 2행의 천생연분의 만남을 제62, 63행에서 다시 갈구한다는 점에서도 의미의 순환을 찾아볼 수 있다. 결국 〈사미인곡〉은 순환 구조로 이루어진 작품이다. 이에 비해 〈제망매가〉는 정(情)에서 지(知)로, 지에서 의(意)로 의미가 나아가는 발전 구조이다. 순환 구조와 발전 구조라는 두 작품의 구조적인 차이는 그리움과 죽음이라는 주제의 차이와 연관된 것으로 보인다.

3. 죽음의 심상과 의식

〈제망매가〉는 그 첫머리에 나온 '삶과 죽음의 길'이라는 구절 자체가 주제인 작품으로서, 누이의 죽음 앞에서 느끼고 사색하고 소망한 화자의 심정이 표백되어 있다. 〈사미인곡〉은 님과 이별한 화자가 자신이 처한 상황에서 님에 대한 그리움을 구구절절이 표현한 작품이다. 두 작품은 화자가 놓인 사별과 이별의 상황이 비슷하다는 점에서 비교가 가능하다.

그러나 〈사미인곡〉은 그리움이라는 현실적 주제의 비중이 매우 커서 죽음을 주제로 한 〈제망매가〉와 동등한 차원에서 비교하기가 어렵다. 하지만 〈사미인곡〉에 그려진 님에 대한 그리움과 그로 인해 몸부림치는 모습의 밑바탕에는 죽음 의식이 놓였다고 볼 수 있다. 님과의 이별은 곧 삶의 단절이자 무의미라는 점을 작품 곳곳에서 암시하다가, 결사의 제59, 60행 '어와 내 병이야 이 님의 타시로다 / 출하리 싀어디여 범나븨 되오리라'에서 극적으로 드러낸다. 이 부분이 〈사미인곡〉의 핵심적인 의미를 담고 있다고 생각되는바, 여기에 죽음 의식이 짙게 배어 있음을 무시할 수 없다.

이렇게 볼 때, 〈제망매가〉와 〈사미인곡〉은 죽음이라는 주제에서 서로 만난다. 향가와 가사라는 장르적 차이나, 화랑도와 유학자라는 작가의 사상적 차이나, 8세기 신라와 16세기 조선이라는 시대적 차이를 넘어서서 두 작품이 지닌 주제와 정서의 보편성을 죽음 의식에서 찾을 수 있다.

시에서 의식은 심상을 통해 그려진다. 죽음 의식 역시 심상을 통해 형상화된다. 〈제망매가〉에서 죽음은 가을바람에 흩어져 떨어지는 '나뭇잎'의 심상으로 나타난다.

5. 어ᄂᆞ ᄀᆞᅀᆞᆯ 이른 ᄇᆞᄅᆞᄆᆡ	어느 가을 이른 바람에
6. 이ᄋᆡ 뎌ᄋᆡ ᄠᅥ딜 닙ᄀᆞᆫ,	여기저기 떨어질 잎같이,
7. ᄒᆞᄃᆞᆫ 가자 나고	한 가지에 나고
8. 가논 곧 모다온뎌!	가는 곳은 모든 곳이구나!

죽음의 심상은 나뭇잎이 떨어지는 것으로 그려졌다. 이는 가을이 되면 나뭇잎이 떨어진다는 만고의 자연 법칙을 그대로 표현한 것이다. 여기에 시인의 의식이 더해진 부분은 그 가을바람이 '어느' 가을 '이른' 바람이라는 것과 나뭇잎이 '여기 저기'에 떨어진다는 것이다.

'어느'는 부정칭 대명사이다. 정해진 때가 아닌, 그 어느 때에 죽음이 이르는 것이다. 그리고 '이른'은 그때가 가을이든 언제든 간에 죽음이 다가온 순간은 늘 이른 것이라는 뜻을 함축한다. 나뭇잎은 '여기 저기'에 떨어진다. 이 말 역시 부정칭의 의미를 지녔다. 여기저기, 이곳저곳, 그 어딘가에 떨어지는 나뭇잎인 것이다. 나무에서 떨어져 나간 나뭇잎은 어딘가로 날려 가게 된다. 이것이 윤회전생의 이치이지만, 이승의 우리로서는 나뭇잎이 날려 가는 그곳이 어디인지 알 수 없다.

이렇듯 죽음의 심상은 원인과 결과의 맥락에서 형상화되었다. 가을바람이 원인이 되어 나뭇잎은 떨어지고, 그 나뭇잎은 여기저기로 날려 간다. 죽음은 나무에서 그 어디로의 이동인 것이다. 화자는 죽음을 그리면서 어디로 갔는지 모르는[8] 이동, 맹목적이고 무질서한 운동의 측면에 초점을 두었다.

그런데 제8행 '가논 곧'의 '가논'은 제3행 '나ᄂᆞᆫ 가ᄂᆞ다'와 제4행 '아모다 니ᄅᆞ고 가ᄂᆞ닛고?'에 나온 두 번의 '가다'를 거쳐서 나온 죽음 의식의 귀결점이다. '가다'는 말 자체가 죽음을 표현한 것인바, 제3행에

8) 김열규, 『메멘토 모리, 죽음을 기억하라』, 궁리, 2001, 230면에서 '필경은 무의 심연에 깊이 잠겨 버린 것이기에 어디로 갔는지 모른다고 본 것'이라고 하였다.

서는 죽어가는 누이의 유언이, 제4행에서는 떠나보낼 수 없는 화자의 탄식이 서로 엇갈려 발화되었다. 이렇게 삶과 죽음이 엇갈리는 경험 다음에 얻은 깨달음이 제8행 '가논 곧 모다온뎌!', 곧 '가는 곳은 모든 곳(사방팔방)이구나!'라는 말이다. '가다'의 이 같은 변증법적 전개를 통해 죽음에 대한 사유를 윤회전생의 관념으로 귀결한 것이다. 그리하여 가을바람에 여기저기 떨어지는 나뭇잎은 삶과 죽음이 번갈아 가면서 윤회전생의 사슬에 얽매인 인간의 운명을 그려 낸 것으로 이해된다.

〈사미인곡〉에서 죽음은 꽃나무 가지를 전전하며 날아다니는 '범나비'의 심상으로 그려진다.

59. 어와 내 병이야 이 님의 타시로다
60. 출하리 싀어디여 범나븨 되오리라
61. 곳나모 가지마다 간 ᄃᆡ 죡죡 안니다가
62. 향 므든 ᄂᆞᆯ애로 님의 오ᄉᆡ 올므리라
63. 님이야 날인 줄 모ᄅᆞ셔도 내 님 조ᄎᆞ려 ᄒᆞ노라

작품의 마지막 부분에 나온 이 같은 탄식과 소망은 이전까지의 시상의 흐름을 매듭지으며 화자의 의식을 극명하게 드러낸다. 서사에서 이별한 상황을 제시하고, 본사에서 사계절의 순환에 따른 그리움의 정서를 그린 다음, 결사에 이르러 이별의 상황에서 벗어나려는 의지를 보여 주었다. 본사에 그려진 그리움은 서사 제11, 12행 'ᄆᆞ음의 ᄆᆡ친 실음 텹텹이 싸혀 이셔 / 짓ᄂᆞ니 한숨이오 디ᄂᆞ니 눈믈이라'에 이

미 압축되어 있었다. '첩첩한 시름에서 나온 한숨과 눈물'이 화자의 정서를 요약하는 말이다. 이 첩첩한 시름이 사계절의 흐름 속에서 반복, 변주되어 표현된 것이다. 본사에서 'ᄀᆞᆺ득 ᄂᆡᆼ담ᄒᆞᆫᄃᆡ 암향은 므ᄉᆞ 일고', 'ᄀᆞᆺ득 시ᄅᆞᆷ 한ᄃᆡ 날은 엇디 기돗던고', '슈품은ᄏᆞ니와 제도도 ᄀᆞᄌᆞᆯ시고', '사ᄅᆞᆷ은ᄏᆞ니와 ᄂᆞᆯ새도 긋쳐 잇다', '더옥 닐러 므ᄉᆞᆷ ᄒᆞ리', '님이신가 아니신가', '산인가 구롬인가', '늣기ᄂᆞᆫ ᄃᆞᆺ 반기ᄂᆞᆫ ᄃᆞᆺ', '머흐도 머흘시고' 등 중첩적 의미의 표현이 많은 것도 첩첩한 시름의 형상화에 따른 결과이다.

이제 결사에 이르러 원인을 찾아 상황을 타개해 보려는 화자의 의지가 드러나는데, 그것의 도입 부분이 제55~58행의 매개 행들이다. 제55행 'ᄒᆞᄅᆞ도 열두 ᄣᅢ ᄒᆞᆫ ᄃᆞᆯ도 셜흔 날'은 시간의 흐름을 매듭짓는 의미가 있으며, 제56행 '져근덧 ᄉᆡᆼ각 마라 이 시ᄅᆞᆷ 닛쟈 ᄒᆞ니'는 시름에서 벗어나려는 노력의 표현이다. 그러나 제57행 'ᄆᆞ음의 ᄆᆡ쳐 이셔 골슈의 ᄢᅦ텨시니'에서 시름이 골수에 사무친 병이 되었음을, 제58행 '편쟉이 열히 오나 이 병을 엇디ᄒᆞ리'에서 그 병은 이미 불치병이 되어 버렸음을 토로하였다.

이렇게 결사의 도입부에서 시간의 매듭에 따라 맺힌 시름이 골수에 사무친 불치병이 되었다고 말한 다음, 제59행 첫머리에서 감탄사와 함께 '내 병'은 '님의 탓'이라고 단정 짓는다. 앞서 님 때문에 시름겨웠음을 이러저러하게 드러냈으나, 이제 그 님을 전면에 불러낸 것이다. 이 속에는 자신에게 불치병을 안겨 준 님만이 자신의 병을 고칠 수 있다는 역설적인 의미도 담겨 있다.

이러한 역설적 상황을 타개하기 위해 화자는 죽음을 선택한다. 제

60행 '출하리 싀어디어 범나븨 되오리라'는 역설적 상황에 또다시 역설적 의미를 보탠다. 살아서 못 만나는 님을 죽어서 만나겠다는 것은 역설이다. 살아 있는 님을 죽어서는 만날 수 없는 데도 죽어서라야 님을 만날 수 있다고 하기 때문이다. 이러한 이중 역설은 죽음의 의미를 삶에 대한 극단적인 희구라는 뜻으로 만들어 놓는다. 정말 죽고 싶어 죽음을 택한 것이 아니라, 시름없이 살기 위해 죽음을 택한 것이다. 그러기에 화자가 죽어서 된 '범나비'는 살아 움직이면서 님을 향해 날아가는 모습으로 그려진다.

님에게로 날아가는 범나비는 가는 길에 꽃나무 가지마다 앉아 날개에 향을 묻힌다. 그 향기는 본사의 춘사에 나온 '암향'을 포함하고, 또 하사 첫머리 '솟 디고'에 나온 '꽃', 즉 향기를 품었으나 작품의 문면에는 지는 꽃으로만 나온 그 꽃들의 향기이다. 범나비가 님에게 가서 드릴 수 있는 마음의 정표인 것이다.

마지막 행인 제63행 '님이야 날인 줄 모ᄅᆞ셔도 내 님 조ᄎᆞ려 ᄒᆞ노라'는 화자의 그러한 노력이 모순된 상황에 놓일 수 있음을 예견한다. 살아 있는 님을 죽어서 범나비가 되어 만나겠다는 것이 역설이듯이, 님이 범나비를 보고 화자라고 알지 못하는 것은 모순이다. 화자의 의도와 님의 인식이 어긋나 있기 때문이다. 그러므로 범나비와 님의 만남은 역설이자 모순이다. 결국 〈사미인곡〉은 죽음 의식이 역설과 모순 속에 드러나는 양상을 보여 준다.

〈제망매가〉의 '나뭇잎'과 〈사미인곡〉의 '범나비'는 죽음의 심상이라는 점에서 상통하나 심상이 지닌 특성 면에서 비교된다.

나뭇잎과 범나비는 공히 바람에 가볍게 날리는 속성을 갖고 있다.

[표] '나뭇잎'과 '범나비'의 심상 비교

	나뭇잎	범나비
공통점	가볍게 날림	
	윤회전생의 관념	
차이점	식물성 · 수동성	동물성 · 능동성
	수직성 · 맹목성	수평성 · 목적성
	중간 단계 · 일정 시간	최종 단계 · 시간의 끝

이는 현세의 무거운 질곡에서 벗어나는 것이 죽음임을 암시한다. 두 사물의 배경에 바람이 작용하고 있는데, 이는 삶과 죽음의 원인을 심상화한 것으로 볼 수 있다. 삶의 원인이자 죽음의 원인이 바람 같은 어떤 것이라는 뜻을 함축하였다.

또한 두 심상의 바탕에는 죽음에 대한 전통적인 의식이 깔려 있다. 가볍게 저승으로 떠나는 것에는 내세에 대한 소망이 개재하였고, 나뭇잎이 여기저기 떨어지는 것과 죽어서 범나비가 되겠다는 것은 불교적인 윤회설과 관련된다. 윤회전생의 관념은 두 심상의 기본적인 의미망을 형성한다.

한편 나뭇잎과 범나비는 차이점도 지닌다. 우선 나뭇잎은 식물이고 범나비는 동물이라는 점에서 움직임의 양상에 차이가 있다. 나뭇잎은 바람의 힘에 의해 수동적으로 떨어지는 데 비해, 범나비는 바람을 타고 자기 의지에 따라 날아간다. 죽음에 임하는 자세에서 나뭇잎이 죽음의 수동성을 암시한다면, 범나비는 어떤 목적을 위해 죽음을 수단으로 택하였음을 보여 준다. 그러므로 나뭇잎에는 죽음의 보편적인 의미가, 범나비에는 죽음의 방편적인 의미가 담겨 있다.

다음으로 나뭇잎이 나뭇가지에서 땅으로 떨어지는 수직적 심상인

데 비해, 범나비는 이 나무 저 나무로 옮아가는 수평적 심상이다. 전자는 위에서 아래로의 하강이지만 그 사이에 여기저기 흩어지는 심상이 붙어 있고, 후자는 여기에서 저기로의 이동이다. 이에 움직임의 배경이 되는 공간이 전자는 무질서한 것으로, 후자는 방향성을 가진 것으로 설정되었다.

끝으로 나뭇잎이 시상 전개의 중간 단계에서 나왔다면, 범나비는 그 최종 단계에서 나왔다. 전자가 윤회전생의 시작과 끝의 연결 고리를 끊고자 제시된 것이라면, 후자는 삶의 과정에서 끝이 다시 시작으로 이어지기를 갈망하여 제시된 것이다. 전자는 영겁의 시간 속에서 하나의 움직임일 따름이지만, 후자는 첩첩한 시름으로 둘러싸인 삶에 종지부를 찍기 위함이다. 현세의 소망을 끊어버릴 길이 없다는 점에서, 후자는 죽음에 저항하는 의미를 띠게 된다. 범나비와 님의 만남이라는 역설과 모순 역시 죽음에 대한 저항의 표현이다.

이같이 비교되는 두 심상의 특성을 바탕으로 두 작품의 성격을 정리해 볼 수 있다. 〈제망매가〉에서 죽음은 사색적인 의미를 지니고 압축적 문체로 표현된 데 비해, 〈사미인곡〉은 죽음이 정서적인 의미를 지니고 확장적 문체로 표현되었다. 따라서 죽음 의식이 전자에서는 풍부하게 함축된 데 비해, 후자에서는 삶에의 의지에 대비되어 나타난다. 비유컨대 전자는 가을의 노래요 후자는 겨울의 노래이다. 전자는 죽음을 사유하여 그 인식적 의미를 깨닫는 가을을, 후자는 모든 것이 폐칩하여 그리움조차 고갈되어 죽음을 선택하게 되는 겨울을 배경으로 하였다고 할 수 있다. 결국 전자는 죽음의 시간을 이겨 내어 미타찰에 도달하고자 하는 것으로, 후자는 시름겨운 시간을 이겨 내어 죽음을 택해서라도 님을 향한 절개를 지키는 것으로 마무리된다. 전자는 내세 지향, 후자는 현세 지향의 세계관에 바탕을 두고 있다.

4. 결 론

이 장에서는 향가와 가사를 각각 대표하는 〈제망매가〉와 〈사미인곡〉의 구조와 주제를 비교해 보았다. 이를 통해 두 작품의 서정성 및 주제 의식의 공통점과 차이점을 드러내었다.

〈제망매가〉와 〈사미인곡〉은 3단 구성이라는 점에서 공통되지만, 시상을 구조화하는 데에서 차이가 난다. 〈제망매가〉가 제1구 주제문의 제2구에서의 전개라는 내포형 시상 전개의 양상을 보여 주는 데 비해, 〈사미인곡〉은 서사—본사—결사의 각 연결 부분에 매개 행이 삽입되고, 본사는 기본 의미 구조를 유지, 반복하는 한편 기승전결의 방식으로 시상이 전개된다는 점이 다르다. 의미 구조상 〈제망매가〉는 발전 구조, 〈사미인곡〉는 순환 구조로 이루어졌다.

〈제망매가〉의 '나뭇잎'과 〈사미인곡〉의 '범나비'는 죽음 의식에 바탕을 둔 주제를 비교할 수 있는 핵심어이다. 가을바람에 여기 저기 떨어지는 나뭇잎은 윤회전생의 사슬에 얽매인 인간의 운명을 그렸다. 죽어서 범나비가 되어 님과 만나려는 의지는 역설적이고 모순되는데, 여기에는 죽음에 저항하려는 의식이 담겨 있다.

나뭇잎과 범나비는 모두 바람에 가볍게 날리는 속성을 지닌다. 그 바탕에는 윤회전생의 관념이 깔려 있다. 한편 나뭇잎은 식물이고 범나비는 동물이라는 것은 다른 점이다. 이에 따라 수직과 수평의 서로 다른 움직임이 그려지고, 운동의 공간도 수직은 무질서한 공간으로, 수평은 방향성을 가진 공간으로 설정된다. 그리고 나뭇잎이 시상 전개의 중간에, 범나비가 그 최종 단계에 나왔는데, 윤회전생의 시작과 끝의 연결 고리를 끊고자 한 것과 삶의 과정에서 끝이 다시 시작으로 이어지기를 갈망하여 나온 것이 서로 대비된다.

이렇게 볼 때, 〈제망매가〉는 사색적인 의미의 죽음을, 〈사미인곡〉은 정서적인 의미의 죽음을 그렸다. 후자에 비해 전자에 죽음 의식이 풍부하게 함축되었다. 전자는 가을의 노래요, 후자는 겨울의 노래인 셈이다.

이렇게 두 작품의 구조와 주제를 비교하였지만, 그것을 장르 사이의 차이로 확장하여 논하려면 여러 작품을 두루 검토해야 한다. 죽음 의식에 대해서도 두 작품에서 차지하는 비중이 달라서 비교가 충분치 못하다. 두 작품, 두 장르에 대한 보다 포괄적이면서도 치밀한 비교 연구가 필요하다.

현대시와 향가

〈유리창〉과 〈제망매가〉

1. 서 론

정지용은 교토의 유학생 회지인 『학조(學潮)』에 〈카페 프란스〉, 〈슬픈 인상화〉 등을 발표하면서 본격적인 작품 활동을 시작하였다. 회지에 발표된 작품들의 면모로 인해 모더니즘적인 경향의 시인으로 받아들여졌지만 사실 그의 유학 시절에 쓰인 〈압천〉, 〈석류〉 등의 작품에는 민족의식이 짙게 깔려 있다. 그의 여러 시에 나타나는 고향, 옛이야기, 아동과 여성, 국토 등과 관련된 주제는 애초의 작품 활동에서부터 배태되어 나온 것이다. 이렇게 민족의식이 뚜렷한 시인이라면 작품이 지닌 민족 문학적인 성격을 깊이 있게 검토해야 하지 않을까 한다. 일제 강점기 한 근대적 지식인의 민족의식이라는 면에서가 아니라 민족적 형식과 내용의 역사적 전개 위에 놓인 정지용의 작품 세계를 조명할 필요가 있다. 그의 시 곳곳에 비치는 향토적인 감수성, 외형률의 실험, 민족적인 고유성에 대한 탐색 등은 어떤 형태로든 전통과의 연관성을 시사한다.

이와 관련하여 기존의 연구는 주로 그의 시가 보여 주는 전통적인 형식미와 후기 시에서 두드러지게 나타나는 동양 사상 등에 주목하였다. 형식 면에서 정지용 시의 2음보 대응과 2행 1연의 정형성이 한국 시의 전통 율격에 상응한다거나,[1] 시에 구사된 2 · 3 · 4음보, 반복과 병치가 전통적 민요의 율격에서 벗어나지 않는다거나,[2] 『가람시조집』 발문에 나타난 시조에 대한 인식이나 시작 활동의 출발과 끝이 시조였다는 점을 지적하는[3] 등의 연구가 있다. 이와 함께 주로 후기 시를 대상으로 『시경』이나 한시와 비교하고 주제의 원천을 동양의 은일 사상에서 찾는 등의 연구가 축적되어 왔다.[4]

여기에서는 이러한 연구를 이어서 정지용의 대표작 〈유리창〉에 담긴 한국 서정시의 전통을 확인해 보고자 한다. 이를 위해 형식과 주제 면에서 공통점을 보이는 향가 〈제망매가〉와 비교하여 정지용 시의 원천이 이제까지 거론된 시조, 한시, 『시경』 등에서 더 나아가 향가에까지 가닿을 수 있음을 보여 주려고 한다. 1,200여 년의 간격이 있기에 당연히 공통점보다는 차이점이 더 많을 것이나 그 공통점과 차이

1) 김대행, 「정지용 시의 율격」, 『정지용연구』, 새문사, 1988, 193-203면.

2) 장도준, 『정지용 시 연구』, 태학사, 1994, 144-145면.

3) 오탁번, 『한국현대시사의 대위적 구조』, 고려대학교 민족문화연구소, 1988, 45-46면 ; 최동호, 『정지용』, 한길사, 2008, 152-153면.

4) 오탁번, 「지용시 연구」, 석사 논문, 고려대학교, 1970, 56-68면 ; 김혜숙, 「한국 현대시의 한시적 전통계승에 대한 고찰1」, 『국어국문학(영인본)』92호, 국어국문학회, 1984, 627-642면 ; 최동호, 「정지용의 산수시와 성정의 미학」, 『정지용 이해』, 태학사, 2002, 35-42면 ; 최승호, 「정지용 자연시에 나타난 정과 경」, 같은 책, 103-107면 ; 박명옥, 「정지용의 〈장수산1〉과 한시의 비교연구—시경의 〈벌목〉과 두보의 〈제장씨은거〉를 중심으로」, 『한국문학이론과 비평』27, 한국문학이론과 비평학회, 2005, 205-222면 ; 박명옥, 「정지용 시에 나타난 한시 수용 연구—용사를 중심으로」, 『한국시학연구』27, 한국시학회, 2010, 106-121면.

점을 세밀히 살펴서 그로부터 드러나는 전통의 지속과 변이 양상을 논하겠다. 현대시 한 편과 향가 한 편을 비교하는 것이라서 한계가 분명하지만, 이를 통해 향가에서 현대시까지 이어진 서정성의 전통과 그 변화의 일단을 드러낼 수 있기를 기대한다.

2. 형식의 비교

〈유리창〉과 〈제망매가〉는 둘 다 10행시라는 점에서 공통된다. 또한 제9행이나 제10행 첫머리에 감탄사가 나오면서 시상이 종결된다는 점도 비슷하다. 이렇게 뚜렷이 드러난 공통점을 바탕으로 하여 더 세부적으로 들어가 두 작품의 형식적 특징을 비교해 볼 수 있다. 먼저 〈유리창〉에서 문장의 배열 방식과 그를 통한 의미 단락의 구성을 살펴보겠다.

琉璃에 차고 슬픈것이 어린거린다.
열없이 붙어서서 입김을 흐리우니
길들은양 언날개를 파다거린다.
지우고 보고 지우고 보아도
새까만 밤이 밀려나가고 밀려와 부디치고,
물먹은 별이, 반짝, 寶石처럼 백힌다.
밤에 홀로 琉璃를 닦는것은
외로운 황홀한 심사 이어니,

고흔 肺血管이 찢어진 채로

아아, 늬는 山ㅅ새처럼 날러 갔구나![5]

전체 10행을 이루는 문장은 모두 넷이다. 서두부터 차례로 1행, 2행, 3행으로 구성된 세 문장이 마침표와 함께 나오고, 마지막 넷째 문장은 총 4행으로서 그 끝에 느낌표가 붙었다. 그런데 총 3행의 셋째 문장은 위 2행과 아래 1행 사이에, 총 4행의 넷째 문장은 위 2행과 아래 2행 사이에 쉼표가 붙어 의미 단락을 세분화하였다. 이에 작품에 사용된 마침표, 쉼표, 느낌표 등에 유의하여 의미 단락을 나누면, 전체 10행은 1-2-2-1-2-2행으로 분절할 수 있다. 이렇게 보면 이 작품은 2행 위주로 짜이는 중에 1행이 끼어든 형태가 된다. 〈저녁해ㅅ살〉, 〈종달새〉, 〈나무〉 등 2행 위주에 1행이 끼어들어 전체 5연 내지 6연을 이루는 작품들과 유사한 형태이다. 이는 이 작품이 정지용 시의 특징적인 형식인 2행 1연의 구성 방식에 기초하여 10행 1연으로 형태화된 것임을 말해 준다.

『정지용시집』과 『백록담』 수록 시의 형식을 유형화하였을 때 112편 중 43편이 2행 1연으로 되어 있다고 한다.[6] 또한 시인의 생애

5) 〈유리창〉은 『조선지광』, 조선지광사, 1930. 1., 161면의 것과 『정지용시집』, 시문학사, 1935, 15면에 '유리창1'이라는 제목의 것이 있는데 '열업시 → 열없이, 부터서서 → 붙어서서, 보와도 → 보아도, 새까만 → 새까만, 밀녀나가고 → 밀려나가고, 밀녀와 → 밀려와, 부듸치고 → 부디치고, 물어린 → 물먹은, 홀노 → 홀로, 이여니 → 이어니, 씨저진 → 찢어진, 날녀갔구나. → 날러 갔구나!' 등의 표기상 차이가 있다. 시인이 시집을 낼 때 더욱 정제된 표현을 택하였을 것이므로 후자를 정본으로 보고 논한다. 다만 시 제목은 발표 당시의 '유리창'으로 일괄해서 칭하기로 한다.

6) 이승복, 「정지용 시의 운율 연구—시적 특질과 운율 형성과의 관계를 중심으로—」,

로 보았을 때 교토 유학 시절에는 44편 중 6편이, 『시문학』 및 『카톨릭청년』지 시절에는 44편 중 22편이, 『문장』지 추천 위원 시절에는 30편 중 14편이 2행 1연의 시라고도 한다.[7] 시작 활동의 초기에서 후기에 이르기까지 시의 율격 형성 및 의미 구성을 위해 2행 단위의 분절 방식을 중요하게 활용하였던 것이다. 이 점이 정지용 시와 향가의 형식을 비교하는 근거의 하나가 된다. 향가 역시 2행이 시 형식의 기본 단위가 되기 때문이다.

이 작품은 1-2-2-1-2-2행으로 분절되지만 행들 사이에 다시 의미가 결집되어 더 큰 의미 단락을 형성한다. 그리하여 1-2, 2-1, 2, 2행의 네 묶음의 의미 단락을 이루는바, 행의 순서로는 제1~3행, 제4~6행, 제7·8행, 제9·10행의 네 단락으로 구분된다. 이는 전통 한시에서 일반적으로 보이는 기승전결 4단의 의미 구조에 가까운 단락 구성 방식이다. 화자가 창가에 붙어 서서 유리에 입김을 부는 기구, 유리를 닦으며 그 너머를 보다가 문득 무엇인가를 느낀 승구, 기·승구의 행동 및 정서로부터 방향을 돌려 화자의 내면을 드러낸 전구, 현 상황에 처하게 된 원인을 토로한 결구로 구성된 작품이라 할 수 있다.

이러한 점들과 함께 작품의 형식을 율격 분석을 통해 살펴볼 필요가 있다. 음절과 음보 단위로 분석하여 그 숫자를 제시하면 다음과 같다.

석사 논문, 홍익대학교, 1987, 72면.

7) 양왕용, 『정지용시연구』, 삼지원, 1988, 124면.

3-6-5음절	3음보
3-4-3-4	4
4-4-5	3
5-6	2
5-5-3-4	4
5-2-4-3	4
4-3-4	3
3-3-5	3
2-4-5	3
4-4-5	3[8)]

이같이 이 작품은 3음보 위주에 2, 4음보가 섞인 율격적 자질을 지니고 있다. 2, 3, 4음보가 혼합된 중에서도 3음보가 중심을 이루는 음보율인 것이다. 이러한 3음보 위주의 율격이 또한 향가와 공통된 특질에 해당한다.

이 같은 〈유리창〉의 형식을 〈제망매가〉의 그것과 비교할 수 있다.

生死 길은	생사(生死)의 길은
이ᄋᆡ 이샤ᄆᆡ ᄌᆞ글이고,	이에 있으매 애끊이거늘,
'나ᄂᆞᆫ 가ᄂᆞ다.' 맔	'나는 간다.'는 말을
아모다 니ᄅᆞ고 가ᄂᆞ닛고?	어떻다[고] 이르고 갑니까?
어ᄂᆞ ᄀᆞᄉᆞᆯ 이른 ᄇᆞᄅᆞᄆᆡ	어느 가을 이른 바람에

8) 이 작품은 자유시이기 때문에 독자에 따라 음보의 휴지를 느끼는 지점에 차이가 있을 수 있다. 가령 제4행을 3-2-3-3음절 4음보로 읽거나, 제10행 첫머리의 감탄사를 1음보로 독립시킬 수가 있다. 제4행은 이어지는 제5행의 1음보를 이루는 음절수가 5음절에 이르는 점에, 제10행은 제9행과의 율격적 동화라는 점에 각각 유의하여 분석하였다.

이ᄋᆡ뎌ᄋᆡ ᄠᅥ딜 닙ᄀᆞᆮ,	여기저기 떨어질 잎같이,
ᄒᆞᄃᆞᆫ 가자 나고	한 가지에 나고
가논 곧 모다온뎌!	가는 곳은 사방팔방이구나!
아야, 彌陁刹아 맛보올 나	아아, 미타찰(彌陁刹)에서 만날 나
道 닷가 기드리고다.	도(道) 닦으며 기다리겠노라.[9]

10행 향가인 〈제망매가〉는 전체가 세 문장으로 이루어져 있다. 해독문의 쉼표, 물음표, 느낌표, 마침표는 현대 해독자의 관점에서 임의로 붙인 것으로 여길 수 있으나 문맥상 이 같은 표시가 적절성을 잃은 것은 아니다. 이에 서두부터 4행, 4행, 2행의 세 문장으로 분석하는 것이 가능하다. 나아가 앞의 두 4행은 2행+2행으로 구분될 수 있다. 그리하여 이 작품은 2-2-2-2-2행 단위로 분절되는 구성 방식을 보여준다.

이러한 문장 구성 방식은 〈유리창〉이 2행을 기본으로 하여 10행시의 형태를 갖춘 것과 비교할 만하다. 2행이 문장 구성의 기본 단위가 되었다는 점에서 두 작품은 공통된다. 다만 〈유리창〉은 2행 위주에 1행이 삽입됨으로써 2행 연속의 규격화된 구성에서 벗어나 있다는 점에서 〈제망매가〉와는 다른 양상이다. 이는 일정하게 짜인 고정된 형식이어야 하는 중세 정형시로서의 〈제망매가〉와 형식적 자율성을 지닌 근대 자유시로서의 〈유리창〉 사이에 놓인 간격을 말해 준다.

---

9) 〈제망매가〉의 해독은 신재홍, 『향가의 해석』, 집문당, 2000, 209-222면의 논의를 따라 그 결론을 인용하였다.

〈제망매가〉의 의미 구조는 3단락의 결합으로 짜였다. 제1~4행(제1구), 제5~8행(제2구), 제9 · 10행(제3구, 낙구) 3단락의 전개에 따라 의미의 결합과 확장이 이루어진다. 이 작품은 누이의 임종을 지켜보며 애끓는 심정을 드러낸 제1구, 죽음에 대한 사유의 결과를 비유로써 보여 준 제2구, 내세에 만나길 염원하며 수도의 자세를 다지는 제3구로 되어 있는 3단 구조의 작품이다. 이는 최행귀가 말한 '3구 6명'[10]의 3구에 해당하는 것으로서 10행 향가, 곧 사뇌가의 전형적인 형식이다.

향가에서는 3구와 함께 6명의 형식도 중요하다. 6명이 무엇을 뜻하는지 논란이 많지만[11] 필자는 6명을 1구(2행) 6음보 구성으로 이해한다. 10행 향가의 3구는 2행씩 5분절이 가능한 구성이기도 하다. 제1구는 제1 · 2행과 제3 · 4행, 제2구는 제5 · 6행과 제7 · 8행의 결합이고 제3구는 제9 · 10행으로 이루어져 있다. 2행을 기본 단위로 하여, 2행 2단위의 구(제1~4행, 제5~8행)와 2행 1단위의 구(제9 · 10행)로 구성되어 1구(2행)에 6음보 위주로 배열된 것이 10행 향가라고 보는 것이다.[12]

이러한 관점에서 〈제망매가〉의 제1구는 나의 애끓임(제1 · 2행)과 너의 유언(제3 · 4행), 제2구는 나뭇잎의 비유(제5 · 6행)와 그에 대한

---

10) 혁련정, 최철 · 안대회 역주, 『역주 균여전』, 새문사, 1986, 58면, 詩構唐辭 磨琢於五言七字 歌排鄕語 切磋於三句六名.

11) 김학성, 「삼구육명의 해석」, 『한국문학사의 쟁점』, 집문당, 1986 참조.

12) 3구 6명과 관련된 향가 율격에 대한 자세한 논의는 신재홍, 『향가의 미학』, 집문당, 2006, 117-146면 참조.

의미 부여(제7 · 8행), 그리고 제3구의 다짐과 기다림(제9 · 10행)으로 세분할 수 있다. 그리하여 전체적인 시상은 누이의 임종을 지켜보며 나는 애끓이지만 누이는 무심한 듯이 유언을 하며 죽어 가는 자리에서, 도대체 죽음이란 무엇인지를 사유하여 얻은 나뭇잎의 비유를 통해 이승에서 혈육의 인연으로 만났으나 죽음으로써 뿔뿔이 흩어지는 윤회전생의 이치를 드러내고, 이러한 생사의 고통에서 벗어나기 위해 극락왕생을 위한 구도의 길을 가리라고 다짐하는 것으로 마무리된다.

요컨대 〈제망매가〉는 기본적으로 2행 단위의 5단락이 결합된 위에서 다시 제1, 2, 3구의 3단락 의미 구성을 이룬다. 이러한 〈제망매가〉의 3단 구조는 〈유리창〉의 4단 구조와는 다른 양상이다. 의미 구조의 차이점에는 시가사적 관점에서의 설명이 요구되는바, 뒤에서 언급하기로 하겠다.

한편 〈제망매가〉의 율격을 분석해 보면 다음과 같다.

2–2음절	2음보
2–3–4	3
2–3–1	3
3–3–4	3
2–2–2–3	4
2–2–2–2	4
2–2–2	3
3–4	2
(2)–4–3–1	3(4)[13]
3–5	2

13) 제9행 첫머리의 감탄사를 1음보로 칠 수도 있고, 독립구로서의 성격을 감안하여 음보 계산에서 뺄 수도 있다.

이 작품은 3음보를 위주로 하여 2, 4음보가 혼합된 것으로 〈유리창〉과 공통된 양상을 띤다. 〈제망매가〉에 비해 〈유리창〉이 1음보를 이루는 음절 수는 많아졌지만,[14] 두 작품 모두 3음보가 중심을 이루고 2, 4음보가 부분적으로 쓰였다. 이를 앞에서 분절한 문장 단위에 따라 비교해 보면 문장당 〈제망매가〉는 2-3, 3-3, 4-4, 3-2, 3(4)-2음보의 구성을, 〈유리창〉은 3, 3-4, 2-4, 4, 3-3, 3-3음보의 구성을 보여준다. 한 문장이 3-3음보로 배열된 것과 함께 2-3음보나 3-4음보로 축소 혹은 확대된 음보 배열도 보인다. 한국어 문장 구성의 일반적인 양상이 두 작품에 공통적으로 나타나는 것이다.

앞서 언급했듯이 10행 향가는 2행을 기본 단위로 하여 그 안에 6음보를 배치하는 율격 규칙을 지닌 양식이다. 그런데 이러한 규칙은 1행씩 3+3음보도 되지만 2+4, 4+2음보도 가능하므로 1행에는 2, 3, 4음보의 다양한 선택이 이루어진다. 또한 2행 6음보는 10행 향가의 주류가 되는 음보일 뿐, 부분적으로는 2행 5, 7, 8음보 등이 구사될 수도 있다. 이렇게 여유로운 율격 규칙을 고려한다면 10행 향가 〈제망매가〉의 율격이 현대시 〈유리창〉의 그것과 상통한다는 점이 그리 특별하지 않을 수 있다. 이는 오히려 향가를 엄격한 외형률을 지닌 중세 정형시로만 인식해 왔기 때문에 간과하였던 향가 율격의 여유와 역동성이 새롭게 주목되어야 함을 일깨운다.

두 작품의 이러한 공통점에도 불구하고 역시 중요한 차이점도 나

14) 〈제망매가〉는 1~5음절, 〈유리창〉은 2~6음절이 1음보를 이루는데, 그중 전자는 2, 3음절, 후자는 3, 4, 5음절 위주로 음보가 구성되었다.

타난다. 〈유리창〉에서 4음보의 제5행에 이어지는 제6행 '물먹은 별이, 반짝, 寶石처럼 백힌다.'(5-2-4-3음절) 역시 4음보를 이루지만, 시인이 의도적으로 '반짝' 앞뒤로 쉼표를 넣음으로써 제5행의 4음보와 같은 음송(吟誦)의 길이를 갖기 어려워진 점이 독특하다. 독자에 따라서 ', 반짝,'은 앞뒤로 상당한 휴지를 두고 음송할 수도 있는 여백이 생긴 것이다. 이는 제10행 처음의 감탄사 '아아,'가 갖는 음송의 주관적 길이와도 상통하는 율격적 고안인 셈이다. 이러한 특이한 율격 형성은 10행 향가와 같은 정형시에서는 찾아보기 어렵다. 〈유리창〉은 〈제망매가〉와 음보율에서 공통되면서도 자유시 본연의 율격적 개성을 드러낸다.

한편 10행 향가의 공식이기도 한 〈제망매가〉 제9행 첫머리의 감탄사는 〈유리창〉 제10행의 그것과 비교할 만하다. 〈제망매가〉의 감탄사는 나뭇잎의 비유 및 그에 대한 의미 부여에 이어서 발한다. 이는 제3구의 '미타찰에서 만날' 것에 대한 희망 섞인 감탄인 동시에 그 앞까지 전개한바, 죽음에 정서(제1구)와 사유(제2구)가 수렴된 감탄이라고 할 수 있다. 이렇듯 감탄사가 작품 전체의 시상을 모으고 결말을 유도하는 역할을 하는데, 이는 10행 향가라는 갈래의 공식적 지표이자 낙구 도입부의 감탄사가 하는 일반적 기능이다.

〈유리창〉의 감탄사도 어느 정도 이러한 역할을 한다. 화자의 정서와 사유를 포괄하면서 상실의 아픔을 토로하는 쪽으로 유도하는 것이다. 그렇지만 〈제망매가〉의 감탄사가 작품 전체의 시상과 포괄적인 관계로 연결된 데 비해 〈유리창〉의 감탄사는 의미 맥락상 그 앞뒤의 연결 관계가 분명히 드러난다. 제10행의 '아아,'는 바로 이어지는 '늬는 山ㅅ새처럼 날러 갔'다는 사실에 대한 탄식이지만, 그렇게 하는 것은 제7·8행의 밤에 홀로 유리를 닦으며 느낀 '외로운 황홀한 심사'로부터 나왔다. 제8행이 '이미 정해진 어떤 사실을 인정하면서 그것이 다른 사실의 전제나 조건이 됨을 나타내는 연결 어미'15) '-거니'의 이형태인 '-(이)어니'로 끝나 있음이 이 점을 확인해 준다. 다시 말해, 제7·8행에서 진술된 바가 제10행의 감탄사에 내포된 의미 내용을 이루는 것이다. 이러한 점에서 〈유리창〉의 감탄사는 시적 문맥 속에서 구체화된 화자의 사적, 개성적 호흡을 담아낸 데 비해, 〈제망매가〉의 그것은 10행 향가의 낙구 도입부에서 행하는 공식적, 관례상의 역할에 그쳤다.

이렇듯 〈제망매가〉와 〈유리창〉은 형식 면에서 공통점과 함께 차이점을 보인다. 2행을 기본 단위로 문장이 구성되었고, 3음보 위주의 율격에 바탕을 두면서도 2, 4음보와 어우러진 음보율을 지녔으며, 전체 10행으로 이루어진 중에 제9행 첫머리 혹은 제10행 첫머리에 감탄사가 배치되었다는 점 등이 공통점이다. 전자의 3단 구조에 비해 후자는 4단 구조로 짜였고, 전자에 비해 후자에서 음보 구성이나 감탄사의 기능 면에서 시인의 개성적인 호흡이 두드러진다는 점 등이 차이점이다.

---

15) 국립국어원, 『표준국어대사전』, '-거니' 항목 참조.

3. 주제의 비교

〈유리창〉과 〈제망매가〉는 죽음을 주제로 삼았다는 점에서 공통된다. 더욱이 자식이나 형제자매같이 혈육의 죽음을 경험한 시적 화자의 슬픔이 표현되었다는 점에서 관련성이 더욱 높다. 이렇게 넓은 의미에서 주제적 공통성이 있지만 구체적인 양상에서는 공통점보다 차이점이 좀 더 두드러져 보인다. 이러한 점을 대한 비교하여 주제 및 그 표현의 측면에서 두 작품의 특징을 드러내고자 한다.

죽음의 경험은 일단 생과 사의 2항 대립으로 형상화된다. 산 자와 죽은 자가 갈라지는 임종의 상황에서 삶과 죽음 사이에 놓인 심연을 확연히 깨닫게 된다. 두 세계의 단절이 죽음의 경험을 형상화하는 출발점이 되는 셈이다. 〈유리창〉에서는 유리창의 안과 밖의 세계로,[16] 〈제망매가〉에서는 생과 사, 나는(出) 것과 가는(去) 것으로 이분되었다. 유리창 밖의 세계와 어딘가로 가는 것이 죽음을 표상한다. 주체의 입장에서 보자면 이는 죽는 당사자와 살아서 죽음을 경험하는 자와의 대립에서 나온 것이다. 작품 속에서는 전자와 후자의 관계를 너와 나의 관계로 설정해 놓았다. 〈유리창〉 제10행의 '늬', 〈제망매가〉 제3행의 '나'(누이)와 제9행의 '나'(화자)가 그것이다. 〈유리창〉에서 '나'는 화자 자신인데 지칭만 되지 않았을 뿐 작품 전체에 걸쳐 존재한다.

살아 있는 나는 죽은 너, 그리고 죽음 그 자체로 인해 복잡한 감정

16) 강신주, 「정지용의 시에 나타난 죽음 이미지」, 『한국문학에 나타난 죽음』, 예림기획, 2002, 163면.

에 휩싸이는 한편 자신이 경험한 죽음에서 어떤 인식을 얻게 된다. 감정적인 휩쓸림보다도 죽음을 어떻게 인식하느냐의 문제가 작품의 서정성을 지탱한다. 이런 점에서 죽음에 대한 인식을 주로 감각에 의존하는 〈유리창〉과 사유를 통해 하는 〈제망매가〉는 서정성에서 본질적인 차이가 있다고 생각된다. 죽음을 표상하는 시어인 '가다'의 용법에서 그 점을 살필 수 있다.

두 작품에 '가다'가 공통적으로 쓰였는데, 〈유리창〉에서는 제5행 '밀려나가고'와 제10행 '날러 갔구나' 등 두 번, 〈제망매가〉에서는 제3행 '간다', 제4행 '갑니까', 제8행 '가는' 등 세 번 나온다. 〈유리창〉의 제5행 '새까만 밤이 밀려나가고 밀려와 부디치고,'에 나오는 '가다'는 죽음을 직접 뜻하지는 않지만 죽음과 연관된 의미를 지닌다. 유리창 밖의 세계는 안의 세계와 다른 죽음의 이미지로 가득 차 있기 때문이다. 여기에서 '가다'는 '밀려나-'와 결합된 형태로 쓰였는데, 이는 시간인 밤을 밀려가고 밀려오는 조수의 흐름 같은 감각적 이미지로 표현한 것이다. 한편 제10행의 '날러 갔구나!'는 너의 죽음을 직접 의미하는 말이다. 작품의 마지막에서, 아주 절제되어 있지만 사실은 절규에 가까운 말로써[17] 죽음을 대놓고 말한 것이다. 작품 전체의 정서와 의식을 뒤덮고 있던 사태의 원인을 밝혀 그 모든 것이 너의 죽음으로 말미암았음을 토로하였다. 여기서도 '가다'가 '날러'와 결합하여 새의 날갯짓을 연상시키는 감각적 이미지를 형성하고 있다.

17) 이 절규는 '죽음의 비극성에 대한 인식'과 '아버지로서의 죄의식'에서 나왔을 수 있다(김종태, 「정지용 시의 죽음의식」, 『정지용 이해』, 태학사, 2002, 264-265면).

이에 비해 〈제망매가〉는 죽어 가는 자의 유언으로서 '나는 간다'가 먼저 제시되고 그에 대한 화자의 반응이 '[그런 말을] 어떻게 이르고 갑니까?'로 표현되었다. 죽어 가는 자의 말에 대비하여 살아서 남는 자의 한탄이 나와 죽음과 삶 사이의 날카로운 긴장이 조성된다. 여기서 나아가 나뭇잎의 비유가 나온 다음 '가는 곳은 사방팔방'이라는 결론이 표명된다. 너의 죽음, 그에 대한 나의 반응, 그로부터 얻은 사유의 결과가 차례로 제시된 것이다. 죽음을 받아들여야만 하는 너의 말, 그것에 항의하며 한탄하는 나의 말, 그리고 죽음에 대한 사유의 결과로서 인연 및 윤회전생의 이치를 갈파한 말이 나왔다. 이렇듯 '가다'라는 말을 세 번 반복한 것에서 죽음에 대한 시인의 변증법적 사유의 궤적을 읽을 수 있다.

죽음을 인식하는 방법 및 내용에 차이가 있으므로, 그것을 형상화한 표현이나 이미지에서도 두 작품은 다른 면모를 보인다. 〈유리창〉에 그려진 죽음과 관련된 이미지는 '차고 슬픈것', '언날개', '새까만 밤', '물먹은 별', '찢어진' '폐혈관', '산ㅅ새처럼 날러' 감 등이다. 주로 촉각과 시각에 의해 죽음의 주제가 표현되었다. 박용철의 다음과 같은 언급은 이러한 면에 대한 이해에 중요한 참고가 된다.

> 유리에 어른거리든 微妙한 感覺은 그의 悲哀의體現者가된다.
>
> 우리가 한가지 強烈한感情에 잠길때에는 우리의 呼吸과脈膊에 變動이 생기고 靈魂의 微分子의波動은 異形을 그릴것이다. 鄭芝溶氏는 이詩에서 呼吸을呼吸으로 表現하므로 그의全感情을 表現하려고한것이다. 이얼마나 엉뚱한 辯說의昂揚이냐.[18]

〈유리창〉이 '강렬한 감정'으로 인해 '변동'이 생긴 '호흡을 호흡으로 표현'함으로써 '전 감정을 표현'하여 '변설'을 '앙양'한 것이라고 하였다. 여기서 사리를 따져 말한다는 뜻의 '변설'을 가져와 설명한 것이 주목된다. 이 말은 아마도 자신이 겪은 죽음의 체험 혹은 죽음 자체에 대해 시인이 말하고자 한 바를 뜻할 것이다. 강렬한 비애의 감정을 호흡이라는 육체의 총체적인 감각으로 표현함으로써 죽음에 대한 시인의 인식을 고양시켰다는 것이다.

이에 비해 〈제망매가〉는 '가다'의 변증법적 변주와 함께 '생사의 길', '여기저기 떨어질', '미타찰에서 만날' 등 개념을 나타낸 말과 이미지를 그린 말이 함께 사용되었다. 감각적 경험을 사유 과정을 통해 내면화하여 표현하였다.

이에 따라 작품의 주제에서도 뚜렷한 차이가 난다. 주제를 갈무리하는 두 작품의 마지막 두 행은 '고흔 肺血管이 찢어진 채로 / 아아, 늬는 山ㅅ새처럼 날러 갔구나!'와 '아아, 미타찰에서 만날 나 / 도 닦으며 기다리겠노라.'로서 서로 대척적인 지향을 보여 준다. 〈유리창〉은 네가 떠난 사실을 토로하면서 깊은 탄식과 함께 죽음을 수용한 데 비해, 〈제망매가〉는 슬픔과 탄식을 넘어 종교적인 전망을 찾는다. 전자가 죽음에 직면한 자아의 실존적 고뇌와 방황에 초점을 두었다면 후자는 죽음의 경험을 넘어서 종교적 초월의 길을 찾는 자아의 의지를 드러내었다. 그렇다고 〈제망매가〉의 초월적 지향이 비현실적으로 느껴지지 않는 것은 삶에 대한 진정성과 기도의 정성이 작품에 담겨 있기 때

18) 시문학사 편집, 『박용철 전집』2, 동광당서점, 1939, 92면.

문이다.

이렇듯 두 작품은 죽음을 인식하는 방법과 내용, 표현의 측면에서 차이점을 드러낸다. 그렇지만 두 작품은 공통점도 지니고 있다. 앞에서 생과 사의 대립에서 출발하여 시상을 전개한 점을 지적하였는데, 이에 더하여 죽음과 관련된 이미지에 내포된 의미에서 공통점을 찾을 수 있다. 다음은 두 작품에서 가장 인상 깊은 대목이다.

> 지우고 보고 지우고 보아도
> 새까만 밤이 밀려나가고 밀려와 부디치고,
> 물먹은 별이, 반짝, 寶石처럼 백힌다.
>
> 〈유리창〉

> 어느 가을 이른 바람에
> 여기저기 떨어질 잎같이,
> 한 가지에 나고
> 가는 곳은 사방팔방이구나!
>
> 〈제망매가〉

두 대목은 죽음의 체험을 비유적으로 표현하여 이미지화하였는데 그것에 내포된 의미가 서로 비슷하다. 〈유리창〉에서는 입김을 불어 유리창에 낀 성에를[19] 지우면서 창밖의 어둠을 응시하다가 눈물 머

19) 이숭원, 「정지용 시 유리창 읽기의 반성」, 『문학교육학』16, 한국문학교육학회,

금은 상태에서 별빛이 눈에 든 순간을 '물먹은 별이, 반짝, 寶石처럼 백힌다.'고 표현하였다. 쓸쓸하고 슬프고 고통스런 정서를 창밖의 어둠과 별, 화자의 눈물이 융합된 이미지로 형상화한 것이다. 쉼표가 앞뒤에 붙은 '반짝'이라는 음성상징어로 인해 유리창에 비친 별빛은[20] 찬란함과 동시에 순간성의 의미를 내포한다. 한편, 〈제망매가〉에서는 가을바람에 나뭇가지로부터 떨어져 여기저기 흩어지는 나뭇잎의 이미지로써 죽음을 표현하였다. '여기저기 떨어질'과 '한 가지에 나고' 사이에 '잎'을 놓음으로써 영락과 소멸의 의미가 탄생과 향유의 의미에 선명히 대비되도록 하였다. 두 대목의 이미지는 나타났다가 사라짐, 생겼다가 없어짐이라는 소멸성, 순간성의 의미를 공유한다.

이와 함께 이미지에 반영된, 죽음을 생각하는 방식에서 공통점이 보인다. 감각에 의존한 인식과 사유를 통한 인식이라는 차이에도 불구하고, 생각의 소재들이 서로 연계되어 포괄적인 질서 안에 있음을 전제로 하여 이미지가 만들어진 점이 유사하다. 그 소재들은 시 · 공간과 자연물로 구성되어 있다. 소재가 된 시 · 공간은 '새까만 밤'과 유리창의 안팎, '어느 가을'과 '여기저기, 사방팔방'이다. 자연물은 '별'을 중심으로 '물, 보석'이, '잎'을 중심으로 '바람, 가지'가 연계되어 그려진다.

앞에서 제시한 〈유리창〉의 대목은 한밤 유리창 앞에서 조수처럼

2005, 15-17면에서 해석상 혼선을 빚은 제1행 '차고 슬픈것'이 성에를 가리킨다는 점을 분명히 하였다.

20) 위의 논문, 19면에서 '그 별빛은 '반짝' 하고 유리창에, 그리고 그것을 넘어서서 화자의 가슴에 들어와 박히는 것이다'고 하였다. 본고는 나타났다 사라짐의 의미를 더욱 중요하게 여겨 별빛이 유리창에 박히는, 즉 비치는 것으로 이해한다.

밀려왔다 밀려가는 감정에 부대끼는 화자에게 물 먹은 듯한 별빛이 유리창에 보석처럼 반짝 하는 모습이 눈에 들어온 것을 표현하였다. 물의 이미지로써 화자의 정서와 소재를 연결하였을 뿐만 아니라 그 물을 별과 보석에 연계하여 죽음 자체를 이미지화하였다. 찬란하지만 딱딱한 광물에 비김으로써 죽음의 체험을 촉각적 이미지로 형상화한 것이다.

〈제망매가〉의 비유는 나뭇잎이 중심이 된다. 여기 나무가 있다. 나무는 계절의 흐름에 따라 싹을 틔우고 잎을 피웠다가 가을이 되어 잎은 떨어지고 앙상한 가지만 남은 채 겨울을 지낸다. 그리고는 같은 일을 반복한다. 이 나무에서 뿌리와 줄기가 아닌 가지와 잎을 가져와 죽음을 그려 내었다. 가을에 바람이 불어 가지에 붙은 잎사귀들이 떨어져 나가 사방팔방으로 흩어지는 이미지이다. 가지에서 잎이 떨어지는 단절의 순간은, 〈유리창〉에서 쉼표가 앞뒤에 붙은 '반짝'의 이미지와 겹치면서 순간성과 소멸성의 의미를 공유한다. 이러한 단절은 가을의 이른 바람이 원인이다. 사물과 사물 간의 인과관계에 따른 자연의 섭리일 따름이다.

이렇듯 죽음에 대한 인식 방법에서는 감각과 사유라는 차이가 있지만, 죽음을 형상화하는 방식에서는 사물과 사물 간의 연관성을 인식한 바탕 위에서 이미지화하였다는 공통점이 있다. 밤인데 별이 있고 물과 보석이 있다. 가을인데 나뭇잎이 있고 가지와 바람이 있다. 시·공간 속에 놓인 사물들의 상호 연관성 속에서 죽음에 대한, 그리고 삶에 대한 형상화 방법을 찾는 것이 서정시가 보편적으로 좇는 길일 것이다.

4. 비교의 의의

앞에서 〈유리창〉과 〈제망매가〉를 비교하여 형식과 주제상의 공통점과 차이점을 드러내었다. 여기서는 이러한 비교를 더 확장함으로써 확인할 수 있거나 추정해 볼 만한 한국 시가사의 문제 및 그 의의에 대해 논하기로 하겠다. 10행 향가 〈제망매가〉와 비교하는 것이므로 정지용의 시 중에서 10행으로 구성된 작품을 중점적으로 거론하고자 한다.

정지용의 두 시집에 수록된 112편 중 10행시는 모두 8편이다. 그중 〈비로봉1〉, 〈귀로〉, 〈구성동〉, 〈인동차〉는 2행 5연으로서 10행시 중에서 비중이 가장 크다. 동요류 시편[21] 〈할아버지〉는 5행 2연, 신앙 시편[22] 〈또 하나 다른 태양〉은 3-1-2-1-1-1-1행 7연으로서 다른 작품에 비해 특이한 형태이다. 〈뻣나무열매〉는 10행 1연으로 된 것도 그렇지만 의미 단락 역시 2행 위주로 구성되어 있어 형식 면에서 〈유리창〉과 유사하다.

이에 먼저 〈유리창〉과 〈제망매가〉에 공통된 시적 종결의 방식을 살펴보겠다. 정지용의 2행 5연 시 가운데 〈비로봉1〉과 〈귀로〉는 시상을 마무리하는 제5연에서 화자의 영탄이 발하면서 문장의 중간이나 끝에 느낌표가 붙었다. 〈비로봉1〉의 제5연 '戀情은 그림자 마자 벗쟈 / 산드랗게 얼어라! 귀뜨람이 처럼.'은 그 앞 연까지 비로봉에 올

21) 박용철, 「발」, 『정지용시집』, 시문학사, 1935, 157면.
22) 같은 곳.

라 굽어본 자작나무 숲과 동해 바다에 대한 묘사에서 도약하여 자연과 어우러진 인간의 감정을 표현하였다.[23] 〈귀로〉의 제5연 '밤이면 으레 홀로 돌아오는 / 붉은 술도 부르지않는 寂寞한 習慣이여!'는 포도를 걸어 집으로 돌아오며 느끼는 쓸쓸함과 불안함을 귀로의 습관이라고 정리하고 있다. 이렇게 영탄을 발하며 시상을 종결하는 방식이 〈유리창〉의 제10행에서 더욱 뚜렷하게 나타난다.

그런데 〈유리창〉처럼 제10행 첫머리에 감탄사가 나온 것은 시대를 거슬러 올라 고려 가요 〈정과정〉에도 보인다. 〈정과정〉의 제9·10행은 '니미 나를 ᄒᆞ마 니ᄌᆞ시니잇가 / 아소 님하 도람 드르샤 괴오쇼셔'[24]인데, 10행 향가 제9행 첫머리의 감탄사가 제10행 첫머리 '아소 님하'의 형태로 옮아간 것이다. 이러한 파격은 향가가 고려 중반을 넘어 쇠퇴하면서 정형성이 흐트러진 데 따른 것이다. 그러나 낙구라

23) 이 연은 '연정은 그림자마저 벗자 / 싸늘하면서도 산뜻하게(또는 갑자기 찬 느낌이 들어) 어는구나! 귀뚜라미처럼.'으로 해석하여(이숭원, 『정지용 시의 심층적 탐구』, 태학사, 1999, 115면 ; 최동호 편, 『정지용 사전』, 고려대학교출판부, 2003, 168면) 앞 연들과 관련지어 자연과 인간의 대비로 이해하였다. 이러한 해석에서 우선 '귀뚜라미'가 무엇을 뜻하는지 알기 어렵다. 정지용의 다른 시나 산문에는 '귀또리 하나도 울지 말라'(〈임종〉), '가여운 季節의 多辯者'(〈밤〉), '별같이 소란한 귀또리 울음'(〈람프〉) 등 귀뚜라미는 주로 가을에 울음을 우는 벌레로 나온다. 이를 참조하여 '연정이 귀뚜라미 울음처럼 얼다'라고 해석해 보아도 '소리가 얼다'라는 의미가 석연치 않다. 필자는 정지용 시에서 '곱다'를 '곻다'로 표현한 것에 주목하여 '산드랗게'를 '산드럽다'(산들산들한 듯하다)의 부사형으로 본다. 그리고 '얼어라'의 기본형 '얼다'는 '얼음이 얼다'는 뜻이라기보다 중세어 '얿다'(사랑스럽다, 嬌·媚)의 활용형 '얼워라'의 이중모음이 단모음으로 표기된 것으로 본다. 그리하여 이 연을 '(산에 함께 오른 사람들 사이의) 연정은 그림자마저 벗자 / 산들산들하게 사랑스럽구나! (가을에 울음 우는) 귀뚜라미처럼'으로 해석하여 자연과 인간의 대비가 아니라 자연과 인간의 어우러짐으로 이해한다.

24) 『악학궤범』(영인본) 5권, 「시용향악정재도의」, 61면.

는 용어로 불릴 만큼 10행 향가의 제9·10행은 하나의 의미 단위로 결합되어 기능한바, 〈정과정〉의 두 행도 묻고 호소하는 방식으로 긴밀히 연결되었다. 감탄사가 낙구 첫머리에 있든지 두 행 사이에 들어가 있든지 간에 이전까지의 시상을 수렴하면서 다음 단계로 도약하는 역할만큼은 지속된 것이다.

〈유리창〉의 감탄사도 〈정과정〉처럼 제9행과 10행 사이에 있는 만큼 10행 향가의 형식에 딱 들어맞는 것은 아니다. 그러나 두 행이 하나의 의미 단위로 굳게 결합되었다는 점에서 감탄사의 역할은 10행 향가의 그것과 별로 다르지 않다. 이에 〈유리창〉의 감탄사는 한국 서정시의 전통적인 역할과 맥을 같이한다고 할 수 있다. 그러면서도 감탄사의 위치를 놓고 볼 때, 10행 향가에서 고려 가요 〈정과정〉으로 이행한 시가사적 흐름의 흔적이 〈유리창〉에 남았다고 하겠다.

다음으로 〈유리창〉과 〈제망매가〉의 의미 구조가 4단과 3단 구조로 차이 나는 점에 대해서도 시가사적 이해가 필요하다. 시가사에서 볼 때 신라 시대 10향 향가의 3단 구조는, 고려 말에 형성되어 조선시대에 성행한 시조의 3장 6구 형식에 따른 3단 구조로 계승되었다.[25] 초장에서 시상을 일으키고 중장에서 전개한 다음, 3음절로 고정된 종장 첫 구를 거치며 시상의 전환 혹은 도약이 이루어지는 것이 시조의 일반적인 의미 구성 방식이다. 한국 서정시의 결정체인 10행 향가와 시조 모두 3단 구조로 이루어졌다는 점은 한국적인 서정성의

25) 김병국, 「시조 발생의 문학사적 의의」, 『고려시대의 가요문학』, 새문사, 1982, II·158-161면 ; 신재홍(2006), 앞의 책, 542-547면.

원류가 변증적법인 사유에 의한 시상 전개 방식에 닿아 있으리라 추정하게 한다.

그런데 시가사의 어느 단계 혹은 여러 단계에 걸쳐 한시의 영향을 많이 받으면서 시라는 장르 자체가 기승전결에 따른 의미 구성인 것으로 인식될 지경에 이른다. 절구와 율시로 대표되는 중국 근체시는 삼국 시대부터 우리나라에 유입되었지만 고유의 서정시 양식과 경쟁하다가 우위를 점하고는 시 장르의 대세로 자리 잡게 되었다. 그리하여 10행 향가와 시조로 대표되는 3단 구조보다 한시의 4단 구조가 전통 시가의 유산으로 여겨져 중세를 거쳐 근대에 들어서도 시 장르에 대한 인식에 영향을 끼쳤던 것이다. 말하자면 시가사의 큰 흐름이 고유의 3단 구조와 외래의 4단 구조가 경합하는 중에 점차 3단 구조는 그 계승의 의의가 줄어든 반면 4단 구조가 마치 전통의 중심인 양 현대시에까지 영향을 끼쳤다고 본다.

이러한 관점에서 〈유리창〉의 4단 구조는 그것대로 전통 시가가 끼친 영향의 자취라고 할 수 있다. 하지만 정지용이 이 작품에서 취한 4단 구조는 다른 작품에서의 3단 구조와 함께 이해되어야 한다. 다음에서 2행 5연으로 된 〈구성동〉을 분석해 보겠다.

골작에는 흔히
流星이 묻힌다.

黃昏에
누뤼가 소란히 싸히기도 하고,

꽃도
귀향 사는곳,

절터ㅅ드랬는데
바람도 모히지 않고

山그림자 설핏하면
사슴이 일어나 등을 넘어간다.[26)]

문장의 서술어를 보면 제1연 '묻힌다', 제2연 '하고'와 제4연 '않고', 제5연 '넘어간다'가 서로 대칭을 이루는 데 비해 제3연은 동사가 아닌 명사 '곳'이 나왔다. 그리하여 형식적으로는 제1·2연, 제3연, 제4·5연의 3단으로 나눌 수 있지만 의미 맥락으로 보면 제1·2연, 제3·4연, 제5연의 3단 구성이라는 점에 작품의 묘미가 있다. 제1·2연에서 '유성, 누뤼'와 '흔히, 소란히'의 의미상 겹침에 따라 천체의 소란스러움으로 인해 골짜기의 고요함이 역설적으로 부각된다. 이에 비해 제3·4연에서는 '귀향, 절터'에 사람의 흔적이 남았으나[27)] 지금은 '바람'만 스쳐가는 정경이 그려진다. 제1·2연의 우주와 연결된 자연 자체, 제3·4연의 사람과 잠시 관계를 맺었다가 본연으로 돌아간 자연이 그려진 다음, 제5연에서 '사슴'이 산등성이를 넘어가는 모습을 통해 자연 속

26) 정지용, 『백록담』, 문장사, 1941, 20-21면.

27) 이숭원, 앞의 책, 161면에서 이 시에 '인간의 기미는 그림자도 비치지 않음'을 지적하였지만 '귀향, 절터' 등의 시어에 인간의 흔적은 남아 있다고 본다.

생명체의 움직임이 포착되었다. 이러한 의미 맥락에 따라 형식상의 3단과 의미상의 3단 사이에 어긋남이 발생한다. 구성동이라는 자연 풍경을 묘사하면서 음송을 위한 율격의 측면에서는 제3연을 정점으로 대칭 구조를 이룬 데 비해, 그 풍경에서 의미를 찾아 구성하는 맥락은 제1·2연에서 제3·4연으로 나아갔다가 제5연에서 한 차원 도약하면서 마무리 짓는 양상이다.[28)]

이같이 정지용 10행시의 주류를 이루는 2행 5연 형식의 작품에서 3단 구조가 나타난다.[29)] 4단과 3단 구조 외에 〈비로봉1〉, 〈귀로〉처럼 구조적인 완결성을 찾기 어려운 작품도 있다. 현대시로서 정지용의 10행시는 구조적인 차원에서 폭넓은 선택지를 두고 지어진 것인데, 〈유리창〉의 4단 구조는 이와 같은 10행시의 여러 구조 중의 하나일 따름이다. 따라서 〈유리창〉과 〈제망매가〉의 구조상의 차이는 의미 구성 방식의 선택지가 넓어진 현대시가 중세의 정형시와 다르다는 점을 뚜렷이 보여 준다.

이와 같은 형식상의 비교에서 얻을 수 있는 의의와 함께 주제상의 비교가 어떤 의의를 지니는지 살펴보아야 한다. 〈유리창〉과 〈제망매가〉의 주제상 차이점은 작가론적으로 정지용과 월명이라는 시인 간에, 역사적으로는 현대의 사상이나 문예 사조와 중세의 그것 간에 개재한 차이에서 연유했다고 볼 수 있다. 그리고 두 작품이 갖는 죽음이

28) 10행이 아닌 9행으로 되어 있긴 하지만, 〈저녁해ㅅ살〉도 제1연과 5연의 '아아 배곺아라.', 제2연과 4연의 '배곺으리.', 제3연의 '수박 한점.'의 대칭 형태를 띠고, 의미상으로는 제1·2연, 제3·4연, 제5연의 3단 구성을 취함으로써 〈구성동〉과 비슷한 효과를 내고 있다.

29) 〈구성동〉 외에 〈인동차〉도 제1연, 제2·3·4연, 제5연의 3단 구조로 분석할 수 있다.

라는 주제 구현 방식상의 공통된 면모는 서정시 일반이 지닌 특성, 나아가 한국적인 서정성의 깊은 맥과 관련된 한 양상으로 볼 수 있지 않을까 한다.

죽음에 대해 〈유리창〉이 감각에, 〈제망매가〉가 사유에 의지하여 인식한 차이점은 일차적으로 시인의 대상 인식 태도에서 말미암은 것이다. 정지용이 감각파라는 것은 주지의 사실이지만 죽음에 대해서까지 그런 방식으로 인식한 면모가 그의 글에서 드러난다.

> 「죽음」이란 벌서 부터 나의聽覺안에서 자라는 한 恒久한 黑點이외다. 그리고 나의 反省의 正確한位置에서 나려다 보면 람프 그늘에 채곡 접혀 있는 나의肉體가 목이 심히 말러하며 祈禱라는것이 반듯이 精神的인것 보다도 어떤때는 純粹히 味覺的인수도 있어서 쓰데 쓰고도 달디 단 이상한 입맛을 다십니다.[30]

이렇듯 죽음을 정신적인 것보다는 육체적인 것, 그것에 속한 감각을 통해 받아들이는 자세를 보인다.

이에 비해 월명이 보인 사유에 의한 인식 태도는 당대의 수도승이라면 대부분 갖추었을 법한 자세이다. 〈제망매가〉의 마지막 두 행에서 종교적 전망을 얻은 것은 그러한 인식이 다다른 한 지점이라고 하겠다. 그러한 종교적 전망의 실현을 위해 '도 닦으며 기다리겠노라'라고 하였던 시인의 신실한 자세는 다음과 같이 지극한 덕과 정성의 소

---

30) 정지용, 「람프」, 『정지용시집』, 시문학사, 1935, 155면.

유자로서 칭송받는 모습으로 기록되었다.

> 잠시 후 해의 변괴가 사라졌다. 왕이 가상히 여겨 좋은 차 1습과 수정 염주 108개를 하사하였다. 문득 곱고 정결한 모습의 한 동자가 무릎을 꿇고 차와 염주를 받들어 전각 서쪽의 작은 문으로 나갔다. 월명은 내궁의 사자로 생각하였고 왕은 월명의 시종이라고 여겼으나 서로 맞춰 보니 모두 틀렸다. 왕이 매우 기이히 여겨 사람을 시켜 그 동자를 쫓아가 보게 하니, 동자는 내원의 탑 안으로 들어가 사라지고 차와 염주는 남쪽 벽에 그려진 미륵보살상 앞에 있었다. 월명의 지극한 덕과 정성이 성인을 이처럼 감동시켰음을 알게 되니, 조정과 민간에서 모르는 자가 없었다.[31]

인용문에서 환상적인 수식을 걷어 놓고 보면 월명의 덕과 정성에 대한 당대인의 평가가 잘 나타나 있다. 이렇게 정지용과 월명은 각자의 성향과 인식 태도에 따라 서로 다른 작품 세계를 이룩하였던 것이다.

한편 두 시인의 개인적 성향과 인식 태도는 각자 처한 시대의 사상적, 문예 사조적 배경과 일정하게 연관되어 있을 것이다. 8세기 중반 신라 경덕왕대의 월명은 불교의 정토 사상 내지 미타 신앙의 자장 안에,[32] 1920~30년대의 정지용은 서구 모더니즘의 영향 아래[33] 있었

31) 『삼국유사』 5권, 감통 제7, 「월명사 도솔가」, 既而日恠即滅 王嘉之 賜品茶一襲 水精念珠百八箇 忽有一童子 儀形鮮潔 跪奉茶珠 従殿西小門而出 明謂是内宮之使 王謂師之従者 及互徵而俱非 王甚異之 使人追之 童入内院塔中而隠 茶珠在南壁畫慈氏像前 知明之至德與至誠 能昭假于至聖也 如此 朝野莫不聞知 王益敬之 更贐絹一百疋 以表鴻誠.

32) 김승찬, 「제망매가」, 『향가문학론』, 새문사, 1991, 312-325면 참조.

던 것이다. 그리하여 〈제망매가〉는 인연설과 윤회설, 아미타불이 주재하는 서방에의 환생 등이 중요한 사상적 배경이 되고, 〈유리창〉은 감각에 의한 대상의 포착, 생생한 이미지의 창출 등 이미지즘적 경향이 반영되었다.

이렇게 해서 나타난 주제상의 차이점에도 불구하고 두 작품이 갖는 공통점은 그것대로 인정되어야 한다. 앞에서 분석한 바에 따르면, 생과 사의 2항 대립 구도, '너'와 '나'의 관계 설정, '가다'를 사용한 죽음의 형상화, 소멸성과 순간성의 의미를 담은 이미지, 사물 간의 상호 연관 속에 죽음을 표상하는 사유 방식 등이 두 작품에 공히 나타나는 주제적 특징이다. 이러한 공통점은 우연히 그렇게 된 것으로 볼 수도 있지만 죽음을 주제로 한 서정시라면 어느 정도 유사한 방식으로 다룰 만한 주제적 구도라고 할 수 있다. 그러나 서정시 일반의 것이라 하더라도 이러한 특징은 한국어 시어들의 조직을 통한 의미와 이미지의 생성이라는 점에서 한국적 서정성의 한 국면에 가닿아 있을지도 모른다.

그렇다고 이것이 한국적 서정성의 한 국면을 드러낸다고 말하기에는 두 작품만의 비교일 뿐이라서 성급한 일반화의 오류가 될 것이다. 다만 두 작품이 갖는 시가사적 비중에 비추어 죽음에 대한 형상화의 공통된 면모는 계속해서 음미해 보아야 할 민족 문학의 자산에 해당한다. 두 작품 사이에 개재한 시간적 격차 사이에 보다 많은 전통 시

---

33) 김기림, 「모더니즘의 역사적 위치」, 『시론』, 백양당, 1947, 74-76면 ; 김윤식, 『한국 근대문학사상사』, 한길사, 1991, 413-416면 ; 박노균, 「정지용의 문학사상과 서구 모더니즘」, 『개신어문연구』15, 개신어문학회, 1998, 533-538면 참조.

가를 놓고 살펴서[34] 그 시가사적 맥락을 짚어 나가는 일이 과제로 남는다.

5. 결 론

이 논의는 정지용 문학의 전통 지향성이 한시 혹은 동양의 은일 사상에만 한정될 수 없다는 문제의식에서 출발하였다. 그리하여 그의 대표작 〈유리창〉이 10행시이고 혈육의 죽음을 다룬 점에서 10행 향가 〈제망매가〉와 비교할 만하다는 점에 주목하였다. 겉으로 드러나는 공통점에서 좀 더 들어가 형식과 주제 면에서 두 작품의 비교가 가능하다고 보았다. 이를 통해 〈유리창〉에 남겨진 전통 시가의 흔적을 찾는 한편 〈제망매가〉가 지닌 한국 서정시의 원천적 지위를 확인하고자 하였다.

먼저 형식 면에서 두 작품을 비교해 보았다. 〈유리창〉의 10행은 1-2-2-1-2-2행으로 분절되어 2행 위주에 1행이 혼합된 형태로 분석된다. 이는 2행 1연을 바탕으로 10행 1연의 형태를 갖춘 것으로서 〈제망매가〉를 포함한 10행 향가가 2행을 기본 단위로 한 점과 공통된다. 그러나 의미 구조상 〈유리창〉은 4단 구조인 데 비해 〈제망매가〉는 3단 구조로서 서로 차이가 난다. 반면 두 작품 모두 3음보를 기조로

34) 가령, 한시 중에서 애도시(哀悼詩)의 전통(최재남, 『체험서정시의 내면화 양상 연구』, 보고사, 2012, 185-232면)이 두 작품 사이의 간격을 메워 줄 만한 연구 주제인데 여기에서는 미처 다루지 못하였다.

하면서도 2, 4음보가 어우러진 율격적 특질을 지닌다. 그러나 전자는 2행 위주에 1행이 삽입되어 2행 연속의 틀에서 벗어나 있고, 제6행의 '반짝' 앞뒤에 쉼표를 붙여 개성적 율격을 창출한 점은 후자와 같은 정형시에서 찾아보기 어렵다. 한편 전자 제10행의 감탄사는 후자 제9행의 그것과 함께 시상을 모은 다음 결말로 이끄는 역할을 한다. 그런데 전자가 시적 문맥 속에서 구체화된 화자의 호흡을 담은 데 비해, 후자는 10행 향가의 낙구 도입부가 지닌 공식적 역할에 머물렀다.

다음으로 주제 면에서 비교하였다. 〈유리창〉과 〈제망매가〉는 생과 사의 2항 대립을 전제로 죽음의 경험을 형상화하였다는 공통점을 지닌다. 전자는 유리창의 안과 밖의 세계로, 후자는 생과 사, 나는 것과 가는 것으로 이분하였고, 둘 다 죽음과 삶의 관계를 너와 나의 관계로 설정하였다. 그런데 죽음에 대한 인식 방법상 전자는 감각에 의존하고 후자는 사유를 통한다는 차이가 있다. 이 점은 두 작품에 쓰인 '가다'의 예를 분석해 보면 잘 드러난다. 또한 전자는 네가 떠났다는 사실을 토로하며 죽음을 수용한 데 비해, 후자는 슬픔을 넘어 종교적 전망을 찾는다는 차이도 보여 준다. 이에 반해 전자의 제6행과 후자의 나뭇잎 비유에서 영락 · 소멸과 탄생 · 향유의 의미가 대비되면서 소멸성, 순간성의 의미를 공유한다. 또한 시 · 공간 속에 놓인 사물들의 상호 연관 속에서 죽음을 형상화하는 방법을 찾은 점도 공통된다.

이러한 비교를 통해 어떤 시가사적인 의의를 찾을 수 있을지 생각해 보았다. 정지용의 10행시 중 〈비로봉1〉과 〈귀로〉같이 시상을 종결하는 부분에서 영탄이 발하는 양상이 〈유리창〉에서 더욱 뚜렷하게 나타난다. 제10행 첫머리의 감탄사는 고려 가요 〈정과정〉에서도 나타나는데, 이로써 본다면 10행 향가에서 고려 가요로 이행하면서 감탄사의 위치가 바뀐 시가사적 흔적이 〈유리창〉에 남았다고 하겠다. 두 작품의 의미 구조가 4단과 3단으로 차이 나는 것도 시가사의 관점에서 이해된다. 10행 향가와 시조로 대표되는 고유 서정시의 3단 구조가 한시와 같은 외래의 4단 구조와 경쟁하며 전개된 시가사에서 후자가 우위를 점한 결과 그것이 마치 전통의 중심인 양 현대시에까지 영향을 끼친 것으로 생각된다. 한편 두 작품이 주제 면에서 차이가 나는 점은 정지용과 월명이라는 시인, 당대의 사상이나 문예 사조 간에 개재한 차이에 기인할 것이다. 반면 두 작품의 주제상 공통점은 서정시 일반이 지닌 특성, 나아가 한국적 서정성의 깊은 맥에 닿아 있는 특질의 하나로 볼 여지가 있다.

이러한 두 작품의 비교를 통하여 10행 향가에서 현대시에 이르기까지 서정성의 전통 및 그 변화의 맥락을 살필 만한 시가사의 두 지점을 확보한 것일 수 있다고 생각한다. 그렇지만 두 작품에 국한된 논의라는 점에서 논의의 한계는 너무도 분명하다.

이육사의 시와 화랑도의 향가

1. 서 론

이육사 연구의 초기부터 그의 시가 지닌 정형성에 대한 논의가 있어 왔다.[1] 이육사의 시는 행과 연의 구분이 상당히 규칙적이어서 정제된 형식을 띠고 있다. 한시와 시조도 썼던 만큼 이육사의 시의 이러한 특징은 전통적 교양에 바탕을 둔 '성형 의식'(成型意識)[2]에 의한 것으로 볼 수 있다. 그런데 그의 현대시에서 한시[3]나 시조[4]와는 구분

1) 이육사 시의 정형성에 대해 주로 행수나 연수가 일정한 점과 기승전결의 구성을 강조한 논의가 이어졌다. 정한모, 「육사 시의 특질과 시사적 의의」, 『나라사랑』16, 외솔회, 1974, 57-59면 ; 조창환, 「이육사론」, 『관악어문연구』2, 서울대학교 국문과, 1977, 322-329면 ; 이명수, 「이육사 시 연구」, 석사 논문, 건국대학교, 1982, 4-18면 ; 김삼주, 「이육사 시 연구」, 석사 논문, 인하대학교, 1984, 14-29면.

2) 정한모, 앞의 논문, 59면.

3) 한시와의 관련성은 다음 연구들이 있다. 김윤식, 「절명자의 꽃」, 『한국근대작가논고』, 일지사, 1974, 253-254면 ; 최병유, 「이육사 시 연구 - 한시 전통 계승 문제를 중심으로」, 『선청어문』14 · 15, 서울대학교 국어교육과, 1986, 111-117면 ; 이상숙, 「이육사 시의 동양시학적 분석을 위한 시론」, 『한국시학연구』12, 한국시학회, 2005, 119-136면.

4) 시조와의 관련성은 김삼주, 앞의 논문, 66-70면 참조.

되는, 향가의 형식과 유사한 면모가 나타나는 점이 주목된다. 향가는 한국 서정시의 연원에 해당하는 시가 양식인데, 그 형식적 특질을 이육사의 현대시에서 찾을 수 있다는 것은 서정시의 유구한 흐름 속에 면면히 이어져 온 한국적 서정성을 재인식하도록 한다.

한편 이육사의 시에는 몇 가지 주제가 반복적으로 다루어졌다. 유랑, 궁핍, 유폐, 회고, 고향, 극한 상황, 희망 등이 그것인바, 이 주제들은 시인의 의지적 목소리에 실려 발화된다. 『육사시집』 서문의 표현을 빌리면 '무형한 꿈'[5]에 대한 올곧은 의지의 목소리인 것이다. 그 꿈은, 현재는 없지만 언젠가 회복될 어떤 것에 대한 믿음이라고 할 수 있다. 조국의 광복이든 고향의 회복이든 아니면 시인이 신봉하는 이념의 사회적 실현이든 간에 그 어떤 것에 초지일관한 태도를 지녔다는 점에서 시인의 의지는 지조라는 의미로 해석된다.[6] 지조의 주제는 조선의 선비 정신을 거슬러 올라가 신라의 화랑도(花郞道)에까지 닿을 수 있다. 여기에서는 이육사의 시가 형식과 주제 면에서 향가의 맥을 잇고 있다는 점을 논하고자 한다. 이육사 시의 정형성은 향가의 형식과 비

5) 신석초 외, 「서」, 『한국대표시인초간본총서; 육사시집』, 2004, 열린책들, 8면.

6) 이육사 연구에서 지조, 지절, 선비 정신, 선비 의식, 유자(儒者)의 정신 등을 거론한 논의는 상당수에 이르는바, 대표적인 예는 다음과 같다. 정한모, 앞의 논문, 50-51면 ; 김윤식, 앞의 논문, 251-252면 ; 김학동, 「육사 이원록 연구」, 『진단학보』 40, 1975, 135면 ; 윤정룡, 「이육사의 사상적 위상 시론-서시 '무지개'를 통하여」, 『한국문화』6, 서울대 한국문화연구소, 1985, 123면 ; 이동하, 「이육사-절정-유자의 정신과 객관적 절제」, 『한국대표시평설』, 문학세계사, 1995, 228-230면 ; 유병관, 「선비정신과 초인의 꿈」, 『국제어문』23, 국제어문학회, 2001, 234-239면 ; 변창구, 「이육사의 선비정신과 독립운동」, 『민족사상』7, 한국민족사상학회, 2013, 100-116면.

교할 만한 유사점을 보인다. 음보, 시행, 의미 구조 등의 측면에서 이육사의 시를 〈제망매가〉로 대표되는 10행 향가와 관련지을 수 있을뿐더러 〈모죽지랑가〉 같은 8행 향가와의 유사성도 논할 수 있다. 또한 이육사 시의 중심 주제인 지조는 시조에서도 중요하지만 향가, 특히 화랑도(花郞徒)의 향가에서 서정적으로 밀도 있게 그려졌다. 화랑도에 속한 시인들의 〈모죽지랑가〉, 〈찬기파랑가〉에서 다룬 지조의 주제가 이육사 시와 상통하는 면을 지니는 것이다.

이렇게 이육사의 시와 향가의 관련성을 살펴봄으로써 향가에서부터 현대시까지 우리 고유의 서정시에 면면히 흐르는 형식 및 의미 구성의 내적 자질에 대한 이해가 좀 더 심화될 수 있기를 기대한다.

2. 이육사의 고전 시가에 대한 관심

이육사가 한시와 시조를 지었다는 사실은 잘 알려졌다. 우선 그가 지은 한시 세 수를 보면, 작품 수가 적어서인지 어떤 특징을 찾아내기 어렵다. 〈근하석정선생육순〉(7언 절구)은 제목처럼 축하의 시로서 결구에서 '遙憶鄕山入夢頻'[7](멀리 고향 산 생각하니 꿈에 자주 뵐지라.)이라 하여 시적 대상의 속마음을 대신 말해 주는 수법을 보이지만 구사된 어구는 상투적이다. 〈만등동산〉(5언 율시)과 〈주난흥여〉(7언

7) 시 작품의 인용은 박현수, 『원전주해 이육사 시전집』, 예옥, 2008의 현대어 및 한자 표기를 가져오고, 산문을 인용할 때는 심원섭, 『원본 이육사 전집』, 집문당, 1986의 표기에 따른다.

절구)는 친구들과 어울린 자리에서 즉흥적으로 지었는데, 전자가 주로 동산(삼선교 뒷산,[8] 즉 낙산)에 올라 취홍과 시흥을 드러내며 멀리 한강의 나룻배가 보이는 풍경까지 읊은 데 비해 후자는 홍취에서 시상을 돌려 전·결구 '天涯萬里知音在 老石晴霞使我寒'(하늘가 만 리 밖에 친한 벗 있으니 / 오래된 돌 맑은 놀이 내 마음 서늘케 하네.)처럼 그 자리에 없는 친구에 대한 애틋하고 쓸쓸한 정서를 표출하고 있다.

한시는 워낙 고정된 격식으로 된 정형시라서 시인은 그 틀에 맞추어 시상을 전개할 따름이다. 그 격식이란 한자의 운율을 맞추는 것과 함께 기승전결의 시상 전개, 선경후정의 주제 표출 방식 등을 말한다. 이러한 한시의 형식적 특징이 이육사의 시 형식에 어느 정도 영향을 끼쳤다고 보는 것은 그 스스로 한시를 지은 점으로 보아 수긍할 만하다. 그러나 기승전결의 4단 구성을 이육사의 시에 두루 적용하기에는 무리가 있다. 가령 3연으로 된 〈교목〉이나 5연의 〈광야〉를 기승전결로 보는 것은[9] 이해하기 힘들다. 또한 선경후정의 주제 표출도 이육사의 한시 세 수에서조차 일률적으로 나타나지 않는 터에 그의 현대시에서 그러한 면모를 찾기가 쉽지 않다. 말하자면 한시의 영향은 상당히 제한적이라고 하는 것이 온당하리라 본다.

한시에 비해 시조의 영향은 더 중요하게 고려할 만하다. 신석초에게 보낸 엽서에 실린 시조 두 수는 시적 대상을 그리워하는 마음을 표현

8) 심원섭, 앞의 책, 349면, 351면.

9) 김윤식, 앞의 책, 254면. 한편, 최미정, 「이육사 시의 구조 고찰」, 『관악어문연구』 11, 서울대학교 국문과, 1986, 185-186면에서는 정형성이 잘 드러나지 않는 〈해후〉조차도 기승전결 구조가 이중적으로 짜였다고 하였다.

한 것이다. 두 수 모두 3장 형식과 4음보의 율격을 엄격히 지켰는데, 다만 두 번째 시조의 종장 앞 구 '저 달 상기 보고 가오니'만 2-7자의 2음보를 이루어 3-5자로 2음보를 이루는 보통의 시조 율격에서 벗어난 것처럼 보인다. 그렇지만 '저 달'은 '저ㅡ달'로 장음 발음이 가능하다는 점에서 시조 종장 첫 음보의 3자 고정 원칙에서 벗어난 것은 아니다.

그런데 시조의 영향이 뚜렷한 현대시 〈춘수삼제〉는 3장 구성과 종장 첫 음보의 고정은 유지하면서도 각 행의 음보가 확장되었다. 전래의 엇시조나 사설시조가 평시조의 음보를 확장한 양식인데, 그렇더라도 종장의 3-5-4-3자 4음보만큼은 대체로 지켜졌다. 그런데 이육사의 이 작품 제1, 2연에서는 종장까지도 6음보로 확장되어 나타난다. 시조 형식과 율격의 핵심은 존속하면서 시인의 호흡에 맞는 음보율로 시상을 펼쳤던 것이다. 이는 시조의 현대시화를 시도한 것이라 하겠는데, 한시의 경우와 비교하여 시조에 대한 관심과 그것을 변용해 보려는 의지가 훨씬 강함을 알 수 있다.

이육사의 고전 시가에 대한 관심은 한시, 시조에 국한되지 않는다.

> 洛東江이라면……金海龜浦까지 七百里를흘러가는 동안에이골물이졸졸 저골물이콸콸 열에열두골물이 한데로 合水처 천방저지방저 저건너 병풍石 꽝꽝마조처 흐르다가[10]

이미 지적되었듯이, 이육사의 수필에 나온 위의 구절은 조선 후기

10) 이육사, 「계절의 오행」, 『원본 이육사 전집』, 집문당, 1986, 212면.

잡가 〈유산가(遊山歌)〉의 한 대목을 옮겨 놓은 것이다.[11] 주로 4음보 연속의 가사체 율격으로 표현된 〈유산가〉의 한 대목을 가져옴으로써 산문으로 이루어진 이 글의 흐름에 리듬감을 돌출한다. 이를 달리 설명하면, 4음보의 잡가가 산문 속에 삽입됨으로써 본래의 율격이 비율격적 산문의 흐름에 섞여 버렸다고도 할 수 있다. 율격의 해체까지는 아니지만 산문 속에서 원래의 유창한 리듬감이 상당히 약화된 것이다. 이 역시 이육사의 의도적인 시도로 보인다.

띄엄 띄엄 보이는 그림조각은
앞밭에 보리밭에 말매나물 캐러간
가시내는 가시내와 종달새 소리에 반해

빈 바구니 차고 오긴 너무도 부끄러워
술레짠 두 뺨 위에 모매꽃이 피었고.

그넷줄에 비가 오면 풍년이 든다더니
앞내강에 씨레나무 밀려나리면
젊은이는 젊은이와 뗏목을 타고
돈 벌러 항구로 흘러간 몇 달에
서릿발 잎 져도 못 오면 바람이 분다.

〈초가〉에서

11) 박현수, 「이육사 문학의 전거수사와 주리론의 종경정신」, 『우리말글』25, 우리말글학회, 2002, 439면.

기존 논의에서는 〈초가〉의 마지막 행 '동리(洞里)의 밀고자인 강물'의 원천을 〈도화원기(桃花源記)〉에서 찾았다.[12] 그렇지만 이 작품은 가시내와 젊은이를 등장시킨 시적 발상과 돈 벌러 객지에 나가는 상황 설정 등에서 민요 〈아라리〉를 연상시킨다는 점이 더욱 주목된다. '공동묘지 가신낭군 제사때오고 / 일본아 대판가신 낭군 돈벌아온다'(경상북도),[13] '말깨나하는놈 재판소가고 / 일깨나하는놈 공동산가고 / 아아깨나노을년은 갈보질가고 / 목도깨나멜놈은 일분가고 / 신작로가상다리 아까시야목은 / 자동차바람에 춤을춘다'(경상남도),[14] '부령청진 간낭군은 돈벌이 가구 / 공동묘지 간낭군은 영이별 일세'(함경북도)[15] 등의 예에서 〈아라리〉의 시적 발상과 상황 설정이 드러난다. 이를 보면 이육사의 〈초가〉는 기본적으로 〈아라리〉와 상통하는 설정이라고 할 수 있다. 물론 현대시로서의 면모를 갖추었기에 기본 설정 외에는 전혀 새로운 면모이지만 적어도 고전 시가에 대한 이육사의 관심이 민요 〈아라리〉에까지 미쳤다고 보는 근거는 되리라 생각한다.

이상에서 살폈듯이 이육사는 한시, 시조, 잡가, 민요 등 고전 시가의 여러 장르에 폭넓은 관심을 지니고 있었다.[16] 이는 한시의 형식만

12) 위의 논문, 446면.

13) 김소운, 『언문 조선구전민요집』, 동경: 제일서방, 1933, 216면,

14) 위의 책, 323면

15) 고정옥, 『조선민요연구』, 수선사, 1949, 194면.

16) 이육사는 고전 시가뿐 아니라 〈화용도〉, 〈춘향전〉 이야기를 해 달라는 요구를 받을 만큼 고전 소설에 대한 소양도 갖추었다(이육사, 「문외한의 수첩」, 『원본 이육사 전집』, 집문당, 1986, 205-206면 참조).

고려하여 이육사 시의 성형 의식을 논하는 것으로는 충분치 못함을 말해 준다.

향가의 경우는 1929년에 전편에 대한 기초적인 해독이 한 차례 이루어졌고[17)]1930년대 들어 작품별로 논의되기 시작하였다. 향가에 대한 이해가 일천한 시기였던 만큼 일제 강점기 대부분의 시인이 향가의 면모를 모르고 있었으니 이육사의 글에서 향가에 대한 언급을 기대할 수는 없다. 그렇지만 이육사가 고전 시가의 외형률을 계승, 변용하려는 시도를 한 것 자체가 향가와의 접맥을 시사한다.

이육사의 시도에 주목할 때, 한시, 시조 등만이 아니라 고전 시가의 전통 속에 깊이 자리 잡은 향가의 형식도 함께 고려해야 한다. 곧 향가—고려 가요—시조—현대시로 이어지는 서정시의 심층적인 맥락을 상정할 필요가 있다. 향가에 대한 언급이 없더라도 고전 시가의 정형성에 대한 관심 자체가 향가 형식과의 접맥 가능성을 마련해 준다고 본다. 이는 우선 이육사의 시 작품이 보여 주는 형식적 특질을 통해 드러날 것이다.

3. 2행 구성, 3단 의미 구조와 향가 형식

한시를 제외한 이육사의 현대시에 대한 형식별 분류가 여러 차례 이루어진 바 있는데,[18)] 여기서는 한시와 시조를 제외한 36편을 대상

---

17) 小倉進平, 『郷歌及び吏讀の研究』, 경성제국대학, 1929.

으로[19] 다시 한 번 정리해 보고자 한다. 연과 행의 구성에 따라 시 형식을 나누어 보면 다음과 같다.

[표] 연, 행의 구성에 따른 이육사 시의 분포

연 구성	편수	행 구성	편수	행과 연 구성	편수
1연	0[20]	1행	2	2행 5연	4
2연	2	2행	14	2행 3연	3
3연	7	3행	10[21]	3행 3연	3
4연	4	4행	4	3행 6연	3
5연	9	5행	1	2행 4연	2
6연	6[22]	행 복합	5	3행 2연	2
7연	4			3행 5연	2
8연	2			2행 6연	2
9연	1			2행 7연	2
10연	1			이하 생략	1편씩은 생략

18) 새 작품이 발굴됨에 따라 애초에 25편(정한모, 앞의 논문, 58-59면)을 대상으로 분류한 데에서 나아가 27편(조창환, 앞의 논문, 323면), 32편(이명수, 앞의 논문, 5면), 33편(김삼주, 앞의 논문, 19면) 등으로 확대되었다.

19) 박현수, 앞의 책에 실린 작품을 대상으로 하였다.

20) 박현수, 앞의 책, 189면에서는 〈화제〉를 1연으로 옮겨 놓았으나 190면의 원문을 보면 2단에 걸쳐 3행-3행으로 인쇄되었다. 함께 실린 〈산〉과 〈잃어진 고향〉이 2행 위주인 점을 고려하면 〈화제〉는 6행 1연보다는 3행 2연으로 지어졌을 가능성이 높다. 따라서 현존 이육사 시에서 1연으로 된 작품은 없는 셈이다.

21) 위의 책, 173면에 실린 〈나의 뮤―즈〉 원본은 6연 3-3-3-3-2-4행이지만 박현수의 연 구분을 수용하여 마지막 두 행을 3-3행으로 보고 셈하여 이 숫자에 포함하였다.

22) 위의 책, 68면 주1)에서 〈초가〉의 연 구분에 대해 6연 5-3-2-5-3-2행 배열과 4연 5행 배열의 서로 다른 견해를 제시하였는데, 필자는 박현수의 견해와 같이 원본의 연 구분에 따라 〈초가〉를 6연에 넣어 셈하였다. 한편, 같은 책, 148면에 실린 〈자야곡〉 원본은 5연 2-4-2-2-2행으로 나와 있지만 이 역시 박현수의 견해에 동의하여 6연 2-2-2-2-2-2행으로 파악한다.

표에서 보듯이, 이육사 시는 3연, 5연, 6연 및 2행, 3행 구성의 작품이 주류를 이룬다. 다른 수의 행이 복합된 시는 36편 중 5편에 불과하고[23] 나머지는 모두 일정한 수의 행으로써 연이 구성된다. 그리고 2행 5연의 시가 4편으로 가장 많다.[24] 현대시인 만큼 행과 연 구성이 다양한 것은 당연하나 그중에서 2행 5연이 많다는 점은 그것대로 주목해야 한다. 아울러 2행이나 3행의 3연으로 된 시가 6편이나 된다는 점도 특징이다. 기존에 이육사 시의 정형성을 한시의 기승전결과 관련지은 논의가 많았으나,[25] 4연으로 된 작품은 4편인 데 비해 3연과 6연의 작품이 13편으로 그보다 훨씬 많다는 점은 정형성의 원천에 대해 재론할 필요성을 시사한다.

먼저 2행 5연으로 된 작품 한 편을 살펴보기로 하겠다.

서리 빛을 함복 띠고
하늘 끝없이 푸른 데서 왔다.

강바닥에 깔려 있다가
갈대꽃 하얀 위를 스쳐서.

---

23) 행 복합의 작품도 〈한 개의 별을 노래하자〉는 2-3-4-3-2-4-3-2행 8연, 〈초가〉는 5-3-2-5-3-2행 6연, 〈강 건너간 노래〉는 3-2-3-2-3행 5연, 〈산〉은 2-2-2-2-1행 5연, 〈편복〉은 8-6-7-5행 4연으로 되어 있어 〈편복〉 외에는 2행과 3행 중심의 연 구성이라는 점에서 이육사 시의 정형성에서 크게 벗어나지 않는다.

24) 마지막 연이 1행으로 끝난 〈산〉까지 2행 5연의 변형으로 본다면 작품 수는 더 늘어날 수 있다.

25) 한시와의 관련을 논한 주3)의 논문들 외에도 〈절정〉을 다룬 거의 모든 논의에서 기승전결을 거론하였다.

장사(壯士)의 큰 칼집에 스며서는

귀양 가는 손의 돛대도 불어주고.

젊은 과부의 뺨도 희던 날

대밭에 벌레소릴 가꾸어 놓고.

회한(悔恨)을 사시나무 잎처럼 흔드는

네 오면 불길할 것 같아 좋아라.

〈서풍〉

각 연의 마지막 술어가 '왔다', '스쳐서', '불어주고', '가꾸어 놓고', '좋아라'인데, 제2연의'스쳐서'는 '스쳐서 왔다'의 줄임말이고, 제3, 4연의 술어는 공통적으로 어미 '-고'를 써서 '-고 왔다'의 뜻을 공유하며, 제5연의 술어는 제4연까지 의미상으로 이어진 '왔다'라는 동사에서 '좋아라'라는 형용사로 옮겨 갔다. 이렇게 볼 때 이 시는 제1 · 2연, 제3 · 4연, 제5연으로 구분된 3단의 의미 구조로 짜인 작품임을 알 수 있다. 서풍은 '서리 빛'을 '띠고' '강바닥에 깔려 있다가' 불어오는데, 도중에 '귀양 가는 손'과 '뺨도 흰' '젊은 과부'의 심사를 동하게 한 다음, 시적 화자에게 이르러 '회한'이 어리고 '불길할 것 같아 좋'은 느낌을 갖게 한다. 세 단락의 주제를 요약하자면, 서풍의 연원, 서풍의 내력, 서풍의 느낌이라고 할 수 있다.

이러한 3단의 의미 구조는 10행 향가의 일반적인 의미 구조와 상통한다. 10행 향가는 연이 구분되어 있지 않은 10행 1연의 시 양식이지만, 그 10행은 제1~4행, 제5~8행, 제9 · 10행의 3단락으로 구분된다. 2행+2행의 구와 2행 단독의 구가 혼합된 양식이다. 후자인 제9 · 10행을 낙구라고 하는데, 이는 앞 두 구(제1~4행의 제1구, 제5~8행의 제2구)의 의미 맥락을 뛰어넘거나 다른 쪽으로 틀어서 시상을 마무리 짓는 역할을 한다. 그러므로 자연히 낙구는 앞의 의미를 포섭하면서 또 다른 의미를 더하거나 심화하는 방향으로 나아가게 된다.[26] 이는 한시의 기승전결 구성과는 이질적인, 정—반—합의 변증법적 시상 전개에 따른 구성으로서 우리 서정시의 바탕을 이루는 의미 구조라고 할 수 있다.

3단의 의미 구조를 지닌 〈서풍〉은 이러한 10행 향가의 그것과 아주 유사한 양상을 보인다. 여기에 더하여 〈서풍〉이 3음보 중심의 율격으로 이루어진 점은 향가의 1행 3음보 혹은 2행 6음보 율격[27]과의 친연성을 더욱 높인다. 10행 향가의 낙구 앞에 붙는 '아아'와 같은 감탄사만 있다면 현대의 사뇌가(10행 향가)라고 해도 무방할 정도이다. 물론 향가의 장르 지표로서 낙구 앞 감탄사는 불가결하므로 이렇게 말하는 것이 지나치기는 하지만, 〈서풍〉과 10행 향가의 의미 구조상의 유사성만큼은 인정되어야 할 것이다.

〈서풍〉 외에도 〈소공원〉, 〈아편〉, 〈반묘〉 등이 2행 5연의 작품이다. 그중 〈반묘〉와 〈아편〉은 〈서풍〉의 3단 구성과 유사하나 〈소공원〉은 공원에서 본 소재들을 각 연에 하나씩 배치한 것이어서 구성

26) 신재홍, 『향가의 미학』, 집문당, 2006, 148-150면.
27) 위의 책, 143면.

방식이 다르다. 그렇지만 〈소공원〉도 앞 연들에서 동물을 스케치하다가 제5연에 이르러 사람을 그렸다는 점에서 마지막 연의 시상 전환 기능만큼은 보여 준다.

그런데 3단의 의미 구조가 2행 5연의 작품에만 나타나는 것은 아니다. 〈남한산성〉, 〈호수〉, 〈광인의 태양〉 등 2행 3연, 〈춘수삼제〉, 〈교목〉, 〈바다의 마음〉 등 3행 3연의 작품도 3단으로 되어 있다. 다만 이들은 제3연이 도약 내지 전환의 기능을 하지는 않는다는 점에서 〈서풍〉 같은 예와는 구분된다. 이에 비해 3행 5연의 〈노정기〉, 〈광야〉, 4행 5연의 〈황혼〉, 3행 · 2행 복합 5연의 〈강 건너간 노래〉 등은 2행 5연의 의미 구조와 상통하는 모습을 보인다.[28] 한편 2행 6연의 〈청포도〉는 제1 · 2연, 제3 · 4연, 제5연, 제6연의 기승전결의 4단으로 볼 수도 있지만, 제6연 첫 구 '아이야'의 전환 기능에 주목할 때 3단으로 볼 여지가 더 크다. 곧, 의미 구조상 제1 · 2연이 묶이고 '-면, -으니, -으련'의 종결 어미를 지니는 제3 · 4 · 5연이 묶인 다음 '아이야'로 시작되는 제6연에서 시상이 전환하여 종결되는 것으로 볼 수 있다.

이렇듯 많은 작품이 3단의 의미 구조를 이루고 있는 점은 이육사의 시를 시조나 10행 향가와 같은 고유 서정시 양식과 비교할 근거를 마련한다. 3장으로 이루어진 시조와의 비교도 가능하지만, 앞에서 살펴본 〈서풍〉의 예처럼 10행 향가와의 비교가 더욱 유효하다고 본다. 외형률로 고정된 정도에 있어서 10행 향가가 시조보다 융통성이 큰 양

28) 이 4편 중 〈노정기〉만큼은 제1 · 2연, 제3 · 4연, 제5연의 의미 구조가 분명히 드러나지 않는다. 이렇게 분석할 수도 있고, 제1연, 제2 · 3 · 4연, 제5연의 3단으로 볼 수도 있어서 애매하다.

식인 만큼 내재율로 이루어진 현대시와 비교하기에 더욱 적합하기 때문이다.

물론 이육사의 시 전부가 3단 구조인 것은 아니다. 5행 2연의 〈말〉, 4행 4연의 〈실제〉, 2행 · 3행 · 4행 복합 8연의 〈한 개의 별을 노래하자〉 등 짝수 연으로 이루어진 작품들은 대개 3단 구조와는 다른 양상을 보인다. 〈말〉처럼 제1연과 2연의 의미를 대립하거나, 〈실제〉처럼 도시의 뒷골목 풍경을 각 연에 병렬하거나, 〈한 개의 별을 노래하자〉처럼 수미상관을 이루는 중에 각 연의 의미가 점층적으로 심화한다. 대립 구조, 병렬 구조, 점층 구조라고 할 만한 형식을 취하였다. 짝수 연의 작품 중에서 6연의 경우에는 위에서 언급한 〈청포도〉가 3단 구조에 가까운 데 비해 〈초가〉, 〈자야곡〉, 〈나의 뮤―즈〉, 〈독백〉, 〈아미〉 등은 병렬 혹은 점층 구조로 되어 있다.

그런데 짝수 연 중에서 2행 4연의 〈일식〉과 〈절정〉은 향가의 다른 하위 장르와 관련하여 주목된다.

쟁반에 먹물을 담아 햇살을 비쳐본 어린 날
불개는 그만 하나밖에 없는 내 날을 먹었다

날과 땅의 한 줄 위에 돈다는 고 순간만이라도
차라리 헛말이기를 밤마다 정녕 빌어도 보았다

마침내 가슴은 동굴보다 어두워 설레인고녀
다만 한 봉오리 피려는 장미 벌레가 좀치렷다

그래서 더 예쁘고 진정 덧없지 아니 하냐

또 어데 다른 하늘을 얻어 이슬 젖은 별빛에 가꾸련다.

〈일식〉

제1연에서 어린 날에 일식을 본 경험을 말하며, 제2연에서 그때 일식을 보기 전 가슴 졸이던 기억을 떠올리고, 제3연에서 지금 일식을 다시 보는 설렘을 표현하며 일식을 좀먹은 장미에 비유하고, 제4연에서 일식을 보고 느낀 바를 통해 화자의 지향하는 뜻을 드러내었다. 전체적으로 기승전결의 4단 구조를 이룬다.

그런데 이러한 4단 구조는 3단 구조로 인식될 가능성도 높다. 제1연과 2연이 과거 회상으로 묶이면서 작품의 시상은 과거—현재—미래의 시간적 흐름을 따라 3단으로 짜였다고 볼 수 있기 때문이다. 나아가 일식을 경험했던 시간대와 다시 일식을 보고 느낀 시간대로 묶어 제1·2연과 제3·4연의 2단 구성으로 볼 여지도 있다. 여기서 제3연과 4연 사이에 개재한 의미 차는 보고 느끼는 것과 생각하여 지향하는 데 있다고 하겠다.

이같이 기승전결의 4단 구조를 다시 3단 혹은 2단으로 볼 수 있다는 점은 향가 중에서 8행 향가의 형식을 떠올리게 한다. 현존 향가는 4행, 8행, 10행 향가 및 장가의 네 가지 하위 장르로 구분되는데, 그중 8행 향가는 4행 향가의 중첩에 의해 형성된 장르로 여겨진다.[29] 의미상 2행+2행으로 구성된 4행 향가의 중첩인 만큼 4행+4행의 의미 구

29) 신재홍, 앞의 책, 188-193면.

조로 짜였다. 그런데 〈모죽지랑가〉, 〈처용가〉 등 현존 8행 향가 작품들은 대개 4행+2행+2행의 3단 구성에 의한 의미 구조를 이룬다. 애초 이 양식이 형성될 때는 2단 구조였으나 10행 향가가 주류를 이룸에 따라 그 형식의 영향으로 3단 구조의 작품이 많이 나왔으리라 추측된다. 이에 8행 향가는 외형상 2단 구조이나 내면적으로 3단 구조의 시가 양식이라고 할 수 있다.

8행 향가의 이러한 양식적 특성은 앞에서 분석해 본 〈일식〉의 의미 구조와 유사하다. 〈절정〉 또한 〈일식〉처럼 2행 4연의 작품인바, 이 두 작품은 8행 향가와의 비교가 가능하다. 10행 향가뿐 아니라 8행 향가와도 비교된다는 점에서 이육사 시와 향가의 친연성은 폭이 넓다고 할 수 있다.

한편 주제 면에서도 이육사의 시와 향가는 비교의 대상이 될 수 있다. 서론에서 언급하였듯이 이육사 시에 두루 통하는 주제는 지조라고 할 수 있다. 자신의 '꿈'을 끝까지 추구해 나갔다는 점에서 삶의 태도 면에서의 지조이지만 그 꿈의 대상, 즉 무엇을 꿈꾸었는가의 '무엇'이 무형의 것이거나 현재 존재하지 않음으로 해서 그 지사적 태도에는 끊임없이 연민, 회한, 반성 등이 따라붙는다.

현존하지 않는 것을 부재한 국가에 대한 지조로 이해할 경우, 이와 같은 이육사의 정서는 중세에 임금의 은총을 잃어버린 신하의 심정과 비교할 만하다. 버림받은 신하로서는 예전에 임금이 준 은총이 사라진 지금 자신을 지탱할 버팀목을 잃었다고 느낄 것이다. 그러나 그때나 이제나 임금에 대한 충성심은 변치 않았음을 호소하기도 하고 자신의 일관된 마음과 태도를 다짐하기도 한다. 이렇듯 이육사 시에 관통하는바 부재중인 것에 대한 지조와 중세 시가의 주요 흐름 중 하나인 절의, 지조의 주제는 맥을 같이한다.

고려와 조선 시대 시조 중에는 정몽주의 〈단심가〉, 성삼문의 〈절의가〉 등 지조를 주제로 한 작품이 많이 있다. 그렇지만 이육사 시의 지조의 주제와 비교하기에 더욱 적합한 것은 신라 시대 향가 작품들이다. 적대 세력에 잡혀 온 낭도가 화랑의 구원을 바라는 〈모죽지랑가〉, 고귀한 이념을 세우고 극락왕생한 화랑을 기리는 〈찬기파랑가〉, 혈육의 임종을 지켜본 승랑이 일심으로 극락왕생을 기다리는 〈제망매가〉 등 시적 화자가 어떤 존재의 부재에서 느낀 정서를 표현한 작품들이 현존한다. 주로 화랑도가 지은 이들 작품의 주제는 이육사 시의 그것과 비교할 만하다. 이로써 중세와 현대라는 시대적 차이를 넘어 우리 서정시에 줄기차게 흘러 온 시적 주제 중 하나를 살펴볼 수 있다.

4. 작품의 비교 분석

1) 〈절정〉과 〈모죽지랑가〉

두 작품은 시인이 본래 있어야 할 곳을 떠나와 외롭고 고달픈 처지에 놓여 있다는 점에서 창작의 배경이 공통된다. 이육사는 고국을 떠나 중국 북경, 봉천, 남경, 상해, 만주 등지를 떠돌며 독립 운동에 헌신하였고,[30] 득오는 죽지랑의 휘하에 있다가 익선에게 잡혀 와 익선의 근거지인 모량리에서 강제 노역에 시달리고 있었다. 두 시인은 자신이 현재 처한 상황을 직시하고 그 상황을 극복하기 위해 고민하면서 시를 지었던 것이다.

매운 계절의 채찍에 갈겨
마침내 북방으로 휩쓸려오다

하늘도 그만 지쳐 끝난 고원
서릿발 칼날 진 그 위에 서다

어데다 무릎을 꿇어야 하나?
한 발 제겨디딜 곳조차 없다

이러매 눈감아 생각해 볼밖에
겨울은 강철로 된 무지갠가 보다.

이와 같은 2행 4연의 〈절정〉에 비해 〈모죽지랑가〉는 8행 1연의 시이다.

간봄 ᄀᆞ리ᄆᆡ	지난봄 속하였으매
모다 잇사 우롤 이 시름.	모두 있어야 울 이 시름.

30) 박현수, 앞의 책, 273-282면 참조.

아ᄃᆞᆷ ᄂᆞᆺ 됴히시온 즈ᅀᅵ
年數 나ᅀᆞᆷ 디기녈져.
누ᄂᆡ 도롤 업시 이ᄋᆡ
맛보기 엇디 지소아리?
郞야 그릴 ᄆᆞᄉᆞᄆᆡ 녀올 길
다보ᄌᆞᆺ 굴헝ᄋᆡ 잘 밤 이사리.

얼마 전까지도 좋으신 모습이
세월이 갈수록 축나 가겠구나.
눈의 돌림 없이 이에
만나기 어찌 지으리?
낭이 그리워할 마음에 오고 갈 길
다북쑥 거리에서 잘 밤 있으리.[31)]

두 시는 2행 단위로 묶인 4단의 기승전결 구성이라고 볼 수 있다. 그렇지만 8행 향가의 의미 구조에 비중을 둔다면 2단 내지 3단으로 분석할 여지도 충분하다. 첫째와 둘째 단락은 화자가 처한 현 상황에 대한 인식을, 셋째와 넷째 단락은 상황을 극복할 방법을 모색한 것이다. 그리고 셋째 단락에서 상황에 대한 반성적 사고가 나오고 넷째 단락에서 시상을 비약하는 비유 혹은 시상을 강화하는 추측의 말이 나온다. 상황 인식—극복 의지의 2단 구조, 또는 상황 인식—반성적 사고—극복 의지의 3단 구조로 분석할 수 있다.

물론 두 작품의 화자가 놓인 구체적인 상황은 다르다. 〈절정〉의 화자는 '북방' '고원'의 '서릿발 칼날 진 그 위에 서' 있고, 〈모죽지랑가〉의 화자는 '축나 가'는 죽지랑을 그리워하며 '모두 있'게 되면 그때서야 '울' '시름'을 품고 있다. 전자는 현 상황까지 오게 된 과정을 '매운 계절의 채찍에 갈겨'라고 표현한 데 반해 후자는 그에 대해 아무 말도 하지 못하였다. 모종의 정치적 역학 관계 속에서 적대 세력에 잡혀 있

31) 신재홍, 『향가의 해석』, 집문당, 2000, 67-68면.

는 사정이 문면 속에 감추어져 있다. 따라서 상황 인식의 면에서 〈절정〉이 더 명확하고 치열하다고 할 수 있다.

그러나 상황 극복의 방법을 찾는 데는 〈모죽지랑가〉가 더욱 분명하다. 죽지랑이 '눈'을 '돌'려 주어야, 곧 죽지랑의 돌봄을 통해서만 이 상황에서 벗어날 수 있다는 인식이 뚜렷한 것이다. 이에 비해 〈절정〉에서 화자가 '눈 감아 생각'한 끝에 찾은 것은 '겨울은 강철로 된 무지개'라는 은유일 따름이다. 〈모죽지랑가〉가 이론의 여지가 없는 현실적 방법을 찾았다면 〈절정〉은 의미의 확산과 변주가 가능한 언어 자체를 제시하였다.

방법을 찾는 과정도 차이가 있다. 〈절정〉의 제3, 4연은 반성적 사고를 통한 대안 제시의 의미를 갖는다. 이미 제2연에서 '서릿발 칼날진' '위'라고 말했으면서도 제3연에서 '어디다 무릎을 꿇어야 하나'라며 다른 각도에서 재차 생각하고 있다. 그래서 다시 살펴보았으나 '한 발 제겨디딜 곳조차 없다'는 인식에 이른다. 이렇게 거듭 반성한 끝에 할 수 있는 것이란 제4연 첫 행의 '눈 감아 생각해 보'는 행위이다. 반성—인식—사고의 과정을 통해 찾은 결론이 '겨울은 강철로 된 무지개'라는 은유이다. 반성하고, 인식하고, 사고를 하여 얻은 것이 은유적 표현이니, 그것으로 이루어진 〈절정〉이라는 시 자체가 상황 극복의 방법이었던 셈이다.

이에 비해 〈모죽지랑가〉는 제1~4행의 상황 인식에 이어 제5, 6행에서 반성적 사고를 드러내었다. 〈절정〉의 제3연처럼 의문형을 써서 '이' 상황에서 죽지랑의 '눈의 돌림 없이' '어찌' '만'날 수 있겠냐고 자문한다. 이에 제7행에서 죽지'랑'이 나를 '그리워할 마음에' '와'서 데리고 '갈' 것이라고 말하고, 제8행에서 그 길이 '다북쑥 거리에서' 야영할 수도 있는 고난의 길임을 염려한다. 제5, 6행의 반성은 제7, 8행의 확신에 찬 추측으로 마무리되었다. 현 상황을 극복하려면 낭도인 자신의 상관, 화랑 죽지의 구원밖에 없음을 확언한 것이다. 상황 극복의 과정이 〈절정〉처럼 중층적인 사고 행위에 의하지 않고 단선적이고 확고한 인식에 따른 점이 두드러지게 다른 면이다.

이러한 분석을 바탕으로 두 작품의 주제를 비교해 볼 수 있다. 〈절정〉의 주제는 마지막 행의 '겨울은 강철로 된 무지개'라는 말에 집약되었다. 엄혹한 극한 상황에서도 준열한 태도로 자기를 긍정하는 초인적 의지를 읽을 수 있기에[32] 식민지 시대에 나온 어떤 시적 주제보다도 값지다. 〈모죽지랑가〉의 주제는 어느 한 구절에 있지 않고 작품 전체에 걸쳐 죽지랑에 의해 구원되기를 바라는 뜻을 표현하였다. 두 작품은 어떤 대상에 초지일관하고 있다는 점에서 공통점을 지닌다. 극한의 상황을 넘어서기 위해 생각에 생각을 거듭하는 〈절정〉의 화자나 고난의 상황에서 벗어나기 위해 죽지랑만을 바라는 〈모죽지랑가〉의 화자나 생각의 간절함과 일관성에서 상통한다. 그만큼 두 작품은 시적 상황에서 오는 긴장감과 화자의 태도에서 느껴지는 진지성의

32) 박현수, 앞의 책, 113면 주11)에 '강철로 된 무지개'에 대한 기존 해석을 정리해 놓았다. 필자는 〈강 건너간 노래〉 등에 나오는 '무지개'가 고움, 황홀, 초월, 희망 등의 의미를 담고 있다는 점, 그리고 이 시 제2연 '서릿발 칼날'의 두 시어를 매개로 하여 '서릿발'에서 계절인 '겨울'과 천문 현상인 '무지개'로 확장하고 '칼날'에서 재질인 '강철'로 전개하여 이 구절이 나온 것으로 생각된다는 점을 근거로, 엄혹한 상황에 놓인 자기 자신을 준열한 자세로 긍정하는, 즉 준열한 자기 긍정의 의미로 이해한다. 이는 이육사의 산문 「계절의 오행」에 쓰인 '내 길을 사랑하는 마음'에 비견할 만한 뜻이 된다.

면에서 유사하다.

물론, 상황 극복을 위해 〈절정〉이 언어를 찾은 데 비해 〈모죽지랑가〉가 사람을 찾은 데에 큰 차이가 있다. 엄혹한 식민지 현실을 극복하기 위해 근대의 시인이 언어를 다듬었다면, 정치적인역학 관계에서 겪게 된 고난에서 벗어나기 위해 중세의 시인은 사람을 찾았다. 이 점이 다르긴 하지만, 달리 생각하면 시와 사람은 서로 통하지 않을까 싶다. 사람이 시를 만들고 그 시는 사람들에 의해 전파, 전승된다. 〈모죽지랑가〉는 낭도와 화랑 사이의 신뢰와 상호부조가 잘 그려진 시로서 오늘날까지 전승되었고 〈절정〉은 식민지 현실의 극복을 위해 몸을 바친 시인이 그려 낸 빛나는 시로서 널리 사랑받고 있다. 두 시 모두 그것을 창작한 사람과 함께 우리 서정시의 자산을 풍부하게 해 준다.

2) 〈광야〉와 〈찬기파랑가〉

두 작품은 당대의 역사의식을 바탕으로 창작되었다는 점이 주제면에서 공통된다. 또한 같은 행수로 구성되지는 않았지만 형식상으로 서로 관련지어 볼 점도 있다.

까마득한 날에
하늘이 처음 열리고
어데 닭 우는 소리 들렸으랴

모든 산맥들이

바다를 연모해 휘달릴 때도
차마 이곳을 범하든 못하였으리라

끊임없는 광음을
부지런한 계절이 피어선 지고
큰 강물이 비로소 길을 열었다

지금 눈 나리고
매화향기 홀로 아득하니
내 여기 가난한 노래의 씨를 뿌려라

다시 천고의 뒤에
백마 타고 오는 초인이 있어
이 광야에서 목 놓아 부르게 하리라

〈광야〉는 3행 5연의 시로서 10행 1연인 〈찬기파랑가〉와 형식상의 비교가 어렵다고 할 수도 있다. 그렇지만 〈광야〉 각 연의 제1행은 제2행과 연결된 부사절('까마득한 날에', '다시 천고의 뒤에'), 주절('모든 산맥들이'), 목적절('끊임없는 광음을'), 이어진문장의 일부('지금 눈 내리고') 등이라서 제1, 2행은 한 행을 두 행으로 행갈이한 모양을 이다. 말하자면 각 연 3행의 형식은 각 연 2행에서 첫 번째 행을 분절하여 호흡에 휴지를 둔 형태로 볼 수 있다. 이런 면에서 10행 향가와 형식상의 비교가 가능하다.

목몌 바라ᄆᆡ	목메며 결하매
'이슬 새배야'ㄴ ᄃᆞ라리	'이슬에 새벽이야'던 달이
ᄒᆡᆫ 구룸 조추 뻐간 알히 하사이	흰 구름 좇아 떠나간 안식처만이
바ᄅᆞᆫ 믌ᄀᆞᆺ자리여ᄒᆡ.	바탕한 물가에.
耆郎ᄋᆡ 즈ᅀᅵ이시 수햐	기랑의 모습인 무리들이
逸烏 나릿 쟉별아ᄒᆡ	일오(逸烏) 냇물의 자갈밭에서
郎야 디니다시온	낭이 지니셨던
ᄆᆞᅀᆞᄆᆡ ᄀᆞᆺᄒᆞᆯ 좇ᄂᆞ아져.	마음의 끝을 좇고 있구나.
아야, 자싯 가ᄌᆞ 놉기 됴ᄒᆞ리.	아아, 잣나무 가지 높아서 좋으리.
모다 ᄂᆡ올 花判야.	모두 해내야 할 화랑의 서원(誓願)이여.[33]

〈찬기파랑가〉는 4행—4행—2행의 전형적인 10행 향가의 형식이다. 제1~4행은 기파랑이 임종하던 당시를 회상한 제1, 2행과 그가 죽은 후 주인 없이 남겨진 거처를 말한 제3, 4행이 연결되어 있다. 제5~8행은 추모 행사의 주체와 장소를 말한 제5, 6행과 추모하는 현재 모습을 표현한 제7, 8행이 이어진다. 그리고 감탄사가 나온 다음, 제9·10행에서 기파랑의 추모가 화랑도에게 갖는 의의를 밝혔다. 요컨대 기파랑에 대한 회상—현재의 추모 행사—추모의 의의로 요약되는 3단 구조로 짜였다.

〈광야〉의 의미 구조도 3단으로 분석할 수 있다. 제1연과 2연은 태초의 신성함과 결부된 광야의 불가침성을 말하였다. 시간적으로 두 연

33) 신재홍(2000), 앞의 책, 132-133면.

은 역사 이전의 시대, 즉 선사 시대의 모습을 그렸다. 이에 비해 제3연과 4연은 역사 시대의 양상이다. 도도한 강물처럼 흘러온 역사의 끝인 현재에 시적 화자가 존재하는바, 그러한 현재의 화자가 하는 행위가 제시되었다. 제3연의 역사와 제4연의 현재는 서로 대비되는 면이 있지만, 후자는 전자를 통해서야 의미가 생기기 때문에 두 연을 묶어 해석하는 것이 온당하다고 본다. 제5연은 역사의 전망을 제시하면서 현재 이 광야에서 화자가 하는 행위의 의의를 밝혔다. 역사의 전망은 신성불가침의 선사와 부단히 흘러 큰 강물을 이룬 역사를 아우르면서, 노래의 씨가 활짝 개화하여 역사의 발전된 단계로 나아가는 것으로 제시되었다. 이에 작품 전체는 신성불가침의 시공간—역사를 배경으로 한 현재—역사의 전망이라는 3단 구조로 분석된다.

이렇게 볼 때, 〈광야〉와 〈찬기파랑가〉는 과거, 현재, 미래라는 시간의 흐름 속에 3단의 의미 구조를 지녔다는 공통점이 있다. 〈찬기파랑가〉는 어느 화랑의 죽음을 추모하는 화랑도의 의식에서 불린 것으로 보이는 만큼 시적 화자는 집단의 의지를 표상하였고 미래를 전망하는 것도 화랑도 전체의 소명으로서 제시하였다. 이에 비해 〈광야〉는 도도하게 흘러온 역사가 지금 참담한 겨울에 이른 상황에서 화자가 할 수 있는 최대한의 노력이 '가난한 노래의 씨'를 뿌리는 것이라고 말하였다. 화랑 집단과 시인 개인의 행위라는 점이 다르지만 역사에 대한 소명 의식에서 상통한다. '모두 해내야 할 화랑의 서원'이 기파랑으로부터 그의 낭도에게로 이어진 역사적 소명인 것처럼, '초인이' '목 놓아 부르게' 할 노래는 화자가 뿌린 '가난한 노래의 씨'가 거두게 될 역사의 결실인 것이다. 여기서 '초인'이 한민족의 집단 표상으로 볼 수 있는 만큼 노래의 씨를 뿌리는 '나'는 민족이라는 집단의 미래까지 짊어진 존재라는 점에서 개인의 차원을 넘어선다.

한편 두 작품은 구체성과 관념성이라는 점에서 차이가 난다. 〈찬기파랑가〉는 현재 진행되는 추모 행사를 그린 것인 만큼 추모의 대상, 장소, 양상, 의의 등이 구체적으로 표현되었다. 인간의 삶과 죽음이란 '이슬에 새벽'이라던 기파랑의 유언을 인용하고, 추모의 장소도 '일오냇물'이라는 지명으로 나타내었으며, 추모의 의의로서 '화랑의 서원'을 제시하였다. 여기서 화랑의 서원이 어떤 내용인지 나와 있지 않기에 다소 관념적이라고 할 수도 있으나, 화랑 문화에 익숙하였던 당대인에게는 굳이 지적하지 않더라도 그 내용을 알 수 있었을 것이다.

이에 비해 〈광야〉는 광야라는 소재로 시인의 역사에 대한 인식과 전망을 관념적으로 그려 내었다. 시간의 흐름을 '끊임없는 광음', '부지런한 계절'로 표현하고 역사를 '강물'에 비유하였지만 정작 어떤 역사인지는 드러나 있지 않다. 다만 흘러온 역사의 끝자리인 '지금'이 '눈 내리고 / 매화 향기 홀로 아득'한 시대라고 하여 비유적으로 말하였을 뿐이다. 그러나 화자가 노래의 씨를 뿌리는 행위만큼은 구체적이라 할 수 있다. 대체로는 관념적이지만 일정 부분 구체성을 띠는 작품이다.

이렇듯 〈광야〉와 〈찬기파랑가〉는 공통적으로 시인의 역사의식을 바탕으로 창작된 수준 높은 서정시이다. 과거, 현재, 미래의 시간 단위에 따라 3단의 의미 구조로 이루어진 점도 공통된다. 역사의식을 담은 서정시는 역사의 흐름만큼이나 줄기차게 창작되어 왔다. 시대가 한참 떨어진 두 작품이지만 시인이 처한 당대의 역사를 겪고 사유하고 전망하는 일체의 역사적 행위 자체는 상통한다고 할 수 있다. 그런 만큼 두 작품의 공통점과 차이점은 역사에 대한 우리의 인식을 심화하는 데 좋은 자양분이 될 것이다.

5. 결 론

이육사의 시는 상당히 정제된 형식을 띠고 지조의 주제가 작품들을 관통하고 있다. 이육사 시의 정형성은 한시의 기승전결 구성과 관련하여 논의되어 왔는데 그보다 향가와 비교하는 것이 우리 고유의 서정시 전통을 전제로 한 방법으로서 더욱 유효할 수 있다. 이에 형식과 주제 면에서 이육사의 시와 향가의 관련성을 살펴봄으로써 고유 서정시의 사적 흐름 속에 내재한 특질의 일단을 찾아보고자 하였다.

이육사는 직접 한시와 시조를 지었다. 그리고 그의 시와 산문 속에는 민요, 잡가에 대한 이해를 드러낸 대목도 있다. 이로써 그가 고전시가의 여러 장르에 폭넓은 관심을 지녔음을 알 수 있다. 한시 형식만 고려하여 이육사 시의 정형성을 논하는 것이 충분치 않음을 말해 준다.

이육사 시는 3연, 5연, 6연 및 2행, 3행 구성이 주류를 이루는 중에 2행 5연으로 된 작품이 가장 많다. 이것들은 대개 3단의 의미 구조로 짜였는데, 이는 2행 혹은 4행 1구의 10행 향가가 3단 구조를 보이는 것과 비교될 수 있다. 제1구(제1~4행)를 바탕으로 제2구(제5~8행)가 전개되었다가 낙구(제9 · 10행)에서 의미의 도약 혹은 전환이 이루어지는 10행 향가는 한시의 기승전결과는 달리 정—반—합의 변증법적 시상 전개에 따른 구성이다. 또한 2행 4연으로 된 작품은 8행 향가의 형식과 관련지을 수 있다. 외형상으로는 4단 구조이지만 의미 구조상 3단 혹은 2단 구조로 인식될 수 있다는 공통점을 지닌다.

한편 이육사 시에 두루 통하는 주제는 지조라고 할 수 있는데, 이 점에서도 향가와 비교된다. 자신의 '꿈'을 끝까지 지켜 나간 그의 지사적 태도는 중세 시가에서 중요한 절의, 지조의 주제와 연결될 수 있다. 시조 중에 이러한 주제를 다룬 작품이 많지만, 시대를 거슬러 올라 화랑도가 지은 향가에서도 찾아볼 수 있다.

이 같은 형식과 내용 면에서의 비교 근거를 두고 구체적인 작품 비교를 시도하였다. 〈절정〉은 기승전결로 구성되었지만 그것은 다시 3단 구조로 분석됨으로써 8행 향가의 그것과 유사성을 띤다. 〈광야〉는 10행 향가의 형식과 상통하는 면과 함께 현대시로서의 차이점도 나타난다. 3단의 의미 구조에서 공통되지만 행수의 차이, 연의 기능 차이 등이 보인다.

〈절정〉, 〈광야〉의 주제는 엄혹한 상황을 극복하고 역사의 전망을 획득하는 길을 모색하는 것으로 모아진다. 이에 비해 〈모죽지랑가〉는 화랑에 대한 낭도의 신뢰와 지조를, 〈찬기파랑가〉는 기파랑에 대한 추모와 서원을 표현함으로써 낭도의 상관인 화랑에 대한 충성, 숭고한 이념의 추구 등 지조의 주제를 드러내었다. 시적 화자가 취하는 꿈 혹은 삶에 대한 일관된 태도 면에서 이육사의 시와 화랑도의 향가는 상통한다.

이처럼 이육사의 시가 지닌 정형성과 지조의 주제는 화랑도가 지은 향가 작품과 비교할 만하다. 우리 고유의 서정시가 지닌 형식적,

내용적 특질이 오랜 시간을 넘어서 연결되어 있음을 확인한 셈이다. 그렇지만 여기서 시도한 비교는 시대가 너무 떨어진 것이 문제가 될 것이다. 향가에서 1,200여 년을 건너 뛰어 이육사의 시와 비교한 데에 비약과 무리가 있을 수 있다. 양 시대의 사이에 놓인 작품들을 논의에 포함시켜 3단의 의미 구조 및 지조 주제의 서정시가 갖는 사적 맥락을 논했어야 하는데 그러지 못한 점이 한계로 남는다.

10행 향가와 〈님의 침묵〉, 〈서시〉

1. 서 론

향가는 한국 서정시의 원류에 해당하는 문학 양식이다. 남아 있는 작품의 연도만 따져도 신라 진평왕대(579-632)에서 고려 예종대(1105-1122)까지 약 550년 동안 향유되었고 가악의 시초라고 일컬어진 유리왕 5년(28)의 〈도솔가〉에 '차사사뇌격(嗟辭詞腦格)'이 있었다는 점을[1] 고려한다면 향가는 대략 1,100년의 유구한 역사를 지녔었다. 그 시간 속에 무수한 작품들이 창작, 향유되었을 터이나 현재 남아 있는 작품은 27편[2]에 불과하다. 몇 편 남지 않은 작품에 새겨져 있는 유구한 역사를 염두에 두어야만 서정시의 원류로서 향가가 지닌 의의를 제대로 헤아릴 수 있다.

향가는 천여 년의 향유 기간을 마치고 고려 가요, 시조 등 후속하는 서정시에 자리를 내어 주었다. 고려 가요는 향가의 3음보를,[3] 시조는

1) 『삼국유사』 1권, 「기이」 제2, 始作兜率歌 有嗟辭詞腦格.

2) 『삼국유사』 소재 14편, 『균여전』의 11편에다가 〈도이장가〉, 『화랑세기』 소재 〈송사다함가〉를 포함한 수치이다.

향가의 3구 형식을[4] 계승한 서정시 양식이다. 그리고 오늘날까지 다시 천 년 가까운 시간이 흘렀다. 역사 속에 사라져 버린 향가는 중세의 서정시에만 영향을 끼치고 현대의 그것에는 아무런 흔적도 남기지 않았을까? 우리 민족의 정서와 의식을 우리말의 율격에 맞추어 양식화한 최초의 문학으로서 천여 년의 생명력을 지녔던 향가일진대 어떤 방식으로든 현대시와 관련을 맺고 있을 가능성이 크다.

현대 서정시를 전통의 맥락 속에 위치시키려는 논의는 주로 김억, 김소월로 대표되는 민요조 서정시에 치중되었다.[5] 여기에 더하여 시조, 한시 등이 현대시에 끼친 영향을 고찰한 논의들도 나왔다.[6] 나아가 현대시의 율격이 전통 시가 율격에 기반을 두고 있다는 점도 논의되었다.[7] 이러한 전통론 중에 현대시를 향가와 관련지은 논문도 몇 편 있다.[8] 이 논의들이 두 양식을 관련짓는 관점을 보여 준 것은 분명

3) 신재홍, 『향가의 미학』, 집문당, 2006, 536-542면.

4) 김병국, 「시조 발생의 문학사적 의의」, 『고려 시대의 가요문학』, 새문사, 1982, II · 155-162면.

5) 김용직, 『한국근대시사』1, 새문사, 1983, 315-405면.

6) 김혜숙, 「한국 현대시의 한시적 전통 계승에 관한 고찰(기일)」, 『국어국문학』92, 1984 , 201-222면 ; 여지선, 「한국 근대시에 나타난 전통론과 전통 수용」, 박사 논문, 건국대학교, 2004, 185-188면, 210-212면.

7) 조동일, 『한국시가의 전통과 율격』, 한길사, 1982, 129-171면 ; 성기옥, 『한국시가 율격의 이론』, 새문사, 1986, 292-387면.

8) 유시욱, 「한용운 시와 향가의 비교 연구」, 『서강어문』, 서강어문학회, 1982, 83-96면 ; 김병욱, 「향가와 현대시의 공간」, 『언어 · 문학연구』5, 충남대학교 영문과, 1985, 474-488면 ; 조병기, 『한국문학의 서정성 연구』, 대왕사, 1993, 58-62면 ; 엄국현, 「향가의 개념과 한국시의 구조」, 『신라학연구』3, 위덕대학교, 1999, 350-377면 ; 김종진, 「균여가 가리키는 달—보현십원가의 비평적 해석」, 『정토학연구』 19, 2013, 112-119면.

하지만 향가 양식에 대한 이해가 서로 달라서 전면적이기보다는 부분적인 비교 또는 연구 주제에 따른 비교에 그치고 있다. 향찰 해독이 여전히 불완전하고 그에 따라 향가 양식에 대한 이해가 일정한 합의에 이르지 못한 점이 둘 사이의 비교를 어렵게 만든 주요 원인이다.

이 장에서는 기존의 향가론 중에서 향가의 양식적 특질을 비교적 전면적으로 설명하였다고 생각되는 견해를 바탕으로 현대시의 대표작에서 향가의 흔적을 찾아보고자 한다. 현대시의 기저에 놓인 향가적 특질을 찾아보는 동시에 현대시로서 향가와 구분되는 면모도 살필 것이다. 이러한 논의에 적합한 작품으로는 이미 몇 차례 향가와 비교되었던 한용운의 〈님의 침묵〉, 그리고 본고에서 새롭게 주목하는 윤동주의 〈서시〉를 택하였다. 이 두 작품에 담긴 향가적 특질을 통해 원천에서 나와 면면히 흘러온 서정시 전통의 한 양상을 드러내고자 한다.

2. 10행 향가의 양식적 특질

향가의 형식에 대한 논의는 『균여전』에 기록된 '3구 6명'을[9] 중심으로 이루어져 왔는데 그것이 실상을 설명하려면 현존 향가와 정합적으로 연결되어야 한다. 향찰 해독의 결과와 3구 6명에 대한 이론적 설명이 잘 맞아야 하는 것이다. 그런데 해독에서 차이가 많기 때문에 이

9) 『균여전』, 「제8 역가현덕분」, 詩搆唐辭 磨琢於五言七字 歌排鄕語 切磋於三句六名.

론을 적용하여 증명할 실물이 정해지지 못한 채 다양한 관점에서 여러 견해가 제시되었다.10)

기존의 향가 연구 중에서 연구자가 직접 향가를 해독하고 그 결과를 가지고 자수와 음보를 분석하여 3구 6명에 대한 귀납적인 해석을 제출한 것이 있다.11) 그에 따르면 향가는 4행, 8행, 10행, 장가의 네 가지 하위 양식이 있고, 그중 10행 향가가 3구 6명을 갖춘 것으로서 3단 구성 및 2행 6음보 배열로 이루어진 양식이다. 3단 구성은 제1, 2구는 4행, 제3구(낙구)는 감탄사를 둔 2행으로 구성된다. 10행 향가는 원래 2행 단위를 기본으로 2-2-2-2-2행의 5단으로 구성되었는데 양식화가 이루어지면서 4-4-2행의 3단으로 정립되었다. 그리고 기본 단위인 2행에 6음보를 배열하므로 2행이 3-3음보로 엮일 수도 있고 2-4 혹은 4-2음보로도 될 수 있다. 그리하여 1행 단위로는 3음보를 기본으로 2, 4음보도 수용하는 비교적 자유롭고 개방적인 율격 구사가 가능하다. 요컨대 10행 향가는 3단 구성으로써 시적 구조가 짜이고 2행 단위로 6음보가 배치되는 양식인 것이다.

이러한 형식 속에서 시상은 자연스럽게 3단으로 전개된다. 기승전결(起承轉結)이 아니라 기(起)—서(敍)—결(結)의 3단이다. 이는 향가와 한시의 시상 전개 방식상의 차이를 뚜렷이 나타내는 점이다. 후대의 시조 양식이 3음보가 아닌 4음보로 변화하면서도 초장—중장—종장의 3단 구성을 취한 것은 우리말 시가 문학의 전통이 얼마나 줄기

10) 김학성, 「삼구육명의 해석」, 『한국문학사의 쟁점』, 집문당, 1986, 128-137면.

11) 신재홍, 「향가의 형식과 갈래」, 앞의 책, 115-203면.

차게 이어졌는지 새삼 확인해 준다. 우리의 서정시는 애초부터 3단 구성으로 양식화가 이루어졌고 그에 따라 시상이 3단으로 전개되었던 것이다. 이러한 3단의 시상 전개는 대체로 정—반—합의 변증법적 양상을 띤다. 가령 〈제망매가〉는 제1구(제1~4행)에서 혈육을 여읠 때의 애통함을 토로하고, 제2구(제5~8행)에서 생사의 문제를 인연과 윤회의 이치로 인식하며, 감탄사에 이은 제3구(제9 · 10행)에서 생사를 초월하고자 구도의 자세를 취하는 것으로 시상이 전개된다. 정서에서 인식으로, 그리고 의지로 나아가는 시상 전개를 통해 인간 생사의 문제를 정(情)—지(知)—의(意)의 전인(全人)적인 관점에서 형상화하였다.[12)]

이러한 10행 향가의 형식과 내용은 당대에 일반적이고도 세련된 양식으로 자리 잡았을 것이다. 이 양식이 유행하다 보니 양식 내적으로 분화가 일어났던 것 같다. 몇 편 안 되지만 현존 10행 향가 작품들을 면밀히 분석해 보면 내포형, 병렬형, 연쇄형 등의 유형 분류가 가능하다. 내포형은 제1구의 핵심어를 제2구에서 확장함으로써 제2구의 내용이 제1구에 포섭되는 유형이다. 〈제망매가〉, 〈원왕생가〉 등 문학성이 가장 뛰어난 작품이 여기에 속한다. 병렬형은 제1구와 제2구의 내용을 병렬적으로 그리면서 시상을 심화하는 유형으로 〈혜성가〉, 〈원가〉 등이 해당한다. 연쇄형은 시간순이거나 주체와 대상의 관계면에서 시상을 자연스럽게 이어 가는 유형으로 〈찬기파랑가〉, 〈우적가〉 등이 포함된다.

---

12) 위의 책, 335-350면.

3단 구성의 10행 향가가 대세를 이루어서 다른 하위 양식들도 그 영향을 받게 된 듯하다. 4행 향가와 8행 향가는 기본적으로 2행씩 2단, 4행씩 2단의 구성을 지닌 양식이었다. 그런데 10행 향가의 영향을 받아 특히 8행 향가는 4-2-2행의 3단 구성을 취하는 경우가 많았던 것으로 보인다. 현존 8행 향가인 〈모죽지랑가〉, 〈처용가〉는 크게 보아 2단 구성으로, 세부적으로는 3단 구성으로 분석되는데 이를 통해 그렇게 추정해 볼 수 있다.

10행 향가는 이미 당대에 절구, 율시 등 한시 양식과도 교섭하였을 것이다. 기승전결의 4단 구성을 갖춘 한시에 대해 기—서—결 3단의 향가가 대응하고 영향받는 과정에서 원래의 3단이 4단의 형태를 취하기도 하였을 것이다. 4-4-2행의 3단은 2-2-2-2-2행의 5단이 제1, 2, 3구로 응집하여 양식화된 것이므로 4단 구성의 영향을 받으면서는 자연스럽게 4-2-2-2행, 2-4-2-2행, 2-2-4-2행 등의 변형을 통해 4단의 행태를 취할 수 있었을 것이다. 그만큼 10행 향가는, 율격적으로 2, 3, 4음보를 두루 포용하는 면과 함께, 3단 구성이 기본이지만 4단으로의 변신도 가능할 만큼 율격과 시적 구조 면에서 개방성, 확장성을 지닌 양식이었다.

이러한 향가가 고려 가요와 시조 등 중세의 서정시 형성에 영향을 끼친 것은 가시적으로 드러난 바인데, 그것이 현대시에까지 영향을 준 흔적은 찾을 수 없을까? 이를 위해 현대의 대표적인 서정시를 분석하여 작품 속에 담긴 향가적 특질을 찾아봄으로써 향가의 생명력이 오늘날까지도 면면히 이어지고 있음을 보여 주고자 한다. 이제 〈님의 침묵〉과 〈서시〉를 대상으로 10행 향가의 양식적 특질이 현대시에 어떻게 녹아들었는지 살펴보기로 하겠다.

3. 〈님의 침묵〉의 시적 구조

〈님의 침묵〉은 한 행이 상당히 길지만 전체가 10행으로 이루어졌다. 이 점이 10행 향가와 비교할 수 있는 기준이 된다.[13] 그런데 단순히 10행으로 구성되었다는 점에 그치지 않고 3단 구성, 감탄사의 위치, 시상 전개 방식 등 작품의 구조에 작용하는 여러 요소가 향가와 친연성을 지닌다는 점이 주목된다.

> 님은갓슴니다 아〃 사랑하는나의님은 갓슴니다
> 푸른산빗을ᄭᅢ치고 단풍나무숩을향하야난 적은길을 거러서 참어ᄯᅥᆯ치고 갓슴니다
> 黃金의ᄭᅩᆺ가티 굿고빗나든 옛盟誓는 차듸찬ᄯᅴᄭᅳᆯ이되야서 한숨의微風에 나러갓슴니다
> 날카로은 첫「키쓰」의追憶은 나의運命의指針을 돌너노코 뒤ㅅ거름처서 사러젓슴니다
> 나는 향긔로은 님의말소리에 귀먹고 ᄭᅩᆺ다은 님의얼골에 눈머럿슴니다

---

13) 『님의 침묵』 수록 시의 총 시행 수를 작품 수로 나누면 평균 9~10행이 된다는 연구(장철환, 「님의 침묵의 시행의 길이와 사상 표현의 상관성 연구」, 『한국시학연구』 35, 한국시학회, 2012, 326면)을 참조하면, 〈님의 침묵〉은 형식 면에서도 이 시집의 대표작이다.

사랑도 사람의일이라 맛날ᄯᅢ에 미리 ᄯᅥ날것을 염녀하고경계하지 아니한

것은아니지만 리별은 ᄯᅳᆺ밧긔일이되고 놀난가슴은 새로은슯음에터짐니다

그러나 리별을 쓸데업는 눈물의源泉을만들고 마는것은 스〃로 사랑을ᄭᅢ

치는것인줄 아는ᄭᅡ닭에 것잡을수업는 슯음의힘을 옴겨서 새希望의 정수

박이에 드러부엇슴니다

우리는 맛날ᄯᅢ에 ᄯᅥ날것을염녀하는것과가티 ᄯᅥ날ᄯᅢ에 다시맛날것을 밋

슴니다

아〃 님은갓지마는 나는 님을보내지 아니하얏슴니다

제곡조를못이기는 사랑의노래는 님의沈默을 휩싸고돔니다[14)]

이 작품의 구조는 대개 기승전결의 4단 구성으로 파악됨으로써 제1~4행, 제5 · 6행, 제7 · 8행, 제9 · 10행 네 단락의 작품 분석이 이루어졌다.[15)] 이는 승구와 전구인 제5 · 6행과 제7 · 8행의 의미 전환을 강조하는 관점에 따른 것이다. 그러나 의미 맥락상 제5 · 6행과 제7 · 8행의 의미 전환이 단락을 나눌 만큼 뚜렷한지 의문이 든다.[16)]

---

14) 한용운, 『님의 침묵』, 재판; 한성도서주식회사, 1926, 1-3면.

15) 김재홍, 『한용운문학연구』, 일지사, 1982, 73-75면.

16) 4단이 아닌 3단 구성으로 보는 관점도 꾸준히 제기되었다. 1~6행, 7~8행, 9~10행의 과거—미래—무시간대(김용태, 「만해시 님의 침묵의 시간구조」, 『국어국문학』5, 부산대학교, 1988, 102-103면), 1~6행, 7행, 8~10행의 처음—중간—끝(고재석, 「님의 침묵의 존재론적 상상구조—삶의 의미지평과 문학적 구조와의 상동관계」, 『한국문학연구』11, 동국대학교, 1988, 211면), 1~4행, 5~7행, 8~10행의 정 · 반 · 합(조숙희, 「이별과 만남의 변증법—한용운의 님의 침묵 서시 분석」, 『백록어문』7, 제주대학교, 1990, 101-103면), 1~3행, 4~7행, 8~10행의 전반부 · 중반부 · 후반부(권성훈, 「한국불교사에 나타난 치유성 연구」, 『종교연구』70, 한국종교학회, 2013, 323-325면) 등으로 보았다.

제5행에서 '말소리에 귀먹고' '얼골에 눈머럿'다는 표현은 님을 처음 만났을 때를 떠올린 것으로 받아들여진다. 그래야 제6행에서 애초 만날 때부터 '써날것을 염녀하'였다는 진술과 자연스럽게 연결되고, 염려하였음에도 '새로은슯음에' 가슴이 '터진'다고 하여 현재 상태로 돌아온다. 제7행에서 '그러나' '슯음의힘을 옮겨서' '希望의 정수박이에 드러부엇'다고 하면서 그 이유를 제8행에서 '써날째에 다시맛날것을 밋'기 때문이라고 하였다. 제5 · 6행과 제7 · 8행 사이에 '그러나'가 놓여 역접 관계로써 의미의 전환이 일어나기는 하지만 의미 맥락으로 보면 님과 처음 만났을 때부터 염려한 것인 만큼 이별을 준비하여 왔고 그래서 슬픔을 희망으로 바꿀 용기도 갖게 되었다고 이해된다. '그러나'로 표현된 의미의 전환은 오히려 그 앞뒤 행들 사이의 밀접한 의미 연결을 드러내는 말이다. 뿐만 아니라 제5 · 6행과 제7 · 8행의 종지형을 보면 '눈머럿슴니다'와 '터짐니다', '드러부엇슴니다'와 '밋슴니다'와 같이 과거형—현재형의 동일한 연결 관계를 갖고, 또 제6행과 제7행의 주된 문장 앞에 '사랑도~아니지만,', '리별을~짜닭에' 같은 긴 문장이 붙었다는 점도 공통된다. 말하자면 제5 · 6행과 제7 · 8행은 의미 맥락상, 종지형의 연결 관계상, 문장의 구성상 동질적인 성격이 강하다고 생각된다.

이에 제1~4행, 제5~8행, 제9 · 10행의 3단 구성으로 보면 훨씬 자연스러운 의미 맥락을 짚어 낼 수 있다. 제1~4행은 제1행의 중간에 감탄사 '아〃'가 나올 만큼 탄식의 강도가 큰 이별의 상황에서 '님은 갓슴니다', '참어썰치고 갓슴니다'를 거쳐 '微風에 나러갓슴니다'와 '뒤ㅅ거름처서 사러젓슴니다'로 점점 더 강도가 더해 가는 탄식의 정조를 느낄 수 있다. 이것이 하나의 의미 단락을 이룬다. 그런 다음 앞에서 설명한 제5~8행의 두 번째 단락이 온다. 애초의 만남을 회상하여 지금의 사태에 대응하려 한 것이다. 그러고 나서 감탄사 '아〃'를 거쳐 제9·10행의 세 번째 단락으로써 마무리된다.

제9행은 이 작품을 3단 구성으로 보는 데 결정적인 근거가 된다. '님은갓지마는 나는 님을보내지 아니하얏습니다'라는 이어진문장에서 앞 문장은 '님은'으로, 뒤 문장은 '나는'으로 시작한다. 이는 제1행이 '님은'으로, 제5행이 '나는'으로 시작하는 것에 정확히 대응한다. 의미 맥락으로 보더라도 제1~4행은 님이 간 상황을, 제5~8행은 그것에 대한 나의 심정을 그린 데 대응한다. 제8행에 나온 '우리는'이 제1행의 '님은'과 제5행의 '나는'을 아우르며 님과 나를 포섭하지만 그것에 이어지는 제9행은 '우리는'에서 더 나아가지 않고 '님은'과 '나는'의 결합으로 주제를 형성하였다. 그리하여 님과 나의 관계의 변증법적 발전을 중심 주제로 삼아 제1~4행, 제5~8행, 제9·10행의 3단으로 시상을 전개하였음을 알 수 있다. 이렇게 보면 이 작품은 10행 향가의 3단 구성에 상응하는 시적 구조를 갖추었다.

3단 구성의 관점에서 작품의 의미 구조를 살펴볼 수 있다. 이 작품은 전체적으로 3단에 따른 정—반—합의 변증법적 의미 구성을 보인다. 제1~4행까지의 주체는 '님'이다. '님은갓슴니다'라는 첫 문장이 이 단락 전체를 지배한다. 제1, 2행은 AABA의 서술로 님이 떠난 상황을 강조하는바, 님이 갔다, 사랑하는 님이 갔다, 산빛을 깨치고 숲길을 걸어서, [나를] 떨치고 갔다는 것이다. 작품 도입부부터 화자는 님이 떠난 상황을 애타게 슬퍼하면서 몇 번이고 반복하여 탄식의 말을 토한다.

이렇게 거듭거듭 탄식할 수밖에 없는 이유가 제3, 4행에서 좀 더 구체적으로 제시된다. '옛盟誓'가 '띠쓸이되야서'이고, '첫「키쓰」의追憶은' '나의運命'을 '돌너노코 뒤ㅅ거름처서 사러젓'기 때문이다. 사건 발생 순서상 님과 한 첫 키스가 나의 운명을 돌려놓았고 그로 인해 님과 함께하겠다고 다짐하였으나 그 맹서가 티끌이 되어 사라져 버린 것이 되지만, 그 사건들을 표현하면서는 시간을 역전시켜 놓았다. 첫 키스의 사건을 맹서의 사건 뒤에 두어 시간을 거슬러 올라가 기억을 일깨우는 전개를 보여 준다. 또한 '날카로은 첫「키쓰」의追憶'이 제4행에 옴으로써 두 번째 의미 단락의 시작인 제5행의 첫 만남의 상황을 기억해 내는 계기를 마련해 놓았다. 그와 함께 이 구절은 '날카로은'과 '첫「키쓰」'의 모순적인 결합이 주는 의미 생성의 요인을 지닌다. 첫 키스의 사건은 대개 낭만적이거나 황홀한 것이어야 하는데 여기서는 마치 쇠가 부딪치는 듯한 표현의 '날카로은'이 수식되었다. 이러한 의미 결합은 이어지는 제5행과의 관련 속에서 이해할 수 있다.

두 번째 의미 단락의 첫 행인 제5행은 제4행의 첫 키스 사건에서 좀 더 거슬러 오른 시점에 대한 기억이다. 첫 키스 이전에 첫 만남이 있었을 텐데 그때 '나'가 맛본 충격을 표현하였다. 보통의 연인 사이라면 얼굴을 먼저 보고 목소리를 들을 것이고, 그에 따라 얼굴에 눈멀게 된 다음 목소리에 귀먹게 될 것이다. 그런데 여기서는 역순으로 '님의말소리에 귀먹고 꼿다은 님의얼골에 눈머럿슴니다'로 표현되었다. 이 점이 제4행의 '날카로은 첫「키쓰」의追憶'과 관련된다. 님의 말소리는 단순히 청아하거나 온화하거나 하는 목소리의 상태가 아니라 진리의 말, 자비의 말, 정의의 말을 전하는 목소리를 뜻한다. 님의 그러한 말을 먼저 접하여 귀먹었으므로 사랑의 첫 키스는 날카로울 수밖에 없다. 단단한 것을 깨뜨리고 쪼개는, 날에 닿는 듯한 느낌의 첫 키스라야 '님의말소리에 귀먹'은 첫 만남과 어울리는 사건이 될 터이다.

첫 만남을 기억해 낸 다음 제6행에서 그때부터 이미 이별을 '염녀하고경계하'였다고 말한다. 님과의 만남은 애초부터 이별의 가능성이 있었기에 화자로서는 늘 전전긍긍하였다는 것이다. 그런데 이렇게 말하면서 줄곧 하소연하는 분위기를 연출하고 있는 점이 주목된다. '사랑도 사람의일이라 맛날째에 미리 써날것을 염녀하고경계하지 아니한것은아니지만'이라고 하면서 사랑이 사람살이의 하나라는 점을 전제로 하고 만남을 이어 가는 동안 줄곧 염려하고 경계한 심리를 드러내었다. 제1~4행의 탄식의 어조에서 이제 사설(辭說) 조[17]로 하소연하는 것이다. 이러한 어조의 변화는 첫 번째 의미 단락의 탄식과 슬픔의 정서로부터, 첫 만남에서 현재의 이별까지의 인생살이 전반에 대한 사색과 성찰로 나아간 의식 변화를 반영한 것이다. 그리하여 두 번째 의미 단락은 첫 번째의 정서 위주와 달리 지적 성찰의 자세가 두드러진다.[18]

---

17) 신진, 「소위 전통 서정시의 정체와 기반 양식」, 『석당논총』53, 동아대학교, 2012, 231-232면에서 전통을 계승한 현대 서정시를 민요조 서정시, 사설조 서정시, 산수화풍의 서정시로 구분한 관점에서 〈님의 침묵〉은 '전대의 사설을 차용, 당대의 내재율과 산문율에 대응'했다고 하였다. 본고는 이 견해를 염두에 두면서 '늘어놓는 말이나 이야기'라는 일반적인 뜻으로 사설이라는 용어를 사용한다.

18) 『님의 침묵』의 시행이 길어진 것에 대해, '당위적 이유의 제시는 그 자체로 불충분'

그렇게 첫 만남부터 조심조심하면서 관계를 이어 왔으나 이제 이별에 직면하고 보니 '뜻밧긔일이되고 놀난가슴은 새로은슯음에터지'게 된다. 이별은 처음부터 예상하고 있었으므로 사실 뜻밖의 일은 아니지만 막상 그 상황에 처하고 보니 전혀 예상하지 못한 것 같은 충격을 받는다. 아무리 예상하고 준비하고 조심하였다 해도 님이 떠나 버린 현재의 상황은 너무나 견디기 힘들 수밖에 없다.

이러한 제6행의 지적인 성찰의 모습은 제7행에서도 이어진다. '그러나 리별을 쓸데업는 눈물의源泉을만들고 마는것은 스〃로 사랑을 깨치는것인줄 아는까닭에'라는 깨달음은 지금의 이별 상황에서 얻은 것이 아니다. 첫 만남부터 예상하여 조심해 왔던 이별이 벌어졌기에 이미 오래전부터 성찰적으로 다져 온 인식과 지혜이다. 이별을 쓸데없는 눈물의 원천으로 만들어 매일 울고만 있는 것은 님과의 사랑을 깨는 것이라는 사실을 일찍부터 깨달아 알았던 것이다. 여기에서도 제6행과 같은 사설 조가 구사되었다. 누군가를 붙들고 한바탕 사설을 늘어놓아야 조금이나마 직성이 풀릴 것 같은 모습을 연출하였다.

제6, 7행의 사설 조는 화자가 성찰한 의미 내용이 이별의 상황에서 느끼는 격동적인 정서에 상응하여 나온 표현 방식이다. 제4행까지 님이 떠난 상황을 반복해서 탄식하고 슬퍼한 데에서 전환하여 첫 만남부터 예상하고 조심해 왔던 것을 생각하며 만남 동안 줄곧 가져 왔던 심리와 이별에 대한 대응의 자세를 누군가에게 하소연하려는 것이다.

하여 '또 다른 추가적 설명이 필요'해서 '잉여 이유'를 덧붙였기 때문으로 본 견해(장철환, 앞의 논문, 338-340면)를 참조하자면, 이별의 이유를 계속해서 찾아보는 자세가 지적인 성찰에 해당한다.

그리하여 제7행의 '것잡을수업는 슯음의힘을 옴겨서 새希望의 정수박이에 드러부엇슴니다'라는 진술에서 걷잡을 수 없는 슬픔은 이별을 겪고 있는 현재의 정서이지만, 그것을 하나의 '힘'으로 인식하여 새 희망의 정수리에 부은 행위는 오래전부터 준비해 온 마음의 자세를 행동으로 옮긴 것이다. 그렇게 하는 이유는 제8행에서 명료하게 밝히고 있듯이 '맛날때에 써날것을염녀하는것과가티 써날때에 다시맛날것을 밋'기 때문이다.

이렇게 제5~8행은 두 번째 의미 단락으로 묶일 수 있다. 제1~4행의 정서적 반응과 탄식조에서 제5~8행의 이지적(理智的) 성찰과 사설 조로 전환하여 주제를 분명히 드러내었다. 이별은 가슴 터지도록 슬픈 일이나 그 슬픔의 힘을 희망으로 바꾸어야만 한다는 성찰적 깨달음을 하소연하듯이 사설 조에 실어 풀어낸 것이다.

제9 · 10행은 세 번째 의미 단락으로서 작품을 마무리하였다. 제9행의 앞 문장 '님은갓지마는'은 제1~4행의 이별 상황을 요약한 것이고, 뒤 문장 '나는 님을보내지 아니하얏슴니다'는 제5~8행의 마음의 자세를 다르게 표현한 것이다. 주지하듯이 이 문장은 역설적인 진술이다.[19] 님이 갔으면 내 곁에 님이 없다. 나는 보내지 않았으므로 님은 내 곁에 있다. 이것이면 저것이 아니고 저것이면 이것이 아닌 두 상황을 함께 표현함으로써 모순된 두 논리를 나란히 놓은 역설이다. 그런

19) 오세영, 「침묵하는 님의 역설—만해 시의 역설 연구」, 『국어국문학』65, 국어국문학회, 1974, 270면에서 '無我로서 自己를 確立하는 이 불교의 역설이야말로 萬海詩의 열쇠'라고 하여 『님의 침묵』 전체를 역설의 논리가 지배하는 것으로 파악하였다.

데 이 진술이 선시(禪詩)처럼 논리의 전복에 의해 불쑥 튀어나온 역설이라고 보기는 어렵다. 두 번째 의미 단락에서 다지고 다진 인식과 지혜에 힘입어 이 진술이 나왔다. 애초 만날 때부터 떠날 것을 염려하였고 그래서 만남이 이어지는 내내 이별을 어떻게 맞이할지 어떤 자세와 마음가짐으로써 님을 보낼지 성찰해 온 것을 바탕으로 제9행의 역설적 진술이 나온 것이다. 이 작품은 제1~4행의 이별에 처한 정서적 반응에서 제5~8행의 줄곧 지녀 온 성찰적 자세를 거쳐 제9행에서 정서적 반응과 이지적 성찰을 화자의 의지로써 통합해 내었다. 화자인 '나'가 '님'과의 관계를 정서—이지—의지의 변증법적 사유 과정을 통해 주제화한 것이다.

이러한 시상의 전개에서 작품의 마지막인 제10행이 중요한 역할을 하고 있다. 제9행이 앞의 내용을 바탕으로 통합과 도약을 이루었으니 여기서 작품을 끝냈어도 의미는 완결되었을지 모른다. 그러나 첫 번째와 두 번째 단락에서 표현한 의미를 고차원적으로 승화하기 위해서는 두 단락에 공통되는 핵심 사건, 즉 이별의 사건이 어떠한 상태에 있는지에 대한 분명한 인식이 필요하다. 정서적 반응과 이지적 성찰은 모두 이별의 상황을 타개하기 위한 것이어야 의미가 있기 때문이다. 이에 제10행에서 '제곡조를못이기는 사랑의노래는 님의沈默을 휩싸고돔니다'라고 하여 화자가 지금 사랑의 노래를 부르고 있고 그 노래가 님의 귀에 들려 돌아오도록 해야 하는데 그 님이 반응하지 않고 침묵하고 있는 상황을 제시하였다. 이별이 현재 진행형이라는 점을 상기함으로써 그만큼 화자가 처한 상황이 엄혹하고 그것을 타개하는 길이 험난하다는 점을 표현한 것이다.

이러한 〈님의 침묵〉의 작품 구조와 시상 전개는 앞 장에서 언급한 〈제망매가〉의 그것과 상당히 닮았다. 한 행의 길이가 길고 어조도 사설 조에 치우쳐 있을 뿐 아니라 기존에 기승전결의 구성으로 파악한 것 등으로 인해 〈제망매가〉와의 친연성이 잘 드러나지 못하였다. 그러나 앞에서 논한 바와 같이, 〈님의 침묵〉은 〈제망매가〉와 함께 3단 구성과 변증법적 시상 전개에서 공통된 양상을 보여 준다. 물론 〈님의 침묵〉의 긴 행들과 사설 조, 그리고 님의 형상을 두드러지게 그려 낸 점 등은 〈제망매가〉와 확연히 다른 특징이다. 이는 어쩌면 〈제망매가〉의 서정적 특질에 근대의 정치·사회·문화적 상황에 처한 화자의 감성과 의식이 반영되어 변모한 서정성의 한 국면일지 모른다. 그렇더라도 두 작품의 친연성을 확인하는 일은 우리 서정시의 기저를 탐색하는 데 도움이 될 것이다.

4. 〈서시〉의 시적 구조

〈서시〉가 〈님의 침묵〉보다 10행 향가와의 친연성이 더 두드러짐에도 이 점이 별로 주목받지 못한 이유는 〈서시〉의 외적 형태 때문일 것이다. 제1연 8행과 제2연 1행으로 된 2연 구성의 작품이므로 1연의 10행 향가와는 외형적으로 다르게 보일 수밖에 없다. 그렇지만 8행과 1행 사이의 빈 한 줄을 연 구분 표지가 아니라 9행으로 된 1연[20] 안에

20) 이 작품은 일반적으로 '제1연의 1~4행(過去)과 5~8행(未來), 그리고 제2연(現在)의

서의 휴지부로 본다면, 이 작품과 10행 향가의 친연성을 드러낼 수 있다.

죽는 날까지 하늘을 우러러
한점 부끄럼이 없기를,
잎새에 이는 바람에도
나는 괴로와했다.
별을 노래하는 마음으로
모든 죽어가는 것을 사랑해야지
그리고 나한테 주어진 길을
걸어가야겠다.

오늘밤에도 별이 바람에 스치운다.[21)]

이 작품의 음보율을 분석해 보면, 제1~4행이 3-3-3-2음보, 제5~8행이 3-3-3-2음보, 제9행이 4음보로 이루어졌다. 이는 2행 6음보를 기

3부분으로' 분석된다(류양선, 「윤동주의 서시 연구—시어의 상징성과 관련하여」, 『어문연구』156, 한국어문교육연구회, 2012, 313면). 그런데 연구자에 따라서는 마지막 행을 9행으로 지칭하여 이 작품을 1연 9행으로 파악하기도 한다(이중재, 「윤동주 서시의 구조 분석」, 『목멱어문』2, 동국대학교, 1987, 91면; 김현수, 「윤동주 서시의 의미 연구」, 『한국시학연구』31, 한국시학회, 2011, 126면). 어떤 경우는 2연으로 구분하면서도 세부적으로 1~2행, 3~4행, 5~6행, 7~8행, 9행으로 처리하기도 하였다(김형태, 「윤동주 시의 실존의식 연구」, 박사 논문, 한국교원대학교, 2015, 249-250면).

21) 윤일주 엮음, 『윤동주 전시집 하늘과 바람과 별과 시』, 개정판; 정음사, 1984, 21면.

조로 하여 1행 2, 3, 4음보의 융통성을 갖는 향가의 음보율과 유사한 양상이다. 10행 향가에서 제9 · 10행(낙구)은 감탄사를 빼고 6음보로 구성되는데 이 작품은 제9행에서 4음보로 마무리되었다. 10행 향가의 양식적 지표인 제9행 앞의 감탄사가 나오지 않은 대신에 제8행과 제9행 사이에 한 줄을 띄워 놓음으로써 그 빈 한 줄만큼의 휴지가 생긴다. 이 휴지부가 10행 향가의 감탄사에 2음보가 더해진 정도의 길이에 해당한다고 볼 수 있다. 곧 작품 제9행의 4음보는 그 앞에 비어 있는 1행과 더불어 10행 향가의 제9 · 10행이 (감탄사-2)-4음보로 구성된 것에 상응하는 율격적 효과를 갖는 것으로 본다.

이렇듯 이 작품은 3음보 위주로 이루어진 10행 향가의 율격적 자질을 지녔고, 감탄사+2음보에 상응하는 만큼의 1행을 띄우고 4음보의 제9행이 옴으로써 10행 향가의 제9 · 10행에 해당하는 형식적 구조를 갖추었다. 이런 점에서 이 작품과 10행 향가의 율격 및 시적 구조상의 친연성을 찾아볼 수 있다.

의미 구성의 면에서도 이 작품은 10행 향가의 3단 구성과 닮았다.[22] 우선 작품에서 주목되는 것은 시간과 공간의 짜임새가 견고하다는 점이다.[23] 제1행 서두에 '죽는 날까지'라고 하여 시간 의식을 제

22) 작품의 구조에 대해 3단 구성(이동순, 「창조적 진화의 꿈과 삶의 정직성」, 『한국대표시평설』, 개정판; 문학세계사, 1995, 280-282면 ; 이승훈, 「윤동주의 서시 분석」, 『윤동주 연구』, 문학사상사, 1995, 435-436면 ; 이어령, 「어둠에서 생겨나는 빛의 공간—윤동주의 서시 분석」, 같은 책, 460-461면)과 4단 구성(홍희표, 「윤동주의 서시—별과 죽음의 변용」, 『한국현대시작품론』, 중판; 문장, 1984, 289면 ; 마광수, 『윤동주연구』, 정음사, 1984, 24-27면 ; 이중재, 앞의 논문, 97-98면 ; 이기철, 「삶의 시간과 기도의 공간—대표시 서시의 구조 분석」, 『윤동주 연구』, 문학사상사, 1995, 422-423면)의 두 관점이 대립해 있다.

일 앞에 내세워 표현하였다. 그리고 제9행에 이르러 '오늘밤에도'라고 하여 제1행에 호응하는 시간 의식을 다시 한 번 드러내었다. 두 구절을 연결해 보면, '죽는 날까지' 살아가는 중에 '오늘밤(에)도' 있다는 의미로 읽힌다. 화자의 삶은 죽음에 이르기까지 진행할 터인데 그 도중에 '오늘 밤'도 있다는 것이다. '오늘'은 매일매일의 삶에 해당하는 시간이지만 그 오늘에 '밤'이 붙음으로써 매일매일에 대한 성찰 혹은 어두운 시대에 대한 암시의 의미가 추가된다. 나아가 '오늘밤'은 화자의 매일매일의 삶을 지켜보는 '하늘', 성찰의 밤 시간대 하늘에 떠 있으면서 화자를 지켜보는 '별'과 관련한 의미로 확장된다.

이러한 시간성은 공간적 배경과 긴밀히 관련된다. 제1행의 '하늘'과 제5행의 '별'은 화자의 삶을 지켜보는 존재들이다. '나' 자신이 죽는 날까지 '모든 죽어가는 것을 사랑해야겠다'고 다짐하는 것은 하늘과 별로 인해서이다. 하늘을 우러러 한 점 부끄럼이 없고자 하였고 또 하늘의 별을 노래하는 마음으로 살고자 하였기 때문에 모든 생명을 사랑할 수 있게 된 것이다. 이렇듯 하늘과 별은 나의 전 생애에 걸쳐 삶의 배경이 되어 나를 지켜보는 존재로 설정되었다.

이것에 비교되는 공간적 배경이 제3행의 '잎새에 이는 바람'과 제7행의 '길'이다. 바람은 나에게 괴로움을 안겨 주었고 길은 주어진 삶의 과정으로서 내가 걸어가야만 한다. 하늘과 별처럼 저 멀리 천상에서 지상의 나를 지켜보는 것이 아니라 지상에서 살아가는 내가 직

---

23) 이는 이사라, 「윤동주 시의 기호론적 연구—이항대립에 있어서의 매개 기능을 중심으로」, 박사 논문, 이화여자대학교, 1987, 28-35면에서 세밀한 분석이 이루어진 바 있다. 여기에서는 시간적, 공간적 시어 분석을 중심으로 재론하였다.

접 접하고 부딪치는 존재이다. 그것들은 내가 처한 '오늘밤'의 시간과 맞물린 공간적 배경이다. 그런데 제9행에서 천상의 것인 '별이' 지상의 것인 '바람에' '스치운다'고 하여 바람이 지상과 천상을 넘나드는 존재로 그려졌다.[24] 천상과 지상에 함께 작용하는 바람의 존재로 인해 작품의 의미가 긴장감 있게 형성되었다.

이같이 긴밀하게 짜인 시·공간을 배경으로 3단 구성에 의한 시상 전개가 이루어진다. 이 작품을 분석한 대부분의 논자들이 주목한 바이지만, 각 단락은 제4, 8, 9행의 끝에 나온 서술어의 시제에 의해 셋으로 구분된다. 제4행의 '괴로와했다' 제8행의 '걸어가야겠다', 제9행의 '스치운다'는 각각 과거형, 미래(의지)형, 현재형으로 쓰여 있다. '괴로와했다'는 시제는 과거이지만 의미상 과거에도 그러하였고 지금도 그러하다는 뜻을 포함한다. '걸어가야겠다'는 미래에의 의지를 표현하고 있지만 이 역시 과거부터 성찰해 온 의식이 현재와 미래로 연장된 의미를 지닌다. '스치운다'는 그러한 과거, 현재, 미래의 의식들을 묶어 현재 진행되는 상황에 초점을 맞춘 말이다. 이로써 과거에서 현재로, 그로부터 미래로, 그리고 다시 현재로 시점을 옮기면서 3단의 의미 단락을 구성한다. 시제뿐 아니라 세 서술어에 찍힌 마침표도 3단락의 구분을 분명히 보여 준다.

시간과 결합한 공간에서도 3단 구성을 살펴볼 수 있다. 제1행의 '하늘'과 제3행의 '바람'은 '나'의 과거 행위의 보증 또는 원인으로 작용

24) '바람'의 이러한 양상을 '바람이 잎새에서 별로 상승함'(박진숙, 「윤동주 시의 공간 의식 연구」, 석사 논문, 경남대학교 교육대학원. 2008, 77면)으로 보는 한편, 이항 대립에서의 매개 공간으로 규정하기도 하였다(이사라, 앞의 논문, 32면).

하였다. 나는 하늘을 우러러 한 점 부끄럼이 없고자 하였다. 그리고 나는 잎새에 이는 바람으로 인해 괴로워하였다. 바라고 괴로워하는 배경으로 하늘과 바람이 설정된 것이다. 이에 비해 제5행의 '별', 제7행의 '길'은 나의 의지가 미래를 지향하는 공간적 소재들이다. 별을 노래하는 마음으로 사랑해야겠다고 하고, 또 나에게 주어진 길을 걸어 가야겠다고 하였다. 그러면서도 '하늘'과 '바람', '별'과 '길'은 천상과 지상 간의 긴장 관계를 유지한다. 이러한 제1~4행과 제5~8행의 공간적 배경이 통합되어 나온 것이 제9행의 '별'과 '바람'이다. 제9행의 두 시어는 제1~4행에서 예전에 잎새에 이는 '바람'에도 괴로워한 것과 제5~8행에서 앞으로 '별'을 노래하는 마음으로 사랑하겠다는 것에서 과거와 미래를 연결하고 괴로움과 사랑의 주제를 아우르면서 현재 실존적 상황에 직면한 나의 모습을 그려 내었다.

이렇게 이 작품의 구조는 시·공간적 배경에 따른 3단 구성으로 이루어졌다. 이제 3단으로 구성된 의미의 내용을 분석해 보기로 하겠다.

제1~4행의 첫 번째 의미 단락은 일반적으로 2행씩 두 문장으로 분석되어 왔다. 제2행 끝에 '바랐다, 소망하였다' 정도의 서술어가 생략되었다고 생각하여 제1, 2행과 제3, 4행의 두 문장으로 보는 것이다. 그런데 원문에는 제2행 끝에 쉼표가 붙어 있으므로 엄밀히 따지자면 제1~4행은 한 문장이다. 제4행 끝의 '괴로와했다'가 '한점 부끄럼이 없기를'과 '잎새에 이는 바람에도' 둘 다에 걸리는 문장인 것이다. 이로써 내가 괴로워하는 대상과 원인 두 가지를 표현하였다. 나는 죽는 날까지 하늘을 우러러 한 점 부끄럼이 없기를 괴로워하고, 잎새에 이는 바람으로 인해 괴로워하였다. 전자는 소망과 이상을 생각할수록 괴롭다는 것, 후자는 실제와 현실에서 겪는 바로 인해 괴롭다는 것의 고백이다. 소망과 이상을 설정한 것만으로 괴로움의 원인일 수는 없겠지만 그것의 내용이 '부끄럼이 없기'인 만큼 소망과 이상에 미치지 못하는 실제와 현실을 전제하지 않을 수 없다. 그렇기 때문에 괴로움의 대상과 원인을 동시에 제시한 것이다. 이로써 첫 번째 단락은 천상과 지상의 두 세계, 혹은 이상과 현실의 두 의식 사이에서 고뇌하고 있는 나의 심리를 그려 내었다.

제5~8행의 두 번째 의미 단락은 앞에서의 갈등 상황을 벗어나기 위한 '나'의 노력을 표현하였다. 이상과 현실 사이에서 갈등하는 데에서 나아가 무엇을 어떻게 하며 살아야 할지를 탐색해 본 것이다. 그런데 제6행 끝의 '사랑해야지'는 의지의 서술형 종결 어미이므로 마침표가 붙어야 하는데 이를 생략하였기 때문에 이번에도 문장 구성이 애매해졌다. 분명하게 두 문장임에도 제8행의 '걸어가야겠다.'에만 마침표가 찍혀 있는 것이다. 제2행에 쉼표가 붙은 것과 비슷하게 여기서의 '나'도 제5, 6행의 문장과 제7, 8행의 문장을 아울러 의식하고 있다고 생각된다. 곧 '사랑해야지'와 '걸어가야겠다.'는 동등한 차원의 의미를 지니는 말들로 제시된 것이다.

그런데 이렇게 갈등을 넘어서려는 노력의 표현은 사실 첫 번째 단락에서 변형되어 나왔다. 제5, 6행 '별을 노래하는 마음으로 / 모든 죽어가는 것을 사랑해야지'는 제1, 2행 '죽는 날까지 하늘을 우러러 / 한 점 부끄럼이 없기를'과 긴밀히 연관되어 있다. 별을 노래하는 마음은 하늘을 우러러 부끄럼이 없고자 하는 소망과 이상에서 나왔고, 죽는 날까지의 나로부터 죽어 가는 모든 것으로 인식을 전환하였으며, 부끄럼 없기를 소망한 것은 별을 노래하는 마음을 통해 사랑의 행동으로 나아가고 있다. 이상과 현실 사이에서 갈등하던 데에서 이상 쪽에서서 갈등을 극복하려는 모습을 보여 주었다. 그렇기 때문에 제5, 6행의 진술은 대개 순수, 고결, 이상 등의 말로써 그 성격이 규정된다. 그런데 순수하고 고결한 진술인 만큼 이것은 아직 구체적이고 현실적인 실체를 표현하지 못하였다. 제7, 8행에서 '그리고 나한테 주어진 길을 / 걸어가야겠다'라고 덧붙인 것도 사랑의 행동이 어떤 구체성을 가져야 할지 분명한 답을 찾지 못한 '나'가 일종의 소명 의식을 통해 자기 다짐을 한 것일 따름이다.[25)]

이렇게 두 번째 단락은 별을 노래하는 마음, 사랑의 행동이라는 주제를 제시하고는 있지만 첫 번째 단락의 갈등 상황에서 벗어나 삶의 구체적인 목표와 방법을 획득한 것으로는 보기 어렵다. 자기 자신에게 소명 의식을 부여하면서 순수하고 고결한 삶의 자세를 견지할 것을 다짐하는 모습에 머물러 있다. 그러므로 작품 전체의 주제를 이 단락에서 찾는 것은 무리가 있다. 별을 노래하고 사랑의 행동을 하며 살겠다고 스스로 다짐하지만 그것만으로 갈등 상황을 타개하기에는 구체적인 현실 인식이 부족한 것이다.

제9행의 세 번째 의미 단락은 앞 두 단락의 의미를 통합하면서 '나'의 고민을 새삼 분명하게 드러낸다. 비어 있는 한 줄만큼의 휴지가 있는데, 제9행 첫머리가 '오늘밤에도'이므로 이 휴지는 첫 번째와 두 번

25) '주어진 길'을 추구하겠다는 것을 자유의 추구로 해석하기도 하였지만(박종대, 「윤동주 시의 '길찾기'에 대한 연구」, 석사 논문, 연세대학교, 2001, 20면), 자유의 의미와 내용은 설명하기 어렵다.

째 단락의 의미를 현재 시점으로 가져오는 정도의 시간이 소요될 법하다. 제9행의 '오늘밤'은 제1행의 '죽는 날까지' 계속되는 시간 속의 오늘이자 제1행의 '하늘'과 제5행의 '별'과 관련을 맺고 있는 밤이다. 첫 번째와 두 번째 단락을 아우르면서 현재 시점으로 돌아와 내가 처한 상황, 즉 '별이 바람에 스치운다'라는 상황에 직면해 있다. 이는 내가 이상으로 삼아 노래하는 별이, 예전에 잎새에 일어 나를 괴롭게 하였던 바람에 스치우는 것이므로, 첫 번째와 두 번째 단락을 통합하여 현재 상황을 표현한 것이다.[26] 이로써 현실의 길을 가는 것은 물론이고 이상을 추구하는 것도 부끄러움과 괴로움을 수반하는 것이라는 인식을 드러내었다. 별을 노래하는 마음과 사랑의 행동을 제시한 두 번째 단락에서 다시 현재 '나'가 처한 실존적 상황을 되새기는 것이다. 이러한 제9행이 작품 전체의 주제를 갈무리하고 있다고 생각된다. 이상과 현실 사이에서 고민하며 소명 의식을 갖고 사랑을 실천하며 살겠다고 다짐하면서도 이상과 현실 어느 쪽으로도 길이 열리지 않은 실존적 상황을 보여 준다.

이상에서 논하였듯이, 이 작품은 제1~4행, 제5~8행, 1행의 휴지와 제9행의 세 의미 단락으로 이루어져 10행 향가의 3단 구성과 친연성을 띤다. 현존 10행 향가 중에서 〈찬기파랑가〉가 시간의 흐름에 따른 의미 구성을 보여 주는 작품이다.[27] 기파의 임종 시를 회상하는 제1구, 문도들이 모여 추모 의식을 거행하는 제2구, 기파의 이념을 실천

26) 이는 〈서시〉를 '바람 → 별 → 별 · 바람'의 변증법적 구조(이승훈, 앞의 논문, 444-446면)로 본 것과 유사한 관점에서의 해석이다.

27) 신재홍, 앞의 책, 240-243면.

하겠다고 다짐하는 제3구로 구성되었다. 이는 과거, 현재, 미래의 시간적 전개에 따른 의미 구성이다. 〈서시〉가 과거, 미래, 현재의 시간 순서여서 차이는 있지만 세 의미 단락을 시간의 단위로 배열한 것은 공통된 발상이다.

그런데 현존 향가 중에서 〈서시〉같이 개인이 실존적 상황에 처해 자아 성찰적 인식을 드러내는 작품은 찾아보기 어렵다. 〈찬기파랑가〉만 하더라도 집단적인 추모와 시대 이념의 실천에 초점을 두었고, 〈제망매가〉에서 화자의 성찰은 생사의 길이 무엇인지에 대한 사변적 탐구에 놓이며, 〈원왕생가〉에서는 실존의 현실을 초극하여 오로지 왕생극락만을 희구하는 모습이 형상화되었다. 그리하여 개체성에 바탕을 둔 실존적 자아 인식은 〈서시〉와 같은 현대시에 와서야 구현될 수 있었다고 보인다. 이 점이 중세 서정시로서의 향가와 현대의 서정시가 지니는 주제 의식상의 차이라고 하겠다.

5. 향가의 전통과 〈님의 침묵〉, 〈서시〉

앞에서 논한 내용을 요약하면, 향가의 양식적 특질을 현대 서정시에서도 찾을 수 있다는 것이다. 한국 현대시를 대표하는 〈님의 침묵〉과 〈서시〉에서 찾아볼 수 있는 향가적 특질을 통해 중세의 서정시인 향가가 오랜 시간을 지난 오늘날에도 영향을 끼친 국면을 드러내고자 하였다. 한두 작품에 나타난 것을 양식 전체로 확대하는 것은 무리이겠으나 대상 작품이 갖는 현대시로서의 대표성과 문학적 성취도, 대중적 인지도 등을 생각한다면 단순히 일반화의 오류라고 치부하고 넘어갈 문제는 아니다. 향가와 현대시는 한국 서정시 역사의 저변에서 서로 연결되어 있다고 보는 것이 순리이다.

그렇다면 어째서 향가의 양식적 특질이 현대시에도 자취를 남기고 있을까? 그 이유로 향가가 지닌 한국 서정시의 대표성, 양식적 개방성, 오랜 역사성, 의미 구성의 보편성 등을 들 수 있다. 향가는 신라어의 율격과 신라인의 사유 방식을 최대한 효율적으로 표현할 수 있는 시적 구조를 갖춘 문학 양식이었다. 앞에서 언급하였듯이, 4행, 8행, 10행, 장가 등의 다양한 하위 양식이 있었고, 1행에 2, 3, 4음보를 모두 구사할 수 있는 율격적 개방성을 지녔으며, 기—서—결의 3단 구성을 견고히 갖추었으면서도 기승전결의 4단 구성으로 변모할 여지가 마련되어 있었다. 이러한 양식적 특질은 천여 년의 시간 속에 수많은 작품이 창작, 향유되면서 갈고 닦인 역사적 소산이었을 뿐 아니라, 고려 중엽 향가가 해체된 다음에도 고려 가요, 시조 등 새롭게 양식화된 서정시의 형성에 심대한 영향을 끼쳤다. 나아가 3단의 시상 전개 방식이 정—반—합의 보편적 사유 구조를 드러냄으로써 향가가 사유의 보편성에 기초한 양식임을 보여 준다. 이는 중세와 근대를 연결하는 서정성의 공통 특질이 될 터이다. 요컨대 향가는 한국인, 한국어, 한국사에 의해 서정시의 결정체로 만들어져 오랜 세월 향유되었고 그 후에도 서정시 양식의 형성에 영향을 주었던 것이다. 향가는 중세 서정시의 역사에서 그 원류이자 기저로서 자신의 사명을 지속해 왔다고 하겠다.

중세의 시적 전통은 근대에 들어와 시대 상황의 변화 속에서 부정되었다. 중세 시대에 시라면 정형시여야 한다는 생각과 관행이 깨어지면서 서정시가 정형률로부터 풀려난다. 그 조짐은 조선 후기 사설시조 등에서 나타났지만 우리의 근대시는 그쪽을 계승하기보다는 7·5조 같은 외래 정형률을 수용하여 기존의 형식을 대체하는 경향을 띠었다. 그러다가 1910년대 말~1920년대에 와서 자유시가 일반화된 한편 중세의 정형시인 시조는 근대적 내용을 담는 전통 양식으로 변모하게 되었다. 그러나 한국 서정시의 전통 속에서 근대 자유시를 놓고 보았을 때 고려 가요나 시조보다는 향가가 그것과 훨씬 더 가까운 위치에 있다. 중세의 정형시이면서도 한국어 율격과 구성을 비교적 자유롭고 개방적으로 취할 수 있었던 향가가 근대 자유시의 자율성에 기초한 다양한 시적 실천에 원동력이 될 만한 특질을 구비하고 있었기 때문이다. 사설시조도 자유시로의 길을 열었다고 할 수 있지만 그 양식은 평시조의 변형 혹은 파괴로써 형성되었기에 어디까지나 시조의 한 하위 갈래일 따름이다. 시조의 현대화가 사설시조 중심으로 이루어지지 못한 것은 사설시조의 양식적 확장성에 한계가 있었음을 말해 준다. 이에 비해 향가는 율격 면에서나 형태 면에서 개방성을 지녔으므로 사설시조보다 근원적으로 근대 자유시와 관련지을 수 있다.

여기에서 대상으로 삼은 〈님의 침묵〉과 〈서시〉는 한용운과 윤동주의[28] 대표작이자 일제 강점기를 대표하는 시로서 지금까지 한국인 사이에서 널리 애독, 애창되고 있다. 한국어가 혹독하게 시련을 당하

---

28) 유은하, 「한용운과 윤동주 시 비교 연구」, 석사 논문, 고려대학교, 2003, 14면에서 두 시인의 공통점으로 종교와 관련된 시적 상상력과 사상—예술—삶이 일치한다는 점을 들었다.

여 소멸될 상황에 처하였을 때, 시인들에게는 서정시의 전통을 이어받아 한국인의 심성에 파고드는 시를 창작할 소임이 주어졌다. 언어와 역사가 말살당할 위기에서 한국인의 정체성을 지키기 위해 시인들은 서정시를 갈고 닦은 것이다. 그러할 때 서정시의 기저에 흐르던 향가적 전통이 되살아나 현대시 여기저기에 자취를 남겼다고 생각된다.

〈님의 침묵〉과 〈서시〉는 모두 '노래'에 대한 지극한 애정이 드러나 있다. '제곡조를못이기는 사랑의노래는 님의沈默을 휩싸고돔니다', '별을 노래하는 마음으로 / 모든 죽어가는 것을 사랑해야지'에서 그러한 시인의 마음이 나타난다. 작품에 나온 '노래'는 바로 한국인의 심성이 깃든 서정시인데, 시인은 님을 돌아오게 하려고, 모든 존재를 사랑하기 위해 그 노래를 부르고 있다.[29] 민족의 주권을 잃은 어둠의 시대에 '님' 또는 '모든 죽어가는 것'을 향하여 존재의 가장 깊은 곳에서 우러나온 서정의 노래를 부르는 것이다. 시인의 진실한 마음과[30] 엄혹한 시대 현실이 만났을 때, 민족 정서의 기저를 받치고 있던 오래된 전통의 힘이 작용하지 않았을까. 그리하여 앞에서 분석한 바와 같이,

---

29) 위의 논문, 53면에서 두 시인의 공통된 주제로 '초월적이며 이상적인 세계에 대한 동경과 추구', '현실의 모순을 외면하지 않는다는 점', '연약한 존재에 대한 관심과 사랑'을 지적하였다.

30) 『님의 침묵』의 창작 동기가 '보살도의 실천'(류양선, 「만해의 시집 님의 침묵의 창작동기」, 『한국현대문학연구』21, 한국현대문학회, 2007, 75면), '중생제도로서의 시쓰기'(정효구, 「한용운 시집 님의 침묵의 창작원리와 그 의미」, 『한국문학논총』 62, 한국문학회, 2012, 175면)에 있고, '윤동주는 아닌―나를 모두 나로부터 해방시켜 돌려보낼 만큼 정직하였다'(김상봉, 「윤동주와 자기의식의 진리」, 『코기토』 69, 부산대학교 인문학연구소, 2011, 111면)는 것은 두 시인의 삶의 진실성을 말해준다.

두 작품이 향가적 특질을 지니게 되지 않았을까? 이에 여기에서는 엄혹한 시기에 민족어를 갈고 다듬는 중에 민족 문학의 저층에 흐르던 양식적 전통이 무의식중에 되살려진 면모를 확인해 보았다.[31)]

이 같은 설명이 관념적이기도 하고 성급하게 일반화한 것이라는 비판을 면하기는 어렵다. 그러나 현대시 중에서 향가적 특질, 가령 2행 6음보나 3단 구성, 3단의 시상 전개 등을 찾아보면 두 작품 외에도 상당수의 작품이 있을 것이다. 앞으로 대상 작품을 확대하고 시대도 현재까지 내려 잡아 광범위하게 분석할 필요가 있다. 이러한 과제를 뒤로 하고 두 편만을 대상으로 향가와 현대시의 친연성을 당위적으로 설명한 것은 아무래도 성급하다는 비판을 면하기 어렵다.

6. 결 론

이 장에서는 율격, 시적 구조, 시상 전개 방식 등에서 10행 향가와 〈님의 침묵〉, 〈서시〉의 친연성을 살펴보았다. 천여 년이나 떨어진 향가와 현대시에서 양식적 관련성을 찾아보는 것은 우리 서정시 역사의 기저에 깔린 서정성의 원천을 탐색하기 위함이다. 현대시가 중세시의

31) 주제사의 측면에서 〈님의 침묵〉의 불교 사상과 이별의 주제, 〈서시〉의 자기 성찰적 주제가 향가와 관련된 양상은 폭넓고 깊이 있는 검토가 요구된다. 불교 사상은 사상사, 종교사적 관점에서 향가와 비교되어야 하고 이별과 자기 성찰은 시대적 특수성과 인간 존재의 보편성을 아울러서 향가와 연관 지어야 할 것이다. 또한 향가에서 현대시까지 수많은 작품과 작가를 계보화하여 주제사의 흐름을 살필 필요도 있다. 이는 방대한 작업이 될 것이라서 현재로서는 과제로 남겨 둘 수밖에 없다.

부정에서 산출된 것은 사실이지만 그 부정은 부정의 부정이 중첩된 역사적 과정의 한 단계일 따름이다.

〈님의 침묵〉은 표면에 두드러지는 사설 조에도 불구하고 10행 구성, 3단의 변증법적 의미 구조, 제9행 앞에 놓인 감탄사 등에서 10행 향가의 양식적 특질을 물려받은 작품이다. 〈서시〉는 2행 6음보 기조의 율격, 제9행으로 넘어갈 때 1행의 휴지부, 과거—미래—현재 3단의 의미 구조 등에서 10행 향가와 상통하는 면모를 보여 준다. 이렇게 현대 서정시를 대표하는 두 작품에서 10행 향가의 특질을 찾아봄으로써 오랜 세월 동안 면면히 이어져 온 한국적 서정성의 생명력을 새삼 느껴 볼 수 있다.

향가는 천여 년 전에 사라져 버려 지금은 바짝 마른 고목처럼 남은 중세 문학 양식이라고 생각하기 쉽다. 그러한 생각에 대하여 본고는 오늘날에도 살아 있는 고전으로 향가가 향유되기 바라는 뜻에서 향가의 생명력을 탐색해 보았다. 더불어 한국 서정시 역사의 기저에 줄기차게 흐르는 서정의 맥이 향가에서 현대시까지 이어지고 있음을 보여 주고자 하였다.

향가의 미래를 위하여

향가, 문학적 재미의 원천

1. 서 론

향가는 향찰 표기의 해독 문제가 가로놓여서 일반 독자가 원전에 접근하기는 상당히 어렵다. 양주동, 김완진 등 선학의 노력에도 불구하고 향가 해독은 여전히 해결해야 할 과제로 남아 있다. 뿐만 아니라 향가의 배경 기사는 설화적인 분식을 거쳐 서술된 형태로 전해졌기 때문에 그것의 사실성 여부는 입증하기도 어렵고 그것으로써 향가 관련 사건의 전모를 파악하기도 어렵다. 그리하여 배경 기사는 향가의 낭만적, 환상적 배경 설화로 인식되거나 아예 향가를 무시하고 읽어도 그 자체의 흥미소를 갖춘 설화로 수용되었다.

해독의 문제와 설화적 분식의 장애를 넘어서 향가에 접근하여 그 문학성을 음미함으로써 향가 자체가 풍기는 문학적 재미를 맛볼 수 있는 방법은 없을까? 무엇보다도 작품 자체의 깊이 있는 이해를 바탕으로 그러한 경험을 할 수 있을 듯하다. 먼저 기존 해독 중에서 향가의 작품 세계를 일관된 관점에서 포괄적으로 그려 볼 수 있는 것을 택한다. 그리고 신라 시대 향가 향유의 상황을 두루 살핀 안목을 가지고 작품을 밀도 있게 분석한다. 여기에 현대적인 감수성을 반영한 향가 해석의 시각을 확보하여 과거와 현재를 연결하는 보편적인 시적 의미를 찾는다. 이러한 방식으로 논하면, 향가가 주술이나 환상의 분위기를 띤다거나 옛날이야기에 둘러싸인 순박한 노래일 것이라는 선입견에서 벗어나 당대에 이미 고도의 문학성을 인정받아 향유되었고 오늘날의 독자에게도 재미와 의미를 지닌 문학이라는 점이 드러나지 않을까 한다.

그러려면 향가의 재미가 과연 어디에 있는지 그 지점을 대략적이라도 지목해 보는 것이 필요하다. 필자는 향가의 문학적 재미와 의미는 향가를 통해 사유하고, 느끼고, 자아를 찾는 데 있다고 본다. 이러한 지점은 어떤 문학 장르라도 가능한 영역이라 할 수 있다. 그러한 보편적인 문학 향유의 영역 안에서 향가만이 갖는 재미의 영역을 찾는다면, 변증법적 사유의 구조[1] 즐기기, 당대성을 지닌 서정주의[2]에 젖어 들기, 작품의 장소를 자아와 관련짓기[3] 등에 있지 않을까 한다.

---

1) '같으면서 다른 성격의 율격들이 정—반—합의 구조로 결합됨으로써 역동성을 띠게 된 것이다.……긴장과 균형, 역동성과 안정감이 변증법적 관계로 결합된 것이다. 이러한 형식적 특성에 의해 작품의 주제도 변증법적으로 드러나게 된다. 제1구에서 문제가 제기되고, 제2구에서 심화 · 확대된 다음, 감탄사를 기점으로 제3구에서 전환 또는 비약하는 것이다'(신재홍, 『향가의 미학』, 집문당, 2006, 149-150면).

2) '일연이 말하고 있는 향가의 감동론은 기본적으로 『모시서』나 『시품서』가 뜻하는 바의 시적 울림 혹은 시적 감동이라는 시의 본질론적 해석에 근거하고 있다. 그러나 그는 이 본질론적으로서의 감동을 역사적 형태로 구체화된 향가의 감동론으로 끌어오면서 시적 울림의 주술—종교적 국면을 더 부각시키는 개념적 변용을 도모한다'(성기옥, 「'감동천지귀신'의 논리와 향가의 주술성 문제—향가의 주술성과 서정(1)」, 『임하 최진원 박사 정년기념논총 고전시가의 이념과 표상』, 간행위원회, 1991, 72면). 다만, 당대적 성격에 대해 주술—종교적 국면에 치중하여 이해하려는 시각은 경계할 필요가 있다.

이 세 가지는 문학 일반이 지닌 재미의 영역인 동시에 향가 고유의 재미가 발현되는 영역이라는 점에서 보편성과 특수성을 아울러 지닌다고 할 수 있다. 이를 논하여 향가에서 재미를 얻는 지점, 그리고 거기서부터 퍼져 나갈 향가 향유의 넓은 영역을 미흡하나마 보여 주고자 한다.

2. 변증법적 사유 구조

향가는 4행, 8행, 10행 및 장가의 하위 장르가 있는 문학 양식이다. 그중 10행 향가는 이미 당대에 '3구 6명' 형식의 장르로 널리 인식되었다. '6명'에 대한 논란은 차치하더라도 '3구'의 형식이 갖는 문학적 의미에 대해 생각해 볼 만하다. 시적 언어를 3구에 맞추어 구성한다는 것은 언어의 내용인 사유의 구조를 3단으로 짠다는 것이다.[4] 말하자면 10행 향가의 3구 형식은 사유의 3단 형식이기도 하다.

生死 길은　　　　　　　　　생사의 길은

3) '자아 정체성과 장소 정체성은 밀접하게 연관된다'(존 앤더슨, 이영민 · 이종희 옮김, 『문화 · 장소 · 흔적—문화지리로 세상 읽기』, 한울, 2013, 172면).

4) '형식(형상)은 우리의 출발점이 되는 시초의 패턴이나 주형으로서가 아니라 우리의 종착점이자 내용의 심층 논리 자체의 최종적 분절화로 간주된다.……실제로 형식이란 것 자체가 상부구조 영역에서 내용이 전개된 것에 불과하다'(프레드릭 제임슨, 여홍상 · 김영희 공역, 『변증법적 문학이론의 전개』, 창작과비평사, 1984, 326면).

이ᄋᆡ 이샤ᄆᆡ ᄌᆞ글이고, | 이에 있으매 애끓이거늘,
'나ᄋᆞᆫ 가ᄂᆞ다.' 맔 | '나는 간다'는 말을
아모다 니ᄅᆞ고 가ᄂᆞ닛고? | 어떻다[고] 이르고 갑니까?
어ᄂᆞ ᄀᆞᄉᆞᆯ 이른 ᄇᆞᄅᆞᄆᆡ | 어느 가을 이른 바람에
이ᄋᆡ뎌ᄋᆡ 떠딜 닙ᄀᆞᆯ, | 여기저기 떨어질 잎같이,
ᄒᆞᄃᆞᆫ 가자 나고 | 한 가지에 나고
가논 곧 모다온뎌! | 가는 곳은 사방팔방이구나!
아야, 彌陁刹아 맛보올 나 | 아아, 미타찰(彌陁刹)에서 만날 나
道 닷가 기드리고다. | 도 닦으며 기다리겠노라.[5]

〈제망매가〉는 10행 향가의 3구 구성을 전형적으로 보여 준다. 제1구(제1~4행)에서 생사의 갈림길에 임한 화자의 '애끓임'을 토로하였고, 제2구(제5~8행)에서는 인연과 윤회에 따른 생사의 문제를 나뭇잎의 비유로써 표현하였으며, 제3구(제9 · 10행)에서 윤회의 사슬에서 벗어날 왕생극락의 비전을 갖고 수도에 정진하겠다고 다짐하였다. 이는 정(情)에서 지(知)로 나아갔다가 의(意)로 마무리 짓는 시상의 전개이다. 누이의 죽음에 임하여 처음에는 슬픔과 애통함의 감정으로 반응하였고, 다음에는 이성을 발휘하여 인연과 윤회의 진리를 드러낼 만한 비유를 찾아 제시하였으며, 마지막에는 생사를 초월하기 위해 수도하겠다는 의지를 드러내었다. 제1행에 명시한 '생사의 길'을 두고

5) 신재홍, 『향가의 해석』, 집문당, 2000, 222면. 향가 작품의 해독은 이 책에서 가져온다.

인간이 지닌 감정과 이성과 의지의 세 영역을 총동원하여 의미를 구성하였다. 요컨대, 생사의 문제를 정—지—의로 전개된 시상을 통해 형상화하였다.

이러한 양상은 이 작품이 생사의 문제에 대한 시인의 변증법적[6] 사유 과정을 거쳐 나온 시적 형상임을 말해 준다. 화자가 임종 시에 느낀 감정의 그 근원을 사유하여 얻은 비유가 나뭇잎의 비유이다. 한 가지에 난 나뭇잎이 가을바람에 여기저기 흩어져 떨어지는 것으로써 이승에서의 인연과 내세의 윤회를 심상화하였다. 이는 제1구의 감정에 대한 제2구의 지적 성찰이라고 할 수 있다. 그런 다음에 미타찰에서 만나기 위해 수도하겠다고 함으로써 감정과 이성을 넘어서서 왕생극락의 이념적 지향점을 향하여 의지적인 행위로 나아갔다. 이는 감정에 대해 이성으로써 성찰하고 그 둘을 넘어 의지의 행위로 나아간 것으로서 변증법에서 말하는 '부정의 부정'[7]에 해당하는 사유 방식이

6) 변증법이라는 용어는 다음과 같이 정의된다. '① 대화와 논쟁의 기술, ② 대화에서와 마찬가지로, 대립 또는 사고의 다양성을 용인하면서 종합을 향해 가는 추론, ③ 대립 또는 대립의 초월에 의해 진행되는 사물의 발전(라루스 대백과 사전), ① 스스로를 의식하면서, 총괄적인 종합이 끌어내려 하는 정반대의 명제로써 스스로를 표현하는 사고의 과정, ② 반대되는 의미들의 움직임이 번갈아 교체되면서 상호적 인과성이 작용함으로써 발전해 가는 사고, 혹은 생성의 과정, ③ 어떠한 명제도 결정적인 것으로 보지 않으며, 보편적 정정 가능성의 원칙을 내세우는 정신의 태도, ④ 후천적으로 얻어진 지식, 경험(정적 사고)에 머무르는 대신에 스스로 벗어나려 하는 역동적 사고 성향, ⑤ 연구하는 것을 이해하기 위하여 움직이는 역사적 · 구체적 실체 속에 그것을 다시 놓아 보는 방법(철학 용어 사전)'(폴 풀키에, 최정식 · 임희근 역, 『변증법의 이해』, 한마당, 1992, 40-42면). 여기에서는 두 사전의 각 ②번 정의에 가까운 개념으로 이 용어를 사용한다.

7) J.이스라엘, 황태연 옮김, 『변증법—인식이론, 언어철학, 변증법적 사회과학—』, 까치, 1983, 95-97면, 150-161면.

다. 감정을 부정하여 이성으로, 다시 감정과 이성을 부정하여 의지로 나아가는 변증법적 '지양(止揚)'을 보여 주었다.

〈제망매가〉가 주제를 변증법적으로 표현할 수 있었던 것은 10행 향가가 구축한 3구 구성이라는 형식에 의존한 바 크다. 10행 향가의 형식은 다시 연쇄형, 병렬형, 내포형으로 구분할 수 있는데 그중 내포형 10행 향가는 변증법적 시상 전개의 정수를 보여 준다.

ᄃᆞ라리 아여	달이 애오라지
西方 외오뎌 가시리고.	서방[만을] 외며 가시리오.
無量壽佛 前ᄂᆡ	무량수불 앞에
뇟곰 다ᄆᆞ기 ᄉᆞᆲ고시셔.	되뇌임 가져다가 사뢰소서.
"다딤 깁ᄉᆞᆫ 尊의ᄒᆡ 울월기	"다짐 깊은 불존에 우러러
두ᄫᅳᆯ 손 모도 고조ᄉᆞᆯᄫᅡ	두 손 모아 곧추어
'願往生 願往生'	'원왕생 원왕생'
그린 사ᄅᆞᆷ 잇다." ᄉᆞᆲ고시셔.	그리는 사람 있다." 사뢰소서.
아야, 이 몸 ᄇᆞ려두고	아아, 이 몸 버려두고
四十八大願 일고실가?	사십팔 대원 이루실까?

〈원왕생가〉의 제1구는 화자가 달에게 부탁하는 말을 건넨다. 서방에 가서 무량수불에게 '되뇌임'을 사뢰어 달라는 부탁이다. 이러한 부탁 자체는 아직 내용을 담고 있지 않으므로 형식적 차원에 머물러 있다고 할 수 있다. 제2구에 와서 '되뇌임'의 내용이 무엇인지 진술된다. 화자가 불존 앞에서 '원왕생'의 염원을 무수히 외고 있다는 사실을 사

되어 달라는 것이다. 제1구 부탁의 형식에서 제2구 부탁의 내용으로 나아갔다고 하겠다. 더욱 의미 있는 것은, 제1구의 끝 행인 제4행에 '되뇌임'이라는 말을 넣고 그것을 계기로 삼아 제2구의 내용을 전개하였다는 점이다. 이는 정—반—합의 변증법적 과정에서 테제(정) 속에 모순의 계기가 발전하여 안티테제(반)로 나아가는 것에 부합하는 양상이다.[8] 제1구의 한 요소로서 '되뇌임'은 그것의 형식과 내용이 상호 관계 속에 있고, 형식에 대한 부정으로서 내용이 나온다는 점에서 그렇게 볼 수 있다.

제1구의 형식에서 제2구의 내용으로 전개한 다음 제3구에서 형식과 내용을 포섭한 도약을 이룬다. 지금은 서방에서 무량수불로 있는 아무타불이 전세에 법장보살의 몸으로 이 땅에 왔을 때 모든 중생을 구제하기 위해 48대원을 발한 사실을 가져와 한층 고양된 차원에서 화자의 염원을 표현하였다. 화자가 부탁하는 염원이 전세의 법장보살이자 내세의 아미타불인 존재의 그것과 다르지 않다는 점을 전제로 제1, 2구의 형식과 내용을 넘어서서 그 둘이 하나가 되어 고차원에 이르도록 시상을 전개하였다. 변증법에서 진테제(합)가 지닌 포섭과 도약의 의미[9]가 시적으로 구성되었다고 할 수 있다.

---

8) '1. 우리는 한 전체로부터 취한 요소로부터 시작한다. 즉 "하나가 둘로 분리된다"는 원리를 따른다. 우리는 그 요소의 반대물이나 모순태를 추구한다.……2. 반대물이나 모순태의 추구는 부정의 방법에 의해 수행된다. 3. 본래적 요소와 이것의 반대물은 오직 상호 관계 속에서만 의미를 지닌다. 여기에서 사용되고 있는 "존재" 범주는 "비존재"와의 관계 속에서만 의미를 지니는 것이다.……4. 모순에 의한 부정은 변증법적 운동의 첫 번째 본질적 단계이다'(위의 책, 152-153면).

9) 정—반—합의 과정에서 합은 '지양'의 단계인데, 이 말에는 첫째, 어떤 것을 제거하다 또는 탈범주화하다는 뜻의 부정하다, 둘째, 어떤 것을 보존하다, 셋째, 어떤 것

이렇게 향가의 형식 자체가 변증법적 의미 구성의 틀을 제공하는 역할을 한다. 이는 신라 시대 향가 향유자들의 사유 방식이 시 형식에 응결되었기에 나타난 현상이라고 생각된다. 그런데 변증법적 시상 전개가 10행 향가의 형식적 틀에만 맞추어 이루어진 것은 아니다. 3구 구성과 달리 2구 구성이라고 볼 수 있는 4행이나 8행 향가 중 시의 형식보다는 의미의 전개 과정에서 변증법적 사유를 보여 주는 작품이 있다.

오다. 오다. 오다.	오다. 오다. 오다.
오다. 셜븐 다라.	오다. 서러운 곳이라.
셜븐 듸 물아!	서러운 곳의 무리여!
功德 닷ᄀ라 오다.	공덕 닦으러 오다.

〈풍요〉의 제1행은 '오다'라는 말을 세 번 반복하고 있다. 존재의 문제를 사유할 때 핵심적으로 취할 만한 단어로 '오다'를 떠올릴 수 있는데 이를 세 번 반복함으로써 그 말이 지닌 의미를 변증법적으로 사유하도록 이끈다. 가령 '나는 이 세상에 오다, 너도 이 세상에 오다, 너와 나는 이 세상에 오다'라든가, '전세에 이 세상에 오다, 현세에 이 세상에 오다, 내세에 이 세상에 오다'라든가, '부처가 이 세상에 오다, 내가 이 세상에 오다, 부처인 내가 이 세상에 오다'라든가 하는 사유의

을 고양시켜 새로운 것을 만들다, 넷째, 새롭게 통찰하다 등의 의미가 있다(위의 책, 96-97면에서 요약).

전개가 가능하다.

제2행 첫머리에 '오다'를 다시 한 번 반복하면서 제1행에서 제기한 존재의 문제를 의도적으로 상기한다. 이 말을 계기로 삼아 다음 단계의 생각으로 나아가는바, 우리가 온 이 세상은 '서러운 곳'이라는 것이다. '오다'라는 말의 주체인 나 혹은 우리를 잠시 괄호로 묶은 채 '오다'의 대상 공간인 이 세상에 대한 인식 내용을 드러내었다. 이 세상은 서러운 곳이라는 생각은 불교의 가르침이기도 하므로 제2행의 내용은 제1행의 자발적 문제 제기에 대해 외부에서 답을 가져온 것이다. 그리하여 제1행과 제2행은 내적—외적, 질문—대답, 중생—부처의 대립 관계가 성립한다.

제3행은 제2행을 반복하는 동시에 잠시 괄호로 묶어 두었던 주체를 끄집어내어 '무리여!'라고 호칭한다. 그리하여 존재의 문제를 이 세상이 어떤 곳이냐는 데에서 이 세상에 온 우리가 무엇을 할 것인가로 돌려놓는다. 왜 이 세상에 왔는지 하는 문제를 확인하고, 그 질문에 대한 대답으로서 이 세상은 서러운 곳이라는 명제를 제시한 다음, 제4행의 궁극적인 해답으로 나아간다. 이 같은 사유의 과정을 거쳐 제4행에서 우리가 이 세상에 온 것은 '공덕 닦'기 위해서라는 해답이 나온다. 제1, 2행의 이항 대립적 관계를 포섭하면서 한 단계 도약한 해답인 '공덕 닦으러 이 세상에 오다'라는 명제에 이르렀다. 제1, 2행의 대립적 의미 구성에서 제3행을 거쳐 제4행에 이르러 존재의 의미에 대한 총체적 답변을 제시한 것이다.[10)]

10) '대립 없는 총체성은 공허하고 정적이며, 총체성 밖에서는 대립은 형식적이고 자의

이를 주제의 측면에서 보면, '우리는 이 세상에 공덕 닦으러 오다'라는 명제에 도달하기 위해 세 단계의 사유 과정을 거쳤다고 할 수 있다. 이 명제에서 먼저 '오다'에 초점을 두어 세 번에 걸쳐 이 말의 의미를 생각해 보도록 하였다. 그런 다음 '이 세상'이 어떤 세상인지에 대한 대답으로서 '서러운 곳'을 가져왔다. 그리고 '오다'와 '이 서러운 세상'이라는 두 단계의 사유를 거쳐서 '공덕 닦으러'라는 해답을 제시하였다. 제1행 '오다'의 세 번 반복에서 출발한 변증법적 사유는 주제를 드러내는 제1~4행 전체의 과정에서도 진행되었던 것이다.

이렇게 볼 때, 향가는 형식과 내용 면에서 변증법적 사유 구조에 기초한 문학 장르이다. 대화의 국면에서 보는 바와 같이 서로 대립, 모순되는 생각들이 부딪치면서 의견이 수렴되는 과정이 향가라는 문학 장르에 구조적으로 구현되었다고 할 수 있다. 곧 상호 모순에 의한 부정, 그것에 대한 또 다른 부정이 이어지는 사고의 생성 및 종합의 과정이 문학적으로 양식화된 것이다. 부정의 부정을 거쳐 도달한 종합, 다시 말해 정—반—합의 사유 과정의 최종 형태가 작품 한 편으로 나타난 것이지만, 그 작품으로부터 독자는 또 다른 사유의 열린 세계로 나아가게 된다. 이러한 의미의 변증법적 사유 구조가 향가의 핵심적인 의의라고 할 수 있다. 그리하여 향가를 향유하는 데에는 장르 자체에 내재한 변증법적 사유 구조를 체화하는 경험이 중요하다. 변증법적 사유를 통해 향가 이해가 심화되는 한편 향가를 향유함으로써 변증법적 사유 자체를 즐길 수 있다.

적이다'(카렐 코지크, 박정호 옮김, 『구체성의 변증법』, 거름, 1985, 53면).

3. 서정주의

향가는 서정시이다.[11] 개인의 정서와 의식을 짧은 형식에 맞추어[12] 표현한 시인 것이다. 한국 문학사에서 한국어로 만들어진 가장 정제된 형식의 서정시 장르 중 하나이다.[13] 이러한 면에서 시조와 비견될 만한 위치에 있으면서도 문학사적으로는 시조보다 훨씬 앞선 시대의 산물이라는 점에서 한국 서정시의 원류에 해당한다. 전승된 작품 수에서 시조에 크게 못 미치기 때문에 이러한 문학사적 의의가 과소평가된 점이 매우 아쉽다.

그렇다면 현존 향가는 어떠한 성격의 서정을 그려 내었을까. 과연 서정시의 원류라는 평가에 값할 만한 서정성을 담았을까?[14]

목매 바라ᄆᆡ	목메며 결하매
'이슬 새배야'ㄴ ᄃᆞ라리	'이슬에 새벽이야'던 달이

11) 현대시를 포함한 서정 일반론에서도 이 점은 인정되고 있다(이승원, 「시와 서정」, 『현대시론』, 서정시학, 2014, 52-53면).

12) '짧은 형식에 맞추어'라는 것은 서정시를 '시행을 통한 개별 발화'로 정의할 경우(디이터 람핑, 장영태 옮김, 『서정시:이론과 역사—현대 독일시를 중심으로』, 문학과지성사, 1994, 103-104면)의 '시행을 통한'에 상응하는 의미이다. 내재율에 기초한 현대시도 시행 발화는 기본이 되는데 하물며 외형률의 향가에서는 시행이 훨씬 규격화된 형태를 취한다.

13) 향가의 서정성에 대한 포괄적 연구로는 김혜진, 「향가의 서정성 연구」, 박사 논문, 서울여자대학교, 2005 ; 서철원, 「신라 향가의 서정주체상과 그 문화사적 전개」, 박사 논문, 고려대학교, 2006이 있다.

14) '서정은 시 작품에 구체적으로 발현된 정서 표현의 양태', '서정성은 그러한 서정적 경향이 나타난 상태'(이승원, 앞의 논문, 55면)로 다소 구분되는 면이 있지만 여기에서는 통용하기로 한다.

원문	현대어 역
ᄒᆡᆫ 구룸 조추 ᄠᅥ간 알히 하사이	흰 구름 좇아 떠나간 안식처만이
바ᄅᆞᆫ 믌ᄀᆞᆺ자리여ᄒᆡ.	바탕한 물가에.
耆郞ᄋᆡ ᄌᆞᅀᅵ이시 수햐	기랑의 모습인 무리들이
逸烏 나릿 쟉별아ᄒᆡ	일오(逸烏) 냇물의 자갈밭에서
郞야 디니다시온	랑이 지니셨던
ᄆᆞᅀᆞᄆᆡ ᄀᆞᆺ홀 좇ᄂᆞ아져.	마음의 끝을 좇고 있구나.
아야, 자싯 가ᄌᆞ 놉기 됴ᄒᆞ리.	아아, 잣나무 가지 높아서 좋으리.
모다 ᄂᆡ올 花判야.	모두 해내야 할 화랑의 서원(誓願)이여.

〈찬기파랑가〉가 다룬 주제는 기파랑을 추모하는 것이다. 추모의 정은 당연히 경건하고 엄숙한 분위기 속에 고인에 대한 기억과 상실감이 슬픔, 그리움 등과 섞여서 나오는 감정이 될 것이다. 이러한 인간 보편의 정서가 이 작품 전체를 지배한다. 그런데 추모의 대상이 어떤 인물이었고 추모하는 주체는 누구인지, 추모 의식은 어떠한 시대를 배경으로 하는지 등에 따라 보편적 정서에 역사적 특수성이 결합된 정서적 특성을 띨 것이다. 이 작품은 기파라는 화랑을 그의 낭도들이 추모하는 내용이다. 따라서 화랑 제도 속에서 살아간 인간 사이의 관계라는 신라 시대의 특수성이 반영되어 있다.

제1구에서 임종 시 기파가 죽음이란 '이슬에 새벽이야'라고 한 유언을 기억하고 그가 떠난 자리를 허전한 심정으로 둘러보았다. 과거의 기억을 떠올려 오늘 이 자리가 어떤 맥락과 의미를 가지는지 드러내려는 것이다. 제2구에서는 추모 의식을 거행하는 주체와 장소, 추모의 의의를 말하였다. 기파의 가르침을 받고 성장하였기에 낭도는 모두 기파의 모습을 닮아 있다. 그들이 기파가 떠난 자리, 즉 '일오 냇물의 자갈밭에서' 기파가 지녔던 '마음의 끝을 좇고 있'다. 이렇게 추모의 의의까지 말한 다음 제3구에서 '잣나무'를 상징으로 내세우며 기파를 본받아 '화랑의 서원'을 완수하자고 다짐한다. 잣나무와 같은 곧고 푸른 마음으로 기파가 추구한 이념을 낭도의 삶에서 실현하자는 다짐이다.

제1구에서 제3구까지 과거—현재—미래로 이어지는 시간의 유장한 흐름이 배경에 놓이고, 추모의 대상인 기파가 지녔던바 죽음 이후 광명 세계에 도달하리라는 염원을 완수하겠다는 다짐이 처음과 끝을 이루며, 지금 추모 의식을 행하는 낭도들에 대한 믿음과 축원이 어우러짐으로써 한 편의 장엄한 추모시가 완성되었다. 이 작품에 나타난 추모의 정은 기파와 낭도가 추구하였던 왕생극락의 염원, 화랑과 낭도 사이의 인간적인 유대와 역사적 사명감, 냇물이 흐르고 잣나무가 둘러 있는 기파의 안식처(수도처) 주변의 공간적 배경 등으로 인해 역사적 특수성을 지닌 정서로서 형상화되었다.

그리하여 이 작품이 드러내는 정서가 인간 보편의 것인 동시에 신라 당대의 것임을 느낄 수 있다. 작품에서 표 나게 내세운 잣나무의 심상처럼 지고의 이념을 향해 쭉 뻗어나가는 기상과 진실하고 꿋꿋하게 그 이념을 추구하는 자세가 추모의 정 속에 배어난다. 이러한 서정성은 오늘날의 우리가 상실감과 슬픔에만 치우쳐 추모 대상이 보여준 삶의 지향을 역사적인 관점에서 조명하는 행위로서 추모 의식이 갖는 의의를 놓치고 있는 점을 반성하게 한다. 우리 역사의 오랜 과거 어느 시대에 굳세고 의연한 태도로 죽음 앞에 서서 그 죽음 이후의 세계에 대한 확신을 갖고 수도 정진했던 이들의 정서를 이 작품에서 접할 수 있다. 이러한 점에서 향가의 서정은 우리에게 친근하면서도 낯선 것일 수밖에 없고, 그렇기 때문에 민족 문학의 유산으로 계속해서 음미해야 할 가치가 있다.

향가의 서정은 10행 향가에서만 세련되게 나타나는 것이 아니다. 흔히 4행 향가가 집단 정서를 표현한 민요의 성격을 지닌 것으로 여겨 왔지만, 이 장르 역시 개인 창작의 서정시라는 점에서 그러한 이해는 타당하다고 하기 어렵다. 신라 시대 한 개인이, 그것도 시 창작의 능력이 뛰어난 시인이 4행, 8행, 10행 및 장가의 하위 장르 중에서 4행 향가의 형식에 맞추어 자신의 정서와 의식을 표현했다고 보는 것이 『삼국유사』의 기록과 작품의 실상에 부합한다.

딛ᄫᅵ 바호 ᄀᆞᆺᄒᆡ	자줏빛 바위 가에
움온 손 암쇼 노히시고,	움킨 손에서 암소를 놓게 하시니,
나ᄅᆞᆯ 안디 붓그리시ᄃᆞᆫ	나를 아니 부끄러워하신다면
곶ᄋᆞᆯ 것가 바도리―다.	꽃을 꺾어 바치리이다.

〈헌화가〉는 창작의 현장성이 잘 기록되어 있어 작품에 담긴 정서를 좀 더 생생하게 느낄 수 있다. 『삼국유사』「수로부인」에 따르면, 수로 부인이 태수로 부임하는 남편 순정공을 따라 강릉으로 가다가 어느 해변에서 점심을 먹게 되었다. 바닷가 절벽에 핀 철쭉을 보고서 갖고 싶다고 하였는데 주위의 시종은 모두 못 하겠다며 물러섰다. 마침 소를 끌고 지나가던 노인이 그 광경을 보고는 스스로 나서서 꽃을

꺾어다 바치면서 이 노래를 지어 불렀다는 것이다.

'소를 끌고 가던 노인'이 작자로 명기되었음에도 동해안 지역 청춘 남녀의 민요를 차용하였다는 식의 이해가 일반적이다. 그러나 이 작품에는 저 절벽 위에 있는 짙붉은 색의 철쭉이 노인의 손에 꺾여 사건 현장인 해변의 수로 부인에게 건네지는 과정이 그려져 있어 배경 기사의 기록과 잘 맞는다. 기록된 바와 같이 노인이 수로 부인에게 헌정한 향가이다. 그러므로 이 작품에는 막연한 청춘 남녀가 아니라 현장에 있던 그 노인과 수로 부인 사이의 미묘한 정서적 갈등, 그것을 넘어서서 노인이 부인에게 느낀 존경심과 친밀감이 나타나 있다. '나로 하여금 철쭉꽃을 꺾어 바치게 하신 당신의 미의식과 고상한 태도가 참으로 아름답습니다'라는 애정과 존경의 뜻을 담은 것이다. 이러한 주제에 이르기 위해 '암소'와 '꽃', '나'와 그대(문면에 생략됨), '부끄러움'의 유무, 멀리 절벽에 핀 '자줏빛'과 가까이 손에 든 '꽃' 사이의 상징적, 정서적 대립을 극복해야만 하였다.

그런데 애정과 존경의 뜻을 노인이 표하였다는 점이 더욱 흥미롭다. 신라 최고위층 귀족 부인에게 동해안 어느 마을의 노인이 향가를 지어 이러한 뜻을 표한 것은 매우 특이한 일이다. 예상되는 여러 가지 금기를 깨고 발한 언사라는 점에서 그렇다. 이러한 특이점이 독자에게 작품의 의미와 정서를 한층 흥미롭게 수용하도록 만든다. 여타의 일반적인 애정과 존경의 표시가 아니라 특별한 상황에서 나온 특이한 언사라는 점에서 이 작품에 그려진 정서는 생동하는 느낌을 준다. 그만큼 작품이 지닌 구체성이 잘 드러났다.

이같이 현존 향가 두 편만 살펴보아도 그 안에 담긴 정서는 구체적이다. 나머지 작품들도 모두 개성 있고 풍부한 서정을 보여 준다. 인간의 정서와 의식이 일정한 형식에 따라 구체적으로 표현된 것을 서정이라고 할 때, 향가는 그러한 서정의 양식인 동시에 그것을 넘어선다. 서정성을 지닌 시 양식으로서의 향가에서 더 나아가 그것이 향유되었던 신라 시대에 사람들의 마음을 휘어잡은 정신적, 문화적 힘을 지니고 있었던 것이다. 이를 말해 주는 것이 '신라인은 향가를 숭상하는 것이 풍조였다. [향가는] 대개 시 · 송과 같은 것이다. 그러므로 왕왕 천지와 귀신을 감동시킨 것이 한둘이 아니다'15)라는 기록이다. 이러한 향가 서정론의 핵심 구절이 신라 당대의 '서정주의'를 대변한다.

향가의 서정은 인간의 보편적 정서와 함께 역사적인 특수성에서 나온 정서가 합쳐진 것으로서 오늘날의 우리에게도 깊은 울림을 준다. 음미하면 할수록 작품에 표현된 정서가 가슴 깊이 스며든다. 이러한 면에서 향가가 주는 문학적 흥미는 그 서정의 보편성과 특수성, 구체성과 핍진성에서 연유한다고 할 수 있다. 아득한 옛날에 불렸던 노래의 낡고 말라빠진 정서가 아니라 오늘날에도 두고두고 음미할 만한, 오래 묵었기에 더욱 감칠맛이 도는 정서이다. 나아가 오늘날의 감수성으로는 상당히 낯선, 굳세고 의연한 기상이나 금기를 깰 정도의 풍류가 깃든 정서, 그리하여 아주 오래 전 어느 시대에 사람들의 마음을 휘어잡은 매력과 미감을 지닌 정서라고 할 것이다.

15) 『삼국유사』 권5, 감통, 「월명사 도솔가」, 羅人尙鄕歌者尙矣 盖詩頌之類歟 故往往能感動天地鬼神者非一.

4. 장소성

향가가 우리에게 의미 있는 이유 중 하나는 그것이 한민족의 역사 속에 배태되어 향유된 문학 장르라는 점이다. 민족의 역사는 시간의 흐름 속에 축적되는 동시에 민족의 터전 곳곳에 흔적을 남긴다.[16] 신라 시대의 향가는 그 시대 사람들이 점유하였던 공간 속에서 경험된 의미 있는 사건을 소재로 하였다. 어느 공간에서 일어난 의미 있는 사건은 사람들에게 깊은 인상을 남긴 채 그 공간을 기억하게 만든다. 사건이 일어났고 그로 인한 기억이 담긴 장소가 역사의 흔적으로 향가 작품 속에 남아 있다.[17] 이러한 장소성이 향가가 지닌 문학적 흥미의 중요한 부분이라고 생각된다.

갓 됴히 자시	물 좋은 잣이
ᄀᆞᄉᆞᆯ 안ᄃᆞᆯ 니르기 디ᄆᆡ,	가을에 아니 이르러 떨어지매,
'너어 다히 녈져' ᄒᆞ신,	'너하고 같이 다니고 싶구나' 하신,
울월ᄃᆞᆫ ᄂᆞᄎᆡ 가ᄉᆡ시온 ᄃᆡ야.	우러르던 낯이 변하신 데에야.
ᄃᆞ라리 그르기 고린 못ᄋᆡᆺ	달이 그림 져 닿은 연못에

16) '종족성은 문화적 · 지리적 정체성으로서 이해될 수 있다. 이는 한 집단이 공통의 기원과 전통 및 조상을 공유함으로써 구체화되고 지리적 영토, 세계관, 관습, 의식, 언어와도 연결되어 나타난다'(존 앤더슨, 이영민 · 이종희 옮김, 앞의 책, 172면).

17) 그 장소들은 대개가 폐허의 상태로 남아 있어 향가가 향유되었던 당대의 모습과는 거리가 멀다. 차라리 '폐허 낭만주의'(알라이다 아스만, 변학수 · 채연숙 옮김, 『기억의 공간—문화적 기억의 형식과 변천』, 그린비, 2011, 435면)라고 부를 만한 감흥에 젖기 쉬운 장소들이다. 그렇지만 그곳은 여전히 그 위치에 있고 또 폐허 속에 남겨진 약간의 흔적 또는 덧없음의 느낌 자체로써 어떤 재미와 의미를 던진다.

녈 믌겨랏 ᄉᆡ이기 다히,	오가는 물결에서 새어 나감같이
ᄌᆞᅀᅵ샷 ᄇᆞ라나	모습이야 바라보나
누리 아모읫 숨온 뎨야.	누리 아무에 숨은 적에야.
後句亡	

〈원가〉는 『삼국유사』 「신충괘관」에 효성왕이 아직 왕이 되기 전 궁정에서 신충과 바둑을 두다가 모종의 약속을 하였는데 왕이 된 다음에 그를 저버리자 신충이 지은 것으로 되어 있다. 약속의 파기가 창작 동기이므로 그 약속을 기억하는 것이 작품의 주요 내용이 된다. 그 기억은 약속을 하였던 장소와 밀접하게 연관되어 떠오른다. 배경 기사에서 궁정이라고 지칭된 장소는 곧 임해전이다. 이 시기의 신라 태자는 월성 동쪽에 마련된 임해전에서 생활하도록 되어 있었기 때문이다. 임해전에서 하였던 약속이 창작의 동기라는 점에서 작품이 지닌 장소성은 상당히 구체적이다.

제1구는 서로 약속을 하던 예전의 상황이 그려졌다. 바둑을 둔 곳 곁에 서 있는 잣나무를 두고 맹세한 약속이 이제 와서 깨어진 것을 알리기라도 하듯, 그 잣나무의 열매인 '잣이' '가을'도 되지 않아 '떨어져' 버렸다. 궁정의 잣나무에 초점을 맞추어 약속하였던 장소에 대한 기억을 드러내었다. 맹세의 보증이 되었던 잣나무가 이제는 오히려 약속의 파기를 증명해 준다. 제2구에서는 연못이 중심 소재로 나온다. '달이' 그림자를 드리운 '연못'에서 어떤 '물결'은 '새어 나가'게 된다는 사실을 비유로 가져왔다. 여기서 연못은 궁정의 일부분이 되는 곳인데 제1구의 잣나무와 함께 궁정을 비유하는 역할을 한다. 궁정에 속한 사물과 장소로서 잣나무와 연못은 궁정인 임해전에 대한 제유적 표현인 것이다.

이렇게 볼 때, 임해전은 이 작품을 이해하고 향유하는 데 필수적인 장소라고 할 수 있다. 현재 경주 월성 앞 안압지가 작품에서 잣나무와 연못이라는 말로 표현된 바로 그 장소이다. 안압지의 연못에는 입수구가 있는데 돌로 만든 두 마리의 용이 서로 마주 누워 참외 모양의 물웅덩이를 감싸고 있다. 제2구의 '새어 나감'에 대비되어 작품 속에 감추어진 '들어옴'의 의미를 상기시키는 장소로서 애초 만들어질 당시의 형상을 눈으로 확인할 수 있다. 반면 '새어 나감'이라는 말에 대응하는 배수구는 입수구와 같은 장식이 없이 돌담 아래의 구멍으로만 설치되어 있다. 경주를 여행하면서 안압지에 들러 입수구에서 배수구까지 연못 둘레를 한 바퀴 돌아보며 이 작품을 떠올리는 것은 좋은 문학적 경험이 될 것이다. 이는 안압지 유적에 향가의 정서와 의식이라는 살을 붙여 여행자 자신의 경험으로 내면화하는 것이기도 하다.

녀리 샐 믌ᄀᆞᆺ	옛날이 새려는 물가[에서]
'乾達婆ᄋᆡ 노론 잣' ᄒᆞᆯ라 ᄇᆞ라고,	'건달파의 논 성'을 바라보고,
"여릿 軍두 옷다,	"왜군도 온다,
홰 ᄉᆞ르라" ㄴ ᄀᆞ샤 수햐!	횃불 사르라"는 변방의 무리여!
三花ᄋᆡ 오롬 보시올 듣고	세 화랑의 산 보시려 함을 듣고
ᄃᆞᆯ두 바디리 혜오렬 바ᄋᆡ,	달도 다좇아 헤아리려는 바에,
'길 ᄡᅳᆯ 벼리' ᄇᆞ라고	'길 쓸 별'을 바라보고
"彗星야 ᄉᆞᆯᄫᆞ라" ㄴ 사ᄅᆞ미 잇다.	"혜성이야[라고] 사뢰라"[는] 사람이 있다.

원문	현대어
아야, ᄉᆞᄆᆞ라 뼈갯 ᄃᆞ라.	아아, 거리낌 없이 떠나가리로다.
이야 덜갓 바—ㅅ 彗ㅅ기 잇 닷.	이야 떨어낼 것인 바—의 혜성 따위가 있는 탓.

〈혜성가〉는 진평왕대의 세 화랑이 풍악산(금강산) 유람을 떠나려는데 혜성이 나타나 그 일을 취소하려다가 융천이 이 노래를 지어 불러 혜성을 물리쳤으므로 길을 떠났다는 배경 기사가 있는 작품이다. 제5행 '산 보시려 함'이 금강산 유람이라는 창작 동기를 밝혀 놓은 구절이다. 신라 시대 영산으로 숭배된 금강산을 주요 배경으로 한 작품의 장소성은 신라의 국토 관념, 산악숭배 의식, 화랑도의 순유(巡遊) 관습 등이 녹아 있다.

금강산이 중심 소재가 되었지만 그 외에도 제1행의 '물가'와 제7행의 '길 쓸 별'을 통해 동해 바다와 밤하늘이라는 공간이 배경으로 설정되어 있다. 산, 바다, 하늘이라는 전 지구적 공간이 작품의 배경이 된 것이다. 이에 더하여 '(옛)날'(제1행), '달'(제6행), '별'(제7행)이라는 삼광(三光)의 존재가 문면에 모두 드러남으로써 작품의 의미 구성이 천체의 운행을 관측한 결과에 바탕을 둔 것임도 짐작할 수 있다. 전 지구적 및 우주적 공간을 배경으로 혜성의 출현이라는 천체 현상을 관측하여 나온 작품인 것이다.[18]

그런데 이 작품에는 신라의 영산인 금강산을 유람하는 행사가 나타날 뿐 아니라 동해 가에서 바다를 감시하는 군사들의 보고가 중앙

18) 삼광의 존재를 신화적 공간으로 본다면 이는 또한 순환적이고 반복적인 '천문학적 시간'이기도 하다(이-푸 투안, 구동회 · 심승희 옮김, 『공간과 장소』, 대윤, 2011, 212- 214면).

으로 올라오고 천문 관측소에서 일관이 천체를 관측하여 관계 당국에 보고하는 모습이 그려졌다. 이는 작품의 배경이 된 산, 바다, 하늘이 신라의 영토인 한반도 지역에서 바라본 공간임을 의미한다. 작품의 배경은 전 지구적 공간인 동시에 신라라는 국가적 공간인 것이다.[19)]

이 작품의 이러한 공간적 특성은 향가의 장소성에 대한 이해를 더 확장할 여지를 마련해 준다. 앞에서 보았던바 〈원가〉의 배경이 되었던 안압지같이 구체적 장소가 향가의 장소성을 특징짓기도 하지만 〈혜성가〉처럼 광활한 전 지구적 공간이 향가에 설정된 공간적 배경의 폭을 크게 넓히고 있다. 그만큼 향가에서 형상화된 장소는 폭넓게 분포하며 장소의 성격도 다양함을 알 수 있다. 이와 함께 안압지가 그렇듯이 산, 바다, 하늘이 신라 시대의 역사를 담지하는 공간으로서 작품의 배경이 된 점에도 주목해야 한다. 신라의 역사 속에서 형성, 발전된 국토 관념, 신앙과 종교 의식, 천문 관측과 같은 과학 기술 등이 작품 속 장소에 반영되어 있다. 신라 역사의 일정한 부분이 향가 작품 속에 각인된다.

이렇듯 장소성은 향가 개별 작품에 담겨 있고, 우리가 작품을 감상할 때 그 장소성의 관여에 따라 재미와 의미를 얻게 된다. 신라 시대 사람들이 점유하여 생활하였던 장소에서 그들이 경험하여 느낀 바의 내용을 시적으로 표현한 것이 향가이니, 향가 한 작품마다 장소성이 깃들어 있음은 당연한 일이다. 이러한 향가의 장소성은 독자의 입장

19) 다양한 지리적 스케일과 문화적 신념들의 조합에 의해 장소감이 형성되는 사례는 존 앤더슨, 이영민 · 이종희 옮김, 앞의 책, 193-212면 참조.

에서는 향가를 통해 그 장소를 추체험하는 자료가 된다. 향가의 장소로서 신라의 수도인 서라벌이 현전하는 다수의 작품에 존재감을 드리우지만 그 밖에 한반도의 곳곳이 작품에 새겨져 있기도 하다.

이러한 점이 향가의 장소성을 오늘날의 우리와 연결 지을 수 있는 고리 역할을 한다. 한민족 역사의 한 단계에 신라 시대가 있었고 그 이후 오랜 세월이 흐른 오늘날에 우리가 존재한다. 시간은 천 년 이상 지났으나 한민족이 발 딛고 서 있는 곳은 한반도이다. 오랜 역사 속에서 이 장소는 수많은 인물과 사건의 배경이 되었을 것이나 그곳에서 건져 올린 것은 유적, 유물과 같은 물질적 흔적들이다. 물론 유물에 아로새겨진 사상과 정서, 소망, 과학 기술 등에서 한민족의 역사를 찾을 수 있다. 그런데 향가 작품은 한국어로 표현된 생생한 정서와 의식을 드러낸다. 어떤 사건의 장소에서 만들어진 언어의 조직이 향가인 것이다. 그러므로 향가의 장소성은 우리가 한민족의 일원으로서 역사의 흐름 속에 존재한다는 사실을 일깨운다.

5. 결 론

이 장에서는 향가가 지닌 문학적 재미와 의미가 어디에 있는지 찾아보았다. 문학 향유의 일반적인 재미로서 문학을 통해 사유하기, 느끼기, 자아 찾기의 양상이 향가에서도 나타난다. 그런데 향가는 변증법적 사유 구조, 역사성을 지닌 정서, 당대의 문화 의식과 결부된 장소성 등을 지니고 있음으로 해서 그 보편성과 함께 특수성을 보여 준다.

이렇게 향가에 담긴 변증법적 사유 구조, 서정주의, 장소성은 각 시대나 개인을 통해 거의 무한대로 확장될 수 있는 사유, 정서, 주체성을 이룬다. 향가를 통해 만나는 문학적 재미의 보물 창고인 것이다. 향가는 먼 옛날에 나온 것이지만 오늘날에도 의의가 있을뿐더러 한민족의 역사와 함께 지속할 만한 가치를 지녔다. 따라서 향가는 세대에서 세대로 이어지며 교육되어야 할 중요한 문학 유산이다. 작품에 대한 해석은 연구자의 시각과 학문의 진전에 따라 열려 있겠지만 이 장에서 논한 세 가지 지점이 그 열린 세계를 전망하는 관점을 제공할 수 있다면 다행이겠다.

문학적 재미의 보고인 향가에 대해서 앞으로도 지속적인 관심과 향유, 새로운 관점에서의 재해석이 이루어져야 한다. 좀 더 욕심을 낸다면 현대 시조처럼 향가 형식에 따른 신(新) 향가의 부활 등을 시도해 볼 만하다.

향가를 기억하는 일

1. 향가 속의 기억들

향가는 역사 속에 존재해 왔다. 향가를 창작하고 향유한 사람들도 한 시대를 살았고, 오늘날 한국 문학의 주요 자산으로 알고 배우고 있는 우리도 시간의 흐름 위에 살고 있다. 오늘 우리가 사는 시간은 하루 이틀, 일 년 이 년, 백 년 천 년 흘러온 역사의 시간에 접맥되어 있다. 향가는 이 땅에 한민족이 존재하는 한 그 역사와 영원히 함께할 것이다.

역사는 기억을 통해 복원되고 재조명되면서 앞으로 나아간다. 사람들의 기억은 지나간 역사를 되새겨 보며 그것을 통해 의미와 가치를 찾아 지금 기억 행위를 하고 있는 현재에 되비추기도 하고 이후에 올 미래를 가늠해 보며 역사의 올바른 방향을 찾아 나간다. 역사 공부란 기본적으로 오늘날의 문제의식을 바탕으로 하여 문제 해결의 실마리를 지난 역사에서 찾고자 하는 일이다. 고전 문학에 대한 연구와 관심도 이러한 역사 공부의 일환이니 고전을 통해 오늘을 반성하고 내일을 전망하는 일이 된다.

그런데 고전은 오늘날에만 과거를 돌아보기 위한 자료가 아니라 과거에도 그전 과거를 되돌아보기 위한 지침이 되었다. 어느 시대건 사람들은 자기보다 앞서 살다간 이들의 자취를 더듬어 선양할 것은 선양하고 엄중히 따질 것은 따지고 폐기할 것은 폐기하여 왔다. 그래서 시대마다 앞 시대에 대한 역사적 평가와 심판이 엄존해 왔던 것이다. 물론 어느 시대나 당대의 시대정신에 입각하여 이전 시대를 평가해 왔으므로 역사의 평가란 역사가 계속되는 한 늘 현재형으로 이루어질 것이다.

현전 향가 중에도 작품이 창작된 시기로부터 그 이전을 기억하며 의미를 찾는 양상이 나타난다. 우선 동시대에 살아 있는 인물을 기억하면서 그리워하거나 원망하는 모습이 있다. 〈모죽지랑가〉는 곤경에 처한 낭도 득오가 자신의 주인인 화랑 죽지를 그리워하며 구원을 바라는 마음을 그려 낸 작품이다.

지난 봄 속하였으매
모두 있어야만 소리 내어 울 이 시름.
얼마 전까지도 좋으신 모습이
연수(年數)에 나아가면서 축나 가겠구나.

죽지의 휘하에서 동료 낭도들과 함께하였던 때를 기억하며 현재의 고통은 그때를 회복해야만 벗어날 수 있다는 것이다. 예전처럼 모두가 함께하려면 무엇보다도 죽지의 안녕이 중요한데 그동안은 위풍당당하였지만 정세가 변화한 요즘 건강을 상하지나 않았는지 걱정하고 있다. 작품이 창작된 효소왕대는 화랑의 위세가 퇴조하여 죽지 같은 통일 전쟁의 영웅도 일개 지방 호족인 익선에게 모욕을 당하는 처지가 된 것이다.

〈원가〉는 버림받은 신하가 이전의 다짐을 상기시켜 왕의 마음을 돌리려고 한 작품이다.

물 좋은 잣이
가을에 아니 이르러 떨어지매,
'너하고 같이 다니고 싶구나' 하신,
우러르던 얼굴이 변하신 데에야.

화자와 효소왕은 왕의 태자 시절 임해전의 태자궁에서 함께 바둑을 두기도 하며 돈독한 관계를 유지하였다. 그러던 어느 날 태자는 자신의 정치적 운명을 화자와 함께하겠다고 다짐하였다. 그때 했던 말을 지금도 생생히 기억하고 있는데 왕은 지난날의 맹세를 잊고 자신을 등용하지 않은 것이다. 궁정에 심어진 물 좋은 잣나무는 아무리 가물어도 제때 잣을 맺었었지만 맹세가 깃든 후에 그 맹세가 깨어짐으로 해서 가을이 오지도 않은 때에 익지도 않은 열매가 떨어져 버렸다. 시간이 지나 마음이 변한 것은 잣나무와 같은 절개 곧은 생명체에게는 견딜 수 없는 괴변이었던 셈이다. 잣나무가 괴변을 지은 것이 아니라 사람이 괴변을 만든 것이다. 불변, 지속의 시간성과 변심, 단절의 시간성이 날카롭게 부딪치는 양상이다.

다음으로 동시대에 죽은 인물을 기억하고 그 뜻을 잇고자 하거나 재회를 위한 종교적 염원을 드러내는 모습이 있다. 〈찬기파랑가〉는 화랑 기파의 죽음을 애도하고 그가 남긴 자취와 고귀한 정신을 계승하고자 하는 뜻을 나타낸 작품이다.

목메며 결하매
'이슬에 새벽이야'던 달이
흰 구름 좇아 떠나간 안식처만이
바탕한 물가에.
기랑(耆郞)의 모습인 무리들이
일오(逸烏) 냇물의 자갈밭에서
랑이 지니셨던
마음의 끝을 좇고 있구나.
아아, 잣나무 가지 높아서 좋으리.
모두 해내야 할 화랑의 서원(誓願)이여.

작품 한 편이 온전히 기파에 대한 기억에 바쳐졌다. 임종 시 기파는 죽음이란 이슬에 새벽 같은 것이라 말하고는 흰 구름처럼 이승을 떠났다. 그는 인생의 말년을 일오 냇가에 조촐한 안식처를 마련하고 보냈다. 주인이 떠난 그곳에서 낭도가 모여 추모 행사를 거행하고 있다. 그들은 모두 기파의 가르침을 입은, 그러기에 기파의 모습을 지닌 이들이다. 행사장 저쯤 생전의 기파가 소요했던 자리에 잣나무가 곧게 뻗어 있다. 저 나무에 어린 기파의 고귀한 정신은 곧 화랑이 완수해야 할 서원인 것이다. 이렇게 기억된 기파는 아마도 당대에 훌륭한 화랑

지도자였을 것이다. 시대정신을 몸소 실천하고 후배, 문도, 다음 세대가 계속해서 계승, 발전해 나갈 지도 이념을 제시한 인물이리라.

〈제망매가〉는 죽어 가는 누이의 임종을 지켜보며 혈육으로서의 애달픈 마음을 표현하고 생사의 문제에 얽매인 인간 존재에 대해 성찰하여 종교적 전망까지 제시한 작품이다.

> 어느 가을 이른 바람에
> 여기저기 떨어질 잎같이,
> 한 가지에 나고
> 가는 곳은 사방팔방이로다!

누이에 대한 기억은 한 가지에 났다는 점에 수렴된다. 언젠가는 바람에 날려 흩어질 운명일지라도 애초에 화자와 누이는 한 가지에 난 나뭇잎이었다. 나뭇가지에서 싹을 틔운 후 햇살을 받고 바람에 살랑이며 조금씩 자라나는 나뭇잎의 심상에는 화자가 기억하는 누이의 모습, 그녀와의 어린 시절 및 그 후의 시간대가 부피감 있게 응결되었다. 〈찬기파랑가〉가 죽은 이의 자취와 정신을 계승하고자 한 데 비해, 〈제망매가〉는 육친의 죽음을 경험함으로써 생사의 길에 대한 성찰과 전망을 모색하였다.

끝으로 동시대에서 멀리 떨어진 과거를 기억하고 그로부터 가르침을 따르거나 교훈을 얻으려는 모습이 있다. 〈원왕생가〉는 왕생극락을 향한 간절한 염원이 시상의 흐름을 타고 겹겹이 엮이어 표현된 작품이다.

"다짐 깊은 불존(佛尊)에 우러러
두 손 모아 곧추어
'원왕생 원왕생'
그리는 사람 있다" 사뢰소서.
아아, 이 몸 버려두고
사십팔 대원 이루실까?

염원을 비는 대상은 서방 정토를 주재하는 아미타불인데, 그 부처는 현세에 있을 때 다짐이 깊은 존재였다. 법장보살의 몸으로 모든 사람이 극락에 왕생하기를 비는 48대원을 발하였던 것이다. 아미타불의 전신인 법장보살을 기억함으로써 화자는 왕생극락의 염원이 법장보살로부터 자신에게로 이어졌음을 상기한다. 곧 있게 될 왕생극락은 오랜 과거로부터 이어져 지금에 이른 염원의 동질성으로 인해 가능한 것이 된다. 왕생극락의 주제로써 과거를 기억하는 것은 그것을 미래에 실현하기 위한 것이다.

〈도이장가〉는 고려의 건국을 기억하고 그 과정에서 겪은 국가적 어려움을 후손들이 잊지 말기를 당부하는 고려 중엽의 향가 작품이다.

님을 온전하게 하온
마음은 하늘 끝에 미치니
넋이 가시도록
충심(衷心)을 삼으시어 행하신 소임이여!
또 하고자 바라며

아름답게 수놓은 저기에

두 공신이여!

오랫동안 곧은 자취는 나타내실진저.

작품 전체가 창업 공신 두 사람을 기억하는 데 바쳐졌다. 위기 상황에서 옷을 바꾸어 입고 태조 왕건 대신 죽임을 당한 신숭겸, 김락을 추모하고, 그들의 곧은 자취가 지금까지 그랬던 것처럼 지금부터 아주 먼 미래까지 드리워지고 칭송받기를 바라고 있다. 이는 두 공신을 추모하는 데 그치지 않고 고려 건국의 험난한 과정을 상기시켜 국가가 어려움에 처하였을 때 신명을 바치는 신하와 백성이 계속해서 나오기를 주문한 것이다. 과거에 대한 기억은 과거와 유사한 상황이 되풀이될 때 어떻게 대처해야 할지에 대한 지침을 찾는 일이 된다.

2. 향가에 없는 것들

이같이 현전 향가 속에서 과거를 기억하여 의미를 찾는 모습을 볼 수 있음에도 불구하고 현전 작품만으로는 역사상 무수히 많은 작품에 기록되었을 기억의 양상을 그려 보기에는 역부족이다. 향가는 있는 것보다 없는 것이 대부분이다. 이에 현재 없는 것을 생각해 보면서 향가의 미래를 전망해 보고자 한다.

〈원왕생가〉에는 인간의 정욕이 들어갈 틈이 없다.

달이 애오라지

서방(西方)만을 염원하면서 가시리오.

무량수불 전에

되뇌임 가져가서 사뢰소서.

"다짐 깊은 불존에 우러러

두 손 모아 곧추어

'원왕생 원왕생'

그리는 사람 있다" 사뢰소서.

아아, 이 몸 버려두고

사십팔 대원 이루실까?

화자와 달과 법장보살은 공히 다짐을 깊이 하여 애오라지 서방만을 염원할 따름이다. 달에게 부탁하고 달이 무량수불에게 아뢰고 그것도 모자라 법장보살의 대원까지 상기하면서 염원의 간절함과 진정성을 겹겹이 토로하였다. 이러한 노력과 수도 덕분에 이 세상에 대한 어떠한 미련도 문면에 비치지 않는다. 이 작품의 작자 광덕이 죽고 그의 절친한 벗 엄장이 광덕 처와 동거하게 되어 부부로서 동침을 요구하자, 광덕 처는 다음과 같이 말한다.

> 남편은 나와 10여 년을 함께 살았지만 일찍이 하룻밤도 한 침상에서 자지 않았는데 하물며 더러운 데를 대었겠습니까? 다만 매일 밤 단정한 자세로 정좌하여 한 소리로 아미타불만 외었습니다. 간혹 16관을 만들어 관이 익숙해지면 밝은 달이 문 안에 들어오는 때를 타 그 빛에 올라 가부좌

를 하고는 했습니다. 정성을 다함이 이와 같으니 설사 서방으로 가지 않으려 해도 달리 어디로 가겠습니까?[1)]

부부간의 정욕까지 끊고 수도에 정진한 광덕의 모습이 선명히 그려진다. 이러한 수도의 과정에서 창작된 작품인 만큼 인간의 정욕은 철저히 배제되어 있다.

〈우적가〉에는 두려움과 물욕이 없다.

제 마음의
모습 구하려거든
해 멀리 숨은 잘못을 알고
이제는 숲에서 떠나갈 것이다.
다만 그릇됨은, 해치는 님,
채비 없이 들여도 환생할 승랑(僧郎)이
이 병장기야 지나치련?
좋을 것이라야 들이다니.
아아, 오직 나—의 한은
아스라한 조용한 시골집 아무오니다.

작자는 지리산에 은둔하러 들어가는 도중에 도적들을 만나 그들의

1) 『삼국유사』 5권, 감통 제7, 「광덕 엄장」, 夫子與我 同居十餘載 未嘗一夕 同床而枕 況觸汚乎 但每夜 端身正坐 一聲 念阿彌陁佛号 或作十六觀 觀既熟 明月入户 時昇其光 加趺於上 竭誠若此 雖欲勿西 奚往.

주문으로 작품을 지었다. 왕생극락의 일념으로 말미암아 현세의 어떠한 것도 다 받아들일 준비가 되어 있는 화자로서는 도적의 칼날도 전혀 두렵지 않다. 다만 은둔의 길인 만큼 지리산에 들어가 조그마한 오두막을 짓고 수도 정진하려던 뜻이 끊기는 것이 아쉬울 따름이다. 이러한 태도와 뜻에 도적들이 감동하였다.

> 도적은 향가의 뜻에 감동하여 비단 2단을 주었다. 영재는 웃으며 그 앞에서 사양하기를, "재물이 지옥으로 가는 근본임을 알고 깊은 산중에 들어가 여생을 보내려는데 어찌 이것을 받겠소." 하고는 비단을 땅에 내던졌다.2)

이미 노랫말에서 비친 무욕의 뜻을 다시 행동으로 보여 준 것이다.

이같이 〈원왕생가〉에는 정욕이, 〈우적가〉에는 두려움과 물욕이 없다. 두 작품 모두 수도자가 지은 것이라서 그럴 것이다. 그렇다면 그 대척점에서 인간 정욕으로 불타고 물질에 대한 욕망과 삶의 불안정성에서 오는 두려움이 표출된 작품으로 어떤 것들이 남아 있을까? 〈도천수관음가〉에서 어린 자식이 갑자기 눈이 멀게 되자 그를 부둥켜안고 천수천안관음보살에게로 달려와 간절히 기원하는 어머니의 마음, 〈처용가〉에서 아내의 불륜 현장을 목격하고 분노와 허탈감에 치떠는 사내의 마음, 『화랑세기』에 수록된 〈송사다함가〉에서 사랑

2) 『삼국유사』 5권, 피은 제8, 「영재우적」, 賊感其意 贈之綾二端 才笑而前謝曰 知財賄之爲地獄根本 将避於窮山 以餞一生 何敢受焉 乃投之地.

하는 님을 전쟁터로 떠나보내며 그 안위를 염려하는 여인의 마음 정도가 보일 따름이다. 하지만 이 정도로 〈원왕생가〉나 〈우적가〉의 '없음'의 강도에 비견될 만한 '있음'의 양상을 드러내기는 어렵다.

신라 당대에는 수도자보다 훨씬 많은 수의 세속인이 인생살이에서 겪게 되는 애환을 시로, 노래로 표현하였을 것이다. 그 작품들 속에는 〈원왕생가〉나 〈우적가〉에 없는 것들이 들어 있었을 것이다. 그러기에 현전하는 향가 작품만 보고 향가의 세계가 고상하다 일상적하다, 위대하다 평범하다, 신성하다 속되다 등으로 규정할 수 없다. 인생사의 무수한 국면들이 작품화되었을 터이니 인생사만큼이나 향가도 다채롭고 풍성하였을 것이다.

한번 지어진 향가는 당대를 지나 후대로 전승되었다. 현전하는 향가들은 『삼국유사』, 『균여전』, 『화랑세기』 등에 실려 전한다. 과거의 유산을 찾아 모으고 정리하여 후대에 전하려는 노력에 의해 천 년 이상의 세월을 넘어 우리에게 전해졌다. 그러나 그렇게 해서 지금까지 남은 향가는 고작 27수에 불과하다.

전승되는 과정에서 향가는 없어졌다. 현재까지 전해진 향가 중에도 〈원가〉처럼 제3구(제9 · 10행)가 없어진 작품도 있다.

物叱好支栢史秋察尸不冬爾屋支墮米汝於多支行齊教因隱仰頓隱面矣改衣賜乎隱冬矣也月羅理影支古理因淵之叱行尸浪阿叱沙矣以支如支皃史沙叱望阿乃世理都之叱逸烏隱第也後句亡[3]

3) 『삼국유사』 5권, 피은 제8, 「신충괘관」.

‘후구망(後句亡)’이라는 짤막한 기록에서조차 향가의 ‘없음’에 대해 여러 가지를 생각하게 된다. 10행 향가 중에서 하필이면 후구(낙구)가 없어졌을까, 왜 1행이 아니라 2행의 낙구가 없어졌을까, 낙구가 10행의 시적 구조 안에서 어떤 역할을 하였기에 그것만 없어졌을까, 낙구뿐 아니라 가사 전체가 없어져 이름만 남은 작품은 이 경우와 어떤 점이 다를까, 또 가사의 파편만 남은 작품은 어떻게 보아야 할까 등등의 생각이 꼬리를 무는 것이다. 없어졌기 때문에 그것이 있었던 모습이 더욱 궁금해진다. 이렇게 하다 보면 향가에 대한 연구가 천착에 천착을 거듭하여 상식에서 한참 벗어난 논의로 나아갈 위험도 있다.

전승 과정에서 향가 작품집인 『삼대목(三代目)』도 없어졌다.

> [진성]왕이 평소 각간 위홍과 사통하였는데 이때(888년) 와서는 늘 궁중으로 불러들여 일을 시켰다. 이에 대구 화상과 함께 향가를 모아 정리하게 하고 그것을 일러 『삼대목』이라 하였다.4)

이 기록 역시 여러 가지 추측을 불러일으킨다. 삼대라고 하였으니 9세기 말 이전의 신라사를 삼분하는 역사관을 가지고 있었을 터이고, 관찬 시집인 만큼 향가가 대대적으로 정리되었을 것이고, 각간과 화상의 공동 주관으로 편찬된 것이 향가의 화랑도적, 불교적, 그 둘의 습합적 성격을 시사해 주는 것 같고 등등의 생각이 이어진다. 그렇지

4) 『삼국사기』 11권, 신라본기 제11, 「진성왕 2년」, 王素與角干魏弘通 至是常入內用事 仍命與大矩和尚 修集鄕歌 謂之三代目云.

만 추측은 어디까지나 추측에 그칠 뿐 『삼대목』의 실물을 볼 수 없으니 참으로 애석할 따름이다. 『삼대목』의 없어짐은 향가 전승의 슬픈 역사이자 우리 문학 유산의 텅 빈 구멍이다.

3. 향가의 미래를 위하여

그렇지만 향가는 여전히 우리 곁에 존재한다. 비록 지극히 적은 수만 남아 있지만 오히려 그래서 한 편 한 편이 매우 소중한 문학 유산이다.

한때 우리말 시가 천대받고 한자로 된 시가 진짜 시라고 여겨졌던 시대가 있었다. 그러나 한민족의 역사로 보면 그것은 그렇게 긴 시간이 아니다. 신라 천 년 동안 향가가 지어졌고 고려 중엽까지 그 경향은 이어졌다. 향가가 역사의 후면으로 물러났을 때는 향가의 영향을 받은 고려 가요가 서정시의 역사를 이어 갔다. 고려 후기를 거치며 한자 문화에 경도된 사대부들에게도 시조와 가사는 없어서는 안 되는 민족 문화의 정수였다.

이렇게 이어져 온 서정시의 역사 속에서 오늘날에는 우리말로 된 현대시를 향유하고 있다. 전통 서정시 가운데 시조가 한민족의 정서와 사상을 형상화하는 데 가장 적합한 정형시라고 알려져 있지만, 시조보다 앞서 오랜 세월 동안 향유되며 민족의 정서를 담아내었던 향가야말로 민족 정서를 표현하기에 적합한 우리말 시가 양식이라고 말하고 싶다. 무엇보다도 향가는 정형시의 틀 안에서나마 융통성이 상당히 크다는 점이 언어 운용상의 장점이다.

향가는 1행 3음보 혹은 2행 6음보로 작품이 구성되고, 4행, 8행, 10행, 장가의 하위 갈래를 포함하는 문학 양식이다. 1행 3음보도 중요하지만 2행 6음보에 따른 운용상의 융통성이 더욱 주목된다. 2행 6음보는 1행 3음보의 중첩과 함께 1행 2음보와 4음보 혹은 1행 4음보와 2음보의 결합도 가능하다. 그리하여 향가는 2음보, 3음보, 4음보를 두루 활용할 수 있으니, 4음보의 시조나 3음보의 고려 가요보다 훨씬 현대 자유시에 가까운 중세 정형시이다.

현전 향가는 한 편 한 편이 모두 주옥같은 표현과 주제를 담고 있다. 순우리말에 대한 감각과 조탁이 어느 서정시 양식보다 뛰어날뿐더러 시상의 구조적인 짜임새도 훌륭하다. 이를 고려한다면 향가가 3구 6명을 다듬었다는 선인의 지적은 두고두고 음미하고 탐구해야 할 한국 서정시의 창작 방법론이라고 하겠다.

〈제망매가〉는 생사의 길에 대한 통찰을 통해 빛나는 비유를 만들어 내었다. 〈원왕생가〉는 왕생극락의 간절한 염원을 중층적 구조로써 표현하였고, 〈찬기파랑가〉는 정제된 표현과 시간에 따른 시상 전개를 통해 이상적인 화랑상을 제시하였다. 이 같은 10행 향가뿐 아니라 4행 향가도 고도의 문학성을 지니고 있으니, 〈서동요〉는 청춘 남녀의 재기 넘치는 사랑의 정서를 드러내었고, 〈헌화가〉는 아름다운 여성에 대한 노신사의 찬미를 표현하였다. 8행 향가 〈처용가〉는 불륜의 현장에서 번뜩이는 감각과 날카로운 의식의 흐름을 그려 내었다.

문학성의 측면과 함께 향가가 그 시대의 정치 · 사회 · 문화적 배경, 일상생활의 모습, 철학적 · 종교적 경향 등을 담고 있다는 점도 중요하다. 이 책에서 향가에 그려진 공간의 양상, 인간 사회의 여러 모습, 인간 본성 및 관계성 등을 논한 것은 향가의 이러한 면모를 드러내기 위한 것이었다. 향가 또한 그 시대의 산물이므로 당대의 현실을 반영하고 있음은 당연한 일이다. 이러한 향가의 당대성, 현실성을 살피는 것은 향가가 놓였던 과거 그 자리에서 향가를 깊이 있게 이해하고, 그로부터 멀리 떨어진 오늘날과의 거리를 재어 가며 의미와 가치를 캐내려는 노력이다.

당대의 모습으로 본 향가는 오늘날 우리에게 아련한 추억을 일깨움과 동시에 그때나 지금이나 통하는 삶의 진정성을 깨닫게 한다. 국립경주박물관에서 조금 떨어져 있는 사천왕사 터의 폐허 위에 서서 헛헛함을 느끼는 우리에게 월명의 〈제망매가〉는 그 자체만으로 더없이 풍족한 기억의 창고가 된다. 지금은 꽤나 축소된 분황사 뜰에서 다섯 살의 눈먼 아이를 부둥켜안고 뛰어 들어오는 어느 어머니의 애처로운 모습과 〈도천수관음가〉에 실린 그녀의 마음을 떠올릴 수 있다. 그 어머니의 마음이 지금 이 시대를 살아가는 모든 어머니의 마음이지 않겠는가?

향가는 고려 가요, 시조, 가사를 거쳐 오늘날의 현대시에 맥이 닿는다. 남은 자료가 극히 적어서 비교 거리가 많지는 않지만, 이 책의 논의가 그 맥락을 조금이나마 짚어 보고자 하였다. 〈동동〉이나 〈이상곡〉 같은 고려 가요가 향가의 영향하에 있었다는 것, 어떤 시적 주제는 향가 이래 시조, 가사에까지 이어지고 있다는 것, 현대시도 향가의 내용 및 형식과의 비교가 가능하다는 것 등을 논하였다.

현전 향가는 오늘날의 문제의식에서 보더라도 공감과 찬탄을 받기에 부족함이 없는 작품들이다. 인간과 삶에 대한 통찰과 진정성이 녹아든 아름다운 표현과 구성, 한 편 한 편의 작품이 다룬 주제의 심도와 보편성 등이 그러한 반응을 일으키게 만든다. 어느 주제든 허투루 다루어지지 않았고 어떤 표현도 쓸데없는 것이 들어가 있지 않다. 4행의 짧은 형식, 10행의 변증법적 형식 그 어느 것으로도 시적 주제는 그것의 깊이에 걸맞게 고도의 표현력에 의해 형상화되어 있다. 향가가 그저 교실에서 교과서로만 배우는 고전일 수 없는 이유가 여기에 있다.

향가가 한국 서정시의 중요한 자산으로 연구된 것은 20세기에 들어와서의 일이다. 『삼국유사』에 실려 있던 그것의 가치를 알아보기 시작한 것이 불과 백여 년밖에 안 된 것이다. 또한 수백 년간 실물을 볼 수 없었던 『화랑세기』가 1980년대 말에 발견되었다. 진위 논쟁에 휘말려 있기는 하지만 그와 같이 역사의 밑바닥에 오랫동안 묻혀 있던 기록이 어느 날 불쑥 얼굴을 내미는 경우가 가끔 있다는 것을 생각해야 한다. 장래의 어느 때 이 땅 어디에서, 아니 이곳이 아니라도 일본이나 중국, 그도 아니면 저 아라비아의 어느 옛터에서 『삼대목』이 불쑥 출현할지 누가 알겠는가? 그야말로 〈혜성가〉의 '건달파의 놀던 성' 같은 모습으로 우리 앞에 나타날 향가를 상상해 보는 것이 그렇게 부질없는 짓일까?

그 미래를 준비하는 것이 오늘날 우리가 할 일이다. 현전 향가만이라도 더욱 깊이 있게 연구하고 이해하고, 옆에다 두고 음미하며 감상하고, 후손에게 조단조단 이야기해 줄 일이다. 아름다운 향가가 있어 한민족의 곱고 착한 심성이 수천 년 동안 이어져 왔음을 가슴에 담고 살아가도록 해야 할 일이다.

참고 문헌

『고려도경』(조동원 외 공역, 황소자리, 2005).

『고려사』(동아대 고전연구실 역주, 태학사, 1987).

『균여전』(최철·안대회 역주, 새문사, 1986).

『님의 침묵』(한용운, 재판; 한성도서주식회사, 1926).

『대동운부군옥』(경상한문학연구회 역주, 소명출판, 2003).

『대악후보(전)』(한국음악자료총서1, 은하출판사, 1989).

『동경잡기』(이석호 역, 대양서적, 1978).

『박용철 전집』(시문학사 편집, 동광당서점, 1939).

『백록담』(정지용, 문장사, 1941).

『보한집』(유재영 역주, 원광대학교출판국, 1981).

『삼국사기』(정구복 외 역주, 한국정신문화연구원, 1997-1999).

『삼국사절요』(세종대왕기념사업회, 1996).

『삼국유사』(강인구 외 역주, 이화문화사, 2002-2003).

『송강집』(송강유적보존회 역주, 1988).

『시론』(김기림, 백양당, 1947).

『시용향악보』(영인본; 대제각, 1988).

『신증동국여지승람』(민족문화추진회 역주, 1985).

『악장가사』(한국학문헌연구소, 1973).

『악장가사』(영인본; 대제각, 1988).
『악학궤범』(영인본; 대제각, 1988).
『역주 한국고대금석문』(한국고대사회연구소 편, 가락국사적개발연구원, 1992).
『우리말큰사전』(한글학회, 어문각, 1992).
『원본 이육사 전집』(심원섭, 집문당, 1986).
『이육사 시전집』(박현수 주해, 예옥, 2008).
『정지용시집』(정지용, 시문학사, 1935).
『조선왕조실록』(국사편찬위원회, 1956).
『조선지광』(조선지광사, 1930. 1).
『파한집』(유재영 역주, 일지사, 1978).
『표준국어대사전』(국립국어원).
『하늘과 바람과 별과 시』(윤일주 엮음, 개정판; 정음사, 1984).
『해동고승전』(이병훈 역, 을유문화사, 1983).
『화랑세기』(이종욱 역주해, 소나무, 1999).
『화랑세기 역주』(신재홍, 태학사, 2009).

강명혜, 「이상곡 연구」, 『한국언어문화』13, 한국언어문화학회, 1995.
강명혜, 「궁중속악적 측면에서 살펴본 여요의 의미와 가능」, 『한국시가연구』1, 한국시가학회, 1997.
강명혜, 「충신연주지사의 노래—정과정곡」, 『고려속요 · 사설시조의 새로운 이해』, 북스힐, 2002.
강석근, 「우적가」, 『새로 읽는 향가문학』, 아세아문화사, 1998.
강신주, 「정지용의 시에 나타난 죽음 이미지」, 『한국문학에 나타난 죽음』, 예림기획, 2002.
강영안, 『타인의 얼굴—레비나스의 철학』, 문학과지성사, 2005.
강우방, 『한국 불교의 사리장엄』, 열화당, 1993.
강은해, 『한국난타의 원형, 두두리 도깨비의 세계—도깨비 설화의 시학—』,

예림기획, 2003.
고규진, 「그리스의 문자 문화와 문화적 기억—호메로스의 정전화 과정을 중심으로」, 『기억과 망각』, 책세상, 2003.
고유섭, 『한국탑파의 연구』, 동화출판공사, 1975.
고재석, 「님의 침묵의 존재론적 상상구조—삶의 의미지평과 문학적 구조와의 상동관계」, 『한국문학연구』11, 동국대학교, 1988.
고정옥, 『조선민요연구』, 수선사, 1949.
고정희, 『윤선도와 정철 시가의 문체시학적 연구』, 박사 논문, 서울대학교, 2001.
고정희, 『고전시가와 문체의 시학—윤선도와 정철의 경우』, 월인, 2004.
권성훈, 「한국불교사에 나타난 치유성 연구」, 『종교연구』70, 한국종교학회, 2013.
권영철, 「유구곡 고」, 『어문학』3, 한국어문학회, 1958.
권정은, 『여성화자 가사에 나타난 여성상 연구』, 석사 논문, 서울대학교, 2000.
김대행, 「쌍화점과 반전의 의미」, 『고려시가의 정서』, 개문사, 1986.
김대행, 「정지용 시의 율격」, 『정지용연구』, 새문사, 1988.
김동욱, 『한국가요의 연구』, 을유문화사, 1961.
김동욱, 『한국가요의 연구·속』, 선명문화사, 1975.
김명호, 「고려가요의 전반적 성격」, 『한국시가문학연구』, 신구문화사, 1983.
김명희, 「조선시대 모성성 연구—허난설헌과 신사임당을 중심으로」, 『한국문학과 모성성』, 태학사, 1998.
김병국, 「시조 발생의 문학사적 의의」, 『고려 시대의 가요문학』, 새문사, 1982.
김병국, 『한국 고전문학의 비평적 이해』, 서울대학교출판부, 1995.
김병욱, 「향가와 현대시의 공간」, 『삼국유사와 한국문학』, 학연사, 1983.
김삼주, 「이육사 시 연구」, 석사 논문, 인하대학교, 1984.

김상봉, 「윤동주와 자기의식의 진리」, 『코기토』69, 부산대학교 인문학연구소, 2011.

김선기, 「찌이빠 노래—향가의 새로운 풀이, 신라 노래 셋」, 『현대문학』147, 현대문학사, 1967. 3.

김성룡, 「비형 이야기에 나타난 귀신 이야기의 구성 원리」, 『선청어문』24, 서울대학교 국어교육과, 1996.

김성문, 「만전춘별사의 시적 문맥과 정서 표출 양상 연구」, 『우리문학연구』21, 우리문학연구회, 2007.

김소운, 『언문 조선구전민요집』, 동경: 제일서방, 1933.

김수경, 『고려 처용가의 미학적 전승』, 보고사, 2004.

김수태, 『신라중대정치사연구』, 일조각, 1996.

김승찬, 『향가문학론』, 새문사, 1991.

김열규, 「종합 토론」, 『대동문화연구 별집1—처용설화의 종합적 고찰』, 성균관대대학교 대동문화연구원, 1972.

김열규, 『메멘토 모리, 죽음을 기억하라』, 궁리, 2001.

김영수, 『삼국유사와 문화코드』, 일지사, 2009.

김영수, 『향가의 수사와 상상력』, 보고사, 2010.

김영태, 「승려 낭도고」, 『불교학보』7, 동국대학교 불교문화연구소, 1970.

김완진, 『향가해독법연구』, 서울대학교출판부, 1980.

김완진, 『향가와 고려가요』, 서울대학교출판부, 2000.

김용직, 『한국근대시사』1, 새문사, 1983.

김용찬, 「시조에 투영된 대청 인식의 양상—병자호란의 기억을 중심으로—」, 『배달말』55, 배달말학회, 2014.

김용태, 「만해시 님의 침묵의 시간구조」, 『국어국문학』5, 부산대학교, 1988.

김윤식, 「절명지의 꽃」, 『한국근대작가논고』, 일지사, 1974.

김윤식, 『한국근대문학사상사』, 한길사, 1991.

김윤희, 「19세기 중반의 사행 체험을 기억하는 문학적 방식—이세보의 사행

시조에 대한 재고찰—」, 『온지논총』43, 온지학회, 2015.
김재홍, 『한용운문학연구』, 일지사, 1982.
김정녀, 「내성지의 공간과 기억의 재구성」, 『민족문학사연구』49, 민족문학사학회, 2012.
김정신, 「서정주 시에 나타난 기억」, 『문학과 언어』29, 문학과언어학회, 2007.
김종대, 『민담과 신앙을 통해 본 도깨비의 세계』, 국학자료원, 1994.
김종진, 「균여가 가리키는 달—보현십원가의 비평적 해석」, 『정토학연구』19, 2013.
김종태, 「정지용 시의 죽음의식」, 『정지용 이해』, 태학사, 2002.
김종회 · 강정구, 「민족을 기억하는 문학적인 방식—1940년대 중반의 기념시집을 중심으로」, 『한국현대문학연구』30, 한국현대문학회, 2010.
김진국, 『향가의 해석학적 연구』, 예림기획, 2003.
김진영, 「처용의 정체」, 『한국문학사의 쟁점』, 집문당, 1986.
김진영, 「사미인곡의 작품세계」, 『한국고전시가작품론』2, 집문당, 1992.
김창원, 『시교육과 텍스트 해석』, 서울대학교출판부, 1995.
김치수 편저, 『구조주의와 문학비평』, 홍성사, 1980.
김태곤 외, 『한국의 신화』, 시인사, 1988.
김태준, 「화랑과 풍류정신」, 『화랑문화의 신연구』, 문덕사, 1996.
김학동, 「육사 이원록 연구」, 『진단학보』40, 진단학회, 1975.
김학성, 『한국고전시가의 연구』, 원광대학교출판국, 1980.
김학성, 「삼구육명의 해석」, 『한국문학사의 쟁점』, 집문당, 1986.
김학성, 『국문학의 탐구』, 성균관대학교출판부, 1987.
김학성, 『한국 고시가의 거시적 탐구』, 집문당, 1997.
김학성, 「처용전승의 설화 중심 문학적 연구사」, 『처용연구전집』2(문학1 · 2), 역락, 2005.
김학성, 「처용전승의 연구사 및 종합적 · 역사적 연구의 검토」, 『처용연구전집』4(종합), 역락, 2005.

김현수, 「윤동주 서시의 의미 연구」, 『한국시학연구』31, 한국시학회, 2011.
김현주, 『고전문학과 전통회화의 상동구조』, 보고사, 2007.
김형태, 「윤동주 시의 실존의식 연구」, 박사 논문, 한국교원대학교, 2015.
김혜숙, 「한국 현대시의 한시적 전통 계승에 관한 고찰(기일)」, 『국어국문학』 92, 국어국문학회, 1984.
김혜진, 「우적가의 성격과 그 기능—도적의 행동변화를 중심으로」, 『태릉어문연구』8, 서울여자대학교, 1999.
김혜진, 「향가의 서정성 연구」, 박사 논문, 서울여자대학교, 2005.
김환대 · 김성태, 『한국의 탑—국보편』, 한국학술정보, 2008.
김홍규, 「강호자연과 정치현실」, 『욕망과 형식의 시학』, 태학사, 1999.
나정순, 「고려 가요에 나타난 성과 사회적 성격」, 『한국고전여성문학연구』 6, 한국고전여성문학회, 2003.
남광우, 「고려가여 주석상의 문제점에 관하여」, 『고려시대의 언어와 문학』, 형설출판사, 1975.
류양선, 「만해의 시집 님의 침묵의 창작동기」, 『한국현대문학연구』21, 한국현대문학회, 2007.
류양선, 「윤동주의 서시 연구—시어의 상징성과 관련하여」, 『어문연구』156, 한국어문교육연구회, 2012.
마광수, 『윤동주연구』, 정음사, 1984.
민 찬, 「이상곡의 시적 정황 및 독법의 논리」, 『인문학연구』86, 충남대학교, 2012.
박경식, 『한국의 석탑』, 학연문화사, 2008.
박경주, 『한국 시가문학의 흐름』, 월인, 2009.
박남수, 「신발견 박창화의 화랑세기 잔본과 향가 일수」, 『동국사학』 43, 동국사학회, 2007.
박노균, 「정지용의 문학사상과 서구 모더니즘」, 『개신어문연구』15, 개신어문학회, 1998.

박노준, 『신라가요의 연구』, 열화당, 1982.
박노준, 『고려 가요의 연구』, 새문사, 1990.
박노준, 『향가여요의 정서와 변용』, 태학사, 2001.
박노준, 「향가와 인연이 있는 군주들이 남긴 자취」, 『향가여요 종횡론』, 보고사, 2014.
박명옥, 「정지용의 〈장수산1〉과 한시의 비교연구—시경의 〈벌목〉과 두보의 〈제장씨은거〉를 중심으로」, 『한국문학이론과 비평』27, 한국문학이론과 비평학회, 2005.
박명옥, 「정지용 시에 나타난 한시 수용 연구—용사를 중심으로」, 『한국시학연구』27, 한국시학회, 2010.
박병채, 『고려가요의 어석연구』, 선명문화사, 1973.
박상영, 「고전 시가 속 여성 형상의 제시 양상과 그 시가사적 함의—고대가요, 향가, 고려속요를 대상으로」, 『한민족어문학』64, 한민족어문학회, 2013.
박애경, 「정토신앙공동체와 향가」, 『향가의 깊이와 아름다움』, 보고사, 2009.
박윤우, 「해방기 시의 역사 기억과 문학사 교육의 문제」, 『한중인문학연구』45, 한중인문학회, 2014.
박은용, 「목랑고—도깨비의 어원고—」, 『한국전통문화연구』2, 효성여자대학교, 1986.
박인희, 『삼국유사와 향가의 이해』, 월인, 2008.
박인희, 「충신연주지사의 이해와 사적 전개」, 『고시가연구』33, 한국고시가문학회, 2014.
박재민, 「박창화 필 화랑세기 진위성 검토」, 『고전문학연구』38, 한국고전문학회, 2010.
박재민, 『신라 향가 변증』, 태학사, 2013.
박종대, 「윤동주 시의 '길찾기'에 대한 연구」, 석사 논문, 연세대학교, 2001.
박준식, 『신라 석탑의 예술세계』, 대구시남구문화원, 2010.

박진숙, 「윤동주 시의 공간의식 연구」, 석사 논문, 경남대학교 교육대학원, 2008.

박진태, 「동동과 쌍화점의 구조」, 『대구어문논총』2, 대구대학교, 1984.

박현수, 「이육사 문학의 전거수사와 주리론의 종경정신」, 『우리말글』25, 우리말글학회, 2002.

박혜숙, 「동동의 님에 대한 일고찰」, 『국문학연구』10, 효성여자대학교, 1987.

변창구, 「이육사의 선비정신과 독립운동」, 『민족사상』7, 한국민족사상학회, 2013.

서강여성문학연구회 편, 『한국문학과 모성성』, 태학사, 1998.

서대석, 「처용가 및 처용설화의 민속학적 연구사」, 『처용연구전집』3(민속), 역락, 2005.

서재극, 「여요 주석의 문제점 분석—동동 · 청산별곡을 중심으로」, 『어문학』19, 한국어문학회, 1968.

서재극, 「노래 동동에서 본 고려어」, 『고려시대의 언어와 문학』, 형설출판사, 1975.

서철원, 「풍요 · 원왕생가의 수용자와 향가의 시적 자아」, 『한국시가연구』20, 한국시가학회, 2006.

서철원, 「신라 향가의 서정주체상과 그 문화사적 전개」, 박사 논문, 고려대학교, 2006.

서철원, 『향가의 역사와 문화사』, 지식과 교양, 2011.

성기옥, 『한국시가율격의 이론』, 새문사, 1986.

성기옥, 「'감동천지귀신'의 논리와 향가의 주술성 문제—향가의 주술성과 서정(1)」, 『임하 최진원 박사 정년기념논총 고전시가의 이념과 표상』, 간행위원회, 1991.

성기옥, 「헌화가와 신라인의 미의식」, 『한국고전시가작품론』1, 집문당, 1992.

성기옥, 「원왕생가」, 『향가문학연구』, 일지사, 1993.

성무경, 『가사의 시학과 장르 실현』, 보고사, 2000.

성현경, 「만전춘별사의 구조」, 『고려시대의 언어와 문학』, 형설출판사, 1975.
성호경, 『고려시대 시가 연구』, 태학사, 2006.
성호경, 『신라 향가의 연구』, 태학사, 2008.
성호주, 「속요」, 『국문학신강』, 새문사, 1985.
소재구, 「인간의 염원이 담긴 초월적 미학, 석탑」, 『한국의 석조 문화』, 다른 세상, 2004.
손인수, 『신라 화랑도의 공간』, 문음사, 1996.
신 진, 「소위 전통 서정시의 정체와 기반 양식」, 『석당논총』53, 동아대학교, 2012.
신복룡, 『한국정치사』, 4판; 박영사, 2003.
신석초 외, 「서」, 『한국대표시인초간본총서; 육사시집』, 열린책들, 2004.
신용철, 「통일신라 석탑 연구」, 박사 논문, 동국대학교, 2006.
신은경, 『고전시 다시 읽기』, 보고사, 1997.
신은경, 「동동의 형성과정 및 작자층에 대한 재검토」, 『국어국문학』123, 국어국문학회, 1999.
신은경, 「삼국유사 소재 향가 및 배경설화에 나타난 '여성 소외'의 양상」, 『한국문학이론과 비평』, 한국문학이론과 비평학회, 2005.
신재홍, 『향가의 해석』, 집문당, 2000.
신재홍, 「처용가 연구사—어학 분야」, 『처용연구전집』1(어학), 역락, 2005.
신재홍, 『향가의 미학』, 집문당, 2006.
신재홍, 「향가의 공간적 상상력」, 『고전문학연구』31, 한국고전문학회, 2007.
신재홍, 「신라 사회의 모성과 향가」, 『한국고전여성문학연구』14, 한국고전여성문학회, 2007.
신재홍, 「모죽지랑가에 나타난 인간관계」, 『한문화연구』1, 한국한자한문능력개발원, 2007.
신재홍, 「향가와 의사소통」, 『국어교육』125, 한국어교육학회, 2008.
신재홍, 「화랑의 순유와 향가」, 『고전문학과 교육』15, 한국고전문학교육학회, 2008.
신재홍, 「도깨비 왕이 된 건축가 화랑—비형」, 『우리 고전 캐릭터의 모든 것』, 휴머니스트, 2008.
신재홍, 「우적가의 주체와 타자」, 『국문학연구』17, 국문학회, 2008.
신재홍, 「나뭇잎과 범나비—제망매가와 사미인곡의 비교」, 『선청어문』36, 서울대 국어교육과, 2008.
신재홍, 『화랑세기 역주』, 태학사, 2009.
신재홍, 「처용가의 감각」, 『고전문학과 교육』23, 한국고전문학교육학회, 2012.
신재홍, 「원가와 만전춘별사의 궁원 풍경」, 『국어교육』138, 한국어교육학회, 2012.
신재홍, 「이상곡의 분절과 해석—향가와 관련하여」, 『국어교육』140, 한국어교육학회, 2013.
신재홍, 「원왕생가와 삼층 석탑의 구조적 상동성」, 『문학교육학』40, 한국문학교육학회, 2013.
신재홍, 『영랑전 역주』, 태학사, 2013.
신재홍, 「가칭 '영랑전'과 '화랑세계'의 향가 관련 기록 검토」, 『한국시가연구』36, 한국시가학회, 2014.
신재홍, 「동동의 선어(仙語) 및 난해구 재해석」, 『한국고전연구』29, 한국고전연구학회, 2014.
신재홍, 「유리창과 제망매가의 비교 고찰」, 『독서연구』34, 한국독서학회, 2015.
신재홍, 「이육사의 시와 화랑도의 향가 비교 고찰」, 『국어국문학』170, 국어국문학회, 2015.
신재홍, 「향가의 기억과 서정성」, 『한국시가문화연구』37, 한국시가문화학회, 2016.
신재홍, 「향가, 문학적 재미의 원천」, 『고전문학과 교육』32, 한국고전문학교육학회, 2016.

신재홍, 『향가 서정 여행』, 월인, 2016.
신재홍, 「10행 향가와 님의 침묵, 서시의 비교 고찰」, 『한국시가문화연구』 39, 한국시가문화학회, 2017.
신재홍, 「향가에 그려진 길 위의 여성」, 『한국고전여성문학연구』34, 한국고전여성문학회, 2017.
안동준, 「고려노래 '선어'와 민간전승 도교음악」, 『배달말』29, 배달말학회, 2001.
양왕용, 『정지용시연구』, 삼지원, 1988.
양은희, 「고려속요 여성화자 연구」, 석사 논문, 이화여자대학교, 2000.
양주동, 『여요전주』, 을유문화사, 1963.
양주동, 『증정 고가연구』, 일조각, 1965.
양태순, 「정과정의 종합적 고찰」, 『한국고전시가작품론1』, 집문당, 1992.
양희철, 『향가 꼼꼼히 읽기』, 태학사, 2000.
엄국현, 「동동 연구」, 『인제논총』13, 인제대학교, 1997.
엄국현, 「우적가, 낙원을 찾아가는 모험노래」, 『유남신석환박사 회갑기념논문집』, 창원대학교출판부, 1997.
엄국현, 「향가의 개념과 한국시의 구조」, 『신라학연구』3, 위덕대, 1999.
여증동, 「만전춘별사 가극론 시고」, 『진주교논문집』1, 진주교육대학교, 1967.
여증동, 「쌍화점 고구(其二)」, 『국어국문학』47, 국어국문학회, 1970.
여지선, 「한국 근대시에 나타난 전통론과 전통 수용」, 박사 논문, 건국대학교, 2004.
오세영, 「침묵하는 님의 역설—만해 시의 역설 연구」, 『국어국문학』65, 국어국문학회, 1974.
오탁번, 「지용시 연구」, 석사 논문, 고려대학교, 1970.
오탁번, 『한국현대시사의 대위적 구조』, 고려대학교 민족문화연구소, 1988.
유병관, 「선비정신과 초인의 꿈」, 『국제어문』23, 국제어문학회, 2001.
유성호, 「기억과 성찰의 결속으로서의 서정」, 『계간 시작』9-4, 천년의시작,

2010.
유시욱, 「한용운 시와 향가의 비교 연구」, 『서강어문』, 서강어문학회, 1982.
유은하, 「한용운과 윤동주 시 비교 연구」, 석사 논문, 고려대학교, 2003.
유창균, 「한국시가형식의 기조」, 『대구대논문집』6, 대구대학교, 1966.
유홍준, 『나의 문화유산답사기』, 개정2판; 창비, 2011.
유효석, 「우적가에 있어서 믿음과 상상의 가치」, 『성대문학』28, 성균관대학교, 1992.
윤미연, 『정철 시가의 시적 화자 연구』, 석사 논문, 서울여자대학교, 1996.
윤성현, 『속요의 아름다움』, 태학사, 2007.
윤영옥, 『신라시가의 연구』, 형설출판사, 1982.
윤영옥, 「만전춘 별사의 재음미」, 『고려 가요연구의 현황과 전망』, 집문당, 1996.
윤정룡, 「이육사의 사상적 위상 시론—시어 '무지개'를 통하여」, 『한국문화』6, 서울대 한국문화연구소, 1985.
윤철중, 「정석가 고」, 『고려가요연구의 현황과 전망』, 집문당, 1996.
이기동, 『신라골품제사회와 화랑도』, 일조각, 1984.
이기철, 「삶의 시간과 기도의 공간—대표시 서시의 구조 분석」, 『윤동주 연구』, 문학사상사, 1995.
이도흠, 「고려속요의 구조분석과 수용의미 해석」, 『한국시가연구』1, 1997.
이도흠, 『신라인의 마음으로 삼국유사를 읽는다』, 푸른역사, 2000.
이동근, 「유구곡 재고」, 『한국고전시가작품론1』, 집문당, 1992.
이동순, 「창조적 진화의 꿈과 삶의 정직성」, 『한국대표시평설』, 개정판; 문학세계사, 1995.
이동하, 「이육사 · 절정—유자의 정신과 객관적 절제」, 『한국대표시평설』, 개정판; 문학세계사, 1995.
이두현, 「단골무와 야장—동북아세아 샤머니즘과 한국무속과의 비교연구②—」, 『정신문화연구』16-1, 한국정신문화연구원, 1993.

이명수, 「이육사 시 연구」, 석사 논문, 건국대학교, 1982.
이복규, 「'기억과 담론'의 눈으로 보아야 할 국문학의 문제들」, 『국제어문』 49, 국제어문학회, 2010.
이사라, 「윤동주 시의 기호론적 연구—이항대립에 있어서의 매개 기능을 중심으로」, 박사 논문, 이화여자대학교, 1987.
이상숙, 「이육사 시의 동양시학적 분석을 위한 시론」, 『한국시학연구』 12, 한국시학회, 2005.
이소연, 「백석 시에 나타난 기억의 구현 방식」, 『한국문학이론과 비평』 53, 한국문학이론과 비평학회, 2011.
이숭원, 『정지용 시의 심층적 탐구』, 태학사, 1999.
이숭원, 「정지용 시 유리창 읽기의 반성」, 『문학교육학』 16, 한국문학교육학회, 2005.
이숭원, 「시와 서정」, 『현대시론』, 서정시학, 2014.
이승복, 「정지용 시의 운율 연구—시적 특질과 운율 형성과의 관계를 중심으로—」, 석사 논문, 홍익대학교, 1987.
이승훈, 「윤동주의 서시 분석」, 『윤동주 연구』, 문학사상사, 1995.
이어령, 「어둠에서 생겨나는 빛의 공간—윤동주의 서시 분석」, 『윤동주 연구』, 문학사상사, 1995.
이연세, 「우적가」, 『향가문학연구』, 일지사, 1993.
이연숙, 『한일고대문학비교연구』, 박이정, 2002.
이영태, 「동동의 송도와 선어」, 『민족문학사연구』 36, 민족문학사학회, 2008.
이웅재, 「우적가 설화의 연구」, 『평사민제선생 화갑기념논문집』, 1990.
이은창, 「신라 화랑유적과 화랑도사상」, 『화랑문화의 신연구』, 문덕사, 1996.
이임수, 「이상곡에 대한 문학적 접근」, 『어문학』 41, 한국어문학회, 1981.
이임수, 「여요 만전춘의 문학적 복원」, 『문학과 언어』 2, 문학과언어연구회, 1982.
이임수, 「찬기파랑가」, 『새로 읽는 향가문학』, 아세아문화사, 1998.

이종건, 「원가」, 『새로 읽는 향가문학』, 아세아문화사, 1998.
이종욱, 『화랑세기로 본 신라인 이야기』, 김영사, 2000.
이종욱, 『화랑』, 휴머니스트, 2003.
이중재, 「윤동주 서시의 구조 분석」, 『목멱어문』2, 동국대학교, 1987.
이창환, 「고려속요에 나타난 '님' 연구」, 석사 논문, 전남대학교, 1984.
이형대, 「원가와 정과정곡의 시적 인식과 정서」, 『한성어문학』18, 한성어문학회, 1999.
이형상, 『악학편고』, 형설출판사, 1976.
이혜구, 「고려의 동동과 돈황곡 십이월상사」, 『한국음악서설』, 4판; 서울대학교출판부, 1982.
임기중, 「고려가요 동동고」, 『고려가요연구』, 정음문화사, 1984.
임석재 외, 『한국의 도깨비』, 열화당, 1981.
임재욱, 「11 · 12월 노래에 나타난 동동 화자의 정서적 변화」, 『고전문학연구』36, 한국고전문학회, 2009.
임주탁, 「역사적 생성 문맥을 고려한 만전춘별사의 독법과 해석」, 『한국시가연구』11, 한국시가학회, 2002.
장덕순, 『한국문학사』, 동화문화사, 1981.
장도준, 『정지용 시 연구』, 태학사, 1994.
장사훈, 『국학논고』, 서울대학교출판부, 1966.
장주근, 「처용설화의 연구」, 『국어교육』6, 한국국어교육연구회, 1963.
장철환, 「님의 침묵의 시행의 길이와 사상 표현의 상관성 연구」, 『한국시학연구』35, 한국시학회, 2012.
장충식, 『한국의 탑』, 일지사, 1989.
장효현, 『한국 고전문학의 시각』, 고려대학교출판부, 2010.
전규태, 「만전춘별사 고」, 『고려시대의 가요문학』, 새문사, 1982.
정 민, 「한시와 고려 가요 4제」, 『고전시가 엮어 읽기』상, 태학사, 2003.
정경주, 「정서의 생애와 충신연주지사로서의 정과정」, 『부산한문학연구』8,

부산한문학회, 1994.
정기호, 「이상곡 이해를 위한 몇 문제」, 『한국고전시가작품론』, 집문당, 1992.
정동오, 『한국의 정원』, 민음사, 1986.
정병욱 · 이어령, 『고전의 바다』, 현암사, 1977.
정병욱, 『한국고전시가론』, 신구문화사, 1979.
정요근, 「통일신라시기의 간선교통로—왕경과 주치 · 소경 간 연결을 중심으로」, 『한국고대사연구』 63, 한국고대사학회, 2011.
정운채, 「왕소군 고사 수용 한시에 나타난 충신연주지사의 심리적 특성」, 『고시가연구』 5, 한국고시가문학회, 1998.
정운채, 「고려 처용가와 처용랑 망해사조 재해석과 벽사진경의 원리」, 『고전문학연구』 13, 한국고전문학회, 1998.
정익섭, 「송강가사의 님의 맥류고」, 『한국시가연구』, 백강서수생박사 환갑기념논총 간행위원회, 1981.
정인숙, 『조선후기 연군가사의 전개양상 연구』, 석사 논문, 서울대학교, 1994.
정인숙, 「연군가사에 나타난 화자의 목소리」, 『가사문학과 시적 화자』, 보고사, 2010.
정지영, 「한국 가부장제의 역사와 모성」, 『여성주의 가치와 모성 리더십』, 이화여자대학교출판부, 2005.
정출헌, 「탄금대 전투에 대한 기억과 두 편의 달천몽유록」, 『고소설연구』 29, 한국고소설학회, 2010.
정출헌, 「육신전과 원생몽유록—충절의 인물과 기억서사의 정치학—」, 『고소설연구』 33, 한국고소설학회, 2012.
정한모, 「육사 시의 특질과 시사적 의의」, 『나라사랑』 16, 외솔회, 1974.
정효구, 「한용운 시집 님의 침묵의 창작원리와 그 의미」, 『한국문학논총』 62, 한국문학회, 2012.
조규익, 「송도 모티프의 연원과 전개양상」, 『고전문학연구』 32, 2007.
조대호, 「므네모쉬네와 므네메: 기억의 신화와 철학」, 『기억, 망각 그리고 상상력』, 연세대학교출판문화원, 2013.
조동일, 『한국시가의 전통과 율격』, 한길사, 1982.
조동일, 「혜성가의 창작 연대」, 『한국시가문학연구』, 신구문화사, 1983.
조동일, 『삼국시대 설화의 뜻풀이』, 집문당, 1990.
조동일, 『한국문학통사1』, 제3판; 지식산업사, 1994.
조병기, 『한국문학의 서정성 연구』, 대왕사, 1993.
조세형, 『송강가사의 대화전개방식 연구』, 석사 논문, 서울대학교, 1990.
조세형, 「송강가사의 대화 전개방식」, 『가사의 언어와 의식』, 보고사, 2008.
조숙희, 「이별과 만남의 변증법—한용운의 님의 침묵 서시 분석」, 『백록어문』7, 제주대학교, 1990.
조윤제, 『한국문학사』, 탐구당, 1981.
조창환, 「이육사론」, 『관악어문연구』2, 서울대학교 국문과, 1977.
조형호, 「향가의 서정공간 연구」, 박사 논문, 서강대학교, 1994.
조희정, 「교과서 수록 고전 제재 변천 연구」, 『문학교육학』17, 한국문학교육학회, 2005.
주남철, 『한국의 정원』, 고려대학교출판부, 2009.
최동호, 「정지용의 산수시와 성정의 미학」, 『정지용 이해』, 태학사, 2002.
최동호 편, 『정지용 사전』, 고려대학교출판부, 2003.
최동호, 『정지용』, 한길사, 2008.
최미정, 「처용의 문학전승적 본질」, 『관악어문연구』5, 서울대학교 국문과, 1982.
최미정, 「쌍화점의 해석」, 『한국문학사의 쟁점』, 집문당, 1986.
최미정, 「이육사 시의 구조 고찰」, 『관악어문연구』11, 서울대학교 국문과, 1986.
최미정, 「이상곡의 종합적 고찰」, 『고려가요연구의 현황과 전망』, 집문당, 1996.
최미정, 「죽은 님을 위한 노래—동동」, 『고려가요·악장연구』, 태학사, 1997.

최미정, 『고려 속요의 전승 연구』, 계명대학교출판부, 1999.
최미정, 「충신연주지사에서의 주체와 타자」, 『국문학연구』18, 국문학회, 2008.
최병우, 「이육사 시 연구—한시 전통 계승 문제를 중심으로」, 『선청어문』14·15, 서울대학교 국어교육과, 1986.
최선경, 「삼국유사에 나타난 여성상—향가 및 배경설화를 중심으로」, 『한국고전여성문학연구』16, 한국고전여성문학회, 2008.
최성호, 「우적가」, 『향가문학론』, 새문사, 1986.
최승호, 「정지용 자연시에 나타난 정과 경」, 『정지용 이해』, 태학사, 2002.
최용수, 『고려가요연구』, 계명문화사, 1993.
최재남, 「처용가의 성격」, 『한국고전시가작품론』1, 집문당, 1992.
최재남, 「상부가로서 동동의 상실체험」, 『경남어문논집』6, 경남대학교 국문과, 1993.
최재남, 『체험서정시의 내면화 양상 연구』, 보고사, 2012.
최정여, 『한국고시가연구』, 계명대학교출판부, 1989.
최현재, 「연군가사의 구도와 전개」, 『조선시대 시가의 역사적 이해와 전망』, 소명출판, 2012.
최홍원, 「역군은(亦君恩) 표현과 경험의 세계」, 『고전문학과 교육』16, 한국고전문학교육학회, 2008.
한국여성연구소 여성사연구실, 『우리 여성의 역사』, 청년사, 1999.
한국학중앙연구원 동아시아역사연구소 학술회의 발표문, 「미륵사 사리장엄 연구의 쟁점과 전망」, 2009.
허남춘, 「궁중악과 송도」, 『고려가요·악장연구』, 태학사, 1997.
허미자, 『한국여성문학연구』, 태학사, 1996.
현혜경, 「만전춘별사에 나타난 화합과 단절」, 『고려시가의 정서』, 개문사, 1985.
홍희표, 「윤동주의 서시—별과 죽음의 변용」, 『한국현대시작품론』, 중판; 문장, 1984.

황병익, 「만전춘별사 5연의 어휘 재고」, 『한국시가연구』16, 한국시가학회, 2004.

황병익, 「삼국유사 수로부인조와 헌화가의 의미 재론」, 『한국시가연구』22, 한국시가학회, 2007.

황병익, 「동동 '새셔가만ᄒᆞ애라'와 한림별곡 '뎡쇼년(鄭少年)'의 의미 재론」, 『정신문화연구』109, 한국학중앙연구원, 2007.

황병익, 「동동 송도지사 개효선어의 의미 고찰」, 『고전문학연구』37, 한국고전문학회, 2010.

황수영·문명대, 『반구대암벽조각』, 동국대학교출판부, 1984.

황패강, 『신라불교설화연구』, 일지사, 1975.

황패강, 「우적가 연구」, 『국문학논집』14, 단국대학교, 1994.

황패강, 『향가문학의 이론과 해석』, 일지사, 2001.

J.이스라엘, 황태연 옮김, 『변증법—인식이론, 언어철학, 변증법적 사회과학—』, 까치, 1983.

디이터 람핑, 장영태 옮김, 『서정시: 이론과 역사—연대 독일시를 중심으로』, 문학과지성사, 1994.

마렌 그리제바하, 장영태 옮김, 『문학연구의 방법론』, 홍성사, 1982.

미시나 쇼에이(三品彰英), 이원호 역, 『신라화랑의 연구』, 집문당, 1995.

사라 러딕, 이혜정 옮김, 『모성적 사유—전쟁과 평화의 정치학』, 철학과현실사, 2002.

아드리엔느 리치, 김인성 옮김, 『더이상 어머니는 없다』, 평민사, 1995.

아오키 카즈오(青木和夫) 외 교주, 『속일본기2—신일본고전문학대계13』, 岩波書店, 1990.

알라이다 아스만, 변학수·채연숙 옮김, 『기억의 공간—문화적 기억의 형식과 변천』, 그린비, 2011.

에드워드 홀, 최효선 옮김, 『숨겨진 차원』, 한길사, 2002.

엠마누엘 레비나스, 강영안 옮김, 『시간과 타자』, 문예출판사, 1996.
오구라 신페이(小倉進平), 『鄕歌及び吏讀の硏究』, 경성제국대학, 1929.
이-푸 투안, 구동회 · 심승희 옮김, 『공간과 장소』, 대윤, 2011.
제프리 K. 올릭, 강경이 옮김, 『기억의 지도』, 옥당, 2011.
존 앤더슨, 이영민 · 이종희 옮김, 『문화 · 장소 · 흔적—문화지리로 세상 읽기』, 한울, 2013.
카렐 코지크, 박정호 옮김, 『구체성의 변증법』, 거름, 1985.
캐슬린 M. 갤빈, 버나드 J. 브롬멜, 노영주 외 옮김, 『가족관계와 의사소통』, 하우, 1995.
폴 풀키에, 최정식 · 임희근 역, 『변증법의 이해』, 한마당, 1992.
프레드릭 제임슨, 여홍상 · 김영희 공역, 『변증법적 문학이론의 전개』, 창작과비평사, 1984.

찾아보기

ㅇ